本报告整理
由中国社会科学院哲学社会科学创新工程
（2016-2018KGYJ055）资助

本报告出版
得到国家重点文物保护专项补助经费的资助

洛阳盆地中东部先秦时期遗址

1997—2007年区域系统调查报告

1

中国社会科学院考古研究所
中澳美伊洛河流域联合考古队 编著

科学出版社
北京

内 容 简 介

1997—2007年，中国社会科学院考古研究所与澳大利亚、美国等国家的大学和研究机构合作，对中国古代文明产生和发展的腹心地区——洛阳盆地中东部近1120平方千米的区域，开展了区域系统调查。期间共发现遗址（或地点）456处，采集到大量先秦时期的遗物。调查结果表明：这些遗址涵盖了先秦时期的各个阶段，显示了该区域约从公元前6000年左右至公元前200年左右近6000年的社会发展图景，展示了早期中国文明核心区从零星分布的聚落到王朝统治中心的社会发展轨迹。

本书适合于考古学、历史学的相关研究者及大专院校相关专业师生参考、阅读。

图书在版编目(CIP)数据

洛阳盆地中东部先秦时期遗址：1997—2007年区域系统调查报告：全4册 / 中国社会科学院考古研究所，中澳美伊洛河流域联合考古队编著. —北京：科学出版社，2019.9

ISBN 978-7-03-062470-3

I.①洛… II.①中… ②中… III.①文化遗址–调查报告–洛阳–先秦时代 IV.①K878.05

中国版本图书馆CIP数据核字（2019）第212272号

责任编辑：张亚娜 / 责任校对：邹慧卿
责任印制：肖 兴 / 封面设计：美光制版

科学出版社 出版
北京东黄城根北街16号
邮政编码：100717
http://www.sciencep.com

中国科学院印刷厂 印刷
科学出版社发行 各地新华书店经销

*

2019年9月第 一 版　开本：889×1194　1/16
2019年9月第一次印刷　印张：136 3/4　插页：8
字数：3900 000

定价：1800.00元（全4册）
（如有印装质量问题，我社负责调换）

Pre-Qin Period Sites in the East and Central Luoyang Basin:
The Systematic Regional Archaeological Survey Report (1997-2007)

I

Institute of Archaeology, Chinese Academy of Social Sciences
Sino-Australian-American Collaborative Archaeological Team of the Yiluo River Valley

Science Press
Beijing

序 一

20世纪八九十年代，随着中外考古学界交流的开启，中国考古学家也开始反思自己的工作，开始有意识地检视自己的理论和方法，并有所行动。其中最显著的变化，就是研讨如何从以器物为主要研究对象的文化史重建，转变为以遗址为基本单位研究人的社会经济生活。聚落形态考古因此成为中国考古学的一种基本概念和方法。通过聚落形态考古研究中国古代社会也成为中国考古学家的某种共识。

伊洛河流域区域系统考古调查项目，就是在这种大背景下诞生的。该项目的目的，是研究中国古代文明腹地的社会、经济和政治的长期变化，具体而言，就是回答中国最早的国家——二里头——为什么会出现在这个地区。在世纪之交的七八年间，中澳美伊洛河流域联合考古队和中国社会科学院考古研究所二里头工作队，先后对伊洛河下游1120平方千米的广大地区，做了全覆盖式的深入调查。与我们熟悉的以寻找重要遗址作为发掘对象的调查不同，我们的目的是通过聚落形态的调查，研究该地区长时段的社会复杂化进程。尽管我们对秦汉时代的遗迹和遗物也加以调查并给予记录，但我们把工作目标定在秦汉以前。

这项调查，吸引了来自中国、澳大利亚、美国、英国、加拿大和波兰等国的许多专家和学生，调查除了系统地记录遗迹和遗物的分布，我们还进行了包括地质考古学、植物考古学、动物考古学、土壤微形态学、陶器分析、石器产地分析等方面的研究。两支考古队记录了从裴李岗文化到东周时期（约公元前6000—前200年左右）的450多处地点，虽然调查远未涵盖整个伊洛河盆地，但以二里头为中心的地区聚落等级和人口规模的变化，仍然清楚地展示该地区连续而波动的社会复杂化进程。调查显示，从龙山晚期到二里头文化出现了最重要的社会变化，该时期人口不断增加，聚落等级由三级演变为四级，同时一个超大规模的城市中心在二里头迅速建立。因此伊洛河区域系统调查为深刻了解中原地区早期国家的形成进程提供了重要的考古材料。

区域系统调查，也叫全覆盖式或拉网式区域调查，可以为整个被调查地区提供非常丰富的考古资料，也使有限的考古资源得到更好地利用。与传统调查方法相比较，这种方法有三个特点：第一，它不会根据经验假设什么地方有遗址，什么地方没有遗址，而是覆盖所有被调查地区；第二是记录方法也较以前的调查更准确；第三是调查的深入程度也将大大提高。我们详细记录地表遗物、遗迹的分布范围，在非单一文化遗存的遗址，我们还会尽可能标出不同文化遗存的分布范围。尽管地表调查有许多局限性，比如后代的各种扰动造成地表分布的假象，但是我们的方法在整个地区是一致的。遗迹、遗物的发现，标示在1∶10000的地图上，并根据不同时代遗物的分布，尽可能划出该时代遗址的范围。遗址特别是遗迹分布密集的地方，则根据卫星定位仪（GPS）标出它的具体位置。因为我们的目的在于研究复杂社会的进化过程，聚落的分布规律、聚落之间纽带的辨认、不同类型遗址之间的相互关系、遗址与资源的关系等等，都对我们的研究至关重要。对我们来说，首要的目标是把先秦各个时代的遗址标到地图上去，我们可能会错过小规模人口个别活动或临时活动留下的遗迹和遗物，但如此细致的调查很难错过任何真正的居住遗址。当然，考虑到中原地区人口密集，许多现代大型村落和城镇肯定覆盖了一些古代的遗迹遗物，也难免使调查有所遗漏。尽管如此，所有这些缺憾并不妨碍我们对整个地区聚落形态的分析。因为就我们的调查说来，似乎很难错过任何大型的中心聚落。我们相信，区域系统调查方法的确可以为聚落形态考古研究提供高质量的考古资料。

伊洛河区域系统考古调查开始于20多年前，结束调查也已经过去了12年。伊洛河下游地区调查报告出版在即，抚今追昔，这段不算很短的调查经历，也深深地留在了我们的脑海里，成为美好的回忆。曾经参加调查的、当年风华正茂的组织者和主要参加者，青春已经随着岁月的流逝而逐渐褪去。曾经短期调查并给予我们多方面帮助的郑州市文物考古研究院的廖永民先生和英国伦敦大学学院的Alison Weisskopf博士，也永远地离开了我们。当年参加调查的不少中外学生，则已经成为中国、美国、加拿大、新西兰等国考古研究机构的中坚力量。他（她）们中的一些人还以伊洛河区域系统考古调查材料作为研究对象，完成了他（她）们的学位论文。在此特别感谢华翰维（Henry T. Wright）、李润权、魏鸣、艾琳（Arlene Rosen）、王宏章、王法成、王保仁、刘洪淼等多次参加伊洛河东部区域调查的各位先生和女士，也向该项目所有其他的参加者表示衷心的感谢，恕我不再一一罗列他们的名字。

2019年6月30日于北京回龙观

序 二

20年前的1999年，我接任中国社会科学院考古研究所二里头工作队队长。回想起来，彼时，正处于中国考古学科的转型期。中国考古学研究的重心开始由原来的以建构文化谱系、描述文化过程为主的文化史研究，转向以聚落考古为契机的全方位的社会考古学研究。二里头遗址新一轮的田野考古工作的理念与重心，也在这一大的学术背景下悄然发生了变化，即将探索二里头遗址的聚落形态作为田野工作的首要任务。于是有了我们对二里头遗址现存范围、遗址边缘区的现状及其成因的确认，对遗址中心区与一般居住活动区功能分区的初步认识，以及后来中心区主干道网、宫城、中轴线布局的宫室建筑和围垣作坊区等的发现。

对单个遗址内微观聚落形态的探索，势必要引出对区域宏观聚落形态的关注。没有周边聚落规模层级上可能的中、小，何以言说二里头之大？这是博士学位期间专攻城市考古的我，在当时从田野工作中生发出的朴素的想法。曾就二里头近旁、二里头与偃师商城间同时期遗址的分布状况，请教过长期在这两大遗址工作过的同仁，他们坦陈没有关注过，情况不是很清楚。是的，自20世纪下半叶以来，学界对这两大遗址的探索，主要是围绕着"西亳"、"桐宫"和夏商分界等狭义史学问题来展开的，显现了那个时段学界的总体学术取向和研究思路。

随着"后大家时代"的来临，中国考古学的转型已不是巨擘引领的结果，而是本属"舶来品"的考古学在重新打开国门后，继续接受相对成熟的海外考古学的影响熏陶，众多的一线考古工作者文化自觉、身体力行的产物。彼时的学界还没有在理论和方法论的高度理清思路、探讨未来的"顶层设计"，文献与考古整合的狭义历史复原研究方兴未艾。但20世纪90年代以来，区域系统考古调查已悄然在各地开展起来，聚落形态考古蔚然成风。而二里头遗址所处的洛阳盆地，当然也是用这种"无损"而又高效的方法了解宏观聚落形态乃至复杂社会发生机制与动力的较理想的区域之一。

当我还在偃师商城遗址参加考古发掘时，就已得知由我的同事陈星灿负责的河南一队与时任澳大利亚拉筹伯大学考古系教授的刘莉老师等组成的中澳美伊洛河流域联合考古队开始对邻近的伊洛河流域进行区域系统调查，令人欣喜。但由于种种原因，他们没能在二里头遗址周边开展工作，这又是非常令人遗憾的。1999年我接手二里头的工作后，我队曾多次派技师和车辆协助调查，尽力支持他们的工作。王法成、王宏章两位资深技师熟谙当地人文地理和早期陶器特征，田野工作经验丰富，在调查工作中出力不小。

2000年，时任我所副所长的王巍研究员主持的中国社会科学院重大课题"黄河中下游地区古代生态环境的变迁与人类生活方式及文明演进关系研究（2000—2004）"立项，并将"洛阳盆地考古调查与聚落形态研究"作为其中的子课题之一，王巍副所长安排由我队承担该子课题的具体实施。对我而言，这是正中下怀的。当时，考古发掘是田野工作的根本，而考古调查只是发掘的辅助性前序工作的认识尚属主流（我们发表于2005年的区域系统调查初步报告，尽管是一篇比较大的关于中国文明腹心地区的考古调查简报，调查时段上自裴李岗文化，下讫战国时期，但在专业期刊的文章排序上，仍置于一篇龙山文化至唐代的普通发掘简报之后，即可见一斑）。那时，二里头遗址新的田野工作刚刚展开，有关领导在我队是否该分出精力开展考古调查的问题上还有不同的认识，我当即做出了发掘、调查两不误的保证，跃跃欲试之情溢于言表。

　　就这样，我们利用钻探发掘的"农闲"季节往外跑，在2001—2003年（那几年正是二里头遗址重要发现的"井喷"时段）分7次踏查了以二里头遗址为中心的现洛阳市区以东的盆地中部和偏东部地区，东与我们的兄弟队——中澳美伊洛河流域联合考古队的踏查区域相接，使整个洛阳盆地中东部地区置于地毯式全覆盖的考古调查网络之下。

　　相较于中外合作的联合考古队，我们是"本土军"，一定要学习他们的先进经验和方法。考虑到数据处理的一致性及今后研究中的便利，我们在工作方法和把握尺度上更多地借鉴了同处一个工作区域的中澳美伊洛河流域联合考古队的做法。刘莉老师和其他各国的队员经常来二里头遗址考察交流，我们也不断取经，得到他们的大力支持和帮助。加之，我队派去协助工作的资深技师耳濡目染，我们的工作也大大得益于"偷艺"与他们的传艺，使我们的工作也有了"国际化"的色彩。调查的成果与收获已见于本报告的正文，兹不赘述。

　　由于二里头遗址发掘和室内整理及报告的编写任务繁重，这批调查资料的整理工作一度被放下了，成为我们的一块心病。2013年7月，在刘莉、陈星灿二位率队再赴二里头开展合作研究之际，刘莉老师提出了合作整理出版调查报告的建议，我认为这是一个与国外同行充分交流学习的好机会，且同一区域工作成果的刊布也颇利于学界的使用，于是当即表示同意。多年良好的合作关系，使得此事一拍即合。这是本人作为洛阳盆地中东部区域调查项目二里头工作队的负责人，感到由衷欣慰的。彼时，我们的发掘报告《二里头（1999～2006）》的整理编写工作已接近尾声，是时候完成这项10余年前开展的工作，给学界一个交代了。

　　资料整理、复查与报告编写工作的倒计时，始于2016年。是年4月，报告整理工作正式列为"中国社会科学院哲学社会科学创新工程"的资助项目，7月正式启动。项目由陈星灿研究员和我牵头，我们也与刘莉老师经常碰头，协调敲定各项事宜。合作是愉快的。项目组成员陈国梁、李永强、赵海涛等克服了种种困难，做了大量标本鉴定、图文整理、遗址复查、整合多学科成果、组织绘图拍摄和文稿编校等繁杂的工作。作为项目实施工作总负责和统稿的陈国梁，已调入我所河南二队（偃师商城工作队），在项目实施过程中，我所河南一队、二里头工作队和河南二队，从人力、物力上都给予了大力的支持与配合。没有我们项目组成员在一线的具体工作，没有这几个考古队齐心合力的付出，这套报告的出版是不可想象的。在此，谨向他们致以诚挚的敬意与谢意。

在报告即将付梓之际，欣慰之余，尚怀憾意。我们田野调查与整理编写工作的种种不足，在正文中都做了明确的交代。我们在其中也有对古今人口密集分布区调查工作方法和局限性的思考，如对二里头遗址地表踏查所得遗物散布范围与钻探发掘所得遗址面积差异的分析、对聚落与遗址间复杂的对应关系的思辨，等等。无论如何，这是我们在考古学理论方法和田野实践的"本土化"或"中国化"过程中贡献的一点微薄的成果。经验与教训从来是相伴共生的，愿意以自警自惕的态度与考古学及相关学科的诸位同仁共勉。

许宏

2019年3月25日

序　三

　　1993年的一天，张光直先生介绍我和来自中国社会科学院考古研究所的哈佛燕京访问学者陈星灿认识。那时我是哈佛大学的博士生，正处于写论文的最后阶段，满脑子想的都是聚落考古的问题。在和陈星灿的谈话中，我们第一次萌生了在中国开展聚落考古方面合作的想法，地区定在以二里头为中心的河南伊洛河流域，主要目的是研究复杂社会的进程和国家起源，方法是进行全覆盖式系统性区域调查。为了准备这个项目，我结识了美国密歇根大学的华翰维（Henry T. Wright）教授，他是世界知名学者，也是聚落考古研究的专家，曾经在中东地区进行多年考古工作，后来成为我们调查项目的学术顾问。在一次学术会议上，有机会认识李润权博士，他表示希望加入我们的合作项目。1996年，我得到澳大利亚拉筹伯大学（La Trobe University）考古系的教职，便开始和已回到中国社科院考古所的陈星灿一起着手进行合作调查项目的准备工作。考古系的系主任马瑞（Tim Murray）教授对这一项目非常支持，并鼓励我申请澳大利亚研究理事会（Australian Research Council）的研究经费。我们得到的第一笔研究经费是1000澳元，这个现在看来微不足道的数字，当时是我们能够开始工作的福音。

　　1997年12月，我们的计划得到了河南省文物局副局长张文军先生的大力支持，并派出河南省文物考古研究所的马萧林参与合作。于是，我们四个人（陈、刘、李、马）在巩义市文物局刘洪淼和廖永民先生的协助下，在当月进行了短期探查，并确定从郑州市的巩义稍柴遗址开始调查。1998年12月，我们踌躇满志地正式启动了中澳美伊洛河流域联合考古调查项目。这时我们的联合考古队增加了密歇根大学的华翰维（学术顾问）和拉筹伯大学的魏鸣（制图专家），澳洲和美国的学生及中方的专家等，总共有十多个人。虽然我们的调查没能始于二里头遗址，但是日后在巩义和偃师境内的工作收获极丰。

　　中国考古界在20世纪90年代正值恢复与国外研究单位合作进行田野工作的初期，许多新的研究方法都在探索和发展中，我们的区域调查也是如此。华翰维教授的指导，使我们的项目一开始就很快走上正轨。他建议我们吸收多学科专家加入，这成为我们日后的工作策略。我们也从他那学到不少知识。他丰富的世界性考古经验和严谨的工作作风令每一个人折服。在调查过程中，我们从未见到他停止过工作，即使开车的时候（当然是别人开），他也在记笔记。他对每一个遗址的方位和每一个灰坑的位置都有精确的记忆，现场快速绘制的地层剖面图和灰坑图都能达到发表的水平。

　　多学科专家的参与使我们的项目成为一个综合性科学研究的实验场地，历年的田野调查吸引了许多来自国内和国外的学生参加，其中不少用调查的资料做论文。这些研究成果使我们对伊洛河流域的文明进程有了多视角的了解。例如，艾琳（Arlene Rosen）的地质考古调查有助于认识古代的地貌变迁和人地关系；李炅娥（Gyoung-Ah Lee）和贝喜安（Sheahan Bestel）的植物考古研究有利于帮助重建古代生业方式；Anne Ford对灰嘴调查中采集的石器半成品和成品的分析再现了石器生产操作链；John Webb、许国伟和Justin Gorton的嵩山地质调查，提供了石器原料来源的信息；乔玉利用地理信息系统对遗址分布变化的分析揭示了聚落等级、人口规模和土地利用之间的关系；郎汝哥（Jean-Luc Houle）和Michael Bonom的陶器成分和陶土来源的分析拓开了研究陶器的生产和分配模式的窗口；李保平等对不同遗址出土白陶的微量元素分析展示了二里头时期白陶产地的多元性。

我们调查工作的顺利进行，离不开考古技师的丰富经验和辛勤劳动。王法成和王宏章是二里头队前任队长郑光先生培养多年的技术骨干，对伊洛地区的陶器分类和地理环境十分熟悉。在他们的协助下，我们能够有效地对调查采集到的陶片进行断代和判断遗址分布面积。巩义市的文物考古工作者对我们的支持和协助同样功不可没。他们不仅参加调查工作，也帮助协调各种后勤需要。

联合考古队的遗址调查工作从1997年开始，到2002年基本停止。我们在2001年冬季调查时，在偃师灰嘴村附近，发现农田田埂上堆积大量石料毛坯，当时意识到是一个重要的遗址，可能是一个具有手工业生产功能的中心聚落。研究不同等级聚落的功能和相互关系是聚落考古学的主要关注点之一，为了回答这些问题，对重点遗址的发掘成为必要。的确，后来的发掘揭示了，灰嘴遗址是一处龙山和二里头时期的石器制造中心。当联合考古队的工作重点转为在灰嘴遗址发掘时，二里头队在许宏队长的领导下已开始了洛阳盆地中东部地区的调查。我们在2002年之后的调查工作，多为地质学家参与的石料资源调查，以及地质考古学家在灰嘴周边开展的地貌变迁研究。

从1997年12月至今，已经20多年过去了。写这篇小序让人回忆起往昔那些难忘的时光。有些老先生已经作古，不少同辈人已经或即将退休，年轻学者中有些已是重要岗位的领导，而当年的学生现在大部分已经在中外各大学执教。前几天和华翰维教授的通信中，发现他对当年调查过的遗址和参加调查的人员仍然记忆犹新。那些年的工作是我们每个人生活经验中的重要组成部分，这部即将成书的调查报告是我们所有参与者辛勤劳动的见证。

最后，我们感谢澳大利亚研究理事会、美国国家地理学会（National Geographic Society）、美国温纳–格伦基金会（The Wenner-Gren Foundation）、澳大利亚拉筹伯大学、美国哈佛大学和中国社会科学院；没有这些研究机构慷慨资助，这个项目是不可能完成的。

刘莉

2019年3月25日

写于美国斯坦福大学

目 录

序一　陈星灿 / i
序二　许　宏 / iii
序三　刘　莉 / vii

资　料　编

第一章　绪言 ………………………………………………………………… 3

　第一节　区域景观生态及历史沿革 ……………………………………… 3
　　一　地形地貌 ……………………………………………………………… 3
　　　（一）北部邙山黄土丘陵台原 …………………………………………… 3
　　　（二）伊洛河谷冲积平原 ………………………………………………… 5
　　　（三）南部山前侵蚀浅山黄土陵（洪积冲积坡地） …………………… 5
　　　（四）南部中低山地 ……………………………………………………… 5
　　二　水系水文 ……………………………………………………………… 6
　　　（一）洛河水系 …………………………………………………………… 6
　　　（二）伊河水系 …………………………………………………………… 8
　　　（三）伊洛河南岸相关水系 ……………………………………………… 11
　　　（四）人工渠 ……………………………………………………………… 12
　　三　气候 …………………………………………………………………… 13
　　四　自然资源 ……………………………………………………………… 13
　　　（一）矿产资源 …………………………………………………………… 13
　　　（二）动物群落 …………………………………………………………… 14
　　　（三）植物群落 …………………………………………………………… 14
　　五　历史沿革与行政区划 ………………………………………………… 15
　　　（一）瀍河回族区 ………………………………………………………… 15

		（二）洛龙区	17
		（三）伊滨（经济开发）区	20
		（四）孟津县	21
		（五）偃师市	22
		（六）巩义市	23
第二节	工作基础		24
	一 区域考古工作简史		24
		（一）1949年之前的考古工作	24
		（二）1949年之后的考古工作	24
	二 域内考古发现和研究		32
		（一）旧石器时代	32
		（二）新石器时代	33
		（三）青铜时代	45
第三节	调查经过		56
	一 背景和目标		56
		（一）项目缘起	56
		（二）项目目标	57
	二 材料与方法		60
		（一）材料	60
		（二）调查方法	61
	三 调查范围		62
		（一）中澳美伊洛河流域联合考古队	64
		（二）河南二里头工作队	64
	四 调查过程与参与人员		64
		（一）中澳美伊洛河流域联合考古队	64
		（二）河南二里头工作队	70
		（三）整理过程中的复查	73
		（四）报告编纂中的复查	73
第四节	整理过程		74
	一 整理背景		74
		（一）前期研究	74
		（二）立项背景	80
	二 人员分工		80
		（一）编纂委员会构成	81
		（二）人员分工	81

	三	整理经过	82
		（一）项目立项和经费安排	82
		（二）整理过程	82

第二章　主要发现

第一节　综述

一　区域划分方式　85

二　编纂体例　85

　（一）行文顺序　85

　（二）遗址名称　86

　（三）遗址介绍　86

　（四）附表　86

　（五）图版　86

　（六）属性/时代判定　86

第二节　分述

一　洛河北岸片区　87

　（一）邙山南麓　89

　（二）山南至河北平原区　119

　（三）洛河北岸台地　165

　（四）邙山南麓和伊洛河北岸　187

二　夹河片区　230

　（一）古洛河北岸　230

　（二）古伊洛河之间　258

三　伊河南岸片区　317

　（一）杨沟　319

　（二）诸葛沟　323

　（三）梁村沟　326

　（四）酒流沟　328

　（五）袁沟—俎家沟　345

　（六）沙沟河　377

　（七）东沙沟　462

　（八）五岔沟等　495

　（九）浏涧河　501

（以上第1册）

（十）马涧河 ······ 663
（十一）浏涧河、马涧河汇合后浏涧河下游 ······ 753
（十二）干沟河 ······ 778
（十三）曹河 ······ 949
（十四）沙河沟 ······ 973
（十五）天坡河 ······ 976
（十六）坞罗河 ······ 1002
（十七）稍柴水 ······ 1110
（十八）益家窝水 ······ 1119

第三章　调查结果 ······ 1122

第一节　概述 ······ 1122
第二节　分述 ······ 1123
一　旧石器时代 ······ 1123
二　新石器时代 ······ 1125
　（一）裴李岗文化 ······ 1125
　（二）仰韶文化 ······ 1129
　（三）龙山文化 ······ 1142
三　青铜时代 ······ 1151
　（一）二里头文化 ······ 1151
　（二）二里岗文化 ······ 1169
　（三）殷墟文化 ······ 1179
　（四）西周时期 ······ 1184
　（五）东周时期 ······ 1191

第三节　存在问题 ······ 1199
一　调查中存在的问题 ······ 1199
　（一）工作目标 ······ 1199
　（二）调查方法 ······ 1199
二　整理过程中的问题 ······ 1201
　（一）文化属性和年代的判定 ······ 1201
　（二）以往认识的处理 ······ 1202
　（三）其他问题 ······ 1202

（以上第2册）

研究编

第四章　伊洛地区复杂社会的兴衰：聚落形态的时空变化 …… 1205

- 第一节　气候与环境背景 …… 1205
- 第二节　研究方法 …… 1206
- 第三节　聚落分布和^{14}C年代 …… 1207
  - 一　裴李岗文化时期 …… 1208
  - 二　仰韶文化时期 …… 1208
  - 三　龙山文化时期 …… 1218
  - 四　二里头文化时期 …… 1219
  - 五　商（二里岗—殷墟文化） …… 1222
  - 六　西周和东周 …… 1223
- 第四节　讨论 …… 1224
  - 一　聚落形态和社会发展趋势 …… 1224
  - 二　陶器的生产分配模式、考古学类型与人群的关系 …… 1227
  - 三　二里头文化年代问题 …… 1228
- 第五节　小结 …… 1228

第五章　伊洛地区复杂社会的演变：地理信息系统基础上的人口和农业可耕地的分析 …… 1232

- 第一节　研究基础、目的与方法 …… 1232
- 第二节　人口数量估计及土地承载力和领地生产力的重建 …… 1235
  - 一　人口数量估计 …… 1235
  - 二　重建研究区域内的土地承载力 …… 1237
  - 三　重建各遗址的领地生产力 …… 1241
- 第三节　裴李岗至二里头各时期的人口和土地利用 …… 1242
  - 一　裴李岗文化时期 …… 1242
  - 二　仰韶文化时期 …… 1244
    - （一）仰韶早期 …… 1244
    - （二）仰韶中期 …… 1245
    - （三）仰韶晚期 …… 1246

三　龙山时期 ··· 1248
　　　　　（一）龙山早期 ··· 1248
　　　　　（二）龙山晚期 ··· 1248
　　　四　二里头时期 ··· 1251
　　　　　（一）二里头一期 ·· 1251
　　　　　（二）二里头二期 ·· 1253
　　　　　（三）二里头三期 ·· 1254
　　　　　（四）二里头四期 ·· 1256
　　第四节　人口数量变化和资源再分配与伊洛地区社会复杂化进程 ·············· 1257
　　　一　人口数量变化和伊洛地区社会复杂化进程 ·· 1257
　　　二　资源再分配和伊洛地区社会复杂化进程 ·· 1260
　　第五节　本研究的局限性 ·· 1260

第六章　伊洛地区调查遗址的植物考古分析 ·· 1265

　　第一节　样品研究方法与样品量 ·· 1265
　　第二节　分析方法 ·· 1267
　　第三节　植物遗存的种类与多样性 ·· 1268
　　　一　栽培植物 ·· 1271
　　　二　未驯化的植物 ·· 1274
　　第四节　各阶段植物资源使用的变化 ·· 1278
　　第五节　结语 ·· 1283

第七章　灰嘴遗址石器加工原料的来源 ··· 1303

　　第一节　前言 ·· 1303
　　第二节　灰嘴地区的地质和地理情况 ·· 1303
　　第三节　灰嘴石器的岩石学 ·· 1308
　　　一　鲕状白云岩 ··· 1309
　　　二　辉绿岩 ·· 1310
　　　三　细云母砂岩 ··· 1311
　　　四　其他砂岩 ·· 1311
　　　五　细石灰岩和石灰 ·· 1312
　　　六　细粒硅酸岩（燧石、硅质粉砂岩、流纹岩） ································ 1313
　　　七　大理石 ·· 1313

八	其他变质岩（片麻岩、石英岩、片岩、板岩）	1314
九	石英	1314
十	中粒、粗粒的火成岩（闪长岩、半花岗岩、辉长岩、花岗岩）	1314
十一	结晶方解石和白云石（包括石笋）	1314
十二	绿松石和玉石？	1315

第四节　决定灰嘴石料选择的若干因素 ········· 1315

第八章　中国早期国家非国有手工业：二里头畿内的考古学分析 ········· 1318

第一节　国有手工业与非国有手工业 ········· 1318
第二节　灰嘴遗址的石器作坊 ········· 1319
第三节　石器原料的获取 ········· 1322
　　一　鲕状白云岩石铲的分配 ········· 1323
　　二　白陶的生产和分配 ········· 1325
第四节　结论 ········· 1327

第九章　伊洛河流域灰嘴遗址的土壤微形态、化学和磁化率研究：以典型仰韶地层序列为主 ········· 1330

第一节　前言 ········· 1330
第二节　样品和方法 ········· 1330
第三节　结论和讨论 ········· 1336
　　一　后沉积效应 ········· 1336
　　二　本地土壤 ········· 1338
　　三　裴李岗时期 ········· 1339
　　四　灰嘴遗址使用时期 ········· 1339
　　　　（一）仰韶堆积序列（05HYEHF1） ········· 1339
　　　　（二）龙山时期 ········· 1341
　　　　（三）仰韶和龙山时期（2005HYEGS2的土壤沉积序列） ········· 1341
　　　　（四）二里头时期 ········· 1342
第四节　结论 ········· 1343

CHAPTER 4

RISE AND FALL OF COMPLEX SOCIETIES IN THR YILUO REGION, NORTH CHINA: THE SPATIAL AND TEMPORAL CHANGES ... 1346

1. INTRODUCTION ... 1346
2. REGIONAL SETTING ... 1347
3. MATERIAL AND METHODS ... 1348
4. THE RESULTS ... 1349
   4.1 The Peiligang period ... 1350
   4.2 The Yangshao period ... 1360
   4.3 The Longshan period ... 1360
   4.4 The Erlitou period ... 1362
   4.5 The Shang period (Erligang-Yinxu) ... 1365
   4.6 Western and Eastern Zhou ... 1366
5. DISCUSSION ... 1367
   5.1 General trend of sociopolitical and population fluctuations ... 1367
   5.2 Pottery production, archaeological culture, and population ... 1370
   5.3 Chronology of the Erlitou culture ... 1371
6. CONCLUSION ... 1372

CHAPTER 5

DEVELOPMENT OF COMPLEX SOCIETIES IN THE YILUO REGION: A GIS BASED POPULATION AND AGRICULTURAL AREA ANALYSIS ... 1376

1. INTRODUCTION ... 1376
2. ESTIMATION OF POPULATION SIZE ... 1378
3. HOW MANY AGRICULTURAL HECTARES DID A PERSON NEED? ... 1378
4. GIS-BASED ANALYSIS OF CARRYING CAPACITY AND CATCHMENT PRODUCTIVITY ... 1379
5. DISCUSSION AND CONCLUSION: POPULATION SIZE AND THE DEVELOPMENT OF SOCIAL COMPLEXITY ... 1384

CHAPTER 6

ARCHAEOBOTANICAL ANALYSIS ON SITES SURVEYED IN THE YILUO REGION (1998-2011) ... 1402

1. SAMPLE SURVEY METHOD AND SAMPLE SIZE ... 1402
2. ANALYTICAL METHODS ... 1404

	3.	COMPOSITIONS AND DIVERSITY OF PLANT REMAINS	1405
	3.1	Cultigens	1409
	3.2	Non-domesticated plant	1412
	4.	CHANGES IN PLANT RESOURCE UTILIZATION THROUGH TIME	1417
	5.	SUMMARY	1423

CHAPTER 7

RAW MATERIAL SOURCES UTILISED IN STONE TOOL PRODUCTION AT HUIZUI 1427

	1.	INTRODUCTION	1427
	2.	GEOLOGY AND GEOMORPHOLOGY OF THE HUIZUI AREA	1429
	3.	LITHOLOGIES OF STONE TOOLS PRESENT AT HUIZUI	1433
	3.1	Oolitic dolomite	1434
	3.2	Diabase	1435
	3.3	Fine micaceous sandstone	1436
	3.4	Other varieties of sandstone	1437
	3.5	Fine-grained limestone and lime	1438
	3.6	Very fine-grained siliceous rocks (chert, silicified siltstone, rhyolite)	1439
	3.7	Marble	1440
	3.8	Other metamorphic rocks (gneiss, quartzite, schist, slate)	1440
	3.9	Quartz	1441
	3.10	Medium and coarse-grained igneous rocks (diorite, aplite, gabbro, granite)	1441
	3.11	Crystalline calcite and dolomite (including stalagmite)	1441
	3.12	Turquoise and jade?	1441
	4.	FACTORS DETERMINING THE CHOICE OF RAW MATERIALS AT HUIZUI	1442

CHAPTER 8

NON-STATE CRAFTS IN THE EARLY CHINESE STATE: AN ARCHAEOLOGICAL VIEW FROM THE ERLITOU HINTERLAND ... 1445

	1.	INTRODUCTION: STATE CRAFTS VS. NON-STATE CRAFTS	1445
	2.	HUIZUI STONE WORKSHOPS	1447
	3.	LITHIC RAW MATERIAL PROCUREMENT	1449
	3.1	Distribution of the oolitic dolomite spades	1452
	3.2	Production and distribution of white pottery	1454
	4.	CONCLUSION	1458

CHAPTER 9

  SOIL MICROMORPHOLOGY, CHEMISTRY AND MAGNETIC SUSCEPTIBILITY STUDIES AT HUIZUI (YILUO REGION, HENAN PROVINCE, NORTHERN CHINA), WITH SPECIAL FOCUS ON A TYPICAL YANGSHAO FLOOR SEQUENCE ································ 1461

  1. INTRODUCTION ································ 1461
  2. SAMPLES AND METHODS ································ 1463
  3. RESULTS AND DISCUSSION ································ 1467
  3.1 Post-deposition effects ································ 1469
  3.2 Local soils ································ 1470
  3.3 Peiligang occupation ································ 1470
  4. OCCUPATION AT HUIZUI ································ 1470
  4.1 YANGSHAO FLOOR SEQUENCE（05HYEHF1） ································ 1470
  4.2 Longshan ash pit 05HYEH3 ································ 1473
  4.3 Longshan ash pit 05HYEH4 ································ 1473
  4.4 Yangshao and Longshan soil-sediment sequence at GS2 (05HYEGS2) ································ 1473
  4.5 Erlitou contexts ································ 1474
  5. CONCLUSIONS ································ 1475

附表 ································ 1478
  附表1 遗址登记表 ································ 1478
  附表2 遗迹登记表 ································ 1497
  附表3 遗物登记表 ································ 1541

编后记 ································ 1643

（以上第3册）

图版一至图版四六五

（以上第4册）

插图目录

图1.1	洛阳盆地及周边地貌	4
图1.2	洛阳盆地内主要水系	7
图1.3	洛阳盆地行政区划	16
图1.4	洛阳盆地中东部区域系统调查范围	63
图2.1	洛河北岸片区遗址分布	88
图2.2	邙山南麓遗址分布示意图	89
图2.3	西吕庙（右下为北）	90
图2.4a	刘坡（右上为北）	91
图2.4b	刘坡（036）采集标本（一）	92
图2.4c	刘坡（036）采集标本（二）	93
图2.5	耀店东（右上为北）	94
图2.6a	平乐A（上为北）	96
图2.6b	平乐A（034）采集标本	97
图2.7	平乐B（上为北）	99
图2.8a	翟泉北（左为北）	100
图2.8b	翟泉北（029）、翟泉东北（030）、翟泉西南（031）采集标本	101
图2.9	翟泉东北（左为北）	102
图2.10	翟泉西南（右为北）	103
图2.11	金村东北（上为北）	105
图2.12	金村墓地（上为北）	106
图2.13a	保庄西北（右为北）	107
图2.13b	保庄西北（046）采集标本	109
图2.14a	保庄北（左为北）	110
图2.14b	保庄北（047）采集标本	111
图2.15	石桥北庄东北（上为北）	113
图2.16a	丁沟南（左为北）	114
图2.16b	丁沟南（028）、石桥东北（049）采集标本	115

图2.17	丁沟新村南（上为北）	116
图2.18	石桥东北（上为北）	117
图2.19	石桥东南（右上为北）	118
图2.20	邙山南至洛河北平原区遗址分布示意图	119
图2.21a	帽郭A（右为北）	119
图2.21b	帽郭A（012）采集标本（一）	120
图2.21c	帽郭A（012）采集标本（二）	122
图2.21d	帽郭A（012）采集标本（三）	123
图2.22a	帽郭B（右为北）	124
图2.22b	帽郭B（013）采集标本	125
图2.23a	凹杨（上为北）	126
图2.23b	凹杨（004）采集标本	128
图2.24a	扁担赵南（上为北）	130
图2.24b	扁担赵南（003）采集标本	131
图2.25	油王南（上为北）	132
图2.26a	黑王（左为北）	133
图2.26b	黑王（007）采集标本	134
图2.27a	白王北（上为北）	136
图2.27b	白王北（006）采集标本	137
图2.28	分金沟（上为北）	138
图2.29	白马寺（上为北）	139
图2.30	韩旗城址（右为北）	140
图2.31	永宁寺西南（上为北）	142
图2.32a	龙虎滩北（上为北）	143
图2.32b	龙虎滩北（040）、寺里碑东（048）采集标本	144
图2.33	寺里碑东（下为北）	145
图2.34a	景阳岗（左为北）	146
图2.34b	景阳岗（041）采集标本（一）	148
图2.34c	景阳岗（041）采集标本（二）	149
图2.34d	景阳岗（041）采集标本（三）	150
图2.34e	景阳岗（041）采集标本（四）	151
图2.35a	白村东北（左上为北）	153
图2.35b	白村东北（043）采集标本	154
图2.36	新庄东南（下为北）	155
图2.37	南蔡庄西北（上为北）	156

图2.38	南蔡庄西（上为北）	………………………………………………	158
图2.39	羊二庄东南（下为北）	………………………………………………	159
图2.40	山神庙（上为北）	………………………………………………	160
图2.41	坟庄东（上为北）	………………………………………………	161
图2.42	杜楼（上为北）	………………………………………………	162
图2.43a	赫田寨西北（下为北）	………………………………………………	163
图2.43b	赫田寨西北（060）采集标本	………………………………………………	164
图2.44	洛河北岸台地遗址分布示意图	………………………………………………	165
图2.45a	史家湾北（上为北）	………………………………………………	166
图2.45b	史家湾北（001）采集标本	………………………………………………	167
图2.46a	杨湾西（左下为北）	………………………………………………	169
图2.46b	杨湾西（002）采集标本	………………………………………………	170
图2.47a	陈屯老村（左上为北）	………………………………………………	172
图2.47b	陈屯老村（009）、枣园北（010）采集标本	………………………………………………	173
图2.48	枣园北（左为北）	………………………………………………	174
图2.49	宋湾东南（右上为北）	………………………………………………	176
图2.50a	渔骨西南（左为北）	………………………………………………	178
图2.50b	渔骨西南（044）、古城西（057）采集标本	………………………………………………	178
图2.51	古城西（左为北）	………………………………………………	179
图2.52	古城东北（左为北）	………………………………………………	180
图2.53	偃师商城（上为北）	………………………………………………	181
图2.54	塔庄（上为北）	………………………………………………	183
图2.55	槐庙南（上为北）	………………………………………………	185
图2.56	邙山南麓、伊洛河北岸遗址分布示意图	………………………………………………	187
图2.57a	北窑东北（上为北）	………………………………………………	188
图2.57b	北窑东北（065）采集标本	………………………………………………	189
图2.58	汤泉沟（左上为北）	………………………………………………	190
图2.59	凤凰沟（右上为北）	………………………………………………	192
图2.60	石头沟北（上为北）	………………………………………………	193
图2.61	山圪垱北（上为北）	………………………………………………	194
图2.62	化村北（下为北）	………………………………………………	195
图2.63a	山圪垱（左为北）	………………………………………………	196
图2.63b	山圪垱（072）采集标本	………………………………………………	197
图2.64	王窑（上为北）	………………………………………………	198
图2.65	忠义村黄冢（上为北）	………………………………………………	199

图2.66a	寺沟（上为北）	200
图2.66b	寺沟（074）采集标本（一）	202
图2.66c	寺沟（074）采集标本（二）	203
图2.67a	寺沟南（右下为北）	205
图2.67b	寺沟村南（Y151）采集标本	206
图2.68a	寺沟东南（右上为北）	208
图2.68b	寺沟东南（Y152）采集标本（一）	210
图2.68c	寺沟东南（Y152）采集标本（二）	212
图2.69a	石家庄（上为北）	214
图2.69b	石家庄（075）采集标本	215
图2.70	石家庄西南（右上为北）	216
图2.71a	高岭（上为北）	217
图2.71b	高岭（Y154）、南瓦窑（Y156）采集标本	218
图2.72	南瓦窑（上为北）	219
图2.73a	康北古城（右为北）	221
图2.73b	康北古城（Y157）、康沟（Y158）采集标本	222
图2.74	康沟（右为北）	223
图2.75	董沟（上为北）	225
图2.76	洪沟（下为北）	227
图2.77a	神北（上为北）	228
图2.77b	神北（Y161）采集标本	229
图2.78	夹河片区遗址分布示意图	230
图2.79	古洛河北岸遗址分布示意图	230
图2.80a	西石桥东（上为北）	231
图2.80b	西石桥东（076）采集标本（一）	232
图2.80c	西石桥东（076）采集标本（二）	234
图2.80d	西石桥东（076）采集标本（三）	236
图2.81a	孙家岗（上为北）	237
图2.81b	孙家岗（077）采集标本（一）	238
图2.81c	孙家岗（077）采集标本（二）	241
图2.82a	佃庄东（上为北）	243
图2.82b	佃庄东（080）、关庄东南（088）、关公冢（089）采集标本	244
图2.83	大郊寨东（上为北）	245
图2.84	关庄东南（上为北）	246
图2.85	关公冢（上为北）	248

图2.86	二里头（右上为北）	250
图2.87	四角楼（上为北）	252
图2.88	北许南（上为北）	254
图2.89	圪当头东北（下为北）	255
图2.90a	谷堆头寨（上为北）	256
图2.90b	谷堆头寨（094）采集标本	257
图2.91	古伊洛河之间遗址分布示意图	258
图2.92a	桂连凹南（下为北）	259
图2.92b	桂连凹南（020）采集标本（一）	260
图2.92c	桂连凹南（020）采集标本（二）	261
图2.92d	桂连凹南（020）、桂连凹东北（021）采集遗物	262
图2.93	桂连凹东北（上为北）	263
图2.94a	纲常（左下为北）	265
图2.94b	纲常（019）采集标本（一）	266
图2.94c	纲常（019）采集标本（二）	268
图2.95	齐村西南（上为北）	270
图2.96a	齐村东南（上为北）	271
图2.96b	齐村东南（023）、夏庄西北（025）、太平庄北（018）采集标本	272
图2.97	夏庄西北（上为北）	273
图2.98	二郎庙北（上为北）	275
图2.99	太平庄北（上为北）	276
图2.100a	穆庄（右为北）	277
图2.100b	穆庄（022）采集标本	278
图2.101a	潘寨老寨东（上为北）	280
图2.101b	潘寨老寨东（015）、西马庄西北（086）采集标本	281
图2.102	西马庄西北（上为北）	282
图2.103a	西石罢（上为北）	284
图2.103b	西石罢（016）采集石器	285
图2.103c	西石罢（016）采集陶器（一）	286
图2.103d	西石罢（016）采集陶器（二）	287
图2.103e	西石罢（016）采集陶器（三）	288
图2.104a	火龙庙（右上为北）	290
图2.104b	火龙庙（017）采集标本	291
图2.105a	大郎庙南（上为北）	292
图2.105b	大郎庙南（083）、东马庄西（084）采集标本	293

图2.106	东马庄西（左上为北）	295
图2.107	牛王庙东北（上为北）	297
图2.108a	西三冢（上为北）	298
图2.108b	西三冢（079）采集标本	299
图2.109a	金钟寺（上为北）	300
图2.109b	金钟寺（081）采集标本（一）	302
图2.109c	金钟寺（081）采集标本（二）	303
图2.109d	金钟寺（081）采集标本（三）	304
图2.109e	金钟寺（081）采集标本（四）	306
图2.109f	金钟寺（081）采集标本（五）	307
图2.109g	金钟寺（081）采集标本（六）	308
图2.110a	碑楼南（上为北）	310
图2.110b	碑楼南（085）采集标本	311
图2.111a	罗圪垱（上为北）	313
图2.111b	罗圪垱（082）采集标本（一）	314
图2.111c	罗圪垱（082）采集标本（二）	315
图2.112	伊河南岸片区遗址分布图	318
图2.113	杨沟、诸葛沟、梁村沟、酒流沟等流域遗址分布示意图	319
图2.114a	刁窑东（上为北）	320
图2.114b	刁窑东（179）、刘窑东（180）采集标本	320
图2.115	刘窑东（右上为北）	321
图2.116a	诸葛水库北（上为北）	323
图2.116b	诸葛水库北（178）采集标本	325
图2.117	梁村南（上为北）	326
图2.118a	道湛东南（上为北）	327
图2.118b	道湛东南（177）采集标本	327
图2.119a	杨阆东南（上为北）	328
图2.119b	杨阆东南（160）、杨阆东（161）、王沟东（162）采集标本	329
图2.120	杨阆东（上为北）	330
图2.121	王沟东（上为北）	331
图2.122	杨河西（上为北）	333
图2.123a	酒流沟水库西（右上为北）	334
图2.123b	酒流沟水库西（159）采集标本	336
图2.124a	酒流沟水库北（左上为北）	338
图2.124b	酒流沟水库北（158）采集标本	339

图2.125a	刘沟东北（上为北）	341
图2.125b	刘沟东北（175）、刘家窑（157）采集标本	342
图2.126	刘家窑（上为北）	343
图2.127	袁沟-俎家沟流域遗址分布示意图	345
图2.128a	袁沟西（上为北）	346
图2.128b	袁沟西（170）、袁沟东南（173）采集标本	347
图2.129	袁沟东（左为北）	348
图2.130	袁沟东南（上为北）	349
图2.131a	袁沟B（左为北）	351
图2.131b	袁沟B（166）采集标本	352
图2.132a	袁沟A（左为北）	354
图2.132b	袁沟A（165）采集标本	355
图2.133	偏桥西南（上为北）	357
图2.134a	毛村东（上为北）	358
图2.134b	毛村东（164）采集石器	359
图2.134c	毛村东（164）采集陶器（一）	361
图2.134d	毛村东（164）采集陶器（二）	363
图2.135a	常村西南（右上为北）	364
图2.135b	常村西南（174）、常村东（169）、偏桥北（168）、俎家村东南（167）采集标本	365
图2.136	常村东（左为北）	366
图2.137	偏桥北（下为北）	367
图2.138	俎家庄东南（上为北）	369
图2.139a	俎家庄北（右下为北）	370
图2.139b	俎家庄北（156）、南寨上村东（154）、南寨西村南（151）采集标本	371
图2.140	大王村西北（左为北）	372
图2.141	南寨上村东（右上为北）	373
图2.142	南寨西村南（右为北）	375
图2.143	沙沟河流域遗址分布示意图	377
图2.144a	马寨（上为北）	378
图2.144b	马寨（192）、孙家窑西（193）采集标本	379
图2.145	孙家窑西（上为北）	380
图2.146	贾庄坡西南（左为北）	383
图2.147	东朱村东南（右为北）	385
图2.148a	东朱村东北（右上为北）	386

图2.148b	东朱村东北（196）、王湾西北（195）采集标本	387
图2.149	王湾西北（右为北）	388
图2.150a	韩寨北（右为北）	390
图2.150b	韩寨北（191）、杨裴屯西南（190）采集标本	391
图2.151	杨裴屯西南（左下为北）	392
图2.152a	沙沟西（左为北）	394
图2.152b	沙沟西（188）采集标本	396
图2.152c	沙沟西（188）、西湾北（189）采集标本	396
图2.153	西湾北（上为北）	398
图2.154a	寇店西（上为北）	400
图2.154b	寇店西（185）采集标本	401
图2.155	刘李寨A（右为北）	402
图2.156a	陈家窑（上为北）	404
图2.156b	陈家窑（184）采集标本（一）	405
图2.156c	陈家窑（184）采集标本（二）	406
图2.157	刘李寨B（右下为北）	408
图2.158a	宫家窑（左上为北）	410
图2.158b	宫家窑（183）采集标本（一）	411
图2.158c	宫家窑（183）采集标本（二）	412
图2.159a	刘李东北（下为北）	414
图2.159b	刘李东北（181）采集标本（一）	415
图2.159c	刘李东北（181）采集标本（二）	416
图2.159d	刘李东北（181）采集标本（三）	417
图2.160a	刘李西北（右为北）	419
图2.160b	刘李西北（182）采集标本	420
图2.161a	九贤（上为北）	421
图2.161b	九贤（139）采集标本	422
图2.162	苏家窑南（右上为北）	424
图2.163a	苏家窑西北（上为北）	425
图2.163b	苏家窑西北（137）采集标本（一）	426
图2.163c	苏家窑西北（137）采集标本（二）	428
图2.164a	武屯东南（下为北）	430
图2.164b	武屯东南（152）采集标本（一）	431
图2.164c	武屯东南（152）采集标本（二）	432
图2.164d	武屯东南（152）采集标本（三）	433

图2.165a	武屯南（上为北）	435
图2.165b	武屯南（153）采集标本	436
图2.166a	西庞村西北（右为北）	439
图2.166b	西庞村西北（135）、东庞村北（150）采集标本	440
图2.167	东庞村北（下为北）	441
图2.168	白草坡西南（上为北）	443
图2.169	辛庄东北（右为北）	444
图2.170a	东庞村南（右为北）	445
图2.170b	东庞村南（136）、杨村东南（144）采集标本	446
图2.171	杨村东南（上为北）	447
图2.172a	杨村北（上为北）	449
图2.172b	杨村北（145）采集标本（一）	450
图2.172c	杨村北（145）采集标本（二）	452
图2.173	魏家窑北（右为北）	453
图2.174a	掘山（左为北）	454
图2.174b	掘山（147）采集标本（一）	456
图2.174c	掘山（147）采集标本（二）	458
图2.174d	掘山（147）采集标本（三）	459
图2.175	西窑沟（右为北）	460
图2.176	窑沟（右为北）	461
图2.177	东沙沟、五岔沟流域遗址分布示意图	462
图2.178	肖村南寨（上为北）	463
图2.179a	经周东（右为北）	464
图2.179b	经周东（207）采集标本	465
图2.180a	肖村西寨西北（右为北）	466
图2.180b	肖村西寨西北（208）采集标本	467
图2.181	经周东北（上为北）	469
图2.182	宁村西北（上为北）	470
图2.183a	吕桥东南（上为北）	471
图2.183b	吕桥东南（210）、吕桥（205）、吕桥北（204）采集遗物	472
图2.184	吕桥（下为北）	473
图2.185	吕桥北（下为北）	475
图2.186	郭家岭北（下为北）	476
图2.187	邰寨北（右为北）	477
图2.188a	军屯东南（右为北）	478

图2.188b	军屯东南（140）采集标本	479
图2.189a	石牛沟（右为北）	480
图2.189b	石牛沟（124）、新彭店东（143）采集标本	481
图2.190	新彭店东（左下为北）	482
图2.191a	高崖西（右上为北）	484
图2.191b	高崖西（134）采集标本（一）	487
图2.191c	高崖西（134）采集标本（二）	489
图2.192a	高崖东北（左上为北）	491
图2.192b	高崖东北（132）采集标本	493
图2.193	丁湖店西南（下为北）	495
图2.194a	半个寨西南（左为北）	496
图2.194b	半个寨西南（131）、五岔沟西北（130）采集标本	497
图2.195	五岔沟西北（右上为北）	498
图2.196	五岔沟北（上为北）	500
图2.197	浏涧河流域遗址分布示意图	501
图2.198a	铁窑东南（下为北）	502
图2.198b	铁窑东南（218）、杨寨西南（215）、铁窑东（219）采集标本	503
图2.199	杨寨西南（左下为北）	505
图2.200	铁窑东（上为北）	507
图2.201a	杨寨西（上为北）	508
图2.201b	杨寨西（214）采集标本（一）	509
图2.201c	杨寨西（214）采集标本（二）	510
图2.201d	杨寨西（214）采集标本（三）	511
图2.202a	铁村南（右上为北）	513
图2.202b	铁村南（220）采集标本	514
图2.203a	马寨西（左为北）	516
图2.203b	马寨西（213）采集标本（一）	518
图2.203c	马寨西（213）采集标本（二）	520
图2.203d	马寨西（213）采集标本（三）	521
图2.204a	寨湾东南（右为北）	523
图2.204b	寨湾东南（216）采集石器	525
图2.204c	寨湾东南（216）采集陶器（一）	526
图2.204d	寨湾东南（216）采集陶器（二）	527
图2.204e	寨湾东南（216）采集陶器（三）	529
图2.205a	寨湾东北（右为北）	531

图2.205b	寨湾东北（217）采集标本（一）	532
图2.205c	寨湾东北（217）采集标本（二）	535
图2.205d	寨湾东北（217）采集标本（三）	537
图2.206a	曹寨北（左下为北）	539
图2.206b	曹寨北（212）采集标本	541
图2.207a	西张庄东南（右为北）	543
图2.207b	西张庄东南（222）、西张庄东北（221）采集标本	544
图2.208	西张庄东北（左上为北）	545
图2.209	韩村南B（左为北）	547
图2.210a	韩村南A（上为北）	548
图2.210b	韩村南B（202）、韩村南A（201）、符家寨西（200）采集标本	549
图2.211	符家寨西（左为北）	550
图2.212	符家寨北（左下为北）	552
图2.213a	符家寨东北（左下为北）	553
图2.213b	符家寨东北（198）采集标本	555
图2.214a	张村东南（上为北）	556
图2.214b	张村东南（123）、裴村E（122）、裴村A（118）、裴村B（119）、裴村C（120）、裴村D（121）采集标本	557
图2.215	裴村E（右为北）	559
图2.216	裴村A（右为北）	561
图2.217	裴村B（右为北）	563
图2.218	裴村C（右为北）	565
图2.219	裴村D（右为北）	566
图2.220a	程子沟南（左上为北）	568
图2.220b	程子沟南（116）、程子沟（117）采集标本	569
图2.221	程子沟（右下为北）	570
图2.222a	崔河北（右为北）	572
图2.222b	崔河北（115）、郝寨东北（114）、陶化店东南（127）、陶化店水库（126）采集标本	573
图2.223	郝寨东北（右为北）	574
图2.224	陶化店东南（上为北）	575
图2.225	陶化店水库（左上为北）	577
图2.226	邢寨东北（上为北）	579
图2.227	邢村东（上为北）	580
图2.228a	夏后寺（上为北）	581

图2.228b	邢村东（Y225）、夏后寺（Y182）采集标本	583
图2.228c	夏后寺（Y182）采集标本	586
图2.229a	九龙水库东南（上为北）	587
图2.229b	九龙水库东南（Y183）、邢村北（Y184）、扒头水库南（Y185）采集标本	588
图2.230	邢村北（上为北）	589
图2.231	扒头水库南（下为北）	590
图2.232a	扒头东南（下为北）	592
图2.232b	扒头东南（Y181）、扒头西南（Y180）采集标本	593
图2.233	扒头西南（上为北）	595
图2.234a	任才村东南（上为北）	597
图2.234b	任才村东南（Y179）、任才村西南（Y178）、卢村南（Y186）采集标本	598
图2.235	任才村西南（上为北）	599
图2.236	卢村南（下为北）	601
图2.237	卢村西南（下为北）	603
图2.238a	卢村西（下为北）	604
图2.238b	卢村西（Y177）、卢村西北（Y176）、双泉东北（Y224）采集标本	605
图2.239	卢村西北（下为北）	606
图2.240	双泉东北（下为北）	608
图2.241a	卢村东北（上为北）	610
图2.241b	卢村东北（Y169）、卢村北（Y168）、高祖庙（Y167）采集、出土标本	611
图2.242	卢村北（上为北）	612
图2.243	高祖庙（上为北）	614
图2.244	双泉东南（左为北）	616
图2.245a	双泉南（左为北）	617
图2.245b	双泉南（Y172）、双泉西南（Y171）采集标本	618
图2.246	泉寨东（左为北）	619
图2.247	泉寨西（左为北）	620
图2.248	双泉西南（左为北）	621
图2.249	双泉西北（左为北）	622
图2.250	西齐家窑东南（上为北）	623
图2.251a	浏涧河水库东（下为北）	624
图2.251b	浏涧河水库东（Y187）采集标本	625
图2.252	西齐家窑（左为北）	626
图2.253	灰嘴（右下为北）	627

图2.254a	西齐家窑东北（左为北）	630
图2.254b	西齐家窑东北（Y166）采集标本	631
图2.255a	西齐家窑西北（左为北）	632
图2.255b	西齐家窑西北（Y188）采集标本	633
图2.256a	灰嘴北（左为北）	634
图2.256b	灰嘴北（Y192）、郑窑南（Y189）、陶家村东（Y191）采集陶器	635
图2.257	郑窑南（上为北）	636
图2.258	陶家村东（上为北）	638
图2.259a	刘国故城（上为北）	640
图2.259b	刘国故城（Y190）采集陶器	642
图2.260a	郑窑（上为北）	643
图2.260b	郑窑（Y140）采集陶器	645
图2.261	擂鼓台水库东（上为北）	647
图2.262a	郑村西（上为北）	648
图2.262b	郑村西（Y194）采集标本	649
图2.263	涧东村（上为北）	650
图2.264a	涧东村北（上为北）	652
图2.264b	涧东村北（Y196A）采集遗物	653
图2.265a	涧东村西北（上为北）	655
图2.265b	涧东村西北（Y196B）、姬家村南（Y228）采集陶器	657
图2.266	姬家村南（上为北）	658
图2.267	马涧河流域遗址分布示意图	663
图2.268	九龙角水库西（右上为北）	664
图2.269a	东管茅东南（下为北）	666
图2.269b	东管茅东南（Y203）采集标本	667
图2.270a	东管茅东（上为北）	668
图2.270b	东管茅东（Y202）采集陶器（一）	670
图2.270c	东管茅东（Y202）采集陶器（二）	671
图2.271a	西口孜（左上为北）	673
图2.271b	西口孜（Y201）采集陶器	675
图2.271c	西口孜（Y201）采集遗物	676
图2.272a	老周寨（右下为北）	678
图2.272b	老周寨（Y200）采集标本	680
图2.273a	老屯寨（左上为北）	682
图2.273b	老屯寨（Y199）采集遗物	683

图2.273c	老屯寨（Y199）采集陶器	684
图2.274a	屯寨西北（左为北）	686
图2.274b	屯寨西北（Y198）采集遗物	687
图2.275a	布村东南（右上为北）	689
图2.275b	布村东南（Y204）采集标本	690
图2.276	布村东（上为北）	691
图2.277a	新寨北嘴（左为北）	692
图2.277b	新寨北嘴（Y197）采集标本	693
图2.278a	马河北（上为北）	695
图2.278b	马河北（Y207）、马河（Y208）、花张东北（Y205）采集标本	696
图2.279	马河（上为北）	697
图2.280	花张东北（右为北）	698
图2.281a	张湾西北（左为北）	699
图2.281b	张湾西北（Y210）采集标本（一）	700
图2.281c	张湾西北（Y210）采集标本（二）	702
图2.281d	张湾西北（Y210）采集标本（三）	703
图2.281e	张湾西北（Y210）采集标本（四）	704
图2.282a	王湾西北（左上为北）	705
图2.282b	王湾西北（Y209）采集标本	706
图2.283a	柏谷坞东（左上为北）	708
图2.283b	柏谷坞东（Y222）、金屯东（Y215）、北吴家湾（Y214）采集标本	709
图2.284	金屯东（左下为北）	710
图2.285	北吴家湾（右上为北）	711
图2.286a	南吴家湾东南（上为北）	713
图2.286b	南吴家湾东南（Y213）、林小寨（Y211）采集标本	714
图2.287	林小寨（下为北）	716
图2.288	林小寨西南（上为北）	717
图2.289a	邱河西（左下为北）	718
图2.289b	邱河西（Y221）、凤凰台南（Y220）采集标本	719
图2.290	凤凰台南（左下为北）	721
图2.291	老吊桥寨（左下为北）	723
图2.292a	吊桥寨东南（上为北）	725
图2.292b	吊桥寨村东南（Y216）采集标本（一）	727
图2.292c	吊桥寨村东南（Y216）采集标本（二）	728
图2.293a	北寨东南（左下为北）	730

图2.293b	北寨东南（Y218）采集标本	731
图2.294a	北寨北（左下为北）	732
图2.294b	北寨北（Y219）采集标本	733
图2.295a	陈河东北（下为北）	734
图2.295b	陈河东北（113）、陈河北（112）、化寨东（111）采集标本	735
图2.296	陈河北（左下为北）	736
图2.297	化寨东（左上为北）	738
图2.298a	盆窑寨东南（左上为北）	740
图2.298b	盆窑寨东南（109）采集标本（一）	741
图2.298c	盆窑寨东南（109）采集标本（二）	743
图2.299	盆窑寨西南（下为北）	744
图2.300a	东王河东南（上为北）	745
图2.300b	东王河东南（101）、东王河北（100）、东王河（099）、陶化店水库东（108）采集标本	746
图2.301	东王河北（上为北）	748
图2.302	东王河（上为北）	750
图2.303	陶化店水库东（上为北）	752
图2.304	马涧河下游遗址分布示意图	753
图2.305a	李家湾东南（左为北）	754
图2.305b	李家湾东南（104）、铺刘北（128）、吴家湾东南（107）、段西村西北（105）、段东村东北（106）采集标本	755
图2.306	铺刘北（左为北）	757
图2.307	吴家湾东南（左为北）	759
图2.308	段西村西北（上为北）	761
图2.309	段东村东北（上为北）	762
图2.310a	苗湾东南（左上为北）	764
图2.310b	苗湾东南（098）、苗湾C（097）采集遗物	765
图2.311	苗湾C（左上为北）	766
图2.312a	苗湾B（上为北）	768
图2.312b	苗湾B（096）采集遗物	770
图2.312c	苗湾B（096）采集陶器	771
图2.313a	苗湾A（上为北）	773
图2.313b	苗湾A（095）采集陶器（一）	775
图2.313c	苗湾A（095）采集陶器（二）	776
图2.314	干沟河流域遗址分布示意图	779

xxxiii

图2.315	李家窑西南（左为北）	780
图2.316a	邢村东（左上为北）	781
图2.316b	邢村东（Y121）采集标本	782
图2.317a	半个寨（上为北）	784
图2.317b	半个寨（Y123）采集遗物	785
图2.317c	半个寨（Y123）采集陶器	786
图2.318a	邢村（上为北）	788
图2.318b	邢村（Y120）、赵城水库东（Y119）采集陶器	789
图2.319	赵城水库东（下为北）	790
图2.320a	赵城（上为北）	792
图2.320b	赵城（Y077）采集石器	794
图2.320c	赵城（Y077）采集陶器（一）	796
图2.320d	赵城（Y077）采集陶器（二）	797
图2.320e	赵城（Y077）采集陶器（三）	798
图2.321a	赵城西南（上为北）	800
图2.321b	赵城西南（Y079）、赵城西（Y078）采集遗物	801
图2.322	赵城西（上为北）	802
图2.323	刘村西南（右下为北）	804
图2.324a	赵城西北（右上为北）	805
图2.324b	赵城西北（Y116）、高村东北（Y115）、府店东南（Y118）采集遗物	806
图2.325	高村东北（右下为北）	807
图2.326	府店东南（左上为北）	808
图2.327a	小相西南（左上为北）	810
图2.327b	小相西南（Y080）采集遗物	811
图2.328a	颜良寨水库西南（左上为北）	812
图2.328b	颜良寨水库西南（Y114）采集遗物（一）	813
图2.328c	颜良寨水库西南（Y114）采集遗物（二）	815
图2.328d	颜良寨水库西南（Y114）采集遗物（三）	816
图2.329a	小相西（上为北）	817
图2.329b	小相西（Y084）采集标本	818
图2.330a	颜良寨水库西（左上为北）	819
图2.330b	颜良寨水库西（Y087）采集陶器（一）	821
图2.330c	颜良寨水库西（Y087）采集陶器（二）	823
图2.331a	府店东（左上为北）	825
图2.331b	府店东（Y124）采集遗物	826

图2.332a	小相西北（上为北）	……	828
图2.332b	小相西北（Y085）采集遗物	……	829
图2.333a	颜良寨西南（上为北）	……	831
图2.333b	颜良寨西南（Y086）采集标本	……	832
图2.334	府北村北（上为北）	……	833
图2.335a	颜良村西（左上为北）	……	834
图2.335b	颜良村西（Y088）、冯寨西南（Y089）采集遗物	……	835
图2.336	冯寨西南（左上为北）	……	836
图2.337a	滑国故城（左为北）	……	838
图2.337b	滑国故城（Y107）采集遗物	……	840
图2.337c	滑国故城（Y107）采集陶器	……	841
图2.338a	滑城河东（下为北）	……	842
图2.338b	滑城河东（Y112）采集遗物	……	843
图2.339	冯寨西（左上为北）	……	845
图2.340a	冯寨西北（左上为北）	……	846
图2.340b	冯寨西北（Y090）、杨寨西（Y059）采集标本	……	847
图2.341	杨寨西（左为北）	……	849
图2.342a	杨寨西北（左下为北）	……	851
图2.342b	杨寨西北（Y058）采集标本	……	852
图2.343a	南村寨东南（右上为北）	……	853
图2.343b	南村寨东南（Y061）采集遗物	……	854
图2.344	南村寨（右上为北）	……	856
图2.345a	南村寨南（右上为北）	……	857
图2.345b	南村寨南（Y060）、滑城河西（Y109）采集标本	……	858
图2.346	滑城河西（右下为北）	……	859
图2.347a	滑城河北（右上为北）	……	861
图2.347b	滑城河北（Y108）采集遗物（一）	……	862
图2.347c	滑城河北（Y108）采集遗物（二）	……	863
图2.348a	府西村东北（右下为北）	……	865
图2.348b	府西村东北（Y111）采集标本	……	866
图2.349a	府西村北（右下为北）	……	868
图2.349b	府西村北（Y110）采集遗物	……	870
图2.349c	府西村北（Y110）采集陶器（一）	……	872
图2.349d	府西村北（Y110）采集陶器（二）	……	873
图2.350a	南村寨西（上为北）	……	874

图2.351	南村寨西南（上为北）	877
图2.352	桑沟水库北（左为北）	878
图2.353	桑沟老村（上为北）	879
图2.354a	桑沟五队北（左下为北）	881
图2.354b	桑沟五队北（Y126）、三官庙窑厂东南（Y105）采集标本	882
图2.355	三官庙窑厂东南（左上为北）	883
图2.356a	桑沟南（左上为北）	885
图2.356b	桑沟南（Y066）采集遗物	886
图2.357	桑沟西（左为北）	887
图2.358a	三官庙窑厂（右下为北）	888
图2.358b	三官庙窑厂（Y106）采集陶器（一）	889
图2.358c	三官庙窑厂（Y106）采集陶器（二）	890
图2.358d	三官庙窑厂（Y106）采集标本	891
图2.359	桑沟西北（左上为北）	892
图2.360a	三官庙北（右下为北）	893
图2.360b	三官庙北（Y104）、马屯西村南（Y103）采集遗物	894
图2.361	马屯西村南（上为北）	895
图2.362a	马屯新村（上为北）	897
图2.362b	马屯新村（Y069）采集标本	898
图2.363a	马屯老村（左下为北）	900
图2.363b	马屯老村（Y102）、马屯北（Y070）采集遗物	901
图2.364	马屯北（左为北）	902
图2.365	王闲（左下为北）	904
图2.366a	贾屯（右为北）	905
图2.366b	贾屯（Y101）采集陶器	906
图2.367	孙家闲南（右为北）	907
图2.368a	李家沟东（上为北）	908
图2.368b	李家沟东（Y099）采集遗物	910
图2.368c	李家沟东（Y099）采集陶器（一）	911
图2.368d	李家沟东（Y099）采集陶器（二）	913
图2.368e	李家沟东（Y099）采集陶器（三）	914
图2.368f	李家沟东（Y099）采集陶器（四）	915
图2.369a	罗彦庄西南/肖家沟（左为北）	916
图2.369b	罗彦庄西南/肖家沟（Y072）、顾家屯南（Y098）、顾家屯东南（Y097）采集标本	917

图2.370	顾家屯南（上为北）	918
图2.371	顾家屯东南（右上为北）	920
图2.372a	顾家屯东（左上为北）	922
图2.372b	顾家屯东（Y096）、石家沟东南（Y095）采集标本	923
图2.373	石家沟东南（左为北）	924
图2.374	石家沟东（上为北）	926
图2.375a	念子庄西北（左上为北）	927
图2.375b	念子庄西北（Y073）采集标本	928
图2.376a	石家沟东北（上为北）	929
图2.376b	石家沟东北（Y093）采集标本	930
图2.377a	石家沟老村北（右上为北）	932
图2.377b	石家沟老村北（Y092）、干沟猪场（Y074）采集标本	933
图2.378	干沟猪场（左为北）	934
图2.379a	回龙湾新村东（右为北）	936
图2.379b	回龙湾新村东（Y083）采集标本	937
图2.380a	干沟南（左为北）	939
图2.380b	干沟南（Y076）采集标本	940
图2.381a	刘乐寨西南（左为北）	941
图2.381b	刘乐寨西南（Y075）采集标本	943
图2.382	回龙湾南（右上为北）	944
图2.383a	回龙湾（上为北）	945
图2.383b	回龙湾（Y081）采集标本	946
图2.384	肖村北（上为北）	947
图2.385	木阁沟东南（上为北）	948
图2.386	曹河流域遗址分布示意图	949
图2.387a	曹阏（左上为北）	950
图2.387b	曹阏（Y135）、南沟（Y134）采集标本	951
图2.388	王阏（左上为北）	952
图2.389	南沟（右为北）	953
图2.390	虎山坡南（上为北）	955
图2.391	曹河水库西（上为北）	956
图2.392	后林东南（左为北）	957
图2.393a	北后沟东（上为北）	958
图2.393b	北后沟东（Y137）采集遗物	959
图2.394a	北后沟西北（上为北）	960

图2.394b	北后沟西北（Y139）采集标本	962
图2.395a	新后沟窑厂东（上为北）	963
图2.395b	新后沟窑厂东（Y132）采集陶器（一）	964
图2.395c	新后沟窑厂东（Y132）采集陶器（二）	965
图2.396a	新后沟东（上为北）	966
图2.396b	新后沟东（Y131）、新后沟（Y130）采集标本	967
图2.397	新后沟（上为北）	968
图2.398a	后沟（上为北）	970
图2.398b	后沟（Y129）、鲁庄东北（Y128）采集标本	971
图2.399	鲁庄东北（左为北）	972
图2.400	沙河沟、天坡河流域遗址分布示意图	973
图2.401a	南罗（上为北）	974
图2.401b	南罗（Y125）采集标本	974
图2.402	八陵西（右上为北）	975
图2.403a	鳌坡（左上为北）	976
图2.403b	鳌坡（Y051）采集标本	977
图2.404a	堤东（上为北）	979
图2.404b	堤东（Y052）采集标本	980
图2.405a	龙骨堆（上为北）	982
图2.405b	龙骨堆（Y053）采集陶器	983
图2.406	金钟寺（左为北）	985
图2.407a	天坡水库东北（右为北）	987
图2.407b	天坡水库东北（Y043）采集标本	989
图2.407c	天坡水库东北（Y043）采集陶器（一）	992
图2.407d	天坡水库东北（Y043）采集陶器（二）	993
图2.408a	天坡（右为北）	995
图2.408b	天坡（Y049）采集标本	996
图2.409a	羽林庄南（上为北）	998
图2.409b	羽林庄南（Y050）、新移（Y045）采集标本	1000
图2.410	新移（上为北）	1001
图2.411	坞罗河流域遗址分布示意图	1002
图2.412a	大南沟（下为北）	1003
图2.412b	大南沟（Y038）、上庄东南（Y039）采集陶器	1004
图2.413	上庄东南（左上为北）	1005
图2.414a	上庄南（左为北）	1007

图2.414b	上庄南（Y037）采集标本	1008
图2.414c	上庄南（Y037）采集陶器	1010
图2.414d	上庄南（Y037）采集标本	1011
图2.415a	北地沟（左为北）	1012
图2.415b	北地沟（Y055）、涉村南南沟（Y036）、涉村东（Y035）、东山原（Y041）采集标本	1013
图2.416	涉村上古朵（右下为北）	1014
图2.417	涉村南南沟（上为北）	1015
图2.418	涉村东（上为北）	1016
图2.419	东山原（上为北）	1018
图2.420	铁生沟西南（下为北）	1020
图2.421a	铁生沟（下为北）	1022
图2.421b	铁生沟（Y029）采集标本	1024
图2.422a	夹津口（下为北）	1025
图2.422b	夹津口（Y030）、北营（Y044）采集标本	1026
图2.423	北营（上为北）	1027
图2.424	双河（上为北）	1029
图2.425	双河东南（上为北）	1030
图2.426a	寺院沟（左下为北）	1031
图2.426b	寺院沟（Y034）采集标本	1032
图2.427a	坞罗西坡2（上为北）	1033
图2.427b	坞罗西坡2（Y042）采集标本	1034
图2.428a	坞罗西坡1（下为北）	1036
图2.428b	坞罗西坡1（Y033）采集标本	1037
图2.429a	坞罗南店（上为北）	1038
图2.429b	坞罗南店（Y032）采集标本	1040
图2.430a	坞罗水库西1（右下为北）	1041
图2.430b	坞罗水库西1（Y025）采集标本	1042
图2.431	坞罗水库西2（右下为北）	1044
图2.432	罗口南（上为北）	1045
图2.433a	罗口（上为北）	1046
图2.433b	罗口（Y022）采集石器	1048
图2.433c	罗口（Y022）采集陶器（一）	1049
图2.433d	罗口（Y022）采集陶器（二）	1050
图2.433e	罗口（Y022）采集陶器（三）	1051

图2.434	火葬场南／山川西南（左为北）	1052
图2.435	喂庄东南高地（下为北）	1053
图2.436a	喂庄东南（左为北）	1054
图2.436b	喂庄东南（Y020）采集标本	1055
图2.437a	喂庄东南角（左下为北）	1057
图2.437b	喂庄东南角（Y023）采集标本	1058
图2.438	喂庄南（右为北）	1059
图2.439	罗口砖厂东北（上为北）	1061
图2.440a	喂庄西（上为北）	1062
图2.440b	喂庄西（Y019）采集标本	1063
图2.441a	喂庄西南（上为北）	1064
图2.441b	喂庄西南（Y018）采集石器	1066
图2.441c	喂庄西南（Y018）采集陶器（一）	1067
图2.441d	喂庄西南（Y018）采集陶器（二）	1068
图2.441e	喂庄西南（Y018）采集陶器（三）	1070
图2.442	费窑南2（上为北）	1071
图2.443	费窑南3（上为北）	1072
图2.444	费窑南1（左为北）	1073
图2.445a	费窑西南（下为北）	1074
图2.445b	费窑西南（Y011）采集标本	1075
图2.446	官庄西（右为北）	1077
图2.447	永熙陵北（右为北）	1078
图2.448	芝田东南（上为北）	1079
图2.449	电厂东南1（下为北）	1080
图2.450a	清易镇东2（上为北）	1081
图2.450b	清易镇东2（Y003）采集标本	1082
图2.451	清易镇东3（右为北）	1083
图2.452	电厂南（上为北）	1084
图2.453a	电厂东南2（左下为北）	1085
图2.453b	电厂东南2（Y008）、电厂西（Y048）采集标本	1086
图2.454	清易镇东1（上为北）	1087
图2.455	电厂西（下为北）	1088
图2.456	范堂东南（上为北）	1089
图2.457	南石路南（上为北）	1090
图2.458a	稍柴（右下为北）	1091

图2.458b	稍柴（Y1001）采集石器		1094
图2.458c	稍柴（Y1001）采集陶器(一)		1095
图2.458d	稍柴（Y1001）采集陶器（二）		1096
图2.458e	稍柴（Y1001）采集陶器（三）		1097
图2.458f	稍柴（Y1001）采集陶器（四）		1098
图2.459a	南石（左上为北）		1100
图2.459b	南石（Y1003）采集标本		1101
图2.460a	小訾殿南（下为北）		1103
图2.461	小訾殿北（左上为北）		1105
图2.462	稍柴电厂北路东（右为北）		1107
图2.463	稍柴南（右为北）		1108
图2.464	稍柴水、益家窝水流域遗址分布示意图		1110
图2.465	稍柴东A（左上为北）		1111
图2.466	稍柴东B（左上为北）		1112
图2.467	东沟（左上为北）		1113
图2.468	东沟西（左上为北）		1114
图2.469a	业茂沟／小南沟西南（左为北）		1115
图2.469b	业茂沟／小南沟西南（Y144、Y145）、东沟北／西北／东（Y146—Y148）采集标本		1116
图2.470	东沟北／西北／东（下为北）		1118
图2.471	益家窝（右上为北）		1119
图2.472a	牌坊沟（上为北）		1120
图2.472b	牌坊沟（Y149）采集标本		1121
图3.1	洛阳盆地中东部先秦时期遗址分布		插页
图3.2	旧石器时代遗址点分布图		1123
图3.3	旧石器时代遗物		1124
图3.4	新石器时代遗址分布图		插页
图3.5	裴李岗文化晚期遗址分布图		1126
图3.6	裴李岗文化遗物		1128
图3.7	仰韶文化遗址分布图		插页
图3.8	仰韶文化早期遗址分布图		1130
图3.9	仰韶文化早期遗物		1132
图3.10	仰韶文化中期遗址分布图		1134
图3.11	仰韶文化中期遗物		1136
图3.12	仰韶文化晚期遗址分布图		1138

图3.13	仰韶文化晚期遗物图	1141
图3.14	龙山文化遗址分布图	插页
图3.15	龙山文化早期遗址分布图	1144
图3.16	龙山文化早期遗物	1145
图3.17	龙山文化晚期遗址分布图	1147
图3.18	龙山文化晚期遗物	1150
图3.19	青铜时代遗址分布图	插页
图3.20	二里头文化遗址分布图	插页
图3.21	二里头文化一期遗址分布	1153
图3.22	二里头文化二期遗址分布图	1156
图3.23	二里头文化二期典型遗物	1158
图3.24	二里头文化三期遗址分布图	1160
图3.25	二里头文化三期部分遗物	1163
图3.26	二里头文化四期遗址分布图	1165
图3.27	二里头文化四期部分遗物	1167
图3.28	二里岗文化遗址分布图	1170
图3.29	二里岗文化早期遗址分布图	1172
图3.30	二里岗文化早期部分遗物	1174
图3.31	二里岗文化晚期遗址分布图	1176
图3.32	二里岗文化晚期遗物	1178
图3.33	殷墟文化遗址分布图	1180
图3.34	殷墟文化部分遗物	1183
图3.35	西周时期遗址分布图	插页
图3.36	西周早期遗址分布图	1186
图3.37	西周中期遗址分布图	1186
图3.38	西周晚期遗址分布图	1187
图3.39	采集的部分西周遗物	1190
图3.40	东周时期遗址分布图	插页
图3.41	春秋时期遗址分布图	插页
图3.42	春秋时期遗物	1194
图3.43	战国时期遗址分布图	1196
图3.44	战国时期遗物	1198
图4.1	裴李岗至二里头文化一期的聚落分布	1209
图4.2	从裴李岗晚期到东周的聚落等级变化	1210
图4.3	测年数据	1211

图4.4	利用求和概率分布（SPD）分析聚合^{14}C年代	1220
图4.5	二里头文化二至四期至东周时期聚落分布	1221
图4.6	聚落形态变化趋势	1226
图5.1	伊洛地区的重要遗址及资源	1233
图5.2	地理信息系统计算伊洛地区土地生产流程图	1239
图5.3	伊洛地区数字化高程模型图（DEM30）及调查区域遗址分布	1240
图5.4	裴李岗文化晚期遗址分布及领地生产力	1243
图5.5	仰韶文化早期遗址分布及领地生产力	1244
图5.6	仰韶文化中期遗址分布及领地生产力	1245
图5.7	仰韶文化晚期遗址分布及领地生产力	1247
图5.8	龙山文化早期遗址分布及领地生产力	1249
图5.9	龙山晚期遗址分布及领地生产力	1251
图5.10	二里头文化一期遗址分布及领地生产力	1252
图5.11	二里头文化二期遗址分布及领地生产力	1253
图5.12	二里头文化三期遗址分布及领地生产力	1255
图5.13	二里头文化四期遗址分布及领地生产力	1256
图5.14	裴里岗文化至二里头文化时期人口数量变化曲线	1258
图5.15	裴李岗文化至二里头文化时期总土地利用率变化曲线图	1258
图5.16	各流域人口数量变化曲线对比图	1259
图6.1	每期样本量（a，左图）以及各期样品体积与种子密度（b，右图，种子数/土壤体积）	1266
图6.2	每期样品体积和种类（乘以100）	1266
图6.3	根据土壤样品体积比较植物多样性（a，左图）和种子密度（b，右图）	1267
照片组1	可食用植物资源（标尺=除了橡子之外皆为1毫米）	1269
图6.4	所有样品中不同种子类别的比例	1271
图6.5	不同时期小米在种子总数以及其他栽培植物密度（包括稻、小麦、大豆、赤豆和紫苏）中所占比例的变化	1272
照片组2	湿地杂草	1275
照片组3	禾本科杂草	1276
照片组4	其他高地杂草和水果	1277
照片组5	肉果	1279
照片组6	未知植物遗存	1280
图6.6	遗址面积与总种子密度	1281
图6.7	不用时期的遗址面积与总种子密度	1282
图6.8	小米密度与黍族杂草密度的相关性	1282

图7.1	灰嘴遗址二里头时期代表性石器的岩石种类	1304
图7.2	灰嘴遗址附近地形及地质构造（河南省地矿局，1984年）	1305
图7.3	石器显微照片	1306
图7.4	地表鲕状白云岩和其叠压的粉砂岩的特性	1307
图7.5	灰嘴常见石器主要岩石来源分布	1308
图8.1	灰嘴遗址发掘地点（2002—2004年）	1320
图8.2	白云岩毛坯、浮选重样和白云岩石铲在工具中的比例	1321
图8.3	二里头文化遗址在伊洛区域的分布	1322
图8.4	伊洛地区发现白陶和鲕状白云岩石铲的二里头文化遗址的地理位置	1324
图8.5	南洼遗址白陶片的化学元素分组及同其他三个二里头文化遗址的对比	1326
图9.1	采样点位置	1335
图9.2	灰嘴遗址取样地点	1335
图9.3	灰嘴仰韶F1堆积序列 05HYEHF1	1336
图9.4	15厘米长的灌入块（M18）显微影像	1337
图9.5	14厘米长的土块（M19）显微影像	1337
图9.6	薄片M19B显微影像	1337
图9.7	M18A切片显微影像	1337
图9.8	M1切片显微影像	1338
图9.9	M18A切片显微影像	1338
图9.10	M18A切片显微影像	1338
图9.11	M18B1切片显微影像	1338
Figure 4.1	Settlement distribution from Peiligang to Erlitou I	1351
Figure 4.2	Settlement hierarchy from major periods	1352
Figure 4.3	Chart of Oxcal dates	1353
Figure 4.4	AMS dates analyzed with the summed probability distributions (SPD) method	1362
Figure 4.5	Settlement distribution from Erlitou II-IV to Eastern Zhou	1364
Figure 4.6	Changing settlement patterns from Peiligang to Eastern Zhou	1368
Figure 5.1	Important sites and resources in the Yiluo River valley	1377
Figure 5.2	Cartographic model of the Gongyi GIS Analysis	1380
Figure 5.3	The site distribution and the survey areas in the Yiluo Project	1381
Figure 5.4	Late Peiligang Period	1384
Figure 5.5	Early Yangshao Period	1385
Figure 5.6	Middle Yangshao Period	1385
Figure 5.7	Late Yangshao Period	1386
Figure 5.8	Early Longshan Period	1386

Figure 5.9	Late Longshan Period	1387
Figure 5.10	Erlitou I	1387
Figure 5.11	Erlitou II	1388
Figure 5.12	Erlitou III	1388
Figure 5.14	Fluctuations of population size through time	1389
Figure 5.13	Erlitou IV	1389
Figure 6.1	Sample sizes by periods (a) and sample volumes and seed density (seed no/soil liters) per period (b)	1403
Figure 6.2	Sample volumes and number of taxa multiplied by 100 by periods	1404
Figure 6.3	Comparison of plant diversity (a) and seed density (b) by soil sample volume. Plant diversity is represented by a number of taxa per sample. Taxa in (b) include all identified seed taxa, one ubiquitous, unidentified seed type (unknown type 1 in Appendix 1), and two nut types but excludes all other unknown seeds	1404
Photo Group 1	Edible plant resources	1407
Photo Group 2	Wetland weeds	1413
Figure 6.4	Proportions of seed cateories in all samples	1413
Photo Group 3	Poaceae weeds	1414
Photo Group 4	Other upland weeds & fruits	1416
Photo Group 5	Fleshy fruits	1418
Photo Group 6	Unknown plant remains	1419
Figure 6.5	Changes in millet proportions per a total number of seeds and densities of other cultigens, including rice, wheat, sobyean, azuki and perilla, through time	1420
Figure 6.6	Total seed densities by site extents	1421
Figure 6.7	Total seed densities by site sizes in each period. Hatched samples represent those with total seed densities of the upper quantile (25%). Below the red lines are the sizes of the lowest settlement tiers in each period. Y axis is site sizes in hectare	1422
Figure 6.8	Correlation between millet density and *paniceae* weed density. Two outliers, Jiandongcun NW (Y196B) Nanshi (Y1003), are excluded in this bivariate plot	1423
Figure 7.1	Lithologies of stone tools dating to the Erlitou period at Huizui; representative sample of overall assemblage from the site (collected during surveys in 2001 and 2002, and excavations in 1959)	1428
Figure 7.2	from Bureau of Geology and Mineral Resources of Henan Province, 1984	1430
Figure 7.3	(a, b) Polished surface of oolitic dolomite spade; oolites appear as dark spots embedded in pale cement. (c, d) Photomicrographs of oolitic dolomite from	

	outcrop; oolites appear as mostly circular bodies, some concentrically banded, within pale cement; oolites and cement replaced by blocky crystals of dolomite, sample traversed by thin bedding-parallel ferruginous layer. (e, f) Photomicrographs of oolitic dolomite from spade; note strong similarities to oolitic dolomite from outcrop, and well-marked outlines of blocky dolomite crystals replacing oolites	1431
Figure 7.4	Outcrop characteristics of oolitic dolomite and overlying siltstone. (a, b) In hillsides oolitic dolomite forms small cliff; siltstone occurs as grassy, less steep slope. (c) Unquarried outcrop of oolitic dolomite, showing natural pavement at top of bed. (d) Premodern quarry in oolitic dolomite; note rubble slope below quarry. (e) Quarried pavement of main bed of oolitic dolomite, with overlying siltstone containing a thin separate bed of oolitic dolomite; note tendency of oolitic dolomite to split into thin slabs. (f) Premodern quarry in oolitic dolomite; note thin-bedded nature of main (lower) bed	1432
Figure 7.5	Distribution of most of the common rock types used for artefact manufacture at Huizui. Distribution of oolitic dolomite based on mapping carried out during the present study; sites of premodern quarries shown	1433
Figure 8.1	Map of Huizui and location of excavation areas	1447
Figure 8.2	Ratio of raw materials in blanks, lithic types from heavy fraction, major tool types in Huizui	1450
Figure 8.3	Distribution of Erlitou culture sites in the Yiluo region, showing the locations of spade production sites in relation to dolomite resource. Oolitic dolomite outcrops are in embedded in the dolomite deposits. Sites are surveyed by the Yiluo Team and Erlitou team (Erlitou Team survey results based on Erlitou Working Team 2005)	1451
Figure 8.4	Location of Erlitou sites which yielded white pottery and oolitic dolomite spades around the Yiluo region	1454
Figure 8.5	Chemical element grouping of white ware shards from the Nanwa site and comparison with other three sites of the Erlitou state	1456
Map 9.1	The Yiluo Project: site locations	1462
Map 9.2	Sampling locations at Huizui	1462
Figure 9.1	Huizui Yangshao F1 floor sequences 05HYEHF1; ground-raising and preparation surfaces (Layers 1, 3, 5, and 7), floors (Layers 2, 4, 6 and 8) and burned daub (adobe) debris (Layer 9); samples M16-M19. Note biologically worked and homogenised upper deposits (Layer 11) and possible vertical wall or partition (white arrow)	1463

Figure 9.2   Scan of 15 cm long impregnated block (M18) that sampled Layer 5 – a plant-tempered adobe preparation surface (APS), and Layer 6 – a series of fossiliferous tufa floor layers (TFL) composed of quarried slabs of tufa; the basal slab and overlying thicker slabs showing natural horizontal splitting. Tufa is a type of limestone formed in calcareous springs 1468

Figure 9.3   Scan of 14 cm long block (M19) that sampled Layer 7 – adobe ground-raising deposits (AGR) and plant-tempered adobe preparation surface (APS), Layer 8 – a series of fossiliferous tufa floor layer(s) (TFL), tufa slabs or slab showing natural horizontal splitting, and Layer 9 – burned daub (adobe) debris (BDD) 1468

Figure 9.4   Scan of thin section M19B showing (Layer 7) voids pseudomorphic of plant-tempering (PT) and dark-coloured adobe preparation surface (APS) – a mud-plastered layer, and (Layer 8) tufa floor layers (TFL) containing fossil features (FF). Width is ~ 5cm 1468

Figure 9.5   Scan of thin section M18A, tufa floor layers (Layer 6) containing loessic soil clasts and plant fossils, and showing horizontal cracks (HC) – natural horizontal splitting of the tabular tufa, and the location of fine-charcoal-rich loessic silt coating the base of one crack (Silt) – see text. Width is ~ 5cm 1468

Figure 9.6   Photomicrograph of M1, fragmented sample of floor; detail of biochemical growth patterns in tufa. Crossed polarized light (XPL), frame width is ~ 2.3 mm ... 1469

Figure 9.7   Photomicrograph of M18A, Floor Layer 6b, showing plant pseudomorphs and fossil remains formed by sparite (calcite) set in an impure micritic and microsparitic matrix (tufa) containing silt-size quartz (loess). XPL, frame width is ~ 4.6 mm 1469

Figure 9.8   Photomicrograph of M18B, blackened plant tissues embedded in calcitic tufa as evidence of naturally included plant fragments. XPL, frame width is ~ 1.06 mm 1469

Figure 9.9   Photomicrograph of M18B, plant-tempered mudplastered loess forming a floor preparation surface (arrows point out void pseudomorphs of plant tempering); the dense character of the matrix is due to soil slaking caused by the mudplastering process. XPL, frame width is ~ 4.6 mm 1469

图版目录

图版一	调查区域卫星影像	图版二八	工作照
图版二	工作照	图版二九	工作照
图版三	工作照	图版三〇	工作照
图版四	工作照	图版三一	工作照
图版五	工作照	图版三二	工作照
图版六	工作照	图版三三	工作照
图版七	工作照	图版三四	洛河
图版八	工作照	图版三五	洛河
图版九	工作照	图版三六	洛河
图版一〇	工作照	图版三七	洛河
图版一一	工作照	图版三八	魏窑沟、五龙庙沟
图版一二	工作照	图版三九	五龙庙沟、伊河
图版一三	工作照	图版四〇	伊河
图版一四	工作照	图版四一	伊洛河
图版一五	工作照	图版四二	伊洛河
图版一六	工作照	图版四三	洛汭、杨沟
图版一七	工作照	图版四四	杨沟、诸葛沟
图版一八	工作照	图版四五	梁村沟、酒流沟
图版一九	工作照	图版四六	袁沟、沙沟河
图版二〇	工作照	图版四七	沙沟河
图版二一	工作照	图版四八	沙沟河
图版二二	工作照	图版四九	沙沟河、东沙沟
图版二三	工作照	图版五〇	东沙沟
图版二四	工作照	图版五一	铁窑河
图版二五	工作照	图版五二	铁窑河
图版二六	工作照	图版五三	铁窑河
图版二七	工作照	图版五四	铁窑河、浏河

图版五五	浏河、浏涧河	图版九〇	遗址
图版五六	浏河	图版九一	遗址
图版五七	浏涧河	图版九二	遗迹、遗址
图版五八	马涧河	图版九三	遗迹、遗址
图版五九	马涧河、曹河	图版九四	南瓦窑（Y156）
图版六〇	暗河、滑城河	图版九五	康北古城（Y157）
图版六一	东一干渠、干沟河	图版九六	康沟（Y158）
图版六二	干沟河	图版九七	遗址
图版六三	干沟河	图版九八	遗迹、遗址
图版六四	干沟河、曹河	图版九九	遗迹、遗址
图版六五	曹河、天坡河	图版一〇〇	遗址
图版六六	天坡河	图版一〇一	遗址
图版六七	天坡河、南河	图版一〇二	遗址
图版六八	坞罗河	图版一〇三	遗址
图版六九	坞罗河	图版一〇四	遗址
图版七〇	坞罗河	图版一〇五	遗址
图版七一	坞罗河	图版一〇六	金钟寺（081）
图版七二	坞罗河	图版一〇七	遗迹、遗址
图版七三	坞罗河、稍柴水	图版一〇八	遗址
图版七四	遗址、遗迹	图版一〇九	遗址
图版七五	遗迹、遗址	图版一一〇	遗址
图版七六	遗址	图版一一一	遗址
图版七七	遗址	图版一一二	遗址
图版七八	遗址	图版一一三	南寨上村东（154）灰坑
图版七九	遗址	图版一一四	孙家窑西（193）
图版八〇	遗址	图版一一五	孙家窑西（193）灰坑
图版八一	遗址	图版一一六	遗址
图版八二	景阳岗（041）灰坑	图版一一七	遗址
图版八三	景阳岗（041）灰坑	图版一一八	王湾西北（195）灰坑
图版八四	遗址	图版一一九	遗迹、遗址
图版八五	遗址	图版一二〇	遗址
图版八六	遗址	图版一二一	西湾北（189）灰坑
图版八七	遗址	图版一二二	遗迹、遗址
图版八八	遗址	图版一二三	遗址
图版八九	遗迹、遗址	图版一二四	遗址

图版一二五	武屯南（153）灰坑		图版一六〇	遗址
图版一二六	遗址		图版一六一	遗址
图版一二七	掘山（147）		图版一六二	遗址
图版一二八	肖村西寨西北（208）		图版一六三	遗址
图版一二九	肖村西寨西北（208）		图版一六四	遗址
图版一三〇	遗址、遗迹		图版一六五	郑窑南（Y189）
图版一三一	遗址		图版一六六	遗迹、遗址
图版一三二	遗址		图版一六七	遗址
图版一三三	遗迹、遗址		图版一六八	涧东村（Y195）灰坑
图版一三四	高崖西（134）灰坑		图版一六九	遗迹
图版一三五	高崖东北（132）H1		图版一七〇	遗址
图版一三六	铁窑东南（218）		图版一七一	老周寨（Y200）
图版一三七	遗址		图版一七二	老周寨（Y200）灰坑
图版一三八	遗迹、遗址		图版一七三	遗址
图版一三九	马寨西（213）灰坑		图版一七四	屯寨西北（Y198）
图版一四〇	马寨西（213）H4		图版一七五	遗址
图版一四一	马寨西（213）灰坑		图版一七六	南吴家湾东南（Y213）
图版一四二	寨湾东南（216）		图版一七七	遗迹、遗址
图版一四三	寨湾东南（216）灰坑		图版一七八	遗址
图版一四四	寨湾东南（216）灰坑		图版一七九	老吊桥寨（Y217）
图版一四五	寨湾东南（216）灰坑		图版一八〇	遗址
图版一四六	遗迹、遗址		图版一八一	陈河北（112）灰坑
图版一四七	寨湾东北（217）灰坑		图版一八二	遗迹、遗址
图版一四八	寨湾东北（217）灰坑		图版一八三	盆窑寨东南（109）灰坑
图版一四九	曹寨北（212）		图版一八四	遗址
图版一五〇	曹寨北（212）灰坑		图版一八五	遗址
图版一五一	曹寨北（212）灰坑		图版一八六	苗湾B（096）灰坑
图版一五二	遗迹、遗址		图版一八七	苗湾A（095）
图版一五三	西张庄东北（221）灰坑		图版一八八	苗湾A（095）灰坑
图版一五四	西张庄东北（221）灰坑		图版一八九	遗迹、遗址
图版一五五	西张庄东北（221）灰坑		图版一九〇	遗迹、遗址
图版一五六	遗址		图版一九一	府北村北（Y113）
图版一五七	遗址		图版一九二	颜良村西（Y088）
图版一五八	遗址		图版一九三	冯寨西南（Y089）
图版一五九	陶化店水库（126）		图版一九四	冯寨西南（Y089）灰坑

图版一九五	杨寨西（Y059）		图版二三〇	喂庄西（Y019）灰坑
图版一九六	遗址		图版二三一	喂庄西南（Y018）
图版一九七	桑沟老村（Y065）		图版二三二	遗迹、遗址
图版一九八	遗址		图版二三三	遗址
图版一九九	马屯新村（Y069）灰坑		图版二三四	遗址
图版二〇〇	马屯新村（Y069）灰坑		图版二三五	南石（Y1003）房址
图版二〇一	李家沟东（Y099）灰坑		图版二三六	遗迹
图版二〇二	遗址		图版二三七	石器（年代不详）
图版二〇三	遗址		图版二三八	石器、石料（年代不详）
图版二〇四	堤东（Y052）		图版二三九	石器、石料（年代不详）
图版二〇五	遗址		图版二四〇	石器、石料（年代不详）
图版二〇六	天坡水库东北（Y043）灰坑		图版二四一	石器、石料（年代不详）
图版二〇七	天坡水库东北（Y043）灰坑		图版二四二	石器、圆陶片（年代不详）
图版二〇八	天坡水库东北（Y043）		图版二四三	石器、石料（年代不详）
图版二〇九	天坡（Y049）		图版二四四	蚌器、石器（年代不详）
图版二一〇	遗迹、遗址		图版二四五	石器（年代不详）
图版二一一	羽林庄南（Y050）灰坑		图版二四六	石器（年代不详）
图版二一二	羽林庄南（Y050）灰坑		图版二四七	石器（年代不详）
图版二一三	遗址		图版二四八	石器（年代不详）
图版二一四	上庄东南（Y039）灰坑		图版二四九	蚌器、石器（年代不详）
图版二一五	上庄南（Y037）		图版二五〇	石器（年代不详）
图版二一六	遗址		图版二五一	石器、石料（年代不详）
图版二一七	铁生沟西南（Y028）		图版二五二	石器、石料（年代不详）
图版二一八	铁生沟（Y029）		图版二五三	石器、石料（年代不详）
图版二一九	遗迹、遗址		图版二五四	石器、蚌器（年代不详）
图版二二〇	遗址		图版二五五	石器石料（年代不详）
图版二二一	坞罗西坡2（Y042）灰坑		图版二五六	石器（年代不详）
图版二二二	坞罗南店（Y032）		图版二五七	石器、石料（年代不详）
图版二二三	坞罗南店（Y032）灰坑		图版二五八	石器、石料、骨器（年代不详）
图版二二四	坞罗南店（Y032）灰坑		图版二五九	石铲坯（年代不详）
图版二二五	遗迹、遗址		图版二六〇	石铲坯（年代不详）
图版二二六	罗口（Y022）灰坑		图版二六一	石铲坯（年代不详）
图版二二七	罗口（Y022）灰坑		图版二六二	石器、石料（年代不详）
图版二二八	遗址		图版二六三	石器、石料（年代不详）
图版二二九	遗址		图版二六四	石器（年代不详）

图版二六五	石器、石料（年代不详）	图版三〇〇	石器（年代不详）
图版二六六	石器（年代不详）	图版三〇一	石器（年代不详）
图版二六七	石器、石料（年代不详）	图版三〇二	石器、石料（年代不详）
图版二六八	石器、石料、蚌器（年代不详）	图版三〇三	旧石器时代与裴李岗文化遗物
图版二六九	石器、石料（年代不详）	图版三〇四	仰韶文化早期陶器
图版二七〇	石器、石料、骨器（年代不详）	图版三〇五	仰韶文化早期陶器
图版二七一	石器、石料（年代不详）	图版三〇六	仰韶文化早中期陶器
图版二七二	石器、石料（年代不详）	图版三〇七	仰韶文化早中期陶器
图版二七三	石器、石料（年代不详）	图版三〇八	仰韶文化中期陶器
图版二七四	石器（年代不详）	图版三〇九	仰韶文化中期陶器
图版二七五	石器、石料（年代不详）	图版三一〇	仰韶文化中期陶器
图版二七六	石器（年代不详）	图版三一一	仰韶文化中期、战国陶器
图版二七七	石器、石料（年代不详）	图版三一二	仰韶文化中期陶器
图版二七八	石器、石料（年代不详）	图版三一三	仰韶文化中期陶器
图版二七九	石器（年代不详）	图版三一四	仰韶文化中期陶器
图版二八〇	石器（年代不详）	图版三一五	仰韶文化中期陶器
图版二八一	石器（年代不详）	图版三一六	仰韶文化中期陶器
图版二八二	石器（年代不详）	图版三一七	仰韶文化中期陶器
图版二八三	石器、石料（年代不详）	图版三一八	仰韶文化中期遗物
图版二八四	石器、角器（年代不详）	图版三一九	仰韶文化中期陶器
图版二八五	石器（年代不详）	图版三二〇	仰韶文化中期陶器
图版二八六	砺石、石铲坯（年代不详）	图版三二一	仰韶文化中期陶器
图版二八七	石器、石料（年代不详）	图版三二二	仰韶文化中晚期陶器
图版二八八	石器（年代不详）	图版三二三	仰韶文化中晚期陶器
图版二八九	石器、石料（年代不详）	图版三二四	仰韶文化中晚期陶器
图版二九〇	石器（年代不详）	图版三二五	仰韶文化晚期陶器
图版二九一	砺石、石锤（年代不详）	图版三二六	仰韶文化晚期陶器
图版二九二	石锤（年代不详）	图版三二七	仰韶文化晚期陶器
图版二九三	石锤、砺石（年代不详）	图版三二八	仰韶文化晚期陶器
图版二九四	砺石	图版三二九	仰韶文化晚期陶器
图版二九五	石器、石料（年代不详）	图版三三〇	仰韶文化晚期陶器
图版二九六	石器、石料（年代不详）	图版三三一	仰韶文化晚期遗物
图版二九七	石器、石料（年代不详）	图版三三二	仰韶文化晚期陶罐
图版二九八	石器（年代不详）	图版三三三	仰韶文化晚期陶器
图版二九九	石器（年代不详）	图版三三四	仰韶文化晚期陶器

图版三三五	仰韶文化晚期陶器	图版三七〇	龙山文化晚期遗物
图版三三六	仰韶文化晚期陶器	图版三七一	龙山文化晚期遗物
图版三三七	仰韶文化晚期陶器	图版三七二	龙山文化晚期遗物
图版三三八	仰韶文化晚期遗物	图版三七三	龙山文化晚期陶器
图版三三九	仰韶文化晚期遗物	图版三七四	龙山文化晚期陶器
图版三四〇	仰韶文化晚期、龙山文化陶器	图版三七五	龙山文化晚期陶器
图版三四一	仰韶文化晚期陶器	图版三七六	龙山文化晚期、二里头文化早期陶器
图版三四二	仰韶文化晚期陶器	图版三七七	二里头文化二期陶器
图版三四三	仰韶文化晚期陶器	图版三七八	二里头文化二期陶器
图版三四四	仰韶文化晚期陶器	图版三七九	二里头文化二期遗物
图版三四五	仰韶文化晚期陶器	图版三八〇	二里头文化二期遗物
图版三四六	仰韶文化晚期陶器	图版三八一	二里头文化二期陶器
图版三四七	仰韶文化晚期陶器	图版三八二	二里头文化二期陶器
图版三四八	仰韶文化晚期陶器	图版三八三	二里头文化二期遗物
图版三四九	仰韶文化晚期陶器	图版三八四	二里头文化二期陶器
图版三五〇	仰韶文化石刀	图版三八五	二里头文化二期陶器
图版三五一	龙山文化早期陶器	图版三八六	二里头文化二、三期陶器
图版三五二	龙山文化早期陶器	图版三八七	二里头文化三期陶器
图版三五三	龙山文化早期陶器	图版三八八	二里头文化三期陶器
图版三五四	龙山文化早期遗物	图版三八九	二里头文化三期陶器
图版三五五	龙山文化早期陶器	图版三九〇	二里头文化三期陶器
图版三五六	龙山文化遗物	图版三九一	二里头文化三期陶器
图版三五七	龙山文化晚期陶器	图版三九二	二里头文化三期陶器
图版三五八	龙山文化晚期陶器	图版三九三	二里头文化三期陶器
图版三五九	龙山文化晚期陶器	图版三九四	二里头文化三期陶器
图版三六〇	龙山文化晚期陶器	图版三九五	二里头文化三、四期陶器
图版三六一	龙山文化晚期陶器	图版三九六	二里头文化四期陶器
图版三六二	龙山文化晚期遗物	图版三九七	二里头文化四期陶器
图版三六三	龙山文化晚期遗物	图版三九八	二里头文化四期陶器
图版三六四	龙山文化晚期遗物	图版三九九	二里头文化四期陶器
图版三六五	龙山文化晚期陶器	图版四〇〇	二里头文化四期陶器
图版三六六	龙山文化晚期陶器	图版四〇一	二里头文化四期陶器
图版三六七	龙山文化晚期遗物	图版四〇二	二里头文化四期陶器
图版三六八	龙山文化晚期陶器	图版四〇三	二里头文化四期陶器
图版三六九	龙山文化晚期陶器		

图版四〇四	二里头文化四期陶器	图版四三五	春秋时期陶器
图版四〇五	二里头文化四期陶器	图版四三六	春秋时期陶器
图版四〇六	二里头文化四期陶器	图版四三七	春秋时期陶器
图版四〇七	二里头文化四期陶器	图版四三八	春秋时期陶器
图版四〇八	二里头文化四期、二里岗晚期陶器	图版四三九	春秋时期陶器
		图版四四〇	春秋时期陶器
图版四〇九	二里头文化四期陶器	图版四四一	春秋时期陶器
图版四一〇	二里头文化四期陶器	图版四四二	战国时期陶器
图版四一一	二里岗文化早期陶器	图版四四三	战国时期陶器
图版四一二	二里岗文化早期陶器	图版四四四	战国时期陶器
图版四一三	二里岗文化早期陶器	图版四四五	战国时期陶器
图版四一四	二里岗文化晚期陶器	图版四四六	战国时期陶器
图版四一五	二里岗文化晚期陶器	图版四四七	战国时期陶器
图版四一六	二里岗文化晚期陶器	图版四四八	战国时期陶器
图版四一七	二里岗文化晚期陶器	图版四四九	战国时期陶器
图版四一八	二里岗文化晚期陶器	图版四五〇	战国时期陶器
图版四一九	殷墟文化陶器	图版四五一	战国时期陶器
图版四二〇	殷墟文化陶器	图版四五二	战国时期陶器
图版四二一	殷墟文化陶器	图版四五三	战国时期陶器
图版四二二	殷墟文化陶器	图版四五四	战国时期陶器
图版四二三	殷墟文化陶器	图版四五五	战国时期陶器
图版四二四	西周时期陶器	图版四五六	战国时期陶器
图版四二五	西周时期陶器	图版四五七	战国时期陶器
图版四二六	西周时期陶器	图版四五八	战国时期陶器
图版四二七	西周时期陶器	图版四五九	战国时期陶器
图版四二八	西周时期陶器	图版四六〇	战国时期陶器
图版四二九	西周时期陶器	图版四六一	战国时期陶器
图版四三〇	春秋时期陶器	图版四六二	东周时期陶器
图版四三一	春秋时期陶器	图版四六三	东周时期陶器
图版四三二	春秋时期陶器	图版四六四	东周时期陶器
图版四三三	春秋时期陶器	图版四六五	汉代陶器
图版四三四	春秋时期陶器		

资　料　编

第一章 绪　　言

第一节　区域景观生态及历史沿革

洛阳盆地位于黄河中游的河南省西部，处于黄土高原的东南侧，是中国第二阶梯和第三阶梯的过渡地带。洛阳盆地西高东低，南北两侧高，中间低，呈凹槽状。盆地东西狭长，呈椭圆形，地势自西南向东北倾斜，最西部海拔150米左右，向东逐渐降至110余米，总面积逾1000平方千米[①]（图1.1）。

盆地内的平原地带地势平坦开阔，交通便利；水源充裕，土质肥沃，气候温暖，物产丰茂。肥沃的冲积平原保证了农业生产的丰收，使之能够养活密集的人口。相对封闭的自然环境有利于军事防卫，盆地周围山峦相交处的交通孔道上，历代设有多处关隘要塞，号称"东有成皋轩辕之险，西有函谷崤函之固"，因此历来为兵家必争之地，帝王建都之所。

一、地形地貌

从地貌上看，该区域自北向南依次为丘陵、平原和山地。

（一）北部邙山黄土丘陵台原

盆地北部分布着黄土丘陵——邙山。邙山又名北邙山、北芒、北山、平逢山、太平山、郏山等，属于秦岭北支崤山之余脉，同时也是黄河与其支流洛河的分水岭。

邙山位于东亚地貌阶梯边界带上，地处以风尘沉积为主的黄土区向以风尘沉积与流水沉积共同作用的平原区的过渡地带，是黄土高原与华北平原过渡带上最东南缘的黄土塬[②]。

广义的邙山西起三门峡市渑池县境内，沿黄河南岸绵延至荥阳市的广武山，长度约190多

[①]　洛阳地方史志编纂委员会：《洛阳市志（14）·文物志》，中州古籍出版社，1995年。
[②]　王喜生、杨振宇、王书兵，等：《中原邙山黄土下部地层的古地磁初步结果》，《中国地球物理学会第二十四届年会论文集》，2008年。

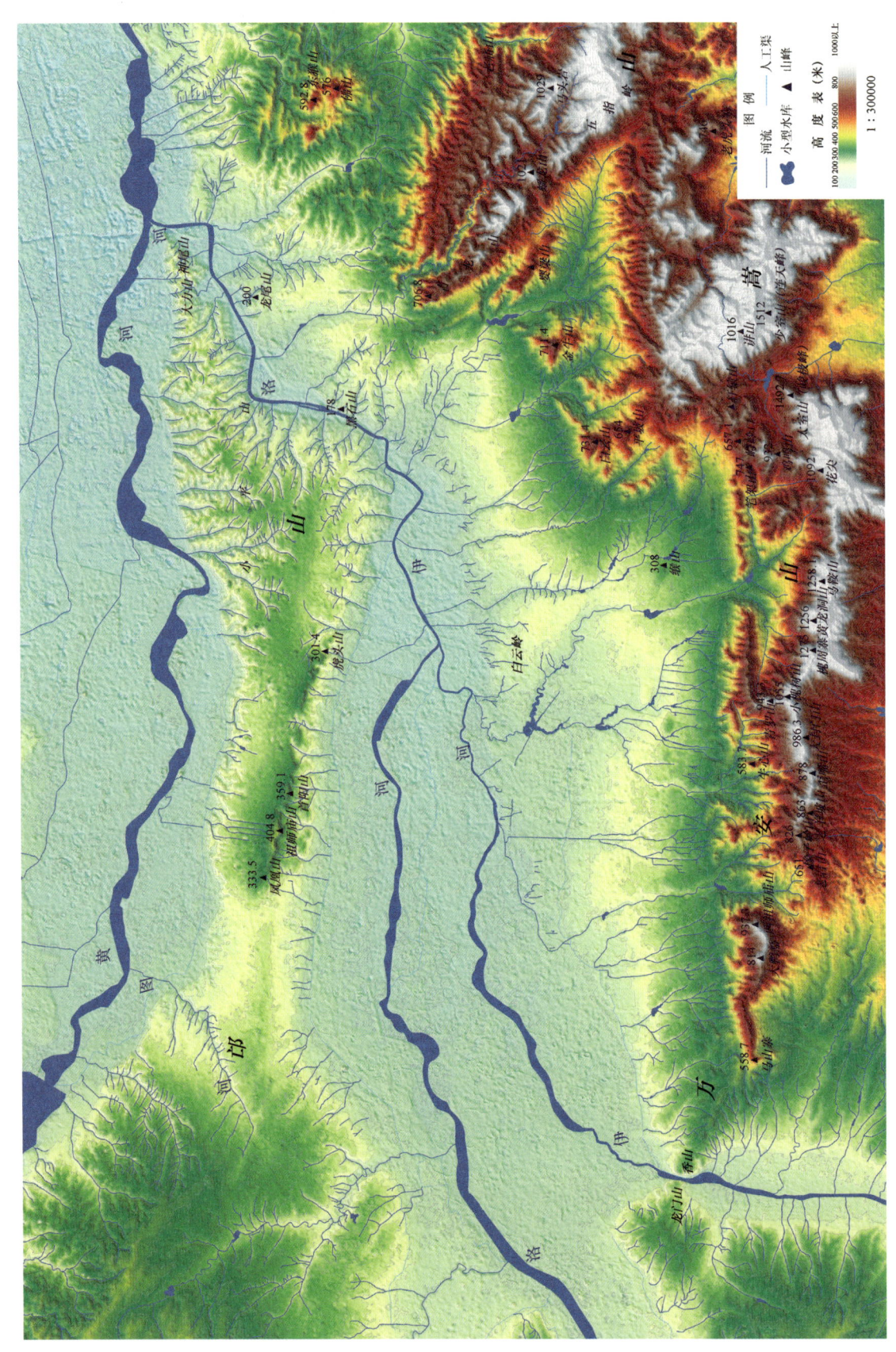

图1.1 洛阳盆地及周边地貌

千米。狭义的邙山仅指洛阳市以北的黄河与其支流洛河的分水岭，东端到洛汭。

邙山西高东低，山顶较为平缓，中间高两侧低，一般海拔120—300米，相对高度50—180米。中东部主要山峰有凤凰山、祖师庙山、首阳山、虎头山、小平山（东首阳山）、大力山、神尾山等。最高峰为偃师境内的祖师庙山，海拔404.8米（一说403.9米）。山上覆盖数米至数十米厚的黄土，其下有较厚的钙质结构层（料姜石），基岩为石英砂岩。

（二）伊洛河谷冲积平原

盆地中部是呈三级阶地的伊、洛河冲积平原。西起洛阳市区，东至巩义与偃师交界处的黑石关，分布于伊、洛河的下游与汇流后地段，在两河的长期共同作用下形成，是区域内最宽的河谷平原。海拔多在150米以下，由洛河北侧平原、伊河南侧平原以及两河间的夹河平原三部分组成。

北侧平原与黄土丘陵相连，向南侧斜，海拔120—200米，比高一般20—30米，宽2000—4000米。

伊、洛河两河间的夹河平原，俗称"夹河滩"，西起洛阳市洛龙区关林镇附近，东至偃师市岳滩镇杨村附近，由堆积阶地和河漫滩构成，大部分海拔在120米左右，比高10—20米，地势平坦，地面开阔，南北宽3000—5000米。地表物质以黄色亚黏土和夹砂黏土为主。

伊河南侧平原，由二级堆积阶地和河漫滩构成，海拔低于150米，比高25米左右，宽2500—4000米。

（三）南部山前侵蚀浅山黄土陵（洪积冲积坡地）

位于伊河南二级阶地与万安山之间，是山前洪积冲积形成的平坡地。这一区域包括陆浑水库东一干渠和伊东渠之间，洛阳市伊滨区的诸葛、李村、庞村、寇店诸镇，偃师市域内的大口、缑氏、府店以及巩义境内的孝义、芝田、回郭、鲁庄、西村、夹津口、涉村等乡镇。土层深厚，海拔150—350米，由南向北呈单一方向倾斜。

沿万安山麓有零星石岗凸起。沙河以东，地势平缓，虽有冲沟，但不失其完整性。沙河以西呈梁状地形，冲沟发育，地块破碎。

靠山根处海拔400米左右，向北缓慢下降至150米，陡然下降北接伊洛河谷平原。伊河南岸支流和季节河将黄土塬切割为不同的小塬。塬的周围呈现出黄土梁和V形谷并存的地貌。

（四）南部中低山地

洛阳盆地南侧为嵩山山脉，属于秦岭支脉伏牛山系之余脉，是黄河与淮河流域的分水岭。

其中西段的万安山横亘于洛阳市伊滨区（原偃师市）、偃师和伊川之间，西起伊阙，东至嵩山。山势高低起伏不一，形态各异、随地立名。自西向东依次主要有香山、大鸭峪、西祖师庙山、老君山、大封门山、小槐树山、马鞍山、缑山、崿岭口等。海拔300—1300米，低的如缑山海拔308米，高的如香炉寨峰，海拔1302.3米。

东段的嵩山主要处于偃师、巩义和登封、新密四县市交界处。由众多山脉组成，包括轘辕山、嵩山（太室山）、讲山、白云山、金牛山、黑石山、五指岭、老庙山、青龙山、婴梁山、龙尾山、横岭等。其中嵩山与五指岭的海拔超过1000米，最高峰连天峰海拔1512米。

万安山及嵩山北坡较缓，南坡陡峭。北侧水系相对发达，沟岔相连，地表径流汇入伊河及伊洛河南岸诸支流后，流入伊河或伊洛河。

二、水系水文

流经洛阳盆地的水系主要为洛河下游及其支流涧河、瀍河和伊河。其中瀍河和涧河在洛阳盆地西北部南流汇入洛河。伊河出伊阙后东北向流经洛阳盆地，在偃师境内汇入洛河后并称伊洛河，伊洛河在巩义境内的神堤处汇入黄河（图1.2）。伊河、洛河撑起了河洛文化的一翼厚重，"伊洛文明"被西方一些历史学家称赞为"东方的两河文明"。调查发现的大部分遗址均位于伊洛河及其支流两岸。

（一）洛河水系

洛阳盆地北侧的邙山丘陵，南侧较缓，北侧较为陡峭。地表受雨水冲刷，在南侧形成了众多大体南北向的冲沟，汇水多流入洛河。

1. 洛河

洛河，水文上称之为南洛河，古称雒水，是黄河右岸重要的一级支流。源出陕西省渭南市华州区西南与蓝田县、临渭区交界的箭峪岭木岔沟，流经陕西省东南部的洛南县及河南省西北部的卢氏、洛宁、宜阳、洛阳市区、偃师，在河南省巩义市神堤村注入黄河（图版四三，1）。河道全长466.9千米[1]，流域总面积18881平方千米[2]。

1954—1985年（白马寺水文站观测资料），洛河最大流量7230立方米/秒，相应海拔133.32米（1958年7月17日）；最小流量0.39立方米/秒，相应海拔128.45米（1960年6月22日）；最高海拔133.72米，相应流量5380立方米/秒（1982年8月1日）；最低海拔128.42米（1978年5月24日）。多年平均含沙量7.1千克/立方米。1965—1978年，多年平均径流量37.6亿立方米[3]。

洛河流经洛阳市区后，在调查区域内自西向东流经区域内，北岸主要村庄有史家湾、杨

---

[1] 洛河总长度表述不一，或为453千米，或为447千米，最长的表述为466.9千米。偃师县志编纂委员会：《偃师县志》，生活·读书·新知三联书店，1992年，第161页。
[2] 《中国河湖大典》编纂委员会：《中国河湖大典·黄河卷·洛阳部分》，水利水电出版社，2014年。
[3] 偃师县志编纂委员会：《偃师县志》，生活·读书·新知三联书店，1992年，第161页。

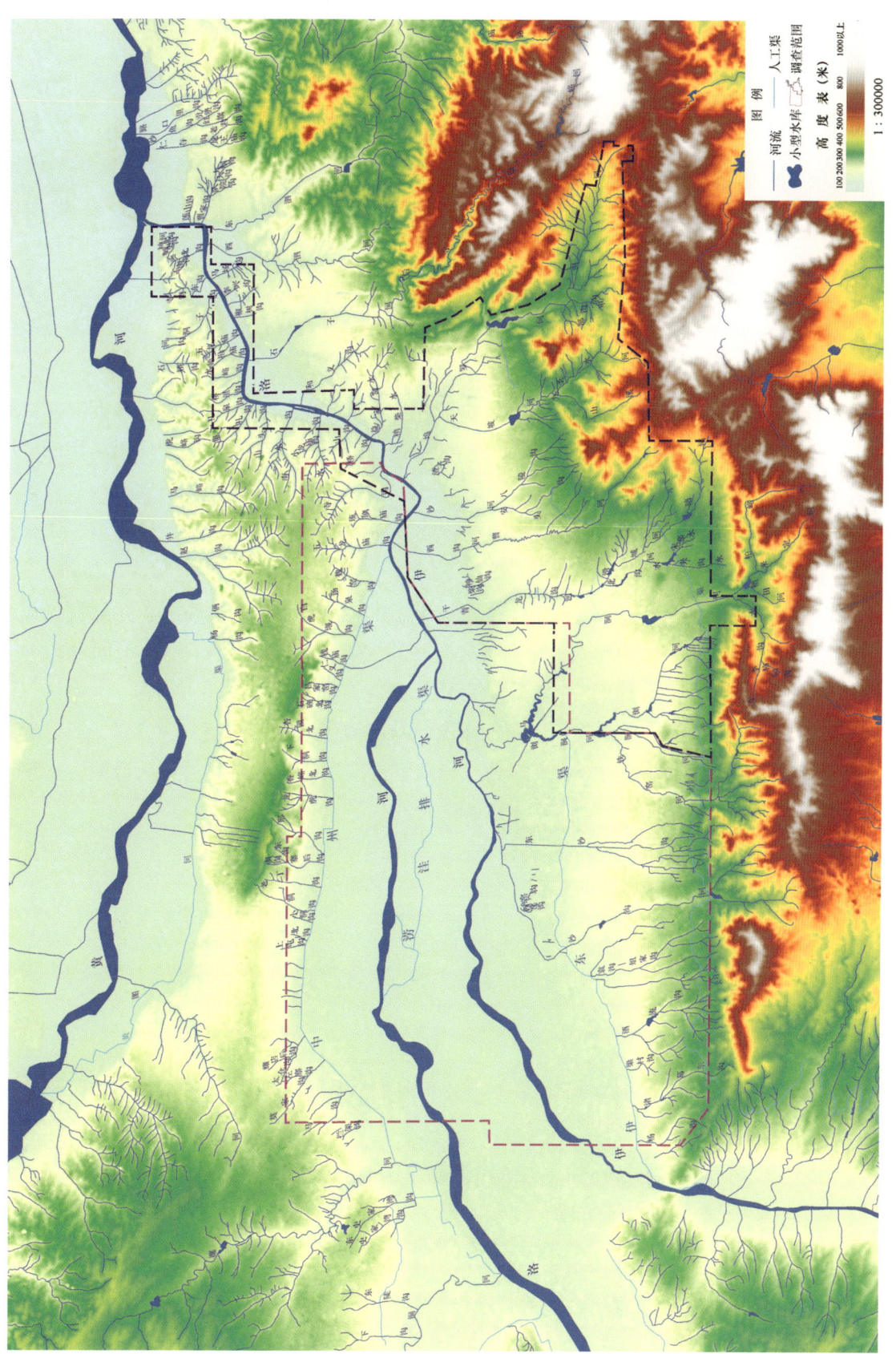

图1.2 洛阳盆地内主要水系

湾、半个店、陈屯老村、枣园、龙虎滩、小湾、渔骨、和村、古城、城东、前纸庄、新寨、塔庄、西寺庄、东寺庄、许庄、魏窑、山圪垱、台沟、忠义、寺沟、石家庄；南岸有李楼、向阳、桃园、三官庙、太平、潘寨、崖望、西新庄、东新庄、西石桥、孙家岗、李家岗、河头、大郊、朱圪垱、太学、关庄、任圪垱、北许、二里头、喂庄、谷堆头、郭家滩、何家地、后马郡、岳滩等，沿岸南北两侧均有不少遗址分布（图版三四—图版三七）。

2. 洛河北岸的冲沟（季节河）

洛阳市区段瀍河以东的邙山南麓有众多地表径流冲积而形成的沟壑，部分冲沟上游有泉水流出，形成溪流，部分冲沟在雨季有雨水汇集，形成季节河，这些溪流或季节河共同构成了洛河北岸的众多南北向支流。

调查区域内自西向东，在孟津县境内有拦驾沟、马沟、莫家沟、小寨沟、左家沟、太仓沟-耀店后沟、北沟、老寨沟、五龙沟、上屯沟、小洞沟、老洞沟、丁沟、东沟-南沟-寨后、邢沟，偃师境内有龙虎沟、香峪北沟、下洞沟、小东沟、大东沟、杏园北沟、石硖北沟、吕家窑沟、仁义沟、窑头沟、白虎堰沟-古路沟、圈神庙沟、汤泉沟、西沟、东沟、凤凰沟、魏窑沟（图版三八，1）、东沟-寨沟、石头沟、台沟、琉璃庙沟、石榴沟、寺沟、徐沟、桥沟[①]，巩义境内的桃沟、山沟、南沟、大北沟、小龙王庙沟、南水沟、寺沟、集礼沟、礼泉沟、瓦窑沟、水峪西沟、水峪东沟、祖师庙沟、周沟、槐沟、五龙庙沟（图版三八，2；图版三九，1）等。其中较大的冲沟有马沟、莫家沟、丁沟、邢沟、龙虎沟、香峪北沟、下洞沟、大东沟、汤泉沟、魏窑沟、石头沟、寺沟、南沟、小龙王庙沟、南水沟[②]等。

据记载寺沟中有大温泉2处，小温泉84处，泉水顺沟南下，古称浔溪，汇入温塘，出塘后分两支南流，称为浔水，南流1.5千米后入伊洛河[③]。

这些溪流或季节河在雨季形成的地表径流或流入邙山南麓山脚下的古河道[④]，或南流汇入洛河，沿岸也有不少遗址分布。

（二）伊河水系

1. 伊河

古称鸾水、伊水、伊川，是黄河南岸一级支流洛河的最大支流。源自于河南省洛阳市栾川县陶湾镇境内熊耳山南麓的三合村闷顿岭，流经嵩县、伊川，蜿蜒于熊耳山南麓，伏牛山北麓，穿伊阙而入洛阳，东北至偃师注入洛河，与洛水汇合后并称伊洛河。干流全长264.88千

---

① 偃师县志编纂委员会：《偃师县志》，生活·读书·新知三联书店，1992年，第162页。
② 巩县志编纂委员会：《巩县志》，中州古籍出版社，1991年，第94页。
③ 偃师县志编纂委员会：《偃师县志》，生活·读书·新知三联书店，1992年，第164—165页。
④ 邙山南麓至洛河之间无明显集水区，根据《水经注》和当地貌来看，现中州渠沿线附近可能为先秦时期的瀍水和汉魏时期的阳渠所在。

米①，流域面积6029平方千米。

在洛阳市洛龙区境内，伊河由龙门镇魏湾村入境，至李楼乡西石坝出境（图版三九，2）。河道流向东北，河床为砂卵石结构。年平均径流量14.9亿立方米，径流深224.4毫米。河床最宽处（东石罢）3.2千米，最窄处（安滩）0.38千米，纵坡出龙门后由几百分之一下降到三千分之一左右。河床由卵石、泥沙构成，渗水性好。由于落差小，泥沙沉积最大，河中多沙洲，不能通航。在偃师县境，伊河自西向东，北岸有后石罢、黄庄、王庄、相公庄、西田村、东田村、宁庄、前王、王七、甄庄、仝庄、赵庄、东庄、岳滩；南岸有西马村、西棘、康庄、白塔、黑龙庙、杨湾、新民、袁付、东石罢、草店、门店、西彭店、高崖、赵寨、半个寨、五岔沟、段湾、苗湾、任庄、顾县、安滩、枣庄、杨村等村庄（图版四〇）。

据龙门水文观测站资料，伊河多年平均流量38.27立方米/秒，多年平均含沙量3.6千克/立方米②。1952年以来，伊河最大流量6850立方米/秒（1958年7月17日），相应海拔154.35米，最小流量0.43立方米/秒，相应海拔148.65米（1955年6月26日）；最高海拔154.5米，相应流量5550立方米/秒（1983年7月30日）。

2. 伊河南岸支流和冲沟（季节河）

伊河出龙门后，流入洛阳盆地，万安山北麓水流汇入伊河主流，水系较为繁杂。主要有以下：

（1）杨沟

源自于万安山北麓蚂蚁梁，经杨沟、李窑村北、刁窑（图版四三，2）、刘窑北（图版四四，1），在郜庄村附近进入伊河。

（2）诸葛沟

源于万安山北麓上徐马西北峪中，出峪后向西北流经下徐马、曹嘴，入诸葛水库（图版四四，2）。出库入伊河③。

（3）梁村沟

自刘沟村北始，北流至梁村南（图版四五，1），入伊河。

（4）酒流沟

源于上徐马东北峪中。出峪流向东北，经水牛沟入陈沟水库。出库折而西北入酒流沟水库（图版四五，2）。出库后注入伊河④。

（5）袁沟—俎家沟

源自于万安山大鸭峪，西支出谷后流经耿沟、魏村东、油赵、袁沟（图版四六，1）、毛村、马庄间，至俎家村入伊河。

---

① 一说全长347千米。偃师县志编纂委员会：《偃师县志》，生活·读书·新知三联书店，1992年，第161页。
② 《中国河湖大典》编纂委员会：《中国河湖大典·黄河卷》，水利水电出版社，2014年。
③ 偃师县志编纂委员会：《偃师县志》，生活·读书·新知三联书店，1992年，第162、163页。
④ 偃师县志编纂委员会：《偃师县志》，生活·读书·新知三联书店，1992年，第164页。

（6）沙沟河

又称沙河，源于洛阳市伊滨区寇店镇五龙东南山涧中。出涧流向西北，入沙河一库。又北流经王窑、高窑入沙河二库。出库至马寨偕水泉沟水（水泉沟水源于水泉口之南山涧，出涧向北经水泉口、石窑、沙河三库至马寨入沙河），经马寨（图版四六，2）、孙窑（图版四七，1）、东朱村、王湾（图版四七，2）、韩寨、杨裴屯（图版四八）、西湾、沙沟、二教塔、寇店、陈家窑、宫家窑入沙河五库。出库折向西北，经九贤（图版四九，1）、苏家窑、武屯、庞村北、掘山、彭店北，在高崖村西入伊河[1]。总长27千米，流域面积110平方千米。

（7）东沙沟河

源于肖村南寨之间的南峡中。出谷西北流经肖村西寨转北，经吕桥、邻寨（图版四九，2）、姬家桥，下经伊东渠（图版五〇，1）、石牛沟（图版五〇，2）、在彭店寨村北入沙沟河[2]。

（8）浏涧河

由浏河、涧河、合水汇合，故名。流域面积253平方千米。

西源为涧河和铁窑河。涧河原名公路涧河，源于董村百步岭黄草谷堆东沟，经杨家沟北下，穿郭村与翟寨之间，又向东北流经引礼寨、陶家村入擂鼓台水库。铁窑河，亦名合水。上源为四道沟水，出谷折向西，和三道沟水、二道沟水相汇，西流汇头道沟水至山张，北流称铁窑河，该河经铁窑（图版五一，1）、杨寨、马寨（图版五一，2）、曹寨、寨湾东、张村东（图版五二，1）、张大寨北（图版五二，2）、符家寨北（图版五三），在陶家村西北（图版五四，1）流入擂鼓台水库。

东源包括浏河和孙寨水等。浏河亦称刘水，源于西管茅南峪中，东流折向西北经西管茅入夏后寺水库，又西北流经任才村、卢村南（图版五四，2）、双泉南（图版五六，2）、郑窑南、浏涧河村注入擂鼓台水库。入库前在双泉南纳孙寨水，孙寨水源于刘庄南山涧中，经孙寨、泉寨，在双泉南入浏河（图版五六，1）。出库北流经西齐家窑，又经郑窑（图版五五，1），折向西北入擂鼓台水库（图版五七，2）。

浏河、涧河、铁窑河入擂鼓台水库后，北流经程子沟（图版五五，2）、涧东、崔河（图版五七，1）、郝寨、姬家村后在陶化店村东入陶化店水库，长24千米。

（9）马涧河

其源有三：东源柏峪河，源于香炉寨东峡柏峪沟中。向北流经东坡、冯窑、杨树庙后，折西经安乐、乔家寨、珍珠泉汇入九龙角水库；中源来定河源于香炉寨西峪中，西北流经马窑、玉皇泉、跑马泉入九龙角水库；西源稻田河源于马鞍山西峪中，出峪西北经曹窑、郝家寨折东北经丁窑入库。汇水于九龙角水库后称马涧河，北流与车李沟水相汇（车李沟水源于车李窑西山涧中，东流经马窑、郭湾、任窑、李窑、西牛窑，折向东北入马涧河），经齐家窑、屯寨入

---

[1] 偃师县志编纂委员会：《偃师县志》，生活·读书·新知三联书店，1992年，第162、163页。
[2] 偃师县志编纂委员会：《偃师县志》，生活·读书·新知三联书店，1992年，第164页。

马涧河水库。以下经马河、张湾、吴家湾、邱河（图版五八，2）、缑氏北（图版五九，1）、化寨南、盆窑北入陶化店水库（图版五八，1）①。

马涧河、浏涧河入陶化店水库后，下游河道北经李家湾，绕白云岭出沟至顾县北注入伊河②。干流长44.5千米。

（三）伊洛河南岸相关水系

伊洛河自偃师杨村处汇流后，下游并称伊洛河（图版四一、图版四二）。其北侧为邙山南麓冲沟及小支流，南岸为源自嵩山北麓的众多支流，包括干沟河、曹河、沙河沟、天坡河、坞罗河、石河、西泗河、东泗河等，调查区域内的支流主要为前五条。

1. 干沟河

古称"休水"，是巩义和偃师两市的界河。上游称暗河（偃师境内称东干河），中游府店村以下称滑城河（图版六〇，2），下游称青龙河。

源自于唐窑村北端，顺峡北行，至巩义檀树庙村东有草庙沟水汇入，西折后与恐龙水合而西流，至巩义李家窑顺沟出峡，经南村寨（图版六一，2；图版六二，1），至半个寨（图版六〇，1），有参驾店北崿岭口沟水汇入，流经赵城水库，出库后向西北与府店北沟水相汇。府店北沟水含夹沟水和宋寨水经韦窑（图版六一，1），汇于二龙沟水库，出库后称北沟水。进入巩义桑家沟水库（图版六二，2）。出库后流经马屯、王阙（图版六三，1）、贾屯、李家沟（图版六三，2）、顾家屯、石家沟（图版六四，1）、回龙湾、毕家寨东出谷，北行入伊洛河。全长27.35千米，河面宽5—10米，流域面积88.6平方千米，河底坡降0.99%③。

2. 曹河

曹河水库上游（图版六四，2）诸水，流经鲁庄乡（图版五九，2；图版六五，1），经回郭镇入伊洛河。全长19.05千米，宽30米左右，流域面积36平方千米，河底坡降1.88%，流经回郭镇段称西沟河或西河④。

3. 沙河沟

又称仨沟河，发源于白云山北麓，夏季来水较多时，汇东侯、南侯、张家嘴三条沟水后于北侯汇合，故名。之后汇安头、八陵水至北罗入伊洛河。全长11千米，流域面积25平方千米⑤。

---

① 偃师县志编纂委员会：《偃师县志》，生活·读书·新知三联书店，1992年，第163页。
② 偃师县志编纂委员会：《偃师县志》，生活·读书·新知三联书店，1992年，第163、164页。
③ 巩县志编纂委员会：《巩县志》，中州古籍出版社，1991年，第93页。
④ 巩县志编纂委员会：《巩县志》，中州古籍出版社，1991年，第93页。
⑤ 巩县志编纂委员会：《巩县志》，中州古籍出版社，1991年，第93页。

4. 天坡河

坞罗河支流，其上游支流西为九山溪，源于窑岭盆地诸水，包括张沟及白云山南麓各水；东为圣水河，汇集讲山北麓诸水，古称白桐涧水，北流经车园在李家窑与九山溪汇合，经堤东（图版六五，2）入天坡水库（图版六六，1），下游（图版六六，2；图版六七，1）经羽林庄在芝田南注入坞罗河，又西北入伊洛河。全长15千米，流域面积约80平方千米[①]。

5. 坞罗河

古称长罗川或罗水。源于五指岭西南山麓，上段在涉村境内称南河，经夹津口北流后称坞罗河，沿途有寺院沟（图版六八，1）、平顶寺、牛鼻泉、涌泉、姜沟河、凌沟水、罗汉寺水及罗泉等水汇入，至坞罗水库（图版六八，2；图版六九，1）汇合后又西北经罗口、喂庄（图版七二，1）、芝田（图版七二，2）、北石等下游诸村（图版七〇，2；图版七一；图版七三，1）入伊洛河。长30.9千米，流域面积120平方千米，河底坡降1.1%[②]。

6. 其他

伊洛河南岸还有其他小型支流，如稍柴水（图版七三，2）、益家窝水等。详见下文相关章节。

（四）人工渠

1. 东一干渠

陆浑灌区五条干渠之一。在洛阳盆地南侧大致沿400米高程线开挖，自汝阳县内埠分水枢纽引水，经汝阳、伊川、伊滨、偃师、巩义等5县（市、区）至坞罗水库（图版六一，1）。1975年开工兴建，1987年全线建成，全长105.6千米。

2. 伊东渠

伊东渠位于洛阳市伊滨区和偃师市境内，大体沿250米高程线东流。始建于1924年，渠长9千米，1950年和1951年扩建后，渠长22千米。1959年二次改建，渠长达31.5千米，设计引水11.7立方米/秒，实际引水8.5立方米/秒。源自于伊河龙门段南侧，流经诸葛、寇店（图版五〇，1）、李村、高龙、顾县等镇，在程子沟村处入浏涧河。

[①] 巩县志编纂委员会：《巩县志》，中州古籍出版社，1991年，第93页。
[②] 巩县志编纂委员会：《巩县志》，中州古籍出版社，1991年，第93页。

3. 中州渠

中州渠为洛河北岸兼具灌溉和城市防洪功能的人工渠，始建于20世纪50年代。渠首为涧河和洛河的交汇处，全长52千米。沿邙山南麓山脚下东流，经洛阳市西工、老城、瀍河和孟津、偃师等县市区，最后排入伊河和洛河的汇合处。

三、气　候

洛阳盆地处于亚热带向暖温带的过渡地带，属大陆性季风气候。具有春季多风、气候干旱，夏季炎热、雨水集中，秋季晴和、日照充足，冬季干冷、雨雪稀少的显著特点。全年四季分明，热量、降水量随时间分布具有显著的季节性特点。

区域年平均气温不一，伊洛河谷地和附近丘陵在12.7—14.6℃，最热7月份在25—27℃之间。山区气温垂直变化明显，海拔600米以上地区多在12.5℃左右，海拔1100米以上地区，年平均气温9.6℃，丘陵地区年平均气温稍高，河谷滩地年平均气温低于丘陵地带0.6℃左右。

降水量也因地域有别，主要集中在汛期，年降水量多在500—650毫米。巩义地区常年降水量偏少。河谷及附近丘陵为少雨区，区内年降水在500—1100毫米，降水时间分布不均，7—9月份降水量占全年的50%以上，年最多降水量为年最少降水量的2.4—3倍。黄土丘陵地区植被少、降雨少、产流少。白马寺以下地区为伊洛河流域径流最少的区域。伊洛河流域洪水由暴雨产生，具有涨落陡、洪峰高、历时短等特点，对中下游及黄河防洪安全具有较大影响。

区域内无霜期200天以上，全年日照时数2200小时以上。

四、自然资源

（一）矿产资源

矿产资源主要集中于南部山地。主要矿产有煤炭、铝土矿、耐火黏土、硫铁矿、高岭土、石灰岩（熔剂灰岩、水泥灰岩）、铁矿、石英岩、白云岩、花岗岩、钾长石、钠长石等。

北部丘陵地区的矿产资源相对较少，主要有煤炭、紫砂岩、砂岩、沙、黏土等5种。原煤主要分布在横水、麻屯等镇。紫砂岩主要分布于小浪底镇西部，建筑用砂岩主要分布在白鹤、小浪底2个镇。

中部的伊洛河滩地多见卵石、河沙。

（二）动物群落

域内因地貌地势差异，动物群落稍有差别。湿地和滩涂地带多见鸟类、两栖类、水生类动物，丘陵及山地常见兽类、鸟类和昆虫类动物。

常见的兽类有野兔、狐狸、黄鼬、岩松鼠、狗獾、狸猫、褐家鼠、小家鼠、田鼠、大仓鼠等。

常见的鸟类有环颈雉、山斑鸠、石鸡（俗称呱呱鸡）、火斑鸠、灰鸽、山雀、乌鸦、燕、绿嘴啄木鸟、星头啄木鸟、布谷鸟、鸳鸯、睢鸠、黄鹂、鹨鸡、鹌鹑、红嘴鸭、雁、灰喜鹊、雀鹰、鸢（俗称老鹰）、金雕（俗称兔鹰）、麻雀、桃虫（俗称槐串、小鸟）、鹭鸶、猫头鹰、戴胜、鸦雀、鸽子、白鹳等。

水生类动物有草鱼、鲢鱼、鲤鱼、虾、鳖、蟹、河蚌等。

两栖类有青蛙、黑斑蛙、蟾蜍等。

昆虫类有蚕、蜂、蝉、蝴蝶、螳螂、蜻蜓、棉蚜虫、棉铃虫、椿象（俗名臭斑斑）、樗鸡、蜘蛛、蚊子、白翎子、蝎子、蜗牛、萤火虫、土鳖、飞蛾、蚯蚓（百足虫）、七星瓢虫、金龟子、马蜂、叩头虫、跳蚤、长蛇、蚰蜒、天牛、蚱蜢、狗蝇、蝇、蝇虎、牛虻、蟋蟀、纺织娘、蚂蚁、斑蝥、衣鱼、蜣螂、守宫、蝗、蠓、麻蜥等。

（三）植物群落

域内因环境差异，植物群落较为丰富，种类繁多。

常见乔木有松、柏、杨、柳、榆、槐、桐、椿、柿树、皂角、桑、枸、榕等，分布较为广泛。

灌木类有牡丹、芍药、月季、小月季、十姊妹、紫荆、花石榴、丁香、玫瑰、刺槐、木芙蓉、棣棠、迎春、麻叶绣球、溲疏、郁李、木槿、蜡梅、榆叶梅、红绿梅、碧桃、垂枝桃、无花果、花椒、探春、臭八仙、垂丝海棠、贴梗海棠、木瓜海棠、木本夜来香、大叶黄杨、雀舌黄杨、瓜子黄杨、金心黄杨、海桐、石楠、桂花、刺桂、女贞、小叶冬青、南天竺、十大功劳、窄叶十大功劳、蚊母、头棘、凤尾柏、孔雀柏、米真柏、翠兰柏、枸骨冬青、夹竹桃、茉莉、忍冬等。

藤木类有爬墙虎、灵霄、紫藤、葡萄。

药材类有地骨皮、五加皮、白藓皮、枣核、白蒺藜、野菊花、透骨草、大力草、防风、苍耳子、蒲公英、远志、白头翁、木回头、南沙参、全瓜蒌、地丁、首乌、白丑、柏子仁、杏仁、桃仁、女贞子、薄荷、旱莲草、青蒿、旋复花、扁畜、天花粉、生地、连翘、车前、桔梗、丹皮、白芍、金银花、荆芥、柴胡、枸杞、蓖麻子、桑白皮、艾叶、大服子、小茴、独叶莲、细辛、龙葵、败酱、合欢、鸡内金、鸡冠花、土鳖虫、马齿苋、泽泻、白茅根、冬瓜子、冬瓜皮、丝瓜络、地龙、麦冬、西瓜皮、血余、花椒、瓜蒂、皂角刺、侧柏叶、茵陈、柿蒂、韭菜、荷叶、桑叶、黑芝麻、槐米等。

五、历史沿革与行政区划

本报告所涉及的调查区域主要为洛阳盆地的中东部地区，调查范围涉及河南省洛阳市市辖区瀍河回族区、洛龙区、伊滨区和下辖的偃师、孟津两县市以及河南省郑州市下辖的巩义市等域内的部分乡镇（图1.3）。其中洛阳市域范围内的遗址主要位于瀍河回族区、洛龙区（原郊区）、伊滨区（洛龙区代管）、偃师市、孟津县的部分乡镇内。

（一）瀍河回族区

1. 概况

瀍河回族区是河南省洛阳市下辖区，位于洛阳市区东部，地理坐标为东经112°28′—112°30′，北纬34°40′—34°42′，东与洛龙区接壤，西与老城区毗邻，北依邙山，南濒洛河，东西长6.55千米，南北宽7.75千米，总面积41.7平方千米。是我国五个少数民族市辖区之一。

2. 历史沿革

民国时期，辖区属洛阳县一区、二区管辖。

1948年3、4月，洛阳解放后。辖区的东关、北窑、北关、马坡划为洛阳市第三区。1949年2月第三区与南关、西关合并为第二区。1950年撤销区建制，所属乡镇改属市郊区，街道直属市政府。1951年10月，恢复区建制，辖区隶属第二区。1952年成立民族乡，管辖自然村的农业生产。

1953年，瀍东回族自治区（乡级）成立，从二区中分出。1954年3月，二区划归洛阳市郊区。1955年7月，一、二区合并为老城区，原辖爽明街办事处、新安街办事处、瀍东回族自治区和民族乡归老城区管辖。

1957年11月15日，成立洛阳市瀍河回族区。下辖瀍东回族自治区（乡级）、民族乡、爽明街办事处、新安街办事处。1958年9月，民族乡撤销，成立政社合一的红旗人民公社。12月，瀍河回族区改为瀍河人民公社，郊区白马寺公社划为瀍河人民公社领导。瀍东回族自治区更名为北窑街道。1959年2月，撤销东关、新安街、北窑3个街道，建立瀍东、瀍西两个管理区。6月，洛阳市对区建制进行调整，恢复瀍河回族区人民委员会，瀍河公社名称继续保留。8月，撤销红旗人民公社，建立农业管理区、蔬菜管理区。9月，撤销瀍河人民公社，恢复瀍河回族区建制。1962年7月，建立东关、东站、北窑、五股路4个街道，白马寺人民公社划归郊区。1963年12月，东站办事处更名为瀍西街道办事处。

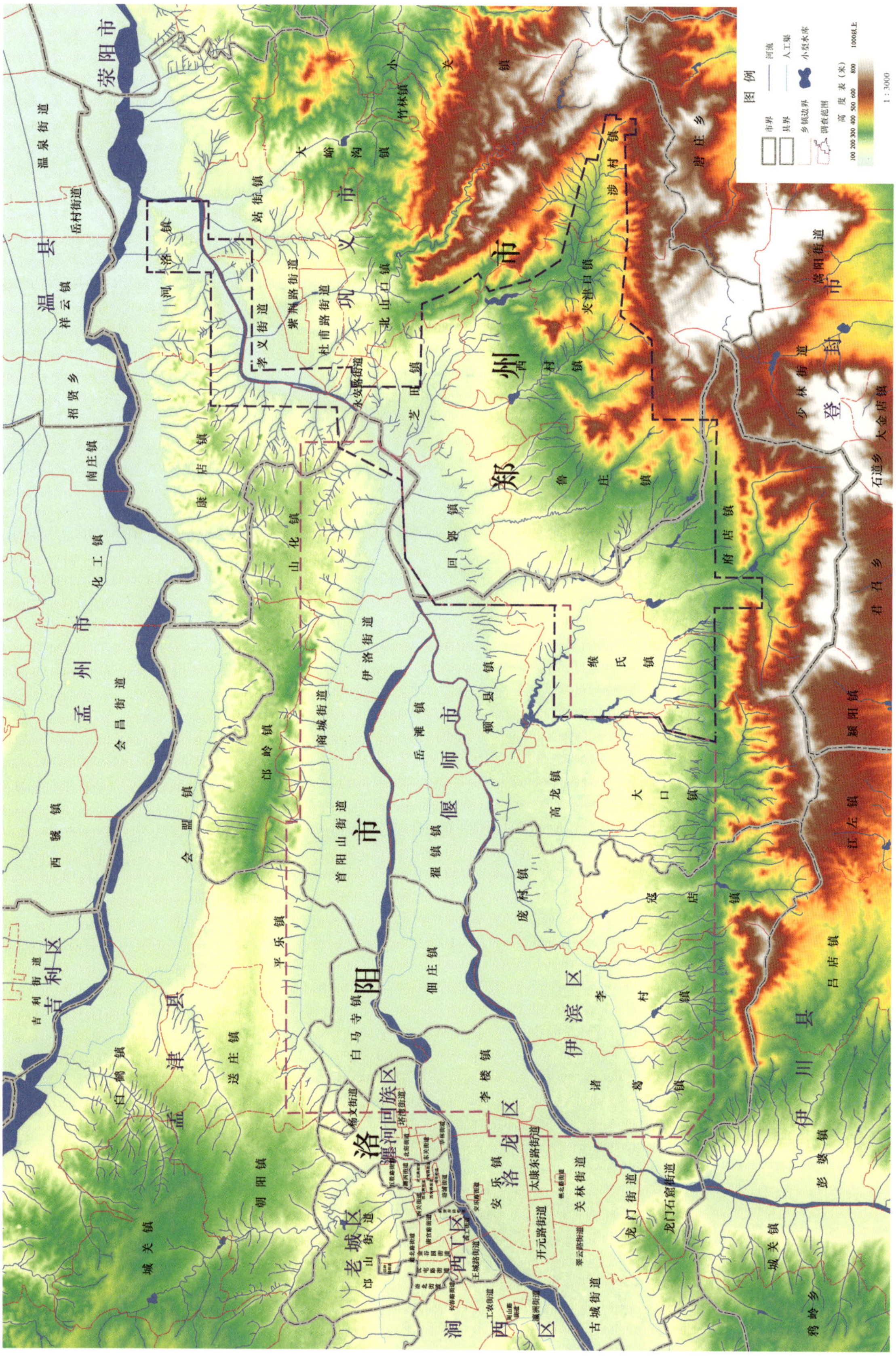

图1.3 洛阳盆地行政区划

1968年4月10日，以区革委会取代区政府，所辖农业归郊区。1970年12月，成立塔湾街道办事处。1977年7月，杨文办事处成立。1980年8月，恢复瀍河回族区人民政府。

3. 行政区划

截至目前，全区下辖1个瀍河回族乡，7个街道办事处，30个社区居委会（含村改居）。调查区域涉及的有塔湾、杨文等街道和瀍河回族乡。

杨文街道涉及杨文、十里堡、马沟、拦沟、吕庙等社区，瀍河回族乡包括旭升、城北、下窑、上窑、塔东、塔西、史家湾、马坡、中窑、盘龙、小李村、恒大等社区。

（二）洛龙区

1. 概况

洛龙区位于洛阳市区东部和南部，背靠邙山，面对伊阙，东望嵩岳，西倚周山，东与偃师市相连，西与宜阳县毗邻，南接伊川县，北与孟津县及瀍河、老城、西工、涧西诸区接壤。地理坐标东经112°16′—112°37′、北纬34°33′—34°46′。南北宽21.5千米，东西长33.5千米。2000年，在原郊区的基础上成立。总面积210平方千米，总人口40.3万人。

2. 历史沿革

民国元年（1912年）初，实行道尹制。辖区所在之洛阳县属河洛道。1914年，属道尹公署。1927年，道尹制废，改属豫西行政长官公署。其时县下设乾、坎、艮、震、离、兑、中等七个区。次年，除坎、中二区未动外，分设乾东、乾西、艮东、艮西、震中、震东、震南、震北、离东、离西、兑南、兑北等15个区。1931年，改设督察区，洛阳县属省第十行政督察专员公署。改中区为第一区；乾区为第二区；坎区为第三区；艮区为第四区；九贤为第五区；李村为第六区；离区为第七区；兑区为第八区。辖区分属二、三、四、七、八区。1935年，将涧河以东，马坡以西各村，以及唐寺塔湾等村，划归一区；瀍河以西各村，划归二区；原四区、七区合并。1939年，划辖区潘寨一带为第六区。1940年，洛阳县开始实行"新县制"。县下设6区、9镇、33乡。1941年冬，撤区并镇合乡，全县设城关5镇，余为19个乡。

1944年5月，日军侵占洛阳，成立伪洛阳县政府。同年11月，中共洛阳县工委、洛阳县抗日民主政府成立。1945年3月，将洛阳县划分为洛南、洛北二县。同年8月15日，日本政府宣布无条件投降，国民党受降后，恢复洛阳县政府。同时，中共洛阳县委、洛阳县民主政府也宣布成立。

1948年3月，洛阳解放，中共洛阳县委、县民主政府迁驻邙山薄姬岭，后改称洛北县民主政府，迁邙山冢头村，属太岳五专区；豫陕鄂三地委决定在洛河以南成立龙门县民主政府，驻洛南练庄村。4月5日，陈赓兵团再克洛阳。8月25日，洛北、龙门二县合并为洛阳县，归豫西一专署。

1949年1月，洛阳县与洛阳市合署，县领导市。辖区属洛阳县。11月，洛阳县、市分治。县下设9个区：一区驻地麻屯、二区驻地海资、三区驻地平乐、四区驻地谷水、五区驻地军屯、六区驻地佃庄、七区驻地丰李、八区驻地李村、九区驻地寇店。1952年12月，洛阳县增加3个区：十区驻地龙门、十一区驻地凤凰台、十二区驻地辛店。

1950年5月，为管理四关（东关、南关、西关、北关）农村工作成立洛阳市郊区公所，辖塔湾、马坡、岳村、小屯、金谷园、下池、西工镇。1954年2月，划洛阳县四区（谷水）归洛阳市。1955年11月，洛阳县建制撤销，将原洛阳县所辖的五区、十区、十二区（合计55个乡镇）划归洛阳市领导。

1956年1月，在原洛阳市郊区办事处的基础上，成立郊区人民委员会。同时将郊区所辖的65个乡、镇，合并为关林、杜村、魏屯、古城、安乐、军屯、石人、焦寨、营庄、冢头、杨冢、王湾、延秋、董窑、辛店、大锄、孙旗屯、白马寺、孔寨等19乡和龙门镇。

1958年8月，关林、龙门、杜村、魏屯、古城、安乐、军屯、石人、焦寨等9乡镇合并建立洛南人民公社；营庄、冢头、杨冢、王湾等4乡成立邙山人民公社；延秋、董窑、辛店、大锄、孙镇屯等5乡成立秦岭人民公社；白马寺、孔寨2乡成立白马寺人民公社。在涧西区各村成立星火人民公社；瀍河区各村成立红旗人民公社；洛北区各村成立洛北人民公社。

1958年11月，撤销郊区建制。建立市属洛南、洛北、瀍河、涧西4个人民公社。除洛南公社未动外，秦岭公社划归涧西人民公社；邙山公社划归洛北人民公社；白马寺公社划归瀍河人民公社，成为其分社。1959年8月，恢复郊区建制，区下辖洛南、邙山、秦岭、白马寺4个人民公社。1961年1月，洛阳市调整政区、郊区再次撤销，在原洛南公社辖区建立市属洛南区，邙山公社辖区建立市属邙山区，秦岭、白马寺分别划归涧西、瀍河区。

1962年6月，郊区再度恢复。区下辖关林、龙门、杜村、范滩、古城、安乐、军屯、李楼、焦寨、营庄、冢头、中沟、杨冢、延秋、董窑、辛店、三山、大锄、白马寺、帽郭等20个人民公社。1965年3月，郊区将20个公社合并为关林、龙门、古城、安乐、李楼、营庄、杨冢、辛店、孙旗屯、白马寺等10个人民公社。瀍河区的马坡、旭升并入瀍河人民公社；涧西区的七里河、谷水两社合并为工农人民公社。1968年3月，经洛阳市革命委员会批准，建立洛阳市郊区革命委员会。1968年8月，经洛阳市批准，将原属涧西区的工农人民公社革命委员会，瀍河区的瀍河人民公社革命委员会，洛北区的洛北人民公社革命委员会等，划归郊区管辖。至此，洛阳市郊区革命委员会管辖13个人民公社革命委员会。

1980年8月，撤销公社革命委员会，建立人民公社管理委员会。1984年3月，改人民公社管理委员会为乡、镇人民政府。区下辖10个乡、3个镇。1990年底，洛阳市郊区人民政府管辖范围为关林、龙门、白马寺3个镇人民政府和工农、洛北、瀍河、邙山、红山、辛店、古城、安乐、李楼、孙旗屯10个乡人民政府。领村民委员会226个，居民委员会20个，辖自然村401个。

2000年，洛阳市城市区划调整，洛龙区成立，将原郊区的工农乡、孙旗屯乡划归涧西区管辖；将原郊区的红山乡和洛北乡的东下池、西下池、瞿家屯、东涧沟、五女冢、金谷园、西小屯、西工等村划归西工区管辖；将原郊区的邙山镇和洛北乡的新生、工农、烧沟、岳村等村划归老城区管辖；将原郊区的瀍河回族乡划归瀍河回族区管辖；将西工区的安乐街道划归洛龙区管辖。调整后，洛龙区辖李楼乡、古城乡、石人乡（实际并未正式成立）、辛店镇、安乐镇、龙门镇、关林镇、白马寺镇和安乐街道。

2005年，洛龙区乡镇区划调整：撤销石人乡[①]，其行政区域划归李楼乡管辖，李楼乡政府驻地不变。调整后，洛龙区辖1个街道、5个镇、2个乡，分别为安乐路街道，龙门镇、白马寺镇、关林镇、辛店镇、安乐镇、李楼乡、古城乡等。

2006年2月28日，洛阳市将宜阳县丰李镇的西霍屯、邢屯、梁屯、王屯、油坊头、毕沟、侯城、小营等10个村划归洛龙区古城乡管辖，将洛龙区辛店镇整建制委托高新技术开发区管理，行政区划不变。2007年6月27日，将古城乡的夜叉磨、古城、杨庄、孙庄4个村和关林镇的曹屯、王圪垱2个村从所在乡镇析出，组建开元路街道办事处。2008年6月，设立龙门石窟街道，管辖范围为原龙门镇的龙门、郜庄、魏湾、寺沟、张沟、郭寨、东草店、西草店诸村和镇南社区、河东社区。2009年12月21日，将偃师市诸葛镇整建制划归洛龙区管辖。2010年3月19日，将偃师市李村镇整建制划归洛龙区管辖。2011年，撤销李楼乡，设立李楼镇。2011年5月9日，将偃师市庞村镇整建制划归洛龙区管辖。2012年8月17日，将偃师市佃庄镇、寇店镇整建制划归洛龙区管辖。

2012年8月17日，撤销洛龙区辛店镇，设立辛店街道办事处；撤销洛龙区关林镇，分设关林、太康东路2街道办事处；撤销洛龙区古城乡，分设古城、科技园2街道办事处；撤销洛龙区龙门镇，分设龙门和龙门石窟2街道办事处等，均实行城市管理体制。2013年，撤销关林、龙门镇分设关林街道、太康东路街道、龙门石窟街道、龙门街道办事处。

2013年12月，成立翠云路街道办事处。2014年7月2日，将宜阳县丰李镇及所辖丰李、贠庄、牛屯、圪瘩、薛营、李王屯、小作、殷屯、牛庄、前窑、河口、东军屯、西军屯、东坡、东鸣鹤、西鸣鹤等16个建制村划归洛龙区管辖。

2017年7月，成立学府街道办事处。

3. 行政区划

截至2017年12月，洛龙区辖11个街道、7个镇。分别为安乐、龙门石窟、龙门、关林、太康东路、辛店、古城、科技园、镇北路、翠云路、学府街等街道和丰李、诸葛、李村、白马寺、安乐、李楼、寇店等镇。

调查涉及的区域包括白马寺、安乐、李楼等镇。

[①] 河南省民政厅虽曾批准过洛龙区设立石人乡，但实际上石人乡并未正式成立。

（三）伊滨（经济开发）区

1. 概况

伊滨区成立于2007年3月，2009年1月开始整体代管诸葛、李村两镇，统一领导和管理区域内行政、经济和社会事务。2010年10月又整体代管庞村、佃庄、寇店三镇。伊滨区范围北至洛河，南至万安山麓，西至二广高速，东至偃师市翟镇、高龙、大口等乡镇西界。现辖5镇，106个行政村，总面积280平方千米，总人口25.5万人。

2. 历史沿革与行政区划

伊滨区下辖5个镇。

（1）诸葛镇

诸葛镇位于洛阳伊滨区西部，原隶属偃师市管辖。镇人民政府驻地诸葛村。1948—1955年，分属洛阳县八区、十区；1957年，偃师36个乡合并为13个大乡，诸葛为其一；1962年，偃师撤区并社，改为诸葛公社，1983年12月，人民公社改为乡，成立诸葛乡，1993年12月，诸葛撤乡建镇。

2009年12月21日，诸葛镇整建制划归洛阳市伊洛工业园区（现伊滨区）管辖（洛龙区代管民政）。截至2011年10月，诸葛镇共辖社区14个，分别是诸葛、道湛、梁村、西韩、刘井、西马、司马、西棘针、东棘针、谭翟、王府、方楼、康庄、西白塔等，行政村9个，分别是杨堂、刘沟、苏沟、上徐马、下徐马、刘窑、杨沟、潘沟、西山张等。

（2）李村镇

李村镇位于洛阳东南15千米。镇人民政府驻地李村。1948—1955年，分属洛阳县第五区、第八区；1955年12月并入偃师县，建立李村乡；1961年，全县缩为八个区委时，又设李村区；1962年撤区，恢复李村公社；1983年11月，改人民公社为乡；1994年12月，李村撤乡建镇。

2010年3月19日，李村镇整建制划归洛阳市伊洛工业园区（现伊滨区）管辖（洛龙区代管民政）。共辖29个社区（行政村），包括社区18个：李东、李西、李南、李北、南寨、武屯、西李、提庄、上庄、下庄、东柿、西柿、石罢、袁付、白塔、申明、油赵、偏桥等；行政村11个：新民、杨湾、袁沟、魏村、陈沟、雷村、老井、耿沟、南宋、东宋、苇园等。

（3）庞村镇

庞村镇位于洛阳市伊滨区东部，原属偃师。1988年12月建乡，1995年2月撤乡建镇。全镇总面积32.87平方千米，辖14个行政村，24个自然村，149个村民组，4万人。

2011年5月9日，庞村镇整建制划归洛阳市伊洛工业园区（现伊滨区）管辖（洛龙区代管民政）。

（4）佃庄镇

佃庄镇位于洛阳市区中东部、伊洛河冲积平原，南傍伊河，北临洛河，东至207国道，西距洛阳市区中心8千米。政府驻地黄庄村，因原驻地为佃庄村，故名为佃庄镇。佃庄镇原属洛阳县辖区，1955年12月划入偃师县；1956年1月设佃庄中心乡，同年分建佃庄、酒务两个大队；1958年归翟镇公社管辖；1961年归翟镇区管辖；1962年撤区单设佃庄公社；1983年变社为乡；1997年12月年撤乡建镇。

2012年8月17日，佃庄镇整建制划归洛阳市伊洛工业园区（现伊滨区）管辖（洛龙区代管民政）。共辖19个行政村，分别为：黄庄、东马庄、后石罢、大郎庙、酒务、西石桥、东石桥、牛王庙、河头、佃庄、碑楼、西马庄、王圪当、相公庄、倪庄、东大郊、西大郊、朱圪当、关庄等。

（5）寇店镇

寇店镇位于洛阳伊滨区东南部，原名烟岭镇，传宋代名相寇准慕古烟岭秀美山水和幽静环境携眷属到此居住，而得名。

寇店镇1949年属洛阳县第九区，1955年12月划入偃师县。1958年，辖区以东沙河为界，河东属大口公社，河西属李村公社。1961年设寇店辖区，下辖寇店、朱窑、封沟、常村、窑沟、庞村6个小公社。1962年撤区，建寇店公社，因政府驻地寇店村而得名。1983年11月易公社为乡。1988年12月，九贤、辛庄、东庞村、西庞村、掘山、大庄、赵屯、门庄、草店、窑沟、彭店、彭店寨、军屯、白草坡14个村分设庞村乡。1995年5月撤乡建镇。

2012年8月17日，正式并入洛阳伊洛工业园区（现伊滨区，洛龙区代管）。全镇辖21个行政村，60个自然村，179个村民组，总人口4万人，总面积64平方千米。

调查范围涉及伊滨区域内的所有乡镇。

（四）孟津县

1. 概况

孟津县位于河南省西部偏北，居黄河中下游交界处，属洛阳市辖县。县城东距省会郑州134千米，南距洛阳市区10千米。县域东连偃师市、巩义市；南依洛阳市区；西临新安县；北与济源市、吉利区、孟州市相接。介于东经112°12′—112°49′，北纬34°43′—34°57′。东西长55.5千米，南北宽26.9千米，面积758.7平方千米。

地形西高东低，中部高，南北低，形如鱼脊，东部南北两侧为洛河黄河阶地，较为平坦。西部山区最高海拔481米，东部黄河滩地最低海拔120米，全县平均海拔262米。

2. 行政区划

截至2006年，孟津县设城关、会盟、平乐、白鹤、送庄、朝阳、麻屯、常袋、横水、小浪底10镇，共228个村。

调查范围主要涉及孟津县平乐镇，该镇所辖村庄有平乐、东赵、象庄、尤村、翟泉、金村、上屯、朱仓、天皇岭、张家凹、丁家沟、上古、张盘、新庄、后营、太仓、马村、刘坡、东吕庙、妯娌等村。

（五）偃师市

1. 概况

偃师，洛阳市下辖县级市，位于河南省中西部地区洛阳盆地东部。东邻巩义市，西接洛阳市郊区和孟津县，南倚嵩山接登封市、伊川县；北与孟州市隔黄河相望。地理坐标介于东经112°26′15″—113°00′00″和北纬34°27′30″—34°50′00″。东西长约44千米，南北宽约34千米，总面积948.43平方千米。

2. 历史沿革

公元前11世纪，周武王伐纣在县城东筑城息偃戎师，遂名偃师。秦时属三川郡，西汉高祖年间置偃师县，属河南郡管辖。东汉至曹魏时县属河南尹。西晋仍置偃师县，属河南郡，后并入洛阳县。东晋十六国时期，先后为后赵、前燕、前秦、后燕、后秦等政权据有，隋朝，开皇十六年（596年）恢复偃师县建制，属河南郡。唐朝初属洛州，开元元年（713年）升洛州为河南府，偃师县属之。五代时期，先后为梁、唐、晋、汉、周5个王朝据有。北宋庆历三年（1043年）废除该县建制，次年复置。熙宁五年（1072年）裁撤并入缑氏县，八年再次恢复偃师县建制，又将缑氏县并入该县境，属京西北路河南府管辖。金朝，县属河南府。元朝，县属河南路。明洪武元年（1368年）以后，单设偃师县至今。明、清两朝，偃师县属河南府。

民国初年（1914），偃师属河洛道，后改属河南省政府豫西行政长官公署。1944年，中共皮定均部在县境南部解放区建立偃师县抗日民主政府，隶属豫西一专区。1948年4月偃师解放，隶属豫西一专区、洛阳行政区。1955年12月改属洛阳专区。1983年划归洛阳市。1993年12月15日国务院批准撤销偃师县，设立县级偃师市。2009—2012年，诸葛镇、李村镇、庞村镇、佃庄镇、寇店镇整建制划归洛阳市洛龙区管辖。

3. 行政区划

截至2016年9月，偃师市现辖4个街道、9镇、214个行政村（585个自然村）、12个居委会、2240个村民组，总人口61万（2013年），总面积668.58平方千米。包括商城、槐新、伊洛（原城关镇）、首阳山（原首阳山镇）等街道和山化、邙岭（原东蔡庄）、岳滩、翟镇、顾县、缑氏、府店、大口、高龙等乡镇。

调查范围涉及偃师市所有乡镇。

（六）巩义市

1. 概况

巩义市属河南省直管县级市，行政区划隶属于河南省郑州市，位于嵩山北麓。东与荥阳为邻，西和偃师、孟津接壤，南与登封、新密依嵩山为界，北和孟州、温县隔黄河相望。位于北纬34°31′—34°52′，东经112°49′—113°17′之间。

2. 历史沿革

西周、春秋时，巩为巩伯国。战国，为东周公分封处。秦庄襄王元年（前249年）置巩县。巩县以"山河四塞、巩固不拔"而得名，历代因之。又因地扼古都洛阳，故史有"东都锁钥"之称。西汉属河南郡，东汉属河南尹。三国魏、晋代均属河南郡。东魏属成皋郡。北齐废入成皋县。隋开皇十六年（596）复置巩县，属洛州。唐、五代属之。宋属河南府。明、清、民国初因之。

1913年属豫西道（次年豫西道改称河洛道）。1927年直属河南省，1928年县治移至今站街镇老城村一带，1932年属第十行政督察区。郑州解放后，1949年属郑州专区，1955年改属开封专区，1958年12月，划归郑州市管辖。1961年12月，复归开封地区。1964年县治迁孝义镇，1983年8月改属郑州市。

1991年6月经国务院批准，撤销巩县，设立巩义市。

3. 行政区划

截至2013年，巩义辖15个镇、5个街道办事处、2个园区管委会、289个行政村、26个居委会。包括新华街道、米河、新中、小关、竹林、大峪沟、河洛、站街、南河渡、康店、孝义、北山口、西村、芝田、回郭、鲁庄、夹津口、涉村、桃园等乡镇。

调查区域涉及巩义市的河洛、南河渡、康店、西村、芝田、回郭、夹津口、涉村、桃园等乡镇。

第二节 工作基础

一、区域考古工作简史

洛阳盆地内的考古调查、发掘和研究历程几乎就是中国考古学史的缩影。1921年瑞典地质学家安特生赴洛阳西部的渑池县仰韶村和新安县东杨遗址进行考古调查①，揭开了近代中国考古学的序幕。

（一）1949年之前的考古工作

1928年，中央研究院开始在安阳殷墟开展考古发掘工作。1932年2月，为了解决安阳发掘出土遗物的纠纷，河南省政府和中央研究院联合成立了河南古迹研究会，专门负责河南省境内考古事宜，并将安阳和洛阳地区作为优先选择的工作区域②。

1932年3月，李济、董作宾赴洛阳，调查了伊阙、北邙、金墉城三处遗址。河南古迹研究会成立后拟将工作重点放在洛阳，后因故没能继续。1934年春，河南古迹研究会工作中心转移到河南西部，"为探检黑陶与彩陶文化分布及接触之地域"，"乃有沿黄河调查发掘。自渑池洛阳迤东，巩、荥、河、氾等县皆为发掘调查地带"。根据调查的结果，1935年发掘了陈沟、巩义塌坡、马峪沟、荥阳青台等地点，发现了仰韶和龙山时期的遗存③。

在此背景下，1937年，河南省博物馆派人对偃师境内的灰嘴遗址进行了考古调查，同时采集到一批新石器时代的遗物④。

（二）1949年之后的考古工作

中华人民共和国成立后，作为"一五"期间重点建设的城市，洛阳成为开展考古工作的前线，为配合工业设施建设，中央文化部、中国科学院考古研究所、北京大学、河南省文化局、洛阳市文物管理委员会等机构和团体相继组织开展了大量的考古工作。

---

① 安特生：《中华远古之文化》，《地质汇报》第5号第1册，1923年。
② 徐玲：《河南古迹研究会与河南博物馆》，《中原文物》2007年第6期；刘承军、刘芳：《民初中央与地方关系下的学术机构探析——以河南古迹研究会为例》，《甘肃社会科学》2012年第5期。
③ 欧阳哲生：《傅斯年全集》（卷六），湖南教育出版社，2003年，第432页；河南省文物管理局：《河南文物工作50年》，文心出版社，2000年，第201页。
④ 李鉴昭：《偃师古迹记自序》，《河南博物馆馆刊》1937年第7、8期。

1. 考古机构的设立

中华人民共和国成立后，河南省在1950年8月组建文物管理委员会，"职掌全省文物之保护、征集、抢救、收购、整理等工作"①。1951年9月，洛阳专署文物管理委员会成立，由专员兼任主任②。

1952年6月，河南省文化局文物工作队成立，负责全省的文物考古工作，并协助第一届全国考古工作人员培训班在郑州二里岗和洛阳东郊进行考古发掘实习。

1952年11月21日，为配合洛阳市区的基本建设，中央文化部社会文化事业管理局、中国科学院考古研究所、河南省文化局、洛阳行政区专员公署文物管理委员会、洛阳市文教局等部门联合组成发掘队，发掘烧沟遗址③。1953年4月，在中央文化部与中国科学院考古研究所、中南文化局、河南省文化局、洛阳专署主持下，成立洛阳区配合基本建设文物保护委员会，下设洛阳区考古发掘队，由裴文中、夏鼐、张廷超分别担任正副队长④。1953年举办的第二届全国考古工作人员培训班，在郑州二里岗和洛阳烧沟进行了田野实习。1953年春，为了适应经济建设的需要，河南省文化局文物工作队分别成立郑州工作组（组长安金槐）和洛阳工作组（组长蒋若是），由省文物工作队和两市文教局双重领导⑤。

1954年，中国科学院考古研究所建立洛阳工作站，开展洛阳地区的考古调查与发掘工作⑥。1954年4月，中国科学院考古研究所、北京大学、文化部文物局、河南省文化局文物工作队和洛阳地区文物部门联合组建考古工作队，在洛阳市东周王城、汉魏故城、隋唐东都城和涧西区开展考古工作，并发掘了汉河南县城⑦，9月发掘了中州路（西工段）⑧。

1955年1月，河南省文化局文物工作队洛阳工作组改称河南省文化局文物工作队第二队，由省文化局管理⑨，作为河南省派驻洛阳地区负责文物考古工作的机构，配合洛阳市基本建设。1958年2月，河南省文化局文物工作队第一队、第二队合并，改称河南省文化局文物工作队，负责全省文物考古工作⑩。1970年1月，河南省文化局文物工作队与河南省博物馆合署办公，从此纳入河南省博物馆工作范围⑪。1981年2月，文物工作队自省博物馆分离，成立河南省文物研究所⑫。1994年12月更名为河南省文物考古研究所，2013年4月更名为河南省文物考古研究院。

---

① 河南省文物管理局：《河南文物工作50年》，文心出版社，2000年，第111页。
② 河南省文物管理局：《河南文物工作50年》，文心出版社，2000年，第202页。
③ 河南省文物管理局：《河南文物工作50年》，文心出版社，2000年，第203页。
④ 中国科学院考古研究所：《洛阳烧沟汉墓》，科学出版社，1959年，第4页。
⑤ 河南省文物管理局：《河南文物工作50年》，文心出版社，2000年，第113页。
⑥ 河南省文物管理局：《河南文物工作50年》，文心出版社，2000年，第202页。
⑦ 河南省文物管理局：《河南文物工作50年》，文心出版社，2000年，第114页。
⑧ 河南省文物管理局：《河南文物工作50年》，文心出版社，2000年，第114页。
⑨ 河南省文物管理局：《河南文物工作50年》，文心出版社，2000年，第115页。
⑩ 河南省文物管理局：《河南文物工作50年》，文心出版社，2000年，第117页。
⑪ 河南省文物管理局：《河南文物工作50年》，文心出版社，2000年，第121页。
⑫ 河南省文物管理局：《河南文物工作50年》，文心出版社，2000年，第129页。

1956年，洛阳市文物管理委员会成立，由洛阳市长兼任主任[①]。1958年，洛阳博物馆成立，分设文物陈列和文物保护发掘两个股[②]。1981年3月，洛阳市文物工作队从洛阳博物馆分立，负责配合基本建设相关的考古发掘[③]。1986年8月，洛阳地区行政专员公署撤销后，原洛阳地区文物工作队改称洛阳市第二文物工作队，负责洛阳北郊、西郊、涧西区和五个县（孟津、伊川、偃师、新安、宜阳）的文物考古工作[④]。2012年3月26日，洛阳市文物工作队和洛阳市第二文物工作队合并组建洛阳市文物考古研究院。

1981年4月，巩县文物保管所成立[⑤]，1991年，改为巩义市文物保护管理所，该所先后与开封市、郑州市和河南省文物机构及高校合作，负责对巩义市境内的考古遗址开展调查和联合发掘。

2. 考古工作的开展

1951年，刚成立不久的中国科学院考古研究所由夏鼐先生率队对郑州市区、荥阳的6处遗址进行了调查，对两处遗址进行了试掘。之后，赴洛阳调查了附近的古代遗址[⑥]。1952年5月，中央文化部社会文化事业管理局、河南省文化局、洛阳专区文物管理委员会、洛阳市文化局共同组织开展第一次文物考古调查[⑦]。

（1）中国（社会）科学院考古研究所下属工作队开展的工作

中国科学院考古研究所洛阳工作站成立后，所属洛阳发掘队在洛阳地区开展了大量的调查和发掘工作，尤其是古代都城遗址的工作。

洛阳发掘队的考古工作主要有以下几项：1952年秋，配合第一届全国考古工作人员培训班在洛阳东郊发掘，发现西周时期的墓葬和汉唐时期的遗存[⑧]；1954年9月，开展配合洛阳市中州路建设的考古发掘[⑨]，同时对涧河两岸的西小屯、同乐寨、五女冢、东干沟等地进行发掘，发现仰韶、龙山、二里头、二里岗和殷墟文化的遗址及东周王城和汉代河南县城城址[⑩]；1959

---

① 河南省文物管理局：《河南文物工作50年》，文心出版社，2000年，第204页。
② 河南省文物管理局：《河南文物工作50年》，文心出版社，2000年，第204页。
③ 河南省文物管理局：《河南文物工作50年》，文心出版社，2000年，第211页。
④ 河南省文物管理局：《河南文物工作50年》，文心出版社，2000年，第216页。
⑤ 河南省文物管理局：《河南文物工作50年》，文心出版社，2000年，第181页。
⑥ 考古研究所河南调查团：《河南成皋广武区考古纪略》，《科学通报》1951年第7期。
⑦ 河南省文物管理局：《河南文物工作50年》，文心出版社，2000年，第202页。
⑧ 郭宝钧、林寿晋：《一九五二年秋季洛阳东郊发掘报告》，《考古学报》1955年第1期。
⑨ 中国科学院考古研究所：《洛阳中州路（西工段）》，科学出版社，1959年。
⑩ 中国科学院考古研究所洛阳发掘队：《洛阳涧滨古文化遗址及汉墓》，《考古学报》1956年第1期；考古研究所洛阳发掘队：《洛阳涧滨东周城址发掘报告》，《考古学报》1959年第2期；考古研究所洛阳发掘队：《洛阳涧滨仰韶、殷文化遗址和宋墓清理》，《考古》1960年第10期；中国社会科学院考古研究所：《洛阳发掘报告——1955—1960年洛阳涧滨考古发掘资料》，北京燕山出版社，1989年。

年，徐旭生先生率队进行豫西"夏文化"调查，发现二里头遗址①，同年洛阳发掘队开展豫西六县考古调查②；1962—1963年，洛阳发掘队对伊河下游的新石器时代遗址、偃师境内的商周时期的遗址进行调查，发现程子沟、夏后寺、西口孜、盆窑、滑国故城等一系列重要遗址③。

1977年，中国社会科学院成立，原中国科学院考古研究所划归其隶属，洛阳发掘队先后分化出五个工作队。

河南第一工作队（简称河南一队）：1979年成立，负责新石器时代河南境内考古调查、发掘和研究。1979年，发掘裴李岗遗址④；1981—1982年发掘沙窝李遗址⑤；1984年，对巩县新石器时代的下西坡、夹津口砖厂、赵城等遗址进行了考古调查与试掘，发现裴李岗和仰韶文化遗存⑥；1990—1993年，为配合中华文明起源研究的进展，对豫西地区的洛阳、平顶山、三门峡等地区开展考古调查。1997—2007年对洛阳盆地东部区域伊洛河下游的坞罗河、曹河和干沟河流域进行了区域系统调查和地质专项调查⑦；2002—2006年，在调查工作的基础上对灰嘴遗址进行了四次发掘，发现新石器时代至东周时期的遗存，尤其是龙山文化晚期至二里头文化时期石器加工遗存⑧。

河南第二工作队（简称河南二队，又称偃师商城队）：20世纪70年代成立，原工作目的为调查河南境内二里头文化遗址，1974—1979年在淮河流域左岸支流区域开展了考古调查和发掘，1983年之后负责偃师商城遗址的发掘和研究。

河南二里头工作队（简称二里头队）⑨：1980年正式成立，负责二里头遗址的发掘和二

---

① 徐旭生：《1959年夏豫西调查"夏墟"的初步报告》，《考古》1959年第11期。
② 中国科学院考古研究所洛阳发掘队：《1959年豫西六县调查简报》，《考古》1961年第1期。
③ 中国科学院考古研究所洛阳发掘队：《伊河下游几处新石器遗址的调查》，《考古》1964年第1期；中国科学院考古研究所洛阳发掘队：《河南偃师商代和西周遗址调查简报》，《考古》1963年第12期；中国科学院考古研究所洛阳发掘队：《河南偃师"滑城"考古调查简报》，《考古》1964年第1期。
④ 中国社会科学院考古研究所河南一队：《1979年裴李岗遗址发掘简报》，《考古》1982年第4期；中国社会科学院考古研究所河南一队：《1979年裴李岗遗址发掘报告》，《考古学报》1984年第1期。
⑤ 中国社会科学院考古研究所河南一队：《河南新郑沙窝李新石器时代遗址》，《考古》1983年第12期。
⑥ 中国社会科学院考古研究所河南一队：《1984年河南巩县考古调查与试掘》，《考古》1986年第3期。
⑦ 陈星灿、刘莉、李润权、华翰维、艾琳：《中国文明腹地的社会复杂化进程——伊洛河地区的聚落形态研究》，《考古学报》2003年第2期。
⑧ 中国社会科学院考古研究所河南第一工作队：《河南偃师市灰嘴遗址东周墓发掘简报》，《考古》2004年第12期；中国社会科学院考古研究所河南第一工作队：《河南偃师市灰嘴遗址西址2004年发掘简报》，《考古》2010年第2期；中国社会科学院考古研究所河南第一工作队：《2002—2003年河南偃师灰嘴遗址的发掘》，《考古学报》2010年第3期；中国社会科学院考古研究所河南第一工作队：《河南偃师市灰嘴遗址2006年发掘简报》，《考古》2010年第4期。
⑨ 二里头工作队：1974年以前以洛阳发掘队名义开展工作，1975年—1980年以河南二队名义开展工作，1980年以后以河南二里头工作队名义开展工作。

里头文化的研究①。1973、1975、2000年数次在二里头遗址东部发现仰韶文化遗存②；1959、1978、1982—1983、2004年，数次在二里头遗址南部发现仰韶和龙山文化遗存③；2001—2003年，对洛阳盆地中部区域进行了考古调查④。

洛阳汉魏城工作队（简称汉魏队）：1962年组建，负责洛阳汉魏故城遗址的发掘和研究。1983年，勘探和发现偃师商城遗址⑤；1984年，勘探和发掘了汉魏故城之下的西周和东周时期增扩的城址⑥；2007年，勘探和发掘阊阖门周围的两周时期墓葬⑦等。

洛阳唐城工作队（简称唐城队）：20世纪80年代正式成立，负责隋唐洛阳城遗址的发掘和研究。1982—1986年清理东周墓53座⑧；1983年，在西工区清理东周墓葬18座⑨；1985年发掘洛阳老城的4座西周车马坑⑩，在定鼎路小学清理东周墓葬12座⑪；1998年，在一运公司清理东周墓1座⑫等。

（2）省属文物机构开展的工作

省属文物机构在洛阳盆地及周边地区开展的工作集中在20世纪50年代中后期，主要有以下几项：1953年，河南省文化局文物工作队洛阳工作组对白马寺附近5座西周晚期墓葬进行

---

① 中国社会科学院考古研究所：《偃师二里头——1959年～1978年考古发掘报告》，中国大百科全书出版社，1999年；中国社会科学院考古研究所：《二里头（1999～2006）》，文物出版社，2014年。

② 中国社会科学院考古研究所：《偃师二里头——1959年～1978年考古发掘报告》，中国大百科全书出版社，1999年，第19页；中国社会科学院考古研究所：《二里头（1999～2006）》，文物出版社，2014年，第154、215页。

③ 中国社会科学院考古研究所：《偃师二里头——1959年～1978年考古发掘报告》，中国大百科全书出版社，1999年，第19页；中国社会科学院考古研究所二里头工作队：《河南偃师二里头遗址发现龙山文化早期遗存》，《考古》1982年第5期；中国社会科学院考古研究所二里头工作队：《偃师二里头遗址发现仰韶文化遗存》，《考古》1985年第3期；中国社会科学院考古研究所：《二里头（1999～2006）》，文物出版社，2014年，第284、296、466、468页。

④ 中国社会科学院考古研究所二里头工作队：《河南洛阳盆地2001～2003年考古调查简报》，《考古》2005年第5期。

⑤ 中国社会科学院考古研究所洛阳汉魏故城工作队：《偃师商城的初步勘探和发掘》，《考古》1984年第6期；中国社会科学院考古研究所：《偃师商城》（第一卷），科学出版社，2013年。

⑥ 中国社会科学院考古研究所洛阳汉魏城队：《汉魏洛阳故城城垣试掘》，《考古学报》1998年第3期。

⑦ 中国社会科学院考古研究所洛阳汉魏城队：《河南洛阳市汉魏故城M175西周墓发掘简报》，《考古》2014年第3期；中国社会科学院考古研究所洛阳汉魏城队：《河南洛阳市汉魏故城三座东周墓的发掘》，《考古》2014年第9期。

⑧ 中国社会科学院考古研究所洛阳唐城队：《洛阳隋唐东都城1982—1986年考古工作纪要》，《考古》1989年第3期；中国社会科学院考古研究所洛阳唐城队：《1984—1986年洛阳市区周墓发掘简报》，《考古》1989年第9期。

⑨ 中国社会科学院考古研究所洛阳唐城队：《1983年洛阳西工区墓葬发掘简报》，《考古》1985年第6期。

⑩ 中国社会科学院考古研究所洛阳唐城队：《洛阳老城发现四座西周车马坑》，《考古》1988年第1期。

⑪ 中国社会科学院考古研究所洛阳唐城队：《洛阳定鼎路小学唐宋遗迹和东周墓葬发掘简报》，《考古》1997年第11期。

⑫ 中国社会科学院考古研究所洛阳唐城队：《河南洛阳市中州路北东周墓葬的清理》，《考古》2002年第1期。

清理①，同年清理车站附近的两座西周早期墓葬②；1955年，河南省文化局文物工作队第二队发掘孙旗屯遗址③；1957年，河南省文化局文物工作队第二队对汤泉沟遗址进行试掘，发现新石器时代及青铜时代的遗址与墓葬④，同年对巩县石家庄（现属偃师）遗址东周及汉晋时期的墓葬进行发掘⑤；1958年，河南省文化局文物工作队对酒流沟遗址进行调查，发现仰韶和龙山文化遗存，以后者为主⑥，同年对巩县铁生沟遗址进行调查与试掘⑦；1959年4月，对偃师灰嘴遗址进行调查和发掘，发现商代（二里头文化）、龙山和仰韶文化层⑧；1959—1960年，对巩县稍柴遗址进行调查与发掘⑨。1963年，对偃师县的宫家窑、南蔡庄和夏后寺三处遗址进行调查⑩；1992年，河南省文物考古研究所对滩小关遗址进行了发掘⑪等。

（3）市属文物机构开展的工作

1）洛阳市文物机构

1955年，洛阳专署文物工作组调查北邙山，发现营庄和凤凰台两处仰韶和龙山文化遗址⑫。1956年，洛阳专署文管会对灰嘴遗址进行考古勘察⑬。1957年，洛阳专区在伊川、卢氏、宜阳、伊阳（现汝阳）、临汝（现为平顶山汝州市，下同）、孟津、偃师等县的普查中发现37处遗址⑭，在东郊的勘探中发现唐寺门、塔湾和凹杨3处仰韶和两周时期的遗址⑮。1958年，洛阳博物馆成立后，尤其是20世纪60年代之后，洛阳地区除重要都城类遗址外，其他区域的考古工作主要由市属文物机构开展。

涉及先秦时期遗址的考古调查项目主要有以下几项：1975年，在洛阳市和孟津县境内开展文物调查，发现仰韶至二里头文化时期的遗址28处⑯；1978年，调查平乐新石器时代遗址⑰；1984年5—11月，洛阳市文物普查队对孟津、新安、偃师三县区和洛阳市郊区开展大规模的文

---

① 张剑、蔡运章：《洛阳白马寺三座西周晚期墓》，《文物》1998年第10期。
② 河南省文化局文物工作队第二队：《洛阳的两个西周墓》，《考古通讯》1956年第1期。
③ 河南文物工作队第二队孙旗屯清理小组：《洛阳涧西孙旗屯古遗址》，《文物参考资料》1955年第9期。
④ 河南省文化局文物工作队：《河南偃师汤泉沟新石器时代遗址的试掘》，《考古》1962年第11期。
⑤ 河南省文化局文物工作队：《河南巩县石家庄古墓葬发掘简报》，《考古》1963年第2期。
⑥ 董祥：《河南偃师酒流沟新石器时代遗址的调查》，《考古》1965年第1期。
⑦ 河南省文化局文物工作队：《河南巩县铁生沟汉代冶铁遗址的发掘》，《考古》1960年第5期。
⑧ 河南省文化局文物工作队：《河南偃师灰嘴遗址发掘简报》，《文物》1959年第12期；河南省文化局文物工作队：《河南偃师县灰咀商代遗址的调查》，《考古》1961年第2期；河南省文物研究所：《河南偃师灰嘴遗址发掘报告》，《华夏考古》1990年第1期。
⑨ 河南省文物研究所：《河南巩县稍柴遗址发掘报告》，《华夏考古》1993年第2期。
⑩ 杨育彬：《河南偃师仰韶及商代遗址》，《考古》1964年第3期。
⑪ 河南省文物考古研究所：《河南巩义市滩小关遗址发掘报告》，《华夏考古》2002年第4期。
⑫ 裴琪：《洛阳邙山发现新石器时代遗址》，《考古通讯》1955年第5期。
⑬ 《洛阳专区文管会勘察偃师县灰嘴村古文化遗址》，《文物参考资料》1956年第1期。
⑭ 李健永、贾峨：《洛阳专区文物普查中得37处古遗址》，《文物参考资料》1957年第5期。
⑮ 继才：《洛阳市东郊几处遗址》，《文物参考资料》1957年第8期。
⑯ 洛阳博物馆：《一九七五年洛阳考古调查》，《河南文博通讯》1980年第4期。
⑰ 朱亮：《孟津平乐新石器时代遗址调查》，《中原文物》1983年第4期。

物普查工作，普查古文化遗址143处，新发现16处[①]等。

涉及先秦时期遗址的考古发掘项目主要有以下几项：1964年，洛阳博物馆发掘庞家沟西周墓[②]；1966年，发掘东马沟二里头文化墓葬[③]；1969年，发掘西吕庙龙山文化遗址[④]；1972年，在洛阳东郊机车厂发掘西周墓[⑤]；1974—1979年，发掘北窑西周铸铜遗址[⑥]；1975年冬和1976年春，发掘洛阳锉李遗址，发现仰韶、龙山和二里头文化时期遗存[⑦]；1976年，发掘西高崖遗址[⑧]，同年，发掘孟津小潘沟龙山文化遗址[⑨]；1983年，洛阳市文物工作队发掘东周王城，发现战国汉代遗迹；1984年，在林校发掘6座车马坑[⑩]；1986年，对瀍河东岸西周窑址进行清理[⑪]；1987年清理涧滨西周墓[⑫]；1988年发掘偃师高崖遗址，发现裴李岗、仰韶、龙山、二里头各个时期的文化堆积[⑬]；1991年春，在洛阳东郊清理两座西周墓[⑭]；1992年，在王城公园发掘东周窑址[⑮]；1993年，在洛阳东郊杨文附近清理西周墓[⑯]，在林校清理西周车马坑[⑰]；1994年，清理纱厂路附近的春秋刑徒墓[⑱]；1997年，在杨文附近清理西周时期马坑和墓葬[⑲]，发掘五女冢西周墓[⑳]；1998年，对东周王城遗址内的陶窑进行发掘[㉑]，对五女冢西周早期墓葬进行发掘[㉒]；2002

---

① 方孝廉：《洛阳市一九八四年古文化遗址调查简报》，《中原文物》1987年第3期。
② 洛阳文物管理委员会：《洛阳市北瑶庞家沟出土西周铜器》，《文物》1964年第9期；《洛阳发掘出一处庞大的西周墓葬群》，《光明日报》1964年10月25日；洛阳博物馆：《洛阳庞家沟五座西周墓的清理》，《文物》1972年第10期。
③ 洛阳博物馆：《洛阳东马沟二里头类型墓葬》，《考古》1978年第1期。
④ 洛阳市文物工作队：《洛阳西吕庙龙山文化遗址发掘简报》，《中原文物》1982年第3期。
⑤ 张剑、蔡运章：《洛阳东郊13号西周墓的发掘》，《文物》1998年第10期。
⑥ 洛阳博物馆：《洛阳北窑村西周遗址1974年度发掘简报》，《文物》1981年第7期；洛阳博物馆：《洛阳发现西周前期青铜器铸造遗址》，《文物》；洛阳市文物工作队：《1975—1979年洛阳北窑西周铸铜遗址的发掘》，《考古》1983年第5期；洛阳市文物工作队：《洛阳北窑西周墓》，文物出版社，1999年。
⑦ 洛阳博物馆：《洛阳锉李遗址试掘简报》，《考古》1978年第1期。
⑧ 洛阳博物馆：《洛阳西高崖遗址试掘简报》，《文物》1981年第7期。
⑨ 洛阳博物馆：《孟津小潘沟遗址试掘简报》，《考古》1978年第4期。
⑩ 洛阳市文物考古研究院：《洛阳林校西周车马坑发掘简报》，《洛阳考古》2015年第1期。
⑪ 洛阳市第一文物工作队：《洛阳瀍水东岸西周窑址清理简报》，《中原文物》1988年第2期。
⑫ 梁晓景、马三鸿：《洛阳涧滨AM21西周墓》，《文物》1999年第9期。
⑬ 洛阳市第二文物工作队、偃师县文物管理委员会：《洛阳市偃师县高崖遗址发掘报告》，《华夏考古》1996年第4期。
⑭ 洛阳市文物工作队：《洛阳市东郊发现的两座西周墓》，《文物》1992年第3期。
⑮ 洛阳市文物工作队：《洛阳东周王城遗址发现烧造坩埚古窑址》，《文物》1995年第8期。
⑯ 洛阳市文物工作队：《洛阳东郊C5M906号西周墓》，《考古》1995年第9期。
⑰ 洛阳市文物工作队：《洛阳林校西周车马坑》，《文物》1999年第3期；
⑱ 洛阳市第二文物工作队：《洛阳春秋刑徒墓发掘简报》，《中原文物》1998年第3期。
⑲ 洛阳市文物工作队：《洛阳东郊西周墓》，《文物》1999年第9期。
⑳ 洛阳市第二文物工作队：《洛阳五女冢西周墓发掘简报》，《文物》1997年第9期。
㉑ 洛阳市文物工作队：《洛阳东周王城战国陶窑遗址发掘报告》，《考古学报》2003年第4期。
㉒ 洛阳市第二文物工作队：《洛阳五女冢西周早期墓葬发掘简报》，《文物》2000年第10期。

年，在唐城花园清理了一批两周墓葬①；2003年发掘瀍河东岸中窑村西周墓②，清理东车站附近的两周墓③；2004、2013年发掘东周王城城墙④；2004—2006年，在瞿家屯发掘东周时期大型建筑基址和两周时期墓葬⑤；2005—2006年，发掘洛龙区王圪垱龙山至二里头文化环壕聚落⑥；2009年发掘北窑西周车马坑⑦等。

2）巩县/巩义市文物机构

巩义域内调查与发掘工作主要有巩义市文物机构和相关单位合作完成。

其中调查项目主要有以下几项：1980年，巩县文管会调查铁生沟裴李岗文化遗址⑧；1985—1987年，对水地河新石器时代遗址进行调查⑨；1986年，巩县文保所与郑州市文物工作队对米北遗址进行调查，发现仰韶和战国时期遗存⑩；1991年对坞罗河流域进行考古调查，发现新石器时代和商周时期的遗址多处⑪；1992年，对洛汭地区进行考古调查⑫；1995年，对塌坡仰韶文化遗址进行调查⑬等。

巩义域内涉及先秦时期的发掘项目较少，主要有以下几项：1978年，巩县文管会会同开封地区文管会和郑州大学对铁生沟新石器时代遗址进行发掘⑭；1993—1994年，对里沟遗址进行

---

① 洛阳市文物工作队：《洛阳市唐城花园C3M417西周墓发掘简报》，《文物》2004年第7期；安亚伟：《河南洛阳市唐城花园西周墓葬的清理》，《考古》2007年第2期。

② 洛阳市文物工作队：《洛阳瀍河东岸西周墓的发掘》，《文物》2006年第3期。

③ 洛阳市文物工作队：《洛阳东车站两周墓发掘简报》，《文物》2003年第12期。

④ 郑州大学历史学院、洛阳市文物工作队：《洛阳东周王城东城墙遗址2004年度发掘简报》，《文物》2008年第8期；洛阳市文物考古研究院：《洛阳东周王城城墙遗址2013年度发掘简报》，《洛阳考古》2015年第4期。

⑤ 徐昭峰、朱磊：《洛阳瞿家屯东周大型夯土建筑基址的初步研究》，《文物》2007年第9期；洛阳市文物工作队：《洛阳瞿家屯发掘报告》，文物出版社，2010年。

⑥ 吴业恒：《洛阳发现龙山晚期至二里头早期环壕聚落遗址》，《中国文物报》2007年3月16日第2版。

⑦ 洛阳市文物工作队：《洛阳北窑西周车马坑发掘简报》，《文物》2011年第8期。

⑧ 傅永魁：《巩县铁生沟发现裴李岗文化遗址》，《河南文博通讯》1980年第2期。

⑨ 廖永民、王保仁：《河南巩县水地河新石器遗址调查》，《考古》1990年第11期。

⑩ 巩县文管所、郑州市文物工作队：《巩县米北遗址调查》，《中原文物》1986年第4期。

⑪ 巩义市文管所：《巩义市坞罗河流域裴李岗文化遗存调查》，《中原文物》1992年第4期；巩义市文管所：《巩义市坞罗河流域裴李岗文化遗存调查》，《中原文物》1992年第4期；巩义市文管所：《巩义市坞罗河流域仰韶文化遗址调查》，《中原文物》1992年第4期；巩义市文管所：《巩义市坞罗河流域二里头文化、商、周文化遗存调查》，《中原文物》1992年第4期。

⑫ 河南省社科院河洛文化研究所、河南省巩义市文物保护管理所：《河南省巩义市洛汭地带古代遗址调查》，《考古学集刊》（第9集），科学出版社，1995年。

⑬ 巩义市文物管理所：《河南巩义市塌坡仰韶文化遗址调查》，《考古》1997年第11期。

⑭ 开封地区文管会、巩县文管会、郑州大学历史系考古专业：《河南巩县铁生沟新石器早期遗址试掘简报》，《考古》1980年第5期。

发掘①；1995—1996年，三次发掘瓦窑嘴遗址裴李岗文化遗址②；2001—2004年，郑州市文物考古研究所先后三次发掘花地嘴遗址③等。

(4) 其他学术机构开展的工作

其他学术机构开展的工作不多，主要有以下几项：1954年6月，北京大学阎文儒教授等对汉魏、隋唐故城进行考古调查④；1959—1960年，北京大学考古实习队发掘洛阳西郊的王湾遗址，发现了仰韶文化向龙山文化过渡时期的遗存⑤；1960年6月，北京大学实习队配合河南省文物普查，在偃师境内的苗湾、掘山、酒流沟等处进行调查，发掘了高崖遗址的东西台地⑥等。

二、域内考古发现和研究

(一) 旧石器时代

洛阳盆地内旧石器时代就有人类开始活动，发现的旧石器时代遗址和地点有多处，主要有洛阳凯旋路⑦、北窑⑧、龙门西山（LY18）⑨、偃师东王村（LY01）⑩、程子沟（LY02）⑪，巩义洪沟（南河渡）⑫，这些旧石器时代遗址和地点是河南境内旧石器时代文化链条上的重要组成部分，但是新旧石器时代之交的遗址尚未发现。

---

① 郑州市文物工作队、巩义市文物保管所：《河南巩义市里沟遗址发掘简报》，《考古》1995年第6期；郑州市文物考古研究所、巩义市文物保护管理所：《河南巩义市里沟遗址1994年度发掘简报》，《华夏考古》2001年第4期。

② 巩义市文物管理所：《河南巩义市瓦窑嘴新石器时代遗址试掘简报》，《考古》1996年第7期；巩义市文物保护管理所：《巩义市瓦窑嘴遗址第三次发掘报告》，《中原文物》1997年第1期；郑州市文物工作队、巩义市文物管理所：《河南巩义市瓦窑嘴新石器时代遗址的发掘》，《考古》1999年第11期。

③ 郑州市文物考古研究所、北京大学考古文博学院：《河南巩义市花地嘴遗址"新砦期"遗存》，《考古》2005年第6期。

④ 阎文儒：《洛阳汉魏隋唐城址勘查记》，《考古学报》1955年第1期。

⑤ 北京大学考古实习队：《洛阳王湾遗址发掘简报》，《考古》1961年第4期；北京大学考古文博学院：《洛阳王湾——田野考古发掘报告》，北京大学出版社，2002年。

⑥ 北京大学历史系洛阳考古实习队：《河南偃师伊河南岸考古调查试掘报告》，《考古》1964年第11期。

⑦ 张森水、梁久淮、方孝廉：《洛阳首次发现旧石器》，《人类学学报》1982年第2期。

⑧ 安亚伟、郭引强、刘富良：《洛阳北窑发现旧石器遗址》，《中国文物报》1999年1月27日第1版；夏正楷、郑公望、陈福友、刘富良、郭引强：《洛阳黄土地层中发现旧石器》，《第四纪研究》1999年第3期；郭引强、刘富良：《洛阳市北窑旧石器遗址》，《中国考古学年鉴》（1999），文物出版社，2001年，第200页；刘富良、杜水生：《洛阳北窑黄土旧石器遗址1998年发掘报告》，《人类学学报》2011年第1期。

⑨ 刘富良、杜水生：《河南洛阳新发现的黄土旧石器地点》，《华夏考古》2010年第1期。

⑩ 刘富良、杜水生：《河南洛阳新发现的黄土旧石器地点》，《华夏考古》2010年第1期。

⑪ 刘富良、杜水生：《河南洛阳新发现的黄土旧石器地点》，《华夏考古》2010年第1期。

⑫ 巩义市文物保护管理所、河南省社会科学院河洛文化研究所：《河南巩义市洪沟旧石器遗址试掘简报》，《中原文物》1998年第1期。

（二）新石器时代

中华人民共和国成立以来，洛阳文物机构开展了大量的调查和发掘工作，洛阳盆地内新石器时代的文化谱系得以完善。

1. 新石器时代早期文化

（1）河南境内新石器时代早期文化的探索

1975年，在登封双庙遗址的发掘中，发现的陶器遗存与长葛石固遗址一期遗存较为相似，但是未发现裴李岗文化典型器三足钵、小口带鼻罐，也未发现锥刺纹和篦纹，安金槐先生认为其年代早于石固一期遗存，称之为"登封双庙新石器时代早期遗存"[1]。

2009—2010年，在新密李家沟遗址的发掘中，发现了新、旧石器时代之交的文化遗存，包括细石器、新石器时代早期遗存和裴李岗文化的遗存，其中新石器时代早期的遗存被称为"李家沟文化"[2]。该发现填补了之前河南境内新石器时代早期文化的空白。

（2）洛阳盆地周边新石器时代早期文化的线索

洛阳盆地及近邻地区的伊洛河流域尚未发现明确的新石器时代早期的考古学文化遗存，仅有些线索，值得探索。

1988年，在伊川县官庄村曾发现锯齿石镰，有研究者认为其形制较为原始，可以作为探索新石器时代早期文化的线索。此外，在吉利东杨村、临汝煤山等地发现了细石器遗存，其中刮削器上带有锯齿，可能与新石器时代早期文化有关，值得关注[3]。

2. 新石器时代中期文化

河南境内分布较为广泛的新石器时代中期文化为裴李岗文化。洛阳盆地在内的豫西地区也是裴李岗文化的分布区之一。

（1）裴李岗文化的发现和研究

裴李岗文化因1977年河南新郑裴李岗遗址的发掘而得名。目前发现的遗址超过130处，几乎遍布河南省境内。主要分布于嵩山周围地区的淮河支流的颍河、汝河、洪河及伊洛河

---

[1] 河南省文物研究所：《登封双庙新石器时代早期文化遗存的调查与试掘》，《华夏考古》1989年第4期。
[2] 北京大学考古文博学院、郑州市文物考古研究院：《河南新密市李家沟遗址发掘简报》，《考古》2011年第4期；北京大学中国考古学研究中心、郑州市文物考古研究院：《河南新密李家沟遗址南区2009年发掘报告》，《古代文明》第9卷，文物出版社，2013年；郑州文物考古研究院、北京大学中国考古学研究中心：《河南新密李家沟遗址北区2009年发掘报告》，《古代文明》第9卷，文物出版社，2013年。
[3] 洛冰：《洛阳新石器时代考古发现与研究》，《洛阳文明论集》，中州古籍出版社，1993年，第20页。

流域。经过发掘的遗址有郑州朱寨[①]，中牟宋庄[②]，新郑裴李岗[③]、沙窝李[④]、唐户[⑤]，新密莪沟[⑥]、马良沟[⑦]、巩义铁生沟[⑧]、瓦窑嘴[⑨]、长葛石固[⑩]、汝州中山寨[⑪]，舞阳贾湖[⑫]、大

---

① 河南师范大学历史文化学院、郑州市文物考古研究院：《郑州市朱寨遗址裴李岗文化遗存》，《考古》2017年第5期。

② 河南省文物管理局南水北调文物保护办公室、郑州市文物考古研究院：《河南中牟县宋庄遗址发现裴李岗文化遗存》，《考古》2012年第7期。

③ 开封地区文管会、新郑县文管会：《河南新郑裴李岗新石器时代遗址》，《考古》1978年第2期；薛文灿：《发掘裴李岗遗址又有新收获》，《河南文博通讯》1979年第3期；开封地区文物管理委员会、新郑县文物管理委员会、郑州大学历史系考古专业：《裴李岗遗址一九七八年发掘简报》，《考古》1979年第3期；中国社会科学院考古研究所河南一队：《1979年裴李岗遗址发掘简报》，《考古》1982年第4期；中国社会科学院考古研究所河南一队：《1979年裴李岗遗址发掘报告》，《考古学报》1984年第1期。

④ 薛文灿：《沙窝李新石器时代遗址调查》，《中原文物》1982年第2期；中国社会科学院考古研究所河南一队：《河南新郑沙窝李新石器时代遗址》，《考古》1983年第12期。

⑤ 中国社会科学院考古研究所河南一队：《河南新郑唐户新石器时代遗址试掘简报》，《考古》1984年第3期；河南省文物考古研究所、新郑市文物事业管理局：《新郑唐户新石器时代遗址调查》，《中原文物》2005年第5期；张松林、信应军、胡亚毅：《新郑唐户遗址发现裴李岗文化大面积居址》，《中国文物报》2007年7月13日；河南省文物管理局南水北调文物保护办公室、郑州市文物考古研究院：《河南新郑市唐户遗址裴李岗文化遗存发掘简报》，《考古》2008年第5期；郑州市文物考古研究院、河南省文物管理局南水北调文物保护办公室：《河南新郑市唐户遗址裴李岗文化遗存2007年发掘简报》，《考古》2010年第5期。

⑥ 河南省博物馆、密县文化馆：《河南密县莪沟北岗新石器时代遗址发掘报告》，《河南文博通讯》1979年第3期；河南省博物馆、密县文化馆：《河南密县莪沟北岗新石器时代遗址发掘简报》，《文物》1979年第5期；河南省博物馆、密县文化馆：《河南密县莪沟北岗新石器时代遗址》，《考古学集刊》（第1集），中国社会科学出版社，1981年。

⑦ 开封地区文管会、密县文管会、郑州大学考古专业：《河南密县马良沟遗址调查和试掘》，《考古》1981年第3期。

⑧ 傅永魁：《巩县铁生沟发现裴李岗文化遗址》，《中原文物》1980年第2期；开封地区文管会、巩县文管会、郑州大学历史系考古专业：《河南巩县铁生沟新石器早期遗址试掘简报》，《文物》1980年第5期。

⑨ 巩义市文物管理所：《河南巩义市瓦窑嘴新石器时代遗址试掘简报》，《考古》1996年第7期；巩义市文物保护管理所：《巩义市瓦窑嘴遗址第三次发掘报告》，《中原文物》1997年第1期；郑州市文物工作队、巩义市文物管理所：《河南巩义市瓦窑嘴新石器时代遗址的发掘》，《考古》1999年第11期。

⑩ 长葛县文化馆：《长葛县裴李岗文化遗址调查简报》，《中原文物》1982年第1期；河南省文物研究所：《长葛石固遗址发掘报告》，《华夏考古》1987年第1期。

⑪ 方孝廉：《河南临汝中山寨新石器时代遗址》，《考古》1978年第2期；临汝县博物馆：《河南临汝中山寨遗址调查简报》，《考古》1986年第6期；中国社会科学院考古研究所河南一队：《河南临汝中山寨遗址试掘》，《考古》1986年第7期；中国社会科学院考古所河南一队：《河南汝州中山寨遗址》，《考古学报》1991年第1期。

⑫ 朱帜：《舞阳贾湖遗址调查简报》，《中原文物》1983年第1期；河南省文物研究所：《舞阳贾湖遗址的试掘》，《华夏考古》1988年第2期；河南省文物研究所：《河南舞阳贾湖新石器时代遗址第二至六次发掘简报》，《文物》1989年第1期；河南省文物考古研究所：《舞阳贾湖》，科学出版社，1999年；中国科学技术大学科技史与科技考古系、河南省文物考古研究所、舞阳县博物馆：《河南舞阳贾湖遗址2001年春发掘简报》，《华夏考古》2002年第2期；中国科学技术大学科技史与科技考古系、河南省文物考古研究所：《舞阳贾湖》（二），科学出版社，2015年。

岗①，郏县水泉②，渑池班村③，孟津寨根④，新安荒坡⑤，淇县花窝⑥，济源长泉⑦，辉县孟庄⑧等。

裴李岗文化的命名问题，经历了较长时间的讨论。在20世纪70年代末期，曾被称为"磁山文化"⑨或"磁山·裴李岗类型文化"⑩。20世纪80年代后，研究表明裴李岗文化和磁山文化有着较大区别，是分布在不同区域的两种考古学文化，被称为裴李岗文化⑪。

裴李岗文化有着独特的器物群，在陶器和石器方面表现较为明显。陶器以泥质红陶为主，夹砂红褐陶次之，泥质灰陶较少，此外，还有少量的黑陶。陶器均为手制，较大的器形采用泥条盘筑。陶胎厚薄不均，陶色深浅不匀，火候低，吸水性强，易破碎。泥质陶多为素面，个别磨光。夹砂陶常见附加乳钉纹、箅点纹、压印纹、划纹、指甲纹等。典型陶器有壶、钵、碗、罐、鼎等，其中壶有双耳壶、三足双耳壶，钵有圜底钵、三足钵，罐为深腹罐，碗有圈足和假圈足两种⑫。

石器具有较为先进的制作工艺，包括打制、磨制和琢磨兼施三种工艺。常见器形有石斧、锯齿石镰、石磨盘、石磨棒等⑬。

裴李岗文化不同地区有着一定的差别，可分为不同的类型，有裴李岗类型和翟庄类型之分⑭，也有裴李岗类型和中山寨类型之分。贾湖遗址发掘后，有人将贾湖类型单列，或称之为贾湖文化。一般认为裴李岗文化可分裴李岗、中山寨、贾湖（翟庄）三个类型，近年来有人提出豫北地区的裴李岗文化可称之为花窝类型、巩义地区的可称之为瓦窑嘴类型，豫西地区的可称之为班村类型⑮。

---

① 张居中、李占扬：《河南舞阳大岗细石器地点发掘报告》，《人类学学报》1996年第2期。

② 郏县文化馆：《河南郏县水泉发现的新石器时代遗址》，《考古》1979年第6期；中国社会科学院考古研究所河南一队：《河南郏县水泉新石器时代遗址发掘简报》，《考古》1992年第10期；中国社会科学院考古研究所河南一队：《河南郏县水泉裴李岗文化遗址》，《考古学报》1995年第1期。

③ 河南省文物管理局、水利部小浪底水利枢纽建设管理局移民局：《黄河小浪底水库文物考古报告集》，黄河水利出版社，1998年，第7—8页。

④ 河南省文物管理局：《黄河小浪底水库考古报告（二）》，中州古籍出版社，2006年，第160—174页。

⑤ 河南省文物管理局、河南省文物考古研究所：《新安荒坡——黄河小浪底水库考古报告（三）》，大象出版社，2008年，第13—17页。

⑥ 安阳地区文管会、淇县文化馆：《河南淇县花窝遗址试掘》，《考古》1981年第3期。

⑦ 河南省文物管理局、河南省文物考古研究所：《黄河小浪底水库考古报告（一）》，中州古籍出版社，1999年，第11—13页。

⑧ 河南省文物考古研究所：《辉县孟庄》，中州古籍出版社，2003年，第30—37页。

⑨ 严文明：《黄河流域新石器时代早期文化的发现》，《考古》1979年第1期。

⑩ 李绍连：《关于磁山·裴李岗文化的几个问题——从莪沟北岗遗址谈起》，《文物》1980年第5期。

⑪ 夏鼐：《三十年来的中国考古学》，《考古》1979年第5期；李友谋、陈旭：《试论裴李岗文化》，《考古》1979年第4期；杨肇清：《关于裴李岗·磁山文化的定名及其年代问题的探讨》，《华夏考古》1987年第1期。

⑫ 中国社会科学院考古研究所：《中国考古学·新石器时代卷》，中国社会科学出版社，2010年，第130页。

⑬ 中国社会科学院考古研究所：《中国考古学·新石器时代卷》，中国社会科学出版社，2010年，第131页。

⑭ 中国社会科学院考古研究所：《中国考古学·新石器时代卷》，中国社会科学出版社，2010年，第131页。

⑮ 李友谋：《裴李岗文化》，文物出版社，2003年；鲍颖建、张英：《豫北卫沁河流域裴李岗文化遗存探析》，《河南科技学院学报》2017年第11期。

对于裴李岗文化的分期，不同遗址、不同研究者的意见也不同，有二期说、三期说、四期说等。一般将其分为三期，早期以贾湖类型一期为代表，中期以裴李岗类型一二期和贾湖类型二三期为代表，晚期则以裴李岗三期和中山寨类型为代表[①]。裴李岗文化居民开始定居生活，经济类型以农业种植为主，饲养业相对发达，兼有渔猎和采集。

裴李岗文化早于仰韶文化，晚于李家沟文化，绝对年代大体为公元前6200至前5500年左右[②]。

裴李岗文化的来源问题尚不清晰，该文化发展为仰韶文化大河村类型（大河村文化一、二期）[③]，向西南发展为仰韶文化下王岗类型一期文化[④]，向北对后冈一期文化产生较大影响，淮河下游大汶口文化的大墩子下层、龙虬庄一期也可能是贾湖类型的继承者[⑤]。

（2）洛阳盆地及周边裴李岗文化遗址的调查与发掘

洛阳盆地内裴李岗文化时期的遗存发现较多。1959年在偃师涧沟曾发现裴李岗文化遗物，20世纪70年代发现的铁生沟遗址也含有该时期的遗存[⑥]，此后，在区域调查中屡有发现：1984年，河南一队在巩义下西坡、夹津口砖厂和赵城村南都曾发现裴李岗文化遗存[⑦]，洛阳市在文物普查中发现高崖和宫家窑遗址有裴李岗文化遗存[⑧]；1985年，巩义市文保所调查水地河遗址，也发现裴李岗文化和仰韶文化遗存，其中裴李岗文化遗存既具有裴李岗文化的典型特征，也有不少自身特色[⑨]；1991年，在坞罗河流域先后发现了东山原、北营和坞罗西坡三处裴李岗文化遗址，其中东山原和北营两处遗址的年代与长葛石固第三期遗存的年代大体相当，文化特征与之既有相似之处，也有不少不同，而坞罗西坡遗址的发现则填补了裴李岗文化与仰韶文化过渡期的空白[⑩]。

经过发掘的遗址有巩义铁生沟[⑪]、瓦窑嘴[⑫]，偃师高崖[⑬]、孟津寨根[⑭]等。

---

① 中国社会科学院考古研究所：《中国考古学·新石器时代卷》，中国社会科学出版社，2010年，第134页。
② 中国社会科学院考古研究所：《中国考古学·新石器时代卷》，中国社会科学出版社，2010年，第131页。
③ 李友谋：《裴李岗文化发现十年》，《中原文物》1989年第3期。
④ 杨肇清：《试论淅川下王岗一期文化的渊源》，《中原文物》1986年特刊。
⑤ 河南省文物考古研究所：《舞阳贾湖》，科学出版社，1999年。
⑥ 傅永魁：《巩县铁生沟发现裴李岗文化遗址》，《中原文物》1980年第2期。
⑦ 中国社会科学院考古研究所河南一队：《1984年河南巩县考古调查与试掘》，《考古》1986年第3期。
⑧ 方孝廉：《洛阳市一九八四年古文化遗址调查简报》，《中原文物》1987年第3期。
⑨ 廖永民、王保仁：《河南巩县水地河新石器遗址调查》，《考古》1990年第11期。
⑩ 巩义市文管所：《巩义市坞罗河流域裴李岗文化遗存调查》，《中原文物》1992年第4期；
⑪ 开封地区文管会、巩县文管会、郑州大学历史系考古专业：《河南巩县铁生沟新石器早期遗址试掘简报》，《文物》1980年第5期。
⑫ 巩义市文物管理所：《河南巩义市瓦窑嘴新石器时代遗址试掘简报》，《考古》1996年第7期；巩义市文物保护管理所：《巩义市瓦窑嘴遗址第三次发掘报告》，《中原文物》1997年第1期；郑州市文物工作队、巩义市文物管理所：《河南巩义市瓦窑嘴新石器时代遗址的发掘》，《考古》1999年第11期。
⑬ 洛阳市第二文物工作队、偃师县文物管理委员会：《洛阳市偃师县高崖遗址发掘报告》，《华夏考古》1996年第4期。
⑭ 河南省文物管理局、河南省文物考古研究所：《黄河小浪底水库考古报告（一）》，中州古籍出版社，1999年，第160—174页。

相对而言，裴李岗文化的遗址发掘的较少，但是多数学者已经认识到了伊洛河流域的裴李岗文化遗存与嵩山南麓的颍、汝河流域裴李岗文化遗存既有区别也有联系，对于这些遗址的文化类型，判定也不一致。有学者认为这些遗址属于裴李岗文化中山寨类型①，也有认为巩义境内的瓦窑嘴裴李岗文化与磁山文化有联系，可以另立新的类型（瓦窑嘴类型）②，还有学者认为豫西地区的裴李岗文化属于班村类型③。

3. 新石器时代晚期文化

仰韶文化是洛阳盆地及其周边地区新石器时代晚期的主要考古学文化，作为中国考古学诞生和发展的见证者，仰韶文化的发现和研究历程较为复杂，区域内还有大汶口文化晚期遗存的踪迹以及屈家岭文化的因素存在。

（1）典型仰韶文化的发现和探索

1921年，安特生调查和发掘仰韶遗址后，提出了仰韶文化的命名，以仰韶遗址为代表的彩陶文化成为史前考古乃至中国考古学研究的中心课题之一。20世纪30、40年代，安阳后冈"三叠层"的发现及齐家坪遗址的发掘，研究者认识到了仰韶文化之后还有龙山文化，并明确了龙山文化晚于仰韶文化。20世纪50—60年代半坡和庙底沟遗址的发掘后，研究者明确了仰韶文化包括半坡和庙底沟两个类型④。20世纪70—80年代，以大地湾、磁山、裴李岗等为代表的新石器时代中期文化遗存的发现和确认，研究者倾向于将公元前5000—前3000年这一时段称为"仰韶时代"⑤。由于不同的研究者对仰韶文化分布范围、年代判断、类型划分、文化性质乃至社会结构存在着不同的理解，"仰韶时代"的概念形成后，研究者开始对传统仰韶文化的命名进行新的思考，提出了半坡文化、庙底沟文化和大河村文化等文化遗存的命名，用以指代不同区域不同时间段的仰韶文化⑥。

"仰韶文化"这一概念在使用中有着不同的内涵和外延，有些研究中将其作为一个时代的代称，有的将其作为典型仰韶文化的代称，还有的将与其关系密切的文化统称为仰韶文化。也有研究者将典型仰韶文化所包括的半坡、庙底沟、西王村三个文化作为仰韶文化的三个发展阶段，并将受其影响的周边区域的同时代遗存统称为"仰韶文化群"⑦。由于对仰韶文化的界定

---

① 张剑：《洛阳新石器时代考古综述》，《华夏考古》1999年第2期。
② 巩义市文物管理所：《河南巩义市瓦窑嘴新石器时代遗址试掘简报》，《考古》1996年第7期；巩义市文物保护管理所：《巩义市瓦窑嘴遗址第三次发掘报告》，《中原文物》1997年第1期。
③ 鲍颖建、张英：《豫北卫沁河流域裴李岗文化遗存探析》，《河南科技学院学报》2017年第11期。
④ 苏秉琦：《关于仰韶文化的若干问题》，《考古学报》1965年第1期。
⑤ 张居中：《仰韶时代文化刍议》，《论仰韶文化——纪念仰韶村遗址发现60周年学术讨论文论文集》，《中原文物》1986年特刊；张忠培：《仰韶时代——史前社会的繁荣与向文明时代的转变》，《文物季刊》1997年第1期。
⑥ 丁清贤：《关于"仰韶文化"的问题》，《史前研究》1985年第3期。
⑦ 中国社会科学院考古研究所：《中国考古学·新石器时代卷》，中国社会科学出版社，2010年，第207、208页。

存在着较大分歧，所以研究者对其分布范围认识也颇不相同。

调查发现的仰韶文化遗址数以千计，主要分布在陕、晋、豫地区，此外在甘肃、湖北和河北以及内蒙古等邻近中原的边缘地区也有分布。根据分布地域的不同，仰韶文化可分为不同的文化区，包括关中—陕南—晋南—豫西区、洛阳—郑州区、豫北—冀南区、丹江区、陇东区、张家口区、河套区等①，而以陕晋豫地区为中心的半坡文化、庙底沟文化和西王村文化被称为典型仰韶文化，其周边的遗存，研究者也提出了不同的命名，如后冈一期文化、大司空文化、大河村文化或秦王寨文化、下王岗文化等。

对于典型仰韶文化的分期，研究者的意见不尽一致。有研究者将其分为四期（一、二期以半坡和庙底沟类型为代表，三期以半坡晚期、西王村三期和秦王寨类型为代表，四期以庙底沟二期文化为代表）②；有研究者将其分为三个阶段③；也有研究者将半坡、庙底沟和西王村为代表的遗存作为仰韶文化的早、中、晚三期④；还有研究者将其划分为两个大的阶段，前期属新石器时代，后期属铜石并用时代⑤。典型仰韶文化的年代范围大体为公元前4900—前2900年⑥。

关于典型仰韶文化聚落与建筑、经济生活、文化与艺术、信仰与习俗、葬制与葬俗、人口、社会发展状况等已有专门论述和介绍⑦，本处从略。

（2）域内及新石器时代晚期考古学文化

洛阳盆地及周边发现的新石器时代晚期的遗址200余处，经过调查或试掘的主要有洛阳王湾⑧、史家湾、五女冢、凹杨⑨、孙旗屯⑩、锉李⑪、西高崖⑫、孟津小潘沟⑬、台荫⑭、蜂王⑮、

---

① 中国社会科学院考古研究所：《新中国的考古发现和研究》，文物出版社，1984年。
② 严文明：《略论仰韶文化的起源和发展阶段》，《仰韶文化研究》，文物出版社，1989年。
③ 朱延平：《仰韶文化》，《黄河文化·第二编·第三章》，华艺出版社，1994年。
④ 巩启明：《陕西新石器时代考古工作与研究》，《考古与文物》1988年第5、6期合刊；中国社会科学院考古研究所陕西六队：《陕西蓝田泄湖遗址》，《考古学报》1991年第4期。
⑤ 苏秉琦：《中国通史·远古时代》，上海人民出版社，1994年。
⑥ 中国社会科学院考古研究所：《中国考古学·新石器时代卷》，中国社会科学出版社，2010年，第223—227页。
⑦ 中国社会科学院考古研究所：《中国考古学·新石器时代卷》，中国社会科学出版社，2010年，第206—268页。
⑧ 北京大学考古实习队：《洛阳王湾遗址发掘简报》，《考古》1961年第4期；北京大学考古文博学院：《洛阳王湾——田野考古发掘报告》，北京大学出版社，2002年。
⑨ 洛阳博物馆：《一九七五年洛阳考古调查》，《河南文博通讯》1980年第4期。
⑩ 河南文物工作队第二队孙旗屯清理小组：《洛阳涧西孙旗屯古遗址》，《文物参考资料》1955年第9期。
⑪ 洛阳博物馆：《一九七五年洛阳考古调查》，《河南文博通讯》1980年第4期；洛阳博物馆：《洛阳锉李遗址试掘简报》，《考古》1978年第1期。
⑫ 洛阳博物馆：《一九七五年洛阳考古调查》，《河南文博通讯》1980年第4期；洛阳博物馆：《洛阳西高崖遗址试掘简报》，《文物》1981年第7期。
⑬ 洛阳博物馆：《一九七五年洛阳考古调查》，《河南文博通讯》1980年第4期；洛阳博物馆：《孟津小潘沟遗址试掘简报》，《考古》1978年第4期。
⑭ 洛阳博物馆：《一九七五年洛阳考古调查》，《河南文博通讯》1980年第4期；方孝廉：《洛阳市一九八四年古文化遗址调查简报》，《中原文物》1987年第3期。
⑮ 洛阳博物馆：《一九七五年洛阳考古调查》，《河南文博通讯》1980年第4期；方孝廉：《洛阳市一九八四年古文化遗址调查简报》，《中原文物》1987年第3期。

杨沟①，偃师酒流沟②、汤泉沟③、高崖④、灰嘴⑤、苗湾⑥、武屯⑦、宫家窑⑧，巩义水地河⑨、里沟⑩、塌坡⑪、滩小关⑫等。

由于对仰韶文化内涵和外延认识的不一，洛阳地区及周边的仰韶文化（时代）遗存的归属也不尽一致。一般认为郑州地区该时期的考古学文化主要为仰韶文化大河村类型，洛阳地区主要为王湾类型（王湾一期和二期早段），伊河流域主要为仰韶文化阎村类型。此外，还有部分遗址见有大汶口文化的颍水类型（或称段砦类型、尉迟寺类型）的遗存。

1）大河村文化（类型）

以仰韶文化大河村类型为基础命名，因大河村遗址的发掘而得名。包括大河村遗址中原龙山时期以前的七个时期的堆积，最初以大河村三、四期文化为代表被命名为"大河村类型"（也称秦王寨类型），部分研究者将郑洛地区较早的遗存称为"阎村类型"。

该文化主要分布于以嵩山为中心的伊洛郑地区，典型遗址有郑州林山寨⑬，长葛石固⑭，荥

---

① 方孝廉：《洛阳市一九八四年古文化遗址调查简报》，《中原文物》1987年第3期。

② 董祥：《河南偃师酒流沟新石器时代遗址的调查》，《考古》1965年第1期。

③ 河南省文化局文物工作队：《河南偃师汤泉沟新石器时代遗址的试掘》，《考古》1962年第11期。

④ 中国科学院考古研究所洛阳发掘队：《伊河下游几处新石器遗址的调查》，《考古》1964年第1期；北京大学历史系洛阳考古实习队：《河南偃师伊河南岸考古调查试掘报告》，《考古》1964年第11期；洛阳市第二文物工作队、偃师县文物管理委员会：《洛阳市偃师县高崖遗址发掘报告》，《华夏考古》1996年第4期。

⑤ 《洛阳专区文管会勘察偃师县灰嘴村古文化遗址》，《文物参考资料》1956年第1期；河南省文化局文物工作队：《河南偃师灰嘴遗址发掘简报》，《文物》1959年第12期；河南省文化局文物工作队：《河南偃师县灰咀商代遗址的调查》，《考古》1961年第2期；河南省文物研究所：《河南偃师灰嘴遗址发掘报告》，《华夏考古》1990年第1期；中国社会科学院考古研究所河南第一工作队：《河南偃师市灰嘴遗址西址2004年发掘简报》，《考古》2010年第2期；中国社会科学院考古研究所河南第一工作队：《2002—2003年河南偃师灰嘴遗址的发掘》，《考古学报》2010年第3期；中国社会科学院考古研究所河南第一工作队：《河南偃师市灰嘴遗址2006年发掘简报》，《考古》2010年第4期。

⑥ 北京大学历史系洛阳考古实习队：《河南偃师伊河南岸考古调查试掘报告》，《考古》1964年第11期；方孝廉：《洛阳市一九八四年古文化遗址调查简报》，《中原文物》1987年第3期。

⑦ 方孝廉：《洛阳市一九八四年古文化遗址调查简报》，《中原文物》1987年第3期。

⑧ 杨育彬：《河南偃师仰韶及商代遗址》，《考古》1964年第3期；方孝廉：《洛阳市一九八四年古文化遗址调查简报》，《中原文物》1987年第3期。

⑨ 廖永民、王保仁：《河南巩县水地河新石器遗址调查》，《考古》1990年第11期。

⑩ 河南省巩义市文物保护管理所：《河南省巩义市里沟遗址调查》，《考古》1995年第4期；郑州市文物工作队、巩义市文物保管所：《河南巩义市里沟遗址发掘简报》，《考古》1995年第6期；郑州市文物考古研究所、巩义市文物保护管理所：《河南巩义市里沟遗址1994年度发掘简报》，《华夏考古》2001年第4期。

⑪ 巩义市文物管理所：《河南巩义市塌坡仰韶文化遗址调查》，《考古》1997年第11期。

⑫ 河南省文物考古研究所：《河南巩义市滩小关遗址发掘报告》，《华夏考古》2002年第4期。

⑬ 河南省文化局文物工作队第一队：《郑州西郊仰韶文化遗址发掘简报》，《考古通讯》1958年第2期。

⑭ 河南省文物研究所：《长葛石固遗址发掘报告》，《华夏考古》1987年第1期。

阳点军台①、青台②，禹州谷水河③，洛阳王湾④，汝州中山寨⑤、洪山庙⑥、大张⑦、阎村⑧等。

大河村文化的陶器以泥质红陶和夹砂灰陶为主，晚期流行轮制技术。饰纹多附加堆纹、方格纹、蓝纹和镂孔，彩陶有复彩和白衣彩，图案有弧边三角纹、月牙纹、太阳纹、方格纹、六角星纹等。主要器形有鼎、豆、碗、罐和盆等，代表性器物有釜形鼎、罐形鼎、小口尖底瓶、大口尖底缸、折腹盆、曲腹盆等。工具有石铲、刀、镰、陶刀等，饰品多见陶环。居址有长方形、方形、圆形，有单体建筑，也有多间连建和套间地面建筑。墓葬多单人仰身直肢葬，少见二次葬和多人合葬，部分地区盛行瓮棺葬，随葬品较少⑨。

大河村遗址早期由裴李岗文化发展而来，中期为大河村类型，晚期发展为秦王寨类型。大河村文化的测年数据表明，其年代范围在公元前3900—前2900年，延续1000年左右，整体上看应该属于仰韶文化的中、晚期。

2）王湾一期文化（王湾类型）

1959—1960年北京大学考古实习队对王湾遗址进行发掘，发现仰韶至龙山三个时期的遗存，即王湾一期文化、王湾二期文化和王湾三期文化⑩。其中王湾一期文化属仰韶文化，王湾三期文化属河南龙山文化，而王湾二期文化介于两者之间，具有中间过渡性质和特征，与庙底沟二期文化年代大体相当。有研究者将洛阳地区的仰韶中、晚期文化称为王湾一期文化。也有研究者将王湾遗址所代表的仰韶文化时期的遗存称为仰韶文化王湾类型。

洛阳地区的仰韶文化遗存主要包括两个阶段，绝对年代在公元前4500—前3000年。其中早期以王湾一期、西高崖仰韶一期、锉李一期为代表。发现了居址，墓葬等遗存。生产工具以石质为主，主要为磨制兼有打制和琢制，常见器形有斧、铲、凿、镞、石饼、网坠、犁形器等。陶器较裴李岗文化丰富，以泥质红陶和夹砂灰褐陶为主，极少发现灰陶。纹饰有线纹、弦纹、附加堆纹等，彩陶多采用红、黑、白彩，绘制弧线三角、圆点、条带组成的植物图案。器形有釜、灶、甑、鼎等炊具及碗、盆、罐等盛贮器，也常见小口尖底瓶和器盖等器物。

晚期以王湾二期早段、西高崖仰韶二期等为代表。这一阶段发现的建筑遗迹较少，墓葬也较为贫乏。陶器中仍存在相当数量的红褐陶，灰陶数量增多，黑陶开始出现。纹饰常见弦纹和

---

① 郑州市博物馆：《荥阳点军台遗址1980年发掘报告》，《中原文物》1982年第4期。
② 郑州市文物工作队：《青台仰韶文化遗址1981年上半年发掘简报》，《中原文物》1987年第1期。
③ 河南省博物馆：《河南禹县谷水河遗址发掘简报》，《考古》1979年第4期。
④ 北京大学考古文博学院：《洛阳王湾——田野考古发掘报告》，北京大学出版社，2002年。
⑤ 中国社会科学院考古所河南一队：《河南汝州中山寨遗址》，《考古学报》1991年第1期。
⑥ 河南省文物考古研究所：《汝州洪山庙》，中州古籍出版社，1995年。
⑦ 河南省文化局文物工作队：《河南临汝大张新石器时代遗址发掘简报》，《考古》1960年第6期。
⑧ 临汝县文化馆：《临汝阎村新石器时代遗址调查》，《中原文物》1981年第1期。
⑨ 中国社会科学院考古研究所：《中国考古学·新石器时代卷》，中国社会科学出版社，2010年，第220、221页。
⑩ 北京大学考古实习队：《洛阳王湾遗址发掘简报》，《考古》1961年第4期；北京大学考古文博学院：《洛阳王湾——田野考古发掘报告》，北京大学出版社，2002年。

附加堆纹，彩陶数量减少且纹饰简化。主要有网格纹、X纹、星纹、叶状纹和平行线纹。主要器类有夹砂罐、彩陶罐、彩陶盆、镂孔豆、碗和小口尖底瓶。石器中出现了穿孔技术。

3）大汶口文化颍水类型

河南境内的大汶口文化主要分布在豫东地区，但是在许昌、平顶山、郑州、洛阳等地也有相关遗存发现，比如鹿邑栾台①、淮阳平粮台②、郸城段砦③等地，豫西及临近地区的平顶山贾庄（寺岗）④、郑州大河村⑤、偃师滑城⑥、孟津寺河南⑦等地均发现有大汶口文化晚期的遗存，故而有学者将此类遗存称之为大汶口文化颍水类型⑧，认为是大汶口文化中晚期西进所遗留。

4. 新石器时代末期文化

河南境内新石器时代末期的考古学文化主要是龙山时代的考古学文化。最早因梁思永先生在安阳后冈发掘"三叠层"而发现，被称为后冈二期文化，庙底沟遗址发掘后，提出"河南龙山文化"的名称。目前全省发现的该时期遗存上千处，多压在仰韶文化层之上。在洛阳王湾、陕县庙底沟、郑州大河村、禹州谷水河等遗址均发现有仰韶文化转变为龙山文化的地层证据和器物演变关系，在汝州煤山、新密新砦、登封王城岗等遗址均发现了龙山文化发展为二里头文化的层位关系和器物演变关系，为研究新石器时代末期龙山时代考古学文化的源流提供了证据。

豫西地区龙山时代早期的考古学文化主要为庙底沟二期文化和大河村五期类遗存，晚期则主要为王湾三期文化。

（1）探索和研究

豫西地区继仰韶文化之后兴起的考古学文化为庙底沟二期文化。

庙底沟二期文化主要分布关中地区、晋中南和豫西，豫中地区的大河村五期类遗存、豫东地区的段砦中期与其大体同时。

庙底沟二期文化因1953年庙底沟遗址发现的第二期文化遗存得名⑨，填补了河南地区仰韶

---

① 河南省文物研究所：《河南鹿邑栾台遗址发掘简报》，《华夏考古》1989年第1期。
② 河南省文物研究所、周口地区文化局文物科：《河南淮阳平粮台龙山文化城址试掘简报》，《文物》1983年第3期。
③ 郸城县文化馆：《河南郸城段砦出土大汶口文化遗物》，《考古》1981年第2期；曹桂岑：《郸城段寨遗址试掘》，《中原文物》1981年第3期。
④ 张脱：《河南平顶山市发现一座大汶口类型墓葬》，《考古》1977年第5期。
⑤ 郑州市博物馆：《郑州大河村遗址发掘报告》，《考古学报》1979年第3期。
⑥ 中国科学院考古研究所洛阳发掘队：《河南偃师"滑城"考古调查简报》，《考古》1964年第1期。
⑦ 洛阳博物馆：《一九七五年洛阳考古调查》，《河南文博通讯》1980年第4期。
⑧ 杜金鹏：《试论大汶口文化颍水类型》，《考古》1992年第2期。
⑨ 中国科学院考古研究所：《庙底沟与三里桥》，科学出版社，1959年。

文化与龙山文化之间的空白。此后在1959—1960年王湾遗址发掘中发现了王湾二期遗存①，得以确认其晚于仰韶文化又早于王湾三期文化。随着考古工作的开展，在陕晋豫三省内发现的大量遗址中均发现有同期遗存，即验证了其在仰韶文化和龙山文化之间的相对年代，又将其分布范围逐步确定。在庙底沟二期文化的研究和探讨中，对于其年代、类型、分期等问题均有不同的认识：有研究者将其归为仰韶文化②；也有研究者把庙底沟二期文化的遗存分为两群，认为A群早于B群，是仰韶文化西王村三期遗存，B群才是庙底沟二期文化遗存③；也有研究者认为庙底沟二期文化是有别于仰韶文化和龙山文化的独立的文化发展阶段，或称其为庙底沟二期文化时期④；还有研究者认为庙底沟二期文化是一个大的文化系统，包括庙底沟二期文化、陶寺文化早期、白燕二期文化、案板三期文化等四个考古学文化⑤。庙底沟二期文化的认识由被视作过渡期遗存到独立的发展阶段，而此阶段不仅只是庙底沟二期文化，还存在着同一阶段的相关遗存。

在豫西地区承继庙底沟二期发展起来的是以王湾三期文化为核心的中原龙山时期诸文化。龙山文化的研究经历了龙山文化与仰韶文化东西并立说阶段，到以省域命名阶段，再到龙山时代的提出和龙山文化回归到仅仅限定于山东龙山文化这一过程。

目前有研究者认识到：王湾三期文化和后冈二期文化是河南龙山文化的主体和典型遗存，而三里桥、王油坊、下王岗等遗存为河南龙山文化边缘区文化交汇地带的遗存，中原地区龙山时期诸文化则主要包括分布地域不同的王湾三期、后冈二期、陶寺和客省庄等考古学文化⑥。

（2）域内主要考古学文化

洛阳盆地及周临地区新石器时代末期的考古学文化主要有早段的庙底沟二期文化及与其大体同时的大河村五期类遗存，晚段则为王湾三期文化。

1）庙底沟二期文化

主要分布于河南、山西和陕西三省境内，其中心地带为豫西、晋南和关中东部，已经发现的遗址数百处。

庙底沟二期文化的陶器以灰陶为主，夹砂陶比例很高，还见有少量的泥质红陶和黑陶。早期使用泥条盘筑法制作，口沿部位使用慢轮修整，晚期轮制陶器普遍出现。纹饰以篮纹为最，另有少量方格纹、镂孔和彩陶。彩陶施黑彩或红彩网纹，以及白彩平行线或交叉呈网状。主要器类有罐、鼎、灶、斝、盆、刻槽盆、碗、杯、豆、瓶等，除了流行夹砂罐做炊器外，还盛行

---

① 北京大学考古实习队：《洛阳王湾遗址发掘简报》，《考古》1961年第4期；北京大学考古文博学院：《洛阳王湾——田野考古发掘报告》，北京大学出版社，2002年。
② 严文明：《略论仰韶文化的起源和发展阶段》，《仰韶文化研究》，文物出版社，1989年。
③ 卜工：《庙底沟二期文化的几个问题》，《文物》1990年第2期。
④ 宋建忠：《山西龙山时代考古遗存的类型与分期》，《文物季刊》1993年第2期；张素琳：《试论垣曲古城东关庙底沟二期文化》，《文物季刊》1995年第4期；山西省考古研究所：《山西考古四十年》，山西人民出版社，1994年。
⑤ 罗新、田建文：《庙底沟二期文化研究》，《文物季刊》1994年第2期。
⑥ 中国社会科学院考古研究所：《中国考古学·新石器时代卷》，中国社会科学出版社，2010年，第510、511页。

三足器做炊器，如盆形或罐形鼎、袋足斝等。

庙底沟二期文化可分为三个区域的三个类型，即豫西、晋南和关中东部的庙底沟类型，关中西部的浒西庄类型和晋中地区的白燕类型。

庙底沟二期文化晚于仰韶文化，早于中原龙山文化在地层上已经得到证明，其绝对年代为公元前2900—前2600年。大体可以分为早、晚两段。

整体上看，庙底沟二期文化已经进入等级社会①。有研究者认为洛阳王湾（二期晚）的遗存属于庙底沟二期文化早段，偃师滑城、二里头遗址发现的部分遗存为庙底沟二期文化晚段②。

2）大河村五期类遗存（王湾二期文化）

大河村五期类遗存是豫西、豫中地区庙底沟二期文化阶段的代表遗存，被称为"龙山文化早期"③。同类遗存还见于洛阳王湾，偃师高崖④、金钟寺、保庄、北嘴、寨湾、苗湾、景阳岗、二里头、郑州林山寨、西山、站马屯，登封告成，禹县瓦店、谷水河等地。此类遗存有学者认为可能是河南龙山文化王湾类型的渊源，小浪底水利枢纽建设工程中发现的孟津妯娌、新安盐东、济源白沟和桥沟等遗址发掘后，有研究者将此类遗存称之为"王湾二期文化"⑤。此类遗存主要分布在郑洛地区的伊、洛、颍、汝流域，其分布范围与王湾三期文化大致相同。

居址和墓葬发现都比较少。陶器特征以夹砂和泥质灰陶为主，红陶次之，另有少量白陶。纹饰以绳纹为主，约占陶器总数的2/3，此外还有篮纹、附加堆纹和弦纹等，另有极少量的彩陶。器类有鼎、罐、斝、瓮、缸、钵、盆、豆、碗、杯、壶、器盖等。与庙底沟二期文化的区别是未见釜灶、小口平底瓶和有多道附加堆纹的深腹罐，鼎的形式也有差异，庙底沟二期文化分布区周边有斝，较远地区则无。生产工具类有石斧、锛、铲、凿、刀、镞，骨锥、针、匕、镞、叉（镖）等，此外还发现有陶拍、纺轮等小件工具，石器加工场所等⑥。

大河村五期类遗存的绝对年代为公元前2900—前2600年。其源头应为仰韶文化群的大河村文化，发展为豫西地区的王湾三期文化。

3）王湾三期文化

因洛阳王湾遗址的发掘而得名，在发掘之初，该遗址的第三期遗存被认为属于"河南龙山

---

① 中国社会科学院考古研究所：《中国考古学·新石器时代卷》，中国社会科学出版社，2010年，第511—524页。

② 李文杰：《试论青龙泉文化与屈家岭文化、庙底沟二期文化的关系》，《中国考古学会第二次年会论文集（1980）》，文物出版社，1982年。

③ 郑州市博物馆：《郑州大河村遗址发掘报告》，《考古学报》1979年第3期；郑州市文物考古研究所：《郑州大河村》，科学出版社，2001年。

④ 洛阳市第二文物工作队、偃师县文物管理委员会：《洛阳市偃师县高崖遗址发掘报告》，《华夏考古》1996年第4期。

⑤ 河南省文物管理局、水利部小浪底水利枢纽建设管理局移民局：《黄河小浪底水库考古报告集》，黄河水利出版社，1998年。

⑥ 中国社会科学院考古研究所：《中国考古学·新石器时代卷》，中国社会科学出版社，2010年，第525、526页。

文化"①，之后被视作河南龙山文化的一个地方类型，称之为"王湾类型"②，后有学者称之为"王湾三期文化"以区别以"后冈类型"为代表的河南龙山时期文化③，还有研究者将其径直称之为"王湾文化"④。

王湾三期文化主要分布于以嵩山为中心的河南中西部地区。目前已经发现的同类遗址近千处，开展过调查或发掘工作的遗址约30处，洛阳盆地内有洛阳王湾⑤、孙旗屯⑥、西干沟、东干沟⑦、锉李⑧、西吕庙⑨、柳行、冯庄、孟津小潘沟⑩、平乐、偃师江村、寨湾、高崖⑪、汤泉沟⑫、灰嘴⑬、二里头⑭、崔河、酒流沟、罗圪垱、景阳岗、北嘴、寺沟⑮等遗址。

王湾三期文化大量使用灰色和深灰色陶器，包括泥质和夹砂两大类。同时还有少量的泥质或夹砂红陶和泥质黑陶。陶器以轮制为主，器底多有轮旋纹。烧制火候较高。纹饰有绳纹、篮纹、方格纹、附加堆纹和弦纹等。常见器形有罐形鼎、矮足鼎、斝、鬶、甗、深腹罐、小口鼓腹罐、敞口罐、盆、钵、碗、杯、盘、豆等。骨器有铲、凿、匕、锥、镞、鱼镖、鱼钩等。

---

① 北京大学考古实习队：《洛阳王湾遗址发掘简报》，《考古》1961年第4期。
② 中国社会科学院考古研究所：《新中国的考古发现和研究》，文物出版社，1984年。
③ 严文明：《龙山文化与龙山时代》，《文物》1981年第6期。
④ 郭引强、宋云涛：《略论王湾文化》，《河南考古四十年》，河南人民出版社，1994年。
⑤ 北京大学考古实习队：《洛阳王湾遗址发掘简报》，《考古》1961年第4期；北京大学考古文博学院：《洛阳王湾——田野考古发掘报告》，北京大学出版社，2002年。
⑥ 河南文物工作队第二队孙旗屯清理小组：《洛阳涧西孙旗屯古遗址》，《文物参考资料》1955年第9期。
⑦ 中国科学院考古研究所洛阳发掘队：《洛阳涧滨古文化遗址及汉墓》，《考古学报》1956年第1期；考古研究所洛阳发掘队：《洛阳涧滨东周城址发掘报告》，《考古学报》1959年第2期；考古研究所洛阳发掘队：《洛阳涧滨仰韶、殷文化遗址和宋墓清理》，《考古》1960年第10期；中国社会科学院考古研究所：《洛阳发掘报告——1955—1960年洛阳涧滨考古发掘资料》，北京燕山出版社，1989年。
⑧ 洛阳博物馆：《洛阳锉李遗址试掘简报》，《考古》1978年第1期。
⑨ 洛阳市文物工作队：《洛阳西吕庙龙山文化遗址发掘简报》，《中原文物》1982年第3期。
⑩ 洛阳博物馆：《孟津小潘沟遗址试掘简报》，《考古》1978年第4期。
⑪ 洛阳市第二文物工作队、偃师县文物管理委员会：《洛阳市偃师县高崖遗址发掘报告》，《华夏考古》1996年第4期。
⑫ 河南省文化局文物工作队：《河南偃师汤泉沟新石器时代遗址的试掘》，《考古》1962年第11期。
⑬ 《洛阳专区文管会勘察偃师县灰嘴村古文化遗址》，《文物参考资料》1956年第1期；河南省文化局文物工作队：《河南偃师灰嘴遗址发掘简报》，《文物》1959年第12期；河南省文化局文物工作队：《河南偃师县灰咀商代遗址的调查》，《考古》1961年第2期；河南省文物研究所：《河南偃师灰嘴遗址发掘报告》，《华夏考古》1990年第1期；中国社会科学院考古研究所河南一队：《河南偃师灰嘴遗址发现东周墓葬》，《考古》2004年第12期；中国社会科学院考古研究所河南第一工作队：《2002—2003年河南偃师灰嘴遗址的发掘》，《考古学报》2010年第3期；中国社会科学院考古研究所河南第一工作队：《河南偃师市灰嘴遗址西址2004年发掘简报》，《考古》2010年第2期；中国社会科学院考古研究所河南第一工作队：《河南偃师市灰嘴遗址2006年发掘简报》，《考古》2010年第4期。
⑭ 二里头遗址发现的王湾三期遗存较少，截至目前仅发现瓮棺葬1处。中国社会科学院考古研究所：《二里头（1999~2006）》，文物出版社，2014年，第466页。
⑮ 方孝廉：《洛阳市一九八四年古文化遗址调查简报》，《中原文物》1987年第3期。

王湾三期文化类型的划分，研究者意见不一。有称"汝洛型"和"郑州型"，有称"王湾类型"和"王城岗类型"，也有分"王湾类型"、"煤山类型"和"郝家台类型"。根据其分布特征看，可分为"王湾类型"和"煤山类型"。王湾三期文化晚于庙底沟二期文化，早于二里头文化，绝对年代在公元前2600—前1900年。

（三）青铜时代

青铜时代，在考古学上是指以使用青铜器为标志的人类文化发展的一个阶段。青铜时代的必备特点是青铜器在人们的生产、生活中占据重要地位，偶然地制造和使用青铜器的时代不能认定为青铜时代[①]。全世界各地进入青铜时代的时间并不一致，中国进入青铜时代的时间，研究者的认识也不一致，或认为龙山文化晚期或龙山时代已经进入青铜时代，或认为二里头文化才开始进入青铜时代。目前来看，中国境内各地区进入青铜时代的时间也不尽一致。西北地区可能相对较早，中原地区相对较晚。一般认为，公元前1700年前后，西北地区的齐家文化晚期、四坝文化及北方的夏家店下层文化、中原地区的二里头文化先后进入青铜时代。

本报告将洛阳盆地周边的青铜时代文化分为三个阶段：早期为二里头文化和二里岗文化，中期为殷墟文化和西周文化，晚期为东周时期（春秋和战国）加以介绍。

1. 青铜时代早期

（1）青铜时代早期夏、商文化的探索

1928年殷墟遗址开始发掘之后，学术界基本认同该遗址为商代晚期的都邑。探索早于殷墟文化的商文化成为中国考古学的重要目标之一。1936年，河南古迹研究会即派李景聃先生对豫东地区进行调查，并发掘了造律台遗址，以期探索商文化的来源[②]。

20世纪50年代，随着二里岗遗址的发现和郑州商城遗址的发掘，研究者认识到，郑州商城遗址为早于殷墟文化的重要遗址，可能为商代中期的隞都，二里岗文化也随之被判定为商代二里岗期遗址[③]。随着登封玉村遗址的发现和洛达庙遗址的发掘，有研究者提出介于商代文化层和龙山文化层之间的"洛达庙期"遗存是探索夏文化值得注意的线索或对象[④]。1954—1957年，在洛阳东干沟村附近发现洛达庙期的墓葬与灰坑，发现了青铜刀和锥，器形和铸造工艺都很原始，从地层关系上可以清楚地判断出这种文化的年代晚于人们熟悉的河南龙山文化，又早于二里岗文化[⑤]，这种文化的特点及其所处的时代，引起了学术界的广泛注意。

---

① 蒋晓春：《中国青铜时代起始时间考》，《考古》2010年第6期。
② 李景聃：《豫东商邱永城调查及造律台、黑孤堆、曹桥三处小发掘》，《中国考古学报》第2册，商务印书馆，1947年。
③ 河南省文化局文物工作队：《郑州二里冈》，科学出版社，1959年。
④ 中国社会科学院考古研究所：《中国考古学·夏商卷》，中国社会科学出版社，2003年，第25页。
⑤ 中国社会科学院考古研究所：《洛阳发掘报告——1955—1960年洛阳涧滨考古发掘资料》，北京燕山出版社，1989年。

1959年，徐旭生先生率队对文献记载中夏文化探索的重点地区之一豫西地区进行了调查，发现了二里头遗址①，之后二里头遗址开展了持续的大规模的考古工作，确立了二里头文化，证明了二里头遗址是一处早于郑州商城的具有都城规模的遗址②，二里头遗址和二里头文化成为公认的探索夏文化的关键性研究对象。郑州洛达庙、巩义稍柴、渑池鹿寺、陕县七里铺、偃师二里头和灰嘴以及临汝煤山、禹州瓦店、新密新砦、巩义稍柴、登封王城岗等遗址的发掘，也为夏文化和夏代都邑的探索提供了重要线索③。与此同时，在晋南地区进行的考古调查，也发现了一大批与夏文化探索有关的遗址，之后于20世纪70年代开始对夏县东下冯④、襄汾陶寺⑤等遗址的发掘和研究，把夏文化探索的范围扩展到了晋南地区。根据二里头文化遗存在豫西和晋南地区的差异，二里头文化又被区分为以二里头遗址为代表的二里头类型和以东下冯遗址为代表的东下冯类型⑥。之后豫东地区的考古调查将二里头文化的分布范围扩展至该地区⑦。

考古工作的开展，确认了二里头文化早于二里岗文化、晚于中原龙山文化的相对年代关系，以及三者间在文化面貌上一定的继承性⑧。同时也引起了学术界对夏商文化分界的大讨论，形成了以二里头文化一、二期，二、三期，三、四期和四期早、晚段以及二里头文化和二里岗文化之间分界为夏商分界的众多观点⑨。

1983年偃师商城遗址发现⑩以及20世纪90年代小双桥⑪等遗址的发掘，围绕夏商分界和偃师二里头、偃师商城和郑州商城、小双桥等遗址性质的讨论进一步深化。夏商周断代工程的开展，将以上述遗址能否作为夏商分界的界标和是否唯一等问题的讨论推向高潮。

目前关于青铜时代早期以夏商文化为主要讨论对象的研究形成了不同的学术体系，即以郑州商城为成汤亳都说的"郑亳说"体系和以二里头与偃师商城为成汤亳都说的"西亳说"体

---

① 徐旭生：《1959年夏豫西调查"夏墟"的初步报告》，《考古》1959年第11期。
② 中国社会科学院考古研究所：《偃师二里头：1959年~1978年考古发掘报告》，中国大百科全书出版社，1999年；中国社会科学院考古研究所：《二里头（1999~2006）》，文物出版社，2014年。
③ 中国社会科学院考古研究所：《中国考古学·夏商卷》，中国社会科学出版社，2003年，第30页。
④ 中国社会科学院考古研究所、中国历史博物馆、山西省考古研究所：《夏县东下冯》，文物出版社，1988年。
⑤ 中国社会科学考古研究所、山西省临汾市文物局：《襄汾陶寺：1978—1985年考古发掘报告》，文物出版社，2015年。
⑥ 邹衡：《试论夏文化》，《夏商周考古学论文集》，文物出版社，1980年；殷玮璋：《关于夏文化的探索》，《新中国的考古发现和研究》，文物出版社，1984年。
⑦ 中国社会科学院考古研究所河南二队、商丘地区文物管理委员会：《1977年豫东考古纪要》，《考古》1981年第5期；中国社会科学院考古研究所河南二队、河南省周口地区文物管理委员会：《河南周口地区考古调查简报》，《考古学集刊》（第14集），文物出版社，2004年；赵芝荃：《关于二里头文化类型与分期的问题》，《中国考古学研究》（二），科学出版社，1986年。
⑧ 中国社会科学院考古研究所：《中国考古学·夏商卷》，中国社会科学出版社，2003年，第80、81页。
⑨ 中国社会科学院考古研究所：《中国考古学·夏商卷》，中国社会科学出版社，2003年，第24—29页。
⑩ 中国社会科学院考古研究所：《偃师商城》（第一卷），科学出版社，2013年。
⑪ 河南省文物考古研究所：《郑州小双桥：1990—2000年考古发掘报告》，科学出版社，2012年。

系。前者以郑州商城为代表的二里岗文化为商代早期文化，二里头文化部分或全部为夏文化，下七垣文化为先商文化；旧"西亳说"体系认为二里头文化晚期为早商文化，郑州商城为代表的二里岗文化为中商文化，后者承自于前者，豫东或豫北地区的先商文化是二里岗文化的来源之一；新"西亳说"则以偃师商城为商汤始居之西亳，二里头文化部分为夏文化，二里岗文化为商代早期文化。不同学说体系对偃师商城和郑州商城的始建年代及先后顺序有不同的认识，也因对文献资料、考古学文化的属性及来源的认识不同而有较大的分歧①。

（2）域内相关考古学文化

1）二里头文化②

二里头文化是中原地区继王湾三期文化之后兴起的青铜时代早期文化，以偃师二里头遗址发掘的主体遗存为代表并命名。主要分布在河南中、西部洛阳附近的伊、洛、颍、汝诸水流域以及山西南部的汾水下游一带，此外在豫东、豫南、关中东部、黄河北岸也有分布。目前发现的遗址超过400处，经过发掘的近百处。

洛阳盆地内二里头文化的遗址已经发现的有洛阳东干沟、孙旗屯、矬李、东马沟③、皂角树，偃师二里头、灰嘴、高崖④、巩义稍柴（小芝田）、花地嘴，历次调查发现的遗址则更多，包括偃师高崖、南蔡庄、夏后寺、沙沟、程子沟、孙家湾（寺沟）、西岗、寨湾、景阳岗、灰嘴、崔河、酒流沟、罗圪垱、石牛沟、江村、东岗、寺沟，洛阳半个店、黑王、夏庄、西高崖、皂角树、柳行、聂湾等。

二里头文化的陶器以夹砂灰陶和泥质灰陶为主，纹饰以绳纹为主。炊器有深腹罐、圆腹罐、鼎、甗、鬲，食器有平底盆、三足皿、豆、簋，酒器有鬶、盉、爵、觚，盛贮器有盆、大口尊及各种罐、瓮类容器，食品加工器有刻槽盆等，构成了极富特色的陶器群。二里头文化的聚落包括超大型都邑（二里头遗址）、区域性中心聚落及中、小型村落，建筑则分为大中型夯土台基、地面式建筑和半地穴式房屋等，墓葬的规模、葬具和随葬品等也各有差，显现出社会的高度分化。农业经济粟作与稻作并举，已有发达的铸铜、制造玉石器、制陶和制骨等手工业，最令人瞩目的是已掌握了用复合范制造青铜礼器的高超技术。

依据陶器形态的演变，二里头文化被划分为前后相继的四期。因以陶器为主的文化因素的地域差异被划分为数个地方类型，主要有二里头类型、东下冯类型、牛角岗类型、杨庄类型、下王岗类型等。二里头文化上承河南龙山时期的王湾三期文化经由新砦期发展为二里头文化，之后被二里岗文化取代。经校正后的 ^{14}C 年代表明，其绝对年代为公元前1750—前1520年。

一般认为二里头文化为"夏文化"的主要探讨对象，二里头遗址为夏代中晚期的都邑型遗址，也有研究认为，二里头文化晚期为成汤居亳时期及以后的早商文化时期。二里头文化在广

---

① 陈国梁：《都与邑：偃师商城性质讨论的学术史考察》，《中原文物》2017年第6期。
② 中国社会科学院考古研究所：《中国考古学·夏商卷》，中国社会科学出版社，2003年，第61—139页。
③ 洛阳博物馆：《洛阳东马沟二里头类型墓葬》，《考古》1978年第1期。
④ 洛阳市第二文物工作队、偃师县文物管理委员会：《洛阳市偃师县高崖遗址发掘报告》，《华夏考古》1996年第4期。

泛吸收各地文化因素的基础上，又向周边地区大幅度地施加文化影响，成为东亚大陆最早进入青铜时代的核心文化，奠定了日后"中国"世界的基础。

2）二里岗文化①

二里岗文化是继二里头文化之后在中原地区兴起的青铜时代早期考古学文化。该文化以1950年发现的郑州二里岗遗址为代表并命名，代表性遗址有偃师商城、郑州商城等。二里岗文化的分布范围随着二里岗文化的发展不断变化。下层早段分布范围比较小，主要分布于河南省中西部的郑州至伊洛一线，兼及晋西南和陕西的关中东部地区。下层晚段时分布范围有所扩大，向北达到了河南省的最北部，向东占有了豫东和江淮地区西部，向南则到了鄂东北长江沿岸。二里岗上层时，二里岗文化发展到了全盛时期，分布范围进一步扩大。向北直到太行山以北的壶流河流域，向东又延伸到了山东省的西半部和江淮地区的东部。此期二里岗文化的分布范围之广，是之前任何一个考古学文化所无法比拟的。二里岗上层偏晚阶段，向外扩张的迅猛势头有所减弱，只是向山东腹地有所进展。

二里岗文化陶器以夹砂和泥质灰陶为主，流行绳纹。炊器主要有斜腹薄胎的鬲、甗、斝（鬲式斝）；盛贮器主要包括大口尊、深腹盆、簋（盆式簋）、豆（包括假腹豆）、捏口罐等。酒器有爵、（泥质）斝，少见盉。另有少量的釉陶（原始瓷）和印纹硬陶。二里岗下层陶器多薄胎、细绳纹，而二里岗上层时陶胎普遍增厚，绳纹变粗；鬲和甗多由卷沿圆唇演变为折沿方唇（且鬲的颈部多有同心圆装饰），体形由瘦高向矮胖发展；大口尊由体粗矮、肩部明显、口径略等于肩径到体瘦高、肩退化、口大于肩径。从陶器看，二里岗文化陶器继承下七垣文化，同时又吸收了二里头文化及周边的多种文化的成分，并有自身的许多创造。二里岗文化的最终流向是殷墟文化。但目前二者之间还有一段时间的缺环，此段遗存目前在豫北、冀南、鲁西与豫东等地都有发现，而在原中心区伊洛和郑州地区则极少见到。由于二里岗文化在发展过程中和原有文化发生碰撞和融合，产生了一些新的地方类型。其核心分布区即郑州—伊洛一线，可以二里岗遗址为代表称为二里岗类型。周边地区则可分出北村（陕西）、东下冯（山西）、大辛庄（山东）、台西（河北）、大城墩（安徽）、盘龙城（湖北）六个地方类型。二里岗文化在自身发展、壮大的过程中，还不断地向周边地区施加影响，分布范围大于二里头文化，影响范围和它在大部分地区的影响程度都超越了二里头文化。尤其是在南方长江流域，二里岗式的陶器一直到湘江和赣江流域都有分布，铜器的分布范围似乎更远。在北方，二里岗文化不仅在分布上形成了针对晋陕高原地区的钳形包围之势，而且对被包围地区的文化也施加了很大程度的影响，甚至远在河套地区的朱开沟遗址中都发现了该文化风格很浓的墓葬。

二里岗文化晚于二里头文化，早于殷墟文化。^{14}C测年表明其年代范围为公元前1600—前1300年。一般认为，以郑州商城为代表的二里岗文化属于商代早期文化，郑州商城遗址为成汤时期的亳都，也有研究认为以郑州商城遗址为代表的二里岗文化属于商代中期考古学文化，郑州商城遗址为中商时期的隞都。

---

① 中国社会科学院考古研究所：《中国考古学·夏商卷》，中国社会科学出版社，2003年，第170—248页。

洛阳盆地内发现的二里岗时期的遗址有洛阳的西高崖①、西干沟②，偃师二里头③、商城④、滑城、西口孜，巩义的赵城、稍柴⑤、金山坡、鏊坡⑥等。

2. 青铜时代中期

殷墟文化为晚商时期的考古学文化，已经被学术界认可。但是所谓的"中商文化"尚未被研究者完全承认。多数研究者将二里岗文化视作早商文化，部分研究者认为二里岗文化为"中商"时期的考古学文化。基于洹北商城的发现⑦以及洹河流域的考古调查⑧，有学者再次界定了"中商文化"的概念，将小双桥遗址和洹北商城遗址所代表的时期单列出来，以填补二里岗文化和殷墟文化之间的缺环，对应文献记载中的商代中期的仲丁至盘庚之间的时期⑨。所指"中商文化"包括三个阶段，早期以白家庄第2层和小双桥遗址为代表，即传统上认可的二里岗上层偏晚阶段；中期以洹北商城早期遗存和藁城台西早期墓葬为代表；晚期则以洹北商城晚期遗存和藁城台西晚期墓葬为代表⑩。有研究者认为"中商文化"是在早期文化的基础上发展起来的，其分布范围较早期为大，东到泰沂山脉，西抵关中西部的岐山、扶风；北抵长城一线，南逾长江，包括白家庄、曹演庄、台西、大辛庄、潘庙、大城墩、盘龙城、北村及小神等九个类型⑪。

一般认为，随着二里岗文化的衰亡，洛阳地区罕见二里岗文化与西周时期之间的遗存。但是有研究者认为偃师商城⑫、西口孜⑬、伊川坡头寨⑭和巩义稍柴⑮等遗址的部分遗存属于中商文化的白家庄类型⑯。从考古发现来看，本区域内罕见含有所谓"中商文化"文化时期的遗址，晚于二里岗文化的青铜时代中期的遗存主要为殷墟文化和西周时期的遗存。

---

① 洛阳博物馆：《洛阳西高崖遗址试掘简报》，《文物》1981年第7期。
② 中国科学院考古研究所洛阳发掘队：《洛阳涧滨古文化遗址及汉墓》，《考古学报》1956年第1期。
③ 中国社会科学院考古研究所：《偃师二里头——1959年～1978年考古发掘报告》，中国大百科全书出版社，1999年；中国社会科学院考古研究所：《二里头（1999～2006）》，文物出版社，2014年。
④ 中国社会科学院考古研究所洛阳汉魏故城工作队：《偃师商城的初步勘探和发掘》，《考古》1984年第6期；中国社会科学院考古研究所：《偃师商城》（第一卷），科学出版社，2013年。
⑤ 河南省文物研究所：《河南巩县稍柴遗址发掘报告》，《华夏考古》1993年第2期。
⑥ 巩义市文管所：《巩义市坞罗河流域二里头文化、商、周文化遗存调查》，《中原文物》1992年第4期。
⑦ 《河南安阳新发现商代城址》，《光明日报》2000年1月8日第1版；中国社会科学院考古研究所安阳工作队：《河南安阳市洹北商城的勘察与试掘》，《考古》2003年第5期。
⑧ 中国社会科学院考古研究所、美国明尼苏达大学科技考古实验室中美洹河流域考古队：《洹河流域区域考古研究初步报告》，《考古》1998年第10期。
⑨ 唐际根：《中商文化研究》，《考古学报》1999年第4期。
⑩ 中国社会科学院考古研究所：《中国考古学·夏商卷》，中国社会科学出版社，2003年，第250、251页。
⑪ 中国社会科学院考古研究所：《中国考古学·夏商卷》，中国社会科学出版社，2003年，第253—271页。
⑫ 指偃师商城第6、7段遗存。中国社会科学院考古研究所：《偃师商城》（第一卷），科学出版社，2013年。
⑬ 中国科学院考古研究所洛阳发掘队：《河南偃师商代和西周遗址调查简报》，《考古》1963年第12期。
⑭ 宁景通：《河南伊川县发现商墓》，《文物》1993年第6期。
⑮ 河南省文物研究所：《河南巩县稍柴遗址发掘报告》，《华夏考古》1993年第2期。
⑯ 中国社会科学院考古研究所：《中国考古学·夏商卷》，中国社会科学出版社，2003年，第255页。

（1）殷墟文化（晚商文化）

晚商文化以安阳殷墟遗址为代表。安阳殷墟遗址自1928年开始发掘以来，90多年来的研究表明其为晚商时期的都邑遗存，由宫殿宗庙区和王陵区为代表的墓葬区、丰富的手工业作坊遗址、不同的中小型邑聚共同组成。殷墟文化可分为四期，殷墟类型处于晚商诸文化类型的核心地位，其他类型如苏埠屯、安丘、前掌大、天湖、老牛坡等则处于外围。关于该文化的发现和研究、分期与年代、都邑遗址的布局、文化类型及与其他地区晚商文化的关系等综合性探讨与建筑遗存、墓葬与埋葬制度、占卜与祭祀、人种与病理等专题性探讨已有专门论述[1]，此处不再涉及。

晚商时期，郑州地区仍有少量遗址分布，如郑州人民公园[2]、旮旯王[3]、陈庄[4]、董砦[5]、华阳城[6]、荥阳竖河[7]、西史村[8]，等等，属于殷墟文化的殷墟类型，近年在郑州周边还发现了马良寨[9]、关帝庙[10]、小胡村[11]、西司马[12]、丁楼[13]、蒋寨[14]、洼刘[15]等晚商时期的遗存。

洛阳地区之前殷墟文化的遗存发现的较少，可知的有洛阳东郊大寺[16]、涧滨[17]，偃师高崖、盆窑[18]等，相关研究也十分薄弱。

---

[1] 中国社会科学院考古研究所：《中国考古学·夏商卷》，中国社会科学出版社，2003年，第284—369页。

[2] 安志敏：《一九五二年秋季郑州二里岗发掘记》，《考古学报》1954年第1期；河南省文化局文物工作队第一队：《郑州商代遗址的发掘》，《考古学报》1957年第1期；河南省文物考古研究所：《郑州商城——1953~1985年考古发掘报告》，文物出版社，2001年。

[3] 河南省文化局文物工作队第一队：《郑州旮旯王村遗址发掘报告》，《考古学报》1954年第1期。

[4] 郑州市博物馆：《郑州市陈庄遗址发掘简报》，《中原文物》1986年第2期。

[5] 郑州市文物考古研究所：《郑州市董寨遗址发掘简报》，《华夏考古》2002年第3期。

[6] 郑州市文物考古研究院、新郑市旅游文物局：《河南新郑市华阳城遗址的调查简报》，《中原文物》2013年第3期。

[7] 河南省文物研究所：《河南荥阳竖河遗址发掘报告》，《考古学集刊》（第10辑），地质出版社，1996年。

[8] 郑州市博物馆：《河南荥阳西史村遗址试掘简报》，《文物资料丛刊》第5辑，文物出版社，1981年。

[9] 河南省文物考古研究院、河南省文物局南水北调文物保护办公室：《郑州市马良寨遗址晚商文化遗存发掘简报》，《考古》2017年第4期。

[10] 河南省文物考古研究所：《河南荥阳市关帝庙遗址商代晚期遗存发掘简报》，《考古》2008年第7期；河南省文物考古研究所：《河南荥阳关帝庙遗址考古发现与认识》，《华夏考古》2009年第3期。

[11] 贾连敏等：《河南荥阳小胡村晚商贵族墓地》，《2006中国重要考古发现》，文物出版社，2007年。

[12] 郑州市文物考古研究院、荥阳市文物保护管理所：《河南荥阳西司马遗址晚商墓地发掘简报》，《中原文物》2009年第3期。

[13] 河南省文物考古研究所：《荥阳市丁楼商周时期遗址》，《中国考古学年鉴》（2008），文物出版社，2009年。

[14] 张松林、张家强：《郑州地区西周考古的收获与思考》，《河南文物考古论集》（四），大象出版社，2006年。

[15] 郑州市文物考古研究所：《郑州市洼刘村西周早期墓葬（ZGW99M1）发掘简报》，《文物》2001年第6期。

[16] 考古研究所洛阳发掘队：《洛阳涧滨仰韶、殷文化遗址和宋墓清理》，《考古》1960年第10期。

[17] 中国科学院考古研究所洛阳发掘队：《洛阳涧滨古文化遗址及汉墓》，《考古学报》1956年第1期。

[18] 中国科学院考古研究所洛阳发掘队：《河南偃师商代和西周遗址调查简报》，《考古》1963年第12期。

(2) 西周文化

针对西周时期遗存的考古工作较多，主要围绕大型遗址和墓葬展开，除了丰镐两京、周原和西周时期诸侯国城址与墓地的勘察发掘外，在南方地区也屡有发现。

文献记载，武王灭商后，在洛阳地区营建了洛邑，并分封诸侯，以屏藩周邦。洛阳地区西周时期考古工作主要围绕成周、王城和洛邑等文献中所载都邑的探寻而展开，在这一过程中发现了大量的西周时期的墓葬、车马坑和铸铜作坊遗址。

洛阳地区发现的西周时期的遗存，主要有三处。

第一处是瀍河两岸，包括北窑（庞家沟）[1]、中窑[2]、东关[3]、下窑[4]、东车站[5]、林校[6]、杨文[7]、机车厂[8]等地点。其中北窑遗址发现了西周初至中期的铸铜作坊遗址，在铸铜遗址的西侧发现了西周早期窖穴及道路，邙山南麓发现北窑、庞家沟、马坡等地发现了西周贵族和平民墓区，瀍河东岸至塔湾一带发现了殷遗民墓葬等。近年来，在中州东路北林校内发现的大规模西周祭祀遗存等[9]。这些西周遗存的发现为研究寻找西周洛邑城址提供了重要的线索，学者梳理考古资料并与文献联系，指出西周洛邑的位置，最大的可能就是在洛河以北的瀍河两岸[10]。但是上述范围内西周大型建筑遗存发现较少，关键性的重要遗存尚未发现，因此对洛邑城址位置还是推测，认识远未能统一。

第二处是白马寺周边，包括汉魏故城[11]、荣康医院[12]等地点。在洛阳东郊汉魏洛阳故城内发现有不早于西周中晚期的城墙和墓葬，但此城年代与文献所载不合，是否为成周尚存争议。

---

[1] 洛阳文物管理委员会：《洛阳市北瑶庞家沟出土西周铜器》，《文物》1964年第9期；《洛阳发掘出一处庞大的西周墓葬群》，《光明日报》1964年10月25日；洛阳博物馆：《洛阳庞家沟五座西周墓的清理》，《文物》1972年第10期。洛阳博物馆：《洛阳北窑村西周遗址1974年度发掘简报》，《文物》1981年第7期；洛阳市文物工作队：《1975—1979年洛阳北窑西周铸铜遗址的发掘》，《考古》1983年第5期；洛阳市文物工作队：《洛阳北窑西周墓》，文物出版社，1999年；洛阳市文物工作队：《洛阳北窑西周车马坑发掘简报》，《文物》2011年第8期。

[2] 洛阳市文物工作队：《洛阳瀍河东岸西周墓的发掘》，《文物》2006年第3期。

[3] 洛阳市文物工作队：《洛阳东关五座西周墓的清理》，《中原文物》1984年第3期。

[4] 郭宝钧、林寿晋：《一九五二年秋季洛阳东郊发掘报告》，《考古学报》1955年第1期。

[5] 河南省文化局文物工作队第二队：《洛阳的两个西周墓》，《考古通讯》1956年第1期；洛阳市文物工作队：《洛阳东车站两周墓发掘简报》，《文物》2003年第12期；洛阳市文物工作队：《洛阳市唐城花园C3M417西周墓发掘简报》，《文物》2004年第7期；安亚伟：《河南洛阳市唐城花园西周墓葬的清理》，《考古》2007年第2期。

[6] 洛阳市文物工作队：《洛阳市东郊发现的两座西周墓》，《文物》1992年第3期；洛阳市文物工作队：《洛阳林校西周车马坑》，《文物》1999年第3期；洛阳市文物考古研究院：《洛阳林校西周车马坑发掘简报》，《洛阳考古》2015年第1期。

[7] 洛阳市文物工作队：《洛阳东郊C5M906号西周墓》，《考古》1995年第9期；洛阳市文物工作队：《洛阳东郊西周墓》，《文物》1999年第9期。

[8] 张剑、蔡运章：《洛阳东郊13号西周墓的发掘》，《文物》1998年第10期。

[9] 周立、石艳艳：《洛阳西周早期大规模祭祀遗存的发掘》，《中国文物报》2011年6月17日第9版。

[10] 叶万松、张剑、李德方：《西周洛邑城址考》，《华夏考古》1991年第2期。

[11] 中国社会科学院考古研究所洛阳汉魏城队：《汉魏洛阳故城城垣试掘》，《考古学报》1998年第3期；中国社会科学院考古研究所洛阳汉魏城队：《河南洛阳市汉魏故城M175西周墓发掘简报》，《考古》2014年第3期。

[12] 张剑、蔡运章：《洛阳白马寺三座西周晚期墓》，《文物》1998年第10期。

第三处是涧河两岸，包括涧滨①、西干沟②、五女冢③、西小屯④、中州路⑤、瞿家屯⑥等地点。尽管发现了不少西周时期的墓葬，但是东周王城附近是否有西周时期的城址尚待发现。

除了洛阳市区开展的工作之外，在洛阳西郊的西高崖⑦、偃师苗湾、西口孜、夏后寺、孙家湾以及巩义赵城⑧、伏羲台、稍柴、米北、坞罗西坡⑨、城关小沟⑩等地均发现了西周时期的遗存。

总之，经过多年的考古工作，研究者确立了西周时期洛阳地区陶器墓的分期框架⑪，发现了大量具有都邑特征的重要遗存，并对洛邑、成周和王城的地望问题展开了大量的讨论，为西周时期文化的深入探讨奠定了基础。但是囿于考古工作主要针对墓葬类遗存开展，居址和城址内相关发掘较少，以墓葬陶器为主要研究对象的编年难以代表洛阳地区西周时期的文化分期，影响了关中地区与洛阳地区的比较研究，相当程度上会给洛阳地区西周遗存年代的确定带来偏差，而普通遗址发掘的缺失，对于深入探讨西周时期众多遗存的时空关系和社会状况是个极大的制约。

3. 青铜时代晚期

青铜时代晚期的遗存主要为东周时期的遗存，在洛阳盆地及周边开展过考古工作的主要有东周王城、滑国故城、宜阳韩城、伊川新城等城址。墓葬发现的数量极大，主要分布于东周王城和汉魏故城周围。

（1）东周城址的发现与研究

1954年，在洛河以北的涧河两岸发现了东周王城遗址⑫，此后又发掘了城墙⑬、宫殿建

---

① 梁晓景、马三鸿：《洛阳涧滨AM21西周墓》，《文物》1999年第9期。
② 中国社会科学院考古研究所：《洛阳发掘报告——1955—1960年洛阳涧滨考古发掘资料》，北京燕山出版社，1989年，第83—98页。
③ 洛阳市第二文物工作队：《洛阳五女冢西周墓发掘简报》，《文物》1997年第9期；洛阳市第二文物工作队：《洛阳五女冢西周早期墓葬发掘简报》，《文物》2000年第10期。
④ 洛阳市文物工作队：《河南洛阳市王城大道发现西周墓》，《考古》2006年第6期。
⑤ 中国科学院考古研究所：《洛阳中州路（西工段）》，科学出版社，1959年。
⑥ 中国社会科学院考古研究所：《洛阳发掘报告——1955—1960年洛阳涧滨考古发掘资料》，北京燕山出版社，1989年，第99—106页；洛阳市文物工作队：《洛阳瞿家屯发掘报告》，文物出版社，2010年，第146—168页；洛阳市文物工作队：《洛阳涧河东岸西周晚期墓》，《文物》2007年第9期。
⑦ 洛阳博物馆：《洛阳西高崖遗址试掘简报》，《文物》1981年第7期。
⑧ 中国科学院考古研究所洛阳发掘队：《河南偃师商代和西周遗址调查简报》，《考古》1963年第12期。
⑨ 巩义市文管所：《巩义市坞罗河流域二里头文化、商、周文化遗存调查》，《中原文物》1992年第4期。
⑩ 陈立信：《巩县发现西周早期青铜鬲》，《中原文物》1986年第4期。
⑪ 叶万松：《中原地区西周陶器的初步研究》，《考古》1986年第12期；刘富良：《洛阳西周陶器墓研究》，《考古与文物》1998年第3期。
⑫ 考古研究所洛阳发掘队：《洛阳涧滨东周城址发掘报告》，《考古学报》1959年第2期；中国社会科学院考古研究所：《洛阳发掘报告——1955—1960年洛阳涧滨考古发掘资料》，北京燕山出版社，1989年，第107—165页。
⑬ 郑州大学历史学院、洛阳市文物工作队：《洛阳东周王城东城墙遗址2004年度发掘简报》，《文物》2008年第8期；洛阳市文物考古研究院：《洛阳东周王城城墙遗址2013年度发掘简报》，《洛阳考古》2015年第4期。

筑①、粮仓②、手工业设施③和一大批墓葬等重要遗迹。宫殿建筑基址主要发现于东周王城西北部小屯和西南隅涧河入洛河处的瞿家屯一带。发现了大型夯土建筑基址以及和基址平行、东西长达数百米的城墙，墙外有城壕，宫殿区范围内大型人工城壕的发现，改变了以往对王城遗址布局的认识④。重要的发现有：1970年在宫殿区的东侧的南城墙附近发现了80余座战国时期的大型仓窖。在东周王城西北隅发现了大规模的战国时代烧制陶器的窑场遗址。在窑场的周围，还发现了骨料、制铜器的陶范、制玉的作坊，从发掘的情况看这里集中了制陶、玉、石、骨、铜等多种手工业作坊。在城中部、东北隅和城外发现了多处墓地，发掘了数以千计的东周时期的墓葬、车马坑等⑤。

几十年的考古发现，积累了较为丰富的考古资料。学者对东周城址的性质、规模、形制、布局及其反映的历史背景等方面进行了深入研究，对东周王城已有了一个较为清晰的认识。研究者认为东周王城的繁荣期为战国时期⑥，战国中晚期有过增补⑦，春秋时期仅有王城而没有郭城⑧；瞿家屯一带为王城的宫殿区；宫殿区东北为东周王城的主要陵区之一等。

除了东周王城以外，洛阳地区的滑国故城⑨、刘国故城⑩和东周时期的成周城⑪及宜阳故城（韩城）⑫、伊川新城故城⑬、高城⑭等城址均开展了一定规模的考古工作，但是系统发掘和研究仍然薄弱。

---

① 中国社会科学院考古研究所：《洛阳发掘报告——1955—1960年洛阳涧滨考古发掘资料》，北京燕山出版社，1989年，第138—140页；徐昭峰、朱磊：《洛阳瞿家屯东周大型夯土建筑基址的初步研究》，《文物》2007年第9期；洛阳市文物工作队：《洛阳瞿家屯发掘报告》，文物出版社，2010年。

② 洛阳博物馆：《洛阳战国粮仓试掘纪略》，《文物》1981年第11期。

③ 中国社会科学院考古研究所：《洛阳发掘报告——1955—1960年洛阳涧滨考古发掘资料》，北京燕山出版社，1989年，第124—136页；洛阳市文物工作队：《洛阳东周王城遗址发现烧造坩埚古窑址》，《文物》1995年第8期；洛阳市文物工作队：《洛阳东周王城战国陶窑遗址发掘报告》，《考古学报》2003年第4期。

④ 徐昭峰：《成周与王城考略》，《考古》2007年第11期；徐昭峰：《试论东周王城的城郭布局及其演变》，《考古》2011年第5期。

⑤ 洛阳市文物工作队：《洛阳王城广场东周墓》，文物出版社，2009年。

⑥ 周永珍：《关于洛阳周城》，《洛阳考古四十年——一九九二年洛阳考古学术研讨会论文集》，科学出版社，1996年，第227—229页。

⑦ 郑州大学历史学院、洛阳市文物工作队：《洛阳东周王城东城墙2004年度发掘简报》，《文物》2008年第8期；洛阳市文物考古研究院：《洛阳东周王城城墙遗址2013年度发掘简报》，《洛阳考古》2015年第4期。

⑧ 徐昭峰：《成周与王城考略》，《考古》2007年第11期。

⑨ 中国科学院考古研究所洛阳发掘队：《河南偃师"滑城"考古调查简报》，《考古》1964年第1期。

⑩ 河南省文物普查办公室：《河南省文物普查大观》，《中原文物》1986年第3期；梁晓景：《刘国史迹考略》，《中原文物》1985年第4期；郭洪涛：《春秋刘国故城考》，《中国古都研究》第12辑，山西人民出版社，1998年。

⑪ 中国社会科学院考古研究所洛阳汉魏城队：《汉魏洛阳故城城垣试掘》，《考古学报》1998年第3期。

⑫ 赵安杰：《战国宜阳故城调查简报》，《中原文物》1988年第3期。

⑬ 赵晓军、曲昆杰、周鼎凯：《伊川新城故城勘察记》，《洛阳考古》，2013年第2期。

⑭ 河南省第三次全国文物普查领导小组办公室、河南省文物局：《河南省第三次全国文物普查300项重要发现》，海燕出版社，2011年。

（2）东周墓葬的发现和研究

洛阳地区发现的东周墓葬数量极大。主要分布于东周王城遗址和汉魏故城遗址周围。

王陵区主要有三处：一处为东周王城的中东部，一处为洛阳周山，一处为汉魏故城东北部的金村东部[①]。东周王城东北部先后发现10余座带墓道的大型墓葬和大量中型墓葬，以及众多的小型墓葬，其间陪葬坑、车马坑和马坑也多有发现。1957年在王城中部的小屯东北发现4座东西一线排列的"甲"字形战国大墓，其中一号墓出土的一件白色石圭片上有墨书"天子"二字，为确定墓主人身份提供了线索[②]。四号墓曾遭3次严重盗掘，但残留遗物仍有1637件[③]，这4座墓葬可能是东周末年西周君的墓葬[④]。1982年，在4座大墓东北约30米处发现1座战国时期的陪葬坑[⑤]。王城陵区内发掘了有多座车马坑，其中2002年在东周王城广场发掘的18座车马坑，最大的一座长42米，残存车25辆，葬马70匹，有一车由6匹马驾驭[⑥]，据文献"天子驾六"的记载，研究者认为该车马坑应为天子墓陪葬坑。

贵族墓葬发现也有很多，如1974年在西工区凯旋路北侧发掘一座积石积炭墓，出土了"繁阳之金"剑等遗物[⑦]；1988年在解放路东侧发掘的一座战国早期墓出土了"越王者旨于赐"矛[⑧]；1991年在东周王城东北部发掘了一座战国早期墓，出土了吴王夫差剑等重要文物[⑨]；1998年洛阳市老城区西关中州路北侧清理了一座春秋晚期至战国早期的墓葬，出土铜器保存基本完好而体胎厚重，纹饰繁杂华丽，具有鲜明的时代特征[⑩]，2001年在西工区凯旋中路南侧发掘清理5座保存完整的中小型贵族墓葬，时代为春秋中晚期，器物组合完整规范，发展演变序列清晰[⑪]；2004在中州中路南发掘的战国中期墓葬（C1M8371），随葬的玉带钩、玉兽在洛阳地区较为少见，小型铜器和小型陶器在中原地区的东周墓葬中是首次发现[⑫]；2005年在西工区发掘清理的M8832保存较完好，出土了较多随葬品，有铜鼎8件，其中列鼎为5件组合，推测墓主应为不低于卿大夫一级的高级贵族[⑬]；东周王城以外也有贵族墓葬发现。例如，在西距东周王城

---

① 李德方：《东周王陵分区考辨》，《中原文物》1987年特刊；吴迪、李德方：《东周王城内大墓与东周王陵》，《中国古都研究》第二十三辑，三秦出版社，2008年。

② 考古研究所洛阳发掘队：《洛阳西郊一号战国墓发掘记》，《考古》1959年第12期。

③ 洛阳市文物工作队：《洛阳西郊四号墓发掘简报》，《文物资料丛刊》第9辑，文物出版社，1985年。

④ 潘付生、李惠君：《洛阳西周君陵墓位置探析》，《中原文物》2011年第6期；徐昭峰：《西周君陵区考辨》，《华夏考古》2012年第3期。

⑤ 洛阳市文物工作队：《洛阳解放路战国陪葬坑发掘报告》，《考古学报》2002年第3期。

⑥ 洛阳市文物工作队：《洛阳王城广场东周墓》，文物出版社，2009年。

⑦ 洛阳博物馆：《河南洛阳出土"繁阳之金"剑》，《考古》1980年第6期。

⑧ 洛阳市文物工作队：《河南洛阳发掘一座战国墓》，《考古》1989年第5期。

⑨ 洛阳市文物工作队：《洛阳C1M3352出土吴王夫差剑等文物》，《文物》1992年第3期。

⑩ 中国社会科学院考古研究所洛阳唐城队：《河南洛阳市中州路北东周墓葬的清理》，《考古》2002年第1期。

⑪ 中国社会科学院考古研究所洛阳唐城工作队：《洛阳凯旋路南东周墓发掘报告》，《考古学报》2000年第3期。

⑫ 洛阳市文物工作队：《洛阳中州中路东周墓发掘简报》，《文物》2006年第3期。

⑬ 洛阳市文物工作队：《河南洛阳市西工区M8832号东周墓》，《考古》2011年第9期。

约1千米的洛阳玻璃厂东南发掘了哀成叔墓①。在洛阳外围地区，1957年曾于洛阳汉魏故城西北3千米的孟津县平乐乡境内中州渠附近，发现了一批随葬青铜礼器的东周墓。其中一座春秋晚期墓中，出土了一件大型青铜鉴，其铭文表明是齐侯嫁女于周的媵器。青铜鉴的出土，可知这里或是周室东迁期间洛阳金村以外的另一处重要墓地②。

平民墓葬在王城内外多有发现。1954—1955年，在洛阳中州路发掘了260座东周墓葬，为东周墓葬的分期断代建立了重要的标尺③。东周王城的东南部近6万平方米的范围内，发现排列有序的东周墓葬500余座④。在位于王城东北角外的烧沟墓地，发掘了59座战国墓⑤。涧西发掘的古墓葬300余座，多随葬陶器，墓主应为普通士族或平民。

迄今为止，有关东周墓葬的研究成果已颇为丰富，涉及墓地制度、墓葬形制、分类、年代、墓主、国属、出土器物、铭文等领域。《洛阳中州路（西工段）》在对器物组合及形制变化研究的基础上，把洛阳东周墓葬分为四组七段，成为东周墓葬断代的标尺⑥。俞伟超、高明先生对周代用鼎制度、中原地区的东周青铜礼器进行专门研究⑦。叶小燕先生对中原地区战国陶器墓和铜器墓分别进行了分期研究，并对墓葬所反映的宗族墓地制度等进行了深入的探讨⑧。印群先生对黄河中下游地区东周墓葬制度进行了综合探讨⑨。张辛先生对中原地区东周陶器墓葬的类型、年代、国别、墓葬制度等做了全面而系统的研究⑩。

除了上述东周王城内外，在洛阳汉魏故城、偃师石家庄（寺沟）、商城、灰嘴、宫家窑、夏后寺等遗址均有东周时期的墓葬发现。

整体上来看，洛阳盆地周临地区东周时期的遗存在发现和研究方面多注重墓葬，城址除了东周王城以外，其余的发掘和研究极其薄弱。即使是东周王城遗址也存在着布局不够清晰，综合研究缺乏的状况，至于一般遗址的发掘和研究则基本上属于空白。

---

① 洛阳博物馆：《洛阳哀成叔墓清理简报》，《文物》1981年第7期。
② 河南省文化局文物工作队：《洛阳兴修中州大渠工程中发现珍贵文物》，《文物》1960年第4期；洛阳博物馆：《齐侯鉴铭文的新发现》，《文物》1977年第3期。
③ 中国科学院考古研究所：《洛阳中州路（西工段）》，科学出版社，1959年。
④ 洛阳市文物工作队：《洛阳王城广场东周墓》，文物出版社，2009年。
⑤ 洛阳区考古发掘队：《洛阳烧沟汉墓》，科学出版社，1959年。
⑥ 中国科学院考古研究所：《洛阳中州路（西工段）》，科学出版社，1959年。
⑦ 俞伟超、高明：《周代用鼎制度研究》（上、中、下），《北京大学学报》（哲学社会科学版）1978年第1期、1978年第2期、1979年第1期。
⑧ 叶小燕：《中原地区战国墓初探》，《考古》1985年第2期。
⑨ 印群：《黄河中下游地区的东周墓葬制度》，社会科学文献出版社，2001年。
⑩ 张辛：《中原地区东周陶器墓葬研究》，科学出版社，2002年。

第三节 调查经过

一、背景和目标

（一）项目缘起

中国古代文明的起源是世界考古学的一个重要研究课题，最近几十年来的一系列考古发现更是引起了国际学术界对这个课题的广泛关注。有足够的证据表明，复杂社会是在新石器时代中国的许多地区发展起来的，但是其中的大部分都在约公元前2000年前后衰落了。与此相反，中原地区的二里头文化却在公元前1800年前后作为中国第一个国家水平的政治实体发展成为一个大型的政治和经济中心。美国密歇根大学华翰维（Henry T. Wright）教授认为，"国家可被视为这样的一个文化发展阶段，对它所控制的地区来说，它有相当的中央集权；同时这样一个集权过程又可以分割为不同的活动，这些活动可以在不同的地方、不同的时间完成"[1]，乔伊斯·马考思（J. Marcus）和盖瑞·费曼（G. Feinman）也认为："古国就是至少应该分为两个对立的阶级（专业的统治阶级和平民阶级），其政府则是高度集权和有内部专业分工的社会。"[2]

二里头文化（至少是第二到四期）所代表的第一个政治实体，满足乔伊斯·马考思和盖瑞·费曼所作国家定义的两个条件。二里头遗址及二里头文化的发掘与研究表明，二里头遗址的出现标志着中国早期国家的形成，从以下两个方面可以体现：其一，社会分层可以由墓葬的等级差别体现。二里头发现的个别墓葬随葬青铜器和玉器，而大部分的小墓则没有随葬品；其二，集权和有内部专业分工的政府，则由其行政结构体现。此外，二里头文化的另一个特征是控制区域的扩张，而这很可能是基于对外部重要自然资源的掠夺，以满足核心地区贵族和各种手工业生产的需要所致。各种手工业生产的专业分工，也体现了二里头社会拥有一个高度集权的和有内部专业分工的行政机构。

30余年的发掘和研究还表明，二里头遗址的衰落与偃师商城遗址的崛起在年代上有重合，表明其背后所代表的考古学文化的转变可能与政权的更替有关，并且这两个大型遗址的兴衰与文献上记载的夏代晚期都城和商代早期都城在时间与空间上相对吻合。以致大部分中国考古学家认为，以伊洛河盆地为中心并向周围地区扩张的二里头文化，很可能代表中国历史上第一个王朝——夏的晚期。但是这一推论并没有被西方的考古学家和历史学家普遍接受，相反，他们怀疑二里头遗址和夏之间存在的历史联系，甚至怀疑二里头文化是否代表一个国家水平的社会。这种截然相反的意见，反映了不同研究者对待古代文献的不同态度，也说明我们还缺乏

---

[1] H. T. Wright. Recent research on the origin of the state. *Annual Review of Anthropology*, 1997(6): 379-397.

[2] J. Marcus, G. Feinman. *Introduction to Archaic States*. Santa Fe: School of American Research Press, 1998: 3-14.

有关二里头时代社会组织的过硬证据。除了在考古学上发现直接的文字证明材料外，这个问题的解决，还有赖于考古调查特别是对发生社会政治转型的中心地区的考古调查才有可能实现突破。

伊洛河流域所处的洛阳盆地自1937年以来，开展了大量的考古调查与发掘工作，建立了完备的考古学文化谱系，具有深厚的工作基础，也是传统上被视为夏、早商和东周王朝的核心地区。该地区出土的从新石器时代至汉代的大量文化遗存显示除了在区域水平上研究社会变化进程的前景，更是二里头文化和二里岗文化的中心区域之一。对二里头遗址本身的研究而言，不了解其存在前后该区域的聚落形态所显现的社会结构及其演变情况，不了解其出现与衰亡所依凭的自然环境与社会历史背景，就无法全面深入地把握其作为中国青铜时代第一座大型都邑的历史意义，而对洛阳盆地史前与史初时期聚落形态及其演变以及人地关系的研究，则是解开中原地区社会复杂化进程的一把钥匙。

基于上述考虑，河南二里头工作队与中澳美伊洛河流域联合考古队以探索古代中国文明腹心地区的社会变化进程为最终目标，分别筹划并实施了洛阳盆地中东部先秦时期遗址的区域系统调查工作。

1997年开始，中国社会科学院考古研究所与澳大利亚拉筹伯大学牵头报经国家文物局批准，在河南省文物局、河南省文物考古研究所、巩义市文保所等单位的大力支持下，组建中澳美伊洛河流域联合考古队，在澳大利亚研究理事会（Australian Research Council）、美国国家地理学会（National Geographic Society）、美国温纳-格林基金会（The Wenner-Gren Foundation）、澳大利亚拉筹伯大学和美国哈佛大学等机构的联合资助下，开展了伊洛河流域的系统调查工作。

2000年，由中国社会科学院考古研究所副所长王巍研究员主持的中国社会科学院重大课题"黄河中下游地区古代生态环境的变迁与人类生活方式及文明演进关系研究（2000—2004）"立项，并将"洛阳盆地考古调查与聚落形态研究"作为一个子课题，由中国社会科学院考古研究所河南二里头工作队承担该子课题的具体实施。

（二）项目目标

在项目实施中，两队基于研究目的，设计了具体的目标，以有效开展区域系统调查工作。项目实施内容主要包括拉网式考古调查和与其相伴的地质考古学、古植物学研究等几个主要部分。以期通过对聚落形态的考察来了解该地区的社会复杂化进程；进而基于考古调查的资料评估人口的变化、环境的变迁、社会结构、土地利用和农业生产等方面的波动情况；同时检验关于社会变化进程的种种理论模式。

1. 地区聚落模式和社会复杂化进程

聚落考古学的目的就是系统了解该地区遗址分布的各种因素。聚落形态本身，即通过不同类型遗址的数量、面积和分布模式，为我们提供了文化社会组织复杂程度的重要信息。

简单平等社会的聚落形态，很大程度上取决于地域内可利用资源支配。但是，复杂分层社会的聚落形态则依赖于资源及以外的许多因素，更易于受诸如贸易路线、政治扩张和有效的行政网络的影响。社会政治整合的水平，可以通过研究区域聚落形态包括社区类型（考察功能的变化）、每种类型的规模和数量来确定。复杂社会显示聚落类型的不断增加，这可以通过其功能和规模得以体现。很少一些聚落成为中心地区，而大部分的聚落则保持在村庄的水平上。中心遗址作为地区行政中心，在地区整合中发挥各种各样的作用。它们和一般居民点在规模和形态上（比如具有公共纪念性建筑、防御设施和公共仓库等）均有不同。随着社会复杂化进程的加剧，中心聚落可能分层。最高政治中心可能也成为经济、文化和宗教中心。次级中心可能同样作为小范围的地区中心充当调节物资流动和劳动力调配的角色。基于系统区域调查的聚落考古学，有助于我们了解社会复杂化进程，并且已经在两河流域、中美洲、秘鲁等地区取得良好的效果。中美考古学家在河南、山东和内蒙古等地所作的目标同样在于了解社会复杂化进程的考古调查，也取得了丰硕成果。伊洛河流域的考古项目，有两个特别的优势：其一，这里是中国古代文明的腹心地区；其二，国家形成以前文化的长期持续发展。因此考察核心地区的社会转型，可以通过和周围地区的对比，以取得早期国家发展进程的更为完整的图像。

2. 人口参数集团间的冲突和文明前夜的社会变化

长期以来，就有学者认为人口增长和社会复杂化之间存在正比例关系。Robert Carneiro提出，相对封闭的自然或社会环境内，由于人口增长导致为获得资源而引发的冲突可能是国家起源的重要因素。考古学家基于世界范围内的考古材料对此进行了广泛而深入的讨论。对中国新石器时代的最新研究表明，人口增长（由遗址的数量表明）的确是黄河流域新石器时代晚期龙山文化聚落形态的一个显著特点。日益增加的集团间的冲突（由城墙等防御工事和暴力所表明）在嵩山东侧的河南中部地区非常显明。但是这个地区并非自然环境上的封闭地区。

根据已发表的材料，整个黄河中下游地区龙山文化之后的二里头文化时期，遗址的数量明显减少。就河南来说，大概从龙山时期的1000个左右锐减至二里头时期的不足150个。但是遗址数量的锐减，并不简单说明人口的减少，其中有两个问题值得注意。第一，在伊洛河地区，此前调查的资料显示，从龙山到二里头，遗址数量从92个减少到40个，但是最大遗址的规模却从7.5万平方米剧增至300万平方米。这些变化表明核心地区城市化过程中的聚落集中，很可能是国家通过对人口分布的重组完成的。因此，这些变化在研究人口参数的问题时要给予充分关注。第二，需要注意的是已经发表材料的质量问题。应该说，这些关于遗址数量和规模的统计数，大多数都是围绕文化遗址保护的目标完成的。因此存在着如下的不足：一，许多遗址特别是小遗址，在非系统的调查中被忽略了；二，这些资料的年代学尺度很粗，往往笼统地纳入某一个延续时间很长的文化（比如仰韶文化）。因此，城市化过程中聚落集中的轨迹并不清楚，人口在国家起源过程中的作用也不清楚。通过拉网式考古调查，我们可以获得更完整的聚落分布资料，对区域范围内聚落变化的年代尺度也会有更细致的把握。这些资料进而为更深入地了解核心地区城市化过程中的社会变化动力和机制奠定基础。

3. 地区间的相互作用和早期国家的政治集中

文明从不孤立发生。早期国家发展过程中核心和边缘地区之间的能动作用是目前的一个热门研究课题，至少在两河流域和中美洲是这样。作为伊洛河地区最早城市中心的二里头和偃师商城，庞大的夯土建筑、各种手工业生产（青铜器、骨器、陶器等）和不断增加的城市人口需要有连续不断的自然资源的供应。这些资源包括铜、锡、铅、木材、石材、盐和制造特殊陶器的高岭土等。其中某些资源只有在边缘地区才能得到（比如陕西、山西和长江中下游等地的金属、山西南部和山东的盐等），有一些则可以在本地山区获得（比如嵩山、邙山的木材和石料）。许多次级中心发现在资源丰富地区附近的交通要道上，这意味着地区间的相互作用和中国早期国家的领土扩张，而后者则可能同核心地区国家统治者所需要的重要资源的控制和运输有关。从社会政治景观的角度看，调查区域所处的位置十分独特。它一方面属于早期国家的核心地区，占有通往东部地区的伊洛河水利交通之便，另一方面南部又拥有资源丰富的山区和适宜作物种植的冲积平原。

4. 手工业生产

调查区域有关手工业生产研究的最丰富材料是陶器。陶器类型的高度标准化，与日益专业化的生产模式相关，即一方面由很少的生产者掌握有限种类的陶器生产，另一方面，陶器生产的效益提高，陶器形式和质量的控制达到一个新的高度。这个生产模式要求一个专业化的劳动大军，后者通常只有在高度分层的大型复杂社会才可能发生，这个社会有集权的社会组织，并经常与贯穿整个社会的经济（比如农业）增长相关。低倍放大镜的初步观察显示，在整个新石器时代和青铜时代早期，陶器的陶胎类型多样，这或许意味着伊洛河下游地区陶器的交换，但自商代开始陶器日趋标准化。我们将利用调查获得的大量陶器资料，首先界定分布区域和其所处的聚落等级，确定与其他遗址的关系；其次，将我们的采集品和在二里头和偃师商城等遗址出土的陶器作形制、风格上的对比分析；最后，对采集陶器作矿物学分析。

通过对陶器风格、陶土和陶器使用痕迹的分析，我们将有望了解早期国家腹心地区陶器生产的专业化水平和陶器使用的社会取向。

5. 古环境和古生态的变迁

对人类活动的空间模式的解释，必须考虑相关的区域景观和生态特征。环境变迁很可能对新石器时代华北地区的人口移动和聚落分布有重要影响，而人类活动也一定改变了伊洛河流域的景观和植被。地质考古学和古植物学的考察，将有助于了解人类活动和自然环境的相互关系，并通过各种信息的收集重建该地区古气候、古环境和古代经济生活的历史。深层钻孔所取得的沼泽相地层材料，可用作孢粉分析，以记录该地区的植被变化。我们还从文化遗迹（梯田和台地使遗迹现象得以暴露）中采集了大量的土样。通过浮选，我们在这些土样中发现了炭化的植物种子、骨头和陶片等，这些遗存和土样被用作植物硅酸体及宏观植物学的分析，了解不同遗址各时期的农产品和根据地质及文献材料所得到的土地类型信息，将有助于我们评估该地区经济生活的变迁。

二、材料与方法

区域系统调查（systematic regional survey）亦称全覆盖式调查（full-coverage survey）或拉网式调查，是以聚落形态研究为目的考古调查方法，是考古学发展到一定阶段的产物，也是聚落考古的基础。20世纪40年代，戈登·威利（Gordon R. Willey）在秘鲁维鲁河谷进行区域调查。20世纪50年代以来，除中国和印度外，世界上其他文明的中心地区如美索不达米亚、墨西哥高地、爱琴海地区和美国西南部先后开展了区域系统调查工作，促进了相关地区考古学的发展和文明起源的研究。1985年全美考古学会在科罗拉多州的丹佛市举行会议，就区域系统调查的理论、方法及获得的成果进行研讨，会后出版《区域考古研究：区域系统调查案例》[①]，与会者认为区域系统调查不仅仅为了解聚落形态的变迁，通过对遗址等级状况的分布、遗址和自然环境的关系、聚落中心的转移等现象的考察可进一步研究特定区域内政治、经济和社会发展的历程。本区域采用的调查方法即为区域系统调查，在具体实施中根据地形地貌进行局部的修正。

（一）材料

1. 地形图

在田野调查中使用了不同比例的地图，包括五万分之一、二万分之一和万分之一地形图。

（1）1/50000地形图

为中国国家地理信息中心购置的地形图。地形图采用1975年版地貌，1982年航片，1984年、1985年修测，1988年编绘，1989年出版，1954年北京坐标系，1985年国家高程基准，等高距20米，1971年版图式。

包括洛阳市（9-49-45-丁）、老城（9-49-46-丙）、巩县（9-49-46-丁）、站街（9-49-47-丙）、龙门街（9-49-57-乙）、大口（9-49-58-甲）、府店（9-49-58-乙）、上庄（9-49-59-甲）等8个区域。

---

① Suzanne K. Fish, Stephen A. Kowalewski. *The Archaeology of Regions — A Case for full-coverage Survey*, Washington, D. C & London: Smithsonian Institution Press, 1998.

（2）1/20000地形图

为洛阳市地理信息中心在洛阳市第四期城市规划编制期间测绘的地图。该图利用1997年航拍资料，1998年控制调绘，1999年航测数字化更新测绘的万分之一地形图数据。采用1980年西安坐标系，1985年国家基准高程，等高距为5米，1990年版图式绘制。

范围为焦枝铁路（洛阳市区段）以东，洛阳、偃师、孟津三市区交界处南北一线以西部分的城市规划区。

（3）1/10000地形图

中澳美伊洛河流域联合考古队使用的为河南煤田地质公司物探测量队1980、1984、1985、1986、1989年航测，河南煤田地质公司印刷厂1989年编绘的地图。采用的为1954年北京坐标系，1956年黄海高程系，等高距为2.5米或5米，1974年版图式。

河南二里头工作队使用的为河南省测绘局1983、1984、1988年测（调）绘，1985、1989、1990年出版的地形图。地图采用1954年北京坐标，1985年国家高程基准，等高距为2.5米，1974年版图式。

包括寺里碑（I-49-46-51）、南蔡庄（I-49-46-52）、偃师县（I-49-46-53）、王瑶（I-49-46-54）、石家庄（I-49-46-55）、回郭镇（I-49-46-62）、清易镇（I-49-46-63）、蔡庄（I-49-46-64）、顾县（I-49-58-5）、念子庄（I-49-58-6）、八陵（I-49-58-7）、西村（I-49-58-8）、坞罗（I-49-59-1）、李家村（I-49-58-11）、高龙（I-49-58-12）、缑氏（9-49-58-13）、鲁庄（I-49-58-14）、东侯（I-49-58-15）、车园（I-49-58-16）、涉村（I-49-59-9）、寇店（I-49-58-19）、大口集（I-49-58-20）、扒头（I-49-58-21）、府店乡（I-49-58-22）、赵城（I-49-58-23）、张沟（I-49-58-24）等区域。

（4）1/10000乡镇土地利用图

佃庄、翟镇、岳滩、李村、庞村、高龙、顾县等7乡镇万分之一地形图未覆盖区采用乡镇土地利用总体规划图（2001—2010年），地图由各乡镇人民政府与偃师市国土资源与城市规划局在2002年编制。

2. 其他辅助器械

调查中还使用对讲机作为调查队员相互沟通的工具；采用GPS定位仪作为确定遗址边界和遗存密集区的定位工具；使用测距仪来测量遗址的长度、宽度等基础数据；采用洛阳铲进行局部的钻探来确认遗迹的分布状况及堆积的厚度等。

（二）调查方法

调查队一般由6—10人组成，成员大多对陶片有较高的断代能力。徒步系统地调查被调查地区的所有地面，并把所发现的遗物和遗迹现象标注在地图上，详细记录当日的踏查经过和发现情况。

调查者之间的距离一般在15—30米，对由剖面观察已知属遗存贫乏区甚至空白区地段，调查者间隔50米左右，距离过远时则采取"之"字形路线行进。特别注意台地和沟坎暴露的遗迹现象，除绘出遗迹草图外，还采集可供断代的陶片，或通过对现地貌的观察，利用陡坎、取土坑等剖面，尽可能地收集与地质、环境有关的信息线索，并收集用作浮选、孢粉和植物硅酸体等分析的土样。

一般以一定距离内（10米或100米，两队标准不一）至少有3—5片同时期的陶片作为界定一个遗址的最低标准，对低于这一标准，未予遗址编号的地表零星陶片，也全部采集并详注于图上。同时重视其他的背景因素，比如遗址形成过程和微景观因素的考察，在绝大多数情况下，都以地层和遗迹现象如灰坑、墓葬、陶窑和房基等的存在作为确定遗址的确切依据。对于遗存密集分布区进行集中复查，确认其分布范围及断崖沟坎剖面所显现的遗存存在状况，简单清理暴露在外的灰坑等遗迹。

不同文化、不同时期的遗址面积互异，判断遗址范围主要依地面陶片的分布情况。调查所发现的陶片作为我们判断年代的主要标尺，为确定重要遗址的时空分布，有时也使用洛阳铲以取得必要的资料。尽可能根据遗址存在状况、所处微地貌甚至目前行政区划，分析遗物散布范围的成因，注意近现代人类行为的影响。注意依据地表陶片的分布情况，尽可能区分跨时代的遗址在不同时期遗存分布范围的不同。

调查同时使用全球定位仪（GPS）确定遗址的准确位置。遗址的边界则在整个地区调查完和遗物的年代确定以后在地图上加以确认。

室内整理中校核标本所属的时代、文化及具体期别，并将不同文化、不同期别的遗址范围分别标注于地形图上。

复查时，采用无人机、数码相机、手持GPS对遗址进行拍照和统一定位。

三、调查范围

本报告涉及的调查范围大体为洛阳盆地的中东部区域，西以焦枝铁路洛阳段为界，北以邙山200米高程线为界，东至为巩义市区南北一线，南以万安山、嵩山400米高程线为界。

调查范围涉及郑州和洛阳两市区，主要包括郑州巩义市西部和洛阳市洛龙区、瀍河区的东部，孟津县的东南部以及偃师市的大部。具体涉及乡镇有瀍河回族区的瀍河回族乡、洛龙区的白马寺镇南部、关林镇和李楼镇的东部，伊滨区的诸葛、李村、庞村、寇店和佃庄镇全部，孟津县的平乐镇南部，偃师市北部的邙岭、首阳山、城关、山化等乡镇街道办，夹河区域的翟镇、岳滩和伊河南部的大口、高龙、顾县、缑氏、府店，巩义市伊洛河北岸的康店、南河渡和河洛镇及伊洛河南岸的回郭、鲁庄、芝田、西村、夹津口、涉村、核桃园等镇，合计面积约1120平方千米（图1.4）。

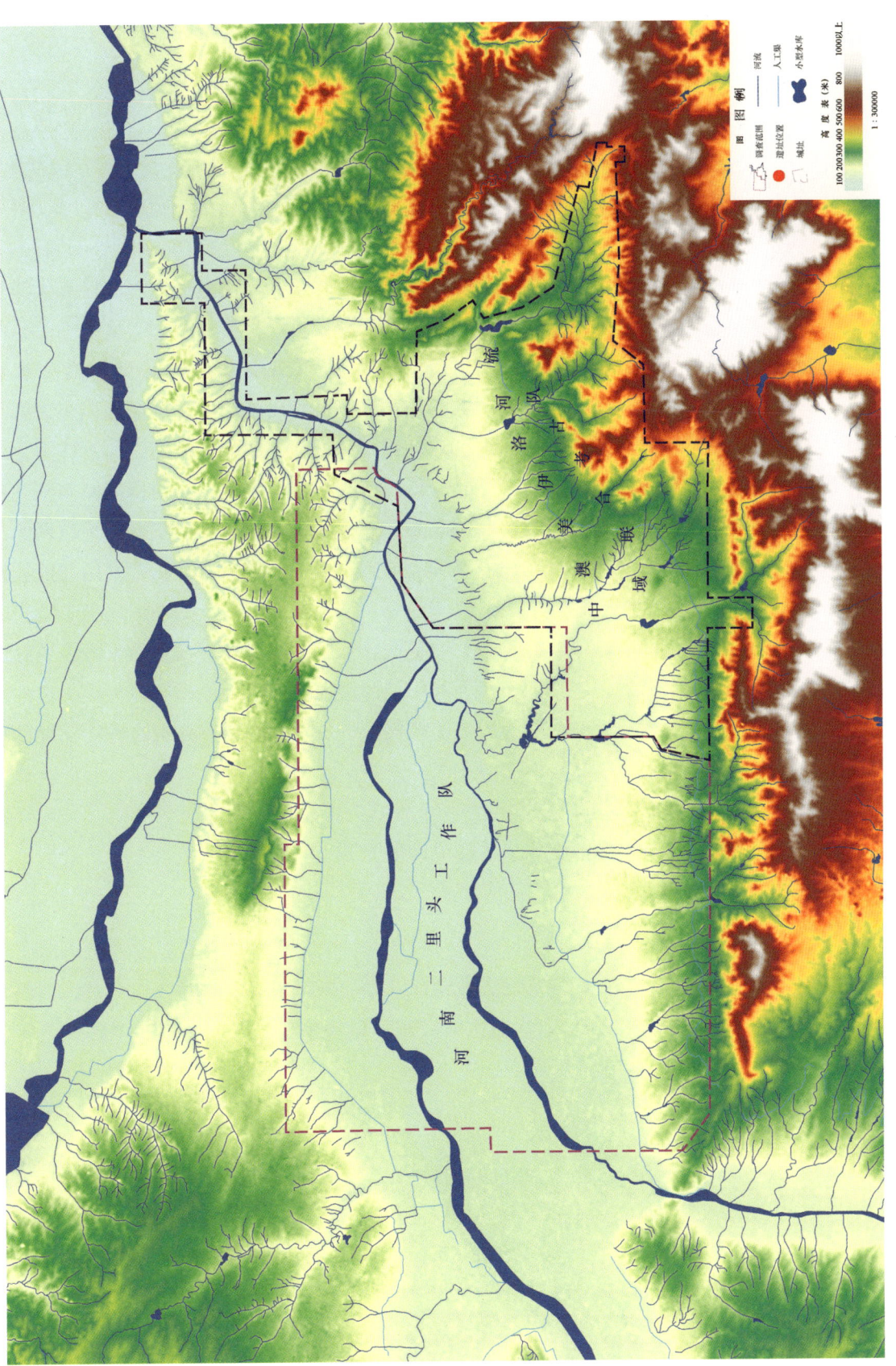

图1.4 洛阳盆地中东部区域系统调查范围

（一）中澳美伊洛河流域联合考古队

调查区域主要为伊洛河北岸的山前地区和伊洛南岸支流坞罗河、沙河沟、曹河和干沟河以及马涧河、浏涧河等小流域（图1.4）。调查区域的面积约为421平方千米。

（二）河南二里头工作队

调查的范围大体限于盆地中东部的偃师地段，西及西北跨洛阳市洛龙区、瀍河区和孟津县之一部。

调查区西限南段起于伊河东岸的香山东麓，原偃师和洛阳市洛龙区交界处（东经112°29′），以及隋唐洛阳城郭城东南角，北段收至焦枝铁路和隋唐洛阳城郭城东墙以东（约东经112°31′）。此调查区域以西，为隋唐洛阳城和现洛阳市区所在，地面多被建筑压占或硬化，早期遗存遭破坏严重。东限北段为偃师与巩义的分界线（约东经112°54′），伊洛河以南则大致以滑城河以西的营登公路（营防口—登封）和浏涧河，以及春秋刘国故城、灰嘴遗址以西的冲沟（约东经112°45′）为限。北限和南限则分别为邙山南坡（约北纬34°45′）和万安山北麓坡地（北纬34°32′—34°33′，海拔400米线左右）。

调查区域东西最大跨度39.5千米，南北最大跨度24千米，调查区域覆盖面积699平方千米。在调查区域内，横穿盆地的现在洛河、伊河和伊洛河漫滩（大部分地带围以大堤）占地74平方千米。堤内地势低洼，河流两侧的地表为砂土或淤土，一般不在调查范围之内。实际踏查面积约625平方千米（图1.4）。

四、调查过程与参与人员

调查工作由两队分别实施，中澳美伊洛河流域联合考古队主要负责巩义境内伊洛河南岸的支流坞罗河流域、曹河流域和干沟河流域以及洛阳北岸偃师、巩义交界处及以东范围内的康店、南河渡、河洛镇等伊洛河北岸洛阳盆地东部区域的调查工作；河南二里头工作队负责偃师、巩义交界处以西洛阳盆地内中部区域的调查工作。

（一）中澳美伊洛河流域联合考古队

调查工作中澳美伊洛河流域联合考古队先期于1997年12月开始，至2002年大部分工作结束，先后进行了7次较大规模的调查，之后又于2004—2007年进行了6次小规模的专题调查。众多人员参加了调查工作的全部和部分过程。其中陈星灿、刘莉、李润权、华翰维、艾琳等参加了全部工作，魏鸣、马萧林、廖永民、刘洪淼、赵海星、王保仁、席彦召、李靖宇、黄卫东、王法成、王宏章等先后参加了全部或部分调查活动。此外，中国科学院地质研究所的熊尚发博士参加了地质考古调查，河南省地理研究所陈嘉秀先生鉴定了石料。澳大利亚拉筹伯大学、美国哈佛大学等单位的学生也参加了调查。

1. 第1次

1997年12月29日正式开始，12月31日结束。本次调查是中澳美伊洛河流域联合考古队整个调查活动的演练，时间相对较短。

主要围绕稍柴遗址的调查展开，首先调查了遗址的分布范围，其次根据遗物分布规律确定不同时期的主要范围，并将该遗址编为几个不同的小遗址，包括稍柴（97-1001）、稍柴南（97-1002）、南石（97-1003）、小訾殿北（97-1004）和小訾殿南（97-1005）。

先后参加调查工作的有以下人员（图版二，1）。

中方：陈星灿、马萧林、廖永民、李玲（司机）。

澳方：刘莉（拉筹伯大学）。

美方：李润权（哈佛大学）等。

2. 第2次

1998年12月25日正式开始，1999年1月14日结束。

先后调查和复查了范堂东南（98-001）、清易镇东1（98-002）、清易镇东2（98-003）、清易镇东3（98-004）、南石南（98-046）、电厂北路东（98-005）、稍柴东（98-006）、电厂东南（98-007）、电厂西南（98-008）、永熙陵北（98-010）、费窑西南（98-011）、费窑南1（98-012）、费窑南2（98-013）、费窑南3（98-014）、芝田东南（98-015）、官庄南（98-016）、罗口砖厂东北（98-017）、喂庄西南（98-018）、喂庄西（98-019）、喂庄东南（98-020）、喂庄东南高地（98-021）、罗口（98-022）、喂庄东南角（98-023）、喂庄南（98-024）、坞罗水库西1（98-025）、坞罗水库西2（98-026）、罗口南（98-027）、铁生沟东南（98-028）、铁生沟（98-029）、夹津口（98-030）、双河东南（98-031）、坞罗南店（98-032）、坞罗西坡1（98-033）、寺院沟（98-034）、涉村东（98-035）、涉村南沟（98-036）、上庄南（98-037）、大南沟（98-038）、上庄东南（98-039）、涉村东南（98-040）、东山原（98-041）、坞罗西坡2（98-042）、天坡水库北（98-043）、北营（98-044）、新移村（98-045）、南石村路南（98-046）、双河（98-047）、电厂西（98-048）、天坡村（98-049）、羽林庄南（98-050）、鳌坡（98-051）、堤东（98-052）、龙骨堆（98-053）、金钟寺（98-054）等。

先后参加调查工作的有以下人员（图版二，1）。

中方：陈星灿、马萧林、王法成、廖永民、刘洪淼、王保仁、张燕明、孙角云、赵向青、赵海星、郑光（核定陶片）、李玲（司机）、高清亮（司机）等。

澳方：刘莉、魏鸣、艾莉丝（Alex Capla），均来自拉筹伯大学。

美方：华翰维（Henry T. Wright，密歇根大学）、李润权、杜万鼎（Joshua Weldon，哈佛大学）、史琶碧（Barbara Smith，哈佛大学）等。

3. 第3次

2000年1月5日正式开始，1月24日结束。

先后调查和复查了涉村（00-055）、火葬场南（00-056）、南寨村（00-057）、冯寨西北（00-058）、冯寨西（00-059）、南村寨南（00-060）、南村寨东南（00-061）、南村寨西（00-062）、南村寨西南（00-063）、桑沟水库北（00-064）、桑沟老村（00-065）、桑沟南（00-066）、桑沟西北（00-067）、桑沟西（00-068）、马屯（00-069）、马屯村北（00-070）、王闷（00-071）、罗彦庄西南（00-072）、念子庄西北（00-073）、干沟猪场（00-074）、刘乐寨南（00-075）、干沟南（00-076）、赵城（00-077）、赵城西（00-078）、赵城西南（00-079）、小相西南（00-080）、回龙湾（00-081）、回龙湾南（00-082）、回龙湾新村东（00-083）、小相西（00-084）、小相西北（00-085）、颜良寨西南（00-086）、颜良寨水库西（00-087）、颜良村西（00-088）、杨寨西南（00-089）、杨寨西北（00-090）、杨寨西（00-091）等。期间郎汝哥与王法成在南石东部坞罗河旧河床进行了钻探。

参加调查工作的有以下人员（图版三，2；图版四；图版五；图版六，1）。

中方：陈星灿、王法成、王明辉、席彦召、廖永民、熊尚发、马萧林、李玲（司机）、高清亮（司机）等。

澳方：刘莉、魏鸣等。

美方：华翰维、李润权、郎汝哥（Jean-Luc Houle，留学北大的加拿大籍研究生）。

英方：艾琳（伦敦大学）。

4. 第4次

2000年6月2日正式开始，6月13日结束。

先后调查和复查了石家沟老村北（00-092）、石家沟东北（00-093）、石家沟东（00-094）、石家沟东南（00-095）、顾家屯东（00-096）、顾家屯东南（00-097）、顾家屯南（00-098）、李家沟东（00-099）、孙家闷南（00-100）、贾屯（00-101）、马屯西村（00-102）、马屯南（00-103）、三官庙北（00-104）、三官庙窑厂东南（00-105）、三官庙窑厂（00-106）、滑国故城（00-107）、滑城河村北（00-108）、滑城河西（00-109）、府店西（00-110）、府西村东北（00-111）、滑城河东（00-112）、府北村北（00-113）、府店东南（00-114）、小相西（00-115）、赵城西北（00-116）、刘村西南（00-117）、缑山（00-118）、赵城水库东（00-119）、邢村（00-120）、邢村东（00-121）、李家窑西南（00-122）、半个寨（00-123）等。

参加调查工作的人员有以下：

中方：陈星灿、黄卫东、王法成、王宏章、廖永民、李靖宇、焦天龙、赵志刚（司机）等；

澳方：艾莉丝等；

美方：李润权、郎汝哥、米歇尔（Michael）、姚辉芸（Alice Yao，密歇根大学）等。

5. 第5次

2001年1月3日正式开始，1月14日结束。

先后调查和复查了府店东（00-124）、南罗（00-125）、桑沟五队北（00-126）、灰嘴东（00-127E）、灰嘴西（00-127W）、鲁庄东北（00-128）、后沟（00-129）、后沟新村（00-130）、后沟新村东（00-131）、后沟新村窑厂东（00-132）、曹河水库西（00-133）、南沟（00-134）、曹闲（01-135）、王闲（01-136）、北后沟东（01-137）、北后沟北（01-138）、北后沟西北（01-139）、郑窑（01-140）等、考察了康北古城（01-157）。

先后参与调查工作的有以下人员（图版六，2；图版七，1）。

中方：陈星灿、王法成、王宏章、马萧林、魏兴涛、廖永民、王保仁、李靖宇、任彦坡（司机）、高清亮（司机）。

澳方：刘莉、魏鸣、Geoffrey Hewitt、Anne Ford、Kim Watson等（全部来自拉筹伯大学）。

6. 第6次

2001年5月29日开始，6月16日结束。

先后调查和复查了东沟（01-141）、稍柴东（01-142）、东沟东（01-143）、业茂沟（01-144）、小南沟西南（01-145）、东沟村北（01-146）、东沟西北（01-147）、东沟（01-148）、牌坊沟（01-149）、益家窝（01-150）、寺沟南（01-151）、寺沟东南（01-152）、石家庄西南（01-153）、高岭（01-154）、八陵西（01-155）、南瓦窑（01-156）、康北故城（01-157）、康沟（01-158）、董沟（01-159）、洪沟（01-160）、神北（01-161）、稍柴东南（01-162）。

先后参加调查工作的有以下人员（图版八；图版九；图版一〇，1）。

中方：陈星灿、李永强、张震、戴向明、陈嘉秀、杨结实（绘图）、王法成、王宏章、廖永民、刘洪淼、马萧林、魏兴涛、高清亮（司机）等。

澳方：刘莉、魏鸣、Anne Ford、Kim Watson、艾莉丝、Emma Hetheringto（悉尼大学）等。

美方：华翰维、李润权、史琶碧、任春霞（Katrika Reibavf，斯坦福大学）、姚辉芸、李旻（密歇根大学）、米歇尔、贺成砺（Charles Hartley，芝加哥大学）等。

英方：艾琳。

7. 第7次

2002年6月2日开始，6月19日结束。

先后调查和复查了稍柴西南（02-163）、西齐家窑东南（02-164）、西齐家窑（02-165）、西齐家窑东北（02-166）、高祖庙南（02-167）、卢村北（02-168）、卢村东北（02-169）、泉寨西（02-170）、双泉西南（02-171）、双泉东（02-172）、泉寨东（02-173）、双泉东南（02-174）、双泉西北（02-175）、卢村西（02-176）、卢村（02-177）、任才村西南（02-178）、任才村东南（02-179）、扒头西南（02-180）、扒头东南（02-181）、夏后寺（02-182）、九龙角水库（02-183）、邢村西北（02-184）、扒头水库南（02-185）、卢村南（02-186）、浏涧河水库东（02-187）、西齐家窑西北（02-188）、郑窑南（02-189）、刘国故城（02-190）、陶家村东（02-191）、灰嘴北（02-192）、擂鼓台水库北（02-193）、郑村西（02-194）、涧东村（02-195）、涧东村西北（02-196）、新寨北嘴（02-197）、屯寨西北（02-198）、屯寨老村（02-199）、周寨老村（02-200）、西口孜（02-201）、东管茅东（02-202）、东管茅东南（02-203）、布村东南（02-204）、花张东北（02-205）、布村东（02-206）、马河北（02-207）、马河（02-208）、王湾西北（02-209）、张湾西北（02-210）、林小寨（02-211）、林小寨西南（02-212）、南吴家湾东南（02-213）、北吴家湾（02-214）、金屯东（02-215）、吊桥寨东南（02-216）、老吊桥寨（02-217）、北寨东南（02-218）、北寨北（02-219）、凤凰台南（02-220）、邱河（02-221）、柏谷坞东（02-222）等。

参加调查工作的有以下人员（图版一一，2；图版一二，1）。

中方：陈星灿、李永强、王法成、王宏章、王保仁、李靖宇、马三礼、马萧林、高清亮（司机）等。

美方：李润权、任春霞等。

8. 第8次

2002年12月在嵩山及灰嘴周围地区开展了地质调查。参与工作的有以下人员（图版一二，2；图版一三；图版一四）。

中方：陈星灿。

澳方：刘莉、许国伟、Anne Ford、贝喜安（Sheahan Bestel）、John Webb、Justin Gorton（均来自拉筹伯大学）。

英方：艾琳。

9. 第9次

2004年11月26—28日。主要进行植物遗存的采样。

对河南二里头工作队调查区域的寨湾东南（03-074）、寨湾东北（03-079）、铁窑东南

（03-075）、西张庄（03-078）、马寨西（03-072）、郝寨东北（03-005）、陶化店东南（03-043）、裴村B（03-010）、裴村E（03-013）、曹寨北（03-071）、付家寨东北（03-031）、高崖东北（03-048）、掘山（03-054）、宫家窑（03-025）、袁沟东南（袁沟A，03-057）、景阳岗（01-055）、酒流沟水库西（01-044）等进行复查和植物考古标本的采样。

参与调查和采样的人员有以下（图版一八；图版一九；图版二〇；图版二一；图版二二；图版二三，1）：

中方：陈星灿、谢礼晔、王宏章、裴章宪（司机）；

澳方：刘莉、John Webb、李炅娥、Anne Ford等，均来自拉筹伯大学；

英方：艾琳。

10. 第10次

2005年6月13日开始，6月29日结束。对嵩山南麓采石场和部分遗址进行调查与复查。

先后调查和复查了九龙角水库西（05-223）、双泉东北（05-224）、邢村东（05-225）、邢寨东北（05-226）、卢村西南（05-227）、姬家村南（05-228）等。

参加调查的人员包括陈星灿、李永强、王宏章、王法成、杨军锋、张朋峰和裴章宪（司机）等。

11. 第11次

2005年11月3—21日结束。

对灰嘴进行小探方发掘，并对赵城、齐家窑等遗址取样，同时开展嵩山地质调查。

参与调查的人员有以下（图版二三，2；图版二四；图版二五；图版二六，1）。

中方：陈星灿、李永强、蓝万里、王宏章、王法成、杨军锋、张朋峰等。

澳方：刘莉、魏鸣、李炅娥。

英方：艾琳、Richard Macphail等。

12. 第12次

2006年11月1—12日，对嵩山及灰嘴附近进行地质调查。

中方：陈星灿、谢礼晔。

澳方：刘莉、John Webb、李炅娥。

英方：艾琳、Alison Weisskopf（伦敦大学）。

13. 第13次

2007年6月16—17日。

复查了涧东村（02-196）和姬家村南（05-228）等遗址，并调查了嵩山上的采石场遗迹。

参与工作的有以下人员。

中方：陈星灿、李永强、杨军锋、王法成、张朋峰等。

澳方：刘莉、贝喜安。

韩方：李炅娥。

（二）河南二里头工作队

2001年3月—2003年3月，河南二里头工作队在二里头遗址发掘的间隙，分7次对以二里头遗址为中心的洛阳盆地中部进行了系统踏查，参与人员主要为河南二里头工作队队员，此外郑州大学历史学院2000级硕士研究生高江涛、河南第一工作队李永强等也参与了部分调查工作。

1. 第1次

2001年3月8日正式开始，4月2日结束。

先后调查或复查了史家湾北（01-001）、杨湾西（01-002）、扁担赵南（01-003）、凹杨（01-004）、油王南（03-087）[①]、白王北（03-111）[②]、黑王（01-005）、分金沟（03-088）[③]、陈屯老村（01-006）、枣园北（01-007）、永宁寺西南（01-008）、龙虎滩北（01-009）[④]、西石桥东（01-010）、孙家岗（01-011）、牛王庙东北（01-012）、西三冢（01-013）、佃庄东（01-014）、金钟寺（01-015）、罗圪垱（01-016）、大郎庙南（01-017）、潘寨老寨东（01-018）、东马庄西（01-019）、西石罢（01-020）、火龙庙（03-089）[⑤]、碑楼南（01-021）、西马庄西北（01-022）、太平庄北（01-023）、纲常（01-024）、齐村西南（03-090）[⑥]、桂连凹南（01-025）、桂连凹东北（01-026）、穆庄（01-027）、齐村东南（01-028）、夏庄西北（01-029）、二郎庙北（01-030）、西庞村北（01-031）、南寨西村南（01-032）、武屯东南（01-033）、武屯南（01-034）、南寨上村东（01-035）、苏家窑南（03-091）[⑦]、刘李东北（01-036）、刘李西北（01-037）、九贤（01-038）、大王村西北（01-039）、俎家庄北（01-040）[⑧]、苏家窑西北（01-041）、刘家窑（01-042）、酒流沟水库北（01-043）、酒流沟水库西（01-044）、杨阁东南（01-045）、王沟东（01-046）、杨河西（01-047）、杨阁东（01-048）、刘沟东北（01-049）、梁村南（01-050）、道湛东南（01-051）、诸葛水库北（01-052）、刁窑东（01-053）、刘窑东（01-054）等60余处遗址。

---

① 2001年调查时将其编入黑王遗址，2003年复查时将其分出，编号为03-087。
② 2003年复查时，将其编为03-111。
③ 2001年调查时将其编入黑王遗址，2003年复查后整理时将其分出，编号为03-088。
④ 2001年调查时称为立交桥东，2003年复查时改称龙虎滩北。
⑤ 2001年初查时编入西石罢，之后复查时分出，2003年整理时编号为03-089。
⑥ 即先前调查发现的齐村遗址，2001年调查时将其归入纲常，2003年整理时将其分出，编号为03-090。
⑦ 2001年调查时将其归入武屯南，2003年整理时将编号为03-091。
⑧ 自南寨上村东分出，编号01-040。

先后参与调查的人员有许宏、陈国梁、王宏章、王法成、王丛苗、郭淑嫩、杨宝生等7人（图版七，2）。

2. 第2次

2001年10月8日进行调查。

调查和复查了景阳岗（01-055）、宋湾东南（01-056）、白村东北（01-057）、渔骨西南（01-058）等4处遗址。

参与人员有许宏、陈国梁、王宏章、王法成、王丛苗、郭淑嫩、赵静玉、杨宝生等8人。

3. 第3次

2001年12月18日开始，12月22日结束。

先后调查或复查了韩旗城址（01-059）、保庄西北（01-060）、保庄北（01-061）、寺里碑东（01-062）、丁沟新村南（01-063）、丁沟南（01-064）、石桥东北（01-065）、石桥北庄东北（01-066）、新庄东南（03-097）[①]、南蔡庄西北（01-067）、羊二庄东南（03-083）[②]、古城东北（01-068）、古城西（01-069）、坟庄东（01-070）、石桥东南（01-071）、杜楼（01-072）、赫田寨西北（01-073）、山神庙（01-074）、偃师商城（01-075）等19处遗址。

先后参加调查的人员有许宏、陈国梁、高江涛、王宏章、王法成、王丛苗、郭淑嫩、杨宝生、郭改应、徐安民等10人。

4. 第4次

2002年3月3日正式开始，3月11日结束。

先后调查或复查了北窑东北（02-001）、汤泉沟（02-002）、凤凰沟东（02-003）、化村北（02-004）、石头沟北（02-005）、山圪垱东北（02-006）、山圪垱（02-007）、寺沟（02-008）、石家庄（02-009）、苗湾A（02-010）[③]、苗湾B（02-011）等11处遗址。

参加调查的人员有陈国梁、李永强、王宏章、王法成、王丛苗、郭淑嫩、赵静玉、杨宝生、徐安民等9人。

5. 第5次

2002年12月2日开始，12月6日结束。

先后调查或复查了东王河（02-012）、东王河北（02-013）、东王河东南（02-014）、苗湾南（02-015）、苗湾C（02-016）、盆窑寨东南（02-017）、盆窑寨西南（02-018）、陈河东

[①] 初编号为01-065，与之前重号，2003年整理中改为03-097。
[②] 2003年复查和整理时自南蔡庄西北（01-067）分出，编为03-083。
[③] 原称胡家寨遗址。

南[①]、化寨东（02-020）、陈河北（02-021）等10处遗址。

参加调查的有许宏、赵海涛、王宏章、王丛苗、郭淑嫩、杨宝生、郭朝杰、郭朝鹏等8人（图版一〇，2；图版一一，1）。

6. 第6次

2003年2月15日开始，3月26日结束。

先后调查和复查了陈河东北（03-001）、陈河南、邱河西南、吴家湾北、吴家湾[②]、崔河（03-006）、程子沟南（03-007）、程子沟（03-008）、裴村A（四角楼裴村，03-009）、裴村B（裴村东，03-010）、裴村C（裴村北，03-011）、裴村D（裴村东北，03-012）、裴村E（裴村东南，03-013）、张村东南（03-014）、韩村南A（03-015）、石牛沟（03-016）、郜寨北（03-017）、军屯东南（03-018）、郭家岭东（03-019）、吕桥北（03-020）、吕桥（03-021）、白草坡西南（03-022）、东庞村南（03-023）、谷堆头寨（03-024）、宫家窑（03-025）、辛庄东北（03-026）、陈家窑（03-027）、寇店西（03-028）、刘李寨A（东南，03-029）、刘李寨B（东南，03-030）、符家寨东北（03-031）、符家寨北（03-032）、关庄东南（03-033）、关公家（03-034）、二里头（03-035）、肖村北（03-036）、木阁沟东南（03-037）、李家湾东南（03-038）、段西村西北（03-039）、吴家湾东南（03-040）、陶化店水库（03-041）、陶化店水库东（03-042）、陶化店东南（03-043）、铺刘北（03-044）、五岔沟北（03-045）、五岔沟西北（03-046）、半个寨西南（03-047）、高崖东北（03-048）、丁湖店西南（03-049）、新彭店东（03-050）、高崖西（03-051）、杨村东南（03-052）、杨村北（03-053）、掘山（03-054）、魏家窑北（03-082）[③]、东庞村北（03-055）、偏桥北（03-002）、毛村东（03-056）、袁沟A（03-057）[④]、姐家村东南（03-058）、袁沟西（03-059）[⑤]、袁沟东（03-093）、袁沟B（03-096）[⑥]、偏桥西南（03-060）、沙沟东北（03-061）、杨裴屯西南（03-003）、韩寨北（03-004）、西湾北（03-062）、马寨（03-063）、孙家窑西（03-064）、贾庄坡西南（03-065）、王湾西北（03-066）、东朱村东北（03-067）、经周东（03-068）、肖村西寨西北（03-069）、吕乔东南（03-070）、曹寨北（03-071）、马寨西（03-072）、杨寨西南（03-073）、寨湾东南（03-074）、铁窑东南（03-075）、铁村

---

① 陈河东南原编号02-019，与中澳美伊洛河流域联合考古队调查范围重合，销号，整理中将汉魏队发掘时发现的金村东北编为02-019。
② 陈河南、邱河西南、吴家湾北、吴家湾等遗址与中澳美队调查范围重合，原编号为03-002至005，后取消，将偏桥北、杨裴屯西南、韩寨北、郝寨东北等四处遗址依次编为03-002—03-005。
③ 2003年春调查结束进行室内整理时，发现与掘山遗址编号相同，改为03-082。
④ 自袁沟遗址分出，位于村北，初编号为03-059，后改为03-057。
⑤ 2003年春季调查结束进行室内整理时，将袁沟遗址（03-059）西部周代陶片集中发现地，编为另一处遗址，原编号保留。
⑥ 自袁沟遗址分出，位于村中，初编号为03-059，整理和复查后改为03-096。

南（03-076）、铁窑东（03-077）、西张庄东北（03-078）、寨湾东北（03-079）、韩村南B（03-080）[①]、宁村西北（03-081）、肖村南寨（03-085）等遗址。

参与调查的人员有许宏、赵海涛、王宏章、王丛苗、郭淑嫩、郭朝杰、郭朝鹏等7人（图版一五，1）。

7. 第7次

2003年6月12日开始，6月16日结束。

先后复查了毛村东（03-052）、经周东（03-068）、韩村B（03-080）、肖村南寨（03-085）、西张庄东南（03-092）、袁沟东（03-093）、东朱村东南（03-094），调查后新增加经周东北（03-101）[②]、袁沟东南（03-102）。调查翟泉东北（03-103）、翟泉西南（03-104）、平乐B（03-105）、平乐A（03-106）、翟泉北（03-107）、帽郭北（03-108）、帽郭西北（03-109）、刘坡（03-110）、白王北（03-111）、刘坡东北（03-112）、段东老村北（03-117）、符家寨西（03-118）[③]、杨寨西（03-119）等遗址。

参加调查的人员有许宏、陈国梁、赵海涛、王宏章、王丛苗、郭淑嫩、赵静玉、王法成、郭朝杰等9人（图版一五，2；图版一六；图版一七）。

（三）整理过程中的复查

2017年6月10日开始，7月22日结束。

期间，项目组成员对两队调查区域进行了全面复查，复查期间完成了所有遗址的范围、地理坐标、地貌、地面附着物、遗存保存状况等方面信息的补充和记录，并采集所见遗物。依次对遗址及部分遗迹用无人机和普通数码相机拍照。

参与人员有陈国梁、李永强、王法成、杨军锋、张朋峰、蔡奇岑、史萌萌等（图版二六，2；图版二七；图版二八；图版二九；图版三〇；图版三一，1）。

（四）报告编纂中的复查

2019年6月，在报告编校的间隙，课题组成员对复查照片中效果较差的，重新进行了补拍，并对缺少的信息进行了补录。

---

① 自韩村（03-015）分出，编为03-080。
② 自经周东（03-068）中分出，编号为03-101。
③ 自符家寨（03-032）中分出，编为03-118。

第四节 整理过程

一、整理背景

(一) 前期研究

从20世纪90年代起，在中外交流和合作的背景下，区域系统调查开始在中国境内逐渐展开。以石家河遗址周围遗址群的调查为开端[1]，鲁东南地区[2]、内蒙古赤峰半支箭河流域[3]、河南安阳洹河流域[4]、河南灵宝铸鼎原及其周围[5]等地的调查也陆续展开，这些项目都取得了不错的成绩。包括本项目在内的诸多区域系统调查项目，均已经发布了相关的简报，部分项目如赤峰、日照等多个地区的调查项目还发布了正式的调查报告。

自1997年开始，中国社会科学院考古研究所河南第一工作队与澳大利亚拉筹伯大学及美国的部分学者合作，对伊洛河下游的支流坞罗河、曹河、干沟河等小流域相继开展了调查工作。2001年开始，中国社会科学院考古研究所河南二里头工作队对洛阳盆地的中部地区也开始进行调查工作。至2007年，调查工作大体结束（此后还进行了多次的小规模补充调查和专题调查）。期间共发现分属于不同考古学文化或不同历史时期的遗址（地点）共计456处，其中80%以上为新发现遗址，采集了大量的遗物和动植物标本、浮选土样。

调查项目推进期间，中澳美伊洛河流域联合考古队和河南二里头工作队等相关机构及参与人员陆续刊布了不少阶段性的成果，涉及调查简报和部分专题研究。

1. 基础资料

二里头工作队在调查项目结束后不久，即发表了洛阳盆地中部地区考古调查简报[6]，对调

---

[1] 北京大学考古系、湖北省文物考古研究所、湖北省荆州地区博物馆联合考古队：《石家河遗址群调查报告》，《南方民族考古》（第十五辑），科学出版社，1993年，第213—294页。

[2] 中美日照地区联合考古队：《鲁东南沿海地区系统考古调查报告》，文物出版社，2012年。

[3] 国家文物局合组中国社会科学院考古研究所、内蒙古自治区文物考古研究所、吉林大学边疆考古研究中心赤峰考古队：《半支箭河中游先秦时期遗址》，科学出版社，2002年。

[4] 中国社会科学院考古研究所、美国明尼苏达大学科技考古实验室中美洹河流域考古队：《洹河流域区域考古研究初步报告》，《考古》1998年第10期。

[5] 中国社会科学院考古研究所河南第一工作队、河南省文物考古研究所、三门峡市文物工作队、灵宝市文物保护管理所：《河南灵宝市北阳平遗址调查》，《考古》1999年第12期；河南省文物考古研究所、中国社会科学院考古研究所河南一队、三门峡市文物工作队：《河南灵宝铸鼎原及其周围考古调查报告》，《华夏考古》1999年第3期；魏兴涛、张晓虎：《灵宝铸鼎原新石器时代聚落变迁的地貌背景考察》，《中原文物》2017年第6期。

[6] 中国社会科学院考古研究所二里头工作队：《河南洛阳盆地2001~2003年考古调查简报》，《考古》2005年第5期；中国社会科学院考古研究所二里头工作队：《河南洛阳盆地2001~2003年考古调查简报》，《偃师二里头遗址研究》，科学出版社，2005年，第753—776页。

查区域、既往工作与调查之缘起、调查范围、调查方法、主要收获（古河渠遗迹考察、遗址的基本情况、地貌与人类遗存分布的关系、遗址分布所见聚落形态的演变）、存在的问题与相关讨论进行了介绍和分析。

刘莉、陈星灿等中澳美伊洛河流域联合考古队的主要成员基于洛阳盆地东部区域的调查成果，发表了《中国文明腹地的社会化进程——伊洛河地区的聚落形态研究》[①]一文，披露了该队在1998—2000年期间考古调查的主要成果，并对调查中涉及的理论问题、调查区域概况、研究课题的设置、考古调查的方法和区域、调查的主要收获、地质考古学调查的成果、古代植物的分析和认识、石器的分析和认识进行了较为深入的探讨，同时对不同时期的遗址数量变化、面积变化、手工业专门化、农作物种植、环境变迁及因此而带来的聚落模式的变化等问题进行了较为深入的探讨，基于以上对中国的文明核心地区的政治景观有了基本的认识，对二里头文化社会组织的性质有了初步的看法。

基于上述调查成果，项目组成员及其他研究者相继开展了系列的讨论，涉及古代环境、聚落形态、资源利用、生业生产等不同领域。

2. 专题研究

专题研究取得的阶段性成果较多，多为课题推进期间开展的研究，也有部分研究人员刊发了与本区域相关的研究成果。这些研究涉及区域内的古代环境、聚落形态、资源利用和生业生产等方面。

（1）古代环境

古代环境的研究涉及区域的地貌、地质、气候以及与之相关的水系变迁、环境变化、土壤形成等方面。

阎太白通过对黑石关黄土剖面的初步研究，认为黑石关黄土是中更新世至晚更新世期间偏干凉气候条件下的风积物，其间有过多次干凉与湿热的气候波动。高粉粒和高碳酸盐含量及其具有湿陷性为其基本特征。自老而新黄土微结构的差异是其物理力学性质发生规律变化的基本原因[②]。赵淑贤、朱元祥、张馥珍等对巩义市黑石关附近的古土壤形成环境进行了探讨，认为黄土的形成贯穿于整个第四纪，主要是由风力搬运沉积而成。该区黄土层中的骨架矿物呈棱角、次棱角状，形态多样，磨圆度差，分布不均。矿物表面光亮，多数无压碎、裂纹、擦痕，矿物蚀变不强等特征。黄土形成时气候炎热干燥，水分大量蒸发，盐类析出，形成了含胶结物的大孔土。黄土形成时的气候环境较西北地区潮湿、温润，处于半干旱状态，沉积速度大于成壤速度。黄土在沉积过程中，由于环境的变化，气候更加潮湿、温润，沉积速度减缓，小于成壤速度，甚至发生沉积间断，化学风化强烈，成为一风化剥蚀面。此时，化学成分突变。物质

[①] 陈星灿、刘莉、李润权，等：《中国文明腹地的社会复杂化进程——伊洛河地区的聚落形态研究》，《考古学报》2003年第2期；Li Liu, Xingcan Chen, Yun Kuen Lee, Henry Wright, Arlene Rosen. Settlement Patterns and Development of Social Complexity in the Yiluo Region, North China. *Journal of Field Archaeology*, 2004, 29(1-2): 75-100.

[②] 阎太白：《河南巩县黑石关黄土剖面的初步研究》，《人民黄河》1993年第12期。

组成发生了改变。故而形成了暗色矿物增加、钙质结核增高，具有特殊结构的古土壤层①。

张本昀、李容全等根据洛阳盆地内伊洛河二级阶地附近皂角树遗址剖面沉积物的理化分析，推断洛阳盆地全新世气候环境特点是早期冷湿、中期温暖湿润、晚期温暖半湿润。认为自距今12万年以来存在9个温湿和9个干旱亚阶段。最湿润阶段在全新世中期的后段即距今4000—3290年，认为该结果与中国北方冰原和湖泊研究的结论相一致，也与考古发掘的龙山高台文化现象的洪水成因一致②。

梁亮、夏正楷等根据瀍河流域的野外调查，探讨了该地区近万年以来的土壤侵蚀的规模和强度，讨论了人类活动对自然环境的改造和破坏作用③。邱士可、鲁鹏等根据野外调查，结合相关文献，利用GIS制图与空间分析功能对伊洛河流域更新世地貌特征与演化进行了分析，为区域早期人地关系的研究奠定了基础，认为伊洛河流现代地貌的形成是构造、气候等因素共同作用的结果④。

张本昀、陈常优和王家耀等对洛阳盆地平原区典型剖面的物质组成、测年数据和考古遗址空间分布特点进行了综合分析，认为该地区全新世地貌环境经历了伊、洛河一、二级阶地形成、阶地面接受洪积冲积物质和风尘物质不断累积以及伊、洛河夹河滩地不断扩大的演变过程。认为二级阶地形成于全新世初期，一级阶地形成于约距今3100年，阶地形成的原因以气候变化为主，因此两级阶地为气候阶地；夹河滩地自晚全新世开始，因伊、洛河汇流点东移而不断扩大；引起滩地扩大的根本原因是人类活动不断加强。张本昀、吴国玺通过陆地卫星相片对洛阳盆地内全新世时期的水系进行了解读，参照皂角树遗址的发掘资料复原了洛阳盆地夏商及其以前的水系、西周至西汉时期的水系、东汉至隋代的水系和现代的水系，并对不同时期的水系特点进行了概述⑤。袁源、李胜利、黄春长等对洛阳盆地内的汉魏城、龙虎滩、营村、杨湾等四处地点的古土壤剖面进行了观察、记录、取样和实验室分析。袁源认为四处地点均为全新世古洪水平流沉积剖面，龙虎滩和崖望村剖面中存在多个"平流沉积层—风吹沙层"互层，前者为洪水平流沉积物，后者为季风搬运沉积物，而汉魏城剖面至少记录了3次全新世晚期特大洪水、崖望村剖面记录了8次晚全新世洪水⑥；李胜利、黄春长等基于同样的野外课题，通过野外沉积特征识别、室内粒度分析，认为平流沉积层与风吹沙层在崖望村剖面的多次交替，反映

---

① 赵淑贤、朱元祥、张馥珍：《对河南巩县黑石关古土壤层生成环境的初探》，《西北建筑工程学院学报》1997年第1期。

② 张本昀、李容全：《洛阳盆地全新世气候环境》，《北京师范大学学报》（自然科学版）1997年第33卷第2期。

③ 梁亮、夏正楷：《瀍河流域的河谷地貌结构及近万年以来土壤侵蚀量的估算》，《水土保持研究》2003年第10卷第3期。

④ 邱士可、鲁鹏：《河南伊洛河流域更新世地貌演变及驱动评述》，《地理与地理信息科学》2013年第29卷第3期。

⑤ 张本昀、吴国玺：《全新世洛阳盆地的水系变迁研究》，《信阳师范学院学报》（自然科学版）2006年第19卷第4期。

⑥ 袁源：《伊洛河全新世古洪水平流沉积物的沉积学研究》，陕西师范大学硕士学位论文，2007年。

出洛阳盆地晚全新世时期气候、环境系统的剧烈波动和恶化，东北季风强盛和古洪水事件的频繁发生[①]。

张俊娜、夏正楷等对二里头遗址南部剖面的沉积物样品做了光释光测年及磁化率、粒度分析。认为剖面沉积年代大致在距今5000—2000年。沿水平方向可见剖面中部的河床边滩堆积直接覆盖在二级阶地顶面的龙山时期灰坑之上，认为剖面中部地层记录了一场漫上了河流阶地的特大洪水事件，与孢粉分析得到的气候变化过程具有明显的相关性。距今4000年前后异常洪水的出现和大洪水前后河流过程的变化，可能是对距今4200年全球性气候异常事件的区域响应，对二里头遗址的选址有重要的影响[②]。

上述研究多基于野外调查，根据自然沉积和文化堆积的自然科学分析，对更新世和全新世以来伊洛区域内沉积形成的原因、过程以及其显示的环境变化、水系变迁等问题及对人类社会产生的影响进行了多角度的探讨。

（2）聚落形态

聚落形态的研究涉及聚落分布特征、聚落体系特点及古代社会组织的模式与变化、早期国家的政治体系等问题。

项目组成员刘建国先生基于二里头工作队的调查成果，构建了区域的地理信息系统（GIS），借此，对洛阳盆地中部的洛河故道与聚落分布、不同时期的聚落分布、河流缓冲区与聚落分布、地面坡度与聚落分布、积水盆地与聚落分布等问题进行了深入探讨[③]。

杨小燕基于洛阳盆地的调查成果和以往的考古发现，对新石器时代中期伊洛河流域的裴李岗文化和仰韶文化等考古学文化进行了整体考察，探讨了不同时期的文化分期与特征，并对区域聚落空间进行了分析，进而讨论了不同时期的考古学文化与周边地区的互动和聚落形态[④]。

王子孟基于洛阳盆地中部的调查资料，运用遗址资源域和泰森多边形等分析方法对二里头文化时期洛阳盆地聚落的控制网络与模式进行了分析，认为洛阳盆地中心地带二里头聚落群属于单中心的社会形态，存在一个统一的政治实体，聚落呈向心式的网状分布模式，各小区依据地理位置和资源域控制范围可分为三个等级，即以二里头遗址为中心，存在着横向纵向控制紧密的三级网状聚落，已经出现了都城、区域性聚落中心、次区域性中心和普通聚落为体系的多层级社会结构和组织，已经进入早期国家阶段[⑤]。

[①] 李胜利、黄春长：《洛阳盆地全新世大洪水平流沉积物判别研究》，《干旱区资源与环境》2012年第26卷第6期。

[②] 张俊娜、夏正楷：《中原地区4KaBP前后异常洪水事件的沉积证据》，《地理学报》2011年第66卷第5期；张俊娜、夏正楷：《洛阳二里头遗址南沉积剖面的粒度与磁化率分析》，《北京大学学报》（自然科学版）2012年第48卷第5期。

[③] 刘建国：《"天眼"看透古河山：遥感与GIS支持的洛阳盆地聚落与环境考古》，《世界遗产》2015年第8期；刘建国：《遥感与GIS支持的洛阳盆地聚落与环境考古》，《科技考古》（二），科学出版社，2017年。

[④] 杨小燕：《新石器时代中期伊、洛河流域考古学文化考察》，首都师范大学硕士学位论文，2012年。

[⑤] 王子孟：《洛阳盆地二里头文化期聚落形态考察》，山东大学硕士学位论文，2010年；王子孟：《洛阳盆地二里头文化聚落的控制网络与模式——基于遗址资源域和泰森多边形的分析》，《华夏考古》2014年第3期。

涉及聚落形态的研究基本是依据两队区域系统调查的资料展开的，涉及区域内的人地关系、聚落变迁、复杂社会的形成过程以及这一过程中的跨区域交流等。

（3）土地和人口资源

相关的研究主要侧重于先秦时期的土地资源开发和人口数量变化之间的关系。

于严严、吴海斌、郭正堂等基于前人的半定量考古遗址预测模型，建立了一个估算史前土地利用碳循环的模型。以期实现将遗址的环境和古文化参数作为输入数据，实现土地利用面积和空间分布的恢复，进而获得人类土地利用导致的陆地生态系统碳储量的时空变化。经过现代土地利用数据检验模拟，表明该模型具有较好的空间模拟能力。将该模型应用于我国旱作农业起源中心之一的伊洛河流域，揭示出仰韶文化前期（距今7000—6000）该流域内约7%的土地被人类开发利用，主要分布于下游河流两岸坡度较缓的低地；该过程导致流域碳储量损失了约15TgC（1Tg= 10^{12}g），占流域总碳库的3%。进而，认为人类活动在史前时期已较明显地改变了地表景观，并对陆地生态系统碳循环产生了一定的影响①。

乔玉基于洛阳盆地内东部地区中澳美伊洛河流域联合考古队的调查资料，对裴李岗至二里头时期洛阳盆地东部伊洛河南岸地区小流域内的人口和农业可耕地资源进行了系统分析②（详见本报告研究编第五章）。

（4）生业生产

相关的研究涉及先秦时期农作物的栽培和利用，家畜家禽的驯化，手工业中生产中玉石器的加工等。

中澳美伊洛河流域联合考古队在伊洛河流域进行区域系统调查与发掘期间，项目组成员李炅娥、刘莉、陈星灿等对洛阳盆地内调查发现的26个先秦时期遗址中见到的遗迹进行了土样采集，通过浮选和实验室分析，结合加速器质谱测年数据对伊洛河流域新石器时代至商代的植物遗存进行了研究，讨论了植物遗存记录的华北地区作物、野草和其他植物的漫长历史③。此外，他们还对灰嘴遗址二里头文化时期的植物遗存进行了分析④。

张俊娜、夏正楷、张小虎等根据调查项目提供的资料，通过分析浮选采集获得23个遗址

---

① 于严严、吴海斌、郭正堂：《史前土地利用碳循环模型构建及应用——以伊洛河流域为例》，《第四纪研究》2010年第30卷第3期。

② 乔玉：《伊洛地区裴李岗至二里头文化时期复杂社会的演变——地理信息系统基础上的人口与农业可耕地分析》，《考古学报》2010年第4期。

③ Gyoung-Ah Lee, Gary W. Crawford, Li Liu, Xingcan Chen. Plants and people from the Early Neolithic to Shang periods in North China. *The Proceedings of the National Academy of Sciences (PNAS)*, 2007, 104(3): 1087-1092. 李炅娥、盖瑞·克劳福德、刘莉、陈星灿著，葛人译：《华北地区新石器时代早期至商代的植物和人类》，《南方文物》2008年第1期。

④ Gyoung-Ah Lee, Sheahan Bestel. Contextual analysis of plant remains at the Erlitou-period Huizui site, Henan, China. *Indo-Pacific Prehistory Association Bulletin*, 2007(27): 49-60；李炅娥、贝喜安著，桑栎译：《河南灰嘴遗址二里头文化植物遗存的考古学分析》，《边疆考古研究》（第23辑），科学出版社，2018年，第331—350页。

的炭化植物遗存，对洛阳盆地新石器至青铜时代的相关问题进行了探讨①。张俊娜、夏正楷、张小虎等对洛阳盆地沉积结构进行了^{14}C年代和孢粉学、岩性学的分析，认为在中国中北部，全新世早期和中期，生态实践实现了从狩猎和采集到小米农业的转变。植被从阔叶落叶林（距今9230—8850年）到草原-草甸植被（距今8850—7550年），然后到草原稀疏树木（距今7550—6920年）。洛阳盆地这一阶段气候稳定，在距今8370年洪水之后，洛阳盆地的平原地区更能吸引人们进入，促进了裴李岗文化时期（距今8500—7000年）农业和小米的出现。由于气候适宜，大约在距今7550年之后仰韶文化（距今7000—5000年）实现了扩张，农业活动也因此而加剧②。

Michael F. Bonomo对洛阳盆地内新石器时代晚期至青铜时代早期的三个较高层级遗址二里头、灰嘴和稍柴等出土的陶器（含白陶）进行了岩相和便携式X射线荧光分析，发现二里头遗址和稍柴遗址陶片中存在着火山岩和硫化物颗粒，以及可能来源于洛河河沙的二氧化硅颗粒，灰嘴遗址的陶片中夹杂物多为闪石片麻岩和片岩，稍柴遗址的陶片中多见来自于嵩山地区的沉积岩颗粒，显示出陶器制作存在着不同的区域特征，多为本地区生产。二里头时期（公元前1900—前1500年），二里头核心区与周边中心之间的商品交换频率较高。利用共享地质资源区内的陶土原料，为区域中心和周边地区的地方交换系统制作了陶用品。仰韶时期（公元前5000—前3000年）、龙山时期（公元前3000—前2000年）和二里头时期灰嘴的地方生产特征持续存在，表明伊洛盆地内局部陶器生产和交换系统没有明显改变，二里头国家形成中城市区域经济一体化进程在持续③。

John Webb根据灰嘴遗址发掘出土的石质遗物及作坊遗存，对灰嘴遗址时期加工原料的选择及其影响进行了专门的探讨④（详见研究编第七章）。

刘莉、陈星灿、李保平等根据灰嘴遗址的发掘资料，通过对该遗址石器作坊、石料来源的获取方式、鲕状白云岩石铲的分配模式以及白陶器的生产和分配等问题进行了探讨，认为二里头时期存在高度集中的政治体系，部分权威物品通过高级贵族实现再分配，普通陶器则有各自的生产区域，这一时期存在官营和非官营并立的手工业生产体系⑤（详见研究编第八章）。

刘莉、陈星灿、Maureece J. Levin及李永强等根据对灰嘴遗址出土的新石器时代至二里头文化时期的切割工具的微痕、淀粉粒和植硅体的综合分析，认为刀、镰等工具主要做收割用，

---

① 张俊娜、夏正楷、张小虎：《洛阳盆地新石器—青铜时期的炭化植物遗存》，《科学通讯》2014年第59卷第34期，第3388—3397页。

② Junna Zhang, Zhengkai Xia, Xiaohu Zhang, Michael J. Storozumd, Xiaozhong Huang, Jianye Han, Hong Xu, Haitao Zhao, Yifu Cui, John Dodson, Guanghui Dong. Early-middle Holocene ecological change and its fluence on human subsistence strategies in the Luoyang Basin, north-central China. *Quaternary Research*, 2018 (89): 446-458.

③ Bonomo, Michael F. Ceramic production and provenance in the Yiluo Basin (Henan, China): Geoarchaeological interpretations of utilitarian craft production in the Erlitou state. *Archaeological Research in Asia*, 2017(14): 80-96.

④ John Webb, Anne Ford, Justin Gorton. Influences on selection of lithic raw material sources at Huizui, a Neolithic/Early Bronze Age site in northern China. *Indo-Pacific Prehistory Association Bulletin*, 2007(27): 76-86.

⑤ Li Liu, Xingcan Chen, Baoping Li. Non-State crafts in the Early Chinese State: An archaeological view from the Erlitou Hinterland. *Indo-Pacific Prehistory Association Bulletin*, 2007(27): 93-102.

灰嘴居民在不同时期的生计形态有差别，仰韶时期以粟黍—薏苡为主，龙山和二里头时期逐渐转变为粟黍—薏苡—麦类—大豆为主，同时始终以稻米和多种块根植物为辅[①]。

（二）立项背景

洛阳盆地是中国考古研究的核心和重点区域，也是探索文明起源和社会复杂化进程不可或缺的区域，域内的王湾、二里头、偃师商城、汉魏故城等遗址举世闻名，以这些遗址为代表的考古学文化涵盖了先秦时期几乎所有的历史阶段，而调查新发现的数百处遗址正可以为相关方面的深入研究提供大量的基础数据。

基于两队调查已发表了一系列的成果，但是囿于资料整理工作并未深入开展，相关研究所采用的基础数据存在着一定程度上的误差、偏差，乃至错误。而全面、准确地对区域调查所涉及的资料进行整理和刊布，对于探索裴李岗、仰韶、龙山、二里头、二里岗等考古学文化的兴起和嬗变，早期广域王权国家的形成和发展有着重要的作用，研究者可以通过多学科分析和研究，深入探索先秦时期的环境变迁、资源利用、人群迁徙与更替、生产与生活。业界翘首以盼，亟待这批资料的发表刊布，以促进相关研究的深化。

21世纪以来，经济的急速发展，城市化进程的加剧，致使不少遗址已经被新兴城市发展区占压，一些遗址因为工业和交通设施的兴建而被蚕食，还有不少遗址已经遭到毁灭性的破坏（图版一，2）。2011年，建设中原经济区上升为国家战略。2012年11月，国务院正式批复《中原经济区规划》，建设中原经济区有了纲领性文件，打造华夏文明传承核心区是中原经济区的重要目标之一。资料的整理和公布对于文物行政管理部门确定遗址相应的保护等级、中央和地方各级政府制定经济社会发展规划和文化遗产保护规划都有着重要的参考意义。

自2010年开始，中国社会科学院开始实施哲学社会科学创新工程，大力支持哲学社会科学领域的基础资料整理、考古调查与发掘报告的整理与编纂工作。2019年，适逢中华人民共和国成立70周年、二里头遗址发现与发掘60周年以及二里头遗址博物馆开馆，为配合相关工作，中国社会科学院考古研究所及相关方达成一致意向，拟提前开展考古发掘报告和资料文集的编纂工作，本报告即为相关预期成果之一。

二、人员分工

报告拟刊布的资料涉及以中国社会科学院考古研究所河南第一工作队为基础的中澳美伊洛河流域联合考古队与河南二里头工作队的既往工作，还涉及调查过程中的参与方澳大利亚拉筹伯大学及美国相关机构及人员。2013年7月，经过相关机构与人员的商讨，拟将两队的调查资料合并整理出版。此后组织成立了报告整理编纂委员会协调工作推进展开。

[①] 刘莉、陈星灿、Maureece J. Levin，等：《河南偃师灰嘴遗址新石器时代和二里头文化时期工具残留物及微痕分析》，《中原文物》2018年第6期。

(一) 编纂委员会构成

由调查项目所涉及的双方负责人、相关参加人员及特邀人员组成编纂委员会。

其中由中国社会科学院考古研究所所长、河南第一工作队队长陈星灿研究员，中国社会科学院考古研究所夏商周考古研究室主任、河南二里头工作队队长许宏研究员，美国斯坦福大学东亚语言与文化系刘莉教授三人担任主编。

项目组成员还包括中国社会科学院考古研究所考古科技实验研究中心主任刘建国研究员、中国社会科学院考古研究所河南第二工作队（偃师商城队）陈国梁副研究员，河南第一工作队李永强助理研究员和河南二里头工作队副队长赵海涛副研究员等人。

此外，项目组还邀请洛阳师范学院历史文化学院桑栎博士、南开大学历史学院邓玲玲博士等对研究编中的部分外文稿件进行翻译。

河南二里头工作队原队员王丛苗（已退休），河南第一工作队队员王法成、杨军锋、张朋峰，河南第二工作队队员蔡奇岑、史萌萌等人参加了报告整理和编纂的全部或部分工作。

在整理过程中洛阳师范学院历史文化学院历史专业文物修复与保护方向2013级学生李晓燕、刘晓妍、苏冠青、靳乐普、任鑫鑫、蔡奇岑、史萌萌等参与了基础资料整理、标本核对等相关工作。编委会成员如下：

主编：陈星灿、许宏、刘莉；

执行主编：陈国梁、李永强；

编委会委员：陈星灿、许宏、刘莉、刘建国、陈国梁、李永强、赵海涛；

参与报告整理的辅助人员：王丛苗、王法成、杨军锋、张朋峰、蔡奇岑、史萌萌；

先后参与整理工作的聘用人员：李晓燕、刘晓妍、苏冠青、靳乐普、任鑫鑫、蔡奇岑、史萌萌。

(二) 人员分工

调查报告的整理工作主要以河南第一工作队为主，编委会统筹安排整理工作的推进。

主编陈星灿、许宏、刘莉等，负责报告的顶层设计、协同解决人员调配、协调国内外研究人员及参与者的整理进度以及研究所内外各部门与机构之间的合作，负责报告稿件的通审。其中刘莉领衔执笔研究编中第四章的撰写。

刘建国，负责调查范围内地图的矢量化和地理信息系统的建立。

陈国梁，具体负责项目的进度、人员调配及相关章节的编纂和统筹。撰写章节包括资料编第一章、第二章主要发现中二里头工作队调查范围内遗址条目、第三章，研究编中各章节论文的收集及初步整理，附表与图版的整理及编排等。

李永强，协助负责调查报告的整理工作，具体负责河南第一工作队人员调配，第二章中澳美伊洛河流域联合考古队调查范围内相关遗址条目的撰写。

赵海涛，协助调配河南二里头工作队相关人员参与整理工作。

王法成，协助进行标本拣选、调查过程中产生的文字资料梳理，复查期间担任向导。

杨军锋，负责中澳美伊洛河流域联合考古队所调查遗址位置图的绘制、遗物图的矢量化，负责报告插图和图版的技术审查，复查期间充任司机和无人机操控员。

张朋峰，负责中澳美伊洛河流域联合考古队调查标本线图的绘制。

王丛苗，负责河南二里头工作队调查涉及标本线图的绘制。

蔡奇岑、史萌萌，负责调查遗址分布图的修改、河南二里头工作队调查遗物线图的矢量化，整理过程中负责标本的登录及相关标本、表格的核对。复查期间蔡奇岑负责照片的拍摄，史萌萌负责遗址范围、地理坐标、地貌、地面附着物、遗存保存状况等信息的补充和记录。

李晓燕、刘晓妍、苏冠青、靳乐普、任鑫鑫、蔡奇岑、史萌萌等人先后参与了标本核选、调查记录的电子化、相关表格的制定、照片的初步整理工作。

三、整理经过

编委会组成及参与人员确定以后，按照职责约定开始进行整理工作。

（一）项目立项和经费安排

2016年4月项目组将立项申请报呈中国社会科学院考古研究所，经学术委员会研究批准，并报中国社会科学院科研局备案，报告整理工作正式列为中国社会科学院"哲学社会科学创新工程"的资助项目（项目编号：2016KGYJ055），拟在3年内完成报告整理工作，在2019年3月底完成稿件的"齐""清""定"，并提交出版社，在2019年10月份正式出版。

项目执行期间由中国社会科学院"哲学社会科学创新工程"连续进行经费支持，金额共计人民币30万元整（项目编号：2016-2018KGYJ055），分三年拨付：其中2016年安排额度为人民币10万元整，2017年安排额度为人民币12万元整，2018年安排额度为人民币8万元整，用于整理工作进行期间所需要的图书资料、人工劳务、仪器设备等方面的支出。

（二）整理过程

之前，河南第一工作队拟对中澳美伊洛河流域联合考古队调查涉及的资料刊布，已经先期对部分资料进行过初步整理，确定合并刊布两队调查资料后，新的整理工作自2016年7月正式开始。

1. 标本核定

早在2004年前后，河南二里头工作队在简报整理期间即邀请中国社会科学院考古研究所的段鹏琦研究员和杨锡璋研究员对二里头工作队调查发现的殷墟文化、两周至汉魏时期的标本进行了核定。

2016年7—8月，项目组成员陈国梁、李永强、王法成、杨军锋、张朋峰等在河南二里头工作队驻地偃师二里头村和中国社会科学院考古研究所洛阳工作站对调查发现的相关遗址中采集的全部标本进行了拣选，并对拣选标本进行初步的时代判定。

期间项目组成员分赴陕西宝鸡、西安，河南三门峡、安阳、鹤壁等地，对周原遗址、中国社会科学院考古研究所西安研究室标本室、沣镐工作队、三门峡虢国博物馆（保存李家窑虢国上阳城出土遗物）、河南安阳殷墟、安阳博物馆、鹤壁杨晋庄等处收藏或出土的商代晚期和西周时期的遗物进行观摩。之后对判定为殷墟与西周时期的标本再次进行审核。

2016年7月，在河南二里头工作队拣选与核定陶器标本的同时，项目组邀请中国社会科学院考古研究所考古科技实验研究中心叶晓红博士对河南二里头工作队调查中采集的石质标本进行了鉴定，邀请该中心副研究员李志鹏博士对采集的动物骨骼标本进行了种属、部位等基本信息的鉴定。

2016年8月，初步核定工作完成后，项目组邀请中国社会科学院考古研究所夏商周研究室河南安阳工作队副队长何毓灵副研究员、沣镐工作队宋江宁博士再次对殷墟和西周时期标本进行了审定。

2016年10月，项目组邀请洛阳文物考古研究院俞凉亘研究员对初选标本中疑似西周、东周时期的陶质标本也进行了审核。

2. 图文整理

2016年10月开始，项目组先后聘用洛阳师范学院历史文化学院历史专业文物修复与保护方向2013级学生李晓燕、刘晓妍、苏冠青、靳乐普、任鑫鑫、蔡奇岑、史萌萌等人对两队调查过程中产生的文字资料进行了数字化与初步整理，包括调查日记、遗址分布图、照片等，并对所有遗址进行了登录，编制遗址登记表，对采集标本进行了登录和编号，编制遗物登记表；将调查中使用的地图进行了扫描，交由研究所考古科技实验研究中心主任刘建国研究员，由其统筹安排地形图的矢量化和地理信息系统的建立；将核选后的标本交由河南二里头工作队和河南第一工作队的技师王丛苗与张朋峰进行遗物图的绘制；将绘制后的遗物图交由杨军锋、蔡奇岑、史萌萌等进行矢量化。

插图和图版编绘工作穿插进行，至2019年3月，相关工作基本完成。

3. 遗址复查

2017年6—7月，项目组成员陈国梁、李永强、王法成、杨军锋、张朋峰及聘用人员蔡奇岑、史萌萌等对两队先前调查的所有遗址进行了复查，复查期间完成了所有遗址的范围、地理坐标、地貌、地面附着物、遗存保存状况等方面信息的补充和记录，依次对相关信息运用无人机和普通数码相机拍照。2017年10月，项目组成员对河南荥阳官庄两周之际城址出土的标本进行了观摩和考察。之后，安排相关人员对复查产生的信息进行整理和补录。

4. 标本拍摄

2018年8—10月，项目组对两队调查拣选整理后的相对完整和具有典型分期特征的陶器标本及其他质地遗物进行了拍摄。

5. 稿件编审

自2018年3月开始，项目组成员按照分工开始正式编写报告，至2019年4月中旬，稿件编写完毕。其中2018年8月至2019年4月，穿插完成了外文稿件的组稿、翻译和初排工作。

2019年3月中旬，稿件文字与图表全部完成，交由主编进行稿件审阅。

6. 稿件编校

2019年4月中旬，稿件交付出版社，进入编辑校对阶段。

2019年4—9月，进行书稿校对和出版。

鉴于前期已有简报和研究成果发表，其中相关数据与信息与本报告不符者，均以本报告为准。

第二章 主要发现

第一节 综 述

一、区域划分方式

调查中遗址分布的区域划分大体遵循山脉、河流等分割的自然区域。洛阳盆地内的遗址主要分布于三个片区，包括（现）洛河北岸、伊河南岸片区和伊洛河之间（夹河）。

其中洛河北岸片区的遗址大体又分布于以下三个区域：其一，为邙山南麓及山前平地；其二，为现在洛河北岸的台地上；其三，为邙山与洛河之间的平原地带。邙山南麓的遗址或与洛阳盆地北侧的东西向古河道（瀍水）有一定关联。洛河北岸近旁的遗址或与先秦时期的洛河有一定关系，而山、河之间平原地带的遗址则可能与邙山南麓南北向冲沟或季节河存在着一定程度的关联。

夹河片区的遗址，可能与伊洛河故道两侧的台地有关。

伊河南岸片区的遗址，基本上都位于伊河南岸，自万安山、嵩山发源流向伊河的河流（包括季节河）和冲沟的两侧，即伊河南岸支流的两侧。包括杨沟、诸葛沟、梁村沟、酒流沟、俎家沟、沙河（沟）、东沙沟、五岔沟、浏涧河、马涧河、干沟河、曹河、沙沟河、天坡河、坞罗河等流域。

二、编纂体例

分述部分将按照上述区域划分方式对调查发现的遗址逐一进行介绍，大体遵循下列规则。

（一）行文顺序

河流特征清晰的按照从上游至下游的顺序，大体以水库为节点，先支流后主流，再干流；河流走向不清晰、特征不明显的区域，大体按照现有行政区划自西向东介绍。

（二）遗址名称

采用小地名（村庄）命名原则，同一村庄周边发现的遗址如果不止1处，则后缀以方位如东、西、南、北、东北、东南、西南、西北等。如果同一方位的遗址也不止1处，则遗址名称后加英文字母或阿拉伯数字以示区别（为避免大量原始资料及研究成果中引用数据混淆，基本遵循调查中的原始编号方式）。遗址名称后标注编号，其中河南二里头工作队（简称二里头工作队）调查的遗址采用简报发表时的编号，统一标注为括号加三位阿拉伯数字编号，如（001）；中澳美伊洛河流域联合考古队（简称中澳美联合考古队）调查的遗址统一标注为括号加大写字母Y和三位阿拉伯数字编号，如（Y001）。

（三）遗址介绍

包括三方面的内容：概况、主要发现和基本认识。

其中，概况包括该遗址的名称、行政归属、具体位置、面积、三维地理坐标、保存状况、目前地表植被、保护等级等；介绍该遗址曾经开展过的调查、发掘工作与相关发现等。主要发现部分介绍本次调查和复查的主要发现，文化遗存较为简单的遗址按照遗迹和遗物分别介绍，文化遗存面貌较为复杂的复合型遗址将按照文化属性相对年代从早至晚的顺序分别予以介绍。基本认识部分归纳本遗址调查中的初步认识。

行文中每个遗址的介绍中插入无人机拍摄的照片，标注出遗址的大体分布范围，遗物介绍中插入发现的具有典型分期特征的遗物标本线图。

（四）附表

每个遗址的主要信息将通过附表的形式列出，以方便研究者检索使用。

（五）图版

选刊调查中的环境照、工作照、遗迹照和遗物照，以期完整展现该遗址的详细信息。

（六）属性/时代判定

属性判定采取学术界通用名的原则，来称谓不同的考古学文化或时代。

以裴李岗文化代称新石器时代中期文化；以仰韶文化代称新石器时代晚期文化；以半坡期代指仰韶文化早期、庙底沟期代指仰韶中期、西王村-大河村三四期等代指仰韶晚期；以龙山文化代称龙山时代，包括早期阶段的庙底沟二期（大河村五期），晚期阶段的王湾三期。器物年代特征较为明确的遗物一般会断定期属，不十分清晰的以早、晚期代称，比如二里头文化早期为二里头文化一、二期、晚期为二里头文化三、四期。二里岗文化早期代称二里岗下层时期，晚期为二里岗上层时期等。历史时期的考古学文化一般以时期代称，比如殷墟文化，西周时期和东周时期。具体年代比较明确的会以早、中、晚期等加以界定。青铜时代的如果不详则称之为商周时期、两周时期或周代等。

第二节 分 述

中国社会科学院考古研究所河南二里头工作队在调查范围内共发现遗址222处，中美澳联合考古队在调查范围内共发现遗址（地点）235处，两者调查范围有部分重合，分别计数，合计456处遗址（地点）。

下文依据遗址分布情况分别予以介绍。

一、洛河北岸片区

洛河北岸片区的遗址大体分布于邙山南麓山脚下、现在洛河北岸台地和山南河北的平原上，共发现遗址71处（图2.1），以下自西向东予以介绍。

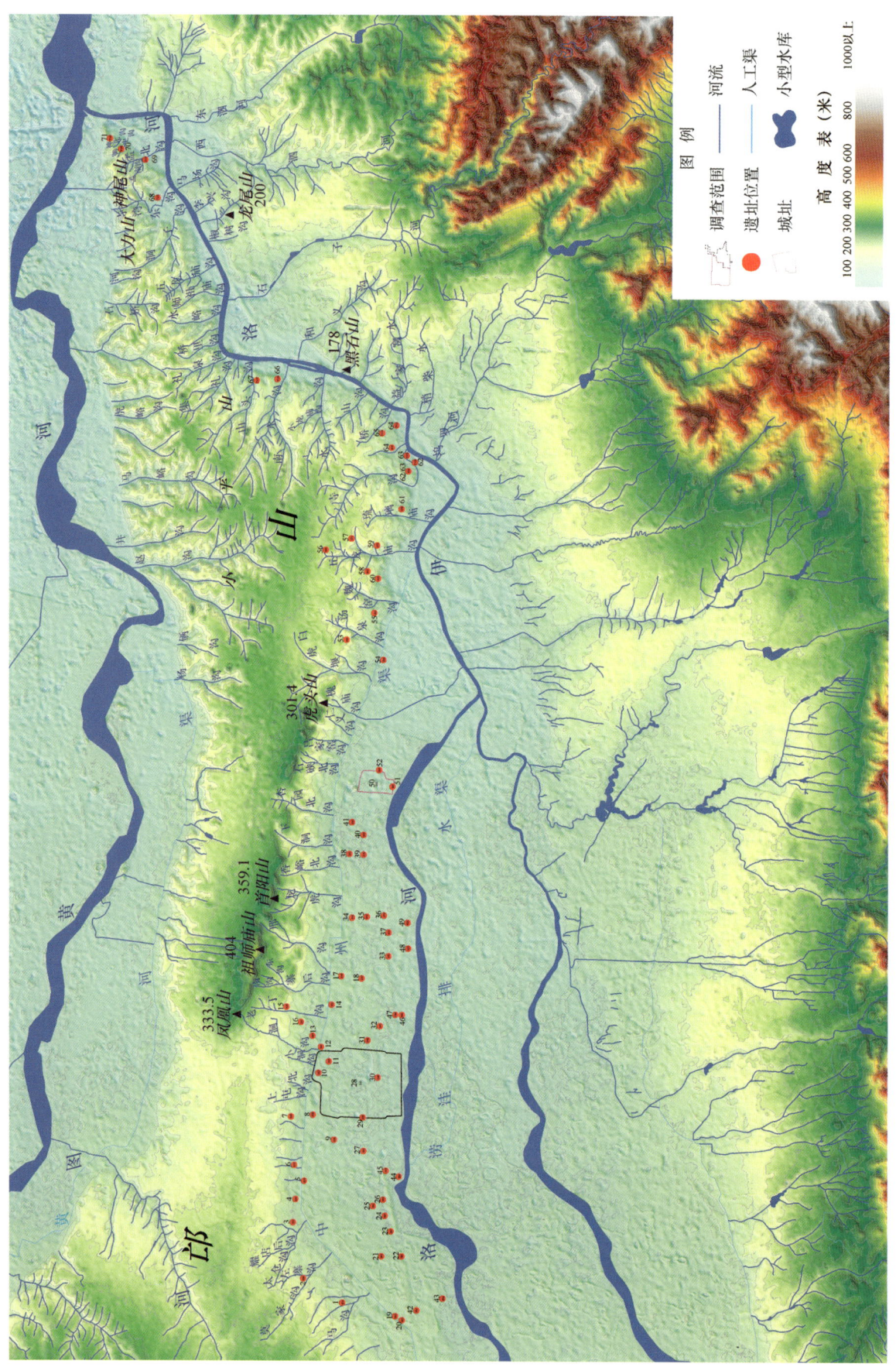

图2.1 洛河北岸片区遗址分布

（一）邙山南麓

邙山南麓的遗址主要分布于邙山南麓南北向冲沟（季节河）的两岸以及邙山山脚下的东西向疑似古河道两岸的二级阶地北缘或三级阶地南缘，计发现遗址18处（图2.2）。

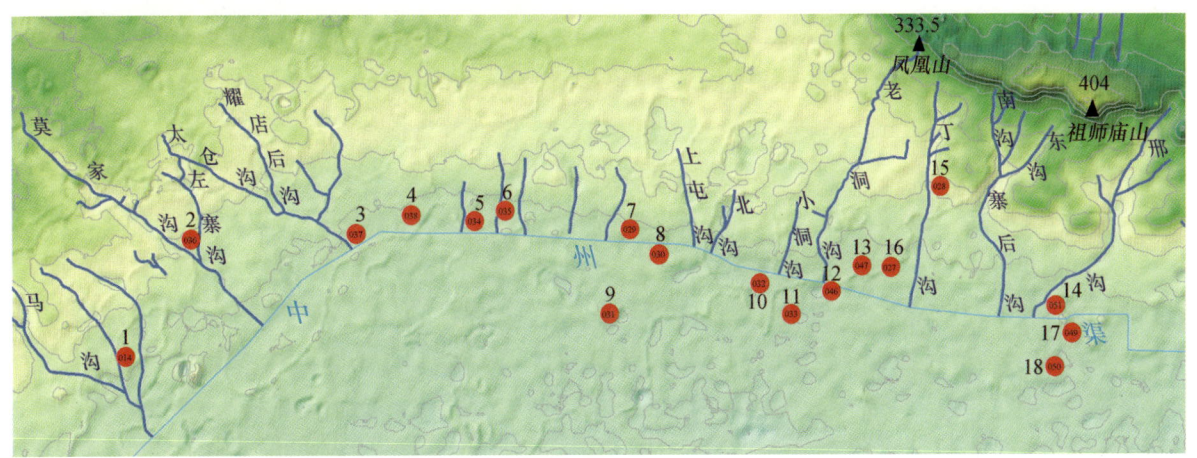

图2.2 邙山南麓遗址分布示意图

1. 西吕庙（014）

（1）概况

位于洛阳市瀍河回族区杨文办事处吕庙社区，西吕庙村东坡地上。具体位置为焦枝铁路杨文编组站东北的铁路两侧（图2.3；图版七四，1）。地理坐标为北纬34°43′59.99″，东经112°31′37.46″，海拔为160米左右，面积约8万平方米。该遗址位于邙山南坡，周边多为梯田，因焦枝铁路主线和编组站修建，遗址被破坏和占压较甚。

1969年该遗址在焦枝铁路的修建施工中发现，之后洛阳博物馆派员对其进行了小规模调查和发掘。发掘表明该遗址文化层无存，仅余灰坑、窖穴等遗存。其中清理的窖穴共计12座，发现石器、骨器、陶器等遗物若干，尤其是发现了陶寺类型的扁壶。发掘者认为该遗址龙山时期的遗存属于龙山文化中晚期[1]。1990年6—12月，洛阳市文物工作队与洛阳市第二文物工作队对该遗址进行了发掘，发掘面积为1278平方米。发掘表明，该遗址堆积较为简单，主要为龙山文化晚期遗存，包括灰坑105座，残房基1处，文化面貌与煤山类型龙山文化一致，扁壶为煤山遗址所不见[2]。

2003年6月14日，二里头队对该遗址进行调查，2017年6月27日，项目组对该遗址进行复查。

---

[1] 洛阳市文物工作队：《洛阳西吕庙龙山文化遗址发掘简报》，《中原文物》1982年第3期。
[2] 李德方：《洛阳西吕庙龙山文化遗址》，《中国考古学年鉴·1991》，文物出版社，1992年，第219页。

图2.3　西昌庙（右下为北）

（2）主要发现

调查中，地表所见陶片不多。仅在铁路西侧台地剖面上发现疑似为灰坑的灰土层，采集2片龙山陶片和1片疑似二里头文化陶片。据当地村民讲，该台地垫土为铁路修建时搬运而来，可能非原生堆积。

（3）基本认识

研究者多认为该遗址属于龙山晚期（王湾三期文化）。

2. 刘坡（036）

（1）概况

位于洛阳市孟津县平乐镇刘坡村东南。具体分布于刘坡村东南焦枝、陇海铁路连接线以西的邙山南坡上（图2.4a；图版七四，2）。面积约27.5万平方米。地理坐标为北纬34°44′42.31″，东经112°32′24.00″，海拔为168米。遗址部分被村庄和铁路、公路所占压，其余为农田。

二里头工作队2003年6月15日调查发现，2017年6月27日复查该遗址。

图2.4a　刘坡（右上为北）

（2）主要发现

该遗址以公路边废弃砖厂为中心，遗存主要分布于沟西，地层厚处达2米。见有灰坑（图版七四，2）。调查采集的遗物均为陶片。多数为东周时期，少量为仰韶、二里头、二里岗和殷墟文化。标本18件。

1）仰韶文化
采集陶片为泥质磨光素面红陶，可能为盆的腹片，较碎。无典型标本。

2）二里头文化
少量陶片为二里头文化，可辨认器形有小盆。标本1件。

小盆① 036：1，口沿。泥质灰陶。卷沿，圆唇，弧腹。素面。口径22、残高5.2、厚0.5—0.6厘米（图2.4b，1；图版三八七，1）。

3）二里岗文化

少量陶片疑似二里岗文化，可辨器形有捏口罐等。标本2件。

捏口罐 2件。036：2，口沿。泥质褐陶。直领微侈，小折沿，方唇，沿内出棱。素面。口径13、残高4.3、厚0.5—0.6厘米（图2.4b，10；图版四一一，1）。036：3，口沿。泥质灰陶。直领微侈，小折沿，沿内出棱，溜肩。饰绳纹。口径13、残高6.6、厚0.4—0.7厘米（图2.4b，5）。

4）殷墟文化

少量陶片为殷墟文化，可辨器形有罐等。标本1件。

罐 036：4，口沿。泥质灰陶。折沿，方唇，束颈，广肩。饰绳纹。口径13、残高6.1、厚0.6—0.7厘米（图2.4b，6）。

5）东周时期

多数陶片为东周时期，多为泥质灰陶。可辨器形有鬲、罐、盆、豆等。标本14件。

盆 6件。036：5，口沿。泥质灰陶。折沿，方唇，沿内出棱，弧腹。颈部饰暗绳纹。口径33、残高8.2、厚0.6—1.2厘米（图2.4b，3；图版四四二，1）。036：6，口沿。泥质褐陶。折沿，方唇，沿内出棱。素面。口径35、残高3.2、厚0.6厘米（图2.4b，9）。036：7，口沿。泥质灰陶。折沿，方唇，弧腹。素面。口径30、残高7.3、厚0.4—0.6厘米（图2.4b，4；图版

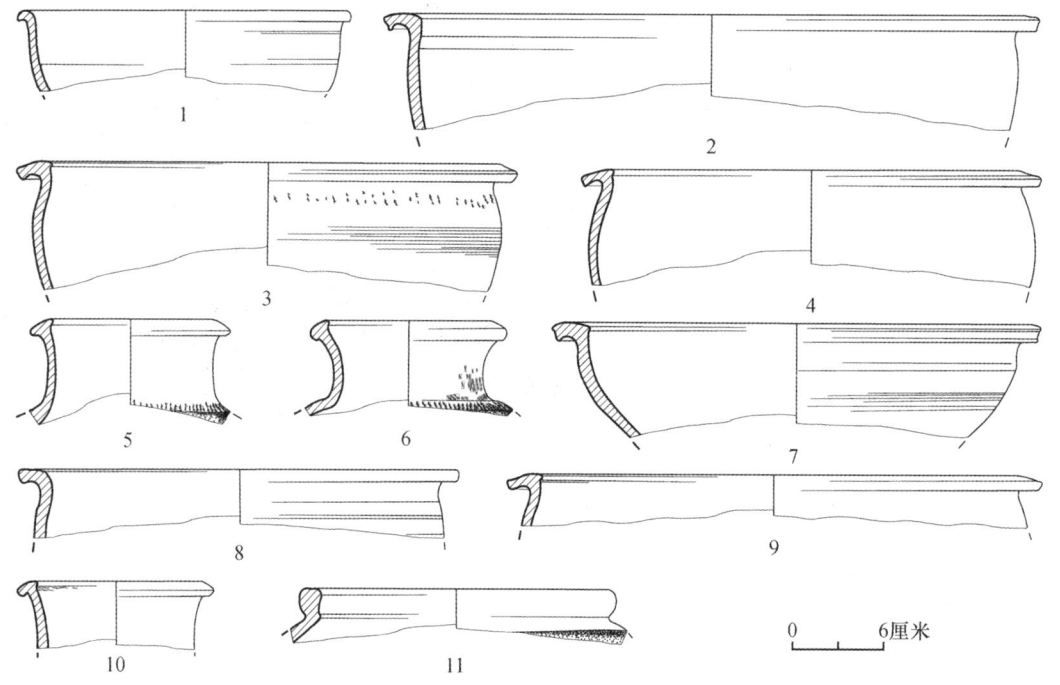

图2.4b 刘坡（036）采集标本（一）

1. 小盆（036：1） 2—4、7—9. 盆（036：9、036：5、036：7、036：8、036：10、036：6） 5、10. 捏口罐（036：3、036：2） 6. 罐（036：4） 11. 瓮（036：11）

---

① 本报告所涉及的标本凡是器物名称不加质地的都是陶器。

四四二，2）。036：8，口沿。泥质灰陶。折沿，方唇，弧腹。素面。口径32、残高7.2、厚0.6—0.8厘米（图2.4b，7；图版四四二，3）。036：9，口沿。泥质灰陶。折沿，方唇，直腹微弧。素面。口径43、残高7.3、厚0.6—0.8厘米（图2.4b，2；图版四四二，4）。036：10，口沿。泥质灰陶。折沿，方唇，直腹微弧。素面。口径29、残高4.3、厚0.7—0.8厘米（图2.4b，8；图版四四二，5）。

瓮　2件。036：11，口沿。泥质灰陶。厚圆唇，矮领，沿内出一道凹槽，广肩。素面。口径21、残高3.5、厚0.7—0.9厘米（图2.4b，11）。036：12，口沿。泥质灰陶。卷沿，方唇，矮领，广肩。素面。口径32、残高5.8、厚0.7—0.8厘米（图2.4c，7；图版四四二，6）。

豆　4件。036：13，柄部。泥质灰陶。折腹，囿底，空心柱柄。素面。残高8.4、厚0.9—1厘米（图2.4c，2；图版四四三，1）。036：14，柄部。泥质灰陶。空心柱柄。素面。残高3.8、厚0.6—1厘米（图2.4c，1）。036：15，柄部。圆唇，折腹，空心柱柄。素面。底径12、残高9.5、厚0.7—0.9厘米（图2.4c，3；图版四四三，2）。036：16，柄部。直口微侈，圆唇，折腹，空心柱柄。素面。底径14.5、残高7、厚0.7—1.2厘米（图2.4c，4）。

罐　036：17，口沿。泥质灰陶。直领，方唇，溜肩，弧腹。素面，内壁饰有麻点。口径16、残高6.2、厚0.6—0.7厘米（图2.4c，6）。

板瓦　036：18，残片。泥质灰陶。板瓦，子母口。饰绳纹，镂有一圆形钉孔。残高7.8、残宽8、厚0.4—0.9厘米（图2.4c，5；图版四四三，3）。

（3）基本认识

刘坡遗址发现的遗存以东周时期为主，面积较大，另有少量仰韶、二里头、二里岗、殷墟文化的遗物，规模较小。遗址多被砖厂取土破坏。

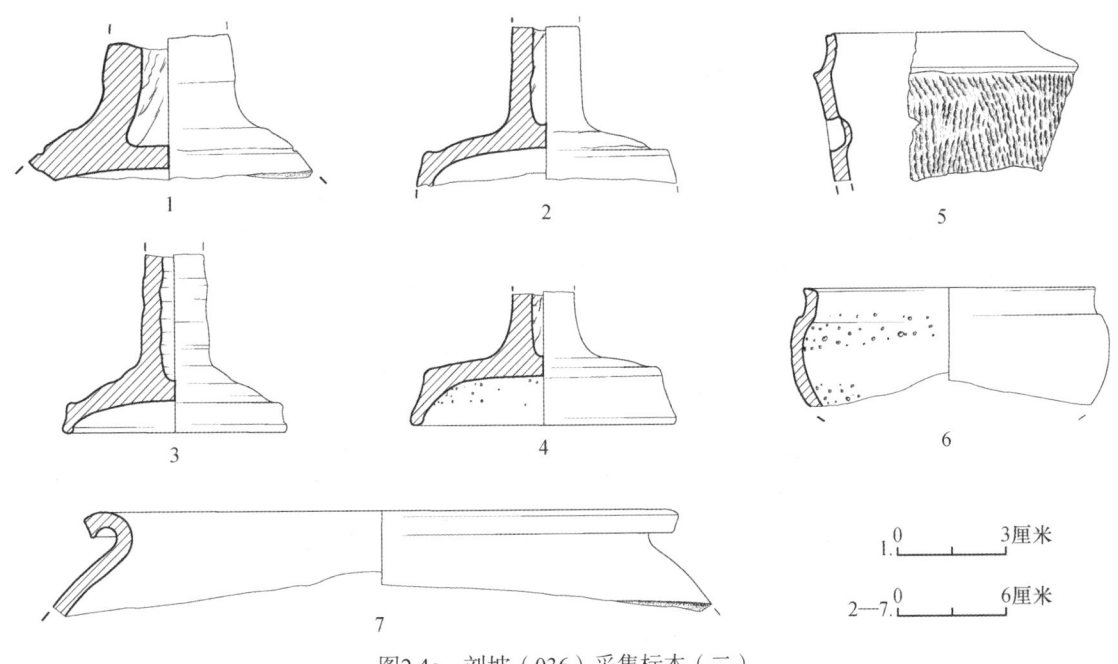

图2.4c　刘坡（036）采集标本（二）

1—4.豆（036：14、036：13、036：15、036：16）　5.板瓦（036：18）　6.罐（036：17）　7.瓮（036：12）

3. 耀店东（037）

（1）概况

位于洛阳市孟津县平乐镇耀店村东，具体范围为二广高速（G55）与国道连天线（新G310）交叉口东南角，中州渠以北，G310连接线两侧（图2.5）。面积1.3万平方米。地理坐标为北纬34°45′07.42″，东经112°33′44.29″，海拔156米。遗址周围原为农田，现部分被高速公路、新修国道主路及连接线占压。

该遗址由二里头工作队于2003年6月15日调查发现，2017年6月27日复查。

（2）主要发现

采集的陶片极少，无标本。

（3）基本认识

根据陶片的质地、颜色、纹饰推测，时代为二里头文化和东周时期。

图2.5　耀店东（右上为北）

4. 平乐中州渠墓地（038）

（1）概况

位于洛阳市孟津县平乐镇北部的邙山南坡，具体位置不详，可能为中国人民武装警察某部驻地周围。面积不详。地理坐标北纬34°45′09.00″，东经112°34′20.51″，海拔145米。该遗址周围为民居和农田。

1957年在修建中州渠时发现该墓地，清理了60余座，发现60余件东周时期的铜器，其中1座墓内发现"齐侯鉴"[①]。

（2）主要发现

在调查和复查过程中，未找到墓地具体位置，详询当地乡民，已经难以确定墓地的准确位置。

（3）基本认识

根据已经发表的资料看，该墓地的年代为东周时期，包括春秋和战国时期。

[①] 河南省文化局文物工作队：《洛阳兴修中州大渠工程中发现珍贵文物》，《文物》1960年第4期；张剑：《齐侯镰铭文的新发现》，《文物》1977年第3期。

5. 平乐A（034）

（1）概况

位于洛阳市孟津县平乐镇西北部邙山南坡上，南邻G310（连天线）新线，邙山南坡上的冲沟自遗址中间穿过，平北桥北侧原制药厂西部为中心区（图2.6a）。二里头文化时期的遗址面积约2.3万平方米，其他时期的遗址面积约15.5万平方米。地理坐标为北纬34°45′05.04″，东经112°34′55.18″，海拔141米。遗址大部分被村庄建筑和道路占压。

该遗址在2003年6月13日由二里头工作队发现，2017年6月27日复查。

图2.6a　平乐A（上为北）

（2）主要发现

在调查中发现灰坑1处，编号H1（图版七五，1）。采集到少量的陶片和石器1件。标本8件。

石锛　034∶1，灰岩。灰白色。结构内有生物痕迹。磨制。刃部有使用造成的破裂面，顶端破裂。残长6.5、宽4.1—4.3、厚2.2厘米（图2.6b，7；图版二三七，1）。

1）仰韶文化

采集陶片较多，可见器形有夹砂罐、盆、小口尖底瓶等。根据形制特征和器物组合来看，这些陶片的年代应为仰韶晚期。无标本。

2）龙山文化

龙山时期的遗存主要分布在中州渠北岸的制药厂西部附近，地层较厚，灰坑较多。采集陶片较多，可辨认器形有大口罐、粗砂罐、盆、小口高领瓮、圈足盘、盖等。应为龙山晚期。标本4件。

H1：坑内包含物以龙山陶片为主。可辨认器形有中口罐、粗砂罐、盆、小口高领瓮、圈足盘、盖等。年代为龙山晚期。标本1件。

罐　H1：1，口沿。夹砂灰陶。侈口，折沿上翘，方唇，沿面内凹，唇面饰一道凹弦纹，溜肩。饰方格纹。口径13、残高4.7、厚0.4—0.5厘米（图2.6b，1）。

中口罐　034：2，口沿。泥质灰陶。大口，折沿上翘，方唇，沿面微凹，溜肩。腹饰方格纹。口径27、残高7.4、厚0.5—0.6厘米（图2.6b，3）。

罦　034：3，口沿。泥质灰陶。直口微侈，圆唇。颈部饰两周凸弦纹。口径11、残高5.1、厚0.3—0.5厘米（图2.6b，2）。

圆陶片　034：4，腹片。泥质黑陶。残陶片磨制而成，饰篮纹。直径3.2—3.3、厚0.6厘米（图2.6b，4）。

3）二里头文化

二里头文化时期的遗存主要分布于中州渠两侧，南部为村庄占压，西部被砖厂取土破坏。采集陶片较多，可辨认器形有盆形鼎、圆腹罐、盆、豆、大口尊等。年代涵盖二里头文化二、三、四期。标本2件。

捏口罐　034：5，口沿。泥质灰陶。直领外侈，方唇，溜肩。饰篮纹。内壁饰有麻点。口径16、残高6.7、厚0.5—0.7厘米（图2.6b，6；图版三九五，3）。

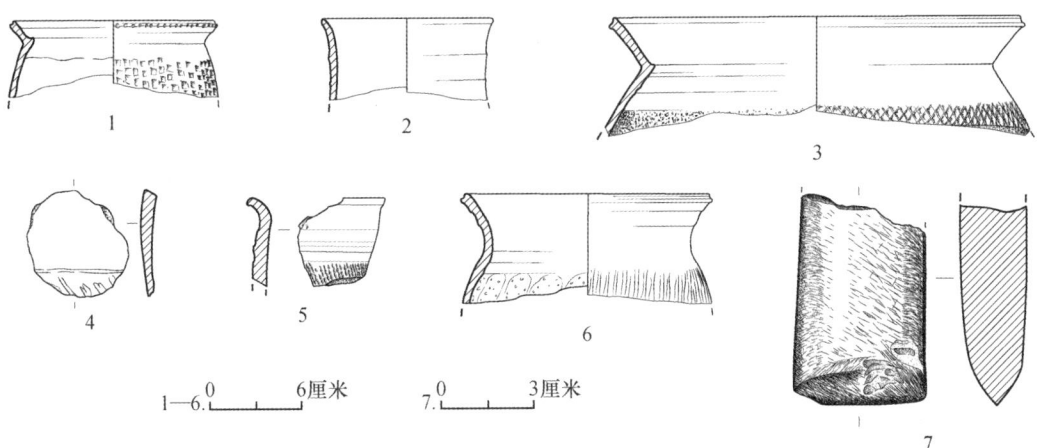

图2.6b　平乐A（034）采集标本

1.罐（H1：1）　2.罦（034：3）　3.中口罐（034：2）　4.圆陶片（034：4）　5.盆形鼎（034：6）　6.捏口罐（034：5）　7.石锛（034：1）

盆形鼎　034∶6，口沿。夹砂灰陶。侈口，卷沿，圆唇，直腹。上腹部有一道凸棱，下腹部饰细绳纹。残高5.5、厚0.6—1.1厘米（图2.6b，5；图版三九五，4）。

4）二里岗文化

陶片较少，可辨认器形有鬲、大口尊等。无标本。

5）东周或以后

陶片较少。标本1件。属于东周晚期或汉。

壶　034∶7，可复原。泥质灰陶。喇叭口，圆唇，细颈，平肩，弧腹下收成小平底。外壁饰四周拍印纹饰。口径8.5、底径5、高19.4厘米（图版四四三，4）。

（3）基本认识

该遗址遗存较为丰富，面貌比较复杂。其中仰韶、龙山文化和东周时期的遗存均为晚期，二里头文化遗存包括二至四期。二里岗时期的遗存难以断定具体时段。

6. 平乐B（035）

（1）概况

位于洛阳市孟津县平乐镇东北汉陵桥以东的邙山南坡上。具体位置为平乐镇初级中学西北冲沟之间，南侧被国道连天线（新G310）占压，东至平乐到新庄道路，西至初中操场西侧冲沟，北至二广高速（G55）南侧（图2.7；图版七五，2）。面积约4.3万平方米。地理坐标为北纬34°45′13.28″，东经112°35′17.45″，海拔147米左右。地表为农田。

该遗址由二里头工作队于2003年6月13日发现，2017年6月27日复查。

图2.7　平乐B（上为北）

（2）主要发现

该遗址采集的陶片较少。包括仰韶和东周两个时期。无标本。

1）仰韶文化

采集到的陶片较少。均为素面，极碎，多指甲盖大小。可辨认器形有夹砂罐、盆。无标本。

2）东周时期

陶片也较少，器形不详，可能为东周时期。

（3）基本认识

该遗址规模较小，遗存相对简单，主要为仰韶和东周时期。西部为砖厂破坏，近年来又被道路占压。

7. 翟泉北（029）

（1）概况

位于洛阳市孟津县平乐镇翟泉村北部。具体范围为翟泉村北中州渠两侧的邙山南坡上，西至翟泉通往妯娌新村道路，东至翟泉东北通往北坡道路（中州渠灌溉站西侧）（图2.8a；图版七六，1）。东周时期面积约3.2万平方米，仰韶、二里头时期面积不详。地理坐标为北纬34°44′58.82″，东经112°36′36.25″，海拔约134米。地表为农田。

该遗址2003年6月14日由二里头工作队发现，2017年6月27日复查。

图2.8a　翟泉北（左为北）

（2）主要发现

该遗址发现的陶片较少，主要包括仰韶、二里头和东周三个时期。标本1件。

1）仰韶文化

发现陶片较少，可辨认器形有花边附加堆纹罐、夹砂罐、盆。应为仰韶晚期。标本1件。

罐　029：1，口沿。夹砂褐陶。侈口，折沿，尖圆唇。沿下饰一周附加堆纹。残高2.7、厚0.6—0.7厘米（图2.8b，3）。

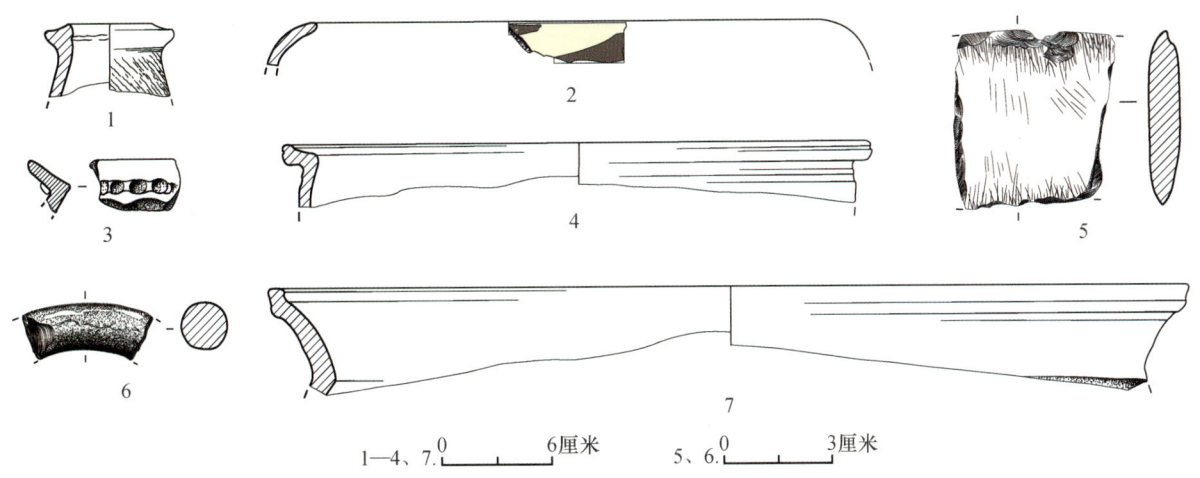

图2.8b 翟泉北（029）、翟泉东北（030）、翟泉西南（031）采集标本

1. 小口尖底瓶（031：3） 2. 钵（031：4） 3. 罐（029：1） 4. 鬲（030：1） 5. 石戈（031：1） 6. 石环（031：2） 7. 盆（031：5）

2）二里头文化

陶片较少，可辨认器形有圈足、豆等。无标本。

3）东周时期

陶片较少，均为碎片。应为东周时期，无标本。

（3）基本认识

该遗址面积较小，文化内涵相对复杂，包含仰韶晚期、二里头和东周时期的遗存，保护状况较好。

8. 翟泉东北（030）

（1）概况

位于洛阳市孟津县平乐镇翟泉与金村之间的中州渠南侧的邙山南坡下。西至翟泉东通往北坡道路，东至金墉城西侧的北沟，北至中州渠（图2.9）。面积约12.5万平方米。地理坐标为北纬34°44′57.43″，东经112°36′53.17″。海拔144米。地表为农田。

该遗址2003年6月12日由二里头工作队发现，2017年6月27日复查。

（2）主要发现

遗址上采集陶片较少，主要为仰韶和东周时期。标本1件。

1）仰韶文化

陶片数量较少，主要为泥质红陶，见有彩陶和弦纹及素面陶片。无标本。

2）东周时期

陶片数量较少。可辨认器形有鬲，标本1件。

鬲　030：1，口沿。夹砂红陶。平折沿，方唇。素面。口径32、残高3.3、厚0.6—0.8厘米（图2.8b，4）。

（3）基本认识

该遗址规模较小，文化内涵相对简单。以仰韶和东周时期的遗存为主。核查中未发现二里头文化遗物[①]。

图2.9　翟泉东北（左为北）

---

① 中国社会科学院考古研究所二里头工作队：《河南洛阳盆地2001~2003年考古调查简报》，《考古》2005年第5期。

9. 翟泉西南（031）

（1）概况

位于洛阳市孟津县平乐镇翟泉村西南部。具体范围为翟泉至洛白路（旧G310）通往翟泉村道路以西（图2.10；图版七六，2）。面积约14.7万平方米。地理坐标北纬34°44′20.02″，东经112°36′22.68″，海拔约为127米。地表为农田和苗圃覆盖，局部被建筑占压。

1963年11月，中国科学院考古研究所洛阳发掘队会同北京大学1960级实习生根据当地发现仰韶遗存的线索曾对该遗址进行过调查，但只见汉代陶片和瓦片，未见仰韶遗存[①]。

该遗址2003年6月12日由二里头工作队发现，2017年6月26日复查。

（2）主要发现

该遗址采集的陶片数量较少，此外发现石器2件，分别为石戈和石环。标本共计5件。

图2.10　翟泉西南（右为北）

---

① 二里头工作队资料。

石戈　031：1，黑色。经过打磨，两端破裂。残长4.4、宽4.6、厚0.8厘米（图2.8b，5；图版二三七，2）。

石环　031：2，大理岩。乳白色。磨制，横截面接近圆形。残长3.5、直径1.3厘米（图2.8b，6；图版二三七，3）。

1）仰韶文化

陶片较少，可辨器形有盆、小口尖底瓶、彩陶钵、钵等。时代应为仰韶文化中、晚期。

小口尖底瓶　031：3，口沿。泥质红陶。直口，小折沿，沿面微凹。饰线纹。口径7、残高3.8、厚0.5—0.8厘米（图2.8b，1）。

钵　031：4，口沿。泥质红陶。敛口，圆唇，弧腹。施白衣褐彩。口径27、残高2.2、厚0.4—0.6厘米（图2.8b，2）。

2）龙山文化

陶片也较少，纹饰见有横篮纹，应当为龙山早期。

3）两周时期

陶片数量较少，其中可见器形有盆。包括西周晚期和东周两个时期。东周时期的标本1件。

盆　031：5，口沿。形制较大。泥质灰陶。侈口，卷沿，方唇，沿内有一道凹槽。沿面磨光。口径50、残高5.6、厚0.9—1.1厘米（图2.8b，7）。

（3）基本认识

该遗址的面积较大，文化内涵相对复杂，涵盖仰韶文化中、晚期、龙山早期和两周时期的遗存，保护状况较好。

10. 金村东北（032）

位于洛阳市孟津县平乐镇金村东北，分布范围为汉魏洛阳故城北城墙南北向墙体向东转折处的城墙两侧，金村至半个寨道路西北（图2.11；图版七七，1）。面积不详。地理坐标为北纬34°44′42.56″，东经112°37′39.61″，海拔136米左右，地表为农田覆盖。

该遗址1984年洛阳汉魏城工作队在对汉魏城广莫门（汉穀门）附近进行发掘时发现（85汉魏垣T1）①。发现了西周中晚期至东周时期的地层堆积，此外还发现二里头文化的地层和三期小型墓葬1座（M1）。

2002年12月5日，二里头工作队调查该遗址，2017年6月27日复查，调查中未采集到标本。

图2.11　金村东北（上为北）

---

① 中国社会科学院考古研究所洛阳汉魏城队：《汉魏洛阳故城城垣试掘》，《考古学报》1998年第3期。

11. 金村墓地（033）

位于洛阳市孟津县平乐镇金村东，汉魏洛阳故城东北部的金村至保庄村道路之北，城垣以南（图2.12；图版七七，2）。面积不详。地理坐标为北纬34°44′31.05″，东经112°37′48.32″附近，海拔128米，地表现为农田。

该墓地于1928年夏秋之际发现，属于东周时期的王陵区，1928—1932年被加拿大人怀履光和美国人华尔纳等盗掘，其中8座大墓出土文物上千件，包括大量青铜器和玉器。大部分文物收藏在欧美等国家的博物馆[①]。

2002年12月5日，二里头工作队调查该遗址，调查中未采集到标本。2017年6月27日复查。

图2.12　金村墓地（上为北）

---

① William Charles White. *Tombs of Old Lo-yang*, Shanghai：Kelly & Walsh, Limited, 1934；怀履光著，霍宏伟编译：《洛阳故城古墓考》，《洛阳工学院学报》（社会科学版）2002年第2期；梅原末治编：《洛阳金村古墓聚英》，小林写真制版所出版部，1937年；梅原末治编：《增订洛阳金村古墓聚英》，（京都）小林出版部，1944年。

12. 保庄西北（046）

（1）概况

位于洛阳偃师市首阳山街道办事处（原首阳山镇）保庄村西北。主要分布于汉魏洛阳故城城墙东北角中州渠沿线，南北两侧的冲沟（老洞沟）东侧（图2.13a；图版七八，1）。仰韶、龙山时期的遗址面积约21万平方米，两周时期的遗址面积约31.5万平方米。地理坐标北纬34°44′40.13″，东经112°38′25.81″，海拔138米。地表为农田和花圃覆盖。

图2.13a 保庄西北（右为北）

1963年11月，中国科学院考古研究所洛阳发掘队曾对该遗址进行调查，时称上商里遗址。分东西两区，间距100余米。西区位于保庄西北，为龙山遗存区。灰坑非常密集，遗物也极丰富。调查期间曾清理灰坑2个，拣选完整或能复原的陶器十余件，所见器形有扁壶、碗、钵、双腹盆、单耳罐、杯、瓮等。遗址内还曾采集西周鬲片一块，未发现商代（二里头文化）陶片[1]。

2007年11月7日，洛阳市人民政府将该遗址公布为第三批洛阳市文物保护单位。

2001年12月18日，二里头工作队复查，2011年河南一队复查，2017年6月25日再次复查。期间，第三次全国文物普查中，洛阳市文物部门对该遗址进行过复查[2]。

（2）主要发现

在该遗址采集到大量的陶片，发现灰坑3处。陶片时代以龙山晚期为主，仰韶时期数量较

---

[1] 二里头工作队资料。
[2] 河南省第三次全国文物普查领导小组办公室、河南省文物局：《河南省第三次全国文物普查300项重要发现》，海燕出版社，2011年。

少，两周时期也不多。此外，还采集到石刀坯和蚌刀各1件。标本共计14件。

石刀　046：1，泥质板岩。褐色。经过打制、磨制，刃部经过打制。长9.1、宽5—5.8、厚1厘米（图版二三七，4）。

1）仰韶文化

发现灰坑1处。采集少量陶片。可辨认器形有彩陶钵、盆、豆、盖等。

H2：位于保庄西北冲沟东侧。坑内仅发现少量陶片。可辨认器形有罐形鼎、附加堆纹缸、盆、器盖等。年代为仰韶晚期（大河村四期）。标本2件。

罐形鼎　H2：1，口沿。夹砂灰陶。侈口，折沿，方唇，沿面微凹，溜肩，弧腹。腹部饰一周附加堆纹。口径19、残高10.4、厚0.4—0.9厘米（图2.13b，9；图版三二四，2）。

器盖　H2：2，夹砂红陶。侈口，尖圆唇，斜腹。素面。口径20、残高6.1、厚0.5—0.8厘米（图2.13b，10；图版三二四，3）。

2）龙山文化

发现灰坑2处。采集到大量的陶片。纹饰以方格纹、篮纹为主。可辨认器形有鼎（足）、罐、双腹盆、折腹盆、泥质矮领瓮、小口高领瓮、圈足盘、斝、盖等。还采集到1件蚌刀，属于龙山晚期。标本4件。

H1：陶片主要为腹底片，纹饰以方格纹、篮纹为主，有少量磨光黑陶。可辨认器形有中口罐、双腹盆、圈足盘、盖等。发现的小件遗物有蚌刀1件。时代为龙山晚期。

H3：龙山晚期，采集折腹盆1件。

蚌刀　H1：1，腹缘残片。三角帆蚌。长8、宽4.9、厚0.45厘米（图2.13b，1；图版三五六，6）。

瓮　046：2，口沿。泥质灰陶。直领外侈，圆唇，沿内出一道凸棱，溜肩。内壁饰有麻点。口径40、残高5.8、厚0.5—0.6厘米（图2.13b，2）。

罐　046：3，口沿。夹砂灰陶。侈口，折沿上翘，方唇，唇面出一道凹槽，沿面微凹，溜肩。素面。口径25、残高5、厚0.4—0.6厘米（图2.13b，3）。

折腹盆　H3：1，泥质黑陶。敞口，圆唇，唇外包边加厚呈棱。饰数道弦纹。口径36、残高9.7、厚0.5—0.7厘米（图2.13b，13；图版三五七，1）。

3）西周时期

陶片不多。可辨认器形有罐等。为西周晚期。标本2件。

罐　2件。046：4，口沿。泥质灰陶。平折沿，方唇，直领，广肩。饰绳纹。口径22、残高5.7、厚0.9—1厘米（图2.13b，5；图版四二四，1）。046：5，口沿。泥质褐陶。折沿，方唇，溜肩。饰绳纹。口径18、残高4.2、厚0.6—0.8厘米（图2.13b，6；图版四二四，2）。

4）东周时期

陶片不多，年代多集中于战国时期。标本5件。

鬲　2件。046：6，口沿。夹砂灰陶。折沿上翘，圆唇，溜肩。素面。残高2.6、厚0.7—0.8厘米（图2.13b，4）。046：7，口沿。夹砂红陶。敛口，平折沿，方唇，溜肩。饰绳纹。口

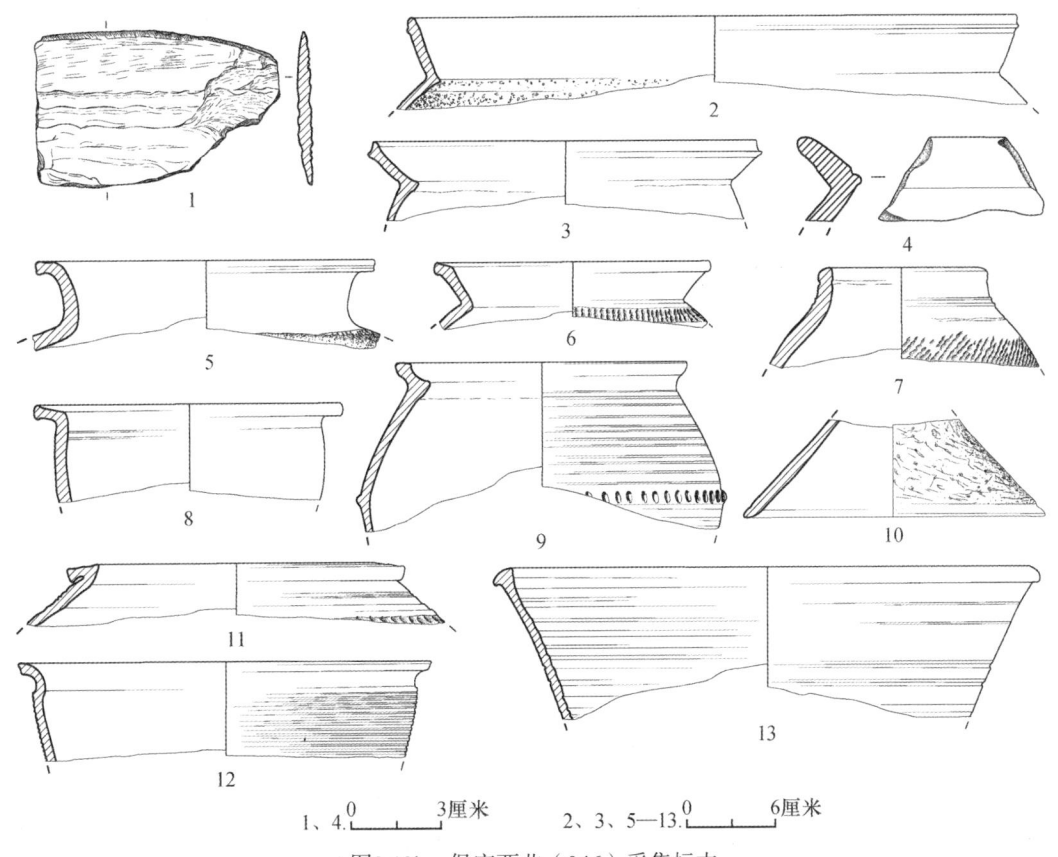

图2.13b 保庄西北（046）采集标本

1. 蚌刀（H1：1） 2. 瓮（046：2） 3、5—7. 罐（046：3、046：4、046：5、046：8） 4、11. 鬲（046：6、046：7）
8、12. 盆（046：9、046：10） 9. 罐形鼎（H2：1） 10. 器盖（H2：2） 13. 折腹盆（H3：1）

径22、残高3.9、厚0.7—0.8厘米（图2.13b，11）。

罐 046：8，口沿。夹砂灰陶。直口，圆唇，溜肩。腹饰绳纹。口径11、残高6.4、厚0.7—0.9厘米（图2.13b，7；图版四四三，5）。

盆 2件。046：9，口沿。泥质灰陶。折沿，方唇，直腹微弧。素面。口径20、残高6.2、厚0.6—0.8厘米（图2.13b，8）。046：10，口沿。泥质灰陶。侈口，卷沿，方唇，弧腹。饰数周凹弦纹。口径27、残高6.2、厚0.5—0.6厘米（图2.13b，12；图版四四三，6）。

（3）基本认识

该遗址面积较大，遗存较为丰富。包括仰韶、龙山和两周时期。简报中发表的遗存包括二里头时期，核查时未发现二里头时期的标本[1]。其中发现的仰韶、龙山、西周和东周时期的遗存均为晚期。

---

[1] 中国社会科学院考古研究所二里头工作队：《河南洛阳盆地2001～2003年考古调查简报》，《考古》2005年第5期。

13. 保庄北（047）

（1）概况

位于洛阳偃师市首阳山街道办事处保庄村北。范围为老洞沟至丁沟之间的邙山南坡上，主要位于中州渠以北，G207以西，保庄村北保驾桥以东（图2.14a）。仰韶、二里头文化时期的面积约12.9万平方米，龙山时期的面积不详，两周时期的面积约23.9万平方米。地理坐标为北纬34°44′32.71″，东经112°38′58.71″，海拔约137米。遗址现地表主要为农田。

1963年11月，中国科学院考古研究所洛阳发掘队在二里头遗址发掘期间，曾对该遗址进行过调查，时称上商里遗址。当时将该遗址分为两区，西区即前述保庄西北，东区即为保庄北。当时发现东区的遗存主要为仰韶文化，散见灰坑[①]。1984年洛阳市文物部门对该遗址进行调查，认为该遗址面积约4.5万平方米。在中州渠断崖上发现了灰坑、灶等遗迹。采集的遗物有彩陶罐、钵等，判定其年代为王湾二期[②]。2007年11月7日，洛阳市人民政府将该遗址公布为第三批洛阳市文物保护单位。

图2.14a　保庄北（左为北）

---

① 二里头工作队资料。
② 方孝廉：《洛阳市一九八四年古文化遗址调查简报》，《中原文物》1987年第3期。

2001年12月18日，二里头工作队调查该遗址，2017年6月25日复查。

（2）主要发现

遗址上采集到较为丰富的陶片。包括仰韶、龙山、二里头和两周时期。标本12件。

1）仰韶文化

陶片数量较多，可辨认器形有宽扁鼎足、夹砂折肩罐、泥质彩陶网纹罐、附加堆纹缸，主要为仰韶晚期（大河村四期）。标本3件。

鼎　047：1，足部。夹砂褐陶。凿形足，素面。残高5.7、厚0.8—2.7厘米（图2.14b，1）。

缸　047：2，口沿。夹砂褐陶。敛口，方唇。唇外饰两周附加堆纹。口径27、残高7.3、厚0.7—1.2厘米（图2.14b，2；图版三二四，4）。

钵　047：5，口沿。泥质灰陶。敛口，圆唇，斜直腹。素面。口径28、残高6.8、厚0.5—0.7厘米（图2.14b，7；图版三二四，5）。

2）龙山文化

陶片较多。可辨认器形有大口罐、小口高领瓮、盆、壶、圈足盘。主要为晚期。标本2件。

圈足盘　047：3，底部。泥质灰陶。圜底，圈足下口外侈，尖唇。素面。底径18、残高6.5、厚0.4—0.7厘米（图2.14b，3；图版三五七，2）。

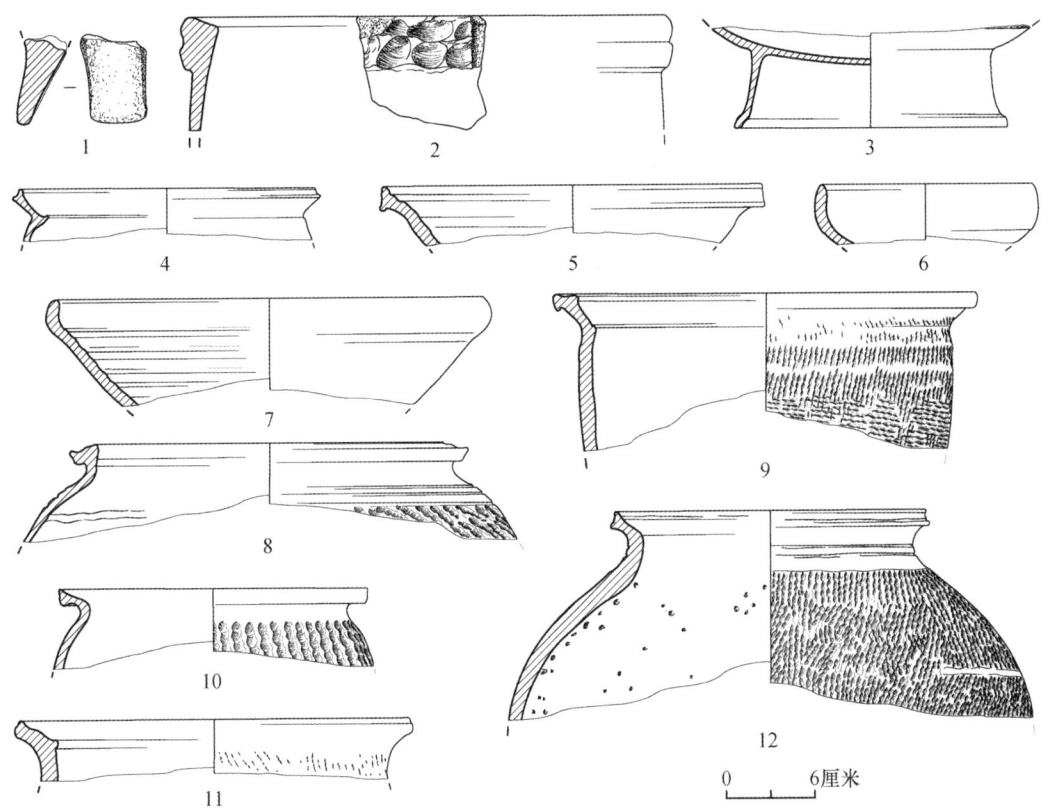

图2.14b　保庄北（047）采集标本

1.鼎（047：1）　2.缸（047：2）　3.圈足盘（047：3）　4、11、12.罐（047：4、047：11、047：9）　5、8、10.鬲（047：6、047：8、047：10）　6.豆（047：12）　7.钵（047：5）　9.盆（047：7）

罐 047：4，口沿。夹砂灰陶。侈口，折沿上翘，方唇，沿面内凹，下部出一道凸棱，溜肩。素面。口径20、残高3.3、厚0.4—0.6厘米（图2.14b，4）。

3）二里头文化

陶片数量较多，纹饰多为绳纹，亦见有方格纹。可辨认器形有盆、深腹罐等，年代为二里头文化二、三、四期。无标本。

4）西周时期

陶片数量较多，可辨认器形有鬲、盘、罐等。主要为西周晚期。

鬲 047：6，口沿。夹砂褐陶。折沿，方唇，盘口。素面。口径25、残高3.6、厚0.8厘米（图2.14b，5；图版四二四，3）。

盆 047：7，口沿。泥质灰陶。侈口，折沿，方唇，沿面有一道凹槽，沿内出一道凸棱，直腹微弧。饰细绳纹。口径28、残高10、厚0.7—1.1厘米（图2.14b，9；图版四二四，4）。

5）东周时期

陶片数量稍少，可见鬲、罐、豆等，主要为春秋时期。标本5件。

鬲 2件。047：8，口沿。夹砂红陶。直口，折沿，方唇，沿面有一道凹槽，矮领，溜肩。饰粗绳纹。口径26、残高6.2、厚0.3—0.5厘米（图2.14b，8；图版四三○，1）。047：10，口沿。夹砂灰陶。卷沿，方唇，溜肩。饰粗绳纹。口径20、残高5、厚0.5—0.6厘米（图2.14b，10；图版四三○，3）。

罐 2件。047：9，口沿。泥质灰陶。侈口，方唇，束颈，沿面微凹，溜肩，弧腹。饰细绳纹。口径21、残高13.3、厚0.6—1.5厘米（图2.14b，12；图版四三○，2）。047：11，口沿。泥质灰陶。折沿，方唇，沿面微凹，沿下出一道凸棱。饰暗绳纹。口径26、残高3.8、厚0.9—1.1厘米（图2.14b，11；图版四三○，4）。

豆 047：12，口沿。泥质灰陶。直口微敛，尖圆唇，折腹，浅盘。素面。盘口径14、残高3.8、厚0.6—0.7厘米（图2.14b，6）。

（3）基本认识

该遗址面积较大，内涵丰富。包括仰韶、龙山、二里头及两周时期的遗存。其中两周时期的遗存应该为西周晚期及东周时期"成周"城附近的聚落。

14. 石桥北庄东北（051）

位于洛阳偃师市首阳山街道办事处石桥北庄东北部。具体范围为中州渠南岸，养猪场东，寨沟（南沟、东沟）和邢沟等冲沟交汇处的东南部（图2.15）。面积约0.4万平方米。地理坐标为北纬34°44′25.20″，东经112°40′10.51″，海拔约138米。遗址被砖厂取土破坏严重，地表现为农田。

1963年11月，中国科学院考古研究所洛阳发掘队在二里头遗址发掘期间，对偃师境内的遗址进行过调查，在石桥村东北100米处，中州渠之南壁，见有灰坑1个，出有西周鬲、簋、瓮、盆等器陶片[①]。

2001年12月19日，二里头工作队复查，2017年7月24日复查，均未发现遗物，可能被破坏殆尽。

图2.15　石桥北庄东北（上为北）

---

① 二里头工作队资料。

15. 丁沟南（028）

（1）概况

位于洛阳市孟津县平乐镇丁沟村南。具体范围为丁沟村南冲沟（丁沟）东台地，东至南北向土路，西至断崖，断崖对面为砖厂，南至东西向土路（砖厂南小路）（图2.16a）。面积约1.4万平方米。地理坐标为北纬34°45′14.89″，东经112°39′24.29″，海拔约168米。地表现为苗圃和农田，被砖厂取土破坏较甚。

该遗址2001年12月19日由二里头工作队调查发现，2017年7月24日复查。

图2.16a　丁沟南（左为北）

（2）主要发现

该遗址地表采集到不少陶片，以仰韶时期为主，另外还见有殷墟与两周时期的遗物。标本5件。

1）仰韶文化

发现大量红陶片，另见有黑彩陶片。可辨认器形有泥质彩陶罐、泥质灰陶罐、豆、夹砂罐。年代多为仰韶晚期。标本3件。

彩陶片　028：1，容器腹片。泥质灰陶。磨光，饰红彩平行线纹。残高3.7、厚0.4—0.5厘米（图2.16b，7；图版三二四，6）。

罐　028：2，口沿。泥质灰陶。侈口，折沿上翘，圆唇，直腹微弧。素面。口径14、残高4.6、厚0.4—0.8厘米（图2.16b，1）。

豆　028：3，豆盘口沿。泥质灰陶。敛口，圆唇，折腹。磨光。口径29、残高4.5、厚0.5—0.6厘米（图2.16b，4）。

2）殷墟文化

见有少量陶片，具体年代难以判定。

3）两周时期

见有少量陶片，包括西周和东周时期。其中西周晚期标本2件。

罐　2件。028：4，口沿。夹砂灰陶。折沿，方唇，矮领。沿面微凹。素面。口径16、残高3.5、厚0.6—0.8厘米（图2.16b，2）。028：5，口沿。泥质褐陶。侈口，小折沿，方唇，沿面微凹，沿内出一道凸棱。素面。口径16、残高2.2、厚0.6—0.8厘米（图2.16b，3）。

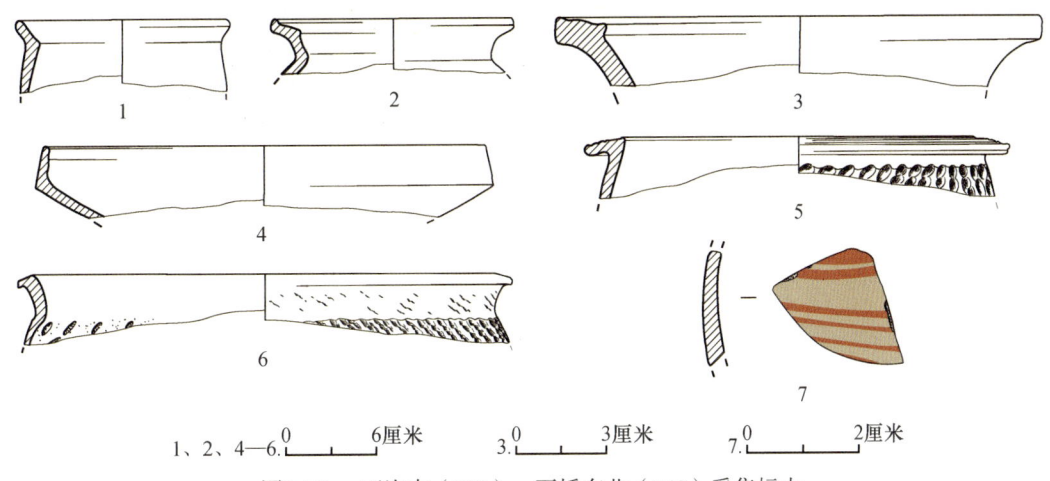

图2.16b　丁沟南（028）、石桥东北（049）采集标本

1—3.罐（028：2、028：4、028：5）　4.豆（028：3）　5、6.鬲（049：1、049：2）　7.彩陶片（028：1）

（3）基本认识

该遗址位于冲沟东侧，内涵相对复杂，以仰韶文化遗存为主，殷墟及两周时期的遗存稍少，仰韶和西周时期的遗物均为晚期，遗址被砖厂取土破坏较甚。

16. 丁沟新村南（027）

（1）概况

位于洛阳市孟津县平乐镇丁沟新村南。具体范围为冲沟（丁沟）以西，新村以南和国道锡海线（G207）以东（图2.17）。面积约6.3万平方米。地理坐标为北纬34°44′54.40″，东经112°39′12.39″，海拔约156米。现地表为农田和苗圃。

该遗址2001年12月19日由二里头工作队调查发现，2017年7月24日复查。

图2.17　丁沟新村南（上为北）

（2）主要发现

遗址上采集的陶片较多，但均为碎片，无标本。

1）仰韶文化

发现有红陶和灰黑陶陶片，应为仰韶文化晚期遗物。

2）龙山文化

发现有篮纹、方格纹陶片，应该为龙山文化晚期遗物。

3）二里头文化

发现有二里头文化绳纹陶片，具体年代不详。

4）东周时期

东周时期的陶片数量最多，但是较碎，无典型标本。

（3）主要认识

该遗址位于冲沟（丁沟）西侧，文化内涵较为复杂，涵盖仰韶、龙山、二里头和东周等多个时期，但是遗址面积较小，遗存发现的也较少，难以判定具体时段。

17. 石桥东北（049）

（1）概况

位于洛阳偃师市首阳山街道办事处石桥村东北，范围为寨沟和邢沟交汇后的冲沟东侧，中州渠以南，电厂以西，砖厂以东，大塚之周围（图2.18）。地理坐标北纬34°44′23.90″，东经112°40′33.36″，海拔约133米。仰韶文化遗存位于砖厂东侧，面积约2.5万平方米，二里头文化遗存位于中州渠北，面积约2.6万平方米，两周时期的遗存面积约25.7万平方米。遗址地表现为农田。

2001年12月20日，二里头工作队调查该遗址，2017年6月25日复查。

图2.18　石桥东北（上为北）

（2）主要发现

该遗址发现的陶片数量较少，见有少量二里头文化陶器碎片，无标本。另外，采集了东周时期的陶片若干，器形有鬲等，标本2件。

鬲　2件。049：1，口沿。夹砂灰陶。折沿，圆唇，沿面微鼓，溜肩。饰粗绳纹。口径28、残高3.8、厚0.7—0.8厘米（图2.16b，5；图版四三〇，5）。049：2，口沿。夹砂灰陶。直领微侈，方唇，唇外有一道凸棱，溜肩。颈部饰暗绳纹，腹饰绳纹。口径30、残高4.4、厚0.4—0.9厘米（图2.16b，6；图版四三〇，6）。

（3）基本认识

该遗址遗存相对单一。核查时未发现简报中所载的仰韶文化遗存[①]，二里头文化遗存的数量较少，面积也较小。东周时期的遗存面积较大，主要为东周早期，即春秋时期。

---

① 中国社会科学院考古研究所二里头工作队：《河南洛阳盆地2001～2003年考古调查简报》，《考古》2005年第5期。

18. 石桥东南（050）

（1）概况

位于洛阳偃师市首阳山街道办事处石桥村东南，范围为寨沟和邢沟交汇后的冲沟东侧的石桥至后张小路以东400米，华润路以西，陇海铁路以北（图2.19；图版七八，2）。龙山及二里头文化的遗存面积不详，两周时期的面积约20万平方米。地理坐标为北纬34°43′56.00″，东经112°40′34.39″，海拔约127米。遗址地表现为农田。

2001年12月22日，二里头工作队调查该遗址，2017年6月25日复查。

图2.19　石桥东南（右上为北）

（2）主要发现

遗址上采集的陶片较少，包括龙山文化的方格纹夹砂陶、二里头文化的绳纹陶片和两周时期的陶片若干，无标本。

（3）基本认识

该遗址龙山、二里头文化时期的面积不详，两周时期的面积稍大。但是遗存较少。

（二）山南至河北平原区

邙山山前至洛河以北的平原区域二级阶地上见有遗址23处，部分遗址可能位于南北向冲沟两侧，现冲沟多被平毁（图2.20）。

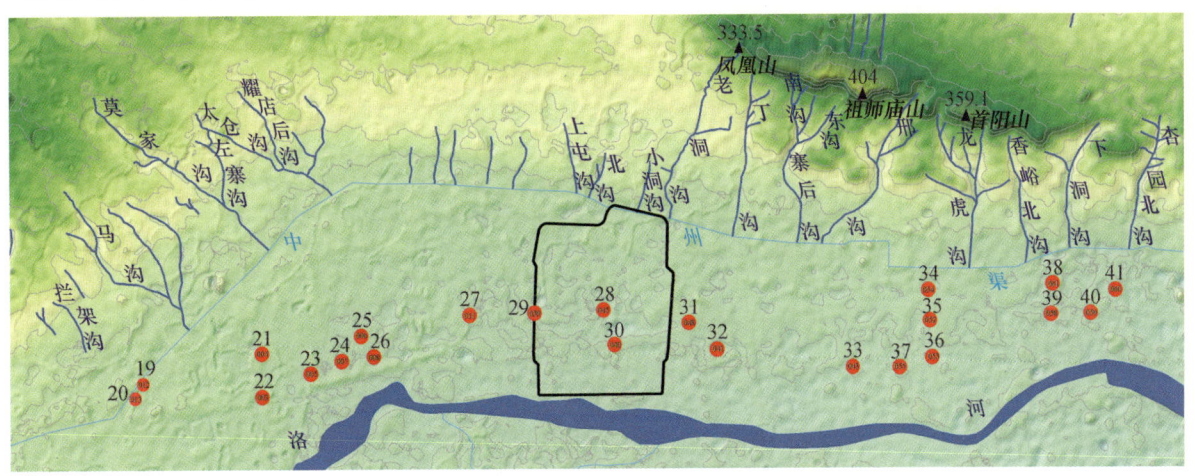

图2.20　邙山南至洛河北平原区遗址分布示意图

19. 帽郭A（012）

（1）概况

位于洛阳市洛龙区白马寺镇帽郭村北，S238线（洛常路）东南，万鸿园小区以东（图2.21a）。地理坐标为北纬34°43′04.22″，东经112°31′27.86″，海拔140米。面积约0.7万平方米，二里头文化遗址面积不详。遗址大部分被垃圾场和现代建筑占压。

2003年6月14日，二里头队调查发现该遗址，2017年6月27日复查。

图2.21a　帽郭A（右为北）

（2）主要发现

调查中发现较多的陶片。采集到石器8件，蚌器3件。发现的陶器残片分属于二里头、二里岗、殷墟和西周四个时期。标本共计32件。

石锛　012:1，鲕粒灰岩。灰黑色。经过打制、磨制，刃部有使用造成的破裂面和磨耗。残长14.4、宽4.5—5.4、厚2.8厘米（图2.21b，1；图版二三七，5）。

石铲　3件。012:2，硅质岩。黑色。经过磨制，破裂。残长8.7、宽9.7、厚1.4厘米（图2.21b，5；图版二三七，6）。012:4，鲕粒灰岩。灰黑色。经过磨制，破裂。残长7、残宽5.1—5.5、厚1.9厘米（图2.21b，4；图版二三八，2）。012:7，鲕粒灰岩。黑色。经过磨制，破裂。残长7、残宽3.3—3.5、厚1.9—2.1厘米（图2.21b，6；图版二三八，5）。

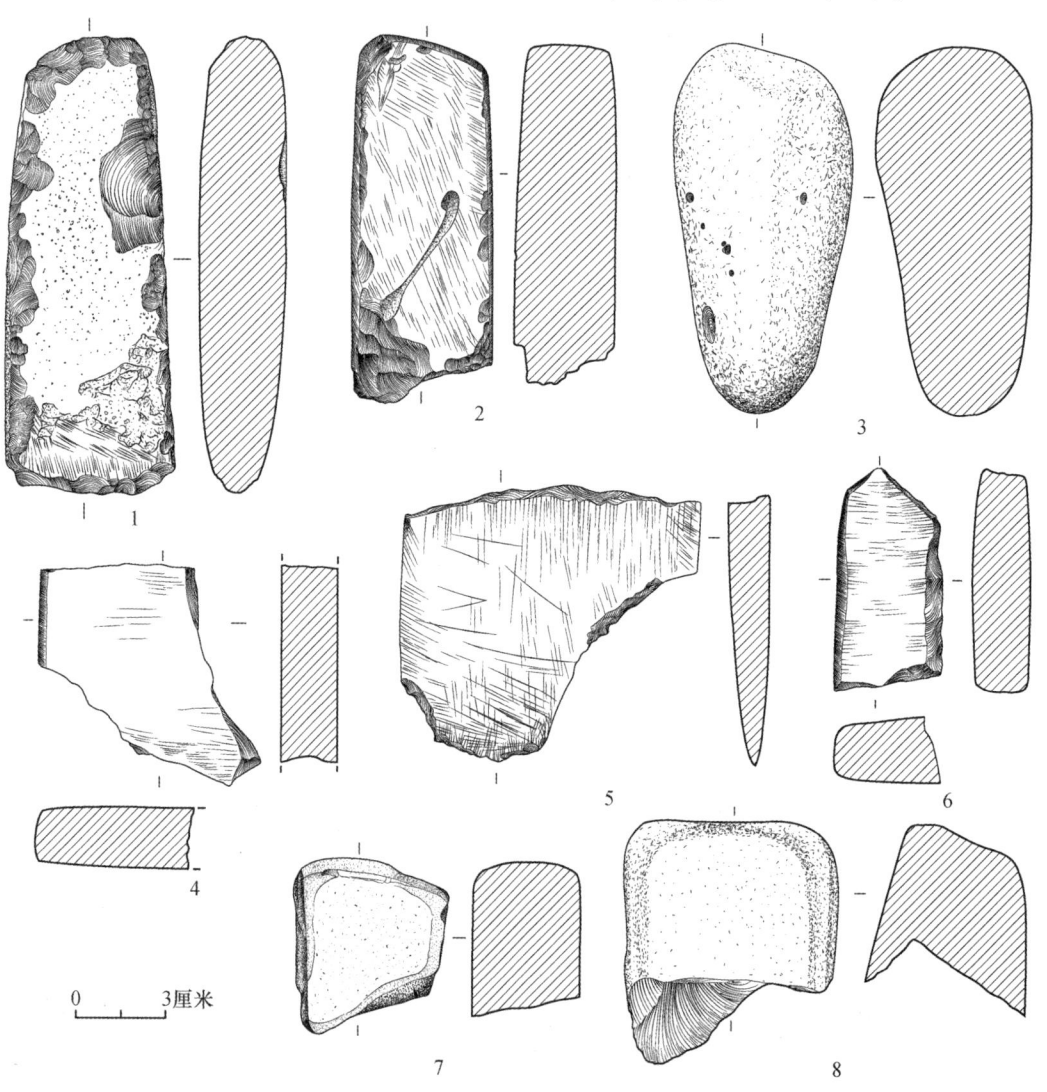

图2.21b　帽郭A（012）采集标本（一）
1.石锛（012:1）　2.石凿（012:3）　3.石杵（012:6）　4—6.石铲（012:4、012:2、012:7）　7.砺石（012:8）
8.石料（012:5）

石凿　012∶3，角砾岩。灰褐色-红紫色。磨制，刃部破裂。残长11.6、宽4.4—4.7、厚3.2厘米（图2.21b，2；图版二三八，1）。

石杵　012∶6，辉绿玢岩。灰绿色。保留卵石的自然面，端部有使用痕。长11.7、宽3.8—5.8、厚3.5—5.1厘米（图2.21b，3；图版二三八，4）。

砺石　012∶8，凝灰岩。红褐色。经过磨制，破裂。长5.6、宽4.6—5.2、厚3.5厘米（图2.21b，7；图版二三八，6）。

石料　012∶5，石英岩。肉红色。保留卵石的自然面，有破裂面。残长7.7、宽6.8—7、厚4—5.2厘米（图2.21b，8；图版二三八，3）。

蚌器　3件。器形不详，可能为蚌刀或蚌镰。012∶30，片状，近长方形，一侧较薄似有刃。长7.8、宽2.6、厚0.45厘米。012∶31，片状，形状不规则，边缘较薄。残长4.5、宽4.6、厚0.3厘米。012∶32，形状不规则，残破。长5.2、宽4.1、最厚1.4厘米。

1）二里头文化

采集陶片较多，可辨认器形有罐形鼎、甗、鬲、罐、深腹罐、圆腹罐、捏口罐、高领罐、大口罐、缸、盆、刻槽盆、瓮、盉、豆、三足皿、尊、盖、碗等。属于二里头文化二、三、四期。标本11件。

鬲　012∶9，足根部。夹砂灰陶。锥形。饰绳纹。残高9、厚0.5—0.6厘米（图2.21c，1；图版三九五，5）。

罐　012∶10，口沿。夹砂灰陶，侈口，卷沿，尖圆唇，弧腹。素面。口径32、残高6.5、厚0.6—1.3厘米（图2.21c，3）。

盆　4件。012∶11，口沿。泥质灰陶。敞口，折沿下耷，沿面微鼓，尖圆唇，弧腹。颈部饰一周凹弦纹，腹部饰细绳纹。内壁颈部有两周凹槽，腹部饰麻点。口径39、残高6.7、厚0.4—0.7厘米（图2.21c，4；图版三九五，6）。012∶16，口沿。泥质灰陶。侈口，折沿上翘，方唇，直腹微弧。饰篮纹。口径26、残高10.5、厚0.4—0.6厘米（图2.21c，5；图版三七六，5）。012∶17，口沿。夹砂灰陶。侈口，折沿，方唇，弧腹。腹饰绳纹，内壁有一周凸棱。残高8.4、厚0.6—0.9厘米（图2.21c，6；图版三八七，4）。012∶19，可复原。泥质灰陶。折沿上翘，圆唇，直腹微弧，平底。素面。口径11.8、底径8.2、高5.8、厚7.5厘米（图2.21c，11；图版三九六，3）。

瓮　012∶12，口沿。夹砂灰陶。直口微侈，方唇，高领，溜肩。颈部饰一周凸弦纹，肩部饰绳纹，内壁有麻点。口径42、残高8.6、厚0.6—0.9厘米（图2.21c，2；图版三九六，1）。

深腹罐　012∶13，口沿。夹砂灰陶。侈口，折沿上翘，方唇，弧腹。饰绳纹。口径23、残高6.3、厚0.5—0.6厘米（图2.21c，8；图版三八七，2）。

捏口罐　012∶14，口沿。泥质灰陶。沿外卷，圆唇，口部有捏制凹槽，束颈，溜肩。外壁饰绳纹，内壁饰麻点。口径13、残高7.2、厚0.6—0.7厘米（图2.21c，9；图版三八七，3）。

高领罐　012∶15，口沿。泥质褐陶。矮领，圆唇，广肩。颈部饰一周凸棱，外壁上部磨光，下部饰细绳纹，内壁饰有麻点。口径16、残高5.2、厚0.6—0.7厘米（图2.21c，10；图版

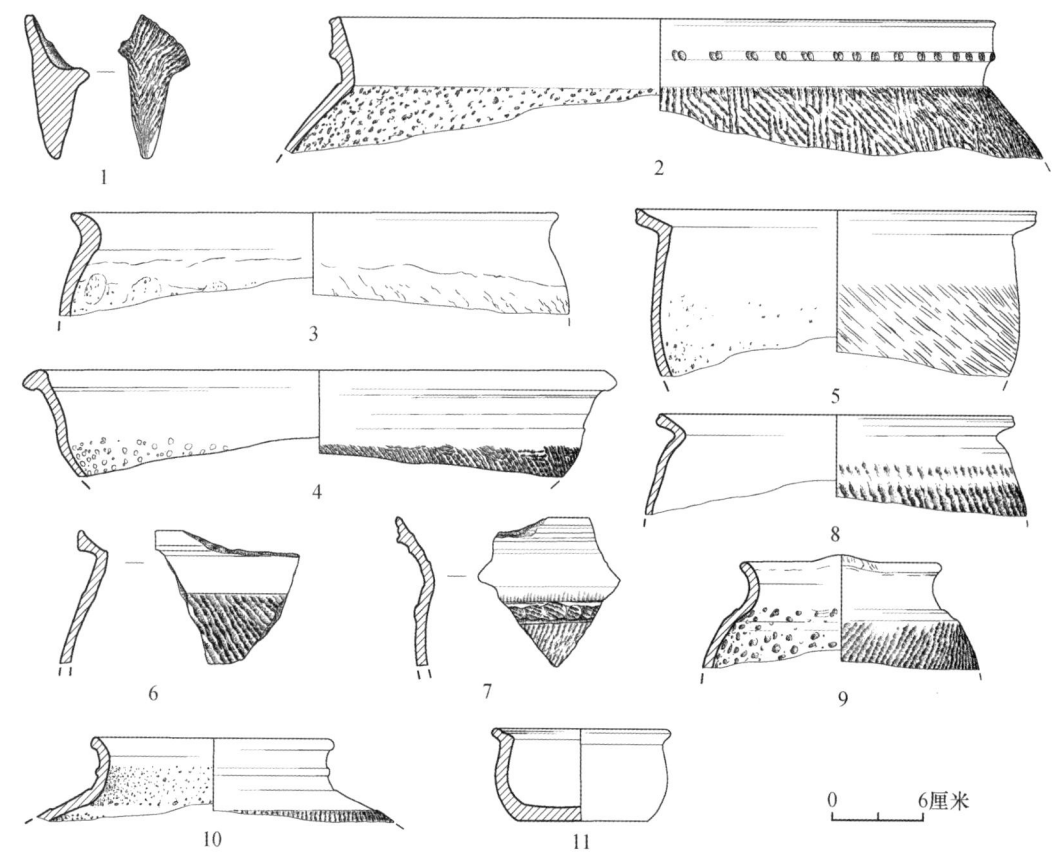

图2.21c 帽郭A（012）采集标本（二）

1.鬲（012：9） 2.瓮（012：12） 3.罐（012：10） 4—6、11.盆（012：11、012：16、012：17、012：19） 7.缸（012：18） 8.深腹罐（012：13） 9.捏口罐（012：14） 10.高领罐（012：15）

三九六，2）。

缸 012：18，口沿。夹砂灰陶。侈口，尖圆唇，沿外有一道凸棱，溜肩。腹饰绳纹加附加堆纹。残高9.4、厚0.7—0.8厘米（图2.21c，7；图版三八七，5）。

2）二里岗文化

采集陶片较少，主要为二里岗文化早期。选取标本6件，主要为鬲，另有圆陶片1件。

圆陶片 012：20，腹片磨制而成，饰绳纹。直径3.2—3.3、厚0.9—1厘米（图2.21d，7）。

鬲 5件。012：21，口沿。夹砂灰陶。侈口，卷沿，袋足。饰细绳纹。口径20、残高15.3、厚0.3—0.5厘米（图2.21d，2；图版四一一，2）。012：22，口沿。夹砂灰陶。侈口，卷沿，尖圆唇。饰绳纹。口径12、残高5.4、厚0.3—0.5厘米（图2.21d，3）。012：23，口沿。夹砂灰陶。直口微侈，尖唇。饰细绳纹。口径14、残高5、厚0.4—0.6厘米（图2.21d，4）。012：24，腹片。夹砂灰陶。颈部饰一周凹弦纹，饰绳纹。残长8.4、厚0.3—0.4厘米（图2.21d，9）。012：25，口沿。夹砂灰陶。侈口，卷沿，方唇，束颈。饰绳纹。口径16、残高3.5、厚0.6—0.7厘米（图2.21d，5）。

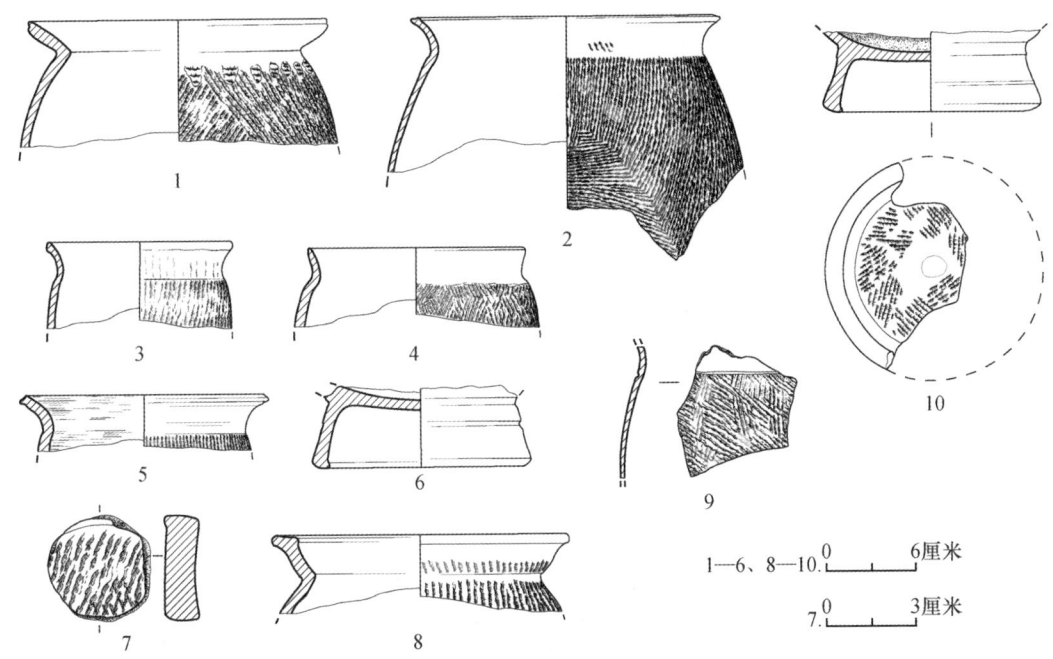

图2.21d 帽郭A（012）采集标本（三）

1—5、9.鬲（012：26、012：21、012：22、012：23、012：25、012：24） 6、10.簋（012：27、012：28） 7.圆陶片（012：20） 8.罐（012：29）

3）殷墟文化

陶片较少，可辨认器形包括鬲、簋、罐等，选取标本4件。

鬲 012：26，口沿。夹砂灰陶。大口，折沿上翘，尖唇，弧腹。饰细绳纹。口径19、残高7.8、厚0.7—0.8厘米（图2.21d，1；图版四一九，1）。

簋 2件。012：27，圈足。泥质灰陶。足口外侈，圆唇，圜底。外壁饰一周凹弦纹。底径14、高5、厚0.6—0.7厘米（图2.21d，6；图版四一九，2）。012：28，圈足。泥质灰陶。足口外侈，方唇，圜底。底部饰绳纹。底径14、残高5、厚0.6—0.9厘米（图2.21d，10；图版四一九，3）。

罐 012：29，口沿。泥质灰陶。侈口，折沿，圆唇，沿内饰一道凹弦纹，溜肩。饰绳纹。口径19、残高4.8、厚0.6—0.9厘米（图2.21d，8；图版四一九，4）。

4）西周时期

仅发现少量西周时期陶片。无标本。

（3）基本认识

该遗址面积不大，主要为青铜时代遗存，其中以二里头文化遗存为主体，另有少量二里岗、殷墟及西周时期的遗物。二里头时期的遗存属于二里头文化二、三、四期，二里岗文化的遗存属于二里岗文化早期，西周时期的遗存面积较大。

20. 帽郭B（013）

（1）概况

位于洛阳市洛龙区白马寺镇帽郭村西北，S238（省道洛常路）东南侧，万鸿园小区及周边（图2.22a）。西周时期的遗址面积5.7万平方米。遗址西部被猪场占压，东部为万鸿园小区占压。地理坐标为北纬34°43′01.16″，东经112°31′24.90″，海拔为136米。

2003年6月14日，二里头队调查发现该遗址，2017年6月27日复查。

图2.22a　帽郭B（右为北）

（2）主要发现

采集遗物多为陶片，包括二里头文化、殷墟和西周时期。标本5件（图2.22b）。

1）二里头文化

陶片较少，均为散片，未见口沿标本。可辨认器形有瓮、缸等。具体年代不详。

2）殷墟文化

标本2件。包括瓮和罐。

瓮　013：1，口沿。泥制灰陶。直领微侈，圆唇，沿面微鼓，沿内出一道凸棱，直领外侈，广肩。颈部饰一道凹弦纹，肩部饰绳纹。口径26、残高6.2、厚0.6—1厘米（图2.22b，2；图版四一九，5）。

罐　013：2，口沿。夹砂灰陶。沿外卷，圆唇，唇面内凸呈棱，溜肩。腹饰绳纹。残高7.7、厚0.9—1厘米（图2.22b，1；图版四一九，6）。

3）西周时期

标本3件，包括簋、盆、瓮等。

簋　013：3，口沿。泥制灰陶。直领外侈，折沿下垂，方唇。素面。口径22、残高7.5、厚0.7—0.8厘米（图2.22b，3；图版四二四，5）。

盆　013：4，口沿。泥制灰陶。侈口，折沿，圆唇。素面。残高2.3、厚0.5—0.9厘米（图2.22b，5）。

瓮　013：5，口沿。泥制褐陶。直领，卷沿，沿面有一道凹槽。素面。口径18、残高4.9、厚0.6—0.7厘米（图2.22b，4；图版四二四，6）。

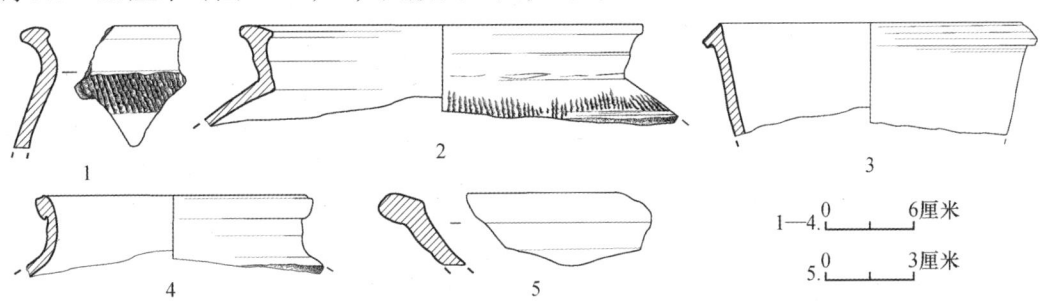

图2.22b　帽郭B（013）采集标本
1.罐（013：2）　2、4.瓮（013：1、013：5）　3.簋（013：3）　5.盆（013：4）

（3）基本认识

该遗址面积较大，但是发现的遗物数量较少，主要为青铜时代不同时期的遗存，包括二里头、殷墟和西周时期。

21. 凹杨（004）

（1）概况

位于洛阳市洛龙区白马寺镇凹杨村，分布于村西和西南以大冢为中心的周边地区，西到陇海、焦枝铁路联络线，东到凹杨村内（图2.23a）。地理坐标为北纬34°42′57.21″，东经112°33′01.08″，海拔132米左右。地表多为蔬菜地。面积约8万平方米。

图2.23a　凹杨（上为北）

该遗址1957年调查发现，面积约7.5万平方米，分布在村西的五个大冢周围，依据采集陶片判定的时代为仰韶时期[1]。1960年被公布为第一批洛阳市（县）重点文物保护单位。1975年冬，洛阳博物馆对该遗址进行复查，判定其年代为王湾一期（庙底沟文化）和王湾二期（秦王寨类型）[2]。1984年，洛阳博物馆再次对该遗址进行复查，认为该遗址面积约6万平方米，采集了罐、盆、钵、甑等遗物，认为其属于仰韶文化王湾一期遗存[3]。

---

① 继才：《洛阳市东郊的几处遗址》，《文物参考资料》1957年第8期。
② 洛阳博物馆：《一九七五年洛阳考古调查》，《河南文物通讯》1980年第4期。
③ 方孝廉：《洛阳市一九八四年古文化遗址调查简报》，《中原文物》1987年第3期。

2001年3月9日，二里头工作队调查该遗址，2017年6月26日复查。

（2）主要发现

该遗址采集的标本较为丰富，以仰韶时期的遗物为主。

1）仰韶文化

发现的仰韶文化陶片较多，主要为陶器残片，另外还见有少量石器。陶片多为大河村二期，三期少量。彩陶片很少，有典型庙底沟式花瓣纹、大河村三期"川"字纹，主体为泥质红陶，少量磨光黑灰陶和夹砂陶。泥质陶片以素面为主，少量磨光，纹饰多见有线纹、少量弦纹和篮纹。夹砂陶片中多为素面，少量饰有弦纹。可辨器形有夹砂罐、小口高领瓮、尖底瓶、泥质敛口瓮、盆、彩陶盆、缸底、彩陶豆、碗、鼎、圆陶片、圈足盘、敛口钵、矮领尊、黑灰陶豆，其中鼎、黑灰陶豆、夹砂罐等年代偏晚，可能为大河村三期。整体上看，年代为仰韶文化中、晚期。标本计18件。

石铲　004∶2，泥质板岩。灰色。经过琢制、磨制，断裂。残长6.7、残最宽4.4、厚1.4厘米（图2.23b，6）。

石凿　004∶3，鲕粒灰岩。黑色。由石斧改制而成，有原石斧的磨面和改制时的破裂面和磨面。长9、宽2.1—3.1、厚1.1厘米（图2.23b，7）。

圆陶片　004∶1，泥质红陶。腹部残片打制而成，近圆形。直径3.6—4.2、厚0.4—0.7厘米（图2.23b，1；图版三二二，4）。

敛口钵　2件。004∶5，腹部残片。泥质褐陶。施黑彩。残长5.6、残宽2.5—4、厚0.5—0.7厘米（图2.23b，2）。004∶8，口沿。泥质褐陶。敛口，圆唇，鼓腹。磨光，口沿外部施一周红彩。口径20、残高5.5、厚0.5—0.6厘米（图2.23b，14）。

豆　004∶7，豆盘。泥质黑陶。敛口，圆唇，折腹，折腹处饰一周凸弦纹。磨光。口径23、残高4、厚0.4—0.5厘米（图2.23b，17）。

小口尖底瓶　004∶10，口沿。泥质红陶。小口，尖圆唇，沿面下卒，束颈细长。颈部饰斜线纹。口径5、残高5.2、厚0.6—0.8厘米（图2.23b，4）。

大口罐　2件。004∶11，口沿残片。夹砂褐陶。大口，折沿上翘，尖唇，唇面有两道凹槽。口径20、残高4.1、厚0.6—0.8厘米（图2.23b，15）。004∶13，口沿。夹砂灰陶。大口，折沿上翘，尖圆唇，沿面内凹。素面。口径31、残高4.6、厚0.6—1厘米（图2.23b，10）。

罐形鼎　004∶12，口沿残片。夹砂灰陶。侈口，折沿，尖唇，鼓腹。口径11、残高6、厚0.4—0.5厘米（图2.23b，16）。

小口罐　004∶14，口沿残片。夹砂褐陶。侈口，折沿，沿面微凹，方唇，溜肩。肩部饰凹弦纹数周。口径17、残高6.9、厚0.5—0.9厘米（图2.23b，13；图版三二五，1）。

瓮　004∶15，口沿残片。夹砂灰陶。小直领，尖唇，广肩。素面。残高5、厚0.6—0.8厘米（图2.23b，8）。

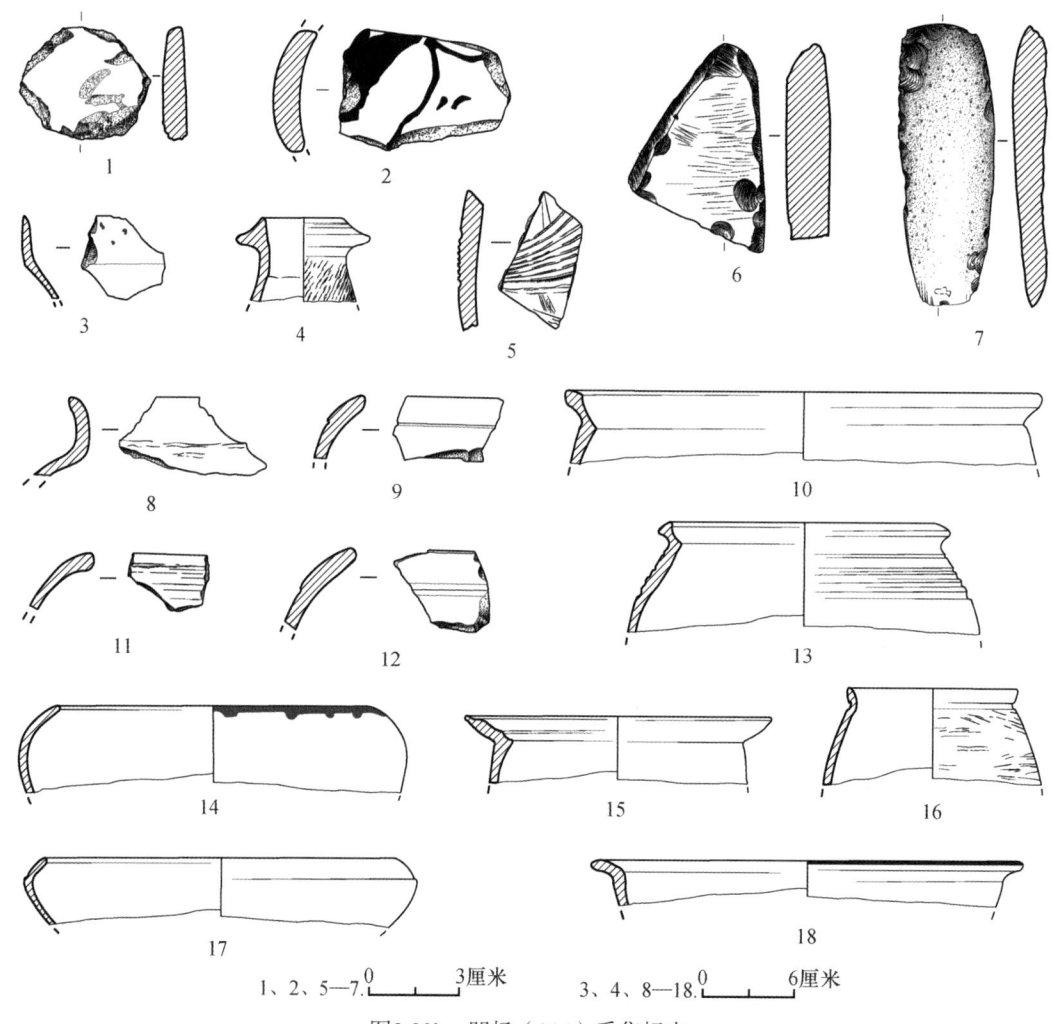

图2.23b 凹杨（004）采集标本

1.圆陶片（004：1） 2、14.敛口钵（004：5、004：8） 3、18.折腹盆（004：9、004：6） 4.小口尖底瓶（004：10） 5.陶器腹片（004：4） 6.石铲（004：2） 7.石凿（004：3） 8.瓮（004：15） 9、11、12.盆（004：18、004：16、004：17） 10、15.大口罐（004：13、004：11） 13.小口罐（004：14） 16.罐形鼎（004：12） 17.豆（004：7）

盆 3件。004：16，口沿残片。泥质磨光黑陶。敛口，圆唇，弧腹内收。外壁饰数道线纹。残高4.6、厚0.6—1厘米（图2.23b，11）。004：17，口沿残片。泥质红陶。敛口，圆唇，弧腹。上腹部饰一周凸弦纹。残高5.2、厚0.8—1.1厘米（图2.23b，12）。004：18，口沿残片。泥质灰陶。敛口，尖圆唇，沿外包边加厚。素面。残高4、厚0.9—1.1厘米（图2.23b，9）。

折腹盆 2件。004：6，口沿标本。泥质红陶。侈口，卷沿，圆唇。沿面饰一周黑彩。口径28、残高2.8、厚0.6—0.7厘米（图2.23b，18）。004：9，腹部残片。泥质红陶。折腹。饰红彩。残高5.3、厚0.3—0.6厘米（图2.23b，3）。

2）龙山文化

采集的龙山时期陶片较少，多为泥质黑灰陶，纹饰见有篮纹、方格纹和镂孔，可辨认器形有甗等，这些标本应该属于龙山晚期，即王湾三期文化时期。标本1件。

陶器腹片　004：4，泥质红陶。饰篮纹。残长4.5、残宽2.6、厚0.5—0.6厘米（图2.23b，5）。

3）二里头文化

二里头文化时期的陶片相对较多，包括泥质和夹砂类，其中泥质陶片多为素面，部分见有绳纹或细绳纹、弦纹及附加堆纹，夹砂陶片多见绳纹，也有素面和弦纹及附加堆纹。这些陶片多为二里头文化二、三期。无典型标本。

4）东周时期

另见零星的不早于东周时期的陶片，无典型标本。

（3）基本认识

该遗址面积较大，文化面貌相对复杂，包含多个时期的遗存。主体为仰韶和二里头文化时期，其中仰韶时期的遗存主要为仰韶中、晚期，二里头时期的遗存主要为二里头文化二、三期，另外还见有少量龙山晚、东周及以后的遗物。

22. 扁担赵南（003）

（1）概况

位于洛阳市洛龙区白马寺镇扁担赵村南。具体位置为该村南部陇海铁路两侧，半个店北至洛白路（G310旧线）道路下穿陇海铁路涵洞一线以西，高压输电网东西两侧东西300米范围内（图2.24a；图版七九，1）。面积约1.2万平方米。地理坐标为北纬34°42′32.88″，东经112°32′46.39″，海拔约128米。遗址现为菜地覆盖。

2001年3月8日，二里头队调查发现该遗址，2017年6月26日复查。

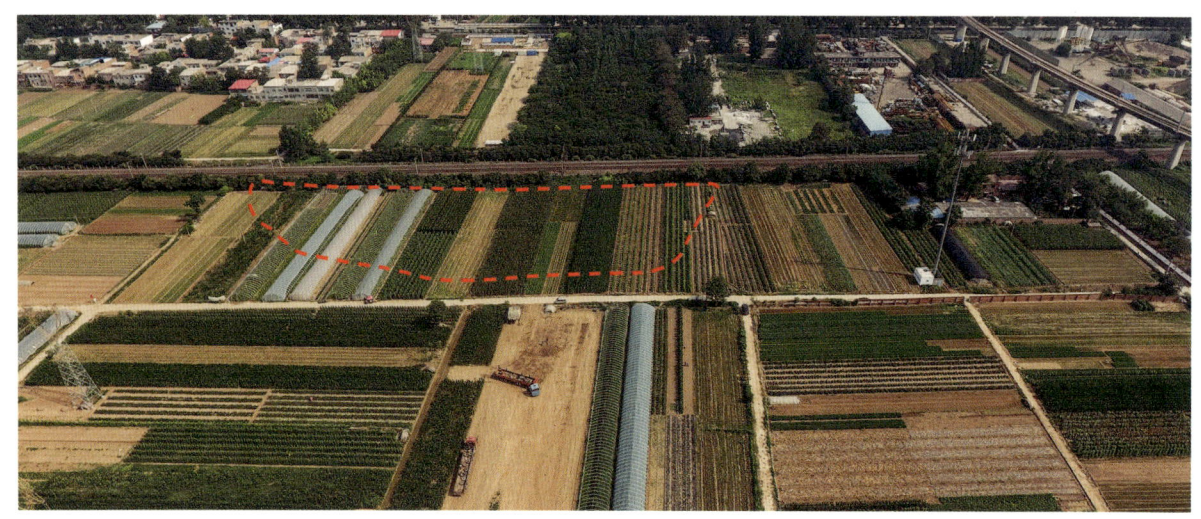

图2.24a　扁担赵南（上为北）

（2）主要发现

调查中采集的遗物包括石斧、残蚌器和陶器残片等。标本9件。

石斧　003∶1，硅质岩。黑色。经过琢制、磨制，一端断裂。残长6.5、宽5.4—5.7、厚2厘米（图2.24b，5）。

蚌器　003∶9，残。近似椭圆形，一面外鼓，一面内凹。长2.7、宽1、最厚0.8厘米。

采集的陶片较少。主要为仰韶文化和二里头文化，另外还有龙山和两周时期的遗物。

1）仰韶文化

陶片多为泥质陶，素面。可辨认器形有夹砂罐、泥质彩陶罐、小口瓮、盆等。包括仰韶文化中、晚期。标本4件。

罐　3件。003∶2，口沿。泥质红陶。折沿上翘，尖唇。腹饰红彩平行线纹夹网格纹。口径15、高2.8、厚0.6—0.7厘米（图2.24b，3）。003∶4，口沿。泥质褐陶。直领，圆唇，广肩。磨光。残高5.2、厚0.6—0.8厘米（图2.24b，1）。003∶5，口沿。夹砂褐陶。侈口，方唇，束颈。颈部饰一道凸弦纹。口径17、残高4.4、厚0.6—0.7厘米（图2.24b，2）。

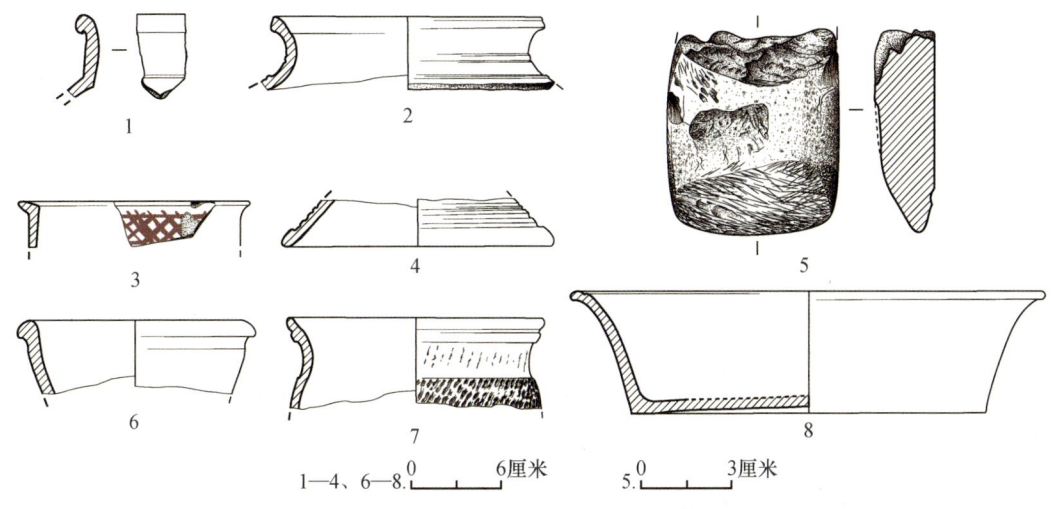

图2.24b 扁担赵南（003）采集标本

1—3.罐（003：4、003：5、003：2） 4.器盖（003：6） 5.石斧（003：1） 6.盆（003：3） 7.圆腹罐（003：8）
8.平底盆（003：7）

盆 003：3，口沿。泥质红陶。敞口，厚圆唇，斜直腹。素面。口径13、残高4.6、厚0.7—0.8厘米（图2.24b，6）。

2）龙山文化

陶片较少，个别陶片疑似为龙山早期，另有龙山晚期陶片数片。无典型标本。

3）二里头文化

包括泥质和夹砂两类。其中泥质陶片多为绳纹，另有素面、细绳纹、篮纹和附加堆纹等夹砂陶片多为绳纹。可辨认器形有深腹罐、圆腹罐、三足皿、平底盆、瓮。以二里头文化二、三期为主，个别可能为四期。标本3件。

圆腹罐 003：8，口沿。夹砂褐陶。侈口，圆唇，唇外饰一道凸棱，溜肩。腹饰绳纹。口径17、残高5.8、厚0.5—0.6厘米（图2.24b，7）。

平底盆 003：7，可复原。泥质灰陶。敞口，沿外卷，沿内饰一道凹弦纹，斜弧腹，平底微凹。素面。口径31、高7.7、厚0.7—0.9厘米（图2.24b，8；图版三七六，6）。

器盖 003：6，口沿。泥质黑陶。敞口，圆唇，沿外包边加厚。磨光，腹饰凹弦纹。口径18、残高3.1、厚0.6—0.7厘米（图2.24b，4）。

4）两周时期

陶片较少，部分见有绳纹，内部有凸麻点。具体年代不详。无标本。

（3）基本认识

该遗址现存面积较小，但是文化内涵丰富，包括仰韶、龙山、二里头和两周等各个时期的遗存。仰韶时期以中、晚期为主，龙山时期早、晚皆有，二里头文化以二、三、四期为主。两周时期的遗存，具体年代不详。

23. 油王南（005）

（1）概况

位于洛阳市洛龙区白马寺镇油王村南。主要分布范围为陇海铁路油王段南侧，通往凹杨和油王村两条生产路之间，洛河北岸台地上（图2.25；图版七九，2）。面积约0.1万平方米。地理坐标为北纬34°42′41.04″，东经112°33′25.92″，海拔约123米。地表主要为农田和荒地，西侧有浅沟，当系邙山南麓雨季流水冲沟。

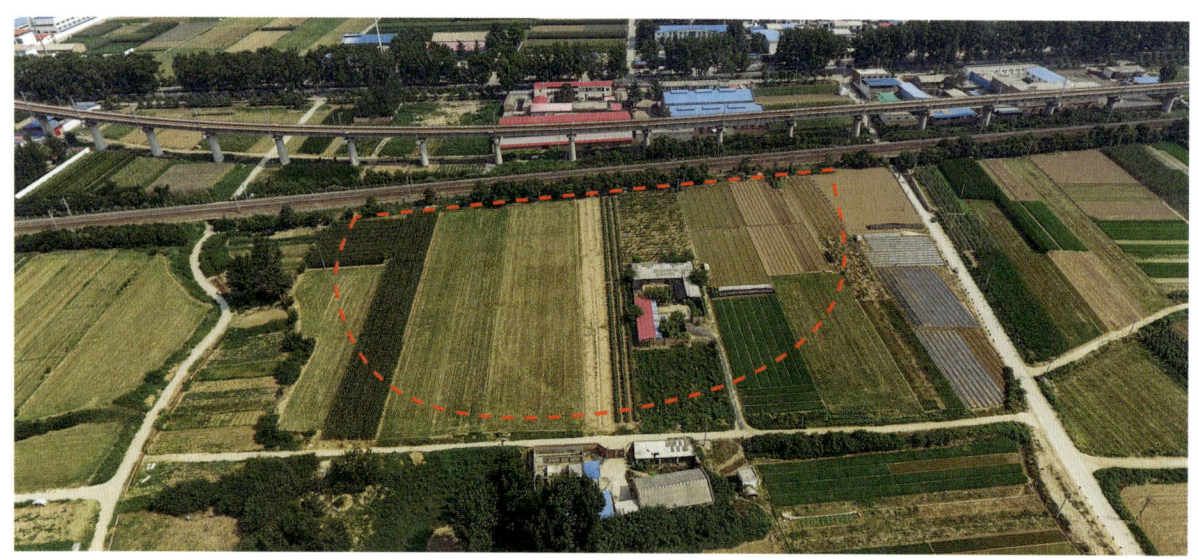

图2.25　油王南（上为北）

该遗址2003年3月9日由二里头工作队调查发现，2017年6月26日复查。

（2）主要发现

该遗址采集遗物较少，均为陶片。主要包括龙山、二里头和两周三个时期。未选取标本。

1）龙山文化

陶片数量较少，纹饰见有篮纹，另有素面。可辨器形有小口高领罐。属于龙山晚期，无标本。

2）二里头文化

仅见有数片二里头文化时期的绳纹陶片，器形不详。具体期段不详。无标本。

3）两周时期

见有少量两周时期的陶片，器形不详，具体年代不详。

（3）基本认识

该遗址面积较小，遗存不太丰富。龙山时期的遗存主要为晚期，其他时期的遗存，具体年代不详。

24. 黑王（007）

（1）概况

位于洛阳市洛龙区白马寺镇黑王村，具体范围为下黑线（下黄至黑王村）两侧的黑王村西、北、南，北至废窑厂，东至分金沟（图2.26a）。面积约56.2万平方米。地理坐标为北纬34°43′03.71″，东经112°33′48.05″，海拔为129米。遗址大部分为村庄覆盖，其余部分为农田。

该遗址1975年由洛阳博物馆调查发现，遗址面积约15万平方米，遗存基本为二里头文化二期[①]。1960年被公布为第一批洛阳市（县）重点文物保护单位。二里头工作队于2001年3月9日调查，2017年6月26日复查。

图2.26a　黑王（左为北）

---

① 洛阳博物馆：《一九七五年洛阳考古调查》，《河南文博通讯》1980年第4期。

(2)主要发现

调查中发现个别的石器和数量较多的陶片。属于仰韶、二里头、二里岗和东周等不同时期。标本10件。

石斧 007：1，中粒砂岩。肉红色。保留卵石自然面，破损严重。残长4、残宽4.5—5.1、厚3.4厘米（图2.26b，1）。

1）仰韶文化

陶片数量较少。以灰、黑陶为主，也见有少量的红陶、彩陶，彩陶多为黑彩。陶片全为泥质，多为素面，见有个别的弦纹和黑彩陶片。可辨器形有鼎、敛口瓮、圈足盘、彩陶钵。主要为仰韶晚期。标本2件。

瓮 007：2，口沿。泥质磨光黑陶。敛口，沿面微弧，圆唇。沿内有一道凹槽。口径22、残高3.1、厚0.7厘米（图2.26b，3）。

敛口钵 007：3，口沿。泥质红陶。敛口，圆唇，弧腹内收。施黑彩。残高4、厚0.4—0.6厘米（图2.26b，2）。

2）二里头文化

陶片数量非常多。包括泥质和夹砂两大类。泥质陶片上多见绳纹和素面，也有不少附加堆纹、篮纹和细绳纹，偶见弦纹。夹砂陶片多见绳纹和细绳纹，也有篮纹发现。可辨认器形有圆腹罐、鬲（足根）、深腹罐、大口尊，年代为二、三、四期。标本3件。

圆腹罐 007：4，口沿。夹砂灰陶。沿外卷，尖唇。沿外饰花边，颈部饰一周凹弦纹，腹饰绳纹。残高4.5、厚0.6厘米（图2.26b，7）。

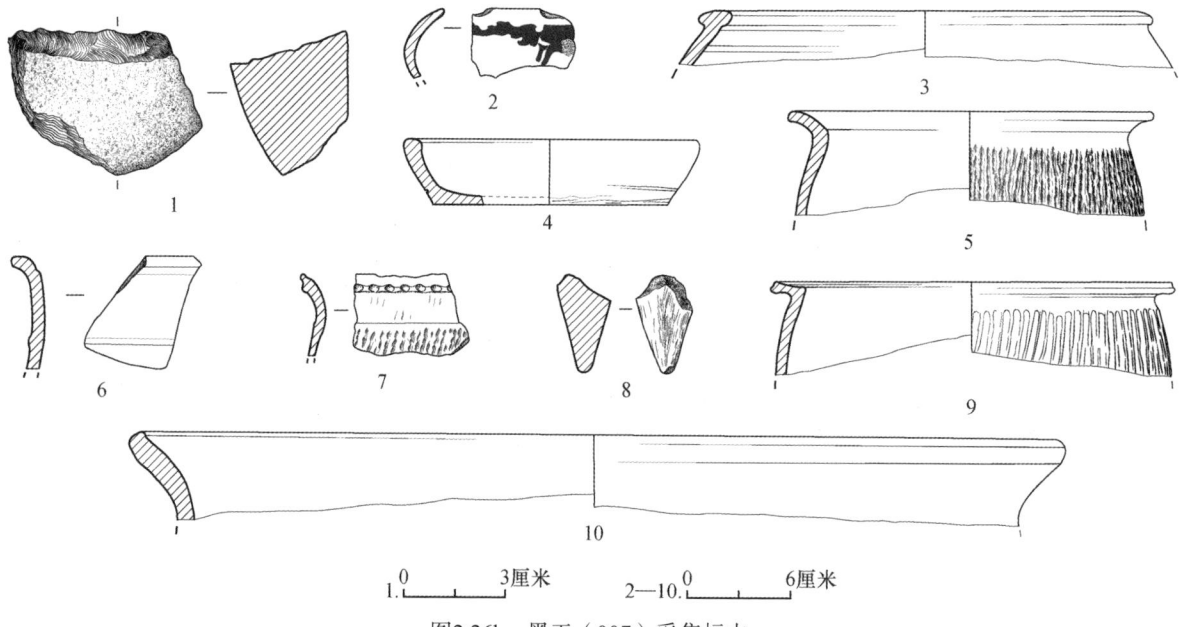

图2.26b 黑王（007）采集标本

1.石斧（007：1） 2.敛口钵（007：3） 3.瓮（007：2） 4、10.盆（007：9、007：10） 5、9.深腹罐（007：5、007：6）
6.大口尊（007：8） 7.圆腹罐（007：4） 8.鬲（007：7）

深腹罐　2件。007：5，口沿。夹砂灰陶。侈口，卷沿，圆唇。饰细绳纹。口径21、残高5.8、厚0.6—0.9厘米（图2.26b，5）。007：6，口沿。夹砂灰陶。平折沿，沿面有一周凹槽，方唇。饰篮纹。口径23、残高5.2、厚0.4—0.7厘米（图2.26b，9）。

3）二里岗文化

陶片时代为晚期。见有鬲、大口尊等器形。标本2件。

鬲　007：7，足部。夹砂褐陶。锥形足。残高5.4厘米（图2.26b，8）。

大口尊　007：8，口沿。泥质灰陶。敞口，卷沿，圆唇，直颈。沿内有一道凹弦纹，颈部饰一周凸棱。残高6.3、厚0.6—0.8厘米（图2.26b，6）。

4）东周时期

陶片数量较少。标本2件。

盆　2件。007：9，可复原。泥质磨光黑陶。敛口，方唇，口沿加厚，斜弧腹，平底。素面。口径17、残高3.6、厚0.5—1厘米（图2.26b，4；图版四六二，1）。007：10，口沿。泥质灰陶。侈口，沿外卷，方唇。沿内有一道凹槽，素面。口径54、残高5、厚0.9—1.3厘米（图2.26b，10）。

（3）基本认识

该遗址面积较大，遗存相对丰富。其中仰韶文化的遗存以仰韶晚期为主，约当大河村三期晚、四期早。二里头文化的遗存较为丰富，年代包含二至四期。二里岗文化的遗存较少，基本为晚期。另外，还有少量东周时期的遗存。

25. 白王北（006）

（1）概况

位于洛阳市洛龙区白马寺镇白王村北，具体位置为白王村至竹园村道路以东，后王村至孙村道路以北（图2.27a；图版八〇，1）。面积约6.3万平方米。地理坐标为北纬34°43′21.00″，东经112°34′11.70″，海拔约129米。遗址地表现为农田。

该遗址2003年6月15日由二里头工作队调查发现，2017年6月27日复查。

图2.27a　白王北（上为北）

（2）主要发现

地表采集遗物不多，包括石器和陶器残片，此外还见有汉代瓦当。陶片数量较少，分属于仰韶文化和二里头文化。

石斧　006：1，硅质岩。灰黑色。磨制，破裂。残长9.5、宽4.7—5、厚4厘米（图2.27b，4；图版二三九，1）。

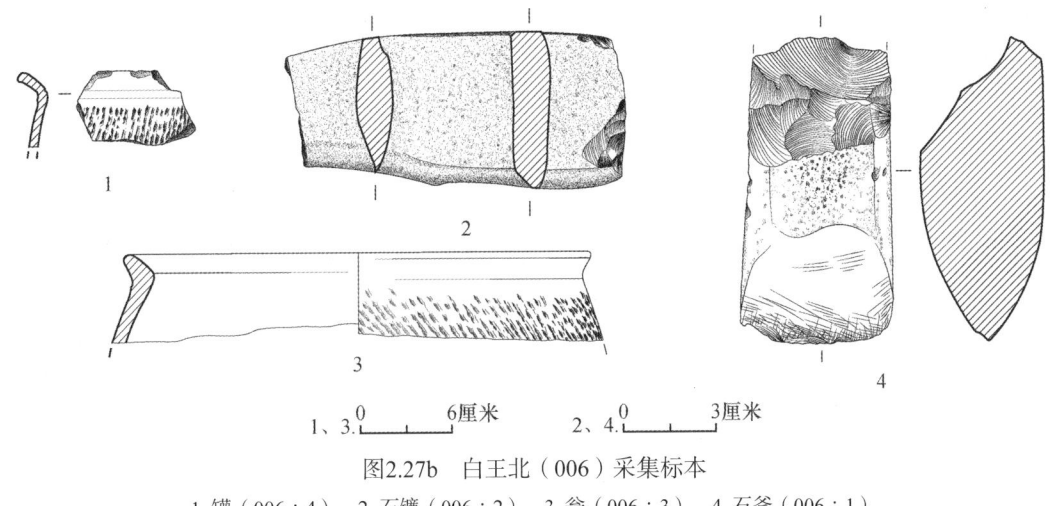

图2.27b 白王北（006）采集标本
1.罐（006∶4） 2.石镰（006∶2） 3.瓮（006∶3） 4.石斧（006∶1）

石镰 006∶2，泥质板岩。灰褐色。经过磨制。残长11、宽3.6—4.8、厚0.7厘米（图2.27b，2；图版二三九，2）。

1）仰韶文化

仰韶文化陶片数量较少，均为素面泥质红陶。无标本。

2）二里头文化

陶片数量相对较多，包括泥质和夹砂两类。泥质陶片见有绳纹和附加堆纹。可辨器形有深腹罐、瓮等。属于二里头文化三、四期。标本2件。

瓮 006∶3，口沿。夹砂灰陶。侈口，卷折沿，圆唇。饰绳纹。口径30、残高5.5、厚0.7—1厘米（图2.27b，3）。

罐 006∶4，口沿。夹砂红陶。敞口，卷沿，圆唇。沿内有一道凹槽，颈部饰一周凸弦纹，外壁饰细绳纹。残高4.7、厚0.5—0.6厘米（图2.27b，1）。

（3）基本认识

该遗址面积较小，遗存相对单一，以二里头文化晚期遗存为主。另外，见有少量仰韶遗存，具体年代不详。

26. 分金沟（008）

（1）概况

位于洛阳市洛龙区白马寺镇分金沟村西。分布范围为分金沟和白王村之间，分金沟的两侧，北至现在沟的尽头处，南至洛白路沿线（图2.28）。面积约9万平方米。地理坐标为北纬34°43′04.79″，东经112°34′21.91″，海拔约127米。地表为村庄和农田覆盖，部分地段为菜地。

该遗址由二里头工作队于2003年3月9日发现，2017年6月26日复查。

（2）主要发现

调查中发现有的陶片数量较少。其中在沟西侧的沟壁上见有二里头文化陶片，另外，遗址上见有少量二里岗和东周时期陶片。陶片较碎，未拣选标本。

（3）基本认识

该遗址所在的分金沟系邙山南坡雨季排水进入洛河的冲沟，北魏时期系汉魏洛阳城外郭城西城墙外侧的护城壕，丰水期充当瀍水（阳渠）分水沟[①]。遗存主要属于二里头文化。

图2.28 分金沟（上为北）

---

① 中国社会科学院考古研究所洛阳汉魏城工作队：《北魏洛阳外廓城和水道的勘察》，《考古》1993年第7期。

27. 白马寺（011）

位于洛阳市洛龙区白马寺镇白马寺村东北。准确位置、面积不详。可能分布于白马寺以东区域，汉魏故城西城墙以西，南至国道连天线（旧G310）（图2.29）。地理坐标为北纬34°43′58.55″，东经112°35′21.22″，海拔约135米。地表现为农田和建筑。

1953年河南省文化局文物工作第二队在白马寺东侧的荣校（后称荣康医院）配合基建中发现5座西周时期的墓葬，年代均为西周晚期[①]。

2001年3月11日，二里头工作队对该遗址进行调查。2017年6月27日再次复查。地表未发现相关遗物。

图2.29 白马寺（上为北）

---

① 张剑、蔡运章：《洛阳白马寺三座西周晚期墓》，《文物》1998年第10期。

28. 韩旗城址（045）

（1）概况

位于洛阳偃师市首阳山街道办事处韩旗村及其周边，包括孟津县平乐镇的金村以南、洛龙区白马寺镇的白马寺村以东三县（市、区）的交界处（图2.30）。西周时期的面积约480万平方米，东周时期的面积约728万平方米。地理坐标为以北纬34°43′40.29″，东经112°37′45.92″为中心的周围，海拔由北向南递减，在131米上下。1961年被确定为第一批全国重点文物保护单位。2001年12月18日，二里头工作队对该区域进行了复查，2017年7月26日再次复查。

图2.30　韩旗城址（右为北）

（2）主要发现

1983年，中国社会科学院考古研究所洛阳汉魏城工作队对该遗址进行过发掘，在汉魏故城西城墙和东城墙的解剖沟中发现了西周时期的地层堆积、灰坑和墓葬，在北城墙、西城墙和东城墙的解剖中发现了东周时期的遗迹，进而推断该城址中部为西周修建，到了春秋时期在北侧进行了增筑，在战国末期又对南侧进行了增筑①。2007年，在配合汉魏故城宫城阊阖门遗址保护工程的过程中，洛阳市文物部门对以阊阖门为中心的区域进行了系统钻探，发现古墓葬521座，遗迹1361处②。经过中国社会科学院考古研究所洛阳汉魏城工作队的试掘，发现此批墓葬的年代可早至西周晚期，下限为战国中期③。

调查中，在地表采集了少量两周时期陶片，无典型标本。

（3）基本认识

关于该城址始建年代的问题，研究者的认识不一。发掘者认为西周城址的年代不晚于西周中、晚期，甚至可能早到西周早期④；多数研究者认为，该城址的年代为西周晚期始建⑤，还有人认为该城址可能始建于两周之际或春秋早期⑥。

---

① 中国社会科学院考古研究所洛阳汉魏城队：《汉魏洛阳故城城垣试掘》，《考古学报》1998年第3期。

② 洛阳市文物管理局、洛阳市文物钻探管理办公室：《汉魏洛阳故城阊阖门区域文物钻探报告·前言》，三秦出版社，2009年。

③ 中国社会科学院考古研究所洛阳汉魏城队：《河南洛阳市汉魏故城M175西周墓发掘简报》，《考古》2014年第3期；中国社会科学院考古研究所洛阳汉魏城队：《河南洛阳市汉魏故城三座东周墓的发掘》，《考古》2014年第9期。

④ 中国社会科学院考古研究所洛阳汉魏城队：《汉魏洛阳故城城垣试掘》，《考古学报》1998年第3期。

⑤ 刘富良、朱世伟、范新生：《西周早期的成周与王城》，《安金槐先生纪念文集》，大象出版社，2005年；徐昭峰：《成周与王城考略》，《考古》2007年第11期。

⑥ 梁云：《战国时代的东西差别——考古学的视野》，文物出版社，2008年。

29. 永宁寺西南（039）

（1）概况

位于洛阳偃师市首阳山街道办事处龙虎滩村西北，永宁寺遗址的西南方。具体范围为汉魏故城西城墙以东，陇海铁路以南，永宁寺遗址以西，龙虎滩村通往白马寺村道路以北（图2.31；图版八〇，2）。面积约6万平方米。地理坐标为北纬34°42′59.59″，东经112°36′46.02″，海拔约121米。地表为农田覆盖。

2001年3月10日二里头工作队调查发现，2017年6月26日复查。

（2）主要发现

调查中，在汉魏故城西城墙内侧发现有不少陶片，时代包括二里头、二里岗文化以及东周时期。

1）二里头文化

陶片较多。可见泥质与夹砂两大类：其中泥质陶片见多为绳纹，少量细绳纹、篮纹和素面；夹砂陶片多见绳纹，也有个别篮纹。可辨认器形有深腹罐、甑、刻槽盆等。时代包含二里头文化二、三、四期，无典型标本。

2）二里岗文化

少量陶片属于二里岗文化晚期。无典型标本。

3）东周时期

部分陶片较碎，应该属于两周时期。无典型标本。

（3）基本认识

该遗址位于汉魏故城遗址的城垣范围以内，以二里头文化的遗存为主，有少量二里岗文化遗存，东周时期的遗存应该与汉魏故城遗址早期的东周城址有关。

图2.31　永宁寺西南（上为北）

30. 龙虎滩北（040）

（1）概况

位于洛阳偃师市首阳山街道办事处龙虎滩村北。具体位置为龙虎滩村北通往旧国道连天线（G310）交叉口西南（图2.32a）。面积约2万平方米。地理坐标为北纬34°43′12.57″，东经112°37′44.58″，海拔约123米。地表现为农田和苗圃，部分被砂石厂占压。

2001年3月10日由二里头工作队发现，2017年6月27日复查。

图2.32a　龙虎滩北（上为北）

（2）主要发现

该遗址采集的遗物较少，以东周时期为主，另外还见有个别的疑似龙山和二里头文化陶片。标本3件，均为东周时期。

罐　040：1，口沿。泥质灰陶。直领微侈，尖唇，沿内有一道凹槽，沿外包边加厚，广肩。饰绳纹。口径17、残高6.2、厚0.4—0.8厘米（图2.32b，3；图版四六二，2）。

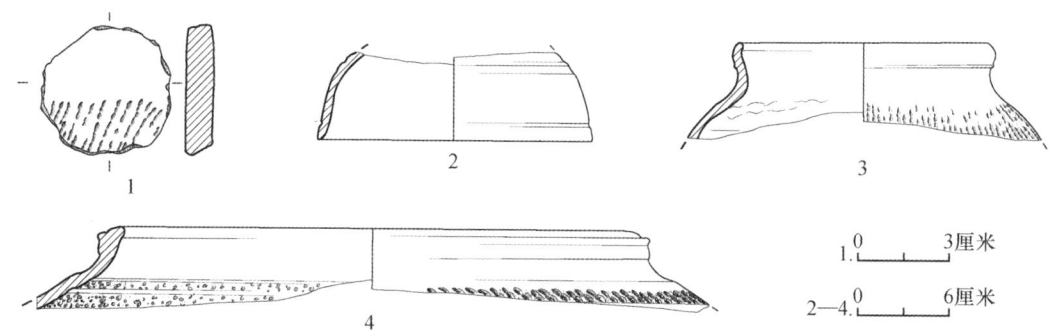

图2.32b　龙虎滩北（040）、寺里碑东（048）采集标本
1. 圆陶片（040：3）　2. 器盖（040：2）　3. 罐（040：1）　4. 鬲（048：1）

器盖　040：2，泥质灰陶。下口外侈，尖唇，沿外有一周凹槽。素面。口径18、残高5.7、厚0.5—0.6厘米（图2.32b，2）。

圆陶片　040：3，泥质红陶。腹片打制而成，近圆形。外壁饰暗绳纹。直径4.2、厚0.9厘米（图2.32b，1；图版四六二，3）。

（3）基本认识

该遗址位于两周时期的城址内，以东周时期的遗存为主，其他时期的遗存尚待进一步调查与发掘确认。

31. 寺里碑东（048）

（1）概况

位于洛阳偃师市首阳山街道办事处寺里碑村东。具体范围为国道锡海线（G207）以西，旧国道连天线（旧G310）与陇海铁路以北，寺里碑村以东，寺里碑村至国道锡海线（G207）小路以南（图2.33；图版八一，1）。面积约6万平方米。地理坐标为北纬34°43′32.40″，东经112°39′00.61″，海拔约120米。地表为农田和苗圃覆盖。

2001年12月18日，二里头工作队调查发现，2017年6月25日复查。

图2.33 寺里碑东（下为北）

（2）主要发现

地表采集的陶片较少，多为东周时期。标本1件。

鬲 048:1，口沿。夹砂红陶。直领微敛，平沿，尖唇，沿面有一道凹槽，沿外饰一道凹弦纹，广肩。饰绳纹。口径36.3、残高5.2、厚0.6—0.8厘米（图2.32b，4；图版四四四，1）。

（3）基本认识

该遗址内涵较为单一，临近汉魏故城遗址，应该与两周时期的城址有关。

32. 景阳岗（041）

（1）概况

位于洛阳偃师市首阳山街道寺里碑村以东，渔骨村以北400米处。分布范围为国道锡海线（G207）与旧国道连天线（G310）交叉口处为中心的东西向台地上（图2.34a；图版八一，2）。面积约50万平方米。地理坐标为北纬34°43′15.14″，东经112°39′30.82″，海拔约133米，地表现为农田，被厂房、铁路、道路（含立交桥）及民宅占压破坏较为严重。现为偃师市（县）文物保护单位[①]。

图2.34a　景阳岗（左为北）

1963年11月，中国科学院考古研究所洛阳发掘队在二里头遗址发掘期间，会同北京大学历史系60级实习师生对该遗址进行调查和试掘。当时判定遗址范围约80万平方米，文化层厚度达2米以上。景阳岗南侧为断崖，高4米，见有大量灰坑。仰韶和龙山文化的遗存多集中在景阳岗的东部，二里头和二里岗文化遗存多集中在岗西部，同时还见有少量的两周时期遗存。发现的遗物有仰韶文化之彩陶盆、钵、罐和红陶盆、尖底瓶、罐等，为仰韶文化晚期。试掘探方1963YGT1中，发现的遗物多为龙山文化，1963YG T2中发现了二里岗文化早期叠压在二里头文化地层上（第2层→第3层），层位关系表明二里头文化的遗存也有早、晚之别，还在T2内发现了长方形，二壁有对称排列脚窝，深度超过7.25米的水井。此外，还发现西周和东周（战国）的陶片（包括鬲、甗、豆等）和汉代瓦等。据称在20世纪20年代，景阳岗上还出土了素面

---

① 国家文物局主编：《中国文物地图集·河南分册》，中国地图出版社，1991年；洛阳市地方史志编纂委员会编：《洛阳市志·文物志》，中州古籍出版社，1995年。

无铭文的铜器（包括鼎、盆等）[1]。

1973年11月，在二里头遗址发掘期间，中国科学院考古研究所洛阳发掘队相关人员为探寻"商代"早期大型墓葬，再次调查了该遗址。确认了之前对该遗址的认识，并进一步认为景阳岗南部之断崖可能为洛河故道。调查中采集的遗物包括庙底沟二期的彩陶片、夹砂附加堆纹罐片，河南龙山文化的方格纹罐口沿、陶碗、陶豆、双腹盆、小口直领罐等器形的残片。此外，还采集了"早商"（二里头文化）时期的绳纹陶片，包括深腹罐、盆、花边罐、敛口鼎、大口尊、缸、尊、夹砂小口圆腹罐等器形残片。属于二里头文化一期的篮纹大口深腹罐残片及西周时期的盆口沿残片等。认为该遗址的遗存至少包括五个时期：仰韶至庙底沟第二期、河南龙山文化、二里头文化一期、二里头文化三期、西周时期等[2]。1984年洛阳市文物部门也对该遗址进行过调查，认为该遗址包含庙底沟二期、龙山文化煤山期、二里头文化等不同时期的遗存[3]。

2007年11月7日，洛阳市人民政府将该遗址公布为第三批洛阳市文物保护单位。

2001年10月8日，二里头工作队复查该遗址，2017年6月25日，再次复查。

（2）主要发现

本次调查发现的遗迹较多（图版八二、图版八三）。采集到数量较多的陶片，分属于不同时期。标本共计45件，包括石器3件，骨器1件，陶器41件。

石环坯 041∶1，紫英砂岩。紫红色。经过打制、磨制和琢制钻孔，环的外边缘尚未打磨。直径8.6—9.5、厚1.3厘米（图2.34b，1；图版二三九，3）。

石凿 041∶2，硅质岩。黑色。条形，柱状。边缘不规则，一端有单面刃，经过打制、磨制，刃部有使用造成的破裂面。长13.8、宽3.4—4.2、厚4厘米（图2.34b，5；图版二三九，4）。

骨料 041∶31，胫骨骨干，胫骨近端。锥形，边缘经过磨制。残长11、最宽4.5、厚0.3—1.3厘米（图2.34c，8）。

1）仰韶文化

陶片数量较多。彩陶为白衣黑彩、红彩等。可辨认器形有泥质彩陶罐、泥质素面罐、夹砂罐、盆、钵、平唇口尖底瓶、圈足和碗等。属于仰韶文化中、晚期。标本7件。

双缺口石刀 041∶3，硅质岩。黑色。经过琢制、磨制，两侧有缺口。残长9.1、残宽4.2—4.95、厚1.8厘米（图2.34b，2；图版三五〇，1）。

圆陶片 2件。041∶4，泥质红陶。腹片打制而成，近圆形。素面。径6.3—6.4、厚0.9—1厘米（图2.34b，11；图版三二五，2）。041∶5，泥质红陶。腹片磨制而成，近圆形。素面。径4—4.4、厚0.7—0.8厘米（图2.34b，3；图版三二二，5）。

---

[1] 二里头工作队资料。

[2] 二里头工作队资料。

[3] 附表中未列出庙底沟二期与煤山期，但是列出了二里头文化和商。方孝廉：《洛阳市一九八四年古文化遗址调查简报》，《中原文物》1987年第3期。

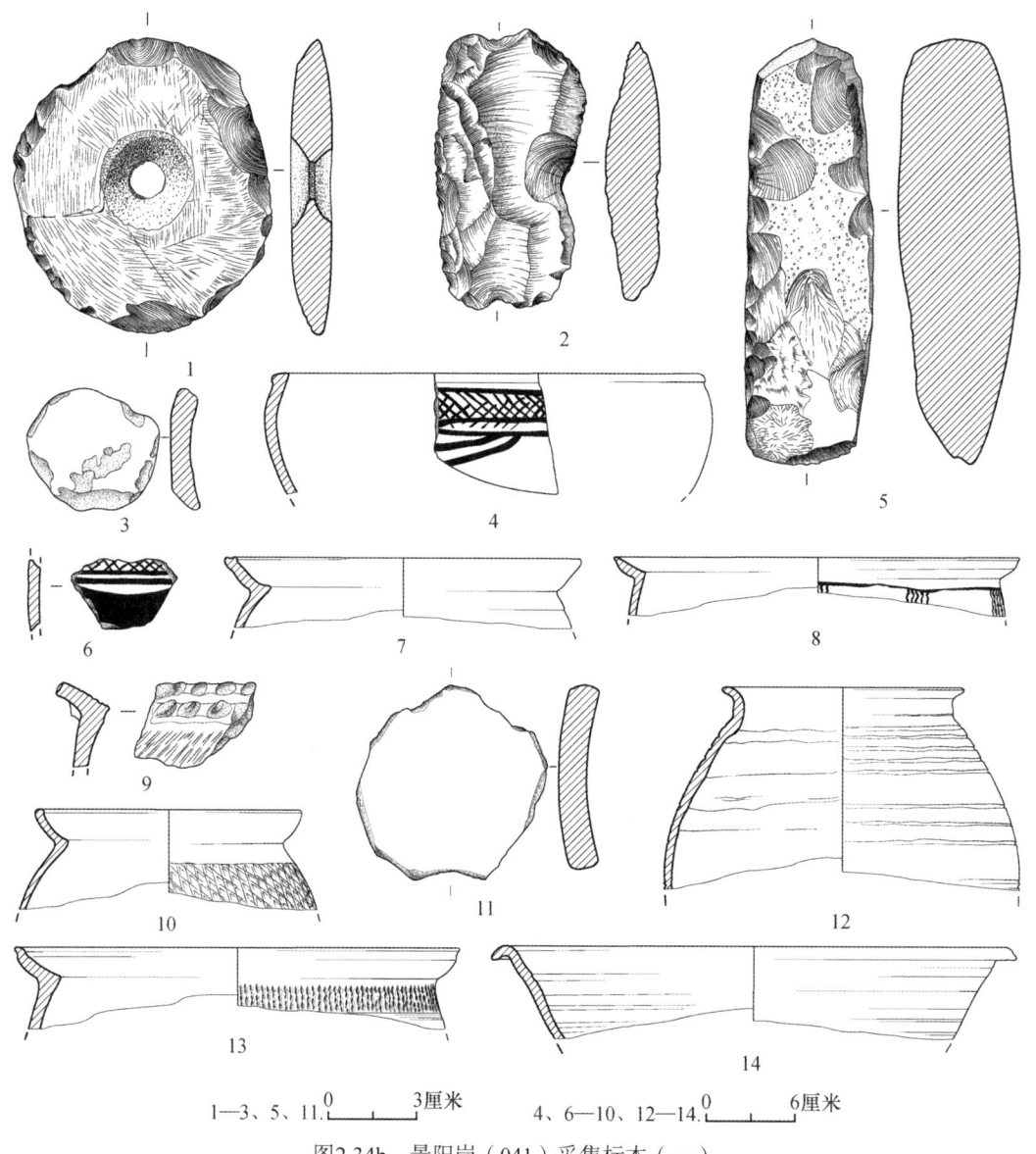

图2.34b 景阳岗（041）采集标本（一）

1.石环坯（041：1） 2.双缺口石刀（041：3） 3、11.圆陶片（041：5、041：4） 4、14.盆（041：8、041：13） 5.石凿（041：2） 6.彩陶片（041：9） 7—10.罐（041：6、041：7、041：12、041：11） 12.瓮（041：14） 13.鬲（041：10）

罐 2件。041：6，口沿。夹砂灰陶。侈口，折沿，方唇，沿内微凹，溜肩。素面。口径24、残高4.5、厚0.6—0.8厘米（图2.34b，7）。041：7，口沿。泥质红陶。侈口，折沿上翘，尖唇，溜肩。肩部施黑彩。口径27、残高3.8、厚0.5—0.7厘米（图2.34b，8）。

盆 041：8，口沿。泥质红陶。敛口，方唇，唇外凸呈棱，鼓腹。腹饰黑彩平行线纹夹网格纹。口径29、残高7.8、厚0.6—0.8厘米（图2.34b，4；图版三二五，3）。

彩陶片 041：9，泥质红陶。白衣褐彩。残长4.5、厚0.6—0.7厘米（图2.34b，6；图版三〇七，3）。

2）龙山文化

陶片数量较多，可辨认器形有大口罐、小口高领瓮、泥质磨光黑陶罐、双腹盆、豆等。多

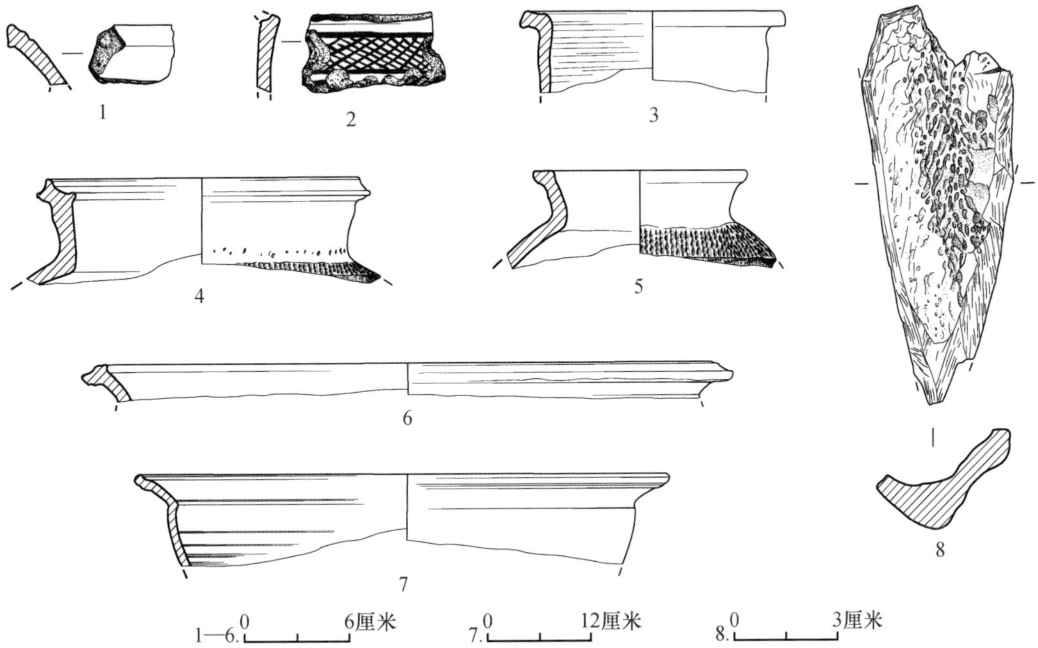

1—6. 0 ▭ 6厘米　　7. 0 ▭ 12厘米　　8. 0 ▭ 3厘米

图2.34c　景阳岗（041）采集标本（二）

1. 鬲（041：40）　2. 陶刀（H1：1）　3—5. 罐（041：43、041：41、H1：2）　6. 簋（041：42）　7. 盆（041：37）
8. 骨料（041：31）

为龙山晚期，少量陶片为仰韶晚期或龙山早期，即庙底沟二期文化时期。标本4件。

罐　2件。041：11，口沿。夹砂灰陶。直领外侈，方唇，沿内凹，下部出棱，溜肩。饰方格纹。口径18、残高6.5、厚0.5—0.8厘米（图2.34b，10）。041：12，口沿。夹砂灰陶。侈口，折沿上翘，方唇，溜肩。唇面饰花边，沿下饰一周附加堆纹，肩饰篮纹。残高5.5、厚0.9—1.4厘米（图2.34b，9）。

盆　041：13，口沿。泥质灰陶。敞口，卷沿，尖唇，斜直腹。素面。口径35、残高6、厚0.5—0.7厘米（图2.34b，14）。

瓮　041：14，口沿。泥质灰陶。侈口，卷折沿，尖圆唇，溜肩，弧腹。肩部磨光，饰数周凹弦纹。口径16、残高13.2、厚0.5—0.9厘米（图2.34b，12）。

3）二里头文化

发现灰坑1处。陶片数量较多，可辨器形有深腹罐、高足鼎、圆腹罐、鬲、甑、缸、捏口罐、盆、刻槽盆、大口尊。年代为二里头文化二到四期。标本23件。

H2：位于国道锡海线（G207）以东，景阳岗南侧的断崖上。无标本。

圆腹罐　6件。041：17，口沿。泥质灰陶。直领外侈，尖唇，沿外有一道凸棱，溜肩，圆弧腹。肩部饰两周凹弦纹，腹饰绳纹，内部饰密集麻点。口径15、残高14、厚0.4—0.6厘米（图版三八七，6）。041：18，口沿。夹砂灰陶。卷折沿，尖圆唇，直腹微弧。饰细绳纹。口径14、残高7.8、厚0.5—0.6厘米（图2.34d，6；图版三九六，6）。041：24，口沿。夹砂灰陶。直领外侈，方唇，沿内有一道凹槽，沿下饰一周凸弦纹，溜肩，肩部有一周凹槽。饰绳纹，内壁有密集小麻点。口径19、残高8.2、厚0.4—0.6厘米（图2.34d，7；图版三九七，4）。

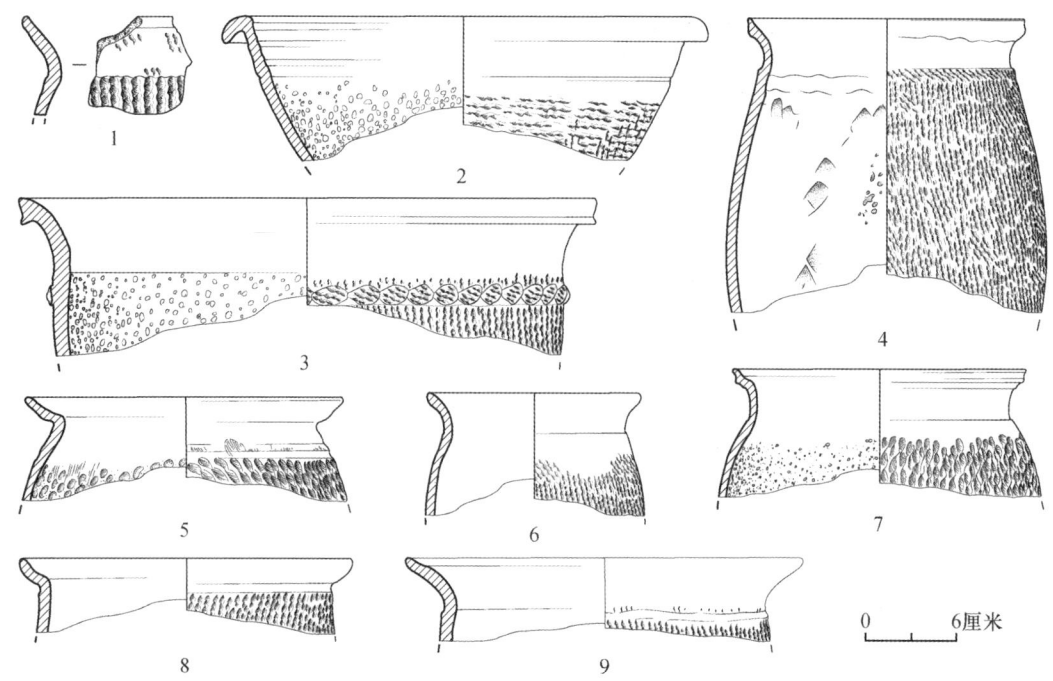

图2.34d　景阳岗（041）采集标本（三）
1、9. 鬲（041∶22、041∶23）　2. 盆（041∶15）　3. 缸（041∶16）　4、5、8. 深腹罐（041∶20、041∶19、041∶21）
6、7. 圆腹罐（041∶18、041∶24）

041∶27，口沿。夹砂灰陶。直领微侈，圆唇，沿外出一道凸棱，溜肩，肩部有一周凹槽。饰绳纹。口径18、残高5.2、厚0.5—0.7厘米（图2.34e，8）。041∶28，口沿。夹砂灰陶。侈口，折沿上翘，尖唇，沿外有一周凹弦纹，溜肩。饰绳纹。口径18、残高4.6、厚0.5—0.7厘米（图2.34e，9）。041∶32，口沿。夹砂灰陶。直口外侈，尖唇，溜肩。沿外饰一个小錾，腹饰绳纹。口径16、残高6.4、厚0.5—0.6厘米（图2.34e，7；图版三九八，2）。

深腹罐　3件。041∶19，口沿。夹砂灰陶。侈口，折沿，尖圆唇，盘口，溜肩，肩部有一道凸棱。饰粗绳纹，内壁有稀疏麻点。口径21、残高6.6、厚0.5—0.7厘米（图2.34d，5；图版三九七，1）。041∶20，口沿。夹砂灰陶。侈口，尖唇，弧腹，颈部有一周凹槽。饰细绳纹。口径18、残高18.8、厚0.4—0.6厘米（图2.34d，4；图版三九七，2）。041∶21，口沿。夹砂灰陶。折沿，圆唇，沿面微凹，溜肩。饰绳纹。口径22、残高4.8、厚0.6—0.8厘米（图2.34d，8）。

鬲　2件。041∶22，口沿。夹砂灰陶。直领外侈，圆唇，溜肩。沿外饰暗绳纹，肩饰绳纹。残高6.3、厚0.6—0.8厘米（图2.34d，1）。041∶23，口沿。夹砂灰陶。直领外侈，圆唇，溜肩。饰绳纹。口径26、残高5.3、厚0.6—0.8厘米（图2.34d，9；图版三九七，3）。

鼎　041∶29，腹部。夹砂灰陶。腹饰绳纹夹附加堆纹，足部饰压印纹。残高9.8、厚0.5—0.7厘米（图2.34e，5；图版三九八，1）。

捏口罐　3件。041∶25，口沿。泥质灰陶。侈口，束颈，圆唇，唇外包边，口沿有捏痕，肩部饰一道凹弦纹。饰绳纹。口径11、残高7.3、厚0.5—0.8厘米（图2.34e，1；图版三九七，5）。041∶26，口沿。泥质灰陶。直领微侈，方唇，口沿有捏痕，溜肩，肩部有一道凹槽。饰绳纹。口径13、残高6.3、厚0.6—0.8厘米（图2.34e，2；图版三九七，6）。041：30，口沿。泥质灰陶。侈口，束颈，方唇，溜肩。饰绳纹，上部磨光。残高9.3、厚0.5—0.6厘米（图2.34e，6）。

四系罐　041：34，口沿。泥质灰陶。矮领，圆唇，溜肩。肩部有一桥形鋬，腹饰绳纹。口径10、残高6、厚0.5—0.6厘米（图2.34e，13；图版三九八，4）。

刻槽盆　041：33，口沿。泥质灰陶。敞口，卷沿，圆唇，束颈，弧腹。饰绳纹，口沿磨光，内壁有密集小麻点和三分法刻槽。口径27、残高11.8、厚0.7—0.8厘米（图2.34e，12；图版三九八，3）。

盆　3件。041：15，口沿。泥质灰陶。敞口，卷沿，尖圆唇，斜弧腹。腹饰一周凹弦纹和绳纹，内壁饰密集麻点。口径32、残高9.2、厚0.6—0.7厘米（图2.34d，2；图版三九六，4）。041：35，口沿。泥质灰陶。卷折沿，圆唇，直腹。腹饰绳纹。口径23、残高7.6、厚0.6—0.7厘米（图2.34e，4；图版三八八，1）。041：36，口沿。泥质灰陶。折沿，方唇，直腹微弧。腹饰绳纹，内壁有麻点。口径29、残高6.6、厚0.6—0.7厘米（图2.34e，3）。

缸　041：16，口沿。夹砂灰陶。直领外侈，尖唇，沿外有一道凸棱，溜肩。腹饰绳纹夹一周附加堆纹，内壁饰密集麻点。口径38、残高10、厚0.8—1.1厘米（图2.34d，3；图版三九六，5）。

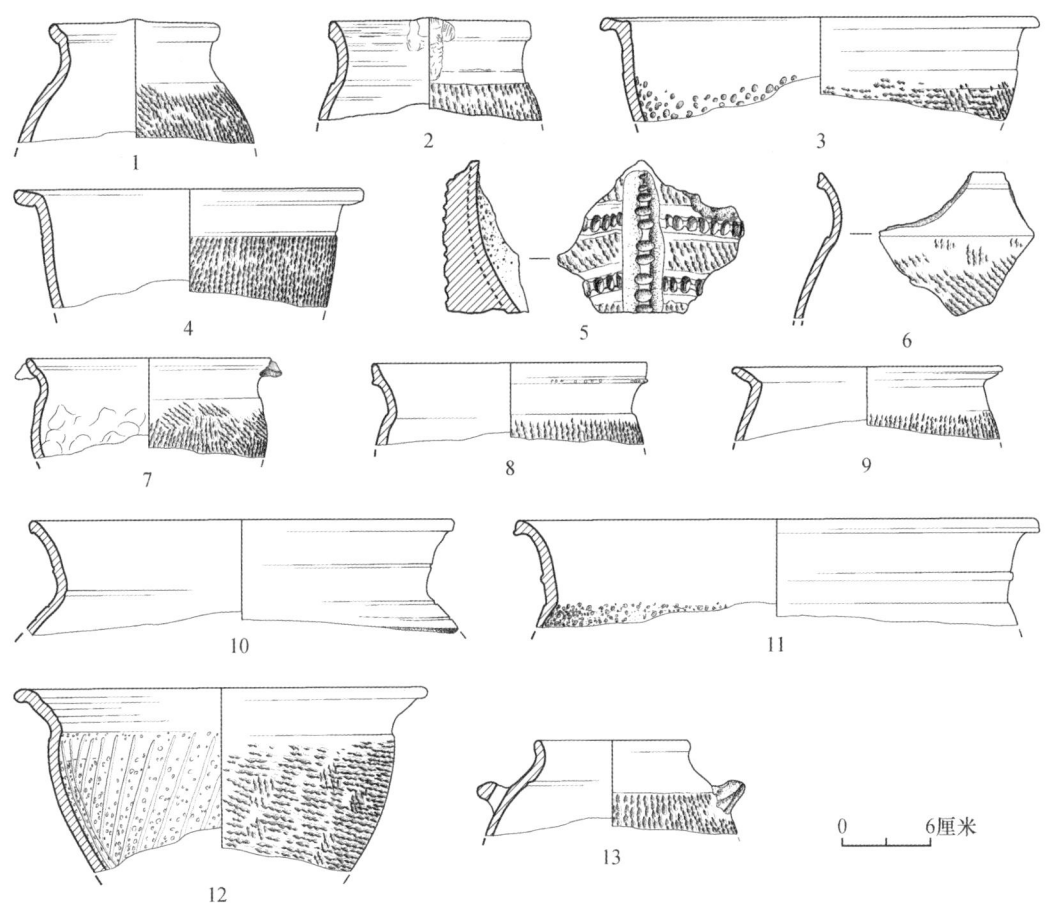

图2.34e　景阳岗（041）采集标本（四）

1、2、6. 捏口罐（041：25、041：26、041：30）　3、4. 盆（041：36、041：35）　5. 鼎（041：29）　7—9. 圆腹罐（041：32、041：27、041：28）　10、11. 大口尊（041：38、041：39）　12. 刻槽盆（041：33）　13. 四系罐（041：34）

大口尊　2件。041：38，口沿。泥质黑陶。直领外侈，圆唇，溜肩。磨光，饰数周凹弦纹。口径28、残高7.4、厚0.6—0.7厘米（图2.34e，10；图版三八八，2）。041：39，口沿。泥质灰陶。高领，方唇，颈部有一道凸棱，溜肩，肩部有一道凹槽。磨光，内壁有密集麻点。口径35、残高6.8、厚0.4—0.8厘米（图2.34e，11；图版三九八，5）。

4）二里岗文化

发现灰坑1处。根据以往的调查工作判断，该遗址当含有一定数量的二里岗文化早期的遗存。无典型标本。

H3：位于国道锡海线（G207）以东，景阳岗南侧的断崖上。

5）西周时期

陶片数量相对较少。多属于西周晚期，个别器形可能至西周中期。标本5件。

鬲　2件。041：10，口沿。夹砂灰陶。侈口，折沿，尖唇，溜肩。饰绳纹。口径30、残高5.3、厚0.8—1.1厘米（图2.34b，13）。041：40，口沿。夹砂黑陶。折沿上翘，尖圆唇，沿外饰一道凸弦纹，沿内饰三周凹弦纹。残高3.3、厚0.9—1厘米（图2.34c，1）。

罐　041：41，口沿。泥质灰陶。盘口，方唇，唇面内凹，直领，广肩。饰绳纹。口径19、残高5.9、厚0.7—1.2厘米（图2.34c，4；图版四二五，2）。

盆　041：37，口沿。泥质灰陶。敞口，折沿，圆唇，沿内有一道凹槽，弧腹。素面，内壁饰数周凹弦纹。口径61、残高9.8、厚0.8—1厘米（图2.34c，7；图版四二五，1）。

簋　041：42，口沿。泥质灰陶。折沿，方唇，唇外包边加厚。素面。口径37、残高2、厚0.7厘米（图2.34c，6）。

6）东周时期

发现灰坑1处。标本共计3件。

H1：位于台地东南断崖以南，宋湾村北。陶片以东周时期为主，也含仰韶、龙山时期的陶片。可辨认器形有罐、刀。时代为春秋时期。

刀　H1：1，泥质红陶。陶罐腹片打制而成，刃部已残，两端有缺口，饰黑彩平行线纹夹网格纹。灰坑时代为春秋，但陶刀所用陶器残片为仰韶时期。残高4.3、厚0.7—1厘米（图2.34c，2；图版四三一，1）。

罐　2件。H1：2，口沿。夹砂褐陶。小折沿，尖圆唇，束颈，溜肩。饰绳纹。口径12、残高5.4、厚0.8—0.9厘米（图2.34c，5；图版四三一，2）。041：43，口沿。泥质灰陶。折沿，方唇，直领，素面。口径15、残高4.5、厚0.6—0.8厘米（图2.34c，3）。

（3）基本认识

该遗址面积较大，文化内涵丰富，包含仰韶文化中、晚期、龙山文化早晚期、二里头二至四期、二里岗文化早期、西周中晚期和东周早期等不同时期的考古学遗存，距离二里头遗址较近，具有较为重要的学术意义。近年来，由于国道锡海线（G207）和国道连天线（G310）在此段并线，道路拓宽，并架设了公铁立交，对遗址形成了较为严重的破坏。建议提升保护等级。

33. 白村东北（043）

（1）概况

又称东岗遗址。位于洛阳偃师市首阳山街道办事处白村东北。具体范围为羊二庄村以西，后张村、众品冷鲜肉加工厂以东，旧国道连天线（G310）以南的小台地，因位于后张之东被称为东岗，位于羊二庄以西，也被称之为西岗（图2.35a；图版八四，1）。面积约29.2万平方米。地理坐标为北纬34°43′31.52″，东经112°41′18.65″，海拔约119米。地表为农田和现代建筑所覆盖，邻白村东为偃师市首阳新区新修的南北向主干道汉魏大道，遗址被占用和破坏较为严重。

图2.35a　白村东北（左上为北）

1963年11月，中国科学院考古研究所洛阳发掘队在二里头遗址发掘期间，会同北京大学历史系60级实习师生对该遗址进行过调查。认为该岗为景阳岗向东延伸部分，最高处在中部偏西的地方，岗的东、南、西皆较低，唯北面依然较高，遗址位于高岗之上。遗址北面有断崖，暴露出的地层厚度约0.6米。灰土层主要集中在高岗的东部，遗址西南部、南部、东部以及岗顶东南见有较多的仰韶文化彩陶和红陶片，器形有彩陶盆、钵、罐和红陶尖底瓶、罐、鼎等，也有龙山时期的篮纹陶片、方格纹罐、瓮片和黑陶的豆、杯等，二里头文化晚期的大口尊、缸、卷沿绳纹罐等，内壁多有麻点。该遗址以仰韶时期的遗存为主。此外，还见有二里岗文化晚期折沿圆圈纹陶鬲和西周时期的陶鬲残片[①]。

1984年，洛阳市文物部门也曾对该遗址进行调查，认为其包含了王湾二期、王湾三期和二里头文化的遗存[②]。

二里头工作队于2001年10月8日复查该遗址，2017年6月24日再次复查。

（2）主要发现

本次调查所获遗物较少，主要包括仰韶、龙山和二里头时期。

1）仰韶文化

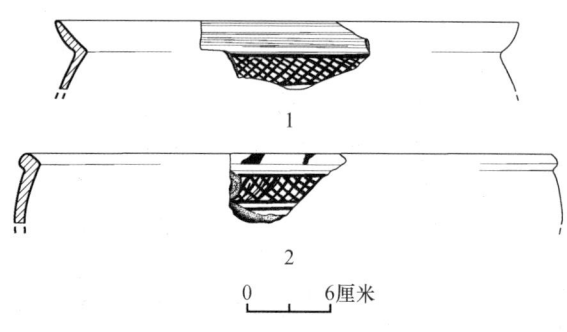

图2.35b 白村东北（043）采集标本
1. 罐（043：1） 2. 盆（043：2）

陶片较少，可辨认器形有泥质彩陶罐，饰平行线夹网格纹，另见有盆、尖底瓶等。应属仰韶文化中、晚期（大河村三、四期之间）。标本2件。

罐 043：1，口沿。泥质红陶。侈口，折沿，尖唇，溜肩。饰黑彩网格纹。口径33、残高4.6、厚0.5—0.7厘米（图2.35b，1；图版三二五，4）。

盆 043：2，口沿。泥质红陶。敛口，圆唇，弧腹。饰黑彩平行线夹网格纹。口径38、残高4.7、厚0.7—0.8厘米（图2.35b，2；图版三二五，5）。

2）龙山文化

陶片较少，未见典型标本。

3）二里头文化

陶片稍多，可辨认器形有圆腹罐、敛口罐、盆。属于二里头文化二至四期。无典型标本。

（3）基本认识

该遗址规模较大，文化内涵较为复杂，以仰韶文化中、晚期遗存为主，同时见有龙山早、晚阶段和二里头文化二至四期的遗物。根据以往的调查结果来看，该遗址应该还有二里岗文化晚期和西周晚期的遗存。但是由于近些年城市化的进程加快，遗址所在区域已经被开辟为偃师市区拓展区，新修道路和建筑对遗址造成了较为严重的破坏。

---

① 二里头工作队资料。
② 方孝廉：《洛阳市一九八四年古文化遗址调查简报》，《中原文物》1987年第3期。

34. 新庄东南（054）

位于洛阳偃师市首阳山街道办事处新庄村东南。具体范围为偃师市南蔡庄至东蔡庄县乡道路（X018）以西，中州渠至首阳新区人工取水渠以东，大冢周围（图2.36；图版八四，2）。面积约1万平方米。地理坐标为北纬34°44′02.55″，东经112°41′54.44″，海拔约141米。地表为农田和厂房等建筑占压。

该遗址2001年12月20日由二里头工作队调查发现，2017年6月24日复查。

调查中采集的陶片较少。无典型标本。大体为两周时期，具体年代不详。

图2.36　新庄东南（下为北）

35. 南蔡庄西北（052）

（1）概况

位于洛阳偃师市首阳山街道办事处南蔡庄村西北。具体范围为陇海铁路以南，羊二庄村以东，羊二庄村至南蔡庄村道路以北（规划道路永宁路）（图2.37；图版八五，1）。面积约19.3万平方米。地理坐标为北纬34°43′43.07″，东经112°41′50.64″，海拔约124米。遗址被农田、道路与村庄覆盖。

图2.37　南蔡庄西北（上为北）

1963年春季，河南省文化局文物工作队调查发现。推测遗址面积约3万平方米。文化层为褐花土，土质较松软，内含陶片很多。绝大多数为泥质灰陶，亦有少量的夹细砂灰陶。器形有镂孔豆、罐、器盖、鼎形器和带有席纹、指印纹的扁鼎足等，还有不少带绳纹、篮纹和方格纹的陶片，属于商代早期，与二里头遗址关系密切[1]。

---

[1] 杨育彬：《河南偃师仰韶及商代遗址》，《考古》1964年第3期。

1973年11月，中国科学院考古研究所洛阳发掘队在二里头遗址发掘间隙对该遗址进行过调查。在南蔡庄北寨门西北150米处发现该遗址，遗址中间有路（冲）沟穿过，上有东西向的郑洛公路与陇海铁路。根据路沟暴露出来的地层看，文化层距地表约0.8米，厚约0.7米，同时还见有墓葬和陶窑及大量灰坑。采集遗物陶质有夹砂灰陶、泥质灰陶等，纹饰均为绳纹，未见篮纹陶片。器形有鼎、大口深腹罐、侈口带鋬罐、陶盆、小口高领罐、陶豆、三足皿足、陶缸等。推测年代为二里头文化三期[①]。

2001年12月20日，二里头工作队对该遗址进行调查，地表未发现遗物。2017年6月24日复查。

（2）主要发现

本次调查在该遗址见到的陶片极少。主要为仰韶和两周时期。

1）仰韶文化

陶片较少，见有仰韶文化的素面泥质红陶和夹砂灰褐陶残片数块。无标本。

2）两周时期

陶片较少，多残碎。无典型标本。具体时代不清。

（3）基本认识

结合以往的调查来看，该遗址应该是一处以二里头文化遗存为主的遗址，可能还有少量仰韶、龙山及两周时期的遗存。

---

① 二里头工作队资料。

36. 南蔡庄西（053）

位于洛阳偃师市首阳山街道办事处南蔡庄村西。南蔡庄村西通往羊二庄道路两侧（规划道路华夏西路北侧）（图2.38）。面积不详。地理坐标为北纬34°43′33.07″，东经112°41′59.91″，海拔约121米。遗址被农田、建筑和新修道路占压较多。

2001年12月20日，二里头工作队对该遗址进行调查，地表未发现遗物。2017年6月24日复查。

地表采集了少量陶片，较碎。应属两周时期，具体年代不详。

图2.38　南蔡庄西（上为北）

37. 羊二庄东南（055）

位于洛阳偃师市首阳山街道办事处羊二庄村东南部。具体范围为该村东南的首阳新区旧国道连天线（G310）至古城村新建市政道路以西，羊二庄村南新建市政道路（规划永宁路）以北、羊二庄至南蔡庄村道以南（图2.39）。面积约16万平方米。地理坐标为北纬34°43′33.36″，东经112°41′45.87″，海拔约121米。遗址所在地表多为农田，近年部分被新建道路占压。

2001年12月20日，二里头工作队对该遗址进行调查，地表少见遗物。2017年6月24日复查。

该遗址采集到的标本数量较少，包括仰韶、二里头、二里岗和两周时期，无典型标本。该遗址周边调查发现的遗址较多，这些遗物究竟是原生堆积还是后期搬运而来的，不详。

图2.39　羊二庄东南（下为北）

38. 山神庙（061）

位于洛阳偃师市首阳山街道办事处坟庄村东北、潘屯西北的山神庙旧军营东南部。具体范围为北环路以南，香峪北沟和下洞沟之间的中州渠两侧（图2.40）。面积约24.5万平方米。地理坐标为北纬34°44′24.15″，东经112°43′44.69″，海拔约134米。遗址被北环路工业区的工厂用地占压较多。

二里头工作队于2001年12月22日调查发现，2017年6月24日复查。

遗址地表采集到部分两周时期的陶片，均较为残碎，具体年代不详。无典型标本。

图2.40　山神庙（上为北）

39. 坟庄东（058）

位于洛阳偃师市首阳山街道办事处坟庄村东部。具体范围为潘屯西北，坟庄东，陇海铁路以南，旧国道连天线（G310）以北500米处（图2.41）。面积约4.3万平方米。地理坐标为北纬34°44′03.12″，东经112°43′37.82″，海拔约129米。地表现为农田和苗圃覆盖。

二里头工作队于2001年12月21日调查发现，2017年6月24日复查。

遗址上采集的陶片较少，见有二里头文化的花边圆腹罐口沿，其余陶片均较为破碎。

该遗址东临邙山南麓冲沟下洞沟，可能为内涵较为单一的二里头文化遗址。

图2.41　坟庄东（上为北）

40. 杜楼（059）

位于洛阳偃师市商城街道办事处前、后杜楼村之间。具体分布范围为两村之间、杜甫墓以西，下洞沟冲沟以东（图2.42；图版八五，2）。面积约2.2万平方米。地理坐标为北纬34°44′00.37″，东经112°44′09.30″，海拔125米左右。遗址地表现为农田。

二里头工作队于2001年12月22日调查发现，2017年6月24日复查。

调查中，在地表采集有少许陶片，均为二里头文化时期，无典型标本。具体年代不详。该遗址可能为内涵较为单一的二里头文化遗址。

图2.42　杜楼（上为北）

41. 赫田寨西北（060）

（1）概况

位于洛阳偃师市商城街道办事处赫田寨村西北的小东沟和大东沟汇合处以南。具体范围为陇海铁路以北，赫田寨西北的废弃砖厂和中州渠以南，现杜甫大道以西（图2.43a）。面积约6.5万平方米。地理坐标为北纬34°44′18.55″，东经112°44′4.44″，海拔约141米。遗址东部被新建杜甫大道（高速引线）跨陇海铁路桥占压，遗址中部被锐仕泽公司占压。

2001年12月22日，二里头工作队调查发现该遗址，2017年6月24日复查。

图2.43a 赫田寨西北（下为北）

（2）主要发现

采集陶片较少。主要包括二里头、二里岗以及两周时期。二里头文化及两周时期陶片较破碎，无典型标本。二里岗文化有标本3件。

鬲 060:1，口沿。夹砂灰陶。折沿，方唇，沿内饰一周凹弦纹。口径21、残高2.1、厚0.6—0.7厘米（图2.43b，2）。

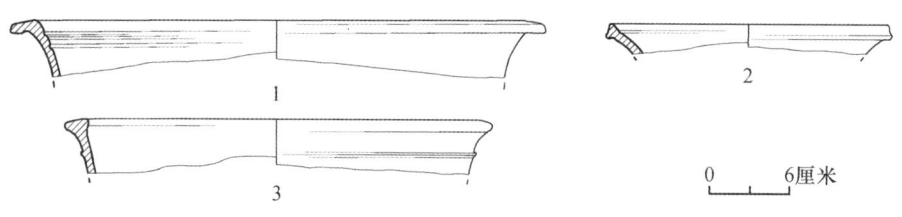

图2.43b 赫田寨西北（060）采集标本
1.盆（060:3） 2.鬲（060:1） 3.簋（060:2）

簋 060:2，口沿。泥质灰陶。折沿，圆唇，沿内凸呈棱，直腹，腹部有一道凸棱。口径32、残高4、厚0.5—0.6厘米（图2.43b，3）。

盆 060:3，口沿。泥质灰陶。折沿，方唇，沿内饰两周凹弦纹，斜直腹。口径40、残高4.1、厚0.6—0.7厘米（图2.43b，1；图版四一四，1）。

（3）基本认识

该遗址临近偃师商城遗址，可能以二里岗文化晚期遗存为主，另有少量二里头及两周时期的遗存。

（三）洛河北岸台地

现在洛河北岸的遗址主要分布于现洛河北侧的一级或二级阶地上，有遗址11处（图2.44）。

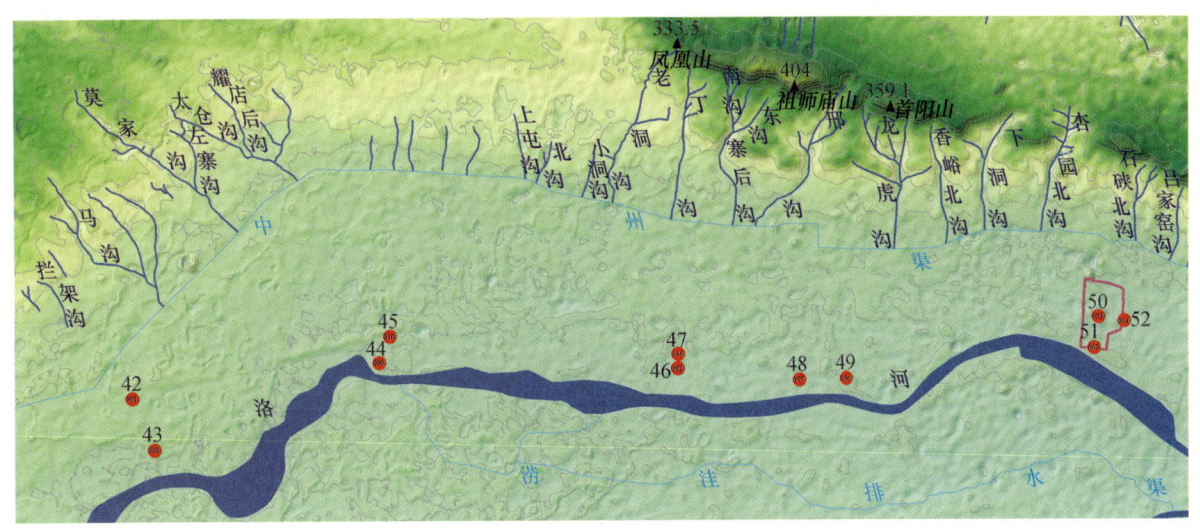

图2.44　洛河北岸台地遗址分布示意图

42. 史家湾北（001）

（1）概况

位于洛阳市瀍河回族区瀍河回族乡史家湾村（已拆迁）北。北邻陇海铁路，南邻机车工厂，西至焦枝铁路，东至安居路两侧，大体以双冢为中心，大部分位于史家湾至帽郭村道路以西，少部分位于道路以东（图2.45a）。面积约32.3万平方米。地理坐标为北纬34°42′22.61″，东经112°31′42.75″，海拔约134米。遗址大部分被砖厂取土破坏，部分为农田和荒地覆盖，南部为机车工厂新建厂房占压，西部被新建安居路占压。

该遗址1957年发现，时称唐寺门遗址，面积约30万平方米，钻探发现了灰土，深0.7、厚2米，并发现有红陶和彩陶陶片，采集了石环和骨镞，推测为仰韶时期[1]。该遗址1960年被定为第一批洛阳市（县）文物保护单位。1963年被确定为河南省第一批文物保护单位。1975年冬季，洛阳博物馆对其进行调查，称为史家湾遗址，判定其年代为王湾一期（庙底沟文化）和王湾二期（秦王寨类型）[2]。

2001年3月8日，二里头工作队复查该遗址，2017年6月26日再次复查。

---

[1] 继才：《洛阳市东郊的几处遗址》，《文物参考资料》1957年第8期。
[2] 洛阳博物馆：《一九七五年洛阳考古调查》，《河南文博通讯》1980年第4期。

图2.45a　史家湾北（上为北）

（2）主要发现

在史家湾至张古洞道路西侧的废弃窑厂内发现灰坑1处。在该遗址上采集陶片较多，包括二里头、西周、东周等时期的。

H1：该灰坑坑口距地表2.5米，填土为灰褐土。发现的陶片以二里头四期为主，另外发现有猪上颌骨残块。陶片可辨器形有深腹罐、圆腹罐、大口尊、高领尊等。

1）二里头文化

采集陶片较多，以泥质为主，纹饰有细绳纹、中绳纹和弦纹，夹砂陶片数量相对较少，纹饰以中绳纹和粗绳纹为主。可辨器形有圆腹罐、深腹罐、盆、大口尊等，多属于二里头文化四期。标本4件。

深腹罐　001∶1，口沿。夹砂灰陶。卷沿，圆唇，束颈，溜肩。饰绳纹，内壁有麻点。口径18、残高7、厚0.5—0.7厘米（图2.45b，7）。

圆腹罐　001∶2，口沿。泥质灰陶。侈口，尖圆唇，沿外包边加厚，沿内微凹呈盘口，束颈，溜肩。腹饰绳纹，内壁有麻点。口径19、残高8、厚0.5—0.8厘米（图2.45b，8；图版三九八，6）。

盆　2件。001∶3，口沿。泥质灰陶。折沿，尖圆唇，沿面微鼓，弧腹。上腹部饰弦纹。

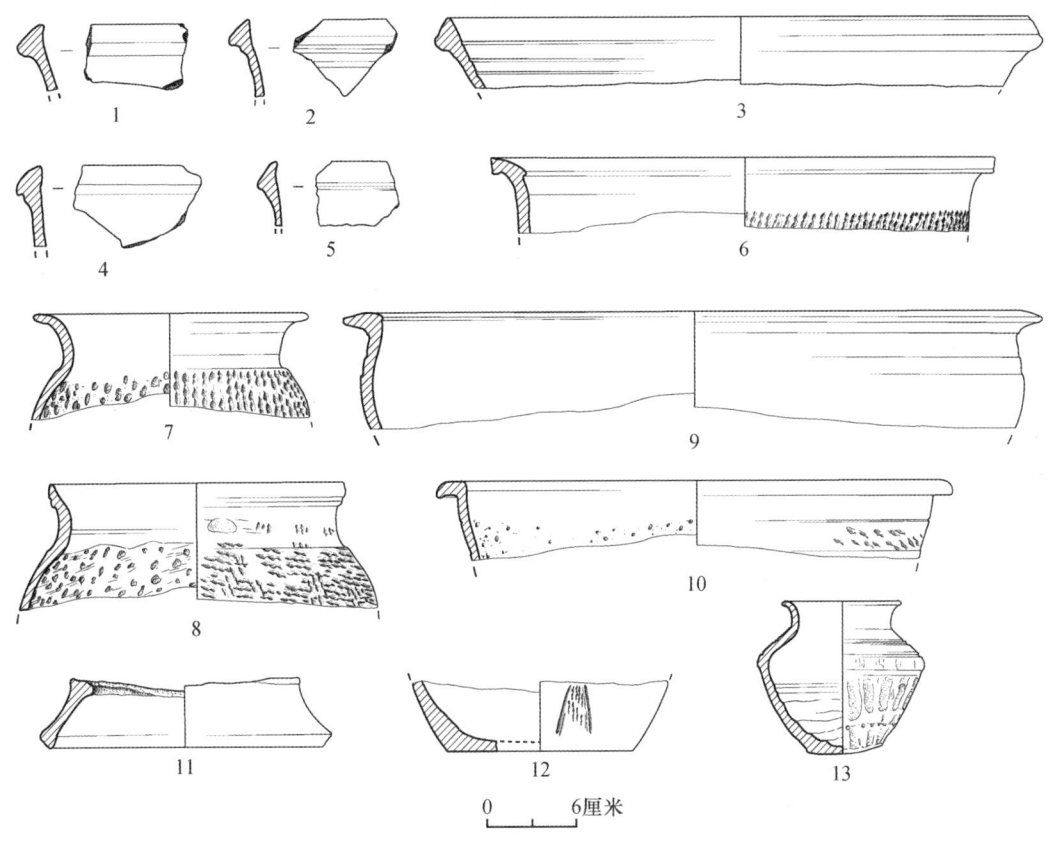

图2.45b 史家湾北（001）采集标本
1—6、11. 簋（001：5、001：6、001：8、001：7、001：9、001：10、001：11） 7. 深腹罐（001：1） 8. 圆腹罐（001：2）
9、10. 盆（001：3、001：4） 12、13. 罐（001：12、001：13）

口径46、残高7.4、厚0.6—0.7厘米（图2.45b，9）。001：4，口沿。泥质灰陶。折沿，圆唇，斜直腹。腹部有一周凹弦纹，外壁饰暗绳纹，内壁有麻点。口径34、残高4.9、厚0.5—0.6厘米（图2.45b，10）。

2）西周时期

陶片以泥质为主，少量夹砂。泥质陶片中，2/3饰绳纹，个别见有附加堆纹，1/3为素面。夹砂陶片中素面和粗绳纹各占一半。可见器形以盆、罐为主，也见有鬲裆部残片。见有西周晚期遗物。标本9件。

簋 7件。001：5，口沿。泥质灰陶。侈口，厚方唇。素面。残高4、厚0.5—1.4厘米（图2.45b，1）。001：6，口沿。泥质灰陶。侈口，厚方唇，外缘尖圆。沿下饰两道凹弦纹。残高4.9、厚0.6—1.4厘米（图2.45b，2）。001：7，口沿。泥质灰陶。侈口，厚圆唇。沿下饰一道凹弦纹。残高5.2、厚0.6—1.6厘米（图2.45b，4）。001：8，口沿。泥质灰陶。侈口，厚方唇。素面。口径38、残高4.3、厚0.6—1.4厘米（图2.45b，3）。001：9，口沿。泥质灰陶。侈口，厚方唇，外缘尖圆，沿下饰一道凹弦纹。素面。残高4.2、厚0.4—1.3厘米（图2.45b，5）。001：10，口沿。泥质灰陶。卷沿，方唇，唇面饰一道凹弦纹，沿内凸呈棱。饰绳纹。口径33、残高4.7、厚0.7—0.9厘米（图2.45b，6；图版四二五，3）。001：11，圈足。泥质灰陶。矮足，足口外侈，方唇。素面。口径19、残高4.3、厚0.7厘米（图2.45b，11）。

罐　2件。001：12，底部残片。泥质褐陶。斜腹下收成平底。腹部饰少量绳纹。底径12、残高4.6、厚0.6—1.3厘米（图2.45b，12）。001：13，完整器。泥质灰陶。卷沿，圆唇，溜肩折腹，肩部饰两周凹弦纹，下腹部有捏制痕迹。口径7.9、高9.7、底径5、厚0.4—0.6厘米（图2.45b，13；图版四二五，4）。

3）东周时期

采集陶片数量较少，无典型标本。

（3）基本认识

根据采集的标本判定，二里头文化时期的遗存以四期为主，西周时期的遗存以晚期为主，另外，还发现少量不早于东周时期的遗物，具体年代不详。结合以往的工作来看，该遗址还有仰韶中、晚期（可能包括龙山早期）的遗存。简报中曾判定该遗址有二里岗文化的标本[1]，经核定，归入二里头文化时期。该遗址面积较大，遗存相对丰富，但是因砖厂取土和现代建筑占压，被破坏严重。

---

[1] 中国社会科学院考古研究所二里头工作队：《河南洛阳盆地2001~2003年考古调查简报》，《考古》2005年第5期。

43. 杨湾西（002）

（1）概况

位于洛阳市瀍河回族区瀍河回族乡杨湾村西，具体位置为洛河以北，史家湾以东，杨湾以西，史家湾至杨湾村道路北100米附近（图2.46a；图版八六，1）。面积约38.5万平方米。地理坐标为北纬34°42′03.19″，东经112°32′02.50″，海拔为131米。遗址所在多为农田，东部被二广高速（G55）占压。

2001年3月8日，二里头队调查发现该遗址，2017年6月26日复查。

图2.46a 杨湾西（左下为北）

（2）主要发现

采集的遗物以陶片为主，另有牛肋骨1块。陶片主要为二里头文化、殷墟文化和两周时期。标本14件。

1）二里头文化

陶片数量较少，均为泥质。纹饰以绳纹为主，绳纹类型包括弦断绳纹、中绳纹和粗绳纹。均属于二里头文化四期，未选取标本。

2）殷墟文化

陶片较少，包括泥质和夹砂陶。夹砂陶主要为粗绳纹鬲，泥质包括绳纹加附加堆纹的罐等，未选取标本。

3）西周时期

陶片数量较多，包括泥质和夹砂。泥质陶片中纹饰有中绳纹、细绳纹和粗绳纹，另外，还见有附加堆纹、戳印纹、弦纹及素面等。夹砂陶多为粗绳纹。可辨器形有鬲、簋、罐、盆等。标本6件。

簋　5件。002：1，口沿。泥质灰陶。侈口，方唇。外沿饰一道凹弦纹。口径38、残高4.4、厚0.6厘米（图2.46b，9）。002：2，口沿。泥质灰陶。侈口，方唇。唇面饰两道凹弦

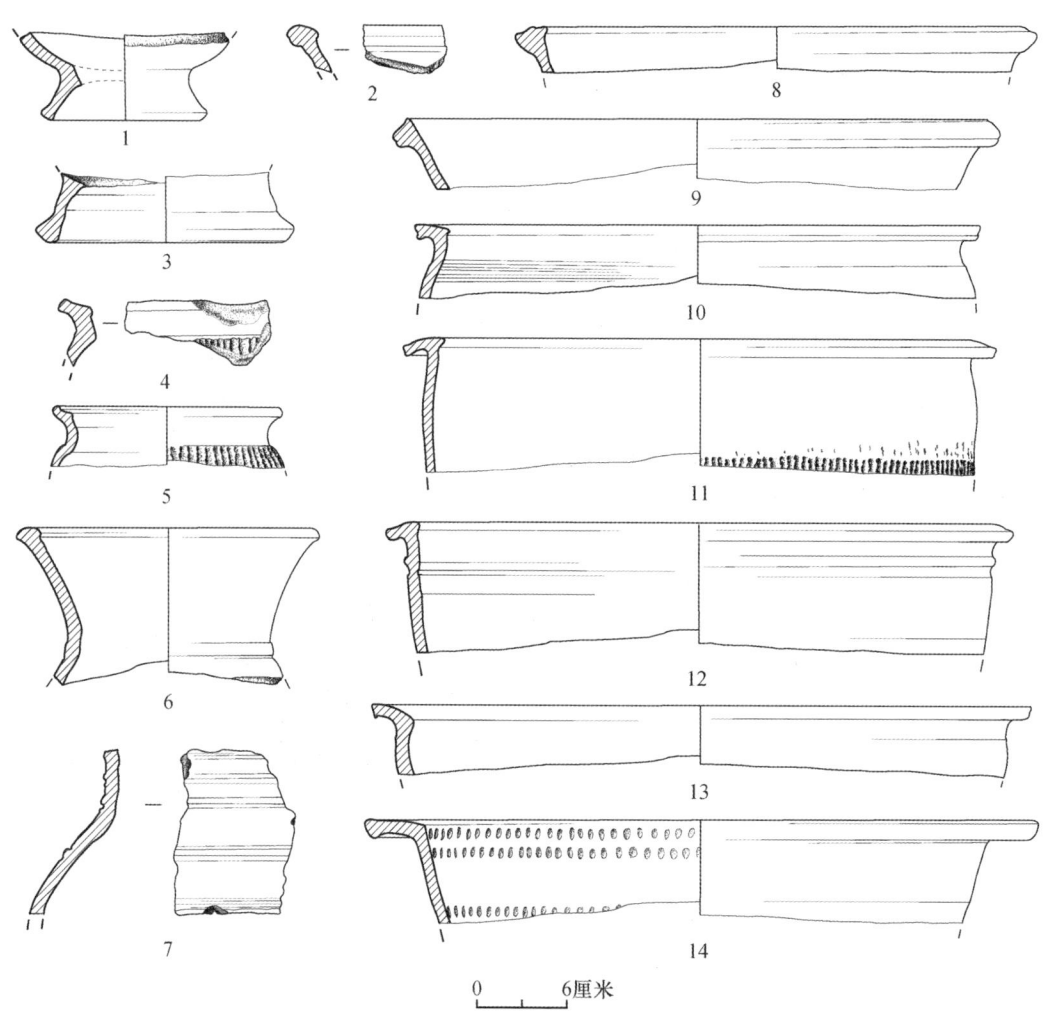

图2.46b　杨湾西（002）采集标本

1—3、8、9.簋（002：4、002：7、002：3、002：2、002：1）　4、5.罐（002：6、002：5）　6、7.壶（002：12、002：13）
10—14.盆（002：8、002：10、002：11、002：14、002：9）

纹。口径30、残高2.8、厚0.6厘米（图2.46b，8）。002：3，圈足。泥质灰陶。矮足，足口外侈，方唇。素面。底径17、残高4.4、厚0.7—1.2厘米（图2.46b，3；图版四二五，5）。002：4，圈足。泥质灰陶。矮足，足口外侈，方唇。素面。底径11、残高5.5、厚0.6—0.8厘米（图2.46b，1；图版四二五，6）。002：7，口沿。泥质灰陶。折沿，厚圆唇，沿内出一道凸棱，沿下饰一道凹弦纹。素面。残高3、厚0.8厘米（图2.46b，2）。

罐　002：6，口沿。泥质灰陶。侈口，折沿，方唇，沿内凸呈棱，溜肩。饰绳纹。残高4.2、厚0.7—1.2厘米（图2.46b，4；图版四二六，1）。

4）东周时期

陶片年代多为春秋至战国时期。标本7件。

罐　002：5，口沿。泥质灰陶。侈口，圆唇，束颈，沿面内凹，溜肩。饰绳纹。口径15、残高3.8、厚0.6—0.7厘米（图2.46b，5）。

盆　4件。002：8，口沿。泥质灰陶。折沿，方唇，唇面饰一道凹弦纹，沿内凸呈棱，束颈，溜肩。素面。口径37、残高4.6、厚0.6—0.9厘米（图2.46b，10；图版四四四，2）。002：10，口沿。泥质灰陶。折沿，方唇，沿内凸呈棱，直腹微弧。上部素面，下部饰绳纹。口径39、残高8.5、厚0.6—0.7厘米（图2.46b，11；图版四四四，3）。002：11，口沿。泥质灰陶。折沿下耷，方唇，沿内饰一道凹弦纹，沿外有一道凸棱。素面。口径41、残高8.3、厚0.7—0.9厘米（图2.46b，12；图版四四四，4）。002：14，口沿。泥质灰陶。折沿，方唇，弧腹。素面。口径43、残高4.5、厚0.7—0.9厘米（图2.46b，13；图版四四五，1）。

壶　2件。002：12，口沿。泥质灰陶。喇叭口，圆唇，溜肩，肩部有一道凸棱。磨光。口径20、残高10.4、厚0.7—0.8厘米（图2.46b，6；图版四四四，5）。002：13，腹片。泥质灰陶。直领，溜肩，颈部有三道凸棱，肩部有一道凸棱。磨光。残高10.5、厚0.7—1厘米（图2.46b，7；图版四四四，6）。

5）汉代

盆　002：9，口沿。泥质灰陶。平折沿，斜直腹。内壁有戳刺纹。口径44、残高6.5、厚0.7—0.8厘米（图2.46b，14）。

（3）基本认识

该遗址以西周和东周时期（可晚至汉代）的遗存为主，另有一定数量的二里头文化和殷墟文化的遗存。位于市郊，由于城市建设区域的拓展，面临被严重破坏的威胁。

44. 陈屯老村（009）

（1）概况

位于洛阳市洛龙区白马寺镇陈屯老村（已搬迁还田）附近洛河北岸台地上。分布范围为黄河水利委员会白马寺水文站以西，枣园村西通往中州东路村道以东，枣园村中东西向道路以南（图2.47a；图版八六，2）。面积约2.2万平方米。地理坐标为北纬34°42′41.20″，东经112°35′00.62″，海拔约123米。该遗址所在地表多为农田，原废弃村落和坟地已经还田，除遗址中部近洛河处被建筑占压外，其余保存较好。

该遗址2001年3月10日由二里头工作队调查发现，2017年6月26日复查。

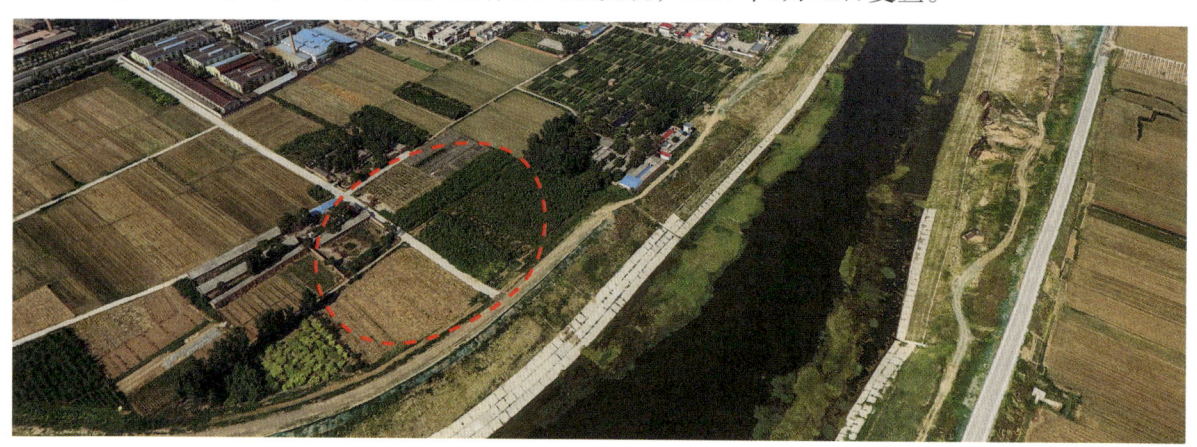

图2.47a　陈屯老村（左上为北）

（2）主要发现

地表采集陶片数量较多，主要为二里头文化，另外还见有少量二里岗文化以及两周时期。标本5件。

1）二里头文化

陶片数量稍多，包括泥质和夹砂陶。泥质陶片见有篮纹、附加堆纹和素面，夹砂陶多见有篮纹，个别为绳纹。可辨认器形有深腹罐、刻槽盆、圆陶片等，应该属于二里头文化早期，即一、二期。标本1件。

深腹罐　009∶1，口沿。夹砂褐陶。侈口，折沿上翘，圆唇。肩部饰一周凸弦纹。口径23、残高6、厚0.5—0.9厘米（图2.47b，13；图版三七七，1）。

2）二里岗文化

见有少量疑似二里岗文化陶片，包括夹砂绳纹陶片。

3）两周时期

见有不少两周时期的陶片，除了1件内部饰云纹的圆陶片标本外，还有3件陶盆标本，可能属于东周晚期。

盆 3件。009：2，口沿。泥质灰陶。侈口，尖圆唇，束颈。沿内有一周凹槽，沿外饰一道花边。残高6、厚1—1.2厘米（图2.47b，3）。009：3，口沿。泥制灰陶。侈口，折沿，圆唇，沿内出一道凸棱，溜肩。素面。残高8.5、厚0.7—1厘米（图2.47b，2；图版四四五，2）。009：4，口沿。泥质灰陶。侈口，方唇，束颈。沿内有一周凹槽，颈部饰一周凹弦纹。残高8、厚0.7—1厘米（图2.47b，1；图版四四五，3）。

圆陶片 009：5，泥质灰陶。近圆形，腹片打制而成。直径3.2—3.4、厚0.9厘米（图2.47b，5）。

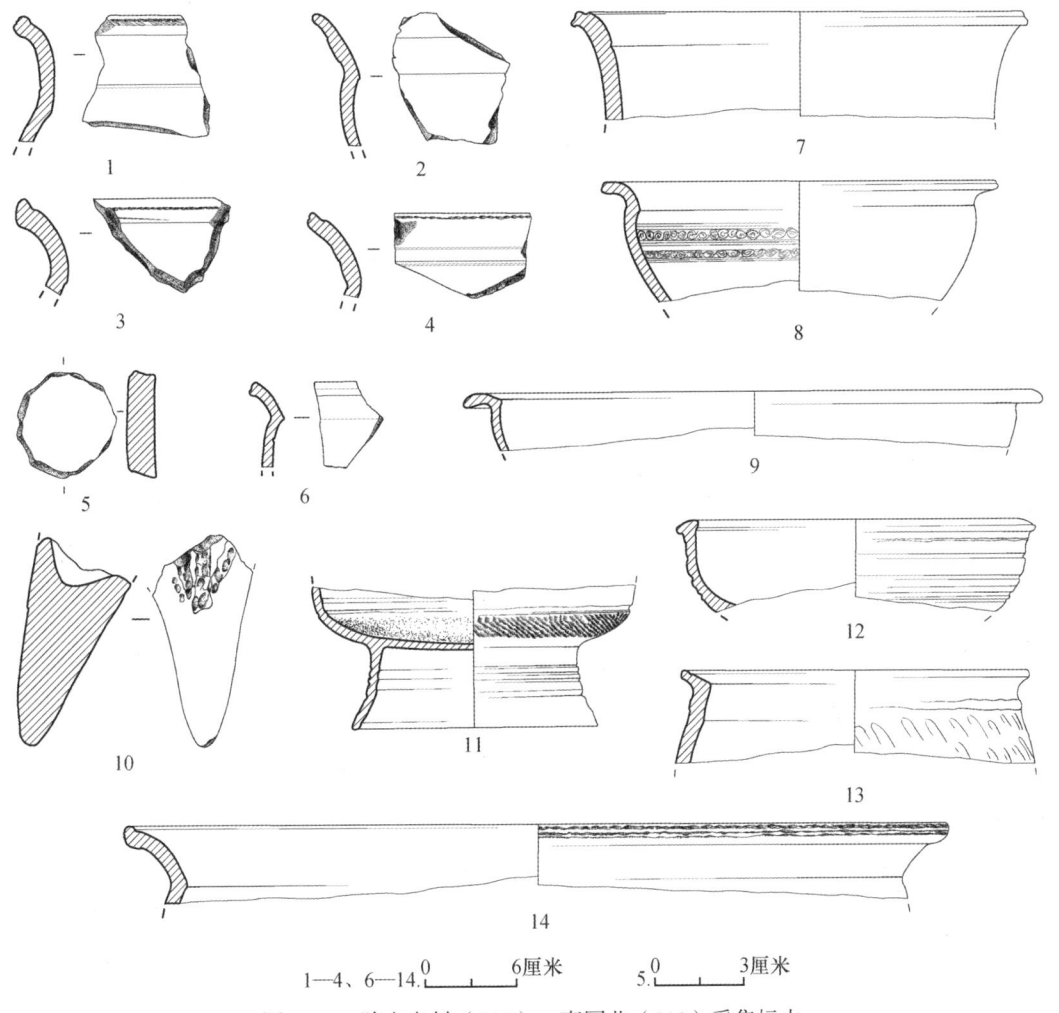

图2.47b 陈屯老村（009）、枣园北（010）采集标本

1—4、6、8、9、14.盆（009：4、009：3、009：2、010：9、010：6、010：7、010：3、010：8） 5.圆陶片（009：5） 7、11、12.簋（010：5、010：4、010：2） 10.鬲（010：1） 13.深腹罐（009：1）

（3）基本认识

该遗址西侧不远处即为分金沟，南边为洛河，对岸200余米处为西石桥东（076）遗址。所见遗存以二里头文化早期为主，二里岗和两周时期的遗存数量可能偏少，但是该遗址保存状况较好，是一处不可多得的探索二里头文化早期遗存的对象。

45. 枣园北（010）

（1）概况

位于洛阳市洛龙区白马寺镇枣园村北。分布范围为陇海铁路以南，枣园村东西两条南北向道路之间，现中州东路两侧（图2.48；图版八七，1）。面积约4.1万平方米。地理坐标为北纬34°42′58.00″，东经112°35′14.18″，海拔约126米。遗址被中州东路占压小半，东西两端被厂房占压，路两侧见有大量的次生堆积，被破坏较为严重。

2001年3月10日，二里头工作队调查发现该遗址，2017年6月26日复查。

图2.48　枣园北（左为北）

（2）主要发现

该遗址采集的陶片主要属于二里头文化和二里岗文化，也见有少量两周时期的遗存。标本9件。

1）二里头文化

陶片数量较多，包括泥质和夹砂陶。泥质陶片多为绳纹，个别为篮纹；夹砂陶片有绳纹基本为绳纹。可辨认器形有深腹罐、甑、盆、捏口罐。年代为二里头二、三、四期。另外，还采集了卜骨1件，疑似为二里头文化时期。无典型陶器标本。

2）二里岗文化

采集的陶片以二里岗文化早期为主，少量为二里岗文化晚期（在枣园村南部也采集了二里岗文化晚期的陶片）。陶片包括泥质和夹砂两类。泥质陶片有弦纹、绳纹、附加堆纹；夹砂陶片多为绳纹。可辨认器形有附加堆纹鬲足、簋、鬲、盆、假腹豆等。标本5件。

鬲　010：1，足部。夹砂灰陶。锥形足。上部饰附加堆纹。残高13.5、厚0.8厘米（图2.47b，10；图版四一一，3）。

簋　3件。010：2，口沿。泥质灰陶。直口，圆唇，沿面微鼓，弧腹。外壁饰数周凹弦纹。口径21、残高5.8、厚0.6—0.8厘米（图2.47b，12）。010：4，底部。泥质灰陶。直腹下收成圜底，下口沿方唇外侈。腹部饰绳纹，圈足饰四周凹弦纹。底径16、残高9、厚0.6—0.7厘米（图2.47b，11；图版四一一，4）。010：5，口沿。泥质灰陶。侈口，方唇，内包边，唇面有一道凹槽。素面。口径30、残高6.8、厚0.9—1.3厘米（图2.47b，7）。

盆　010：3，口沿。泥质灰陶。折沿，圆唇，沿面微鼓。素面。口径38、残高3.6、厚0.5—0.6厘米（图2.47b，9）。

3）两周时期

西周时期陶片数量较少，可辨认器形有外箅划纹内云雷纹簋等。无典型标本。东周时期陶片数量稍多，标本4件，均为盆。年代不早于战国。

盆　4件。010：6，口沿。泥质灰陶。侈口，折沿，方唇，沿内出一道凸棱，溜肩。素面。残高5.4、厚0.6—0.7厘米（图2.47b，6）。010：7，口沿。泥质灰陶。侈口，卷折沿，圆唇，沿内出一道凸棱，弧腹。内壁饰两周拍印纹。口径26、残高7.5、厚0.6—0.7厘米（图2.47b，8）。010：8，口沿。泥质灰陶。侈口，卷折沿，圆唇，沿面饰三周细绳纹。口径54、残高4.8、厚0.8—0.9厘米（图2.47b，14；图版四四五，4）。010：9，口沿。泥质灰陶。侈口，卷沿，尖圆唇，唇面饰一周细绳纹，束颈，颈部有三周凹槽。残高5.4、厚0.8—1厘米（图2.47b，4；图版四四五，5）。

（3）基本认识

该遗址文化面貌相对复杂，包括二里头文化、二里岗文化和两周时期的遗存。二里头文化遗存的年代与二里头遗址基本一致，两周时期的遗存应该与其邻近汉魏故城遗址的两周城址有关，二里岗文化的遗存值得重视。

46. 宋湾东南（042）

（1）概况

位于洛阳偃师市首阳山街道办事处宋湾村东南的洛河北岸。分布范围为双冢（苏秦、张仪冢）及大唐首阳山电厂加压站周围，国道锡海线（G207）东，洛河北堤以北，中州路以南（图2.49）。仰韶文化的遗址面积约1.1万平方米，龙山文化的遗址面积为0.6万平方米。地理坐标为北纬34°42′38.95″，东经112°39′42.85″，海拔约120米。遗址所在为小型临河台地，地表多为农田覆盖，大部分已被加压站占压，部分被国道建设和立交桥修建时占压。

图2.49　宋湾东南（右上为北）

1987年与1991年中国社会科学院考古研究所洛阳汉魏城工作队在配合国道锡海线（G207）和首阳山电厂加压站建设中对该遗址进行过两次发掘。发掘表明，该遗址为仰韶文化晚期至龙山文化早期的环壕聚落，发现了仰韶晚期至龙山早期之间的过渡期遗存（庙底沟二期文化），出土有包括双肩石铲、陀螺形器、环坯等在内的遗物[①]。

---

① 中国社会科学院考古研究所洛阳汉魏城工作队资料。

2001年10月8日，二里头工作队复查该遗址，2017年6月25日再次复查。

（2）主要发现

本次调查未发现新的资料，无典型陶器标本。

（3）基本认识

该遗址文化内涵相对单一，主体为庙底沟二期文化。遗址临近洛河，可能属于邙山冲沟（丁沟）附近的遗址，与景阳岗（041）、白村东北（043）、渔骨西南（044）等遗址一同构成了不同时期该区域的遗址群。

47. 渔骨西南（044）

（1）概况

位于洛阳偃师首阳山街道办事处渔骨村西南临河台地上。具体范围为中州路以北，渔骨村以南，国道锡海线（G207）以东，渔骨村通往中州路道路以西区域（图2.50a）。面积约0.8万平方米。地理坐标为北纬34°42′50.00″，东经112°39′47.02″，海拔约129米。遗址原为农田，现全部被植物观赏园区——中国夏园占压。

2001年10月8日，二里头工作队调查发现该遗址，2017年6月25日复查。

图2.50a 渔骨西南（左为北）

（2）主要发现

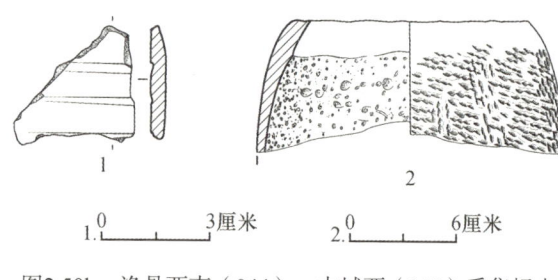

图2.50b 渔骨西南（044）、古城西（057）采集标本
1. 骨料（044：1） 2. 罐（057：1）

该遗址采集到的陶片较少，主要为仰韶文化晚期和二里头文化时期。

仰韶文化晚期的遗物有平行线网格纹彩陶片和泥质素面红陶片等，二里头文化的遗物主要为少量残碎绳纹陶片。均无典型标本。此外还发现骨料1件，年代不详。

骨料 044：1，哺乳动物骨骼残块。有三道平行刻槽，平面有锯痕。残长3.1、残宽3.3、厚0.4厘米（图2.50b，1）。

（3）基本认识

该遗址距离宋湾东南遗址（042）较近，仰韶晚期的遗存或与该遗址有关。

48. 古城西（057）

（1）概况

位于洛阳偃师首阳山街道办事处古城村以西和古城村西北。具体范围为洛河以北的首阳新区太和路两侧，广阳路（规划路）以东，夏都大道以西，东南为古城村（图2.51a；图版八七，2）。面积约35万平方米。地理坐标为北纬34°42′39.38″，东经112°41′30.82″，海拔119米左右。地表为农田和道路。

2001年12月21日二里头工作队调查，2017年6月25日复查。

图2.51 古城西（左为北）

（2）主要发现

采集的遗物多为二里头文化时期，数量较多，但是多为腹片，少见口沿。可辨认器形有深腹罐、圆腹罐、盆、大口尊等。年代为二里头文化二至四期。

罐 057：1，口沿残片。泥质灰陶。饰绳纹，内壁有麻点。残高7、厚0.5—1.1厘米（图2.50b，2）。

（3）基本认识

该遗址南侧隔河200余米处即为二里头遗址，是属于二里头遗址的一部分还是二里头遗址北侧的卫星聚落，尚待钻探与发掘证实。核查时未发现典型二里岗文化遗物[①]。

[①] 中国社会科学院考古研究所二里头工作队：《河南洛阳盆地2001~2003年考古调查简报》，《考古》2005年第5期。

49. 古城东北（056）

位于洛阳偃师市首阳山街道办事处古城村和城东村之间。具体范围为中州路两侧，夏都大道两侧，洛河以北，城东村以西（图2.52；图版八八，1）。面积约66.5万平方米。地理坐标为北纬34°42′41.76″，东经112°42′11.52″，海拔约115米。地表原为村庄和农田，现被城市拓展区和道路占压较多。

第三次全国文物普查期间，洛阳市文物机构对该遗址进行调查[①]。

2001年12月21日，二里头工作队调查发现，2017年6月25日复查。

遗址地表采集的陶片碎且少，包括仰韶、龙山和二里头文化。无典型标本。

图2.52　古城东北（左为北）

---

① 河南省第三次全国文物普查领导小组办公室、河南省文物局：《河南省第三次全国文物普查300项重要发现》，海燕出版社，2011年。

50. 偃师商城（062）

（1）概况

位于洛阳偃师市商城办事处的塔庄村、新寨、杏园、大槐树诸村之间。城址范围为偃师市新星路以西，杏园和大槐树村（规划民主路西延部分）以南，正大路以东，洛河以北（图2.53）。面积约190万平方米。地理坐标为东至北纬34°43′18.82″、东经112°46′15.97″，西至北纬34°43′39.10″、东经112°45′33.37″，南至北纬34°42′54.41″、东经112°45′46.80″，北至北纬34°43′49.00″、东经112°45′53.30″，海拔为117—119米左右。遗址地表被城市建成区、违章建筑、村庄和道路占压较为严重，空余地带多为农田和树林。1986年被公布为第二批河南省重点文物保护单位。1988年公布为第三批全国重点文物保护单位。2001年12月22日，二里头工作队对该遗址进行复查，2017年7月26日再次复查，地表上少见遗物。

图2.53　偃师商城（上为北）

（2）主要发现

该城址1983年夏在配合首阳山电厂的建设工程中由中国社会科学院考古研究所洛阳汉魏城工作队勘探发现[①]，之后一直由中国社会科学院考古研究所河南第二工作队负责发掘。发掘和研究表明，该城址主体遗存为二里岗文化，在遗址中部的宫殿区内还发现了相当于二里头文化四期晚段的遗存，小城北部和大水池附近发现了东周时期的地层堆积和墓葬。

（3）基本认识

研究者多认为二里岗时期的城址为商代早期的都城"西亳"或重要邑聚[②]。

[①] 中国社会科学院考古研究所洛阳汉魏故城工作队：《偃师商城的初步勘探和发掘》，《考古》1984年第6期。

[②] 杜金鹏、王学荣主编：《偃师商城遗址研究》，科学出版社，2004年。

51. 塔庄（063）

（1）概况

位于洛阳偃师市商城办事处塔庄村西南部的洛河北岸（图2.54）。面积不详。地理坐标为北纬34°43′00.63″，东经112°45′36.53″，海拔约116米。被村庄占压。2001年12月22日，二里头队调查，2017年07月24日复查。

图2.54　塔庄（上为北）

（2）主要发现

在偃师商城的发掘中，不同地段也见有仰韶、龙山、二里头文化以及东周时期的遗存[1]，其中在1985YSⅤT1内，发现了叠压于城墙内侧夯土墙下的仰韶时期灰坑（1985YSⅤT1H1）和叠压于城墙内侧路土下的龙山时期灰坑（1985YSⅤT1H5），1991年在商城第Ⅱ号基址群附

---

[1] 中国社会科学院考古研究所：《偃师商城》（第一卷），科学出版社，2013年。

近发现了龙山时期的建筑基址和排水管道[①]，2002年在商城西南隅的南城墙西端和第Ⅱ号基址群之间勘探发现了龙山时期的灰坑[②]。此外，在偃师商城南城墙的发掘中见有二里头文化的陶片，如1991YSⅧT4内小城和扩建的大城城墙的夯土中，发现少量的二里头文化陶片，可辨器形有敛口盆、深腹罐、豆、大口尊等，时代为二里头文化二至四期[③]。

（3）基本认识

根据发掘情况来看，偃师商城遗址北部的石峡村西有邙山南麓冲沟，再西有较大冲沟大东沟等，这些冲沟的汇水可能经由偃师商城西侧的古河道汇入伊洛河，而该遗址可能为古河道附近的仰韶、龙山至二里头文化时期的古遗址，尤其是龙山时期的遗存中发现了较大型夯土建筑和排水管道，较为重要，值得重视。

[①] 刘忠伏：《偃师商城遗址》，《中国考古学年鉴》（1992），文物出版社，1993年；中国社会科学院考古研究所河南第二工作队：《偃师商城第Ⅱ号建筑群遗址发掘简报》，《考古》1995年第11期；中国社会科学院考古研究所：《偃师商城》（第一卷），科学出版社，2013年，第119、310页。

[②] 中国社会科学院考古研究所：《偃师商城》（第一卷），科学出版社，2013年，第119页。

[③] 中国社会科学院考古研究所：《偃师商城》（第一卷），科学出版社，2013年，第157、158页。

52. 槐庙南（064）

（1）概况

位于洛阳偃师市商城办事处任圪垱村北。范围为偃师城区华夏路与新星路交叉口附近现偃师商城植物园东侧（图2.55）。面积不详。地理坐标为北纬34°43′11.73″，东经112°46′16.95″，海拔为119米左右。遗址被植物园和城市建成区占压。2001年12月22日，二里头队调查。2017年07月24日复查。

图2.55　槐庙南（上为北）

（2）主要发现

在偃师商城遗址的发掘中，该区域发现有仰韶、龙山与二里头文化时期的地层堆积与遗迹，主要包括以下：在偃师商城遗址东1城门以北，发现了城墙打破二里头、龙山和仰韶时期的堆积。其中1984YSⅥT5第8层为庙底沟二期文化层，城墙附属堆积中出土的陶片多为仰韶和龙山时期[①]，1984YSⅥT6第8层为龙山文化层，城墙内出土的陶片以仰韶、龙山时期为主，含有庙底沟二期文化的花纹陶片[②]；1984YSⅥT5第7层为二里头文化三期地层，城墙夯土中出土的陶片少量为二里头文化二、三期，可辨器形有鬶、圆腹罐、高领瓮、深腹罐等[③]；1984YSⅥT6第6、7层为二里头文化三期，城墙夯土内发现了数量较少的二里头文化陶片，时代为二里头文化二至四期[④]；1997年在1984年发掘位置（T5、T6）以北80米处发现了仰韶、龙山时期堆积[⑤]。

（3）基本认识

该遗址可能为石峡村北诸冲沟汇水流经之古河道一侧的聚落，发掘表明该遗址的文化内涵分属仰韶晚期、龙山时期和二里头文化二、三、四期，详细情况有待发掘证实。

---

① 中国社会科学院考古研究所：《偃师商城》（第一卷），科学出版社，2013年，第119、150页。
② 中国社会科学院考古研究所：《偃师商城》（第一卷），科学出版社，2013年，第119、150、151页。
③ 中国社会科学院考古研究所：《偃师商城》（第一卷），科学出版社，2013年，第150、151页。
④ 中国社会科学院考古研究所：《偃师商城》（第一卷），科学出版社，2013年，第150、151页。
⑤ 中国社会科学院考古研究所：《偃师商城》（第一卷），科学出版社，2013年，第119页。

（四）邙山南麓和伊洛河北岸

洛河流经偃师城区后，与伊河汇流，冲积平原狭窄。遗址多发现于邙山南麓坡地上或洛河北岸的一级阶地或黄土台塬上，有遗址19处（图2.56）。

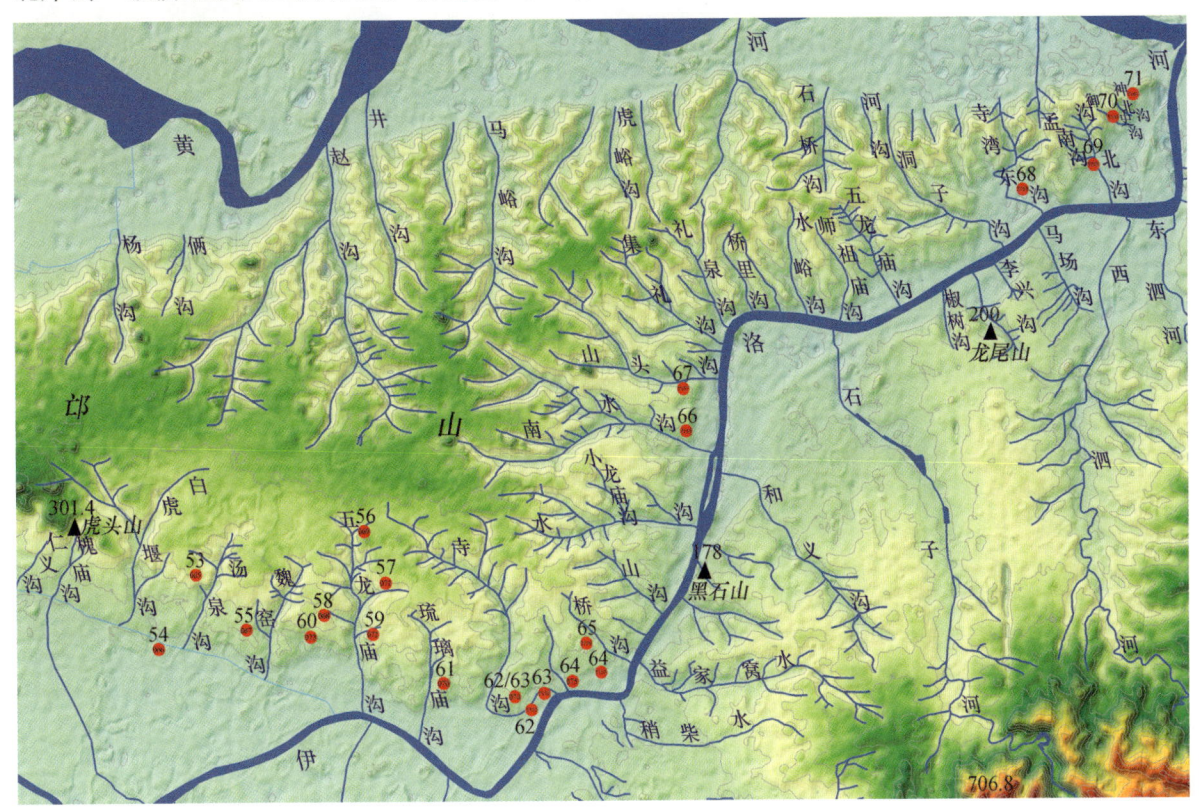

图2.56　邙山南麓、伊洛河北岸遗址分布示意图

53. 北窑东北（065）

（1）概况

位于洛阳偃师市山化乡汤泉沟西侧的北窑村东北部的邙山南坡上，汤泉村以北约500米，北窑村至古路沟村道路以东500米（图2.57a；图版八八，2）。面积约9.5万平方米。地理坐标为北纬34°43′56.84″，东经112°49′20.93″，海拔为171米左右。地表为农田覆盖。

该遗址2002年3月3日由二里头工作队调查发现，2017年6月23日复查。

（2）主要发现

该遗址发现有灰坑1处，编号H1（图版八九，1）。采集的陶片数量较多，包括二里头、二里岗、殷墟和西周时期。标本10件，均属于二里岗文化。

图2.57a　北窑东北（上为北）

1）二里头文化

多见碎片，属于二里头文化四期，无典型标本。

2）二里岗文化

发现灰坑1处（H1）。采集了卷沿和折沿鬲。属于二里岗文化。

H1：可辨器形有簋、甗、小口高领罐、假腹豆。时代约为二里岗文化早、晚期之间。

鬲　3件。065：1，口沿。夹砂灰陶。侈口，小折沿，尖唇，沿内出棱，溜肩。饰绳纹。口径13、残高4.4、厚0.5—0.6厘米（图2.57b，3）。065：2，口沿。夹砂灰陶。侈口，卷沿，圆唇，溜肩。颈部饰暗绳纹，腹饰绳纹。口径14、残高6.5、厚0.5—0.7厘米（图2.57b，2；图版四一一，5）。065：3，口沿。夹砂灰陶。折沿，方唇，盘口。饰绳纹。口径15、残高7、厚0.5—0.6厘米（图2.57b，1；图版四一四，3）。

盆　3件。065：4，口沿。泥质灰陶。敞口，折沿，圆唇，斜弧腹。饰绳纹及三周凹弦纹，内壁有一道凹槽，内壁饰有小麻点。口径34、残高11.6、厚0.6—0.9厘米（图2.57b，7；图版四一四，4）。065：5，口沿。泥质灰陶。折沿，尖唇，颈微束。饰细绳纹，内壁饰一道凹弦纹。口径24、残高6.4、厚0.4—0.5厘米（图2.57b，6；图版四一四，5）。065：6，口沿。泥

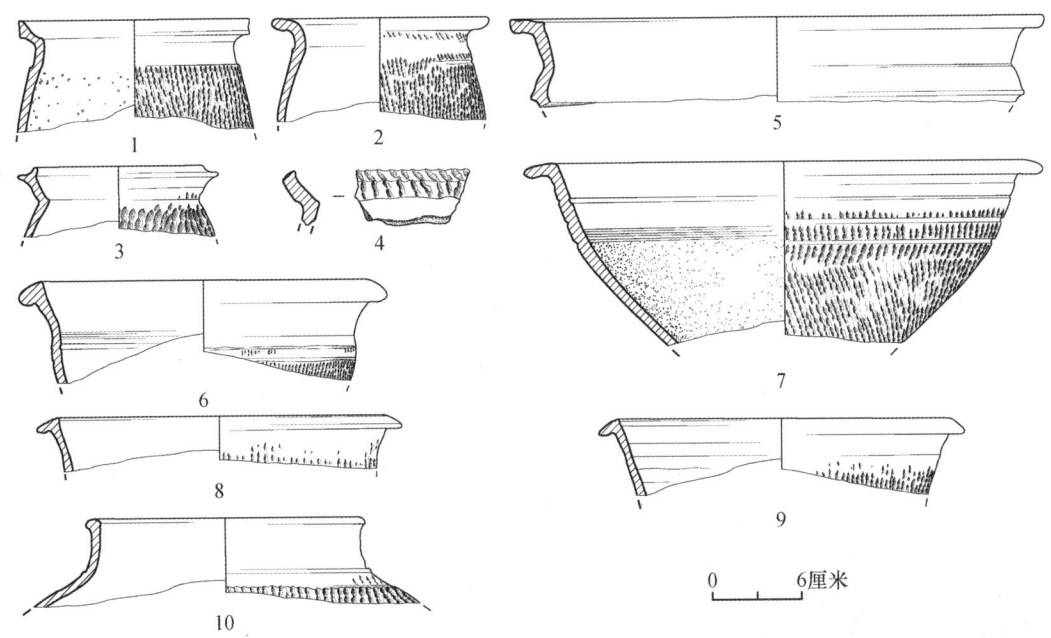

图2.57b　北窑东北（065）采集标本

1—3.鬲（065：3、065：2、065：1）　4.甗（H1：3）　5—7.盆（065：6、065：5、065：4）　8、9.簋（H1：2、H1：1）
10.高领罐（065：7）

质灰陶。折沿，方唇，折肩。素面。口径35、残高5.5、厚0.6—0.7厘米（图2.57b，5）。

高领罐　065：7，口沿。泥质灰陶。直口，圆唇，直颈，颈部有一周凹槽，广肩。饰绳纹。口径18、残高5.5、厚0.5—0.6厘米（图2.57b，10）。

簋　2件。H1：1，口沿。泥质褐陶。侈口，折沿下耷，尖唇。饰绳纹。口径24、残高4.8、厚0.5—0.6厘米（图2.57b，9；图版四一四，2）。H1：2，口沿。泥质灰陶。侈口，折沿下耷，尖圆唇。饰绳纹。口径24、残高3.4、厚0.4—0.6厘米（图2.57b，8）。

甗　H1：3，口沿。夹砂灰陶。侈口，折沿上翘，方唇，唇部及沿外饰绳纹。残高3.4、厚0.7—0.8厘米（图2.57b，4）。

3）殷墟文化

见有无实足根陶鬲，无典型标本。

4）西周时期

见有少量陶片，疑似西周。

（3）基本认识

该遗址位于汤泉沟西侧的邙山南坡上，遗存以二里岗文化为主，此外还见有少量的二里头、殷墟和西周时期的遗物，文化内涵相对复杂。

54. 汤泉沟（066）

（1）概况

位于洛阳偃师市山化乡汤泉村南的汤泉沟沟口西侧。具体范围为偃师老城东北部的中州渠以北，华夏路与陇海铁路以南，汤泉沟冲沟以西，北窑村以东山前台地上（图2.58；图版八九，2）。面积约4.7万平方米。地理坐标为北纬34°43′22.24″，东经112°49′10.46″，海拔约128米。地表较平整，约0.8米表层土被推平，多为农田，部分区域已被整平，作为拟建厂区。

图2.58　汤泉沟（左上为北）

1957年，河南省文化局文物工作队曾经在该遗址铁路以北30米处进行过试掘，当时认为遗址面积约0.3万平方米，地层较薄，仅余0.1—0.4米，清理窑址1处，窖穴7个。发现了大量陶片，出有少量石器、骨器和蚌器。属于仰韶和龙山时期[1]。1984年，洛阳市文物普查队对该遗址进行复查，认为该遗址属于王湾二期文化[2]。

---

[1] 河南省文化局文物工作队：《河南偃师汤泉沟新石器时代遗址的试掘》，《考古》1962年第11期。
[2] 方孝廉：《洛阳市一九八四年古文化遗址调查简报》，《中原文物》1987年第3期。

1962年6月，中国科学院考古研究所洛阳发掘队在二里头遗址发掘期间曾对该遗址进行过调查，发现汤泉沟自遗址中央穿过，面积约1万平方米。发现不少地层和灰坑，见有不少石、骨、蚌器残片，采集了红陶盆、钵、夹砂红陶罐、鼎足、灰陶钵、盆、罐（颈）、彩陶片和蚌刀等遗物。认为该遗址为仰韶和龙山时期。

2007年11月7日，洛阳市人民政府将该遗址公布为第三批洛阳市文物保护单位。

2002年3月3日，二里头工作队再次调查该遗址，2017年6月23日复查。

（2）主要发现

调查中采集到少量陶片，主要属于仰韶和两周时期。

其中仰韶时期的陶片多为红陶，年代为仰韶中期偏晚阶段，无典型标本。

两周时期的陶片数量更少，较残碎，具体时代不详。

（3）基本认识

结合历次调查工作来看，该遗址当以仰韶中、晚期的遗存为主，或可到龙山早期，少量遗存为两周时期。保存较差，铁路以北占压较多，以南较大面积被平整。

55. 凤凰沟（067）

位于洛阳偃师市山化乡凤凰沟村东魏窑沟西侧台地上。分布范围为东山嘴至蔺窑道路两侧，魏窑沟以西，柱子沟以北（图2.59）。面积约3.4万平方米。地理坐标为北纬34°43′23.43″，东经112°50′22.64″，海拔约169米。遗址所在处为西北高、东南低的坡状台地，地表为农田覆盖。

2002年3月6日，二里头工作队调查发现，2017年6月23日复查。

地面陶片较零散，断崖未发现遗迹，采集到一定数量的陶片，多为腹片，口沿较少。可辨认器形有深腹罐、圆腹罐、刻槽盆、盆、豆。应该为二里头文化四期遗物。无典型标本。

该遗址可能为魏窑沟西侧坡地上较为单纯的二里头文化遗址。

图2.59　凤凰沟（右上为北）

56. 石头沟北（069）

位于洛阳偃师市山化乡光明新村西南约1200米处石头沟北端东侧。分布范围为山圪垱通往光明新村道路以西，石头沟北端东侧的台地尖嘴上（图2.60；图版九〇，1）。面积约0.2万平方米。地理坐标为北纬34°44′37.40″，东经112°51′49.78″，海拔约242米。遗址地表为农田。

2002年3月7日二里头工作队调查发现，2017年6月23日复查。

采集陶片较少，残碎，主要包括二里头文化和两周时期，无典型标本。

图2.60　石头沟北（上为北）

57. 山圪垱北（071）

位于洛阳偃师市山化乡山圪垱村北1600米处石头沟枝杈冲沟北侧台地上。分布范围为石头沟中段枝杈冲沟北侧，北与光明新村相望，南为徐家闸，均相距约1600米，山圪垱至光明新村道路以西400米（图2.61；图版九〇，2）。面积约0.7万平方米。地理坐标为北纬34°44′02.09″，东经112°52′18.82″，海拔约215米。遗址地表为农田。

2002年3月8日，二里头工作队调查发现，2017年6月23日复查。

采集陶片较残碎，大体属于二里头文化和两周时期。

图2.61　山圪垱北（上为北）

58. 化村北（068）

位于洛阳偃师市山化乡化村西北石头沟西侧的台地上。具体范围为化村西北、王窑东北，化村至寨坡道路以东，石头沟枝杈冲沟南（图2.62；图版九一，1）。面积约0.8万平方米。地理坐标为北纬34°43′34.76″，东经112°51′28.67″，海拔约207米。地表为农田覆盖。

2002年3月6日，二里头工作队调查发现，2017年6月23日复查。

采集陶片较少，均为红陶片，多为素面，偶见弦纹、线纹，应属于仰韶文化，具体时代不详。无典型标本。

图2.62　化村北（下为北）

59. 山圪垱（072）

（1）概况

位于洛阳偃师市山化乡山圪垱村北。具体分布范围为山圪垱村北、化村东600米处，石头沟以西，三面环沟的台地上（图2.63a）。面积约5万平方米。地理坐标为北纬34°43′17.04″，东经112°51′57.73″，海拔约176米。地表为农田覆盖。

2002年3月8日二里头工作队调查发现，2017年6月23日复查。

图2.63a　山圪垱（左为北）

（2）主要发现

该遗址采集的陶片较多，见有泥质和夹砂陶。泥质陶片大半为素面，另有不少篮纹，夹砂陶见有横篮纹和素面。可辨认器形有夹砂附加堆纹罐形鼎、夹砂罐、盆等。均为龙山早期。标本2件。

鼎　072：1，口沿。夹砂褐陶。侈口，折沿，方唇，沿面有一道凹槽，溜肩。唇面饰花边，颈部有一周附加堆纹，饰篮纹。口径29、残高4.8、厚0.7—0.9厘米（图2.63b，1；图版三五一，1）。

罐　072∶2，口沿。夹砂灰陶。侈口，折沿，沿面微凹，方唇，唇面有一道凹槽，弧腹。口径11、残高7.4、厚0.3—0.8厘米（图2.63b，2；图版三五一，2）。

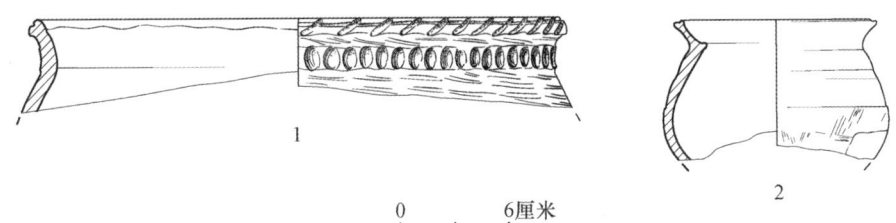

图2.63b　山圪垱（072）采集标本
1.鼎（072∶1）　2.罐（072∶2）

（3）基本认识

该遗址为文化内涵较为单纯的龙山早期遗址。核查中未见到仰韶和二里头时期的遗存[①]。

---

① 中国社会科学院考古研究所二里头工作队：《河南洛阳盆地2001～2003年考古调查简报》，《考古》2005年第5期。

60. 王窑（073）

位于洛阳偃师市山化乡王窑村东，具体位置为王窑村东500米处石头沟西的化村中间（图2.64）。面积约0.2万平方米。地理坐标为北纬34°43′15.37″，东经112°51′36.19″，海拔约134米。被村庄占压。2002年3月9日，二里头工作队调查发现，2017年7月24日复查。

采集陶片数量较多。分属于仰韶、龙山、二里头、二里岗及两周时期。其中疑似属于仰韶文化的陶片均为素面红陶。见有一定数量的龙山晚期的方格纹陶片和少量的篮纹陶片。部分绳纹陶片疑似为二里头或二里岗文化，少量疑似为两周时期。陶片残损，无典型标本。

该遗址位于村中，面积小、文化内涵复杂，详细资料需进一步的工作确定。

图2.64　王窑（上为北）

61. 忠义村黄冢（070）

位于洛阳偃师市山化乡忠义村北台地上，具体位置和范围不详（图2.65）。2003年6月16日二里头工作队复查，仅见素面陶片，瓷片等，未发现明确为先秦时期的遗物。2017年6月23日再次复查。

据老乡讲，一大冢已于20世纪80年代被平毁，现冢所在的高台地皆称为"黄冢"。该冢所在的高台东部，属台沟村农田。黄冢附近曾出土商代带"弓"字铜爵1件，现收藏于偃师商城博物馆[①]。

该处可能为殷墟文化的墓地或遗址。

图2.65　忠义村黄冢（上为北）

---

① 偃师县志编纂委员会：《偃师县志》，生活·读书·新知三联书店，1992年，第737页。

62、63. 寺沟（074，含Y151、Y152）[①]

（1）概况

位于洛阳偃师市山化乡寺沟东的鬼沟村南。具体范围为鬼沟沟口处的陇海铁路南北两侧，西起孟圪垱，东至徐家沟，南至伊洛河河堤和省道S314线（图2.66a）。面积约21平方米。地理坐标为北纬34°42′41.49″，东经112°54′23.40″，海拔约121米。遗址北部局部被砖厂取土破坏，陇海铁路以北被建筑占压，陇海铁路以南地表为农田。

图2.66a 寺沟（上为北）

1957年，河南省文化局文物工作队曾在寺沟村附近发掘49座墓葬，其中2座为东周墓（春秋晚期），这两座墓葬打破了西周时期的文化层[②]。

---

① 该遗址经河南二里头工作队和中澳美伊洛河流域联合考古队调查。河南二里头工作队调查中编号为074。中澳美伊洛河流域联合考古队调查时将其视作两个遗址（地点），分别编号为Y151、Y152。前者范围涵盖后者。下文将其分别叙述。

② 河南省文化局文物工作队：《河南巩县石家庄古墓葬发掘简报》，《考古》1963年第2期。

1962年6月，中国科学院考古研究所洛阳发掘队在二里头遗址发掘期间曾对该遗址进行过调查，时称孙家湾遗址。认为遗址面积约4.5万平方米，堆积厚度1—2米。见有灰坑和地层，素面及绳纹、方格纹的陶片，厚壳蚌和石器残块等，采集了盆、瓮，方格纹、篮纹、绳纹的罐，鬲等遗物，主要为龙山时期遗存，还包括二里头及两周等各个时期[①]。

1984年，洛阳市文物普查队对该遗址进行过调查，勘定该遗址面积约17.5万平方米。认为包含龙山文化煤山期（王湾三期）遗存，采集到筒形澄滤器和盆；也包括二里头文化和商时期遗存[②]。

二里头工作队2002年3月9日调查，项目组2017年6月18、22日复查。

（2）主要发现

遗址上发现的遗物较多，采集到石铲、石锛、石凿、骨蚌器和大量陶片。分属于仰韶、龙山、二里头、殷墟和两周时期。石器3件，时代不详。

石铲　074：1，板岩。灰色。含细粒石英、云母，经磨制，破裂。长16.5、宽5.5—5.7、厚2.3厘米（图2.66b，1；图版二三九，5）。

石凿　074：2，紫英砂岩。紫红色。结构细腻，属于粉砂级，磨面平整，破裂。残长8.8、宽3.2—3.4、厚2.6厘米（图2.66b，2；图版二三九，6）。

石锛　074：3，细粒砂岩。灰色。磨制。长8.4、宽1.8—2.6、厚1.7厘米（图2.66b，3；图版二四〇，1）。

1）仰韶文化

陶片数量较多，可辨认器形有泥质彩陶罐、泥质黑陶罐（网格纹）、彩陶小罐、夹砂小罐、彩陶盆、盆、钵、盖。时代为仰韶文化中、晚期（大河村三、四期）。标本6件。

圆陶片　074：4，泥质灰陶。饰红彩平行线纹夹网格纹。直径4.1—4.4、厚0.9厘米（图2.66b，4；图版三二五，6）。

盆　2件。074：5，口沿。泥质灰陶。折沿，尖唇，直腹。磨光。口径25、残高6.3、厚0.4—0.5厘米（图2.66b，6）。074：10，口沿。泥质红陶。卷沿似包边，弧腹。饰黑彩平行线纹夹网格纹。口径42、残高6.7、厚0.6—0.9厘米（图2.66b，5；图版三二六，2）。

罐　3件。074：6，口沿。夹砂灰陶。侈口，折沿，圆唇，素面。口径40、残高3.8、厚0.8—1.1厘米（图2.66b，10）。074：9，口沿。泥质灰陶。敛口，圆唇，弧腹。磨光，饰黑彩平行线纹夹网格纹。口径28、残高8.6、厚0.6—0.7厘米（图2.66b，7；图版三二六，1）。074：13，口沿。夹砂褐陶。侈口，折沿，方唇，溜肩。肩饰数周凹弦纹。口径30、残高5.2、厚0.7—0.9厘米（图2.66b，9）。

2）龙山文化

陶片数量较多，可辨认器形有罐、横篮纹鼎、折沿附加堆纹罐形鼎（横篮纹、绳纹），主

[①] 中国科学院考古研究所洛阳发掘队：《河南偃师商代与西周遗址调查简报》，《考古》1963年第12期。
[②] 方孝廉：《洛阳市一九八四年古文化遗址调查简报》，《中原文物》1987年第3期。

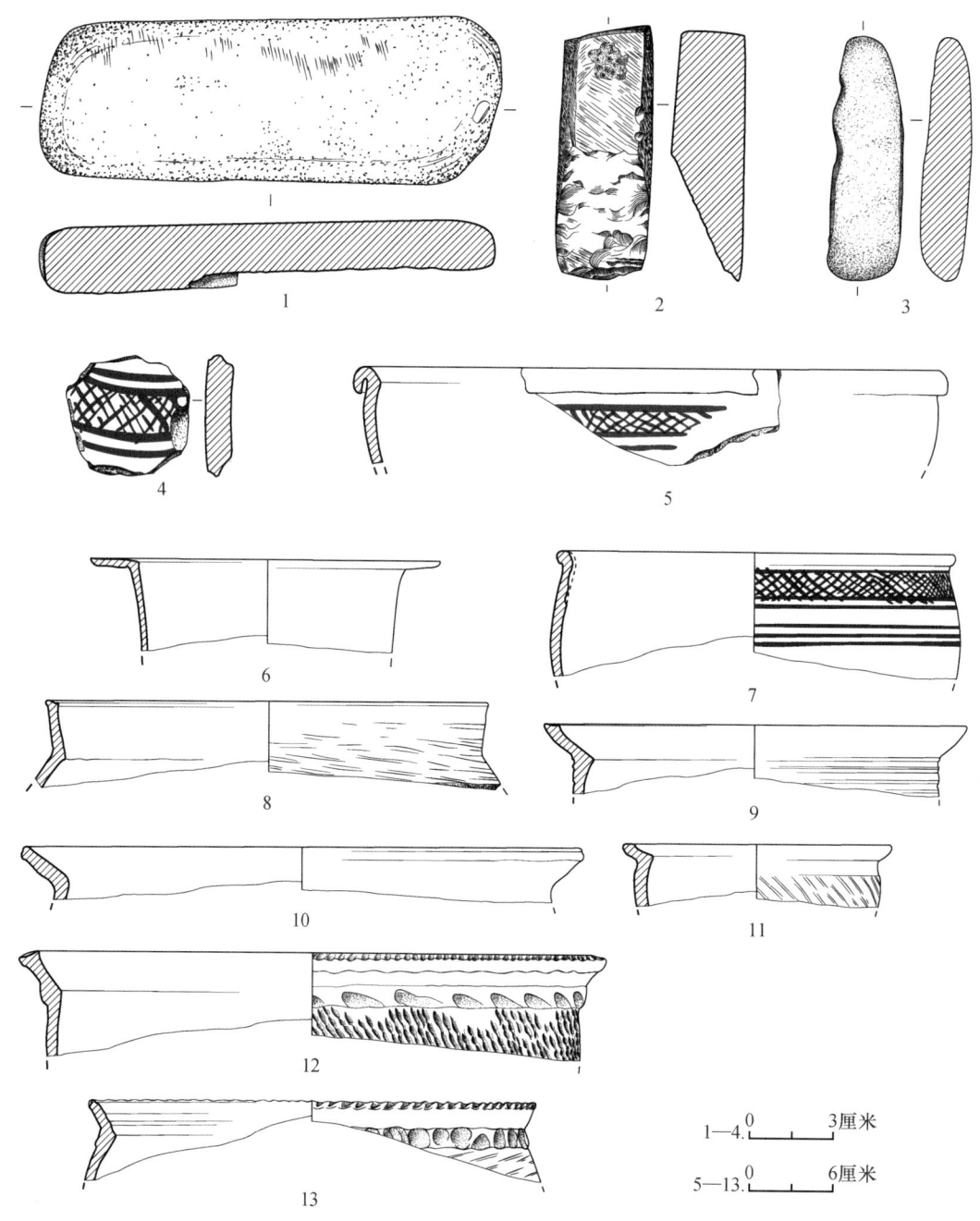

图2.66b 寺沟（074）采集标本（一）
1.石铲（074：1） 2.石凿（074：2） 3.石锛（074：3） 4.圆陶片（074：4） 5、6.盆（074：10、074：5） 7—13.罐
（074：9、074：12、074：13、074：6、074：7、074：14、074：11）

要为龙山文化早期。标本3件。

罐 3件。074：11，口沿。夹砂灰陶。侈口，折沿，圆唇，溜肩。唇面饰花边，颈部饰一周附加堆纹，腹饰篮纹。口径32、残高5.5、厚0.6—0.8厘米（图2.66b，13）。074：12，口沿。夹砂灰陶。直领外侈，方唇，溜肩。饰篮纹。口径33、残高6、厚0.6—0.7厘米（图2.66b，8；图版三五一，3）。074：14，口沿。夹砂灰陶。直领外侈，方唇，溜肩。唇面饰花边，颈部饰一周附加堆纹，肩饰绳纹。口径42、残高7.2、厚0.6—0.8厘米（图2.66b，12；图版

三五一,4)。

3)二里头文化

陶片数量较少,可辨认器形有罐、鬲、深腹罐、盆。主要为二里头文化晚期,部分标本可能到二里岗文化早期。标本1件。

罐 074:7,口沿。夹砂灰陶。侈口,折沿,方唇,沿面出一道凸棱,直腹微弧。饰篮纹。口径19、残高4.3、厚0.8—0.9厘米(图2.66b,11)。

4)殷墟文化

数量较多,器形有鬲、罐、盆等。标本5件。

鬲 074:15,口沿。夹砂褐陶。侈口,折沿,方唇,溜肩。饰绳纹。口径25、残高7.6、厚0.6—0.9厘米(图2.66c,7;图版四二〇,1)。

罐 4件。074:16,口沿。泥质灰陶。侈口,折沿上翘,方唇,沿面有一道凸棱,折沿处有一周凹槽,直腹微弧。饰绳纹。口径33、残高9.3、厚0.8—1厘米(图2.66c,13;图版

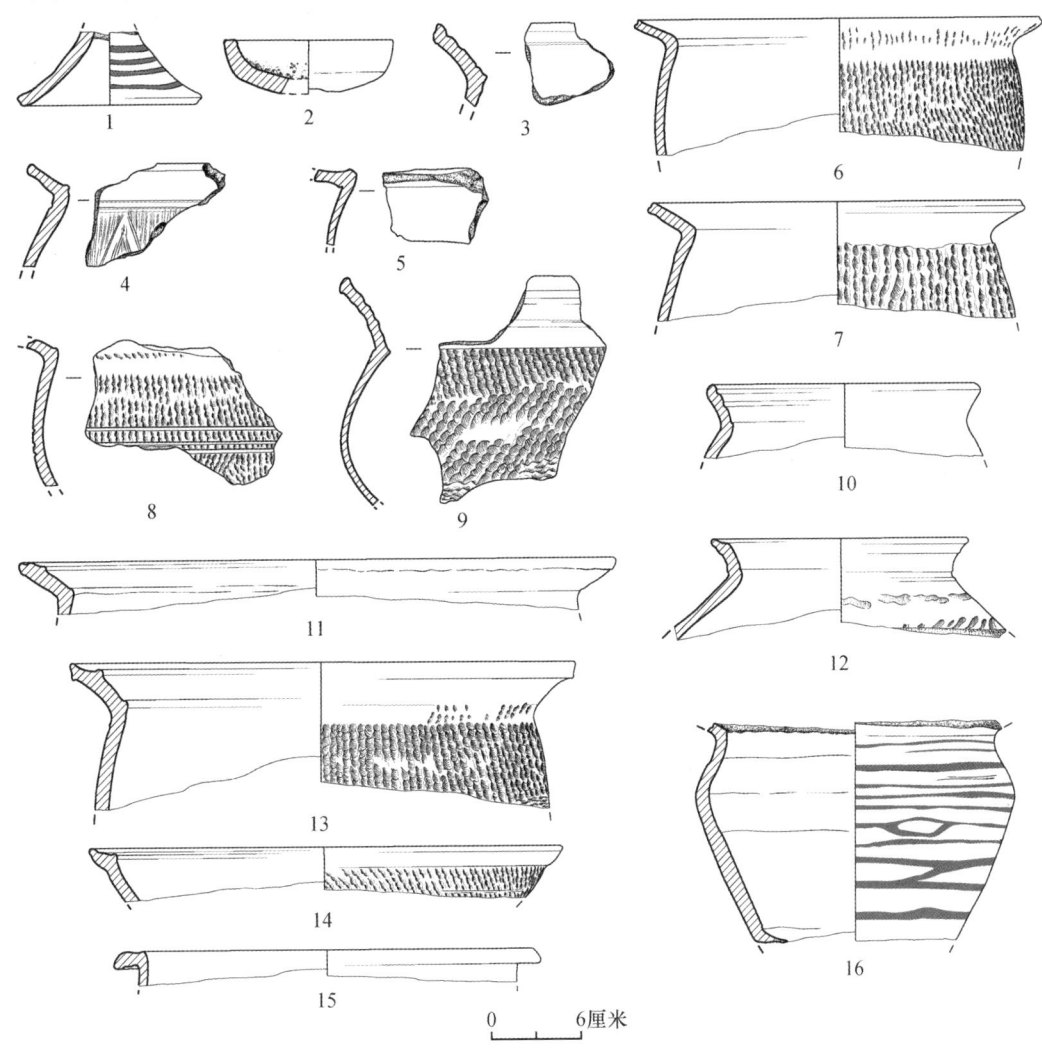

图2.66c 寺沟(074)采集标本(二)

1、2.豆(074:29、074:28) 3—6、11—13.罐(074:8、074:17、074:26、074:19、074:18、074:24、074:16)
7—10.鬲(074:15、074:22、074:21、074:20) 14—16.盆(074:25、074:27、074:23)

四二〇，2）。074：17，口沿。泥质灰陶。折沿，方唇，沿面有数道磨光条状纹，颈部饰一周凹弦纹，直腹微弧。饰线纹夹三角形刻划纹。残高6.5、厚0.7—1.1厘米（图2.66c，4；图版四二〇，3）。074：18，口沿。夹砂灰陶。侈口，折沿上翘，尖唇，沿面有一道凹槽和一道凸棱。口径39、残高3.3、厚0.8—1厘米（图2.66c，11）。074：19，口沿。泥质灰陶。侈口，卷折沿，方唇，直腹微弧。沿下饰暗绳纹，腹饰绳纹。口径27、残高8.6、厚0.5—0.7厘米（图2.66c，6；图版四二〇，4）。

5）西周时期

可辨认器形有鬲、罐、盆、豆等。标本8件。

罐 3件。074：8，口沿。夹砂褐陶。侈口，卷折沿，方唇，唇面饰一道凹弦纹，沿面有数周凹槽。残高5.2、厚0.7—0.8厘米（图2.66c，3）。074：24，口沿。泥质灰陶。小折沿，尖圆唇，沿面饰两周凹弦纹，斜领，颈部饰一周凹弦纹，广肩。饰粗绳纹。口径17、残高6.4、厚0.7—0.9厘米（图2.66c，12）。074：26，腹部。泥质灰陶。折沿，弧腹。磨光。残高4.8、厚0.5—0.7厘米（图2.66c，5）。

鬲 3件。074：20，口沿。夹砂灰陶。侈口，卷折沿，圆唇，沿面有三周凹槽。口径18、残高4.7、厚0.6—0.7厘米（图2.66c，10）。074：21，口沿。夹砂黑陶。侈口，折沿上翘，方唇，沿面有四周凹槽，弧腹。饰绳纹。残高14.5、厚0.4—0.7厘米（图2.66c，9；图版四二六，2）。074：22，口沿。夹砂灰陶。侈口，折沿上翘，弧腹。腹饰绳纹夹三周凹弦纹。残高9.2、厚0.6—0.8厘米（图2.66c，8；图版四二六，3）。

盆 2件。074：23，腹部。泥质灰陶。折肩，斜直腹。腹饰磨光条状纹。肩径21、残高14、厚0.7—1.1厘米（图2.66c，16；图版四二六，4）。074：25，口沿。泥质灰陶。敞口，折沿上翘，尖唇，沿面有一道凹槽，斜直腹。饰绳纹。口径31、残高3.3、厚0.8—0.9厘米（图2.66c，14）。

6）东周时期

采集遗物数量稍少，见有盆、豆等。标本3件。

盆 074：27，口沿。夹砂灰陶。折沿下耷，圆唇，沿面出一道凸棱，沿下有两周凹槽。口径28、残高2.2、厚0.5—0.6厘米（图2.66c，15）。

豆 2件。074：28，口沿。泥质灰陶。圆唇，浅盘。素面。口径11、残高3.4、厚0.9—1厘米（图2.66c，2）。074：29，豆座。泥质灰陶。喇叭口，方唇。饰四道磨光条状纹。残高4.8、口径12、厚0.6—0.9厘米（图2.66c，1）。

（3）基本认识

该遗址位于鬼沟南的台地上，北面正对鬼沟，北侧为冲沟行洪所形成的环形沟，自遗址西北和东北侧经过，最后汇入伊洛河。遗址的西侧不远处为邙山上较大的冲沟寺沟。该遗址文化内涵复杂，几乎涵盖了中原地区不同时期的所有考古学文化，可以作为区域系列考古学文化的代表性遗址，建议提升保护等级。

62. 寺沟南（Y151）

（1）概况

位于洛阳偃师市山化乡寺沟村孟圪垱东，伊洛河北岸台地上。台地南临伊洛河，北靠邙山，中部有一条东西向小沟，陇海铁路、省道S314从遗址中、北部穿过（图2.67a；图版九一，2）。估计遗址面积龙山晚期约4万平方米，周代约6万平方米。地理坐标北纬34°42′36.50″，东经112°54′16.40″，海拔约121米。地表现为农田、道路、村庄。

2001年6月10—11日，中澳美伊洛河流域联合考古队初查，2017年6月22日，项目组复查。

图2.67a 寺沟南（右下为北）

（2）主要发现

在遗址中部的断崖剖面上发现数个龙山文化灰坑，H1、H3分别位于西断崖剖面南端和中部，H2位于东断崖剖面北端（图版九二，1）。2011年调查时在台地西断崖剖面南部和北部发现两座灰坑H4、H5。各灰坑均采集了浮选土样。

H2：时代为龙山晚期，可辨认器形有中口罐、甗。

H3：时代为龙山晚期，可辨认器形有中口罐、小口高领瓮、小盖。

H4：时代为龙山晚期。

H5：时代为西周时期。

地表可见仰韶、龙山、二里头和周代等不同时期的陶片，密度较大。采集陶片43片，其中口沿15、腹片26、底片2片。分属于各个时期。

石片　Y151：2，黄褐砂岩。长5.5、宽5、厚1.5厘米。

陶轮盘　Y151：6，残片。泥质灰黑皮陶。圆形，上面平整，饰凹弦纹，下部矮圈足。直径35.1、通高2.8、底径23.4厘米（图2.67b，5）。

1）仰韶文化

数量较少，可辨认器形有泥质彩陶罐、夹砂罐等，属于仰韶文化晚期。标本1件。

彩陶罐　Y151：1，口沿。泥质红陶。折沿，尖唇，斜直腹。磨光。残宽4.2、残高6、厚0.5厘米（图2.67b，1）。

2）龙山文化

发现灰坑4处（H1—H4）。遗物数量相对较多，可辨认器形有甑、中口罐、小罐、大瓮、小口高领瓮、圈足盘、瓠、器盖、陶垫等，属于龙山文化晚期。标本7件。

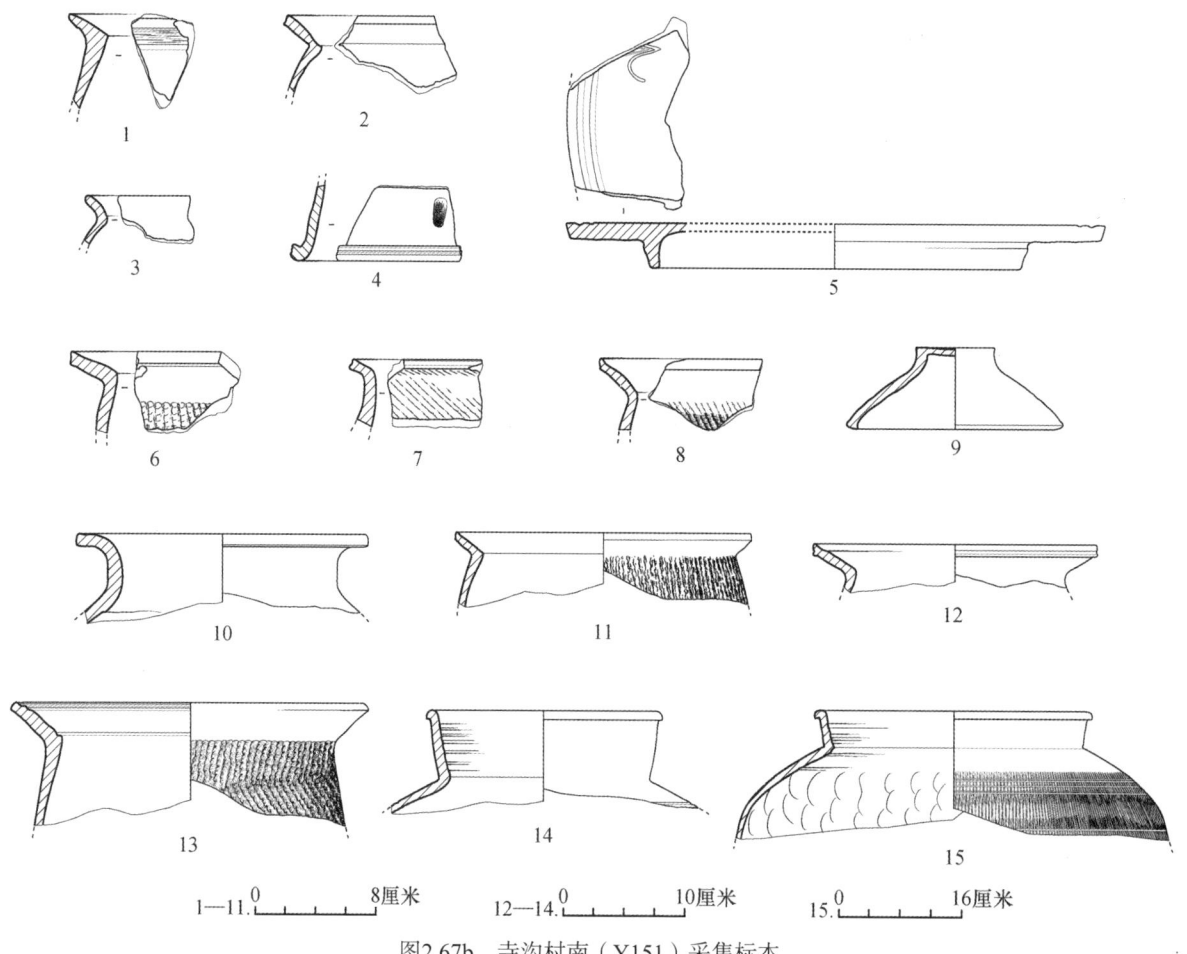

图2.67b　寺沟村南（Y151）采集标本

1.彩陶罐（Y151：1）　2.中口罐（H1：1）　3.小罐（H1：2）　4.圈足（H1：4）　5.陶轮盘（Y151：6）　6—8、11—13.鬲（Y151：9、Y151：10、H5：1、H5：2、Y151：8、Y151：7）　9.器盖（H1：3）　10.罐（Y151：11）　14、15.瓮（Y151：5、Y151：4）

中口罐　H1：1，口沿。夹砂灰陶。折沿上翘，方唇，唇面饰一道凹弦纹，溜肩。素面。残宽8.1、残高4.9、厚0.4厘米（图2.67b，2）。

小罐　H1：2，口沿。夹砂灰陶。直领外侈，圆唇，溜肩。素面。残宽4.6、残高3.1、厚0.4厘米（图2.67b，3）。

圈足　H1：4，泥质褐陶。足底上卷，足有深戳印凹坑。素面。残宽8.4、残长4.8、厚0.6厘米（图2.67b，4）。

甑　Y151：3，底部。泥质灰陶。素面，腹部及底部镂不规则圆孔。底径12、残高1.6厘米。

瓮　2件。Y151：4，口沿。泥质灰陶。直领外卷，圆唇，直领，圆弧肩。上部磨光，下部饰弦断篮纹。口径34.5、残高16.4厘米（图2.67b，15）。Y151：5，口沿。泥质灰陶。直领微侈，圆唇，广肩微弧。磨光，肩部饰刻划纹，内壁有麻点。口径18.3、残高8.3厘米（图2.67b，14）。

器盖　H1：3，复原。泥质灰陶。敞口，方唇，沿内有一道凸棱，斜腹，平顶略凹。素面。口径12.8、通高4.8、底径5.8厘米（图2.67b，9）。

3）二里头文化

陶片6片，属于二里头文化二、三期。无典型标本。

4）西周时期

见有灰坑（H5），遗物数量较多，多为西周早、中期。标本6件。

鬲　5件。Y151：7，口沿。夹砂灰陶。折沿，圆唇，沿面有三周凹弦纹，溜肩。饰粗绳纹。口径28.4、残高9.7厘米（图2.67b，13）。Y151：8，口沿。夹砂灰陶。折沿上翘，方唇，唇部有一道凹槽，沿内凹。口径22.7、残高3.8厘米（图2.67b，12）。Y151：9，口沿。泥质灰陶。折沿上翘，方唇。饰绳纹。残宽6.9、残高5.2、厚0.7厘米（图2.67b，6）。Y151：10，口沿。夹砂褐陶。折沿上翘，方唇，唇部饰一道凹弦纹，颈部饰暗绳纹。残宽6.2、残高4.4、厚1.1厘米（图2.67b，7）。H5：1，口沿。夹砂灰陶。卷沿，方唇，沿内凹，弧腹。饰绳纹。残宽7.5、残高4.5、厚0.7厘米（图2.67b，8）。H5：2，口沿。夹砂灰陶。折沿上翘，方唇，溜肩。饰绳纹。口径25.8、残高7.1厘米（图2.67b，11）。

罐　Y151：11，口沿。泥质灰陶。直领外卷，方唇，沿面较平，溜肩。素面。口径18.7、残高5.7厘米（图2.67b，10）。

（3）基本认识

该遗址位置较为特殊，文化内涵非常复杂，以龙山晚期和西周时期的遗存为主，文中所判定的西周时期个别遗物可早到殷墟四期。仰韶晚期及二里头陶片较少，怀疑是从寺沟东南（Y152）搬运而来。遗址大部遭严重破坏，铁路看护房南剩余一高台，西侧剖面顶部挂有4座龙山晚期灰坑，东部因取土留有约300米长大坑，大坑东即为寺沟东南（Y152）遗址。路北村庄西部边缘调查曾发现少量二里头文化时期陶片，应该也破坏较严重或是从别处搬运而来。

63. 寺沟东南（Y152）

（1）概况

位于洛阳偃师市山化乡寺沟村鬼沟南，伊洛河北岸台地上。亦称寺沟遗址[①]。遗址西侧为取土大坑，与寺沟南（Y151）间隔约300米。台地北靠邙山，南临伊洛河凸岸，伊洛河河床从台地前面折向东流，陇海铁路、省道S314从台地中部穿过（图2.68a；图版九二，2）。估计仰韶晚期遗址面积约3万、龙山时期约4万、二里头时期约2万、周代约6万平方米。地理坐标北纬34°42′44.85″，东经112°54′29.61″，海拔约118米。地势较为平坦，起伏不大，高度与寺沟南高台处相近。地表现为村庄、道路、农田。

图2.68a　寺沟东南（右上为北）

2001年6月11日，中澳美伊洛河流域联合考古队初查，2007年11月12日复查；2017年6月22日，项目组复查。

（2）主要发现

在冲沟附近的断崖剖面发现陶窑1座，灰坑数座（图版九三，1）。仰韶、龙山、周代灰坑均有。仰韶、龙山灰坑主要分布在铁路以北，时代属仰韶-龙山过渡期。周代灰坑主要分布在铁路以南。H1、H2分别位于铁路北台地东剖面的南端和中南部，现均已被省道S314破坏。在H1、H2采集了浮选土样，有大量鱼骨、蚌壳、兽骨发现，仅H2就发现骨头18块，多经烧过。

[①] 国家文物局主编：《中国文物地图集·河南分册》，中国地图出版社，1991年，第122页，23-A23。

H3、H4分别位于铁路南二级台地东西向剖面东部及一级台地东西向剖面中部。地表散见大量陶片，分布密度较高。采集石器6件，蚌器16件，兽骨、鹿角若干。

H1：仰韶晚期（过渡期），见有横篮纹陶片，纹饰疏朗。

H2：龙山早期，多篮纹，1片绳纹陶片，可辨认器形有鬶、泥质折沿罐、堆纹罐、缸、罐、盆、钵、小口高领瓮、碗。

H3：二里头时期，见有仰韶及龙山早期陶片。

H4：时代为周。

H7：时代为周。

历次调查共采集石器6件，蚌器16件，陶片333片。其中，陶片有口沿69片、腹片257片、底片6片、足1件。分属于仰韶、龙山、二里头和西周时期。另外，还出有兽骨、鹿角。

石斧　Y152：30，鲕状白云岩。残断。磨制。长条休，断面呈椭圆形，双面刃，刃部及顶部残。残长5.1、残宽5、厚4厘米。

石刀　Y152：31，石英砂岩。残断。磨制。双面刃。残长5.9、宽5.8、厚1.8厘米。

石废料　Y152：32，鲕状白云岩。琢磨兼制。扁平长方体，圆弧顶，一面平整，一面内凹，圆弧状侧面。器身有多处较大片疤。也可能为砍砸器或器物粗坯。长12、宽9.47、厚3.4厘米。

石球　Y152：33，砂岩。完整。琢磨兼制。椭圆形球状。长径4.4、短径3.8厘米（图2.68b，1）。

砺石　Y152：35，砂岩。残块。打磨兼制。长条形，上下面平整，一侧面磨面，一侧面打制面，两头断裂。残长8.6、宽5.1、厚3.4厘米。

石刀坯　H7：1，石英砂岩。残断。长方形，琢磨兼制，去薄过程中断裂。残长12.5、宽6.3、厚1.8厘米。

1）仰韶文化

发现灰坑1处（H1），位于陇海铁路以北。属仰韶至龙山过渡期。

采集到大量的遗物，可辨认器形有鼎、泥质罐、小口高领瓮、尖底瓶、盆、钵、盖等。其中尖底瓶较有特色，可能有偏早遗物。标本5件。

罐　Y152：1，口沿。泥质灰陶。折沿，圆唇，溜肩。素面。残宽6.4、残高4.9、厚0.5厘米（图2.68b，4）。

盆　2件。Y152：2，口沿。泥质红陶。折沿，圆唇，沿面微鼓，直腹下弧。磨光。残宽11.9、残高6、厚0.6厘米（图2.68b，2）。Y152：3，口沿。泥质红陶。敞口，直沿，圆唇，斜腹。磨光，上部施红彩。残宽9、残高7.4、厚0.6厘米（图2.68b，3）。

钵　Y152：4，口沿。泥质红陶。直沿，圆唇。沿外饰深红彩宽彩带纹。残宽6.7、残高6.2、厚0.6厘米（图2.68b，5）。

尖底瓶　Y152：5，腹部。泥质红陶。饰篮纹后磨光（暗篮纹）及桥形錾。残高14.7、残宽13.4厘米。

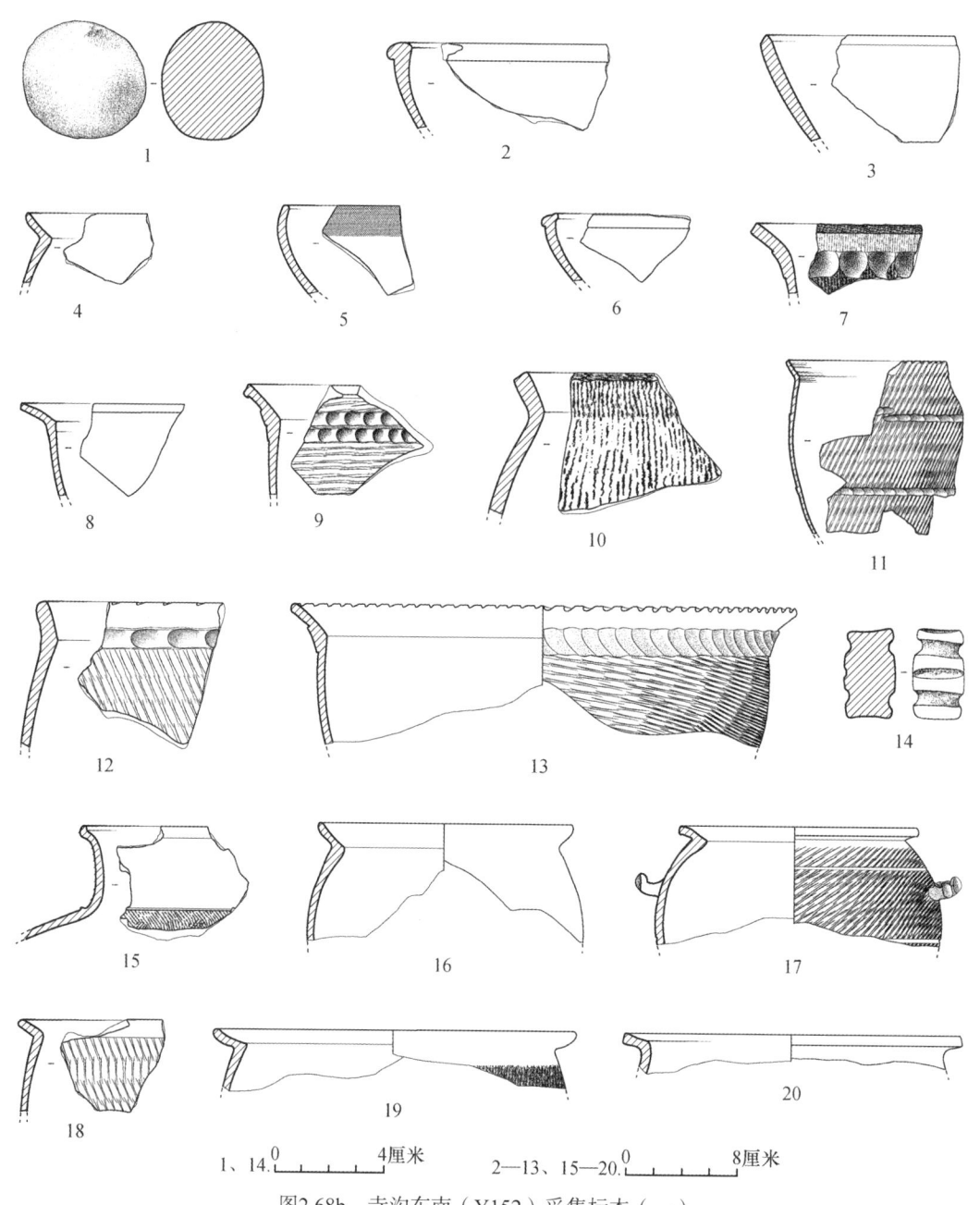

图2.68b 寺沟东南（Y152）采集标本（一）

1.石球（Y152：33） 2、3、8.盆（Y152：2、Y152：3、H2：8） 4、16.罐（Y152：1、Y152：6） 5、6.钵（Y152：4、H2：9） 7、9—13.缸（H2：1、H2：2、H2：4、H2：3、H2：5、H2：6） 14.网坠（Y152：29） 15.瓮（Y152：7） 17.鼎（Y152：11） 18.圆腹罐（H3：1） 19、20.深腹罐（Y152：9、Y152：10）

2）龙山文化

发现灰坑1座（H2），位于陇海铁路以北，填土内见有仰韶时期遗物。应为龙山早期。

采集陶片多为碎片，数量不多，可辨认器形有鬲、泥质折沿罐、堆纹罐、小口高领瓮、碗，包括龙山早、晚期。标本11件。

罐 2件。Y152：6，口沿。泥质灰陶。折沿上翘，尖唇，溜肩，圆弧腹。磨光。口径17.8、残高8.2厘米（图2.68b，16）。H2：7，底部。泥质灰陶。弧肩，直腹下收成平底。磨光。残高6.2、残宽8.1厘米。

瓮　Y152:7，口沿。泥质黑陶。直领外卷，圆唇，沿面有一道凹槽，长颈，广肩较平。肩饰绳纹及一周凸弦纹。残宽9.4、残高7.9、厚0.5厘米（图2.68b，15）。

缸　6件。H2:1，口沿。夹砂褐陶。卷沿，方唇，唇面饰绳纹，颈部饰附加堆纹，腹饰绳纹。残宽8、残高5、厚0.6厘米（图2.68b，7）。H2:2，口沿。夹砂黑皮褐陶。卷沿，方唇，颈部饰两道附加堆纹，腹饰篮纹。残宽10.3、残高7.6、厚0.5厘米（图2.68b，9）。H2:3，口沿。夹砂褐陶。折沿，圆唇，唇面饰花边，直腹微弧。腹饰篮纹夹两周附加堆纹。残宽25.2、残高29.8、厚0.6厘米（图2.68b，11）。H2:4，口沿。夹砂褐陶。折沿，方唇，唇面饰绳纹花边及按窝纹，直腹微弧。饰绳纹。残宽11.7、残高9.8、厚1厘米（图2.68b，10）。H2:5，口沿。夹砂灰陶。直领，圆唇，唇面饰绳纹花边，溜肩，直腹。颈部饰一周附加堆纹，腹饰篮纹。残宽10.5、残高10.1厘米（图2.68b，12）。H2:6，口沿。夹砂灰陶。折沿上翘，圆唇，唇面饰花边，颈部有一道附加堆纹，腹饰篮纹。口径36.4、残高9.7厘米（图2.68b，13）。

盆　H2:8，口沿。泥质灰陶。折沿，圆唇，沿面饰凹弦纹，直腹微弧。磨光。残宽7.4、残高6.4、厚0.6厘米（图2.68b，8）。

钵　H2:9，口沿。泥质灰陶。敞口，平沿，沿外包边加厚，沿内出棱，弧腹。素面。残宽7.9、残高4.7、厚0.6厘米（图2.68b，6）。

3）二里头文化

发现灰坑1处（H3），位于陇海铁路以北，灰坑内有仰韶和龙山陶片，年代为二里头文化。

采集陶片数量不少，可辨认器形有深腹罐、圆腹罐、网坠、罐形鼎、小口罐、高领瓮、刻槽盆等。标本5件。

深腹罐　2件。Y152:9，口沿。夹砂灰陶。折沿，圆唇。饰绳纹。口径25.6、残高4.3厘米（图2.68b，19）。Y152:10，口沿。夹砂灰陶。折沿上翘，方唇。素面。口径23.6、残高2.8厘米（图2.68b，20）。

圆腹罐　H3:1，口沿。夹砂灰陶。折沿，方唇，唇面饰花边，弧腹。饰篮纹。残宽7.5、残高6.4、厚0.5厘米（图2.68b，18）。

鼎　Y152:11，口沿。夹砂灰陶。折沿，圆唇，溜肩，鼓腹。饰篮纹夹凹弦纹，并附有一对鸡冠錾。口径16.7、残高8.3厘米（图2.68b，17）。

网坠　Y152:29，完整。泥质黑陶。圆柱形，两端各有一周凹槽，用于系绳，中部有半周凹槽，上下面内凹。磨光。直径1.8、高3.1、槽深0.2厘米（图2.68b，14）。

4）商周时期

2007年复查时，在铁路南面二级台地的小断崖剖面上，暴露有数座灰坑，在两个较大的灰坑里，采集了浮选土样及残留物分析样品，见有较多蚌壳。属于西周时期。2011年复查时，在铁路南二级台地南北向剖面南部，小路北发现灰坑，见有较多蚌壳。可辨认器形有鬲、罐、小罐、豆。其中1件锥状鬲足根疑似洹北期，部分标本疑似殷墟四期（或殷末周初），多数遗物为西周晚期或两周之际，个别可能到春秋时期。标本17件。

鬲 8件。Y152：12，复原。夹砂灰陶。卷沿，方唇，沿面有五周凹弦纹，平裆，乳突状足。饰绳纹，上腹部夹一周凹弦纹。口径26.2、底径22.2、高23.1厘米（图2.68c，7）。Y152：13，口沿。夹砂褐陶。折沿，方唇，束颈，溜肩。饰绳纹。口径22.8、残高8.5厘米（图2.68c，5）。Y152：14，口沿。夹砂灰皮陶。折沿，圆唇，唇面有一道凹弦纹，沿面较平，束

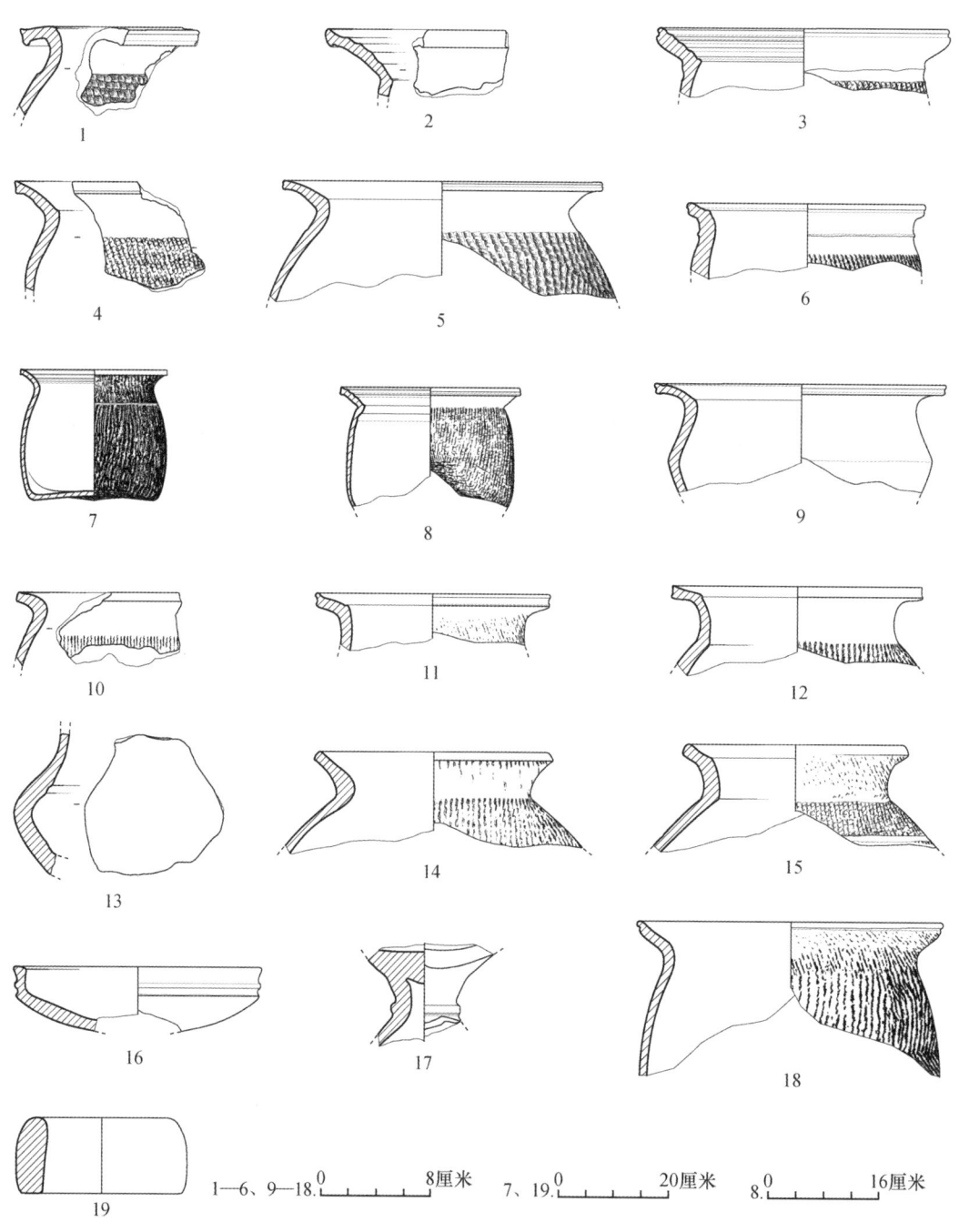

图2.68c 寺沟东南（Y152）采集标本（二）

1—8、18.鬲（Y152：17、Y152：16、Y152：15、Y152：18、Y152：13、Y152：14、Y152：12、H4：1、Y152：36）
9—15.罐（Y152：25、Y152：20、Y152：19、Y152：23、Y152：24、Y152：21、Y152：22） 16、17.豆（Y152：26、Y152：27） 19.器座（Y152：28）

颈，颈部有一周凸弦纹，溜肩。饰绳纹。口径16.6、残高5.3、胎厚1.4厘米（图2.68c，6）。Y152：15，口沿。夹砂灰陶。折沿，方唇，唇面有一道凹槽，沿面饰四道凹弦纹。腹饰绳纹。口径20.5、残高4.9厘米（图2.68c，3）。Y152：16，口沿。夹砂灰陶。折沿，方唇，沿内起五道瓦棱。素面。残长7、残宽4.8、厚0.8厘米（图2.68c，2）。Y152：17，口沿。夹砂灰陶。折沿，方唇，唇下窄呈棱，束颈，溜肩。饰绳纹。残宽9、残高6.2、厚0.7厘米（图2.68c，1）。Y152：18，口沿。夹砂灰陶。折沿，方唇，沿内饰一道凹弦纹，束颈，溜肩。饰绳纹。残宽9.7、残高7.7、厚0.6厘米（图2.68c，4）。H4：1，口沿。夹砂灰陶。折沿，方唇，沿面有三道凹槽。腹饰绳纹。口径25.6、残高16.7厘米（图2.68c，8）。

罐　7件。Y152：19，口沿。泥质灰陶。折沿，方唇，唇面饰一道凹弦纹，沿面微凹，直颈，颈饰暗弦纹。口径16.7、残高4厘米（图2.68c，11）。Y152：20，口沿。夹砂褐陶。卷沿，方唇，溜肩。饰绳纹。残宽9.2、残高5.3、厚0.6厘米（图2.68c，10）。Y152：21，口沿。泥质灰皮陶。卷沿，圆唇，束颈，广肩。饰绳纹。口径16.4、残高7.2厘米（图2.68c，14）。Y152：22，口沿。泥质灰皮褐陶。直领外卷，圆唇，束颈，广肩较平。颈部饰暗绳纹，肩饰绳纹。口径15.3、残高7.6厘米（图2.68c，15）。Y152：23，口沿。泥质灰陶。折沿，方唇，唇面微凹，颈较直，溜肩。饰绳纹。口径17.8、残高6.3厘米（图2.68c，12）。Y152：24，腹部。泥质灰陶。溜肩，圆弧腹。素面。残宽10.2、残高9.9、厚1.2厘米（图2.68c，13）。Y152：25，口沿。泥质灰陶。卷沿，方唇，沿面有一道凹弦纹，溜肩，折腹。素面。口径20.6、残高7.6厘米（图2.68c，9）。

豆　2件。Y152：26，豆盘。泥质灰陶。敞口，方唇，沿外饰两道凸弦纹，折腹，浅盘。磨光。口径17.5、残高4.5厘米（图2.68c，16）。Y152：27，豆座。泥质灰陶。锥形矮柄，喇叭口座残，柄部有一道凸棱。素面。残高7.3厘米（图2.68c，17）。

5）时代不详

器座　Y152：28，复原。夹砂灰陶。圆形柱体，素面，有切削痕迹。口径23.1、底径28.9、底径29、高13.3厘米（图2.68c，19）。

鬲　Y152：36，口沿。夹砂灰陶。折沿上翘，尖唇，溜肩，沿外饰暗绳纹，腹饰绳纹。口径21.5、残高10.8厘米（图2.68c，18）。

（3）基本认识

该遗址文化内涵十分丰富，包含仰韶、龙山早晚期、二里头文化、殷墟、西周、东周等不同时期的遗存，倘若与西侧间隔约300米寺沟南（Y151）和东侧石家庄西南（Y153）等合起来看成一处大的遗址，则遗址面积很大，时代延续性很强。

遗址地处黑石关西侧，与隔河相望的稍柴遗址相对，应该都是古代重要的聚落所在。遗址保存较差，正好位于今伊洛河顶冲段，南侧易被河流侵蚀，北侧则被铁路、公路及村庄占压破坏。

64a. 石家庄（075）[①]

（1）概况

位于洛阳偃师市山化乡石家庄村（曾属巩义）南伊洛河北岸台地上。范围为南邻伊洛河，西至徐家沟沟口处，东至张沟，北至邙山脚下的省道S314和陇海铁路两侧（图2.69a）。面积约20万平方米。地理坐标为北纬34°42′58.38″，东经112°55′01.94″，海拔约118米。陇海铁路以北大部分已被厂区和民宅占压，铁路以南多为农田。

2001年6月，中澳美联合考古队对该遗址进行调查（原始编号01-153，本报告编号Y153），2002年3月9日，二里头工作队调查该遗址（原始编号02-009，简报编号为075）。本报告将选取二里头队调查采集的遗物发表。

2017年6月18日，项目组复查；2017年6月22日，再次复查。

图2.69a　石家庄（上为北）

---

① 该遗址由二里头工作队与中澳美联合考古队分别调查。两者位置大体重合，范围稍有差别。本报告中将其视为一处遗址，相关资料分别发表，详见本节与下文。

（2）主要发现

两队调查的发现比较一致。该遗址的遗存主要集中于石家庄西南，发现陶片数量较多，主要属于仰韶和东周时期。

1）仰韶文化

采集陶片数量较多，可辨认器形有盆、尖底瓶、彩陶折腹钵、盖、夹砂罐等。主要为仰韶中期（偏晚）。

钵　075：1，口沿。泥质红陶。直口微敛，折腹。施白衣褐彩。残高5.5、厚0.6—0.7厘米（图2.69b，1）。

盆　075：2，口沿。泥质红陶。敛口，平沿，圆唇，弧腹。素面。残高3.6、厚0.5—0.8厘米（图2.69b，2）。

2）东周时期

少量陶片，多属于战国时期。标本1件。

鬲　075：3，口沿。夹砂红陶。折沿，方唇，沿面有一道凹槽，沿内饰一道凹弦纹，束颈，溜肩。口径25、残高4.6、厚0.6—0.8厘米（图2.69b，3）。

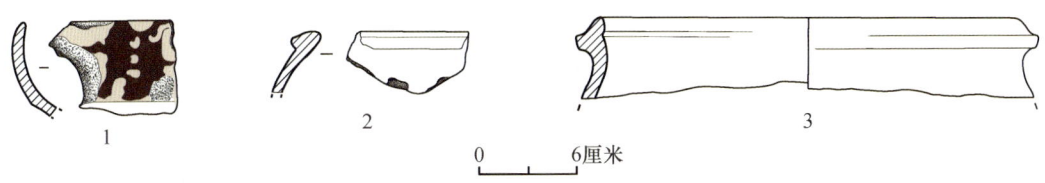

图2.69b　石家庄（075）采集标本
1.钵（075：1）　2.盆（075：2）　3.鬲（075：3）

（3）基本认识

该遗址文化内涵相对简单，主要为仰韶文化遗存，另有少量龙山和东周晚期的遗存。

64b. 石家庄西南（Y153）

（1）概况

位于洛阳偃师市山化乡石家庄村西南，徐家沟南口，伊洛河北岸台地上。台地北靠邙山，南临伊洛河，伊洛河河床从台地前面折向东流，陇海铁路从遗址北面穿过（图2.70）。面积约1万平方米。地理坐标北纬34°42′58.38″，东经112°55′01.94″，海拔约118米。地表现为农田。

2001年6月11日，中澳美伊洛河流域联合考古队初查；2017年6月22日项目组复查。

（2）主要发现

遗址所在台地已被窑厂取土破坏殆尽，未发现遗迹现象。
地表散见仰韶和周代陶片，密度不大。采集陶片74片，其中口沿1片、腹片73片。仰韶中期可辨认器形有夹砂罐、尖底瓶。周代仅少量碎片。无典型标本。

（3）基本认识

以仰韶中期为主，个别周代陶片。可能大部分已被旧砖厂取土破坏。

图2.70 石家庄西南（右上为北）

65. 高岭（Y154）

（1）概况

位于洛阳偃师市山化乡石家庄村张沟东北，高岭西北，邙山岭上。具体位置为石家庄村北100米，石家庄通往向阳村的小路以东150米一处高台上（图2.71a）。面积约0.5万平方米。地理坐标北纬34°43′20.35″，东经112°55′06.06″，海拔约169米。地势高亢，起伏较大，沟坎很多，地表现为林地、农田。

2001年6月11日，中澳美伊洛河流域联合考古队初查，2017年6月22日复查。

图2.71a　高岭（上为北）

（2）主要发现

在一个近代的夯土寨子里及寨墙西边，散见周代陶片，密度不大。该遗址采集陶片25片，其中口沿8片、腹片17片。

石斧　Y154：2，鲕状灰岩。琢磨兼制。残断。长条形，断面呈椭圆形，双面弧刃。刃部使用痕迹明显。残长9.12、宽5.51、厚3.85厘米。

鼎　Y154：1，可复原。夹砂灰陶。子母口，深腹，圜底，长方形耳，长方形孔。残足。上腹部磨光，饰一周凸弦纹，下腹部饰绳纹。口径20.1、残高16.2厘米（图2.71b，12）。

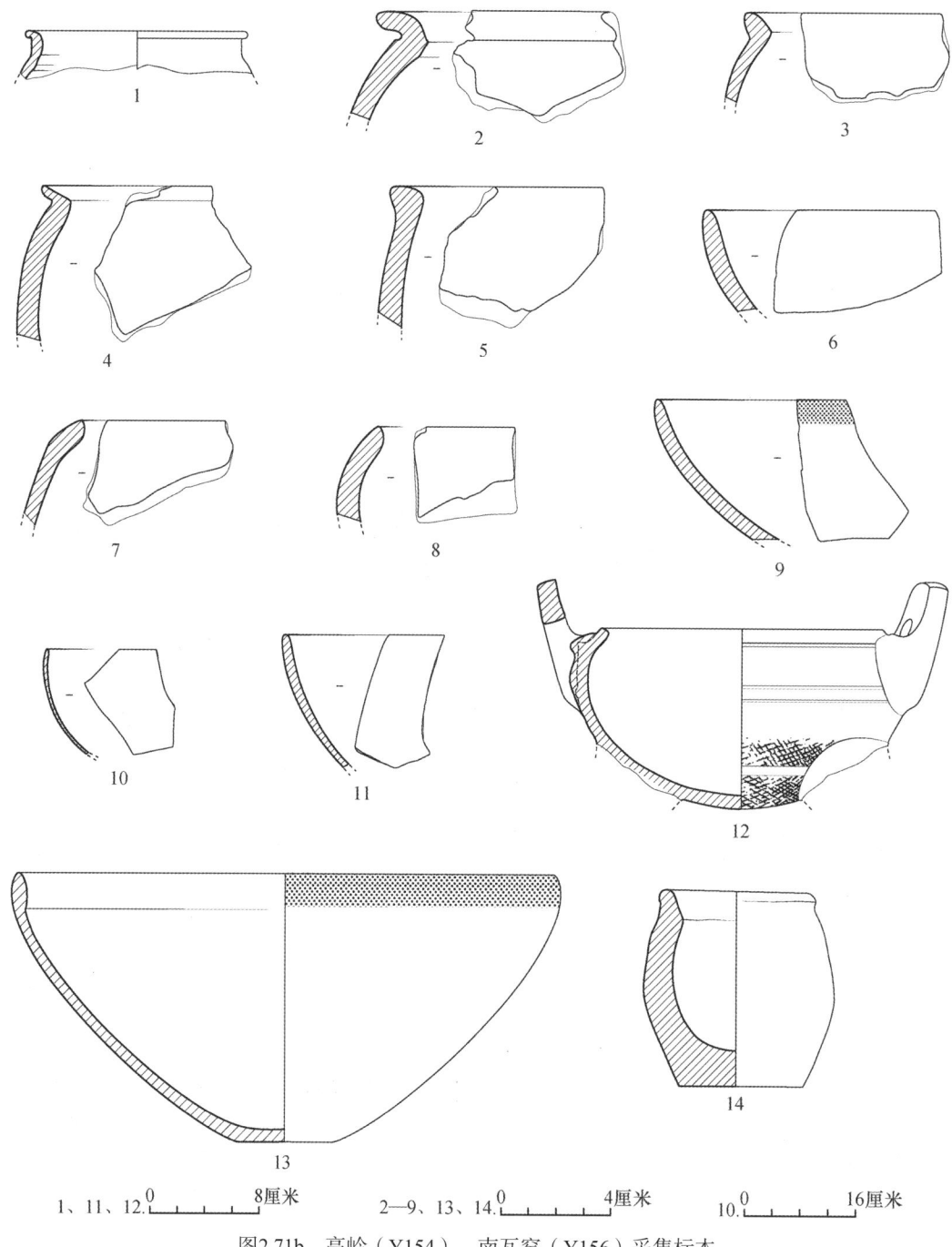

图2.71b 高岭（Y154）、南瓦窑（Y156）采集标本

1—5、14. 罐（Y156：3、Y156：1、Y156H1：1、Y156H1：2、Y156：2、Y156W1：2） 6. 碗（Y156：7） 7. 缸（Y156：5）
8—11. 钵（Y156：6、Y156H1：4、Y156H1：3、Y156：4） 12. 鼎（Y154：1） 13. 盆（Y156W1：1）

（3）基本认识

该遗址文化内涵较为单纯，可能为邙山岭地上的一处以战国时期遗存为主的遗址。

66. 南瓦窑（Y156）[①]

（1）概况

位于郑州巩义市康店镇康南村南瓦窑北，金谷寨南邙山山前台地上。具体位置为康南村村西南台地，连霍高速（G30）南线北侧，康北至叶岭东西向公路两侧一高台地上（图2.72；图版九三，2）。现存面积约0.1万平方米。地理坐标北纬34°45′31.16″，东经112°56′32.85″，海拔约131米。台地东依伊洛河，西靠邙山岭，地势高亢，起伏很大，多断崖沟坎，地表现为村庄及农田。

2001年6月15日初查，2017年6月18日、7月21日复查。

图2.72　南瓦窑（上为北）

（2）主要发现

紧邻村庄处的路南—南北向断崖剖面暴露有灰坑和文化层。在路边发现H1，采集陶片13片，口沿5片，蚌片1片，取有浮选土样及陶片标本（图版九四，1）。2017年复查时，在康

[①] 该遗址系郑州市文物考古研究院离休研究员廖永民先生带领初步踏查，未经细致调查。之后的复查工作主要为观察已知点，采集部分遗物。自该遗址起至神北遗址（Y161）止，整个洛汭地区均系廖永民先生带领，未按照全覆盖式调查方法进行调查。该遗址调查时估计面积约为3万平方米，复查时仅在村中小水泥路一侧小型台地上发现，面积约0.1万平方米。

南至叶岭公路北侧东西向断崖剖面上，发现灰坑3座，瓮棺1座，瓮棺编号W1，为一罐一盆组合，盆可复原，罐陶质太差，不能复原。瓮棺内还出土1件夹砂陶小罐，属于仰韶早期遗存（图版九四，2）。

地表散见仰韶陶片，密度不大。采集陶片38片，口沿9、腹片28、底片1片。可辨认器形有罐、夹砂折沿罐、夹砂高领罐、缸、盆、钵、碗等，属于仰韶早、中期，部分遗物可至仰韶晚期。标本14件。

罐　6件。Y156∶1，口沿。夹砂灰陶。卷沿，圆唇，溜肩。素面。残宽6.3、残高3.9、厚0.7厘米（图2.71b，2）。Y156∶2，口沿。夹砂灰陶。敛口，平沿，圆唇，弧腹。素面。残宽5.9、残高5、厚0.9厘米（图2.71b，5）。Y156∶3，口沿。夹砂褐陶。卷沿，圆唇，直领，溜肩。素面。口径15.4、残高3.4厘米（图2.71b，1）。H1∶1，口沿。夹砂褐陶。折沿上翘，圆唇，溜肩。素面。残宽5.4、残高3.1、厚0.4厘米（图2.71b，3）。H1∶2，口沿。夹砂褐陶。直领外侈，圆唇，溜肩。素面。残宽5.6、残高5.5、厚0.8厘米（图2.71b，4）。W1∶2，完整。夹砂褐陶。直口圆唇，溜肩，圆弧腹，平底。素面。口径5.1、底径4.4、高6.9厘米（图2.71b，14）。

缸　Y156∶5，口沿。泥质红陶。内折沿，圆唇，溜肩。素面。残宽5.4、残高3.7、厚0.5厘米（图2.71b，7）。

盆　W1∶1，复原。泥质灰陶。直口圆唇，圆弧腹下收成小平底。磨光，沿内外均饰红衣红彩带纹。口径38.8、底径7.2、高18.8厘米（图2.71b，13）。

钵　5件。Y156∶4，口沿。泥质红陶。直沿，圆唇，圆弧腹较深。磨光，施红彩。残宽6.5、残高9.3、厚0.4厘米（图2.71b，11）。Y156∶6，口沿。泥质红陶。内卷沿，敛口，圆唇。素面。残宽3.7、残高3.4、厚0.8厘米（图2.71b，8）。H1∶3，口沿。泥质灰陶。直沿圆唇，弧腹较深。饰红衣黑彩蝌蚪纹。残宽13.1、残高14.7、厚0.3厘米（图2.71b，10）。H1∶4，口沿。泥质褐陶。敞口，圆唇，弧腹。饰条带状。残宽4.1、残高5厘米（图2.71b，9）。

碗　Y156∶7，口沿。泥质红陶。直口，圆唇，弧腹。素面。残宽6、残高3.6、厚0.6厘米（图2.71b，6）。

（3）基本认识

该遗址以仰韶文化遗存为主，包括早、中、晚期遗存。遗址东部紧邻村庄，公路北侧剩一小台地，剖面可见灰坑、瓮棺等。南北两侧均有冲沟切割，原面积应该更大，保存状况较差。该遗址地势起伏较大，是仅剩不多的小块平地，面临村庄拓展的威胁，剩余面积不大，岌岌可危。

67. 康北古城（Y157）

（1）概况

位于郑州巩义市康店镇康北村西窑顶沟，连霍高速公路G30北支线向西进隧道（康店隧道）口处东北200米，伊洛河西岸高地（图2.73a）。面积约6万平方米。地理坐标北纬34°46′15.72″，东经112°56′35.02″，海拔约138—175米。遗址所在位置现为山地、农田。1986年，被定为第二批河南省重点文物保护单位[①]。

2001年6月15日初查；2017年6月18日、7月21日复查。

图2.73a　康北古城（右为北）

（2）主要发现

城址平面略呈正方形，东墙已无存，西墙依山就势，南北两侧临沟未见城墙。现存西墙北段及西北城角，后世沿用为城寨（图版九五，2）。寨门匾上书"东周故址"（图版九五，1）。但寨墙用砖及土坯都为后世。

地表及断崖剖面采集陶片13片，其中口沿2、腹片10、底片1片。多为东周时期。

碗　Y157：1，完整。泥质灰陶。直沿，圆唇，束颈，弧腹，平底。素面。口径9.5、底径6.4、高4.4厘米（图2.73b，2）。

---

① 国家文物局主编：《中国文物地图集·河南分册》，中国地图出版社，1991年，第35页，32-A32。

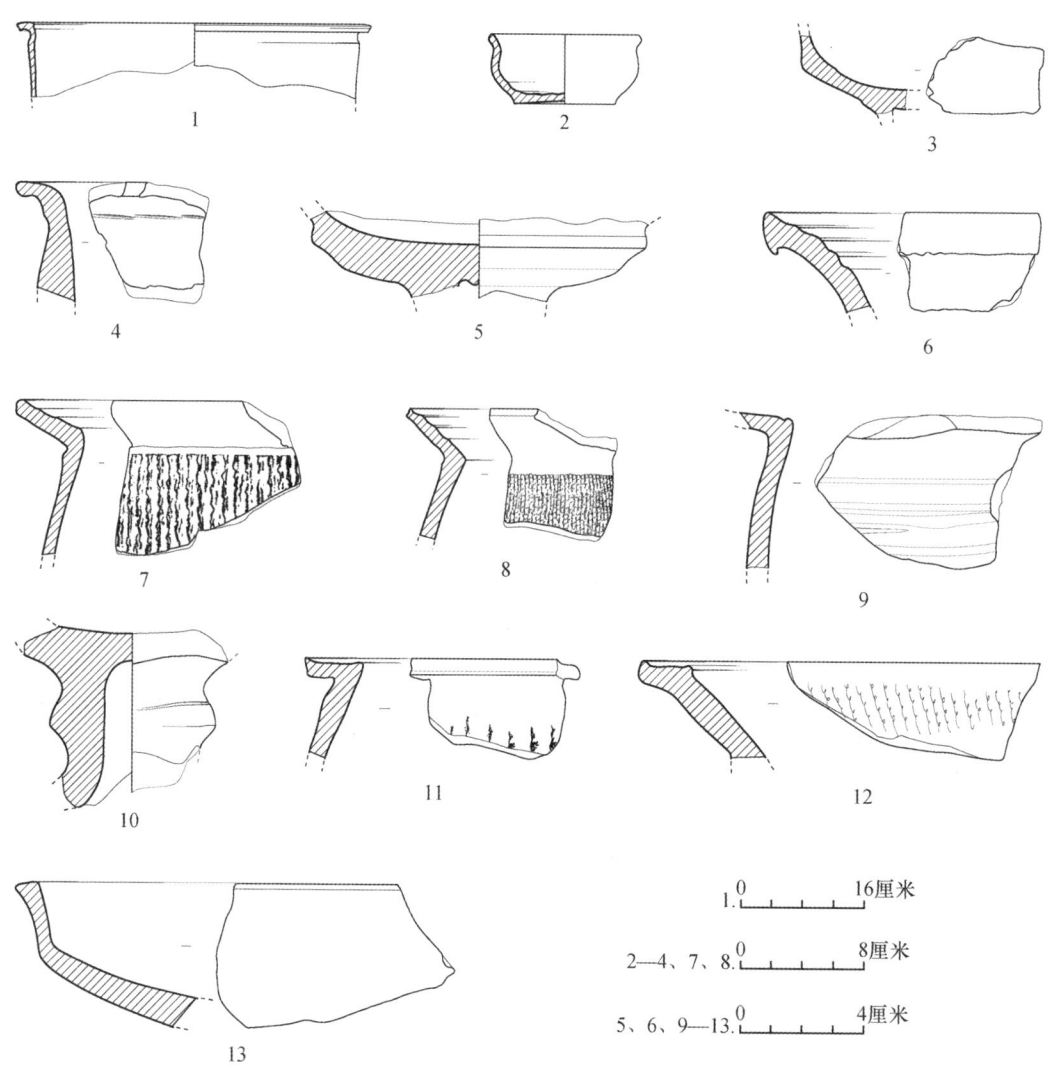

图 2.73b　康北古城（Y157）、康沟（Y158）采集标本

1、12. 盆（Y157：2、Y158：9）　2. 碗（Y157：1）　3、5、10、13. 豆（Y157：3、Y157：4、Y158：7、Y158：6）　4. 缸（Y158：4）　6—8、11. 鬲（Y158：3、Y158：1、Y158：2、Y158：8）　9. 罐（Y158：5）

盆　Y157：2，口沿。泥质灰陶。折沿，方唇，束颈，直腹。素面。口径43.4、残高9.6厘米（图2.73b，1）。

豆　2件。Y157：3，豆盘。泥质灰陶。残口。素面。残宽7.7、残高4.9、厚1.4厘米（图2.73b，3）。Y157：4，豆盘。泥质灰陶。残口。素面。残宽11、残高2.8、厚1.8厘米（图2.73b，5）。

（3）基本认识

该遗址发现的遗存多为东周时期，显示出周代确实有人居住，但是否为战国时期的巩国故城则不得而知。城址具体性质尚待进一步勘察确定。遗址保存状况较差。

68. 康沟（Y158）

（1）概况

位于郑州巩义市南河渡镇康沟村中部偏北，石榴沟北，富康北路以西50米，东西向路以南80米，南河渡卫生院中医馆东侧（图2.74；图版九六，1）。面积约2万平方米。台地东依伊洛河，西靠邙山岭，地势较为平坦。地理坐标北纬34°48′37.19″，东经113°00′49.19″，海拔约123米。现大部分被村庄、卫生院及厂房占压破坏，余一台地约2000平方米。

图2.74　康沟（右为北）

1992年，河南社会科学院河洛文化研究所、巩义市文物保护管理所对此遗址进行过调查。认为此遗址包含仰韶文化至龙山文化过渡期、二里头文化、二里岗文化、殷墟文化、西周和东周等各个时期的遗存，延续性较强，除二里头文化遗物系地面采集散片外，其余大多见于文化层。发现了灰坑、墓葬、水井等丰富的文化遗存[①]。

2001年6月15日初查，2007年11月12日、2017年7月21日复查。

---

① 河南社科院河洛文化研究所、河南巩义市文物保护管理所：《洛汭地带商周文化遗存调查》，《中原文物》1994年第4期；河南省社科院河洛文化研究所、河南省巩义市文物保护管理所：《河南巩义市洛汭地带古代遗址调查》，《考古学集刊》（第9集），科学出版社，1995年，第35—40页；河南省社科院河洛文化研究所、河南省巩义市文物保护管理所：《洛汭地带仰韶文化遗存调查》，《中原文物》1995年第1期。

（2）主要发现

石榴沟北断崖剖面暴露有周代灰坑（图版九六，2）。据巩义市文物保护管理所人员介绍，此处曾出土过商代青铜器多件。遗址地表散见仰韶和东周时期陶片，未见到商代遗物。

采集石器1件，蚌器1件，兽骨2块，陶片63片，其中口沿23片、腹片40片。多为西周中晚期和东周时期。

砺石 Y158：10，砂岩。琢磨兼制。底面略呈长方形，中部束腰，呈鞋底状，两侧面呈等腰三角形，制作规整，磨制较光滑。长17.03、宽9.45（中部宽8）、高6.04厘米。

1）西周时期

见有鬲、罐、豆、缸等器形，多为西周中、晚期。标本7件。

鬲 3件。Y158：1，口沿。夹砂灰陶。折沿，圆唇，沿面有三道瓦棱，溜肩。饰绳纹。残宽12.5、残高9.8、厚1厘米（图2.73b，7）。Y158：2，口沿。夹砂灰陶。折沿，方唇，沿面有三道瓦棱，溜肩。饰绳纹。残宽8.3、残高8.3、厚1厘米（图2.73b，8）。Y158：3，口沿。夹砂灰陶。侈口，尖唇，沿下出一道凸棱，沿面有四道凹槽。饰绳纹。残宽4.7、残高3.2、厚0.8厘米（图2.73b，6）。

缸 Y158：4，口沿。夹砂灰陶。卷沿，圆唇，直腹。腹壁较厚。素面。残宽7.9、残高7.7、厚2.4厘米（图2.73b，4）。

罐 Y158：5，口沿。泥质灰陶。平折沿，方唇，直腹，微弧。素面。残宽7.4、残高4.6、厚0.7厘米（图2.73b，9）。

豆 2件。Y158：6，豆盘。泥质灰陶。敞口，方唇，折腹，浅盘。素面。残宽7.9、残高4.6厘米（图2.73b，13）。Y158：7，柄部。泥质灰陶。中部有一道凸棱，粗柄中空矮足。素面。直径5.3、残高5.7厘米（图2.73b，10）。

2）东周时期

见有鬲、盆等器形。标本2件。

鬲 Y158：8，口沿。夹砂灰陶。折沿，方唇，溜肩。饰绳纹。残宽5.5、残高3.2、厚0.6厘米（图2.73b，11）。

盆 Y158：9，口沿。泥质灰陶。折沿，圆唇，沿面有一道凸棱。磨光，饰暗绳纹。残宽8.3、残高3.1、厚0.9厘米（图2.73b，12）。

（3）基本认识

该遗址以两周时期的遗存为主，多为西周中晚期和东周时期。2007年后复查时遗址已破坏殆尽。据以往调查资料可知，该遗址包含仰韶文化过渡期、二里头、二里岗、晚商、西周及东周等不同时期的遗存。遗址现大部已被村庄占压破坏。

69. 董沟（Y159）

（1）概况

位于郑州巩义市南河渡镇南河渡村董沟村中、北部，伊洛河与黄河交汇处以西2千米（图2.75）。面积约3万平方米。地理坐标北纬34°48′55.42″，东经113°02′21.53″，海拔约144米。台地东依伊洛河，北靠邙山岭。地势高亢，北高南低，多断崖沟坎。地表现为民居及山坡农地。

图2.75　董沟（上为北）

1992年，河南省社会科学院河洛文化研究所联合巩义市文物保护管理所对该遗址进行过调查，认为主要为仰韶文化早期与仰韶龙山过渡期遗存[①]。

2001年6月15日初查，2017年6月18日复查。

---

① 河南省社科院河洛文化研究所、河南省巩义市文物保护管理所：《洛汭地带仰韶文化遗存调查》，《中原文物》1995年第1期；河南省社科院河洛文化研究所、河南省巩义市文物保护管理所：《河南巩义市洛汭地带古代遗址调查》，《考古学集刊》（第9集），科学出版社，1995年，第22—24页。

（2）主要发现

未发现灰坑，地表散见少量仰韶陶片。

采集陶片11片，口沿1片，余为腹片。分属于仰韶、东周和汉代。

仰韶早期的遗物，多为碎片，可辨认器形有盆、钵。无典型标本。

（3）基本认识

据以往调查资料可知，该遗址以仰韶早期遗存为主，并见有仰韶晚期至龙山早期过渡期的遗存和少量东周及汉代遗物。遗址保存状况不佳，大部已被村庄占压和破坏。

70. 洪沟（Y160）

（1）概况

位于郑州巩义市南河渡镇神南村西北100米，洪沟村中部，东距伊洛河约1千米，北距黄河约2千米（图2.76；图版九七，1）。遗址面积不详。地理坐标北纬34°49′25.00″，东经113°02′45.21″，海拔约169米。

图2.76 洪沟（下为北）

村南沟壁剖面上的黄土层下，曾发现旧石器。1994年、1996年曾经发掘，发现了用火痕迹，出土了大量的古脊椎动物化石和石制品，有刮削器、砍砸器、尖状器等，距今约11万年[1]。

2000年列为河南省第三批重点文物保护单位，建有保护棚及遗址碑。

2001年6月15日调查，2017年7月21日复查。

（2）主要发现

调查发现了文化层。未采集标本。

（3）基本认识

该遗址系伊洛河沿岸的旧石器地点之一。2017年复查时发现有人在遗址处新挖窑洞。

---

[1] 巩义市文物保护管理所，河南省社会科学院河洛文化研究所：《河南巩义市洪沟旧石器遗址试掘简报》，《中原文物》1998年第1期。

71. 神北（Y161）

（1）概况

亦称神都山遗址。位于郑州巩义市南河渡镇神北村，伊洛河与黄河交汇处（洛汭）西侧夹角地带。具体位置为井沟村东，刘胡同村北的刘镇华庄园北侧神都山顶平台上。东临伊洛河河谷，北依黄河（图2.77a；图版九七，2）。地理坐标北纬34°49′40.21″，东经113°03′08.78″，海拔约132米。面积0.5万平方米。地势高亢，相对较为平坦。

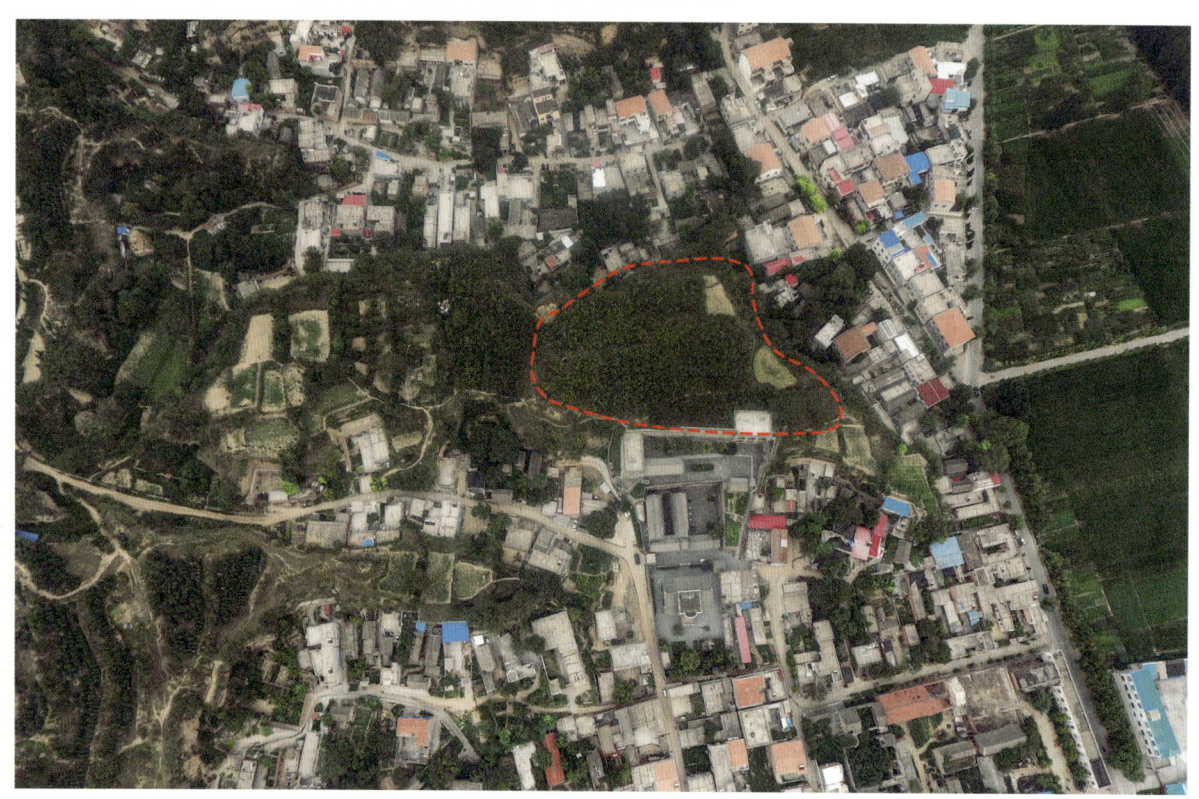

图2.77a　神北（上为北）

1992、1993年，河南省社会科学院河洛文化研究所与巩义市文管所进行过调查和试掘，认为属于仰韶文化晚期和龙山文化遗存①。

2001年6月15日初查，2017年7月21日复查。

（2）主要发现

在东西向台地的剖面发现了灰坑（图版九八，1）。地表散见龙山和二里头文化陶片。

---

① 河南省社科院河洛文化研究所、河南省巩义市文物保护管理所：《河南巩义市洛汭地带古代遗址调查》，《考古学集刊》（第9集），科学出版社，1995年，第29、30页。

采集石器2件，陶片64片，其中口沿10、底片4、腹片50片。

石锤　Y161：3，石灰岩。残。厚重梯形。残长9.5、宽8.8、厚5.6厘米。

石铲坯　Y161：4，白云岩。残断。打磨兼制。略呈长方形。已去薄，塑形过程中断裂。疑为石铲坯。残长13.3、宽9.6、厚3厘米（图2.77b，1）。

1）仰韶文化

可辨认器形有小口高领罐、盆、圈足盘、彩陶杯，属于仰韶文化晚期。标本2件。

圈足盘　Y161：2，腹部。泥质灰陶。圜底矮圈足。磨光，圈足与腹部交接处饰一周凸弦纹。残宽13.2、残高9.9、厚0.8厘米（图2.77b，2）。

彩陶片　Y161：1，泥质红陶，施红彩。残高3.2、残宽4.5厘米。

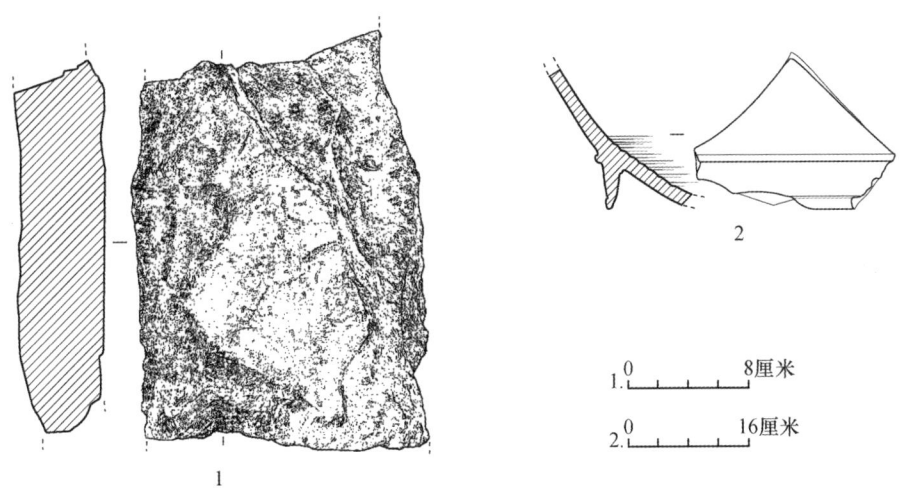

图2.77b　神北（Y161）采集标本
1. 石铲坯（Y161：4）　2. 圈足盘（Y161：2）

2）龙山文化

可辨认器形有鼎、大口罐、小口高领罐、圈足盘、豆、斝，属于龙山文化晚期。无典型标本。

3）二里头文化

陶片为碎片，可辨认器形有捏口罐，无典型标本。

（3）基本认识

该遗址面积较小，堆积不丰富。遗存以仰韶晚期及龙山晚期为主，兼有少量二里头时期遗物。

二、夹河片区

遗址主要分布于现洛河南岸、伊河北岸以及两河之间西侧的二级阶地上（此处地势较高，位于李楼镇南部和佃庄镇西部，旧称五凤岭），共计31处（图2.78）。

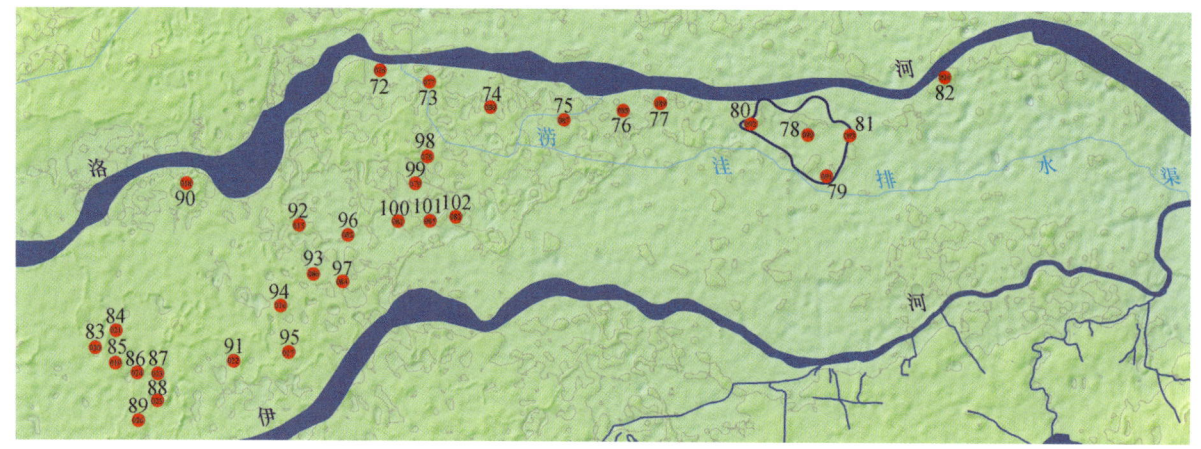

图2.78　夹河片区遗址分布示意图

（一）古洛河北岸

其中，调查范围内现洛河南岸、古（伊）洛河北岸的二级阶地南缘共发现遗址11处（图2.79）。

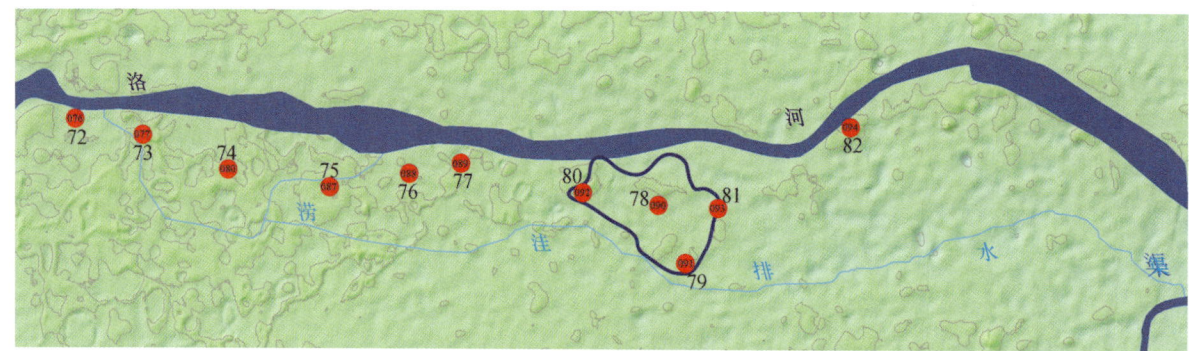

图2.79　古洛河北岸遗址分布示意图

72. 西石桥东（076）

（1）概况

位于洛阳市洛龙区佃庄镇（伊滨区代管）西石桥村东洛河南岸台地上。具体范围为现洛河以南，枣园至东石桥道路（X029）以西，西石桥村以东500米，西石桥村南东西向道路以北（图2.80a；图版九八，2）。不同时期的遗址面积大小不一，其中裴李岗和仰韶时期的面积约9万平方米，龙山时期约6.1万平方米；二里头文化时期约2.7万平方米。地理坐标为北纬34°42′30.11″，东经112°35′22.64″，海拔约125米。遗址上部被东周及汉代的遗迹所压，先秦时期的遗址位于下部。其中，裴李岗、仰韶、龙山诸时期遗存集中分布于公坟以西的断崖上。二里头、二里岗时期的遗存主要分布于东石桥公坟北及以东断崖上。东周和汉代遗存则遍布遗址上，主要见于地势较高的公坟周围。

2001年3月11日二里头工作队调查，2017年6月28日复查。

（2）主要发现

调查中在该遗址发现了不同时期的遗迹，采集到数量较多的标本，分属于裴李岗、仰韶、龙山、二里头和两周等不同时期。另外，还发现了残石器、骨料和兽骨残块等。标本共计46件。

图2.80a　西石桥东（上为北）

砺石　076∶1，粉砂岩。灰褐色。经过磨制，一面有四道用于磨砺造成的槽沟。残长7、宽5—5.5、厚1.2—1.4厘米（图2.80b，5；图版二四〇，2）。

石料　076∶2，硅质岩。黑色。废石料。长4、宽1—1.7、厚0.5—1.5厘米（图2.80b，6）。

骨料　076∶36，黄牛，右胫骨。长5.3、宽4.2—4.5、壁厚0.4—0.8厘米（图2.80b，14）。

1）裴李岗文化

见有少量陶器残片。标本1件。可能为裴李岗文化晚期或仰韶早期。

碗　076∶3，复原。泥质红陶。敞口，圆唇，鼓腹，平底。外壁饰戳刺纹。口径21、高8.7、厚0.9厘米（图2.80b，13；图版三〇三，6）。

2）仰韶文化

陶片数量较多。见有泥质和夹砂类。泥质多为素面，少数见有弦纹和彩陶。夹砂也是以素

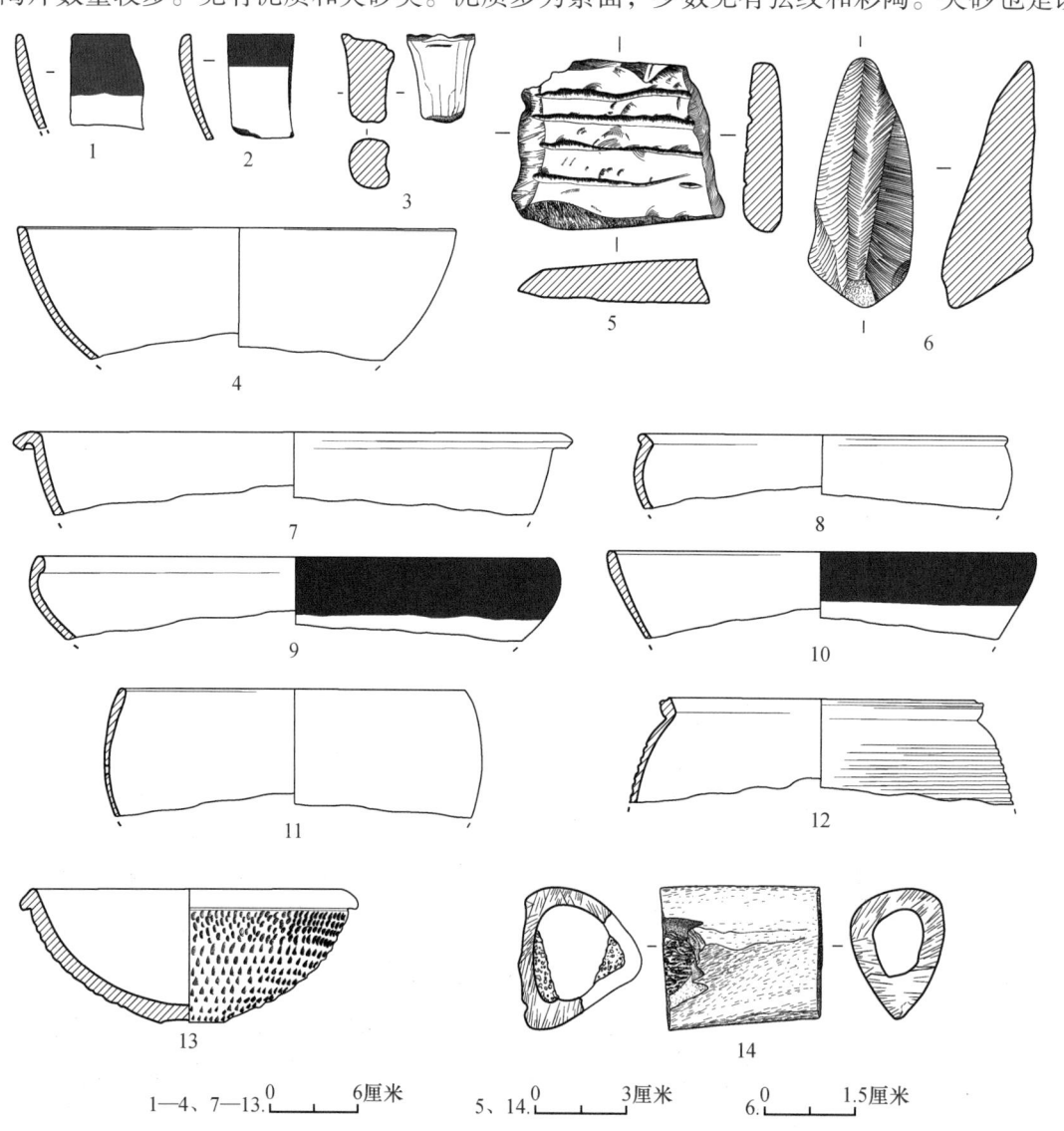

图2.80b　西石桥东（076）采集标本（一）

1、2、9—11.钵（076∶12、076∶9、076∶8、076∶11、076∶13）　3.鼎（076∶4）　4.7.盆（076∶10、076∶6）　5.砺石（076∶1）　6.石料（076∶2）　8、12.罐（076∶7、076∶5）　13.碗（076∶3）　14.骨料（076∶36）

面为主,个别见有绳纹装饰。可辨认器形有鼎足、罐、盆、尖底瓶、钵。标本丰富,涵盖仰韶文化早、中、晚期,标本10件。

鼎 076:4,足部。夹砂红陶。圆柱形,素面。残高5.6厘米(图2.80b,3;图版三〇七,4)。

罐 2件。076:5,口沿。夹砂褐陶。直领,方唇,唇面有一周凹槽,广肩,肩饰凹弦纹。口径21、残高6.6、厚0.3—0.5厘米(图2.80b,12)。076:7,口沿。泥质红陶。直领,圆唇,溜肩,弧腹。素面。口径24、残高4.6、厚0.5—0.6厘米(图2.80b,8)。

盆 2件。076:6,口沿。泥质红陶。卷沿,方唇,直腹。素面。口径37、残高5.1、厚0.6—0.7厘米(图2.80b,7)。076:10,口沿。泥质红陶。敞口,方唇,斜弧腹。素面。口径29、残高8.4、厚0.4—0.6厘米(图2.80b,4)。

钵 5件。076:8,口沿。泥质红陶。敛口,圆唇,内包边,弧腹内收。施红彩。口径34、残高5.2、厚0.5—0.6厘米(图2.80b,9)。076:9,口沿。泥质灰陶。直口微敛,圆唇,直腹微弧。沿外施红衣。残高6.7、厚0.4—0.8厘米(图2.80b,2)。076:11,口沿。泥质灰陶。敞口,圆唇,斜弧腹。沿外施红衣。口径28、残高5.4、厚0.3—0.7厘米(图2.80b,10)。076:12,口沿。泥质红陶。敛口,圆唇,弧腹。磨光,沿外施红衣。残高6、厚0.5—0.7厘米(图2.80b,1)。076:13,口沿。泥质红陶。敛口,圆唇,弧腹,腹部镂有一小孔。素面。口径23、残高8、厚0.2—0.6厘米(图2.80b,11;图版三二六,3)。

3)龙山文化

发现灰坑1处,编号H1(图版九九,1)。地表采集陶片数量较多,见有泥质和夹砂类,均以素面为主。泥质部分见有弦纹和绳纹装饰,夹砂类少数见有篮纹和绳纹装饰。可辨认器形有罐、甗、盆、觚、盘、小罐、鬶、蛋壳高柄杯、豆柄、斝,多为龙山文化晚期。标本共7件。

H1:位于东石桥公坟北断崖处。填土为黄褐土,泛灰。包含物有兽骨、烧土块。也见有篮纹、方格纹泥质与夹砂陶片,可辨认器形有甗、罐、盆、觚、盘、斝等。年代为龙山晚期。

罐 2件。076:37,底部。夹砂灰陶。弧腹下收,凹圜底。饰方格纹。底径7.3、残高16、厚0.5厘米(图版三五八,2)。H1:4,口沿。夹砂灰陶。折沿,方唇,沿面微凹,弧腹。饰方格纹。口径21、残高11.2、厚0.4—0.5厘米(图2.80c,6;图版三五七,6)。

甗 H1:1,底部。泥质黑陶。椭圆形孔。底径10、残高4.6、厚0.6—0.8厘米(图2.80c,1;图版三五七,3)。

盆 H1:2,口沿。泥质褐陶。敞口,圆唇,沿内有一道凹槽。残高9.4、厚0.4—0.5厘米(图2.80c,5;图版三五七,4)。

斝 H1:3,口沿。泥质灰陶。敞口,方唇,折腹,腹部饰一周凸弦纹。素面,内壁有水垢。残高9.4、厚0.4—0.5厘米(图2.80c,3;图版三五七,5)。

觚 H1:5,底部。泥质灰陶。弧腹,圜底,有圈足。磨光。残高2.9、厚0.2—0.3厘米(图2.80c,2;图版三五八,1)。

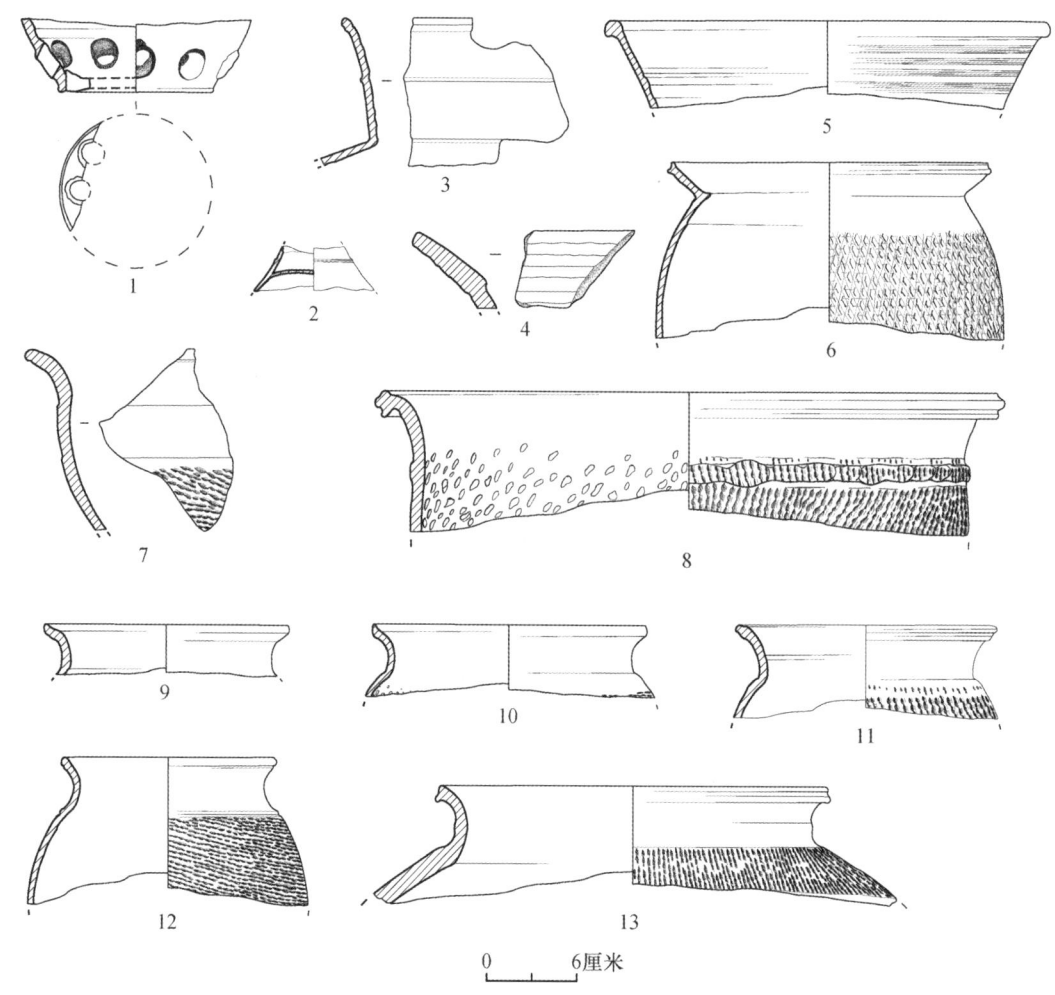

图2.80c 西石桥东（076）采集标本（二）
1. 甗（H1:1） 2. 觚（H1:5） 3. 斝（H1:3） 4. 盘（H1:6） 5、7. 盆（H1:2、076:21） 6. 罐（H1:4） 8. 缸（076:19） 9—12. 圆腹罐（076:15、076:17、076:18、076:16） 13. 瓮（076:20）

盘　H1:6，口沿。泥质灰陶。敞口，方唇，斜腹。磨光。残高5、厚0.9—1.4厘米（图2.80c，4）。

4）二里头文化

采集陶片数量较多。包括泥质和夹砂类，泥质类器表以绳纹为主，少量见有弦纹；夹砂类陶片器表多见绳纹、粗绳纹，个别见有篮纹。可辨认器形有深腹罐、圆腹罐、缸、瓮、束颈盆、大口尊。时代为二里头文化二、三、四期。标本8件。

圆腹罐　5件。076:14，口沿。夹砂灰陶。直领外侈，圆唇，沿内微凹呈盘口，沿外饰一道凹弦纹，溜肩，圆腹。饰绳纹，内壁有小麻点。口径16、残高3.2、厚0.6—0.7厘米（图版三九九，1）。076:15，口沿。夹砂灰陶。直领外侈，尖圆唇，素面。口径16、残高3.2、厚0.6—0.7厘米（图2.80c，9）。076:16，口沿。夹砂灰陶。直领外侈，圆唇，溜肩，弧腹。饰细绳纹。口径14、残高9.3、厚0.5—0.6厘米（图2.80c，12；图版三九九，2）。076:17，口沿。夹砂灰陶。直领外侈，尖唇，沿内有一道凹槽，溜肩。口径18、残高4.7、厚0.5—0.6厘米

（图2.80c，10）。076：18，口沿。泥质灰陶。直领外侈，尖圆唇，沿下有一道凹槽，溜肩。饰绳纹。口径17、残高6、厚0.5—0.6厘米（图2.80c，11）。

缸 076：19，口沿。夹砂灰陶。侈口，卷沿，方唇，沿面有一道凹槽，沿外出一道凸棱，直腹微弧。饰绳纹夹附加堆纹，内壁有麻点。口径41、残高9、厚0.6—0.8厘米（图2.80c，8；图版三八八，3）。

瓮 076：20，口沿。泥质灰陶。侈口，卷沿，方唇，唇面有一道凹弦纹，直颈，广肩。饰细绳纹。口径26、残高7.6、厚0.7—1.5厘米（图2.80c，13；图版三九九，3）。

盆 076：21，口沿。夹砂灰陶。卷沿，圆唇，束颈，弧腹。上腹部磨光饰凹弦纹，下腹部饰绳纹。残高11.6、厚0.6—1厘米（图2.80c，7；图版三九九，4）。

5）西周时期

数量较少，标本1件。应为西周晚期。

鬲 076：22，底部。夹砂灰陶。锥足，足尖残。袋足饰绳纹。残高11.2、厚0.4—0.6厘米（图2.80d，12；图版四二六，5）。

6）东周时期

数量较多，多为战国时期。标本16件。

鬲 2件。076：23，口沿。夹砂灰陶。卷沿，沿面有一道凹槽，方唇，直领。饰粗绳纹。残高4.6、厚0.7—1厘米（图2.80d，2）。076：24，口沿。夹砂灰陶。平折沿，方唇，沿面有一道凹槽，唇面有一道凹弦纹，饰粗绳纹。残高3.5、厚0.6—0.9厘米（图2.80d，1）。

盆 11件。076：25，口沿。泥质灰陶。侈口，卷沿，圆唇，沿内有一道凹槽。口径34、残高3.5、厚0.8—0.9厘米（图2.80d，10）。076：26，口沿。夹砂灰陶。侈口，折沿上翘，尖唇，沿面弧，沿外加厚，沿内有一道凹槽。残高3.4、厚0.9厘米（图2.80d，5）。076：27，口沿。泥质灰陶。侈口，折沿，沿面弧，圆唇，沿内有一道凹槽，弧腹。唇面、沿下、折沿处、腹部各饰一周凹弦纹。内壁磨光，饰压印方格纹和凹弦纹。残高8.6、厚1—1.2厘米（图2.80d，9；图版四四五，6）。076：28，口沿。泥质灰陶。侈口，卷沿，圆唇，沿面弧，沿内有一道凹槽，唇面饰一周凹弦纹。残高4.6、厚0.8—1.2厘米（图2.80d，4）。076：29，口沿。泥质褐陶。侈口，卷沿，圆唇，沿面有一道凹槽，唇内饰一道凹弦纹。口径42、残高3.5、厚0.8—0.9厘米（图2.80d，11）。076：30，口沿。泥质灰陶。折沿上翘，方唇，沿面微弧，弧腹。素面。口径43、残高9.3、厚0.6—0.7厘米（图2.80d，13）。076：31，腹部。泥质灰陶。内部饰模印凹弦纹。残高11.8、厚0.7—1厘米（图2.80d，7；图版四四六，1、2）。076：34，腹部。泥质褐陶。饰两周拍印纹。残宽5.7、残高6.9、厚0.64厘米（图版四四六，4）。076：35，腹部。泥质黑陶。内壁饰方格纹。残宽5、残高5.8、厚0.8厘米（图版四四六，5）。076：38，口沿。泥质灰陶。敞口，折沿，尖唇，斜直腹。素面。残高3.5、厚0.6—0.7厘米（图2.80d，3）。076：39，口沿。泥质灰陶。敞口，折沿，沿面有一道凹槽，圆唇，斜弧腹。颈部饰一道凸弦纹，腹部饰一道凹弦纹。口径31、残高3.6、厚0.9—1厘米（图2.80d，8）。

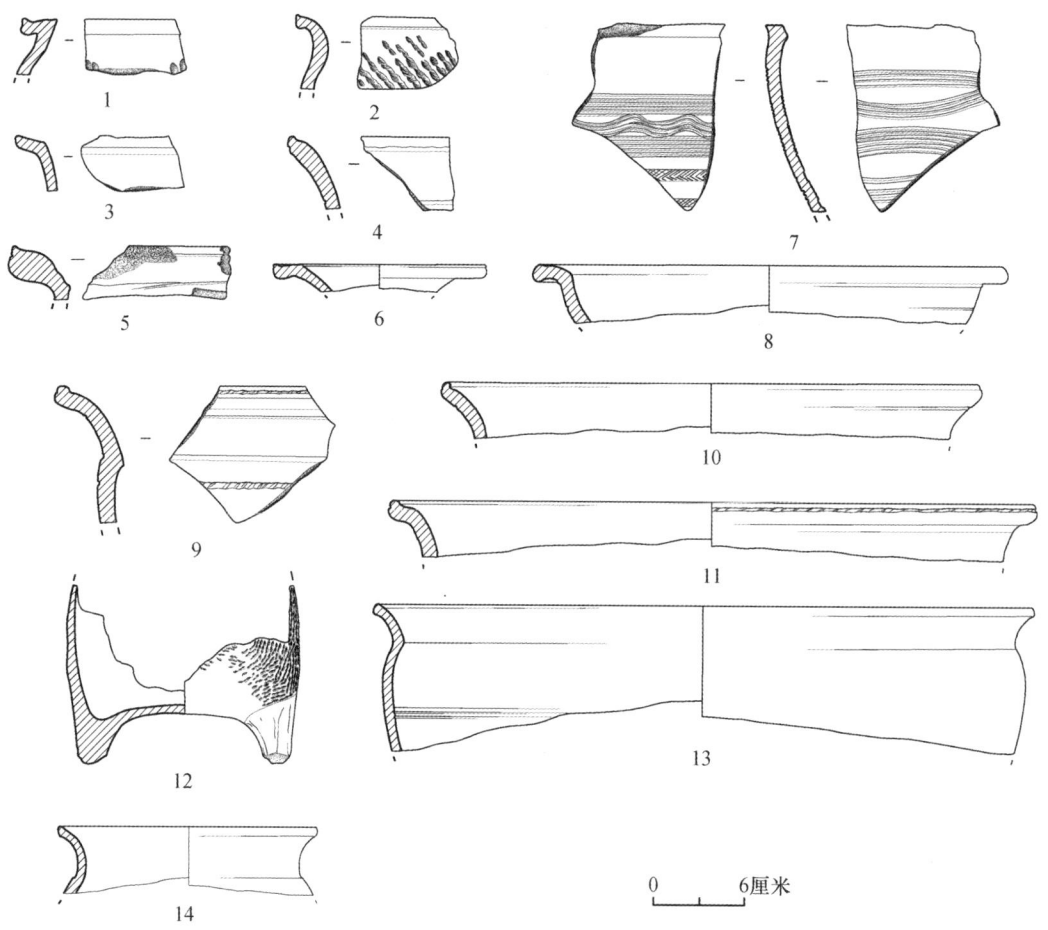

图2.80d 西石桥东（076）采集标本（三）

1、2、12.鬲（076：24、076：23、076：22） 3—5、7—11、13.盆（076：38、076：28、076：26、076：31、076：39、076：27、076：25、076：29、076：30） 6.豆（076：32） 14.罐（076：40）

豆 076：32，豆盘。泥质灰陶。平折沿，圆唇，唇面饰一周凹弦纹，浅盘。素面。口径14、残高1.7、厚0.6—0.8厘米（图2.80d，6）。

壶 076：33，腹部。泥质灰陶。磨光，饰弦纹夹拍印纹。残长6.4、残高6.7、厚0.63厘米（图版四四六，3）。

罐 076：40，口沿。夹砂灰陶。卷沿，方唇，束颈，颈部有一道凹槽，溜肩。素面。口径17、残高4.2、厚0.5—0.8厘米（图2.80d，14）。

（3）基本认识

该遗址位于洛河沿岸的台地上，其对面为陈屯老村（009），两者相距约200米，文化内涵大体一致，两者可能为同一遗址，被现在的洛河分割而开。该遗址几乎涵盖了从裴李岗文化至东周不同时期，是区域内先秦时期具有代表性的遗址，建议提升保护等级。

73. 孙家岗（077）

（1）概况

位于洛阳市洛龙区佃庄镇（伊滨区代管）孙家岗村北部洛河沿岸台地上。范围为洛河以南，孙家岗村以北、以东，河头村以西500米（图2.81a；图版九九，2）。仰韶、二里头和二里岗时期的面积约7.5万平方米。东周时期的面积约67万平方米。地理坐标为北纬34°42′20.18″，东经112°35′52.86″，海拔约126米。地表为农田。

图2.81a　孙家岗（上为北）

2001年3月11日，二里头工作队调查发现该遗址，2017年6月28日复查。

2007—2011年，第三次全国文物普查期间，洛阳市文物部门对该遗址进行过调查[①]。

---

① 河南省第三次全国文物普查领导小组办公室、河南省文物局：《河南省第三次全国文物普查300项重要发现》，海燕出版社，2011年。

（2）主要发现

调查采集了不少陶片。分属于仰韶、二里头、二里岗、殷墟和东周时期。其中东周时期的数量最多，此外还采集到石器2件。标本34件。

石杵　2件。077：1，硅质岩。黑色。经过琢制、磨制，一端断裂。残长7.7、直径2—3.7厘米（图2.81b，4；图版二四〇，3）。077：2，英安岩。黑色。经过磨制，两端破裂。残长13.7、宽4.6—5、厚3.8—4.9厘米（图2.81b，5；图版二四〇，4）。

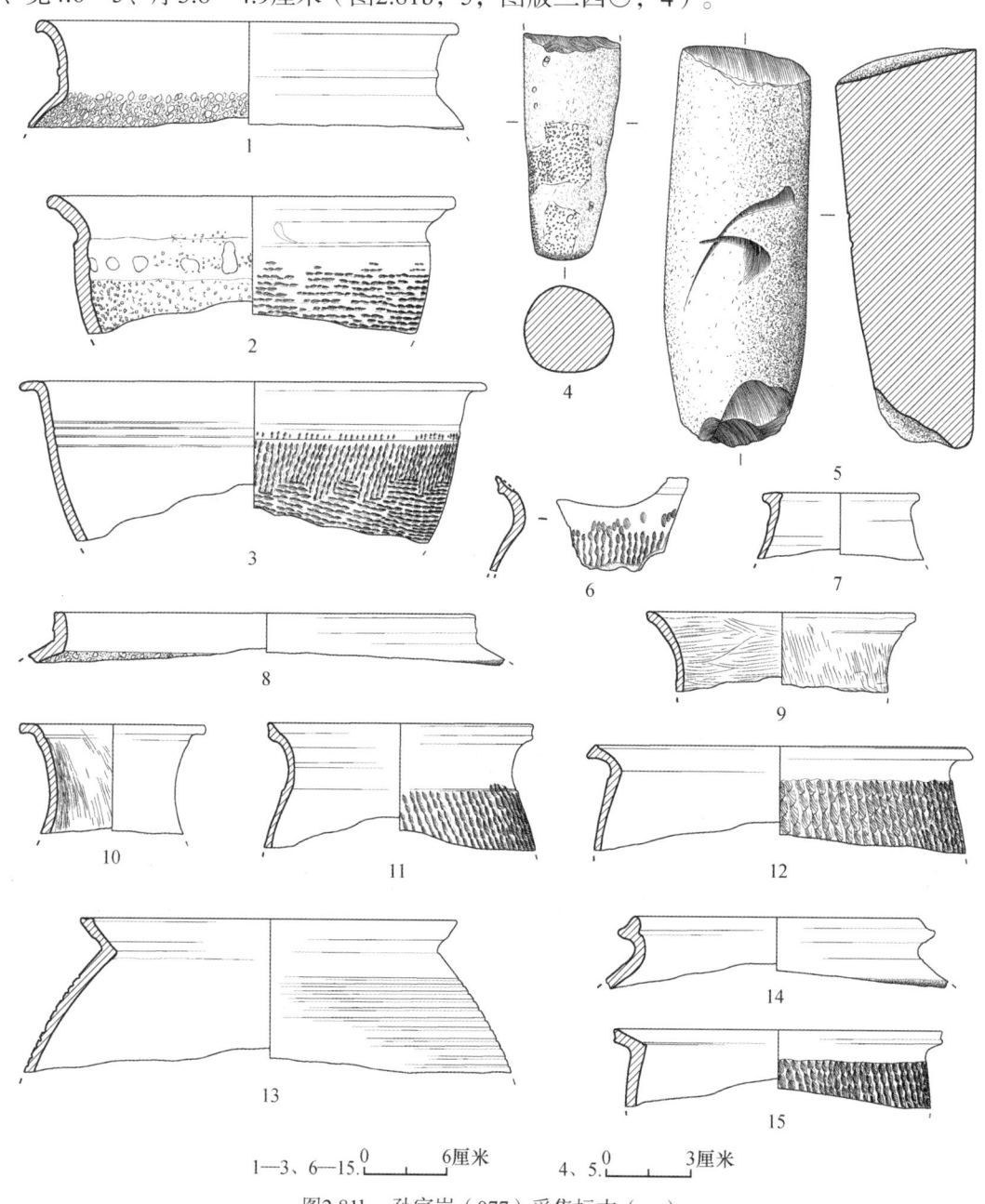

图2.81b　孙家岗（077）采集标本（一）

1. 大口尊（077：8）　2. 束颈盆（077：4）　3. 盆（077：7）　4、5. 石杵（077：1、077：2）　6、11. 圆腹罐（077：5、077：6）　7. 捏口罐（077：12）　8. 瓮（077：9）　9. 深腹罐（077：3）　10. 壶（077：10）　12、15. 鬲（077：11、077：14）　13. 夹砂罐（H1：1）　14. 罐（077：13）

1）仰韶文化

采集陶片较多，包括泥质和夹砂类，两者均以素面为主。泥质陶中还见有粗绳纹和弦纹。可辨认器形有罐、钵、盆、碗，均为腹或底残片，较为破碎，难以确定具体时间，比较明确的应该属于仰韶中期。另外，还发现灰坑1处。标本1件。

H1：位于孙家岗西北的公坟附近，地理坐标为北纬34°42′331″；东经112°35′655″。距地表1米左右，填土为浅灰褐土。填土内包含大块红烧土、兽骨等。陶片可辨认器形有夹砂罐、夹砂折肩罐。时代为仰韶晚期。标本1件。

夹砂罐　H1：1，口沿。夹砂灰陶。折沿，方唇内凹，束颈，沿内有一道凸棱，广肩。外壁有数周凹弦纹。口径27、残高10.5、厚0.5—0.9厘米（图2.81b，13；图版三二六，4）。

2）二里头文化

采集到一定数量的陶片，包括夹砂和泥质两大类。泥质陶见有绳纹和弦纹，夹砂陶以绳纹为主，个别见有弦纹。可辨认器形有深腹罐、圆腹罐、瓮、束颈盆、盆、大口尊、壶。属于二里头文化三、四期。此外还采集到岳石文化风格的深腹罐1件。标本共8件。

深腹罐　077：3，口沿。夹砂红陶。直领外侈，方唇，唇面有一周凹弦纹。饰线纹。口径19、残高5.4、厚0.4—0.7厘米。该件器物有较为明显的岳石文化风格（图2.81b，9；图版三九九，5）。

束颈盆　077：4，口沿。泥质黑陶。侈口，卷沿，圆唇，束颈，弧腹。磨光，腹饰绳纹，内壁有两道凹槽，饰密集小麻点。口径29、残高9.4、厚0.7—0.9厘米（图2.81b，2；图版三九九，6）。

圆腹罐　2件。077：5，口沿。夹砂灰陶。卷沿，方唇，束颈，溜肩。饰绳纹，内壁有麻点。残高6.5、厚0.5—0.8厘米（图2.81b，6；图版四〇〇，1）。077：6，口沿。夹砂灰陶。直领外侈，方唇，唇外有一周凹槽，溜肩。饰绳纹。口径19、残高8.6、厚0.4—0.6厘米（图2.81b，11；图版四〇〇，2）。

盆　077：7，口沿。泥质灰陶。敞口，折沿，圆唇，斜弧腹。饰绳纹。口径33、残高11、厚0.6—0.7厘米（图2.81b，3；图版三八八，4）。

大口尊　077：8，口沿。泥质灰陶。直领外侈，圆唇，颈部有一道凸棱，溜肩。磨光，内壁饰麻点。口径30、残高7.2、厚0.4—0.8厘米（图2.81b，1；图版四〇〇，3）。

瓮　077：9，口沿。泥质灰陶。直口，方唇，矮领，颈部饰一道凸弦纹，广肩。磨光。内壁有麻点。口径30、残高3.4、厚0.8—0.9厘米（图2.81b，8）。

壶　077：10，口沿。泥质灰陶。喇叭口，小折沿，圆唇，束颈。素面。底径13、残高7.5、厚0.5—0.6厘米（图2.81b，10；图版三九五，2）。

3）二里岗文化

采集陶片较少，见有捏口罐和鬲等，应该为二里岗文化晚期。标本3件。

鬲　077：11，口沿。夹砂灰陶。卷沿，沿面有一道凹槽，方唇，溜肩。饰粗绳纹。口径27、残高7.2、厚0.5—0.8厘米（图2.81b，12；图版四一四，6）。

捏口罐　077：12，口沿。泥质灰陶。平折沿，方唇，直颈。素面。口径11、残高4.5、厚0.3—0.6厘米（图2.81b，7）。

罐　077：13，口沿。夹砂灰陶。直领微侈，圆唇，沿外包边加厚呈棱，沿内有一道凹槽呈盘口，束颈，广肩。口径20、残高5、厚0.7—1厘米（图2.81b，14）。

4）殷墟文化

采集陶片较少，见有鬲等。标本1件。

鬲　077：14，口沿。夹砂灰陶。折沿，方唇，唇面有一道凹槽，直腹微弧。饰粗绳纹。口径23、残高5.3、厚0.7—0.9厘米（图2.81b，15；图版四二〇，5）。

5）西周时期

采集到的陶片数量较多，见有鬲、簋、罐、豆等陶器残片，多为西周晚期。无典型标本。

6）东周时期

采集到的陶片数量较多，包括春秋和战国时期。标本19件。

盆　5件。077：15，口沿。泥质灰陶。直口，折沿，方唇。素面。口径30、残高3.2、厚0.6—0.7厘米（图2.81c，4；图版四四六，6）。077：16，口沿。泥质灰陶。直口，折沿，方唇，沿面有一道凹槽，直腹微弧。饰细绳纹。可能为春秋时期。口径25、残高7.5、厚0.6—0.7厘米（图2.81c，8；图版四三一，3）。077：17，口沿。泥质灰陶。折沿，方唇，沿面有一道凹弦纹，直腹。素面。口径33、残高4.6、厚1—1.3厘米（图2.81c，10；图版四四七，1）。077：18，口沿。泥质灰陶。折沿，沿面内凹，方唇，直腹微弧。饰绳纹。可能为春秋时期。口径32、残高9.6、厚0.6—0.7厘米（图2.81c，5；图版四三一，4）。077：29，口沿。泥质灰陶。卷沿，圆唇，弧腹。素面，内壁有两周拍印横S形纹。口径24、残高4.3、厚0.6—0.7厘米（图2.81c，3；图版四四八，1）。

豆　3件。077：19，口沿。泥质灰陶。直口微敛，圆唇，折腹，浅盘。素面。口径14、残高3、厚0.6—0.8厘米（图2.81c，12）。077：27，柄部。泥质灰陶。喇叭口，柱柄空心，柄部有两周凹弦纹。素面。可能为春秋时期。柄径4.8、厚0.7—1.3厘米（图2.81c，14；图版四三二，1）。077：28，口沿。泥质灰陶。直口，圆唇，折腹。素面。盘口径18、残高4.7、厚0.4—0.7厘米（图2.81c，2；图版四四七，6）。

罐　3件。077：20，口沿。夹砂红陶。直口，矮领，小折沿，方唇，广肩。饰粗绳纹。口径26、残高4、厚0.5—1厘米（图2.81c，9；图版四四七，2）。077：21，口沿。夹砂红陶。直口，矮领，折沿，方唇，沿面有一道凹槽，广肩。饰粗绳纹。口径22、残高4.4、厚0.6—0.7厘米（图2.81c，11；图版四四七，3）。077：22，口沿。泥质灰陶。敛口，折沿，方唇，沿面内凹，溜肩，肩部饰一道凹弦纹。可能为春秋时期。口径28、残高5.2、厚0.6—0.8厘米（图2.81c，7；图版四三一，5）。

鬲　6件。077：23，足部。夹砂灰陶。袋足实尖。饰绳纹。可能为春秋时期。残高6.2、厚0.9—1厘米（图2.81c，1）。077：24，口沿。夹砂灰陶。折沿，圆唇，沿面有一道凹槽，直腹微弧。饰绳纹。可能为春秋时期。口径26.4、残高6.8、厚0.5—0.8厘米（图2.81c，6；图

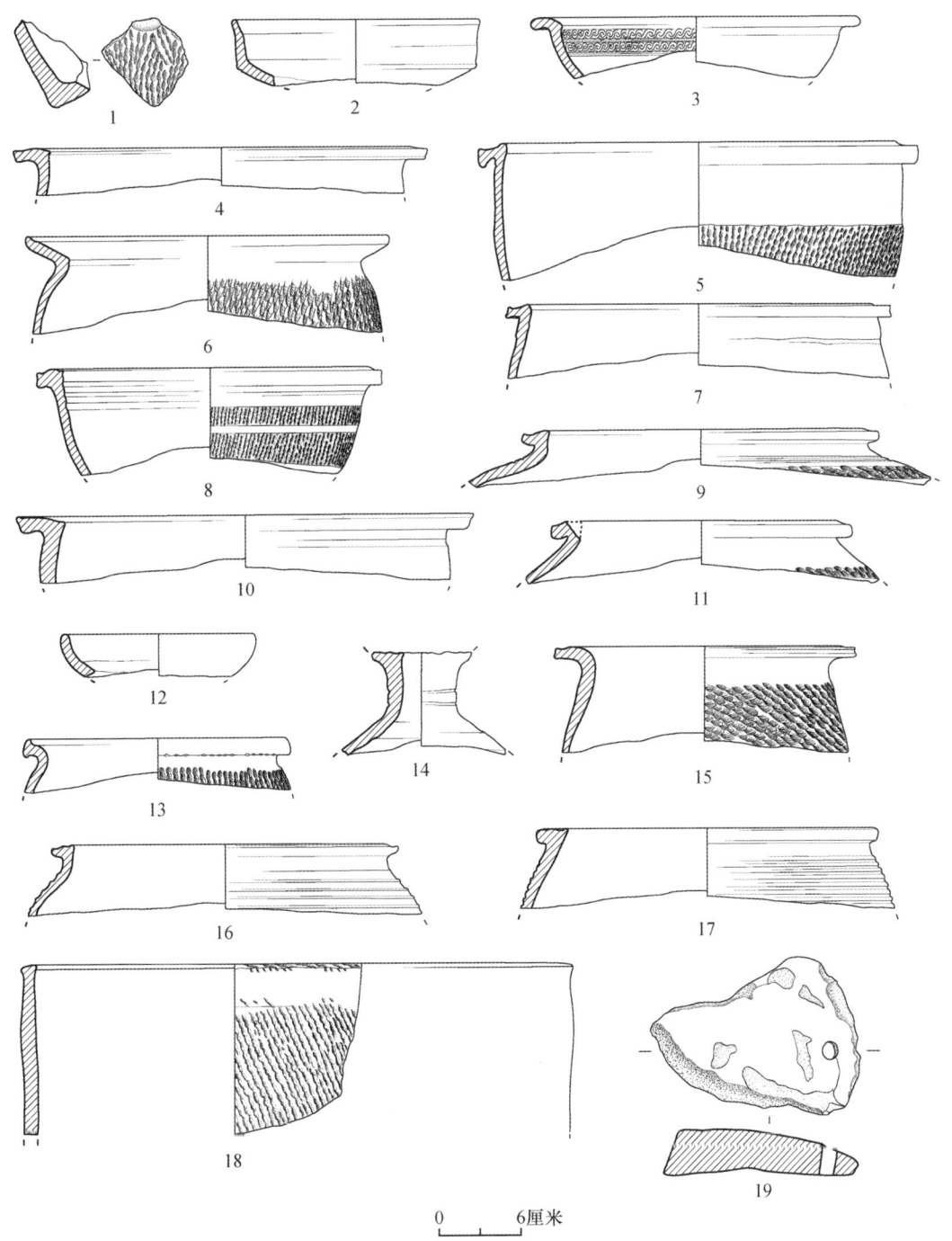

图2.81c 孙家岗（077）采集标本（二）

1、6、13、15—17.鬲（077：23、077：24、077：25、077：26、077：30、077：31） 2、12、14.豆（077：28、077：19、077：27） 3—5、8、10.盆（077：29、077：15、077：18、077：16、077：17） 7、9、11.罐（077：22、077：20、077：21） 18.板瓦（077：32） 19.穿孔陶片（077：33）

版四三一，6）。077：25，口沿。夹砂红陶。卷沿，方唇，唇外饰花边，溜肩。饰绳纹。口径19、残高3.8、厚0.6—0.9厘米（图2.81c，13；图版四四七，4）。077：26，口沿。夹砂褐陶。侈口，卷沿，沿面有一道凹弦纹，斜直腹。饰绳纹。口径22、残高7.5、厚0.5—1厘米（图

2.81c，15；图版四四七，5）。077：30，口沿。夹砂红陶。直口，折沿，方唇，沿面有一道凹槽，矮领，溜肩，饰凹弦纹。口径25、残高5、厚0.5—0.7厘米（图2.81c，16；图版四四八，2）。077：31，口沿。夹砂褐陶。折沿，方唇，沿面有一道凹槽，溜肩，肩饰数周凹弦纹。口径25、残高5.7、厚0.7—0.9厘米（图2.81c，17；图版四四八，3）。

板瓦　077：32，泥质灰陶。饰绳纹。外缘口径41、残高12、厚0.8—1.1厘米（图2.81c，18；图版四六二，4）。

穿孔陶片　077：33，泥质褐陶。不规则三角形，镂有一圆形穿孔。长7.6、宽2.4—5.5、厚0.7—1.5厘米（图2.81c，19；图版四六二，5）。

（3）基本认识

该遗址文化内涵复杂，见有先秦时期除裴李岗和龙山文化以外各个时期的遗物，与陈屯老村（009）、西石桥东（076）等遗址构成了遗址群，具有较重要的价值，建议设为文保单位。

74. 佃庄东（080）

（1）概况

位于洛阳市区洛龙区佃庄镇（伊滨区代管）佃庄村东台地上。具体范围为村东佃庄至大郊寨道路以南，佃庄村东向南至罗圪垱道路以东（图2.82a）。面积约5.5万平方米。地理坐标为北纬34°41′52.57″，东经112°36′51.90″，海拔约121米。地表为农田覆盖，保存状况较好。

2001年3月12日二里头工作队调查发现，2017年6月28日复查。

图2.82a　佃庄东（上为北）

（2）主要发现

调查中采集到的陶片较少，主要为东周时期。标本2件。

纺轮　080：1，保存完整。泥质灰陶。圆形，中心穿孔，饰绳纹。直径4.9—5.1、厚1.3、孔径0.55—0.9厘米（图2.82b，4；图版四六二，6）。

宽沿盆　080：2，泥质灰陶。折沿，方唇，斜直腹。素面，内壁磨光。口径44、残高4.5、厚0.6—0.8厘米（图2.82b，3）。

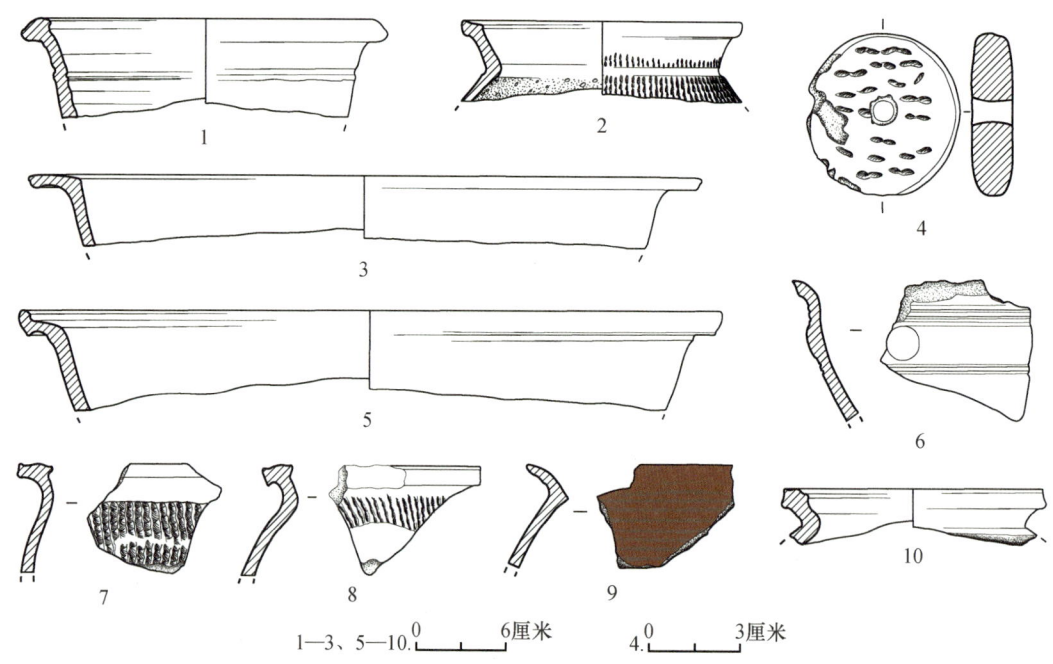

图2.82b 佃庄东(080)、关庄东南(088)、关公冢(089)采集标本

1. 簋(088∶1) 2、9、10. 罐(088∶2、089∶1、089∶5) 3. 宽沿盆(080∶2) 4. 纺轮(080∶1) 5—8. 簋(089∶6、089∶4、089∶2、089∶3)

（3）基本认识

该遗址为东周时期的遗址，其北侧洛河北岸不远处即为两周时期的韩旗城址（045），该遗址应该是东周时期韩旗城址周围临近地区的聚落点。

75. 大郊寨东（087）

位于洛阳市洛龙区佃庄镇（伊滨区代管）大郊寨和太学村之间的洛河沿岸台地上。遗址面积不详，具体范围为大郊寨以东，太学村以西，现在洛河以南，古（伊）洛河以北区域（图2.83；图版一〇〇，1）。地理坐标北纬34°41′55.20″，东经112°38′03.15″，海拔约122米。遗址地表除被民居占压外，其余皆为农田。

1972年，中国科学院考古研究所洛阳发掘队在对辟雍遗址发掘时，曾经在辟雍南阙遗址下发现二里头、二里岗和东周时期的遗物[1]。1992年夏，中国社会科学院考古研究所洛阳汉魏城工作队在对灵台遗址东垣发掘时，在国瑾中学内解剖沟中发现了不少仰韶至龙山时期遗物，包括石纺轮、双肩石铲、双缺口石刀、石凿等石质遗物[2]。

2001年3月12日，二里头工作队对该遗址进行调查，2017年6月28日复查。

调查中发现的遗物较少，其中在朱圪垱岗以北、太学村以北均有东周遗物发现。

根据历年工作来看，该遗址西侧的灵台周围可能是仰韶至龙山文化遗存的分布区，东侧的辟雍遗址周围可能为二里头文化与二里岗文化的集中分布区，而东周时期的遗存分布范围较大，与现在洛河对岸的韩旗两周时期城址（045）应该有关。

图2.83　大郊寨东（上为北）

---

[1] 中国社会科学院考古研究所：《汉魏洛阳故城南郊礼制建筑遗址：1962～1992年考古发掘报告》，文物出版社，2010年，第174、175页，图135。

[2] 洛阳汉魏城工作队资料。

76. 关庄东南（088）

（1）概况

位于洛阳市洛龙区佃庄镇（伊滨区代管）关庄村东南。具体分布范围为村东南，001乡道以南300米，G207国道以西500米，东西向水道的两侧（图2.84）。面积约1.3万平方米。地理坐标为北纬34°41′47.07″，东经112°39′02.61″，海拔约123米。地表现为农田、苗圃。

2003年3月1日，二里头工作队调查发现该遗址，2017年7月1日复查。

图2.84　关庄东南（上为北）

（2）主要发现

调查中采集到的陶片较少，多为腹片，包括龙山、殷墟和西周时期。标本2件。

1）龙山文化

仅见有龙山时期的篮纹陶片1片，具体年代不详。

2）殷墟文化

标本较少，可辨认器形有簋。

簋 088：1，口沿。泥质灰陶。侈口，折沿，沿内凸呈棱，尖唇，斜直腹，外壁有一道凹槽。口径24、残高6.2、厚0.7—0.8厘米（图2.82b，1）。

3）西周时期

标本较少，可辨认器形有罐。

罐 088：2，口沿。泥质灰陶。折沿，方唇，束颈，溜肩。饰绳纹，内壁有密集小麻点。口径18、残高5、厚0.5—0.8厘米（图2.82b，2；图版四二六，6）。

（3）基本认识

该遗址规模较小，采集标本较少，核查中未发现明确的二里头文化时期的遗物[①]。遗址主要遗存应该为殷墟文化和西周时期。

[①] 中国社会科学院考古研究所二里头工作队：《河南洛阳盆地2001～2003年考古调查简报》，《考古》2005年第5期。

77. 关公冢（089）

（1）概况

位于洛阳市伊滨区佃庄镇（伊滨区代管）关庄村北"关公冢"东部。具体范围为国道锡海线（G207）以西，洛河以南，关庄村东北的"关公冢"至北许村公坟一线（图2.85）。面积约2.3万平方米。坐标为北纬34°42′06.13″，东经112°39′25.58″，海拔122米左右。地表为农田和苗圃覆盖，部分地段被建筑占压。

2003年3月1日，二里头工作队调查发现该遗址；2017年7月1日复查。

图2.85 关公冢（上为北）

（2）主要发现

调查中采集到的遗物较少，主要为仰韶和西周时期。标本6件。

1）仰韶文化

陶片数量较少，可辨认器形有泥质彩陶罐、夹砂弦纹罐、盆等。时代为仰韶晚期。标本1件。

罐　089：1，口沿。泥质褐陶。直领外侈，尖唇，广肩，施红衣褐彩。残高6.5、厚0.6—0.7厘米（图2.82b，9；图版三二六，5）。

2）二里头文化

均为腹片，可辨认器形有圆腹罐等。无典型标本。

3）殷墟文化

陶片数量较少，见有无实足尖鬲足，为殷墟晚期。无典型标本。

4）西周时期

陶片数量较多，可辨器形有鬲、簋、罐、弦纹铆钉饰尊等。标本5件。

簋　4件。089：2，口沿。泥质灰陶。卷沿，方唇，沿内凸呈棱，沿面有一道凹槽，溜肩。饰绳纹。残高7、厚0.6—1厘米（图2.82b，7；图版四二七，1）。089：3，口沿。泥质灰陶。卷沿，方唇，沿内凸呈棱，沿面有一道凹槽，溜肩。饰绳纹。残高7、厚0.8—0.9厘米（图2.82b，8；图版四二七，2）。089：4，口沿。泥质灰陶。卷沿，直腹微弧。腹饰凹弦纹夹乳钉纹，磨光。残高9、厚0.7—0.8厘米（图2.82b，6；图版四二七，3）。089：6，口沿。泥质褐陶。折沿，方唇，盘口，斜直腹。素面。口径46、残高6.3、厚0.5—0.9厘米（图2.82b，5；图版四二七，4）。

罐　089：5，口沿。泥质灰陶。矮领外侈，方唇，折肩。素面。口径17、残高3.5、厚0.7—1.1厘米（图2.82b，10）。

（3）基本认识

该遗址在仰韶晚期可能为古洛河沿岸的小型遗址，二里头和殷墟文化规模也较小，在西周时期可能为韩旗城址近旁的一般聚落。

78. 二里头（090）

位于洛阳偃师市翟镇二里头村周边。范围为北许村以东，圪当头村东南北向道路以西，现洛河以南，老四角楼村南（伊）洛河故道以北区域（图2.86）。面积约300万平方米。坐标为以北纬34°41′35.83″，东经112°41′27.50″为中心东、西各1千米，海拔约119米。地表现为农田和村庄，局部已建成遗址公园。

图2.86　二里头（右上为北）

中国科学院考古研究所洛阳发掘队自1959年开始对该遗址进行长期发掘，先后取得了一系列重要发现[1]。1963年第一批河南省重点文物保护单位；1988年第三批全国重点文物保护单位。

2003年3月1日，二里头工作队对该遗址及周边进行了调查，发现陶片覆盖的范围超过540万平方米，区域系统调查中如果根据遗物分布范围来确定遗址面积的话，该遗址的规模就可能与勘探所知的二里头遗址较为准确的面积300万平方米的数据相差较大。通过乡镇土地利用图

---

[1] 中国社会科学院考古研究所：《偃师二里头——1959年~1978年考古发掘报告》，中国大百科全书出版社，1999年；中国社会科学院考古研究所：《二里头（1999~2006）》，文物出版社，2014年。

可知，这一陶片分布范围实际上是二里头遗址所在三个村庄所属耕地的分布范围，可见地表上所见陶片，相当一部分可能为搬运而至，不是原生堆积。2017年7月2日再次复查。

二里头遗址的考古发掘表明，该遗址包括中心区（含宫殿区、贵族聚集区、祭祀区、作坊区）和一般居住活动区，而墓葬和居住区、手工业制作点杂处。宫殿区又包含周边的道路网、宫城城墙和区内的大型建筑基址。二里头遗址的主体遗存为二里头文化，涵盖了该文化的一至四期，历时性地显示了聚落由小变大的变迁过程。

二里头遗址中心区还分布有二里岗文化早、晚期的遗存，面积约30万平方米。研究者多认为该遗址是东亚大陆最早出现的王国都邑遗址，是探索夏文化的重要对象。

79. 四角楼（091）

位于洛阳偃师市翟镇镇四角楼村，具体范围为四角楼行政村老四角楼自然村（已拆迁）周围的伊洛河故道以北台地上，即二里头遗址第Ⅳ发掘区南部与东南部（图2.87）。面积在12万平方米以上。地理坐标为北纬34°41′14.95″，东经112°41′29.97″，海拔约122米。地表多为农田，被建筑占压较多。

图2.87　四角楼（上为北）

1959年10月，二里头遗址发掘之初，中国科学院考古研究所洛阳发掘队曾对该遗址进行过调查。认为遗址范围北起新庄稍南，南至四角楼台地边缘。南北约500米，东西约200米，估计面积约有10万平方米。发现了细泥红陶和夹砂篮纹陶片[1]。此后在二里头遗址南部，老四角楼自然村北，新庄以南的道路两侧清理探方5个，发现了灰坑4处，发现了仰韶文化庙底沟类型遗存和庙底沟二期文化遗存[2]。1978年，中国社会科学院考古研究所河南二里头工作队在圪当头

---

[1]　二里头工作队资料。

[2]　中国社会科学院考古研究所：《偃师二里头——1959年～1979年考古发掘报告》，中国大百科全书出版社，1999年，第19页。

村西南，四角楼新庄村东北清理一处较大的灰坑（ⅣH1），属于庙底沟二期文化堆积①。1982年秋季至1983年秋季，该队在二里头遗址东南部古河道北岸的老四角楼村附近清理4处坑状遗迹（包括两处居址），出土了彩陶折肩直腹罐、小口深腹罐、折沿曲腹罐、鼎足、杯形器和豆等，发掘者推测该遗存属于仰韶文化大河村类型（相当于王湾二期文化或大河村遗址第三期文化时期）②。2003年，该队在二里头遗址宫殿区西南角的发掘中，还发现一处王湾三期文化的瓮棺葬③。2012—2013年，该队在老四角楼村西北部围垣作坊区的发掘中发现了东周时期的灰坑④。

2003年3月1日，二里头工作队对该遗址进行了调查，2017年7月2日复查。

通过历年二里头遗址的发掘可知，遗址南部古河道北岸的作坊区周围在仰韶文化至龙山文化时期存在着一个规模较大的聚落。其面积应该在10万平方米以上，通过近些年的勘探可知，四角楼老村周围是该时期遗址的中心区域。其年代应该为仰韶文化中、晚期至龙山文化的早、晚两期。该遗址的详细情况都有待于将来的工作探明。

---

① 中国社会科学院考古研究所二里头工作队：《河南偃师二里头遗址发现龙山文化早期遗存》，《考古》1982年第5期。

② 中国社会科学院考古研究所二里头工作队：《偃师二里头遗址发现仰韶文化遗存》，《考古》1985年第3期。

③ 中国社会科学院考古研究所：《二里头（1999～2006）》，文物出版社，2014年，第990页。

④ 中国社会科学院考古研究所二里头工作队：《河南偃师市二里头遗址2012～2013年墙垣和道路发掘简报》，《考古》2015年第1期。

80. 北许南（092）

位于洛阳偃师市翟镇镇北许村南。具体范围为北许村南和东南的古伊洛河北岸，西至北许村南中部通往东罗洼道路，东至北许村东变电站一线，北至北许村中东西向主干道岳酒路（X001）（图2.88；图版一〇〇，2）。面积约8万平方米。地理坐标为北纬34°41′49.04″，东经112°40′30.64″，海拔约119米。遗址地表现为农田。

二里头工作队于2003年3月1日调查，2017年7月2日复查。

该遗址采集的陶片以仰韶为主，另发现周代陶片少量。该遗址可能以仰韶时期遗存为主，东周遗存较少。

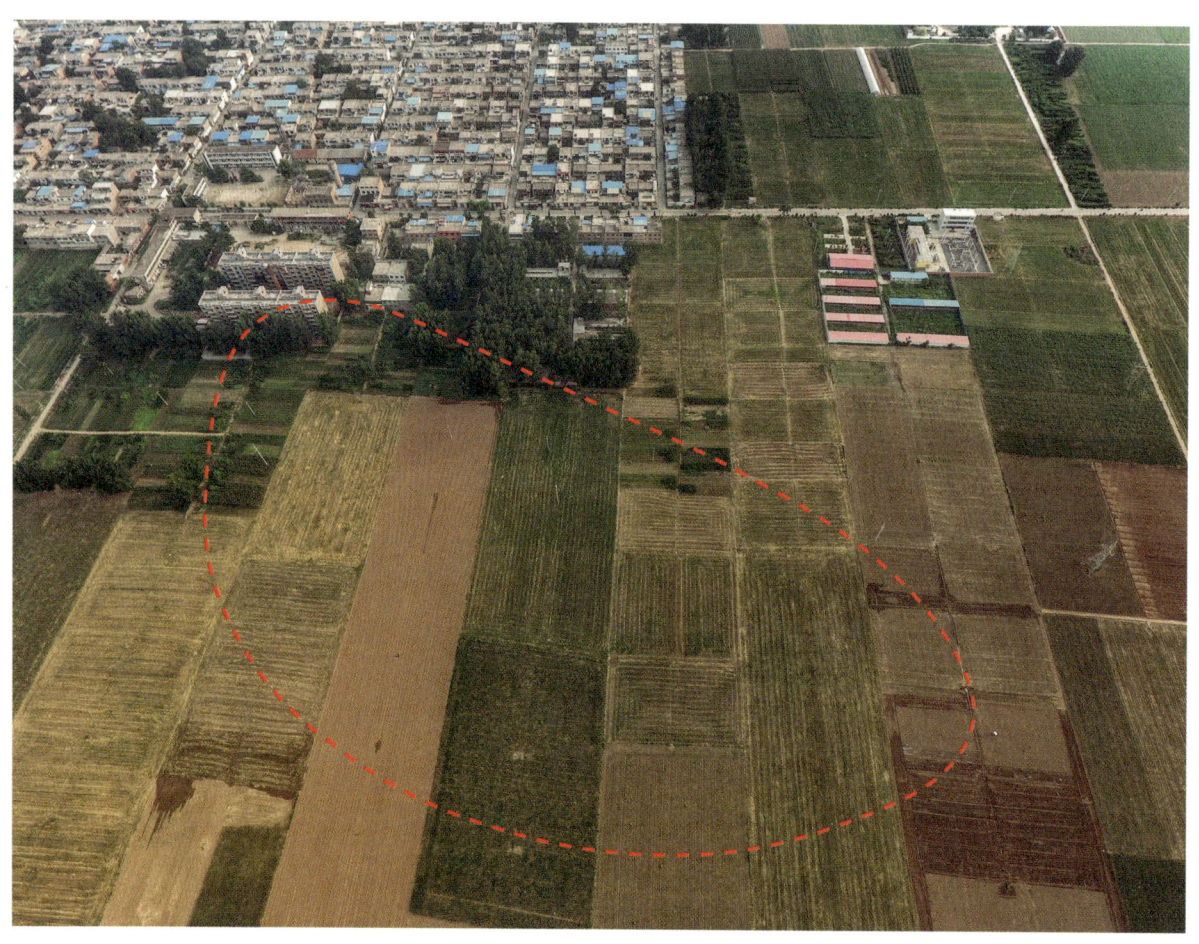

图2.88　北许南（上为北）

81. 圪当头东北（093）

位于洛阳偃师市翟镇镇圪当头村东北。具体范围圪当头村东西两侧南北向道路之间，圪当头村北民宅之下（图2.89；图版一○一，1）。具体面积不详。地理坐标为北纬34°41′46.30″，东经112°41′55.55″，海拔约121米。遗址已部分被民宅占压。

图2.89　圪当头东北（下为北）

1973—1975年，中国科学院考古研究所洛阳发掘队在二里头遗址东北部的发掘中发现了少量仰韶文化层[1]。2000年秋，中国社会科学院考古研究河南二里头工作队在圪当头村东北的发掘中发现了仰韶文化灰坑3处，发现了夹砂罐、侈口卷沿罐、大口罐、小罐、钵、盆、瓮、壶和陶环等遗物[2]。2018年9月，二里头工作队在配合夏都大道修建期间在圪当头村东北岳酒路以南发现仰韶文化晚期灰坑数座[3]。

根据发掘情况看，该遗址可能为洛河故道北岸的一处具有一定规模的仰韶晚期遗址。

---

[1] 中国社会科学院考古研究所：《偃师二里头——1959年～1979年考古发掘报告》，中国大百科全书出版社，1999年，第19页。

[2] 中国社会科学院考古研究所：《二里头（1999～2006）》，文物出版社，2014年，第215—218页。

[3] 二里头工作队资料。

82. 谷堆头寨（094）

（1）概况

位于洛阳偃师市岳滩镇谷堆头寨村北，现在洛河以南400米处（图2.90a）。龙山文化遗存的范围约2.2万平方米，两周时期遗存的范围约4万平方米，其他时期面积不详。地理坐标为北纬34°42′24.35″，东经112°43′20.46″，海拔约123米。遗址所在位置为洛河故道以北的微高地，地表为农田和村庄。

图2.90a　谷堆头寨（上为北）

2003年2月27日，二里头工作队调查，2017年7月2日复查。

（2）主要发现

该遗址采集到较多的陶片，遗物以龙山文化为主，同时还见有仰韶、二里头和西周时期的遗存。采集到石球和陶纺轮等小件遗物。标本10件。

石球　094∶1，细粒砂岩。红褐色，磨制。直径2.9、厚2.4厘米（图2.90b，1；图版二四○，5）。

纺轮　094∶10，可复原。泥质褐陶。圆形中心穿孔。直径3.8、厚1.1厘米（图2.90b，2）。

1）仰韶文化

陶片数量较少，破碎。可辨认器形有彩陶盆、尖底瓶、敛口钵、豆。应属于仰韶文化晚期。标本2件。

敛口钵　2件。094∶2，口沿。泥质灰陶。敛口，圆唇，弧腹。素面。口径25、残高2.6、厚0.5厘米（图2.90b，10）。094∶3，口沿。泥质灰陶。敛口，尖圆唇，折腹。素面。口径29、残高4、厚0.6—0.9厘米（图2.90b，6）。

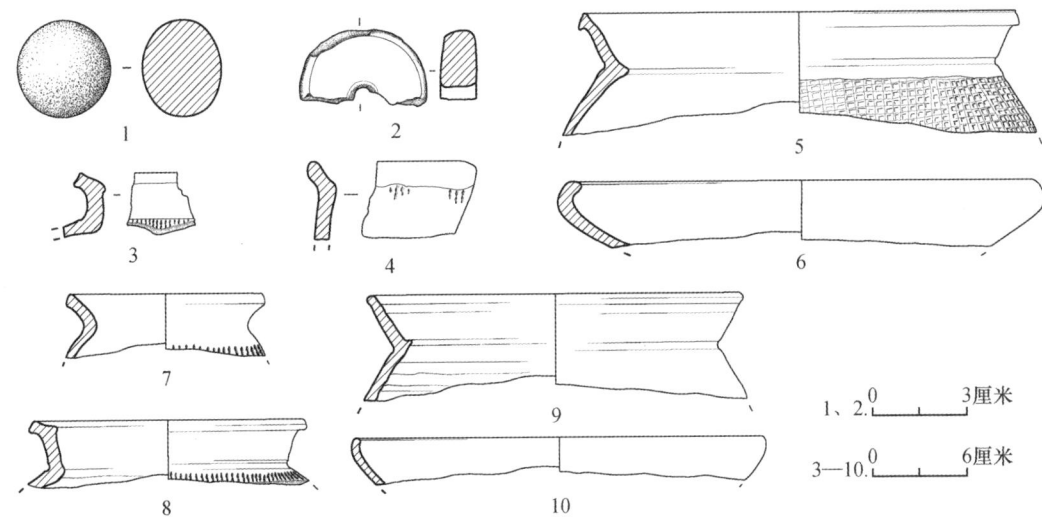

图2.90b　谷堆头寨（094）采集标本

1. 石球（094：1）　2. 纺轮（094：10）　3、5、7—9. 罐（094：9、094：4、094：6、094：7、094：5）　4. 盆（094：8）　6、10. 敛口钵（094：3、094：2）

2）龙山文化

可辨认器形有大口罐、小口高领瓮、圈足盘、盖。应属于龙山文化晚期。标本2件。

罐　2件。094：4，口沿。夹砂黑皮褐陶。直领微侈，方唇，广肩。饰方格纹。口径27、残高7.3、厚0.5—1.2厘米（图2.90b，5；图版三五八，3）。094：5，口沿。泥质灰陶。直领外侈，圆唇，溜肩。素面。口径23、残高6.3、厚0.7—0.8厘米（图2.90b，9）。

3）二里头文化

陶片数量较多。可辨认器形有鬲、圆腹罐、圈足盘。标本1件。应属于为二里头文化晚期。

罐　094：6，口沿。夹砂灰陶。卷沿，方唇，溜肩。饰绳纹。口径12、残高3.6、厚0.5—0.7厘米（图2.90b，7）。

4）西周时期

陶片数量较少，可辨认器形有罐、盆等。可能为西周晚期。标本3件。

罐　2件。094：7，口沿。泥质灰陶。折沿，方唇，直领，溜肩。饰绳纹。口径17、残高3.8、厚0.8—1厘米（图2.90b，8）。094：9，口沿。泥质灰陶。侈口，折沿，方唇，沿内凸呈棱，束颈，溜肩。饰绳纹。残高3.8、厚0.5—1厘米（图2.90b，3）。

盆　094：8，口沿。泥质灰陶。折沿上翘，圆唇，斜直腹。素面。残高4.7、厚0.8—1厘米（图2.90b，4）。

（3）基本认识

该遗址面积较小，但是文化内涵稍显复杂，涵盖仰韶、龙山、二里头和西周时期。其中龙山时期的遗物较多。应该是先秦时期洛河沿岸的一处小型遗址。

（二）古伊洛河之间

调查范围内，古伊洛河之间，包括现在伊河北岸和古伊洛河之间、现在洛河南岸的二级阶地上，共发现遗址20处（图2.91）。

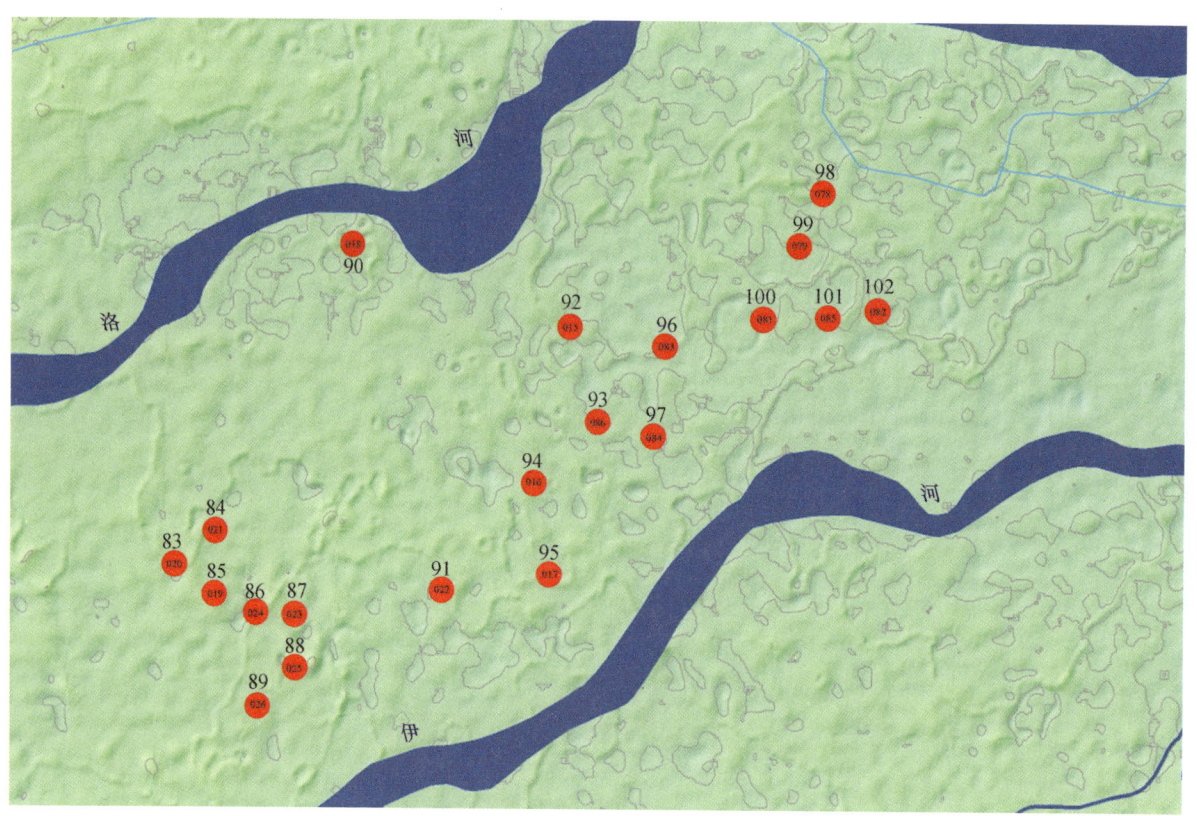

图2.91 古伊洛河之间遗址分布示意图

83. 桂连凹南（020）

（1）概况

位于洛阳市洛龙区李楼镇齐村行政村桂连凹（旧称窑厂）自然村南。大体范围为石人东街以西，景石路（X029）以北，石人村西北（图2.92a）。二里头文化遗存的面积约44万平方米；东周时期的遗存面积约49.1万平方米。地理坐标为北纬34°39′20.98″，东经112°31′35.88″，海拔约133米。地表现为农田，景石路（X029）以北为核桃园，部分被工厂占压。

2001年3月17日，二里头工作队调查，2017年7月1日复查。

（2）主要发现

采集遗物以二里头时期为主，部分东周。标本较丰富，包括石器6件，共计29件。

图2.92a　桂连凹南（下为北）

石锛　020：1，英安岩。黑色。经过琢制、磨制，刃部破裂。长10.5、宽4.1—5.1、厚1.9—2.5厘米（图2.92b，1；图版二四〇，6）。

石斧　020：2，硅质岩。黑色，经过琢制、磨制，破裂。残长12、宽5.5、厚3.3—3.5厘米（图2.92b，2；图版二四一，1）。

残石器　3件。020：3，闪长玢岩。黑色基质，含长石斑晶。经过琢制、磨制，破裂。残长6.4、残宽7.1、残厚2—2.2厘米（图2.92b，4；图版二四一，2）。020：4，硅质岩。黑色。经过琢制、磨制，破裂。残长8、残宽3.6—5、厚1.6—1.8厘米（图2.92b，3；图版二四一，3）。020：6，硅质岩。黑色。经过琢制、磨制，残存部分呈扇形饼状（可能原为圆饼状），弧形边缘残留红色朱砂。残长5.3、厚1.5厘米（图2.92b，6；图版二四一，5）。

石片　020：5，硅质岩。黑色，保留卵石的自然面，经过打制。长7、宽2.6—4、厚1.2厘米（图2.92b，5；图版二四一，4）。

1）二里头文化

采集陶片数量较多，可辨认器形有鼎（足）、甑、深腹罐、圆腹罐、捏口罐、三足皿、瓮、缸、平底盆、刻槽盆、盆、大口尊、豆、盖。以二里头文化二、三、四期为主。此外，发现灰坑1处。标本13件。

H1：位于遗址西南部的景石路南240米的东高村北。开口于表土层下。采集的陶片较多，纹饰有篮纹、绳纹、附加堆纹；可辨认器形有深腹罐、小口尊、缸。时代为二里头文化二期偏早阶段。标本1件。

深腹罐　020：10，口沿。夹砂灰陶。侈口，折沿，圆唇，溜肩。颈部饰暗绳纹，肩部饰

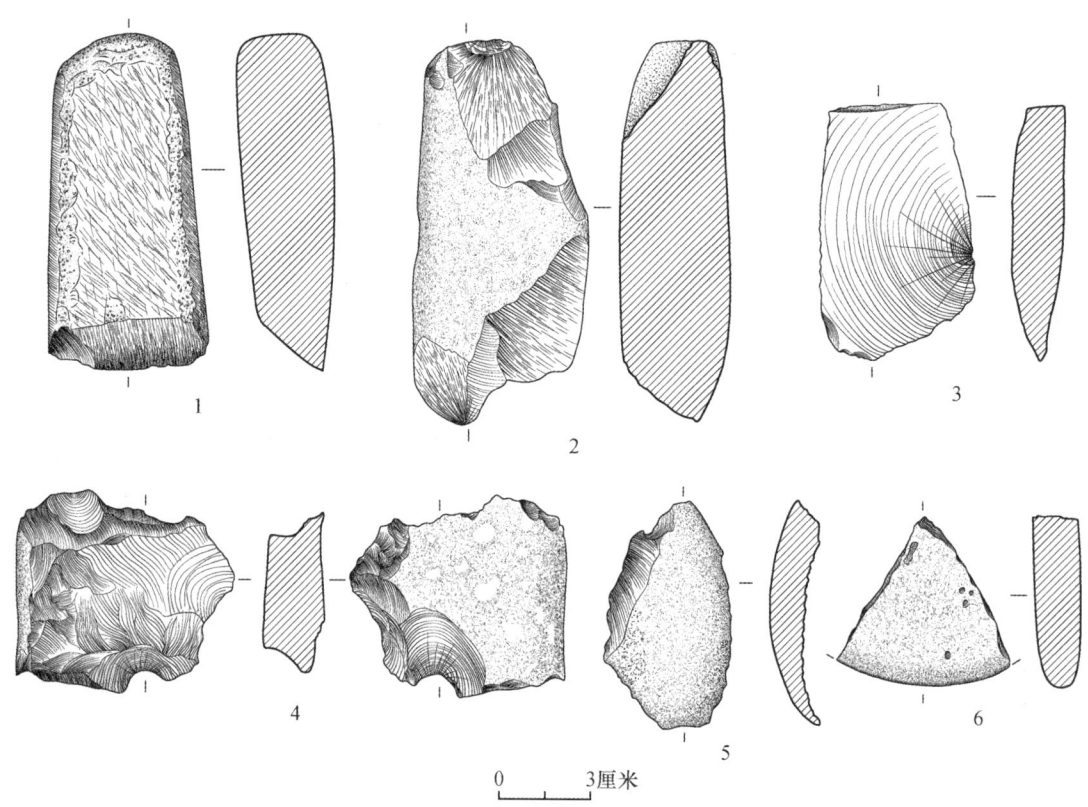

图2.92b 桂连凹南（020）采集标本（一）
1. 石锛（020∶1） 2. 石斧（020∶2） 3、4、6. 残石器（020∶4、020∶3、020∶6） 5. 石片（020∶5）

绳纹。口径21、残高8、厚0.5—0.7厘米（图2.92c，2；图版三八八，6）。H1∶1，口沿。夹砂灰陶。折沿上翘，圆唇，沿内饰一道凹弦纹，直腹微弧。饰绳纹。口径25、残高9.6、厚0.6—0.8厘米（图2.92c，12；图版三七七，2）。

鼎 020∶7，口沿。夹砂灰陶。侈口，折沿上翘，圆唇，沿内饰一道凹弦纹，溜肩。肩部饰篮纹夹附加堆纹。口径33、残高7.2、厚0.7—1厘米（图2.92c，1；图版三七七，3）。

圆腹罐 4件。020∶8，口沿。夹砂灰陶。尖圆唇，束颈，溜肩，沿外有一个鸡冠錾，溜肩。腹饰绳纹。口径15、残高6.2、厚0.5—0.6厘米（图2.92c，3；图版三八八，5）。020∶9，口沿。夹砂灰陶。直领外侈，方唇，溜肩。颈部饰暗绳纹，腹饰绳纹。口径20、残高6、厚0.5—0.6厘米（图2.92c，4）。020∶12，口沿。夹砂灰陶。直领外侈，方唇，唇外有一道凸棱，溜肩。颈部饰暗绳纹，肩部饰绳纹。口径17、残高7.2、厚0.7—0.9厘米（图2.92c，6；图版四〇〇，5）。020∶15，口沿。泥质灰陶。侈口，圆唇，沿外有一道凸棱，溜肩。饰绳纹。口径19、残高7.5、厚0.5—0.6厘米（图2.92c，10；图版四〇〇，6）。

捏口罐 020∶11，口沿。夹砂灰陶。直领外侈，方唇，口部有捏制痕迹，颈部有一道凸棱，溜肩。腹饰绳纹。残高6.6、厚0.5—0.8厘米（图2.92c，13；图版四〇〇，4）。

深腹盆 020∶13，口沿。泥质灰陶。侈口，折沿上翘，圆唇，弧腹。沿面饰两周凹弦纹，唇面饰一周凹弦纹，腹饰篮纹。口径20、残高8、厚0.5—0.6厘米（图2.92c，5；图版三七七，4）。

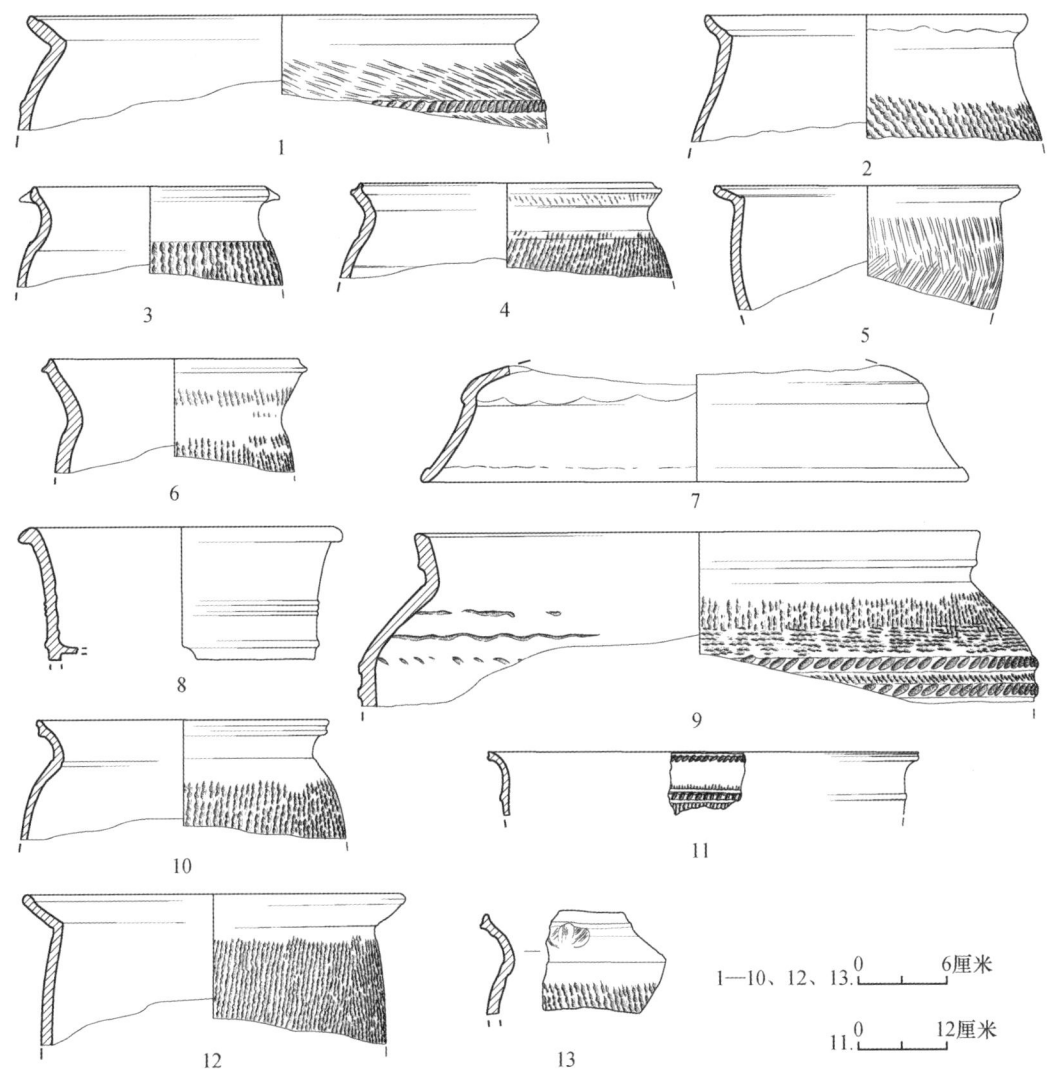

图2.92c 桂连凹南（020）采集标本（二）

1.鼎（020：7） 2、12.深腹罐（020：10、H1：1） 3、4、6、10.圆腹罐（020：8、020：9、020：12、020：15） 5.深腹盆（020：13） 7.器盖（020：17） 8.三足盘（020：28） 9.瓮（020：14） 11.缸（020：16） 13.捏口罐（020：11）

瓮 020：14，口沿。泥质灰陶。直领微侈，圆唇，沿外有一道凸棱，溜肩，折腹。饰绳纹夹附加堆纹。口径37、残高11、厚0.8—0.9厘米（图2.92c，9；图版三八九，1）。

缸 020：16，口沿。夹砂灰陶。侈口，尖唇，直腹微弧。沿外饰一周花边，腹部绳纹夹附加堆纹。口径57、残高7.8、厚0.7—0.9厘米（图2.92c，11；图版三七七，5）。

三足盘 020：28，口沿。泥质灰陶。敞口，卷沿，尖圆唇，直腹。腹饰三周凸弦纹。口径21、残高8.2、厚0.3—0.6厘米（图2.92c，8；图版三七七，6）。

器盖 020：17，口沿。泥质黑陶。下口外侈，圆唇，折腹。磨光。口径36、残高7.3、厚0.6—0.8厘米（图2.92c，7）。

2）东周时期

陶片数量较多。多数器物应该为春秋时期，部分可晚至战国时期。标本10件。

鼎　020：18，耳部。夹砂灰陶。方形附耳。残高7.8、厚0.9—1.2厘米（图2.92d，1；图版四四八，4）。

鬲　3件。020：19，口沿。夹砂褐陶。侈口，折沿微上翘，方唇，近直腹。饰粗绳纹。残高3.8、厚0.6—0.8厘米（图2.92d，4）。020：20，口沿。夹砂灰陶。平折沿，方唇，溜肩。沿面饰一道凹槽，唇面饰一道凹弦纹。素面。口径22、残高3.3、厚0.7—0.9厘米（图2.92d，5）。020：21，口沿。夹砂灰陶。侈口，折沿上翘，方唇，矮领，广肩。饰绳纹。口径30、残高4.3、厚0.7厘米（图版四三二，2）。

盆　4件。020：22，口沿。泥质灰陶。侈口，折沿上翘，圆唇，沿面有一道凹槽，斜直腹。口径44、残高2.5、厚0.6—0.9厘米（图2.92d，2）。020：23，口沿。泥质灰陶。平折沿，方唇，斜直腹。腹饰绳纹。口径29、残高5.8、厚0.7—1.3厘米（图2.92d，7）。020：24，口沿。泥质灰陶。斜折沿，圆唇，沿下饰一周凹弦纹，直腹。磨光。口径30.5、残高4.2、厚0.6—0.7厘米（图2.92d，6）。020：27，口沿。泥质灰陶。直口，平折沿，方唇，折腹。素面。口径18、残高6.8、厚0.6—0.7厘米（图2.92d，8；图版四四八，6）。

瓮　2件。020：25，口沿。泥质灰陶。直领，圆唇，内外包边加厚，溜肩。素面。口径17、残高3.6、厚0.5—0.8厘米（图2.92d，10）。020：26，口沿。泥质灰陶。直领微侈，尖圆唇。素面。口径46、残高5、厚0.9—1.3厘米（图2.92d，3；图版四四八，5）。

（3）基本认识

该遗址面积较大，内涵相对复杂。二里头文化时期各个阶段的堆积连续，应该是一处较为重要的遗址。东周时期的堆积包含春秋和战国两个阶段，可能为东周王城外围的较为重要的遗址。

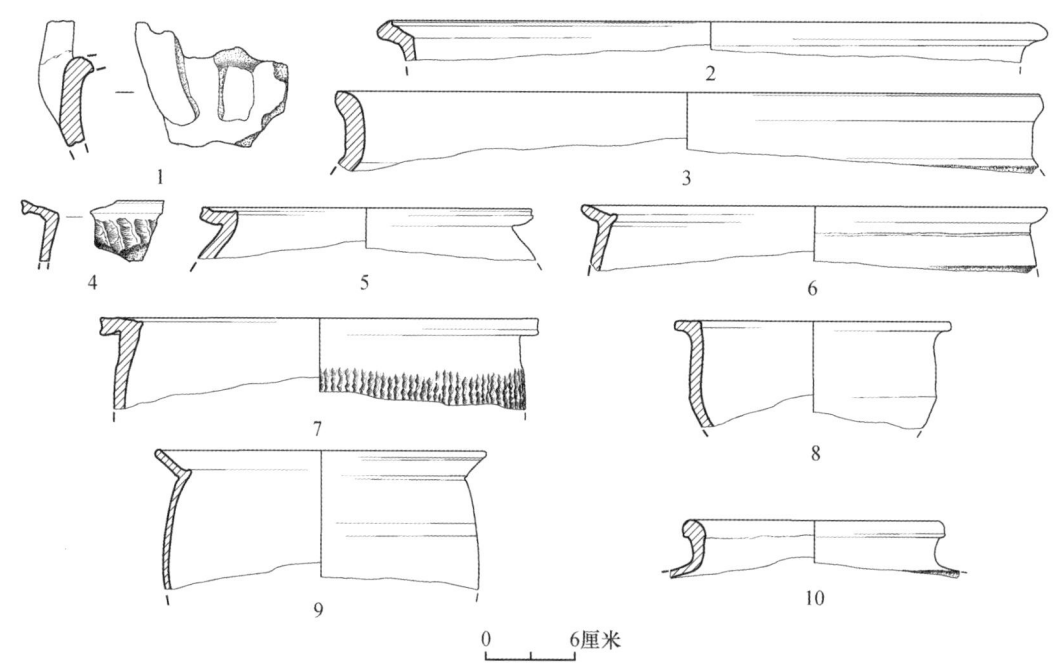

图2.92d　桂连凹南（020）、桂连凹东北（021）采集遗物

1.鼎（020：18）　2、6—9.盆（020：22、020：24、020：23、020：27、021：1）　3、10.瓮（020：26、020：25）　4、5.鬲（020：19、020：20）

84. 桂连凹东北（021）

（1）概况

位于洛阳市洛龙区李楼镇齐村行政村桂连凹自然村东北。具体范围为桂连凹村东北部的胜利渠以南，三官庙至二北村道路两侧，桂连凹村中东西向道路以北（图2.93）。面积约15.4万平方米。地理坐标为北纬34°39′45.69″，东经112°31′59.50″，海拔约135米。遗址大部分被红提生态园圈占。

2001年3月17日，二里头工作队调查，2017年7月1日复查。

图2.93　桂连凹东北（上为北）

（2）主要发现

采集的陶片较多，以龙山和二里头文化遗物为主，少量两周陶片。标本1件。

1）龙山文化

陶片数量较多，包括泥质和夹砂两大类。泥质陶片以素面和篮纹为主，个别为方格纹；夹砂陶片以方格纹为主，部分为篮纹，个别为素面。可辨认器形有大口罐、小口高领罐、盖等。

应该属于龙山文化晚期。无典型标本。

2）二里头文化

陶片数量较少，可辨认器形有甑、圆腹罐、盆、豆。多为二里头文化早期，即一、二期。标本1件。

盆　021：1，口沿。泥质灰陶。侈口，折沿上翘，圆唇，直腹微弧。磨光。口径22、残高8.8、厚0.3—0.4厘米（图2.92d，9；图版三七八，1）。

3）两周时期

无典型陶片标本，具体年代不详。可能为东周时期。

（3）基本认识

该遗址以龙山晚期和二里头早期遗存为主，规模较小。

85. 纲常（019）

（1）概况

位于洛阳市洛龙区李楼镇纲常村和齐村之间的道路两侧。具体范围西至纲常与北石人之间，东至齐村村西，南至纲常村中的景石路（X029）两侧（图2.94a；图版一〇一，2）。面积约29.3万平方米。地理坐标为北纬34°39′20.70″，东经112°31′59.92″，海拔约134米。地表多被蔬菜大棚和苗圃覆盖。

图2.94a　纲常（左下为北）

1960年被列为第一批洛阳市（县）文物保护单位。1984年，洛阳市文物普查队曾对该遗址进行调查，认为该遗址位于纲常村南和村东台地上，面积约15万平方米。采集到曲腹钵、罐、器座等遗物，是仰韶文化王湾一期和庙底沟二期文化遗址[1]。

2001年3月17日，二里头工作队调查该遗址，2017年7月1日复查。

---

[1] 附表为王湾二期。方孝廉：《洛阳市一九八四年古文化遗址调查简报》，《中原文物》1987年第3期。

（2）主要发现

调查中，在纲常村西南，北石人村东，发现一处东西宽约20、南北长约100米的取土场，最大取土深度1.5米，四壁剖面暴露大量灰坑，总共有20余个。灰坑一般开口于耕土层下，打破生土，直径多在2—3米。

采集的遗物数量较多，包括石器和数量较多的陶器残片。时代以仰韶、龙山为主，二里头和两周时期的数量稍少。标本24件。

石斧　019∶1，细粒砂岩。灰黑色。经过琢制、磨制。残长14.3、宽7.5、厚2.6厘米（图2.94b，1；图版二四一，6）。

石刀　2件。019∶2，硅质岩。黑色。保留卵石的自然面，经过打制，边缘有使用痕。残长12.2、残宽5.5、厚2厘米（图2.94b，2；图版二四二，1）。019∶3，硅质岩。黑色，保留卵石的自然面，经过打制，边缘有使用痕。长7.1、宽4.5、厚1.4厘米（图版二四二，2）。

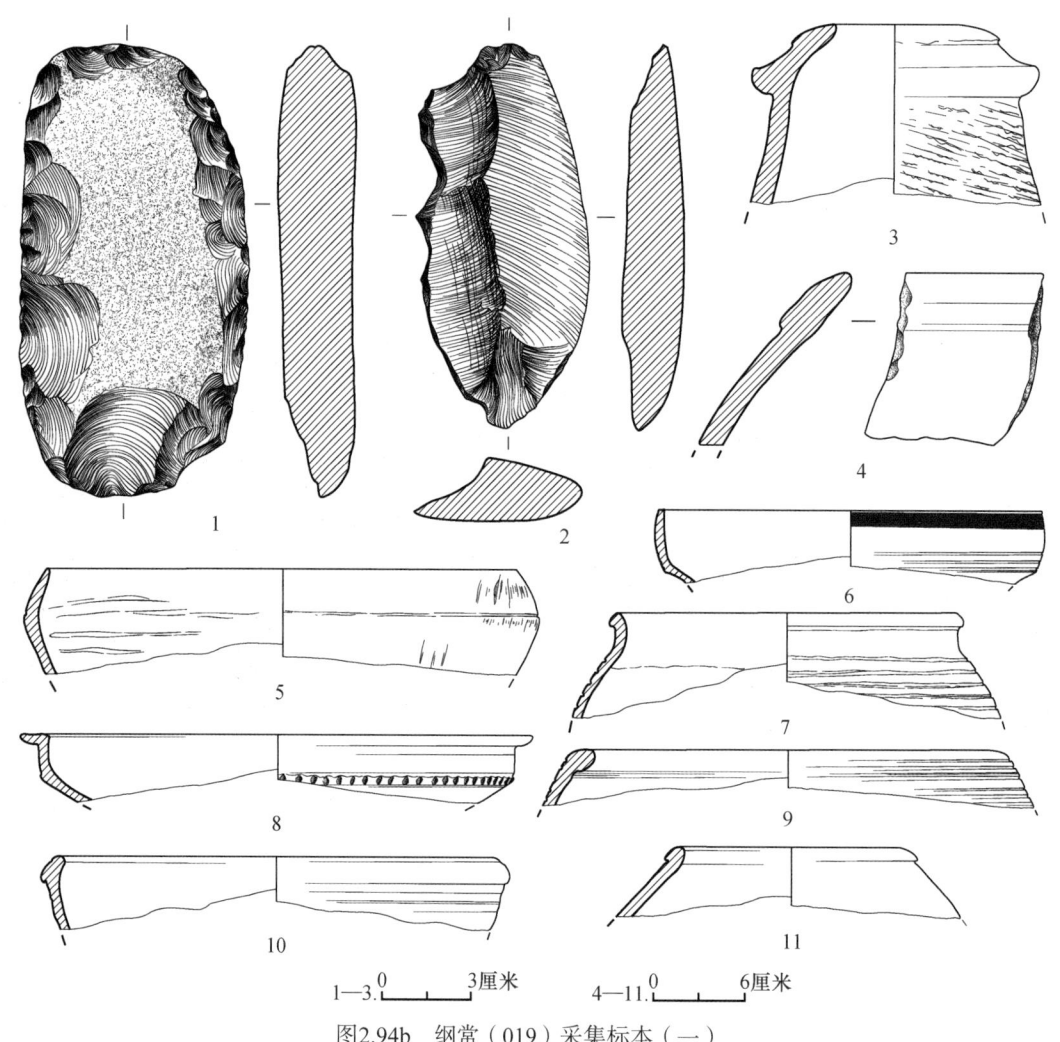

图2.94b　纲常（019）采集标本（一）
1.石斧（019∶1）　2.石刀（019∶2）　3.尖底瓶（019∶4）　4、11.瓮（019∶12、019∶10）　5、6.敛口钵（019∶5、019∶6）　7.罐（019∶7）　8—10.盆（019∶8、019∶9、019∶11）

1）仰韶文化

陶片数量较多，包括泥质和夹砂两大类。泥质陶片以素面和线纹为主，少量彩陶；夹砂陶片以素面为主，部分弦纹和线纹。可辨认器形有鼎（足）、小口高领罐、夹砂罐、直口缸、折沿敛口缸、盆、小口尖底瓶、敛口钵、豆、瓮。遗物以仰韶文化中、晚期（大河村二、三期）为主。标本9件。

尖底瓶　019：4，口沿。泥质红陶。敛口，内折沿，尖唇，沿面出一道凹槽呈子母口状。饰线纹。口径4、残高5.8、厚0.5—0.6厘米（图2.94b，3；图版三〇七，5）。

敛口钵　2件。019：5，口沿。泥质灰陶。敛口，尖唇，折腹。磨光。口径31、残高6.7、厚0.6—0.7厘米（图2.94b，5；图版三二六，6）。019：6，口沿。泥质红陶。直口，方唇，折腹。磨光，沿外饰一周红彩带纹，腹部有数道凹弦纹。口径25、残高4.6、厚0.4—0.6厘米（图2.94b，6；图版三二七，1）。

罐　019：7，口沿。夹砂灰陶。直领，方唇，溜肩。肩饰数周凹弦纹。口径23、残高6.7、厚0.5—0.8厘米（图2.94b，7）。

盆　3件。019：8，口沿。夹砂灰陶。直口，平折沿，圆唇，折腹。折腹处饰附加堆纹。口径34、残高4.3、厚0.6—0.7厘米（图2.94b，8）。019：9，口沿。泥质褐陶。敛口，平沿，圆唇。磨光，饰凹弦纹。口径26、残高3.6、厚0.6—1.1厘米（图2.94b，9）。019：11，口沿。泥质红陶。敛口，圆唇，沿外包边加厚，斜直腹。饰凹弦纹。口径29、残高4.7、厚0.6—1.3厘米（图2.94b，10；图版三〇七，6）。

瓮　2件。019：10，口沿。泥质红陶。敛口，圆唇，沿外包边加厚，广肩。素面。口径14、残高4.5、厚0.6—0.9厘米（图2.94b，11）。019：12，口沿。泥质红陶。敛口，圆唇，沿外包边加厚，广肩。素面。口径14、残高4.5、厚0.6—0.9厘米（图2.94b，4）。

2）龙山文化

采集的陶片数量较多，包括泥质和夹砂两类。泥质陶片多见篮纹，部分为素面和指甲纹；夹砂陶片主要为方格纹。可辨认器形有大口罐、小口高领瓮、盆、双腹盆、碗。遗物多为龙山文化晚期。标本8件。

H1：见于取土场北壁，耕土下。坑口宽约3、距地表0.4—0.5、深0.5—0.6米。填土为黑灰土，质松软。可辨认器形有夹砂大口罐、中口罐、甑、高领罐、小口高领瓮、圈足盘。时代为龙山晚期。标本3件。

中口罐　H1：1，口沿。夹砂灰陶。直领外侈，方唇，溜肩。饰方格纹。口径24、残高7.6、厚0.3—0.7厘米（图2.94c，9；图版三五八，4）。

罐　2件。H1：2，口沿。夹砂灰陶。侈口，折沿，方唇，沿面内凹，溜肩。肩饰凹弦纹。口径14、残高3.4、厚0.3—0.4厘米（图2.94c，2）。019：13，口沿。夹砂灰陶。直领外侈，方唇，唇面有一道凹槽，溜肩。饰方格纹。口径26、残高6.8、厚0.6—0.8厘米（图2.94c，8；图版三五八，6）。

甑　H1：3，底部。泥质灰陶。斜直腹，平底，圆孔。素面。底径11、残高2.1、厚0.4—

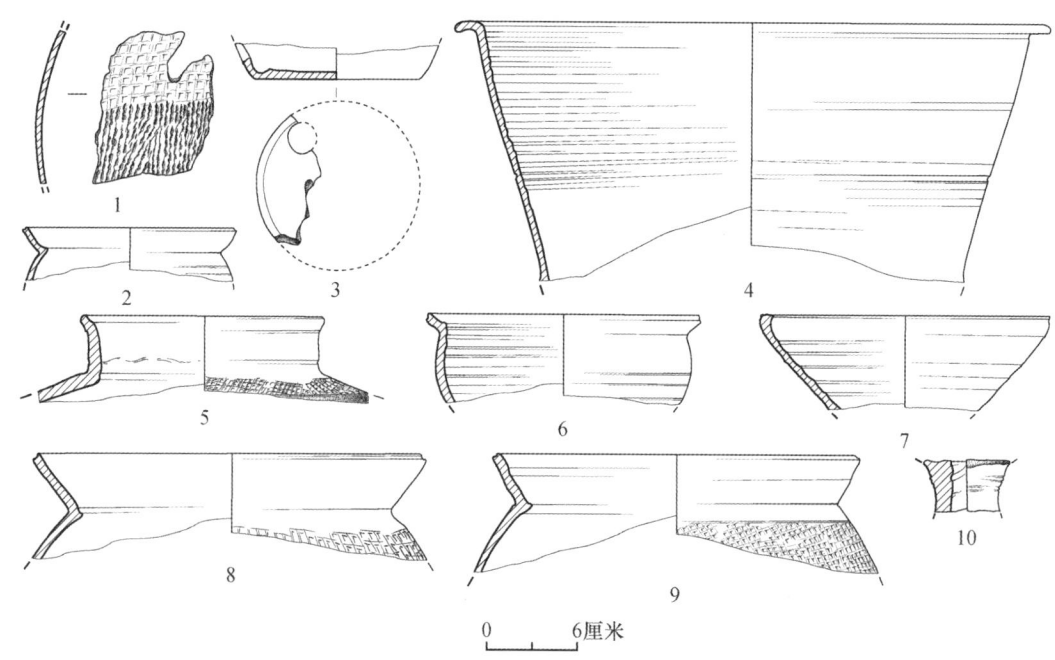

图2.94c 纲常（019）采集标本（二）

1、2、8.罐（019：18、H1：2、019：13） 3.甑（H1：3） 4.盆（019：15） 5.瓮（019：14） 6.圈足盆（019：16）
7.碗（019：17） 9.中口罐（H1：1） 10.豆（019：19）

0.5厘米（图2.94c，3；图版三五八，5）。

瓮 019：14，口沿。泥质灰陶。直领，圆唇，广肩。饰方格纹。口径16、残高5.6、厚0.8—1厘米（图2.94c，5）。

盆 019：15，口沿。泥质灰陶。敞口，折沿，圆唇，斜直腹。饰一周凹弦纹，轮制痕迹明显。口径39、残高16.6、厚0.4—0.6厘米（图2.94c，4；图版三五九，1）。

圈足盆 019：16，口沿。泥质灰陶。侈口，折沿上翘，方唇，唇面饰一周凹弦纹，弧腹。内壁饰数周凸弦纹，磨光。口径18、残高5.7、厚0.4—0.7厘米（图2.94c，6）。

碗 019：17，口沿。泥质黑陶。敞口，方唇，斜直腹。内壁饰数周凸弦纹。口径19、残高6、厚0.4—0.7厘米（图2.94c，7）。

3）二里头文化

采集少量陶片。包括泥质和夹砂类，纹饰以绳纹为主，偶见方格纹、附加堆纹等。时代为二里头文化二、三、四期。标本1件。

罐 019：18，腹片，夹砂灰陶。上部饰方格纹，下部饰绳纹。残高9.8、厚0.4厘米（图2.94c，1；图版三七八，2）。

4）西周时期

数量较少，有豆等。年代为西周晚期。无典型标本。

5）东周时期

见有少量陶片。标本3件。

豆　019∶19，泥质灰陶。空心柱柄。残高3.2、厚1—1.4厘米。可能为春秋时期（图2.94c，10）。

罐　2件。019∶20，口沿。夹砂灰陶。侈口，折沿，方唇，溜肩。饰粗绳纹。口径30、残高5.6、厚0.7厘米（图版四四九，1）。019∶21，口沿。夹砂灰陶。直口，折沿，方唇，矮领，溜肩。素面。口径28、残高4.7、厚0.9厘米。可能为战国时期（图版四四九，2）。

（3）基本认识

该遗址面积较大，文化内涵复杂，遗存的年代涵盖了仰韶、龙山、二里头和两周等时期。为夹河区域较重要的遗址。1984年洛阳市文物普查队调查的纲常遗址包括村南和村东两部分，该遗址（019）应为原调查发现的村东和村北部分。

86. 齐村西南（024）

位于洛阳市洛龙区李楼镇齐村西南。具体范围为西至北石人村，北至纲常村，东至齐村西，南至南北石人村通往三官庙至二北村道路一线（图2.95；图版一〇二，1）。面积约24.5万平方米。地理坐标为北纬34°39′06.38″，东经112°32′00.49″，海拔约134米。地表为农田和苗圃。

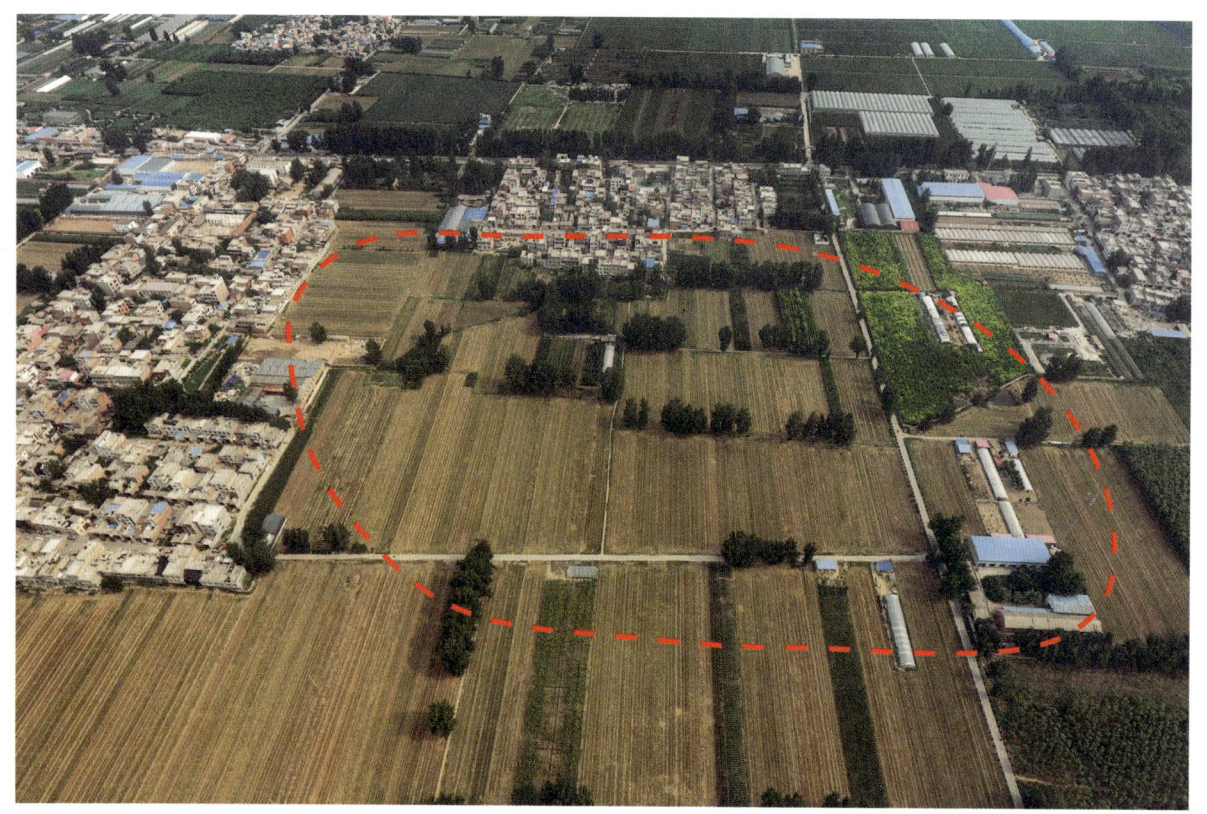

图2.95　齐村西南（上为北）

1975年，洛阳博物馆曾对该遗址进行调查，时称齐村遗址。认为年代属于王湾一期和王湾二期①。1984年，洛阳市文物调查队也曾对该遗址进行调查，当时称作纲常遗址，包括纲常村南和村东。2001年3月18日二里头队调查该遗址，2017年6月29日复查。原纲常遗址的南部即为二里头队调查发现的齐村西南遗址。

2007年11月7日，洛阳市人民政府将该遗址公布为第三批洛阳市文物保护单位。

本次调查发现的齐村西南（024）大部分位于纲常村南部，与1975年洛阳博物馆调查发现的齐村遗址位置大体一致，可能为原来调查发现的齐村遗址的东部边缘。而原调查认为属于仰韶文化（王湾一期），本次调查中未发现相关遗物。结合以往认识，该遗址可能为仰韶晚期及龙山早期。

---

① 洛阳博物馆：《一九七五年洛阳考古调查》，《河南文博通讯》1980年4期。

87. 齐村东南（023）

（1）概况

位于洛阳市洛龙区李楼镇齐村东南部。具体范围齐村东南的二广高速（G55）以东，大新渠二郎庙以东南北段延长线以西（图2.96a；图版一〇二，2）。面积约6.6万平方米。地理坐标为北纬34°38′58.56″，东经112°32′18.32″，海拔为131米左右。地表现为农田和苗圃，局部可能被二广高速占压。

图2.96a　齐村东南（上为北）

2001年3月18日二里头工作队调查发现，2017年6月29日复查。

（2）主要发现

遗存以仰韶文化为主，个别可能为二里头或两周时期。

采集数量较多的陶片。包括泥质和夹砂陶，同时见有不少彩陶。泥质陶以素面和弦纹装饰为主，少量见有线纹；夹砂陶以素面为主，少量见有弦纹、附加堆纹、线纹。彩陶以黑彩为主，部分白衣黑彩，多为泥质。可辨认器形有夹砂罐、瓮、盆、缸、小口尖底瓶、钵。属于仰韶文化中、晚期。部分陶片较残碎，饰绳纹，具体年代不详，可能为二里头至两周时期。标本共计4件。

石片　023：1，硅质岩。灰黑色。经过打制，废料。长7.2、宽5.1、最厚2.5厘米（图2.96b，1）。

小口尖底瓶　023：2，泥质红陶。敛口，内折沿，尖唇，沿面出一道凹槽呈子母口状。饰线纹。口径1、残高6.2、厚0.5—0.8厘米（图2.96b，3；图版三〇八，1）。

缸　023：3，口沿。泥质灰陶。敛口，内折沿，圆唇，外壁钻有一孔。素面。残高4.5、厚0.8—1.4厘米（图2.96b，4；图版三二七，2）。

罐　023：4，口沿。夹砂灰陶。直口，圆唇，唇外包边加厚，矮领，广肩。肩部饰三周凹弦纹。口径20、残高3.6、厚0.6—0.7厘米（图2.96b，5）。

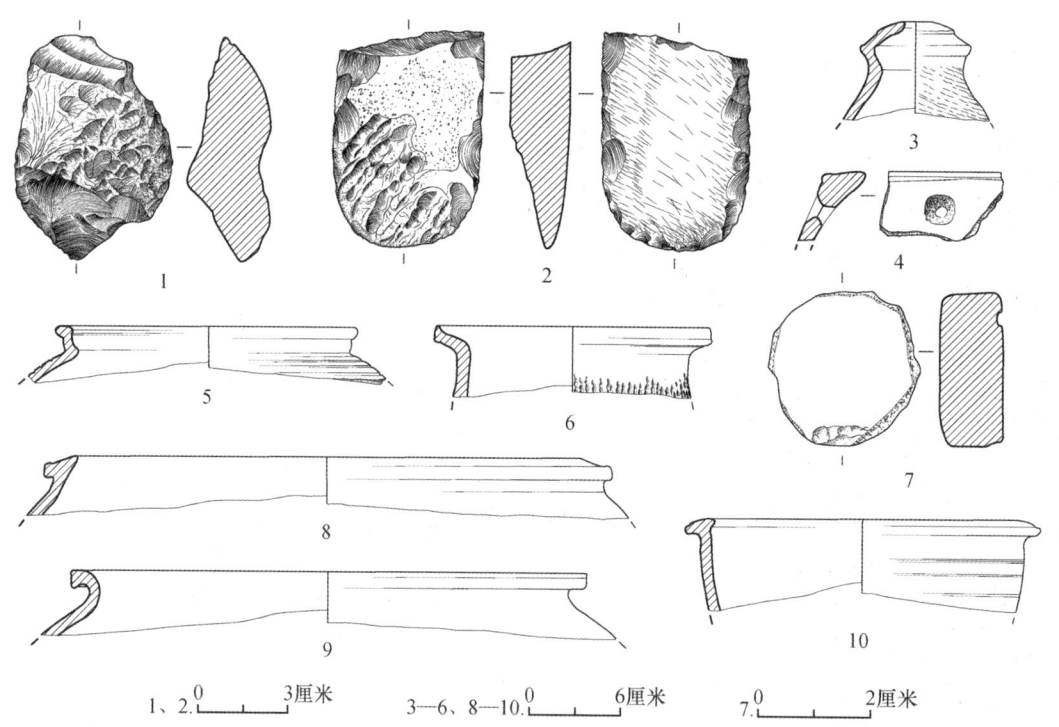

图2.96b　齐村东南（023）、夏庄西北（025）、太平庄北（018）采集标本
1. 石片（023：1）2. 石斧（025：1）3. 小口尖底瓶（023：2）4. 缸（023：3）5. 罐（023：4）6. 鬲（025：2）7. 圆陶片（025：3）8、9. 瓮（018：1、018：2）10. 盆（018：3）

（3）基本认识

该遗址可能为仰韶中、晚期的一处小型遗址，二里头文化至两周时期有零星的人类活动。

88. 夏庄西北（025）

（1）概况

位于洛阳市洛龙区李楼镇夏庄（又称下庄）村西夏庄西北。具体范围西夏庄西北部200米处的大新渠二郎庙东南北向段延长线的两侧，齐村东南遗址（023）西南，二郎庙北遗址（026）东北（图2.97）。面积约9.9万平方米。地理坐标为北纬34°38′48.90″，东经112°32′23.95″，海拔约130米。地表现为蔬菜田。1975年，洛阳博物馆曾对该遗址进行调查，认为该遗址面积约18万平方米，包含有王湾三期和煤山一期、二里头文化二至四期遗存[1]。2007年11月7日，洛阳市人民政府将该遗址公布为第三批洛阳市文物保护单位。

图2.97　夏庄西北（上为北）

2001年3月18日，二里头工作队调查，2017年6月29日复查。

---

[1] 洛阳博物馆：《一九七五年洛阳考古调查》，《河南文博通讯》1980年第4期。

（2）主要发现

调查中，在该遗址采集到不少陶片。时代以二里头文化为主，少量仰韶、二里岗和两周时期。此外，还发现了改制石器和圆陶片等。标本3件。

石斧　025∶1，硅质岩（含铁）。黑色（局部暗红）。经过打磨和琢制修整，一端破裂。残长6.8、宽4.8、厚1.9厘米（图2.96b，2；图版二四二，3）。

圆陶片　025∶3，腹片。泥质红陶。近圆形，内面有一道凹槽。直径2.4—2.5、厚1厘米（图2.96b，7；图版二四二，4）。

1）二里头文化

调查中采集的陶片多为腹片，可辨认器形有盆、尊、缸。属于二里头文化二、三、四期。无典型标本。

2）二里岗文化

采集的陶片数量较少，可辨认器形有鬲。属于二里岗文化晚期。

鬲　025∶2，口沿。夹砂灰陶。折沿，方唇，盘口。腹饰绳纹。口径18、残高4.5、厚0.6—0.9厘米（图2.96b，6；图版四一五，1）。

3）其他

采集的仰韶文化和两周时期遗物较少，特征不典型，无标本。

（3）基本认识

本次调查发现的属于二里头文化、二里岗文化和两周时期，结合以往的调查来看，该遗址还有仰韶和龙山时期的遗存，应该是伊河北岸的一处较为重要的遗址。

89. 二郎庙北（026）

（1）概况

位于洛阳市洛龙区李楼镇二郎庙北部（二北村），东二郎庙村西北。具体范围为二郎庙村北部通往纲常村道路东西两侧，大部分位于二广高速（G55）东侧（图2.98）。面积约8.9万平方米。地理坐标为北纬34°38′41.81″，东经112°32′06.29″，海拔约132米。地表被农田和苗圃覆盖，部分地段被高速公路占压。

图2.98 二郎庙北（上为北）

2001年3月18日二里头工作队调查发现，2017年6月29日复查。

（2）主要发现

在该遗址采集到不少陶片，以仰韶为主，少量龙山。

陶片破碎，口沿标本不多。泥质陶片多为素面，也有不少线纹和弦纹，夹砂陶片基本为素面，偶见篮纹。可辨认器形有夹砂罐、尖底瓶、钵等。少量陶片明确为仰韶和龙山文化晚期。

（3）基本认识

该遗址位于伊河北岸不远处，遗存应以仰韶文化晚期为主，少量龙山晚期。

90. 太平庄北（018）

（1）概况

位于洛阳市洛龙区李楼镇太平庄村北。具体范围为该村北部的洛河南岸旧洛河南堤两侧，西至二广高速（G55）和太平村西通往洛河道路，东至太平村中通往洛河道路（图2.99；图版一○三，1）。面积约6万平方米。地理坐标为北纬34°40′47.20″，东经112°32′20.68″，海拔129米左右。地表现为农田。2001年3月15日二里头工作队调查发现。2017年7月1日复查。

图2.99 太平庄北（上为北）

（2）主要发现

采集到的陶片较少，多为东周，可能为战国时期。标本3件。

瓮 2件。018：1，口沿。夹砂红陶。敛口，折沿下耷，方唇，溜肩。沿内有一道凹槽。素面。口径37.5、残高3.6、厚0.7厘米（图2.96b，8；图版四四九，3）。018：2，口沿。泥质褐陶。敛口，卷沿，方唇，溜肩。素面。口径34、残高4.1、厚0.6—0.8厘米（图2.96b，9；图版四四九，4）。

盆 018：3，口沿。泥质灰陶。折沿，方唇，直腹微弧。表面可见轮制痕迹。口径23、残高5.8、厚0.6—0.7厘米（图2.96b，10）。

（3）基本认识

遗物多采集自废河堤两侧，可能是非原生堆积，该遗址可能为洛河南岸的一处文化内涵较为单一的东周晚期遗址。

91. 穆庄（022）

（1）概况

位于洛阳市洛龙区李楼镇穆庄（又称木庄）村西与村北。具体范围为伊河旧北堤以北，穆庄村西，焦寨东南，景石路以南区域（图2.100a）。殷墟文化的遗存主要位于村北，面积约13.5万平方米，东周时期的遗存范围较广，涵盖整个遗址，面积约96万平方米。地理坐标为北纬34°39′06.43″，东经112°33′35.50″，海拔约130米。地表主要为农田。

2001年3月18日，二里头工作队调查发现，2017年6月29日复查。

图2.100a　穆庄（右为北）

（2）主要发现

调查采集的陶片以两周时期为主，少量为殷墟文化。核查时未见到明确为仰韶时期的遗物。此外，还采集到石器2件，标本共计16件。

石片　022∶1，硅质岩。黑色。保留卵石的自然面，经过打制。长3.4、宽5.5、厚1厘米

（图2.100b，1；图版二四二，5）。

石器 022∶2，泥质页岩。灰褐色，经过打制、磨制、破裂，中部有一琢制钻孔。残长3.9、残宽2.5—4.6、厚0.4厘米（图2.100b，2；图版二四二，6）。

1）殷墟文化

可辨认器形有鬲、卷沿盆。标本1件。

鬲 022∶3，口沿。夹砂灰陶。侈口，卷折沿，方唇，直腹微弧。饰粗绳纹。口径20、残高6.5、厚0.6—0.9厘米（图2.100b，4；图版四二〇，6）。

2）西周时期

陶片较多，可辨认器形有鬲、罐、盆。多为西周晚期。标本4件。

鬲 022∶4，口沿。夹砂灰陶。折沿，沿面有两道凹槽。腹饰绳纹。残高5、厚0.6—0.8厘米（图2.100b，11）。

盆 022∶5，口沿。泥质灰陶。侈口，折沿上翘，圆唇，直腹微弧。素面。口径25、残高5、厚0.5—0.8厘米（图2.100b，5）。

罐 2件。022∶6，口沿。泥质灰陶。折沿，沿面微凹，方唇，束颈，广肩。饰绳纹。

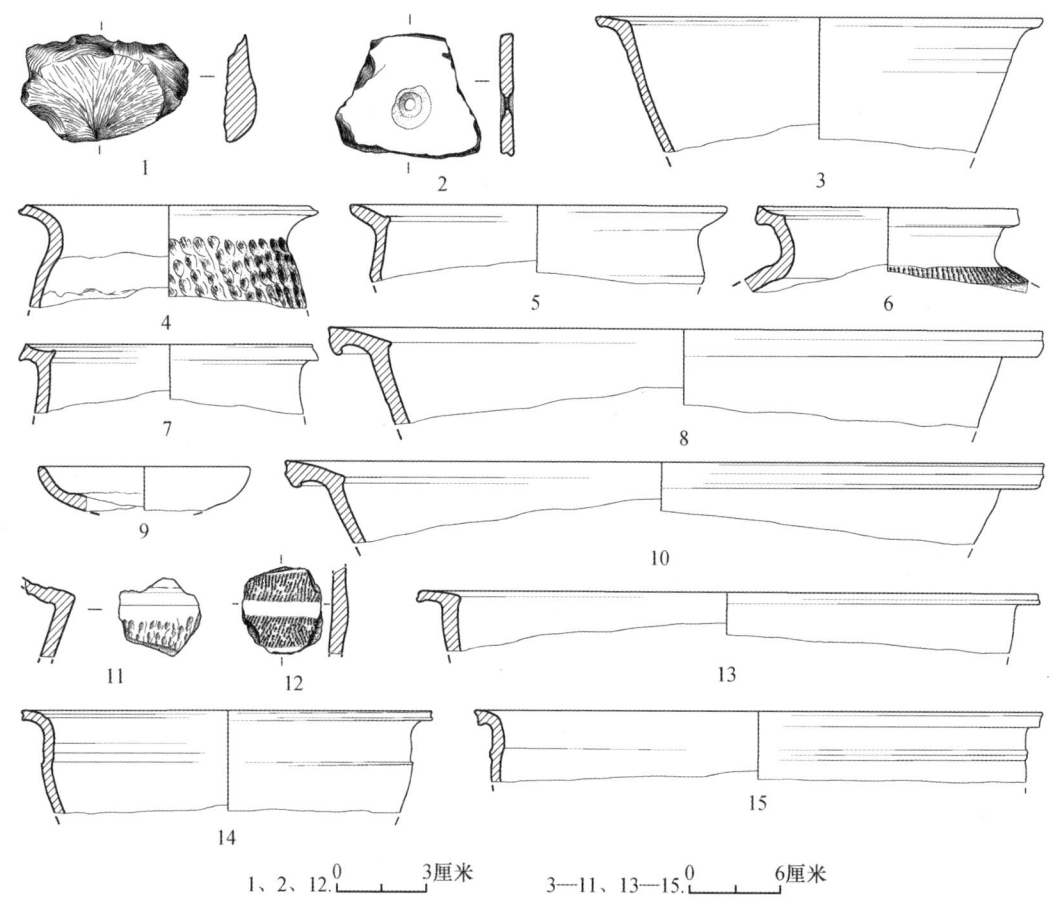

图2.100b 穆庄（022）采集标本

1.石片（022∶1） 2.石器（022∶2） 3、5、8、10、13—15.盆（022∶14、022∶5、022∶16、022∶13、022∶9、022∶11、022∶15） 4、11.鬲（022∶3、022∶4） 6、7.罐（022∶6、022∶7） 9.豆（022∶10） 12.圆陶片（022∶12）

口径17、残高5.4、厚0.9—1厘米（图2.100b，6；图版四二七，5）。022：7，口沿。泥质灰陶。直口，折沿，方唇，沿面内凹，沿内出一道凸棱。口径19、残高4.4、厚0.7—0.8厘米（图2.100b，7）。

3）东周时期

可辨认器形有罐、高领罐、盆、豆等。多为战国时期。标本6件。

盆　5件。022：8，口沿。泥质灰陶。直口，折沿，沿内有一道凹槽，直腹。沿内点缀一周彩绘状纹饰。口径35、残高5、厚0.6—0.8厘米（图版四四九，5）。022：9，口沿。泥质灰陶。平折沿，方唇，直腹微弧。素面。口径41、残高3.8、厚0.8—1厘米（图2.100b，13）。022：11，口沿。泥质灰陶。卷沿，方唇，唇面有一道凹槽，肩部出一道凸棱。口径27、残高6.4、厚0.6厘米（图2.100b，14；图版四四九，6）。022：14，口沿。泥质灰陶。侈口，折沿，方唇，斜直腹。磨光，内壁点缀有三周彩绘状纹饰。口径29、残高8.4、厚0.5—0.9厘米（图2.100b，3；图版四五〇，1）。022：15，口沿。泥质灰陶。卷沿，方唇，直腹微弧，腹部有一道凸棱。素面。口径37、残高4.4、厚0.5—0.7厘米（图2.100b，15；图版四五〇，2）。

豆　022：10，口沿。泥质浅灰陶。敛口，圆唇，弧腹。素面。口径14、残高2.8、厚0.6—0.8厘米（图2.100b，9）。

4）东周或以后

部分遗物可能属于东周或汉代。标本3件。

圆陶片　022：12，泥质灰陶。近圆形腹片，饰细绳纹。直径5.3—5.5、厚0.8—1厘米（图2.100b，12）。

盆　2件。022：13，口沿。泥质灰陶。侈口，折沿上翘，方唇，唇面有一道凹槽，斜弧腹。口径50、残高5.2、厚0.7—0.9厘米（图2.100b，10；图版四六五，1）。022：16，口沿。泥质灰陶。侈口，折沿上翘，方唇，唇面有一道凹槽，斜直腹。口径47、残高6.2、厚0.8—1.1厘米（图2.100b，8；图版四六五，2）。

（3）基本认识

该遗址为伊河北岸的商代晚期至汉代聚落，殷墟文化的面积较小，两周时期的面积较大。汉代堆积较为丰富，应该为一处较大型的遗址。

92. 潘寨老寨东（015）

（1）概况

位于洛阳市洛龙区李楼镇潘寨老寨以东。伊洛河连通运河从遗址西侧穿过，具体范围为西至潘寨老寨村东，北距岳洛路（X023）100米，南过夹河快速通道，东逾西石桥至石罢村道路（X029）50米（图2.101a）。面积约21.5万平方米。地理坐标为北纬34°40′28.71″，东经112°34′15.05″，海拔约121米。地表多为苗圃。

2001年3月15日，二里头工作队调查发现。2017年6月28日复查。

图2.101a　潘寨老寨东（上为北）

（2）主要发现

该遗址采集的遗物以龙山文化为主，也见有少量的仰韶文化和西周时期的陶片。标本4件。

纺轮　015∶1，基本完整。黑皮褐陶。扁平圆形，一面平整，一面微鼓，中间有一圆孔。直径4.7、厚1、孔径0.6—1.1厘米（图2.101b，4）。

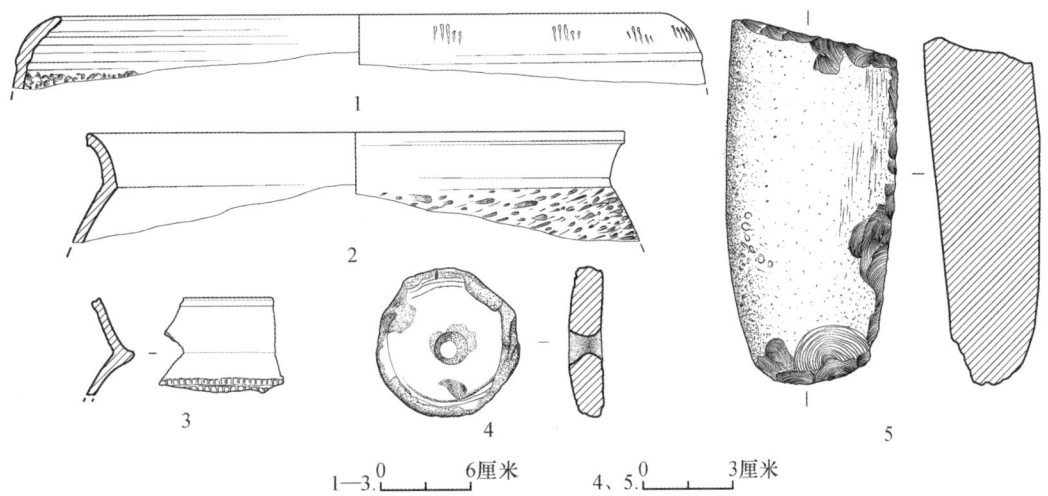

图2.101b　潘寨老寨东（015）、西马庄西北（086）采集标本
1.盆（015H1:2）　2、3.罐（015H1:3、086:2）　4.纺轮（015:1）　5.石杵（015H1:1）

1）仰韶文化

数量较少，具体时段不详。

2）龙山文化

发现灰坑1处，采集到的陶片数量较多。泥质陶片以篮纹和素面为主，方格纹、弦纹和绳纹少量；夹砂陶以素面为主，也见有少量篮纹。可辨认器形有罐（大口罐）、盖等。同时也见有不少仰韶文化陶片，该灰坑的年代为龙山文化晚期。

H1：位于取土坑内，长2、深0.5米。采集到较多陶片。泥质陶素面较多，见有篮纹和方格纹；夹砂陶方格纹较多，也见有少量的素面陶。可辨认器形有盆、罐等。采集了石器1件。灰坑的年代应该为龙山晚期。

石杵　H1：1，残块。辉绿岩。灰黑色。保留卵石的自然面，一侧经琢制修整，一端断裂，一端有使用痕迹。残长11.6、宽5.6、厚2.4—4.1厘米（图2.101b，5）。

盆　H1：2，口沿。泥制灰陶。敛口，厚圆唇。唇外壁有刻划痕迹，内壁有麻点。口径39、残高4.5、厚0.6—0.8厘米（图2.101b，1；图版三〇八，2）。

罐　H1：3，口沿。夹砂褐陶。直领外侈，方唇，溜肩。表面修整中留下的擦痕。口径35、残高7、厚0.6—0.8厘米（图2.101b，2；图版三二七，3）。

3）西周时期

陶片数量较少。年代可到西周时期。

（3）基本认识

该遗址为龙山晚期遗存为主的遗址，见有少量仰韶和西周时期遗存。

93. 西马庄西北（086）

（1）概况

位于洛阳市洛龙区佃庄镇（伊滨区代管）西马庄村西北。具体范围为西马庄西北部大冢周围，西石桥至石罢村道路（X029）以西，灌溉大渠以东300米，西马庄村以北，潘寨老寨遗址（015）以南100米（图2.102）。面积约41.3万平方米。地理坐标为北纬34°40′16.51″，东经112°34′10.21″，海拔约121米。地面现为苗圃，伊洛河连通运河自遗址东北部穿过。

第三次全国文物普查期间，洛阳市文物机构对该遗址进行过调查①。

图2.102　西马庄西北（上为北）

二里头工作队于2001年3月15日调查发现，2017年6月28日复查。

---

①　河南省第三次全国文物普查领导小组办公室、河南省文物局：《河南省第三次全国文物普查300项重要发现》，海燕出版社，2011年。

（2）主要发现

采集的陶片标本较少，主要包括仰韶、龙山和二里头文化时期。此外，还采集了石刀坯与刻划陶片。标本3件。

刀坯　086∶1，石英岩。灰白色，保留卵石的自然面，经过打制，边缘经过二次加工。长13.2、宽4.3—6、最厚1.75厘米（图版二四三，1）。

1）仰韶文化

数量较多，包括泥质和夹砂陶。泥质陶以素面为主，也见有少量的刻划纹和弦纹；夹砂陶常见素面和弦纹。属于仰韶文化中期（大河村二、三期）。无典型标本。

2）龙山文化

数量也较多，包括泥质和夹砂陶。泥质陶片以素面和篮纹为主，少量方格纹；夹砂陶片以素面和方格纹为主，亦有不少篮纹，个别见有弦纹。可辨认器形有大口罐、小口高领瓮、刻槽盆、豆、盖等，多属于龙山晚期。个别遗物为龙山早期，标本1件。

罐　086∶2，口沿。夹砂褐陶。直领微侈，方唇，唇面有一道凹槽，溜肩。饰方格纹。残高6.2、厚0.5—0.6厘米（图2.101b，3；图版三五一，5）。

3）二里头文化

见有少量陶片，包括刻划陶片、绳纹和细绳纹陶片。标本1件。

刻划陶片　086∶3，容器腹片。泥质灰陶。外壁饰刻划花纹。残长4.1、残宽3、厚0.6厘米（图版四〇一，1）。

（3）基本认识

该遗址应该为一处以仰韶和龙山时期遗存为主的遗址。

94. 西石罢（016）

（1）概况

位于洛阳市洛龙区李楼镇西石罢村和佃庄镇（伊滨区代管）后石罢村之间。具体范围为西石桥至石罢村道路（X029）两侧，东至西石罢与后石罢村东南北向道路，西至南千寨与火龙庙村一线（图2.103a；图版一〇三，2）。仰韶龙山时期的面积约14.6万平方米，东周时期的面积约36万平方米。地理坐标为北纬34°39′31.36″，东经112°34′14.06″，海拔约122米。遗址大部分为农业生态园占压。

2003年3月15日二里头工作队调查发现，2017年6月26日复查。

图2.103a 西石罢（上为北）

（2）主要发现

调查中发现大量的遗物，时代以东周为主，此外还包含为数不少的仰韶晚期、龙山早、晚期和殷墟文化的遗物。采集到石斧、石镰等小件石器5件。标本共计45件。

石斧　2件。016：1，英安岩。黑色。经过琢制、磨制，刃部破裂。残长10.1、宽4.3—5.4、厚2.3厘米（图2.103b，1；图版二四三，2）。016：4，细粒砂岩。肉红色。流纹结构，经过打制、磨制。残长13.1、宽5.5—5.9、厚0.6—0.9厘米（图2.103b，5；图版二四三，5）。

石镰　016：5，细粒砂岩。肉红色，流纹结构，经过打制、磨制。长8.4、宽6.2、厚1.5—1.8厘米（图2.103b，2；图版二四三，6）。

残石器　016：2，硅质岩。灰黑色。磨制，破裂。残长7.7、最宽4.8、厚2.55厘米（图2.103b，3；图版二四三，3）。

石片　016：3，英安岩。黑色。保留卵石的自然面，经过打制。残长5.2、残宽5.8、厚0.6—1厘米（图2.103b，4；图版二四三，4）。

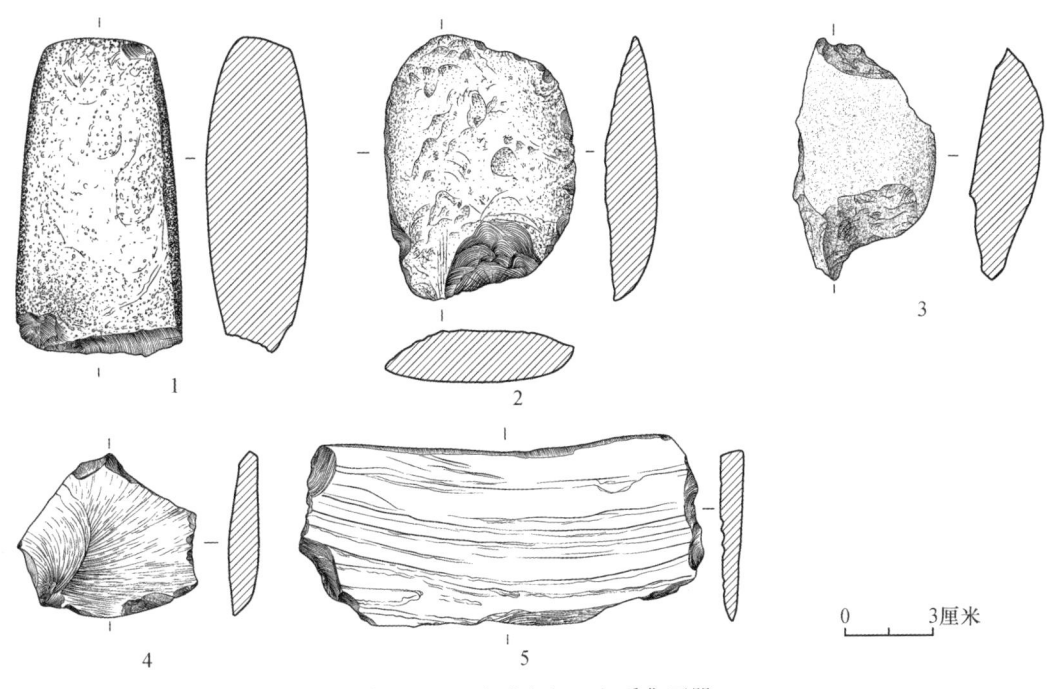

图2.103b　西石罢（016）采集石器
1、5.石斧（016：1、016：4）　2.石镰（016：5）　3.残石器（016：2）　4.石片（016：3）

1）仰韶文化

采集到不少泥质和夹砂陶片。泥质陶片多为素面，少量见有线纹，也有一定量的彩陶；夹砂陶片见有素面、绳纹和附加堆纹。彩陶见有网格纹、平行线纹、蝶须纹、窄带纹。可辨认器形有鼎、泥质罐、豆、大口罐、缸、夹砂罐、彩陶罐、盆、钵、圈足盘、碗等，属于仰韶文化晚期。标本13件。

碗　016：7，口沿。泥制灰陶。敛口，尖唇，弧腹内收。唇外施红彩。口径15、残高5.3、厚0.3—0.6厘米（图2.103c，9）。

罐　016：8，口沿。泥制红陶。敛口，折沿，尖唇，沿面下耷，弧腹。素面。口径15、残高6.7、厚0.4—0.7厘米（图2.103c，8；图版三二七，4）。

盆　016：9，口沿。泥制灰陶。小折沿，尖唇，弧腹内收。磨光。口径31、残高6、厚

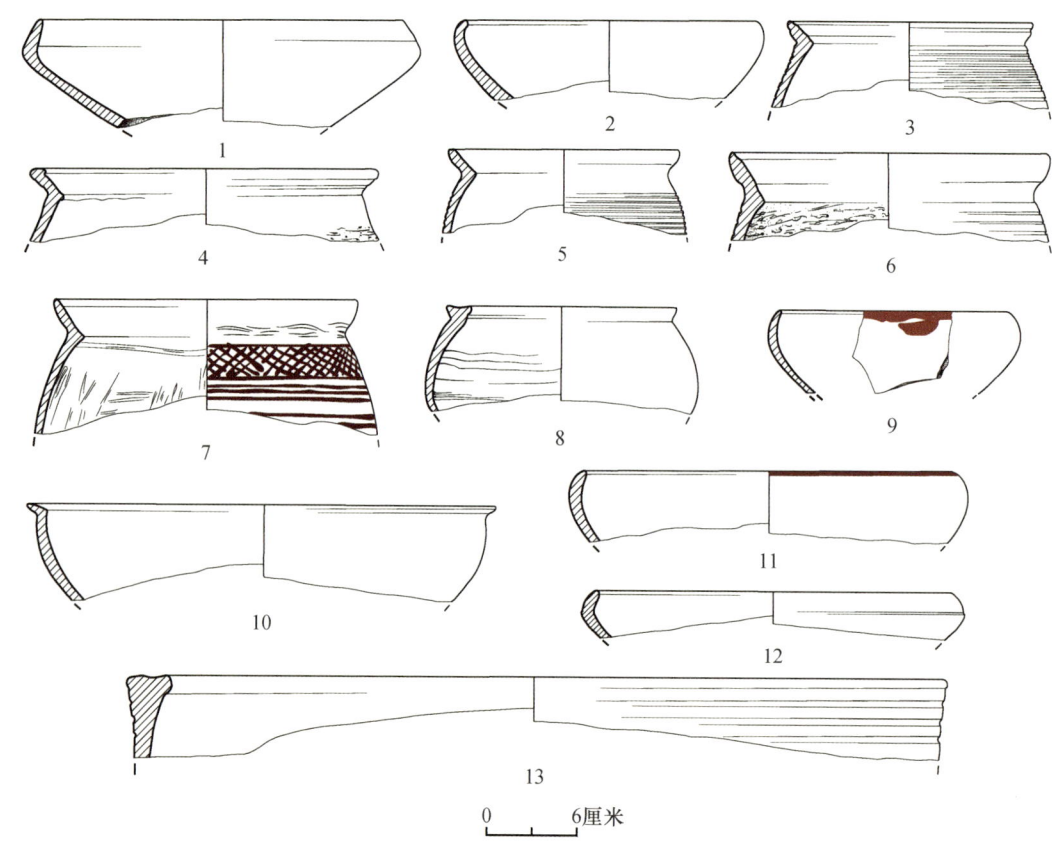

图2.103c 西石罢（016）采集陶器（一）

1. 豆（016：11） 2、11、12. 钵（016：12、016：19、016：10） 3—5. 夹砂罐（016：16、016：14、016：17） 6. 大口罐（016：15） 7. 彩陶罐（016：20） 8. 罐（016：8） 9. 碗（016：7） 10. 盆（016：9） 13. 缸（016：18）

0.6—0.7厘米（图2.103c，10；图版三二七，5）。

钵 3件。016：10，口沿。泥制灰陶。敛口，内折沿。磨光。口径23、残高2.9、厚0.5—0.7厘米（图2.103c，12）。016：12，口沿。泥制黑陶。敛口，圆唇，弧腹内收。磨光。口径19、残高5、厚0.6—0.9厘米（图2.103c，2）。016：19，口沿。泥质红陶。敛口，圆唇，圆弧腹。唇外施一道红彩，磨光。口径24、残高4.5、厚0.6—0.8厘米（图2.103c，11）。

豆 016：11，口沿。泥制灰陶。敛口，内折沿，尖唇，斜直腹。磨光。口径24、残高6.8、厚0.6—0.8厘米（图2.103c，1）。

夹砂罐 3件。016：14，口沿。夹砂灰陶。侈口，折沿，圆唇，唇内出一道凸棱，溜肩。口径23、残高4.6、厚0.6—0.9厘米（图2.103c，4）。016：16，口沿。夹砂灰陶。侈口，折沿上翘，尖圆唇。外壁饰数周凹弦纹。口径16、残高5.5、厚0.5—0.8厘米（图2.103c，3；图版三二八，1）。016：17，口沿。夹砂灰陶。侈口，折沿上翘，尖唇。腹饰凸弦纹。口径15、残高5.3、厚0.6—0.8厘米（图2.103c，5）。

大口罐 016：15，口沿。夹砂褐陶。大口，折沿，尖唇，溜肩。肩部饰三周凹弦纹。口径21、残高5.6、厚0.6—0.7厘米（图2.103c，6；图版三二七，6）。

缸 016：18，口沿。夹砂黑陶。敛口，平沿，圆唇。沿外饰三周凹弦纹。口径54、残高

5.2、厚0.8厘米（图2.103c，13）。

彩陶罐　016：20，口沿。泥制红陶。侈口，折沿上翘，尖唇。饰红彩网格纹和平行线纹。口径20、残高8.6、厚0.5—0.7厘米（图2.103c，7；图版三二八，2）。

2）龙山文化

陶片数量较多。见有泥质和夹砂陶，泥质陶片多篮纹；夹砂陶片方格纹和篮纹兼有。可辨认器形有鼎（横篮纹）、粗砂夹蚌罐、大口罐、小口罐、小口高领瓮、盆、折腹盆、圈足盘、斝、甗、缸、尊等，多属于龙山文化早期。标本11件。

鼎　4件。016：21，口沿。夹砂红陶。侈口，折沿上翘，尖唇，溜肩。饰绳纹夹附加堆纹。口径23、残高7、厚0.6—1厘米（图2.103d，8；图版三五一，6）。016：22，口沿。夹砂褐陶。侈口，折沿上翘，溜肩。折沿处有按窝。残高5、厚0.8—0.9厘米（图2.103d，11）。016：23，口沿。夹砂褐陶。侈口，折沿上翘，沿下饰一道凹弦纹。残高4.4、厚0.7—0.9厘米（图2.103d，10）。016：25，口沿。夹砂灰陶。侈口，折沿上翘，尖唇，溜肩。饰绳纹夹附加堆纹。口径29、残高6.2、厚0.6—0.8厘米（图2.103d，9；图版三五二，1）。上述鼎均为龙山早期遗物。

罐　2件。龙山早、晚期兼有。016：26，口沿。夹砂灰陶。直领外侈，圆唇，溜肩。饰绳纹。口径18、残高4.7、厚0.9—1.2厘米（图2.103d，7）。016：31，口沿。夹砂灰陶。侈口，折沿上翘，圆唇，溜肩。素面。口径17、残高5.1、厚0.6—0.8厘米（图2.103d，5）。

盆　2件。龙山早、晚期兼有。016：27，口沿。泥质灰陶。折沿上翘，方唇，溜肩。素面。口径28、残高5、厚0.9—1厘米（图2.103d，1）。016：30，口沿。泥质灰陶。平折沿，尖

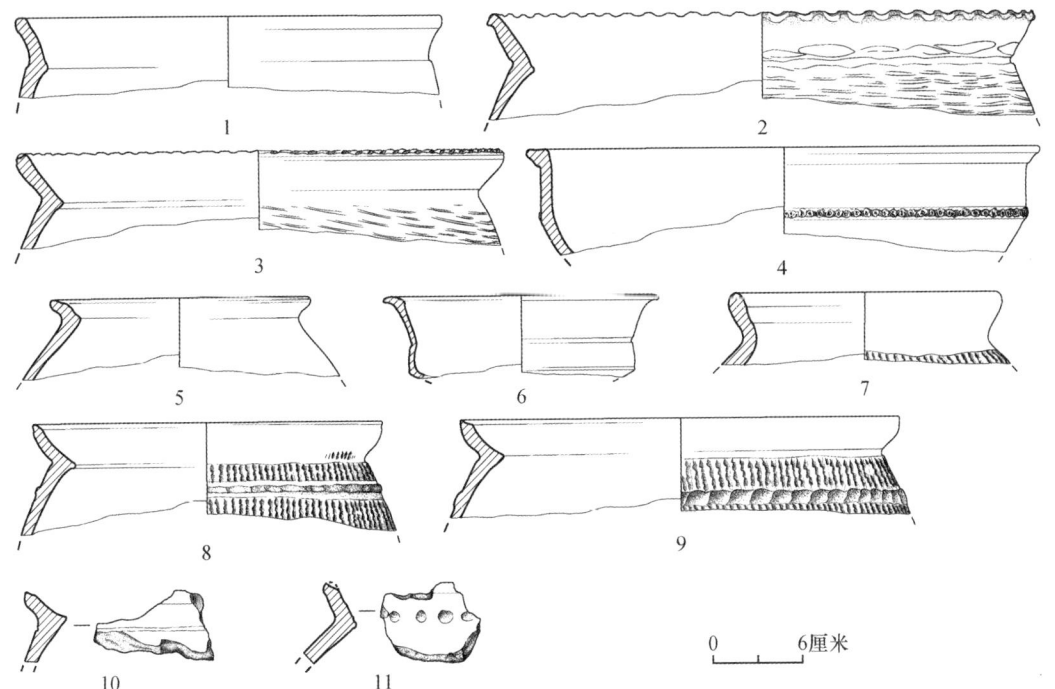

图2.103d　西石罢（016）采集陶器（二）

1、4.盆（016：27、016：30）　2、3.缸（016：29、016：28）　5、7.罐（016：31、016：26）　6.折腹盆（016：32）
8—11.鼎（016：21、016：25、016：23、016：22）

圆唇，折腹。折腹处饰一周附加堆纹。口径34、残高6.7、厚0.8—0.9厘米（图2.103d，4）。

缸　2件。016：28，口沿，夹砂灰陶。侈口，折沿上翘，唇部饰花边，溜肩。饰篮纹。口径32、残高6、厚0.6—0.8厘米（图2.103d，3；图版三五二，2）。016：29，口沿，夹砂褐陶。侈口，折沿上翘，唇部饰花边，溜肩。饰篮纹。口径36、残高6.7、厚0.5—1厘米（图2.103d，2；图版三五二，3）。

折腹盆　016：32，口沿。泥质黑陶。侈口，折沿，尖唇，折腹。素面。口径18、残高5.2、厚0.4—0.5厘米（图2.103d，6）。

3）殷墟文化

数量相对较少。见有殷墟晚期的鬲和罐等。标本4件。

鬲　2件。016：33，足部。夹砂褐陶。锥形实足。袋足饰绳纹，实足素面。残高6、厚0.7—0.8厘米（图2.103e，1；图版四二一，1）。016：34，足部。夹砂褐陶。残断。袋足饰绳纹，实足素面。残高7.8、厚1.4—1.6厘米（图2.103e，2）。

罐　2件。016：35，口沿。泥质灰陶。侈口，束颈，方唇，沿内有一道凹槽，溜肩。颈部饰暗绳纹，肩部饰绳纹。口径15、残高5.1、厚0.7—1厘米（图2.103e，9；图版四二一，2）。016：36，口沿。夹砂褐陶。小折沿，束颈，溜肩。饰粗绳纹。残高5.3、厚0.5—0.8厘米（图2.103e，8；图版四二一，3）。

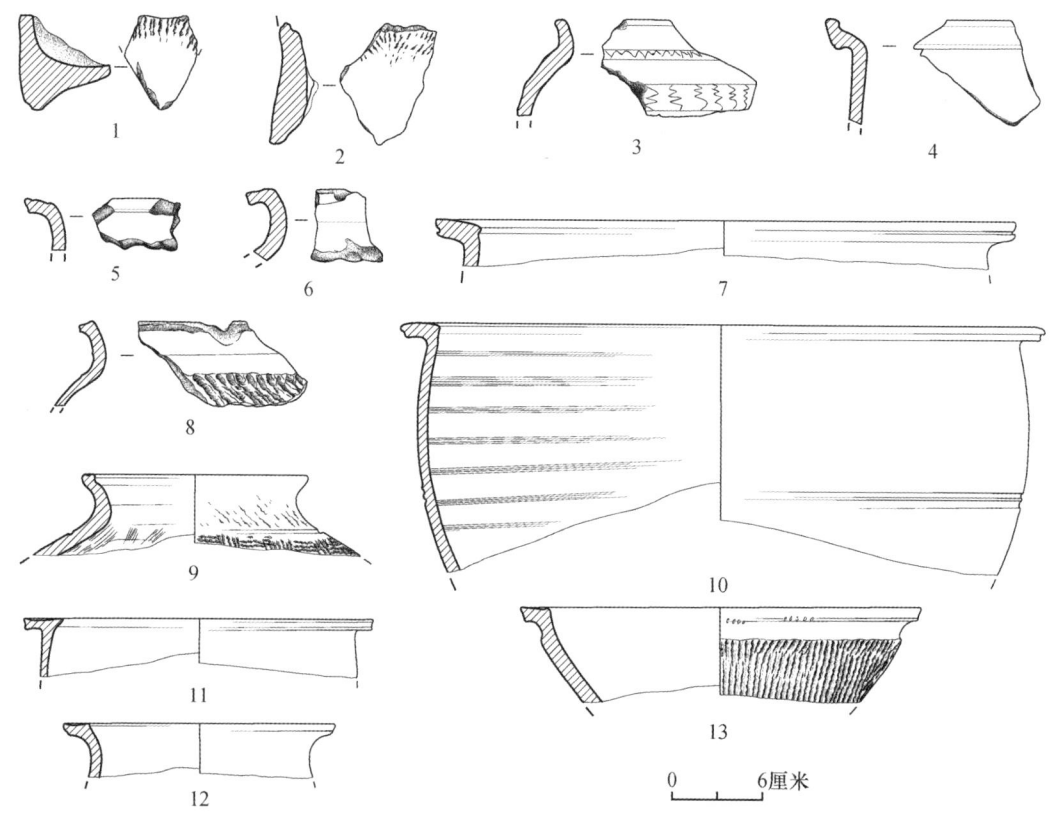

图2.103e　西石罢（016）采集陶器（三）

1、2、11.鬲（016：33、016：34、016：40）　3、6、8、9、12.罐（016：44、016：6、016：36、016：35、016：45）　4、5、7、10、13.盆（016：13、016：24、016：42、016：43、016：41）

4）西周时期

采集到的遗物数量较少，无典型标本。

5）东周时期

陶片数量较多。见有鬲、罐、盆等器形。涵盖春秋和战国时期。标本12件。

鬲　3件。016：37，足部。夹砂褐陶。锥形平足。饰绳纹。残高4.3厘米（图版四三二，3）。016：38，口沿。夹砂灰陶。直口，平折沿。饰粗绳纹。残宽5.8、残高4、厚1厘米。016：40，口沿。夹砂褐陶。直口，平折沿，沿面微凹，方唇。素面。口径23、残高3.6、厚0.4—0.5厘米（图2.103e，11）。

罐　4件。016：6，口沿。泥质黑陶。平折沿，束颈。口沿内上部磨光。残高4.6、厚0.8—1厘米（图2.103e，6）。016：39，口沿。泥质灰陶。直口，平折沿，沿面饰三周凹弦纹，直腹。饰绳纹。残宽6.6、残高4.9、厚0.9厘米。016：44，口沿。泥质黑陶。直口，圆唇，广肩。磨光，饰彩绘锯齿纹。残高6、厚0.7—1.1厘米（图2.103e，3）。016：45，口沿。泥质灰陶。平折沿，方唇，束颈。磨光。口径18、残高3.4、厚0.6—0.7厘米（图2.103e，12）。

盆　5件。016：13，口沿。泥质灰陶。折沿上翘，方唇，唇内突呈一道凸棱，直腹。素面。残高6.7、厚0.7—0.9厘米（图2.103e，4）。016：24，口沿。泥质褐陶。侈口，平折沿，方唇。素面。残高3.3、厚0.7—0.8厘米（图2.103e，5）。016：41，口沿。泥质灰陶。敞口，平折沿，方唇，束颈，斜直腹。饰细绳纹。口径26、残高6、厚0.9—1.1厘米（图2.103e，13）。016：42，口沿。泥质灰陶。直口，平折沿，方唇，唇面有一周凹槽。素面。口径38、残高3、厚0.9—1.1厘米（图2.103e，7）。016：43，口沿。泥质灰陶。敛口，平折沿，方唇，唇面饰一道凹弦纹，弧腹。腹饰两周凹弦纹。口径42、残高15.8、厚0.7—0.8厘米（图2.103e，10；图版四六三，1）。

（3）基本认识

该遗址位于伊河北岸不远处，文化内涵丰富。遗存分别属于仰韶、龙山、殷墟和两周时期。其中仰韶和龙山时期遗存主要集中于大冢周围，殷墟文化聚落规模较小，东周时期规模较大。

95. 火龙庙（017）

（1）概况

位于洛阳市洛龙区李楼镇火龙庙村东北。具体范围为火龙庙与西石罢之间的景石路以南，伊河旧北堤以北（图2.104a；图版一〇四，1）。面积约12万平方米。地理坐标为北纬34°39′13.68″，东经112°34′02.58″，海拔约127米。地表现为农田。

2001年3月14日，二里头工作队调查发现，2017年6月29日复查。

图2.104a　火龙庙（右上为北）

（2）主要发现

采集的陶片较少，包括仰韶、龙山和东周时期[①]。此外在西石罢村南和伊河旧北堤之间发现灰坑1处，时代为东周。

---

① 2003年整理过程中将该遗址自西石罢（016）遗址析出，采集遗物与西石罢遗址遗物分开。详情参见西石罢遗址（016）。

H1：位于西石罢村南。耕土下即见深褐色土，质较紧密，含烧土粒。见有鬲、罐、瓮等器形。标本4件。

鬲　2件。H1∶1，口沿。夹砂灰陶。直口，平折沿，方唇，沿面饰两道凹弦纹，溜肩。腹饰绳纹。口径18、残高7.7、厚0.3—0.6厘米（图2.104b，2；图版四三二，4）。H1∶2，足部。夹砂灰陶。矮实平足。袋足饰粗绳纹。残高4.5、厚0.5—0.6厘米（图2.104b，1；图版四三二，5）。

罐　2件。H1∶3，口沿。泥质褐陶。折沿，方唇，唇面有一道凹槽，束颈，广肩。口径30、残高6.4、厚0.7—1.1厘米（图2.104b，3）。H1∶4，口沿。泥质灰陶。折沿，圆唇，沿内有一道凹槽，束颈，广肩，弧腹。肩部饰数道磨光条纹，腹饰绳纹。口径15.6、残高16.4、厚0.7—1.1厘米（图2.104b，4；图版四三二，6）。

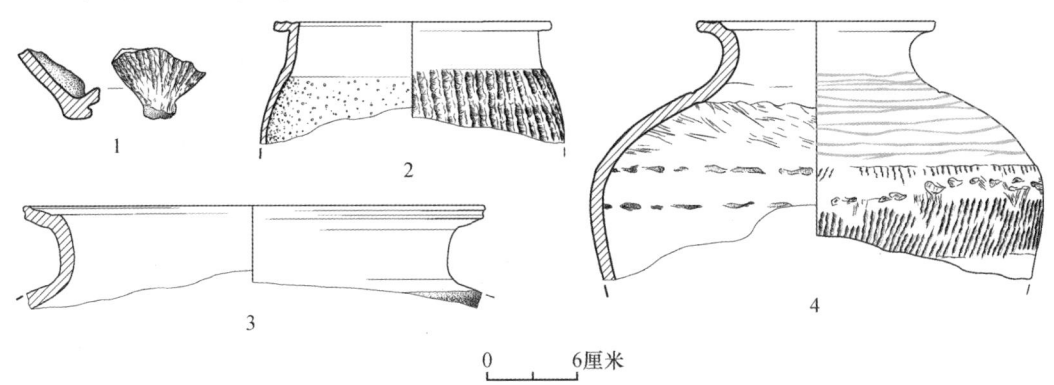

图2.104b　火龙庙（017）采集标本
1、2.鬲（H1∶2、H1∶1）　3、4.罐（H1∶3、H1∶4）

（3）基本认识

该遗址为伊河北岸的以仰韶、龙山和东周时期遗存为主的遗址。

96. 大郎庙南（083）

（1）概况

位于洛阳市洛龙区佃庄镇（伊滨区代管）大郎庙村西南。具体范围为夹河快速通道大郎庙至潘寨段东南，西石桥至石罢村道路（X029）以东200米处，大郎庙西至东马庄南北道路以西，潘寨老寨至东马庄东西向道路以北（图2.105a；图版一〇四，2）。面积约13.8万平方米。地理坐标为北纬34°40′42.27″，东经112°34′36.16″，海拔约122米。地表现多为农田。

二里头工作队于2001年3月13—14日调查发现，2017年6月28日复查。

图2.105a　大郎庙南（上为北）

（2）主要发现

采集的遗物数量较少，以龙山和二里头文化为主，兼有少量仰韶、二里岗和两周时期的陶片。此外，还发现蚌料和圆陶片等遗物。标本10件。

蚌料　083：6，三角帆蚌腹缘。长5.6、宽2.8—4.3、厚0.7厘米（图版二四四，1）。

1）仰韶文化

遗物数量较少，见有鼎足及陶器残片。无标本。

2）龙山文化

陶片数量较少。个别泥质陶片见有篮纹；夹砂陶片见有方格纹和素面。可辨认器形有大口罐、圈足盘。属于龙山晚期。标本5件。

圈足盘 083：1，口部。夹砂灰陶。口外侈，方唇。素面。口径32、残高9.3、厚0.8—1厘米（图2.105b，1；图版三五九，2）。

钵 083：2，口沿。泥质灰陶。敞口，"丁"字形口沿，尖圆唇。素面。口径38、残高5.8、厚0.6—0.7厘米（图2.105b，3）。

罐 083：3，口沿。夹砂灰陶。直领外侈，方唇，溜肩。素面。口径20、残高3.2、厚0.3—0.5厘米（图2.105b，5）。

瓮 083：4，口沿。泥质黑陶。卷沿，尖唇，沿下有一道凸弦纹，直领，广肩。素面，内壁有麻点。口径28、残高7.2、厚0.7—0.9厘米（图2.105b，7；图版三五九，3）。

豆 083：5，口沿。泥质灰陶。直口，尖唇，折腹，浅盘。素面。残高2.8、厚0.3—0.6厘

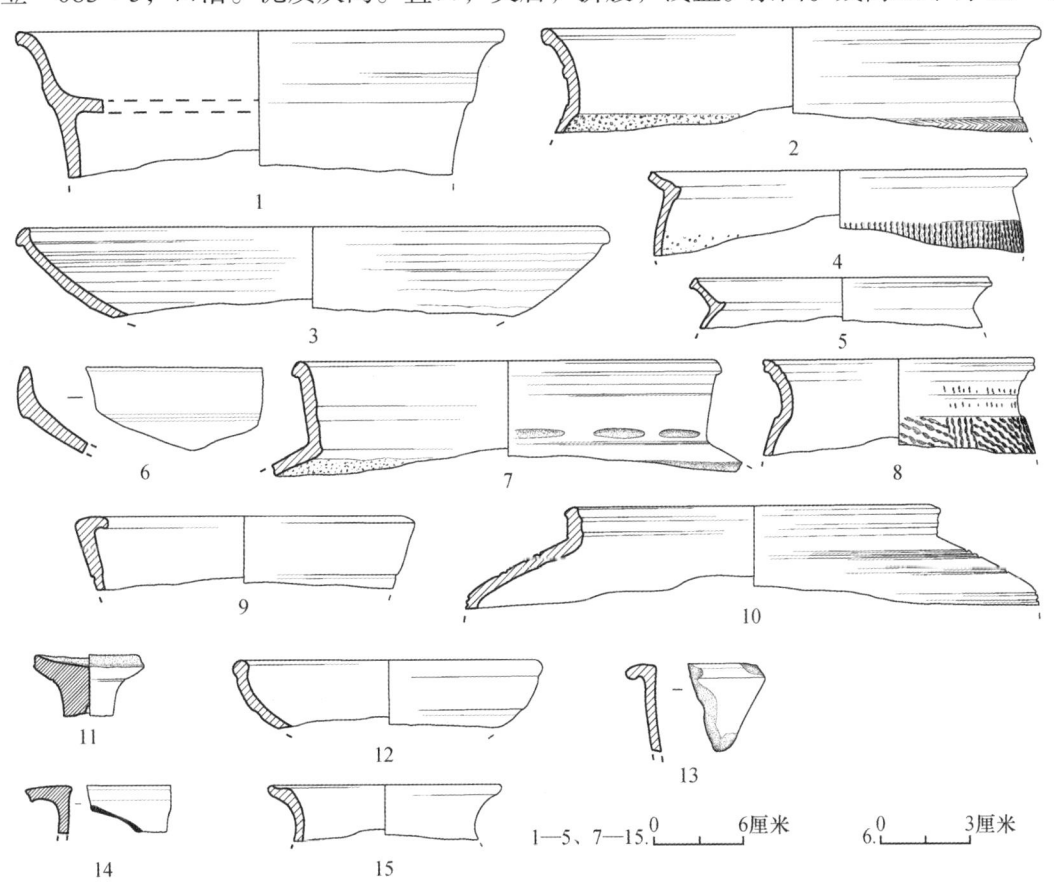

图2.105b 大郎庙南（083）、东马庄西（084）采集标本

1.圈足盘（083：1） 2.大口尊（083：8） 3.钵（083：2） 4.深腹罐（083：10） 5、15.罐（083：3、084：6）
6、11.豆（083：5、084：1） 7.瓮（083：4） 8.圆腹罐（083：7） 9.敛口盆（084：5） 10.高领尊（083：9）
12—14.盆（084：2、084：3、084：4）

米（图2.105b，6）。

3）二里头文化

数量不多，可辨认器形有鼎（足）、深腹罐、束颈罐、缸、尊、大口尊等。年代为二里头文化二、三、四期。标本4件。

圆腹罐　083∶7，口沿。夹砂灰陶。直领外侈，方唇，唇面有一道凹槽，沿内外各有数道凹槽，溜肩。饰绳纹。口径18、残高6.1、厚0.6—0.7厘米（图2.105b，8；图版四〇一，2）。

深腹罐　083∶10，口沿。夹砂灰陶。折沿，方唇，沿面微凹，折痕明显，直腹微弧。饰细绳纹。口径25、残高5.3、厚0.5—0.6厘米（图2.105b，4）。

大口尊　083∶8，口沿。泥质褐陶。直领外侈，尖唇，颈部有一道凸棱，溜肩，肩部饰一道凸弦纹和指甲纹。磨光，内壁有密集麻点。口径33、残高6.7、厚0.5—0.7厘米（图2.105b，2；图版四〇一，3）。

高领尊　083∶9，口沿。泥质灰陶。直口，方唇，矮领，颈部有两道凹槽，广肩，肩饰数周凹弦纹。素面，内壁有数道凹槽。口径25、残高6.5、厚0.8—1厘米（图2.105b，10；图版四〇一，4）。

4）二里岗文化

部分陶片残碎较甚，疑似二里岗文化。无标本。

5）两周时期

少量陶片器形不详，可能为两周时期。无标本。

（3）基本认识

该遗址文化内涵相对复杂，规模较小，应该是伊河北岸不远处的以龙山和二里头文化为主的遗址，兼有少量仰韶、二里岗和两周时期的遗存。

97. 东马庄西（084）

（1）概况

位于洛阳市洛龙区佃庄镇（伊滨区代管）东马庄村西部。具体范围为东、西马庄村之间东西道路两侧，北至东马庄村北东西道路延长线，南至东马庄村南一线，伊洛河连通运河自遗址上穿过（图2.106）。遗址核心区位于东西马庄之间的鱼塘周围，龙山与东周时期遗存的面积约22.8万平方米；二里头文化遗存的面积约8.8万平方米。地理坐标为北纬34°40′02.06″，东经112°34′38.09″，海拔约126米。地表多为民宅和农田，遗址被新修建运河挖掉一部分。

2001年3月14日二里头工作队调查确认，2017年6月28日复查。

图2.106　东马庄西（左上为北）

（2）主要发现

遗址上采集到的陶片较多，包括仰韶、龙山、二里头和东周时期。标本6件。

1）仰韶文化

陶片少而碎，均为素面，包括少量泥质和夹砂陶。可辨认器形有夹砂罐。属于仰韶文化晚期。无典型标本。

2）龙山文化

陶片数量较少，纹饰均为方格纹，包括泥质和夹砂两类，可辨认器形有大口罐。属于龙山文化晚期。无典型标本。

3）二里头文化

陶片较为残碎，包括泥质和夹砂两类，泥质陶片见有绳纹和素面；夹砂陶片多见绳纹，个别为篮纹。可辨认器形有圆腹罐。时代为二里头文化一、二期。无典型标本。

4）东周时期

陶片数量较多。均为泥质灰陶。可能为战国及以后。标本6件。

豆　084∶1，柄部。泥质灰陶。圆柱形柄。残高3.9、厚0.8厘米（图2.105b，11）。

盆　3件。084∶2，口沿。泥质灰陶。直口微敛，圆唇，弧腹，腹部有一道凹槽。素面。口径20、残高4.2、厚0.5—0.6厘米（图2.105b，12）。084∶3，口沿。泥质灰陶。平折沿，直口，方唇，沿内有一道凹槽，直腹。素面。残高3.1、厚0.6厘米（图2.105b，13）。084∶4，口沿。泥质灰陶。平折沿，直腹。素面。残高5.5、厚0.6—0.8厘米（图2.105b，14）。

敛口盆　084∶5，口沿。泥质灰陶。平沿，沿向内折，圆唇，斜直腹。素面。口径22、残高4.6、厚0.5—0.9厘米（图2.105b，9）。

罐　084∶6，口沿。泥质灰陶。侈口，卷沿，沿面有一道凹槽，尖唇，束颈。素面。口径15、残高3.4、厚0.6—1厘米（图2.105b，15）。

（3）基本认识

该遗址为伊河北岸的一处新石器时代至青铜时代遗址，其中龙山、二里头和东周时期遗存规模不一，核查中发现该遗址有少量的仰韶文化遗存。

98. 牛王庙东北（078）

位于洛阳市洛龙区佃庄镇（伊滨区代管）牛王庙村东北部原东石桥村砖厂取土坑内。范围为佃庄镇党建文化广场以北，东为亲子农场（图2.107；图版一○五，1）。东周时期的遗存面积约1.4万平方米；龙山时期的遗存面积不详。地理坐标为北纬34°41′35.86″，东经112°35′39.15″，海拔127米左右。遗址地表现为回填土覆盖，已被破坏殆尽。

图2.107　牛王庙东北（上为北）

2001年3月12日二里头工作队调查发现，2017年6月28日复查。

在取土坑周边发现少量陶片，包括龙山早期（接近庙底沟二期）的篮纹陶片，多数遗物可能为东周时期。

该遗址位于洛河故道南岸，应该为龙山时期的一处小型遗址。东周时期的遗存可能为韩旗城址周边遗址群的一部分。

99. 西三冢（079）

（1）概况

位于洛阳市洛龙区佃庄镇（伊滨区代管）牛王庙村南。牛王庙、金钟寺与碑楼村之间原有大冢三处，当地人称西三冢，遗址位于最南侧大冢周围，其余两处已被平毁。具体范围为牛王庙村东南处公坟周围，碑楼村以西200米，岳酒路（X001）以南，枣园村至丁家屯道路以东（图2.108a；图版一〇五，2）。面积约8.3万平方米。地理坐标为北纬34°41′15.24″，东经112°35′44.21″，海拔约123米。遗址地表多为苗圃覆盖。

二里头工作队于2001年3月12日调查发现，2017年6月28日复查。

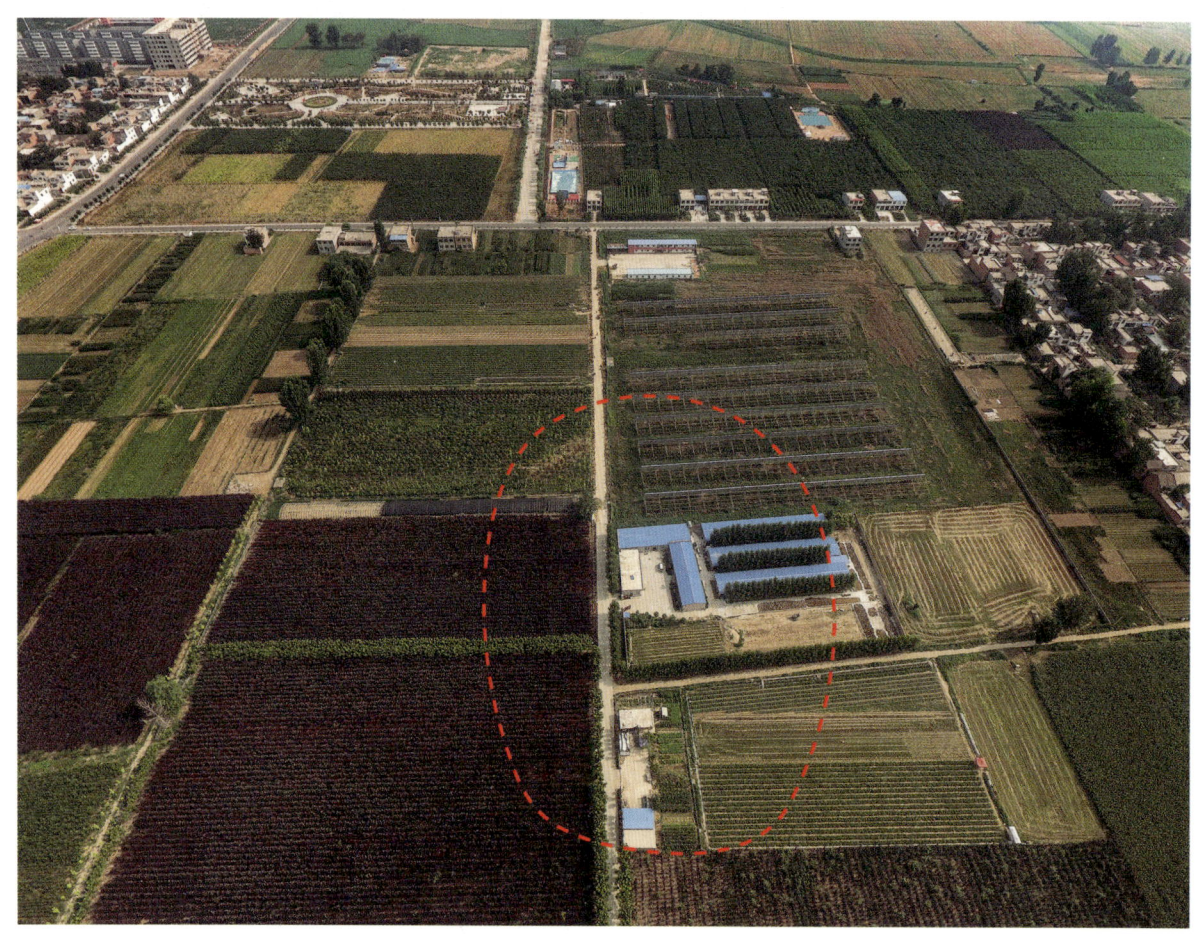

图2.108a　西三冢（上为北）

（2）主要发现

调查中采集的陶片较少，以东周时期为主，另发现少量二里头陶片（可能从附近遗址搬运）。

二里头文化陶片见有泥质绳纹少量，年代为二里头文化三、四期。无标本。

东周时期陶片数量稍多，多数标本可能为战国时期。标本3件。

盆　079：1，口沿。泥质灰陶。侈口，折沿，圆唇，唇面饰两道凹弦纹，沿面有一道凹槽，直腹微弧。素面。残高4.2、厚0.7—0.9厘米（图2.108b，1）。

鬲　2件。079：2，口沿。夹砂红陶。折沿，方唇，溜肩。素面。残高2.9、厚0.5—0.7厘米（图2.108b，2）。079：3，口沿。夹砂红陶。折沿，尖圆唇。素面。残高2.2、厚0.4—0.6厘米（图2.108b，3）。

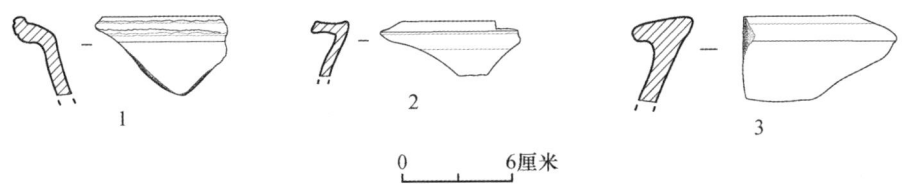

图2.108b　西三冢（079）采集标本
1. 盆（079：1）　2、3. 鬲（079：2、079：3）

（3）基本认识

该遗址的遗存可能以东周（或以后）时期为主，核查未发现简报中所称的龙山时期遗物，另有少量的二里头文化遗存。

100. 金钟寺（081）

（1）概况

位于洛阳市洛龙区佃庄镇（伊滨区代管）金钟寺村东及周围，又称"陈平冢"遗址[①]。具体范围为西至金钟寺村西工业区南北向道路，南至工业区南侧的岳洛路（X023），东至碑楼村西南北向道路，新建夹河快速通道从遗址北部东西向穿过（图2.109a；图版一〇六，1）。核心区面积约34万平方米，最大范围约85万平方米。地理坐标为北纬34°40′57.19″，东经112°35′43.10″，海拔约124米。遗址南部大部分被金钟寺工业区占压，中间被道路占压，北侧多为农田和苗圃。

图2.109a　金钟寺（上为北）

1963年11月，中国科学院考古研究所洛阳发掘队在二里头遗址发掘期间会同北京大学60级考古专业实习生对该遗址进行了调查。发现该遗址位于"陈平冢"周围的高地上，文化层厚

---

① 金钟寺遗址附近的原佃庄镇二中处，相传为金钟寺所在。遗址北侧碑楼村南的高地上原有汉代大冢，乡人传为"陈平冢"，20世纪60—70年代被平毁，发现有铜盉、鹤纹铜壶等文物。

3—4米，在高台四周断崖上见有大量的灰坑和文化层。发现了大量的仰韶彩陶、红陶片、龙山的篮纹、方格纹灰陶；西周之鬲、罐口沿、汉瓦片等遗物。采集的遗物有两端缺口的石刀，石斧以及骨锥等，彩陶钵、盆残片，尖底瓶口沿、腹和底的残片，篮纹、方格纹灰陶片、圈足器，绳纹内带麻点的灰陶片等。认为该遗址为仰韶、龙山、西周和汉代时期遗址，仰韶文化遗存最为丰富[①]。1984年洛阳市文物普查队也对该遗址进行过调查。调查认为该遗址面积约25万平方米，发现了大量灰坑，采集了白衣彩陶罐、钵、尖底瓶、夹砂罐、盆、瓮，石斧、石铲、研磨器等。时代为王湾一、二、三期和周代[②]。2007—2011年，洛阳市文物机构在第三次全国文物普查期间，对该遗址再次进行调查[③]。

2001年3月12日二里头工作队调查。2017年6月28日复查。

（2）主要发现

该遗址发现有灰坑（图版一〇六，2；图版一〇七，1）。采集遗物数量较多，包括仰韶、龙山、二里头和东周时期。采集石器有石刀、石斧、石钵、有肩石铲、石纺轮及石片、废料等和大量的陶器残片。标本83件。

石刀 081：1，硅质岩。黑色。刀的主体已残，仅剩刀柄部，柄部经过打制、琢制、磨制。残长8.8、残宽4.4—7、厚1.7厘米（图版二四四，2）。

石斧 3件。081：2，硅质岩。黑色。经过打制、磨制，刃部有使用造成的破裂面。长10、宽4.8—5.6、厚1.5厘米（图版二四四，3）。081：3，硅质岩。黑色。保留部分卵石自然面的石片，后经打制修整，刃部有使用造成的破裂面。直径8.1、厚2.8厘米（图版二四四，4）。081：4，硅质岩。黑色。经过琢制、磨制，刃部使用造成破裂。残长11.5、宽4—6.2、厚4.1厘米（图2.109b，1；图版二四四，5）。

石纺轮 081：5，细粒砂岩。灰褐色。经过磨制，破裂，一面有一未钻透的孔，可能是未加工完成的纺轮。直径6.4、孔径1、厚1.1厘米（图2.109b，2；图版二四四，6）。

1）仰韶文化

遗存较为丰富。可辨认器形有鼎（鼎足）、釜形鼎、各类夹砂罐、泥质罐、彩陶罐、小口高领瓮、瓮、折腹盆、缸、盆、刻槽盆、小口尖底瓶、钵、器盖、壶、矮领瓮、碗、豆、圈足盘、器座等。涵盖仰韶文化早、中、晚期。标本60件。

小口尖底瓶 8件。081：6，底部。泥质红陶。尖底，饰线纹，内壁盘条痕迹明显。残高9、厚0.8—1.2厘米（图2.109b，4）。081：7，腹部。泥质红陶。弧腹，有一桥形鋬，鋬上有一道凹槽。饰线纹。残高8.8、厚0.5—0.6厘米（图2.109b，3）。081：8，口沿。泥质

---

① 二里头工作队资料。
② 方孝廉：《洛阳市一九八四年古文化遗址调查简报》，《中原文物》1987年第3期。
③ 河南省第三次全国文物普查领导小组办公室、河南省文物局：《河南省第三次全国文物普查300项重要发现》，海燕出版社，2011年。

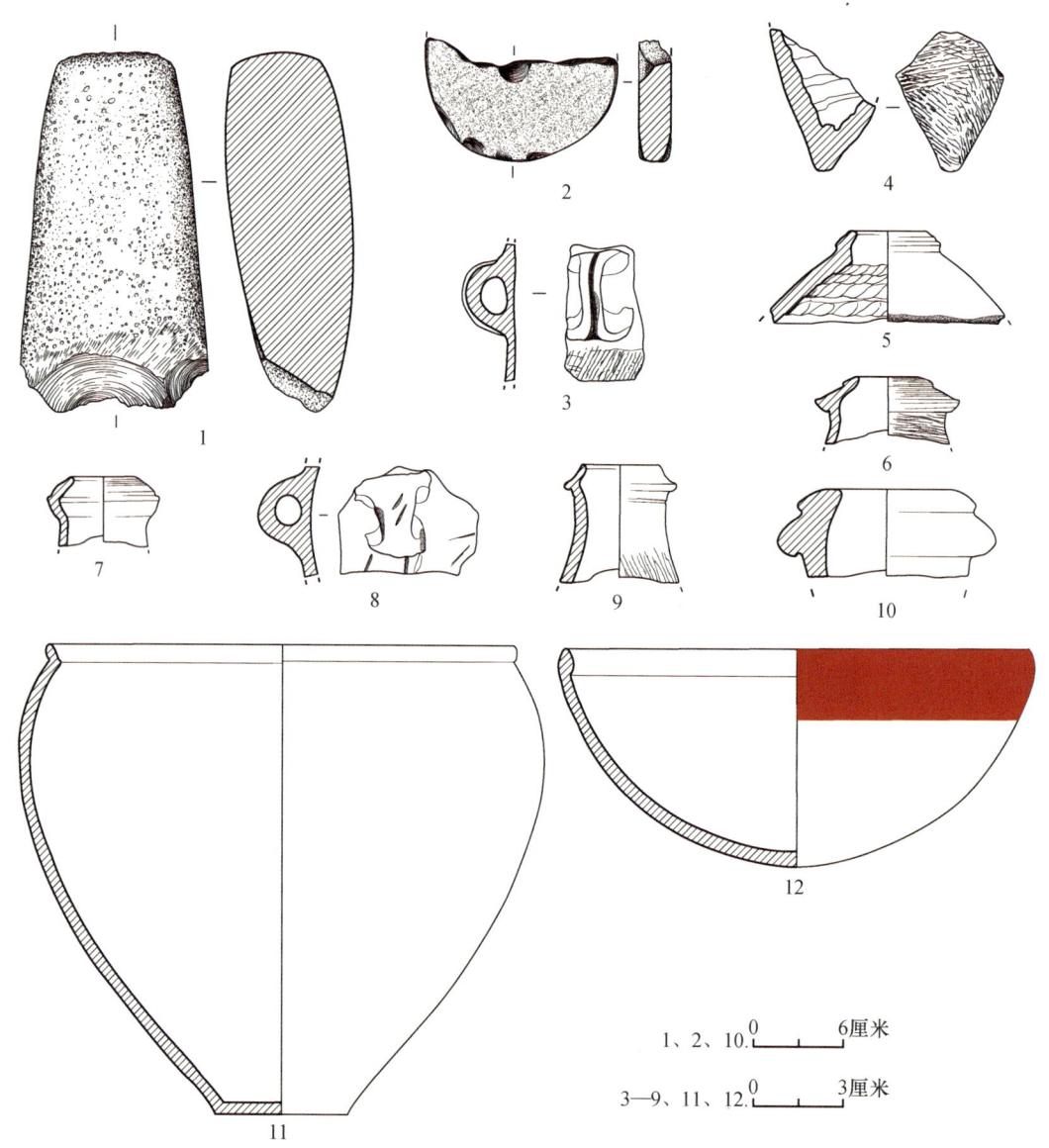

图2.109b 金钟寺（081）采集标本（一）

1.石斧（081∶4） 2.石纺轮（081∶5） 3—10.小口尖底瓶（081∶7、081∶6、081∶8、081∶10、081∶11、081∶9、081∶12、081∶13） 11.罐（081∶83） 12.钵（081∶82）

红陶。矮领，包口，圆唇，广肩。内壁盘条痕迹明显。口径4.8—5、残高5.9、厚1—1.5厘米（图2.109b，5；图版三〇四，1）。081∶9，腹部。泥质红陶。腹有一个桥形鋬。磨光。残高7、厚0.6—0.9厘米（图2.109b，8；图版三〇四，2）。081∶10，口沿。泥质红陶。尖唇、双唇口，沿外凸呈棱，束颈。饰线纹。口径4、残高4.3、厚0.5—0.6厘米（图2.109b，6；图版三〇八，3）。081∶11，口沿。泥质红陶。内折沿，包口，圆唇。口径4、残高4.5、厚0.5—0.7厘米（图2.109b，7）。081∶12，口沿。泥质褐陶。直口内敛，圆唇，沿面内凹呈双唇口，长颈，颈部有一道凹槽。饰线纹。口径5、残高7.5、厚0.5—0.7厘米（图2.109b，9；图版三〇八，4）。081∶13，口沿。泥质红陶。直领内卷，圆唇，沿面上凸呈双唇口，沿外凸呈棱。素面。口径3、残高2.8、厚0.6—1.2厘米（图2.109b，10）。

钵　3件。081：14，口沿。泥质红陶。敛口，圆唇，弧腹。沿外施红彩。残高5.8、厚0.4—0.8厘米（图2.109c，8）。081：72，口沿。泥质红陶。敛口，圆唇，直腹微弧。口沿施红衣，磨光。口径32、残高5.8、厚0.3—0.6厘米（图2.109c，16；图版三一〇，3）。081：82，复原。泥质褐陶。敛口，圆唇，弧腹下收成圜底。口沿施红彩。口径30.6、高14、厚0.8厘米（图2.109b，12；图版三〇四，4）。

釜形鼎　081：15，腹部。夹砂褐陶。折腹。腹部饰网格状刻划纹。残高5、厚0.6—1.1厘米（图2.109c，4）。

鼎　4件。　081：16，口沿。夹砂褐陶。直领，小折沿，沿内有一道凹槽，圆唇，折腹。素面。残高8、口径42、厚0.7—0.9厘米（图2.109c，3）。081：31，足部。夹砂褐陶。凿形足。上部有按窝。残高8.4、厚0.7—0.9厘米（图2.109d，4）。081：32，足部。夹砂褐陶。鸭嘴形足。上部饰附加堆纹。残高7.8、厚1.2—3.2厘米（图2.109d，5；图版三〇九，5）。

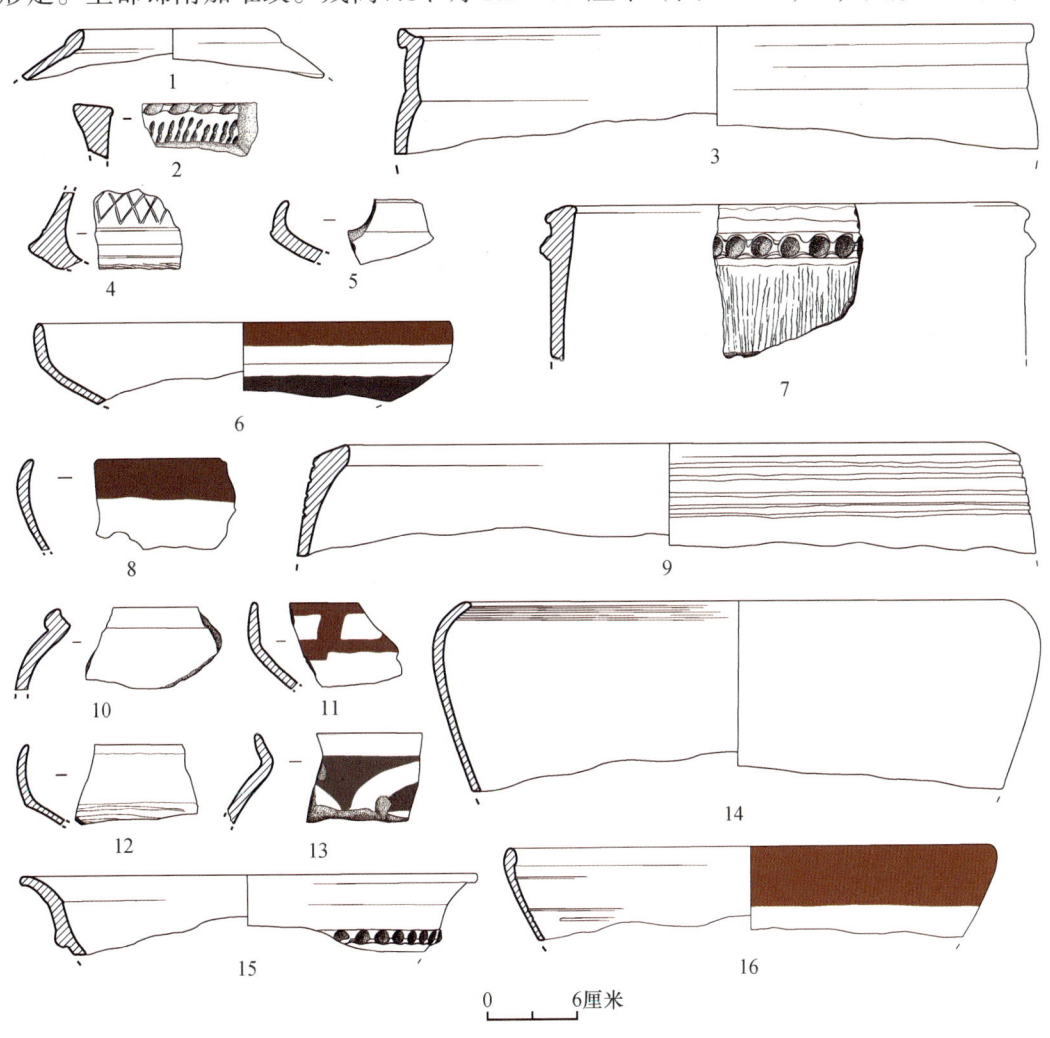

图2.109c　金钟寺（081）采集标本（二）

1、10.瓮（081：22、081：21）　2、7、9.缸（081：18、081：17、081：20）　3.鼎（081：16）　4.釜形鼎（081：15）　5.豆（081：19）　6、11、12.折腹盆（081：24、081：25、081：26）　8、16.钵（081：14、081：72）　13.罐（081：29）　14、15.盆（081：23、081：27）

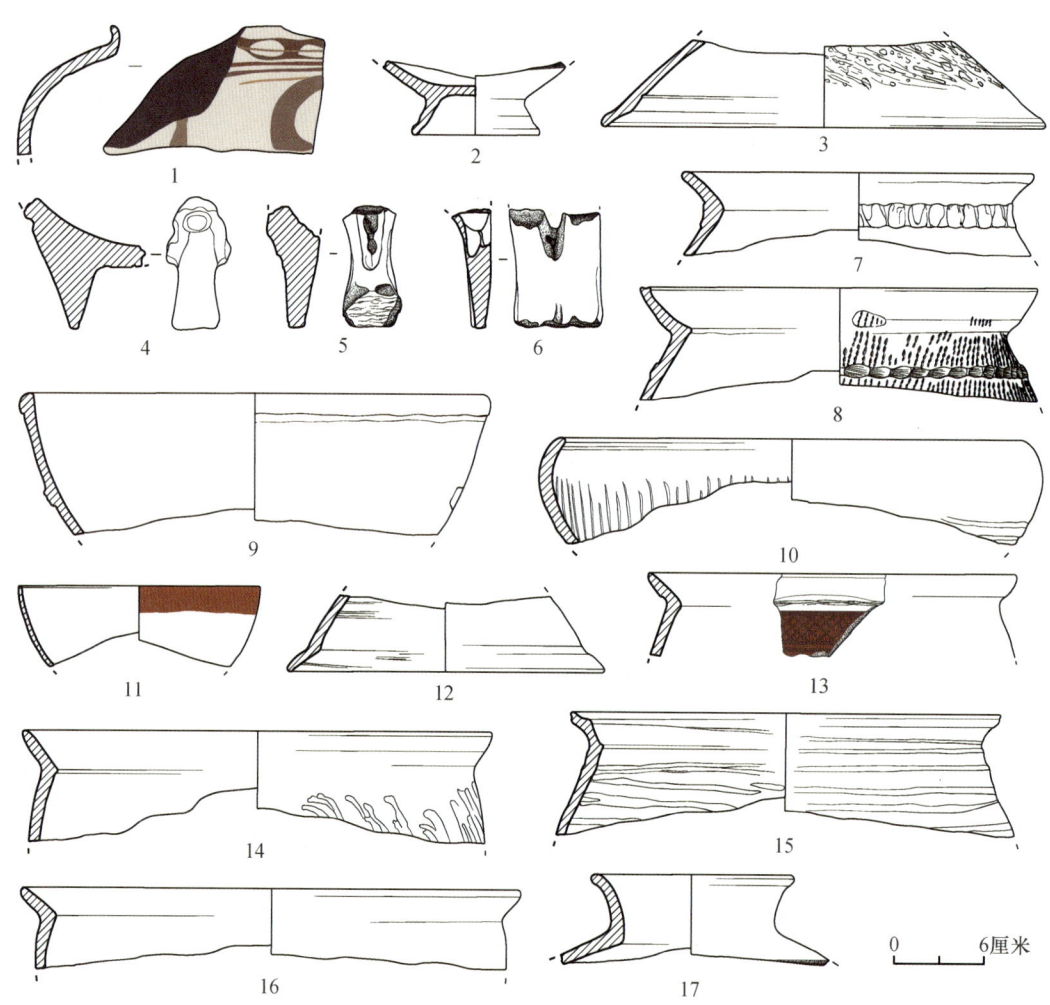

图2.109d 金钟寺（081）采集标本（三）
1.罐（081：28） 2.壶（081：38） 3、12.器盖（081：36、081：37） 4—6.鼎（081：31、081：32、081：33）
7、8、13—16.大口罐（081：39、081：40、081：44、081：41、081：43、081：42） 9.盆（081：35） 10.刻槽盆
（081：30） 11.碗（081：34） 17.高领瓮（081：45）

081：33，足部。夹砂褐陶。扁平舌形足，上部镂空。残高7.4、厚0.8—2.5厘米（图2.109d，6；图版三二八，5）。

缸 4件。081：17，口沿。夹砂灰陶。敛口，平沿，沿下饰一周附加堆纹，圆唇，弧腹。饰线纹。口径28、残高9.8、厚0.8—1.5厘米（图2.109c，7）。081：18，口沿。夹砂褐陶。直口，平沿，沿外饰花边，尖唇。饰绳纹。残高3.4、厚1.2—2.2厘米（图2.109c，2）。081：20，口沿。泥质灰陶。敛口，圆唇，沿面下斜，弧腹，腹饰数周凹弦纹。素面，磨光。口径42、残高7、厚0.6—2.1厘米（图2.109c，9）。081：69，口沿。夹砂灰陶。侈口，折沿上翘，方唇，颈部饰一周附加堆纹。素面。残高9、厚0.6—1.4厘米（图2.109e，4）。

豆 081：19，口沿。泥质灰陶。直口微敛，圆唇，折腹，浅盘。磨光。残高4、厚0.7—0.9厘米（图2.109c，5）。

瓮 2件。081：21，口沿。夹砂褐陶。矮领，方唇，广肩。素面。残高5.3、厚0.7—1厘米

（图2.109c，10）。081：22，口沿。泥质褐陶。敛口，沿面加厚呈矮领，圆唇，广肩。磨光。口径12、残高3.2、厚0.5—0.8厘米（图2.109c，1；图版三〇八，5）。

折腹盆 3件。081：24，口沿。泥质灰陶。直口，圆唇，折腹。沿外施红彩。口径27、残高5、厚0.5—0.7厘米（图2.109c，6；图版三〇九，1）。081：25，口沿。泥质灰陶。直口，圆唇，折腹。沿外施红彩。残高5.4、厚0.6—0.7厘米（图2.109c，11；图版三二八，3）。081：26，口沿。泥质红陶。直口微敛，尖唇，折腹。磨光。残高5.1、厚0.4—0.6厘米（图2.109c，12；图版三二八，4）。

盆 13件。081：23，口沿。泥质红陶。敛口，圆唇，弧腹内收。素面。口径35、残高12、厚0.5—0.8厘米（图2.109c，14；图版三〇八，6）。081：27，口沿。泥质灰陶。敞口，折沿，圆唇，折腹。腹部饰一周附加堆纹。口径30、残高5、厚0.6—0.9厘米（图2.109c，15；图版三〇九，2）。081：35，口沿。泥质灰陶。敞口，方唇，沿外包边，弧腹。素面，腹部有一小錾。口径31、残高9、厚0.6—0.8厘米（图2.109d，9）。081：51，口沿。泥质红陶。敛口，尖圆唇，沿外包边，弧腹。腹部有鸡冠錾脱落痕迹。口径40、残高9.6、厚0.4—0.6厘米（图2.109f，8；图版三二九，3）。081：58，口沿。夹砂褐陶。侈口，折沿，沿面有一道凹槽，圆唇，溜肩。素面。口径42、残高6.4、厚0.7—1厘米（图2.109f，13）。081：60，口沿。泥质灰陶。直口，折沿，圆唇，折腹。磨光。口径30、残高6、厚0.5—0.8厘米（图2.109f，11）。081：61，口沿。夹砂红陶。折沿，方唇，沿面微凹，弧腹。素面。口径37、残高4.6、厚0.6—0.7厘米（图2.109f，16；图版三二九，4）。081：62，口沿。泥质红陶。直口，平沿，圆唇，唇面饰一道凹弦纹，直腹微弧。素面。口径32、残高4.4、厚0.6—0.7厘米（图2.109e，1；图版三一〇，1）。081：63，口沿。泥质褐陶。侈口，圆唇，沿外包边加厚，直腹微弧。口径30、残高5.2、厚0.7—1.2厘米（图2.109e，2）。081：64，口沿。泥质红陶。侈口，折沿，圆唇，直腹微弧，腹饰三周凹弦纹。素面。口径42、残高6.4、厚0.6—0.8厘米（图2.109e，3）。081：65，口沿。泥质红陶。直口，方唇，弧腹。腹部有一鸡冠錾。口径29、残高6.7、厚0.4—0.9厘米（图2.109e，5）。081：66，口沿。泥质红陶。小折沿，尖圆唇，弧腹。磨光。口径27、残高6.5、厚0.6—0.8厘米（图2.109e，6；图版三一〇，2）。081：67，口沿。泥质红陶。敛口，尖唇，折腹。素面。口径31、残高6.5、厚0.4—0.9厘米（图2.109e，7；图版三二九，5）。

罐 9件。081：28，口沿。泥质灰陶。直领微侈，圆唇，广肩，圆弧腹。施白衣红彩、褐彩。残高8.3、厚0.4—1厘米（图2.109d，1；图版三〇九，3）。081：29，口沿。泥质红陶。直领，尖唇，广肩。施黑彩。残高5.7、厚0.7—0.8厘米（图2.109c，13；图版三〇九，4）。081：41，口沿。泥质红陶。直领外侈，圆唇，直腹微弧。素面。口径31、残高7、厚0.7—0.8厘米（图2.109d，14；图版三二八，6）。081：44，口沿。泥质红陶。侈口，折沿上翘，尖圆唇，溜肩。饰红衣褐彩平行线纹夹网格纹。口径24、残高5.2、厚0.6—0.8厘米（图2.109d，13；图版三二九，1）。081：52，口沿。夹砂黑陶。侈口，尖圆唇，矮领，溜肩。磨光。口径21、残高5.7、厚0.6—0.7厘米（图2.109f，7）。081：56，口沿。夹砂灰陶。直领外侈，尖圆唇，溜肩，肩部有数道凹弦纹。素面。口径20、残高6.4、厚0.6—1.2厘米（图2.109f，3）。

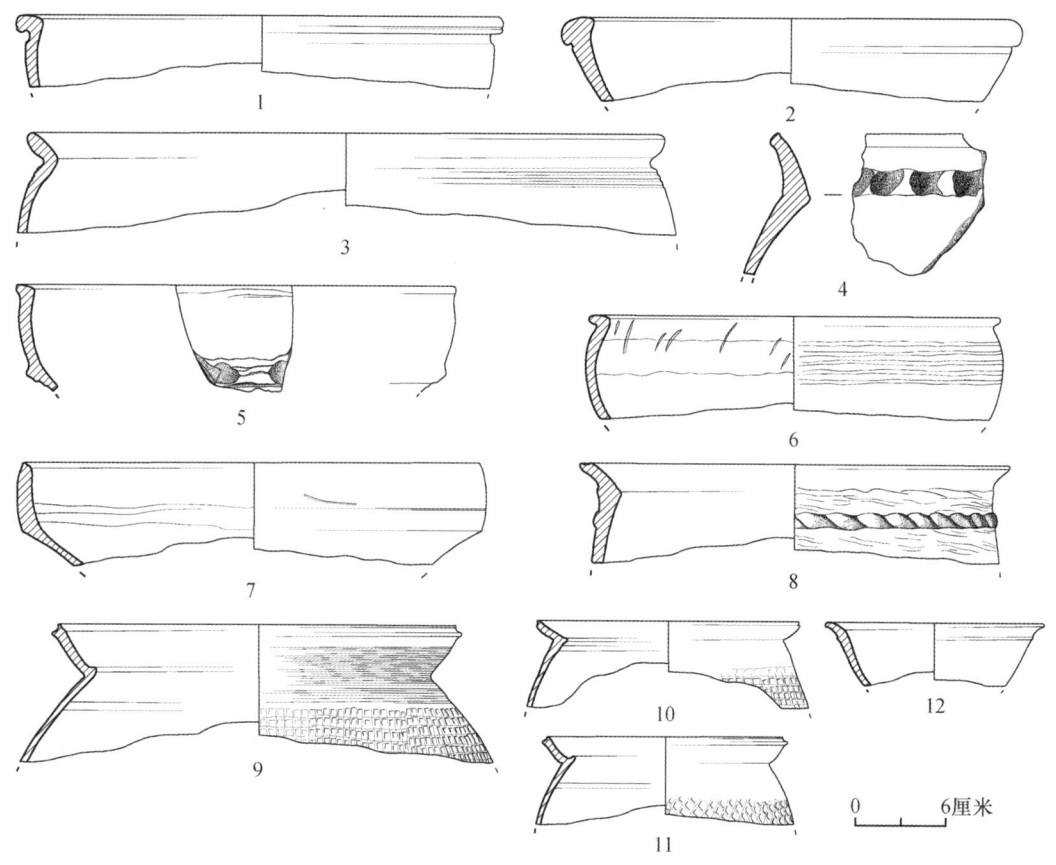

图2.109e 金钟寺（081）采集标本（四）

1—3、5—7.盆（081∶62、081∶63、081∶64、081∶65、081∶66、081∶67） 4.缸（081∶69） 8—11.罐（081∶68、081∶71、081∶73、081∶74） 12.碗（081∶70）

081∶57，口沿。夹砂褐陶。侈口，圆唇，溜肩。素面。口径22、残高5.8、厚0.6—1厘米（图2.109f，15）。081∶59，口沿。夹砂褐陶。直领外侈，圆唇。溜肩，素面。口径27、残高6.4、厚0.7—1.2厘米（图2.109f，12）。081∶83，复原。夹砂褐陶。小折沿，圆唇，弧腹，平底。素面。口径30.6、底径8.8、高30.2、厚0.74厘米（图2.109b，11；图版三〇四，5）。

碗 2件。081∶34，口沿。泥质灰陶。敞口，尖唇，斜弧腹。口沿施红衣。口径16、残高5.1、厚0.2—0.3厘米（图2.109d，11；图版三〇四，3）。081∶70，口沿。泥质灰陶。敞口，尖唇，斜腹，腹饰一道凸弦纹。磨光。口径14、残高3.9、厚0.5—0.6厘米（图2.109e，12）。

器盖 3件。081∶36，口沿。夹砂灰陶。下口外侈，圆唇，沿内有折棱。素面。口径29、残高5.5、厚0.6—0.8厘米（图2.109d，3）。081∶37，口沿。泥质灰陶。下口外侈，圆唇，沿内有折棱。素面。口径21、残高4.8、厚0.5—0.7厘米（图2.109d，12）。081∶53，夹砂褐陶。假圈足状平顶。底径12、残高4、厚0.7—0.9厘米（图2.109f，10）。

壶 081∶38，圈足。泥质灰陶。圜底，下口外侈，圆唇。磨光。底径8.2、残高4.7、厚0.6—0.8厘米（图2.109d，2）。

小口高领瓮 081∶45，口沿。夹砂褐陶。直领外侈，圆唇，广肩。素面。口径13、残高5.7、厚0.6—1.1厘米（图2.109d，17）。

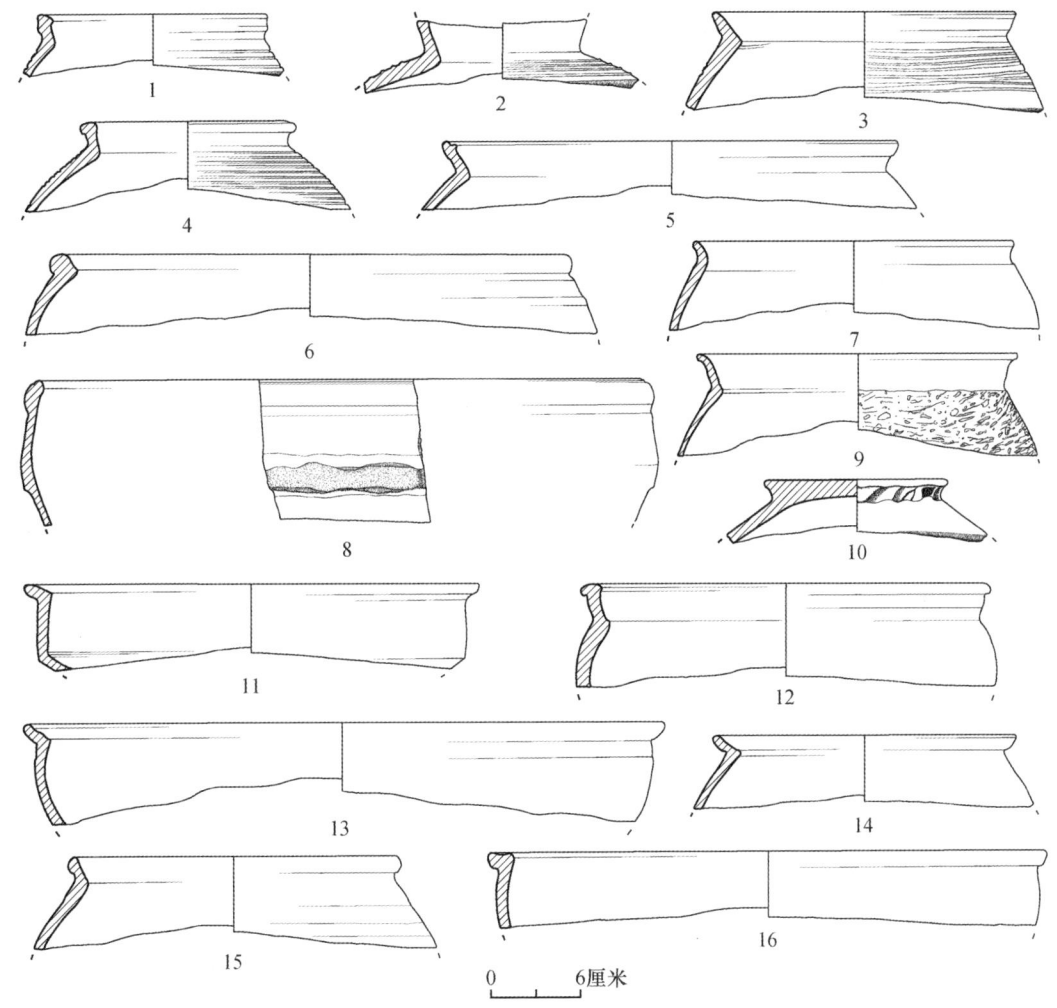

图2.109f 金钟寺（081）采集标本（五）
1、2、4—6.矮领瓮（081：48、081：46、081：47、081：49、081：50） 3、7、9、12、14—15.罐（081：56、081：52、081：54、081：59、081：55、081：57） 8、11、13、16.盆（081：51、081：60、081：58、081：61） 10.器盖（081：53）

矮领瓮 5件。081：46。口沿。泥质褐陶。直领外侈，广肩，肩饰四周凸弦纹。素面。残高4.6、厚0.6—1厘米（图2.109f，2；图版三二九，2）。081：47。口沿。夹砂褐陶。直口微侈，方唇，矮领，广肩，肩饰数周凹弦纹。素面。口径14、残高5.7、厚0.6—0.9厘米（图2.109f，4；图版三〇九，6）。081：48。口沿。夹砂灰陶。直口，方唇，沿内有一道凹槽，矮领，溜肩，肩饰三周凹弦纹。素面。口径15、残高4、厚0.6—0.8厘米（图2.109f，1）。081：49。口沿。夹砂灰陶。直领外侈，圆唇，沿内有一道凸棱，矮领，广肩。素面。口径30、残高4.3、厚0.6—1.2厘米（图2.109f，5）。081：50。口沿。夹砂褐陶。矮领，方唇，广肩。素面。口径34、残高5、厚0.7—0.9厘米（图2.109f，6）。

2）龙山文化

包括泥质和夹砂类，泥质陶片多为篮纹，部分方格纹，个别为素面；夹砂陶片多见篮纹、少量方格纹、个别为素面。器形见有刻槽盆、大口罐、罐、鼎等。部分为龙山文化早期，部分属于龙山文化晚期。标本11件。

刻槽盆　081：30，口沿。泥质灰陶。敛口，圆唇，鼓腹，素面。内壁有刻槽。口径28、残高6.6、厚0.7—0.9厘米（图2.109d，10）。

大口罐　4件。081：39，口沿。泥质灰陶。直领外侈，圆唇，溜肩。颈部饰一周附加堆纹。口径23、残高5.2、厚0.6—1.1厘米（图2.109d，7）。081：40，口沿。夹砂褐陶。侈口，折沿上翘，方唇，溜肩。饰绳纹夹一周附加堆纹。口径26、残高7.2、厚0.6—1厘米（图2.109d，8）。081：42，口沿。泥质灰陶。侈口，折沿上翘，尖圆唇，溜肩。素面。口径33、残高5、厚0.6—0.8厘米（图2.109d，16）。081：43，口沿。泥质灰陶。侈口，折沿，尖唇，沿面有一道凸棱，沿下有一道凹槽，直腹微弧。内外饰磨光条状纹。口径28、残高7.7、厚0.6—0.9厘米（图2.109d，15）。

罐　6件。081：54，口沿。夹砂褐陶。直领外侈，圆唇，广肩。素面。口径21、残高6.5、厚0.4—0.6厘米（图2.109f，9）。081：55，口沿。夹砂褐陶。侈口，折沿，圆唇，溜肩。素面。口径20、残高4.7、厚0.5—0.8厘米（图2.109f，14）。081：68，口沿。夹砂褐陶。侈口，折沿上翘，方唇，斜直腹。腹饰一周附加堆纹。口径28、残高6.3、厚0.7—1.4厘米（图2.109e，8）。081：71，口沿。夹砂灰陶。侈口，折沿上翘，方唇，唇面有一周凹槽，沿内出一道凸棱，沿外饰数周凸弦纹，溜肩。饰方格纹。口径27、残高8.8、厚0.3—0.7厘米（图2.109e，9；图版三五九，4）。081：73，口沿。泥质灰陶。侈口，折沿，方唇，唇内饰一周凹弦纹，沿内有一道凹槽，溜肩。饰方格纹。口径17、残高5.5、厚0.3—0.6厘米（图2.109e，10；图版三五九，5）。081：74，口沿。夹砂灰陶。折沿，盘口，方唇，唇面内凹，溜肩。饰方格纹。口径16、残高5.6、厚0.4—0.6厘米（图2.109e，11；图版三五九，6）。

3）二里头文化

见有泥质和夹砂陶。泥质陶片多为绳纹；夹砂陶片多见绳纹，少量为细绳纹和篮纹。可辨认器形有深腹罐、刻槽盆、器盖。时代为二里头文化二、三、四期。标本1件。

深腹罐　081：75，口沿。夹砂灰陶。侈口，折沿，圆唇，直腹微弧。饰绳纹。口径15、残高5.8、厚0.6—1.1厘米（图2.109g，1；图版三七八，3）。

4）西周时期

陶片标本稍多。见有鬲、甑等。多为西周晚期。标本3件。

鬲　081：76，足部。夹砂红陶。矮实平足。袋足饰粗绳纹。残高4.5、厚0.6—0.9厘米

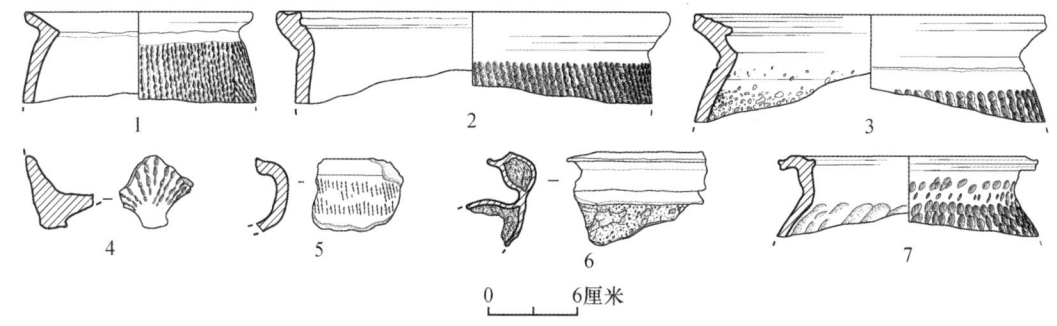

图2.109g　金钟寺（081）采集标本（六）

1.深腹罐（081：75）　2、3.甑（081：77、081：79）　4、7.鬲（081：76、081：81）　5、6.罐（081：78、081：80）

（图2.109g，4）。

甑　2件。081∶77，口沿。夹砂褐陶。侈口，折沿，方唇，唇面饰一道凹弦纹，沿面有一道凹槽，直腹微弧。饰绳纹。口径26、残高5.8、厚0.9—1.4厘米（图2.109g，2；图版四二七，6）。081∶79，口沿。夹砂灰陶。折沿，方唇，唇面饰一周凹弦纹，溜肩。肩饰绳纹及一周凹弦纹，内壁有麻点。口径23、残高6.8、厚0.7—0.8厘米（图2.109g，3；图版四二八，1）。

5）东周时期

陶片数量较多。见有鬲、罐等。多为春秋时期。标本3件。

鬲　081∶81，口沿。夹砂灰陶。直口，平折沿，方唇，沿面有两周凹槽，唇面饰一周凹弦纹，束颈，溜肩。饰绳纹。口径17、残高5.1、厚0.4—0.9厘米（图2.109g，7）。

罐　2件。081∶78，口沿。泥质灰陶。卷沿，方唇，直领，溜肩。颈部饰暗绳纹。残高4.6、厚0.6—0.8厘米（图2.109g，5）。081∶80，口沿。夹砂灰陶。直领外侈，方唇，沿面呈子母口状，束颈，溜肩，素面。口沿及肩部烧制膨胀变形。残高6、厚0.6—0.7厘米（图2.109g，6）。

（3）基本认识

该遗址为古伊洛河交汇处的一处较大型遗址，内涵复杂，以仰韶文化遗存为主，同时还包括龙山、二里头和两周时期，是洛阳盆地内新石器时代至青铜时代的代表性遗址，具有重要的学术价值，但是目前保护状况较差，应当提升保护级别。

101. 碑楼南（085）

（1）概况

位于洛阳市洛龙区佃庄镇（伊滨区代管）碑楼村南高地上。具体范围为碑楼村中向南通往岳酒路（X023）的道路两侧，西至碑楼村西通往岳酒路道路，东至村东通往岳酒路道路（图2.110a；图版一〇七，2）。面积约26万平方米。地理坐标为北纬34°41′12.50″，东经112°36′04.44″，海拔约121米。地表为农田和苗圃覆盖。

二里头工作队2001年3月13日调查，2017年6月28日复查。

图2.110a　碑楼南（上为北）

（2）主要发现

采集的遗物较少。包括仰韶、龙山、二里头和东周时期。此外，还采集到石器1件。标本共计10件。

石镰　085∶1，辉绿岩。黑色。磨制，破裂。残长6.5、宽3—3.6、厚0.9厘米（图2.110b，1；图版二四五，1）。

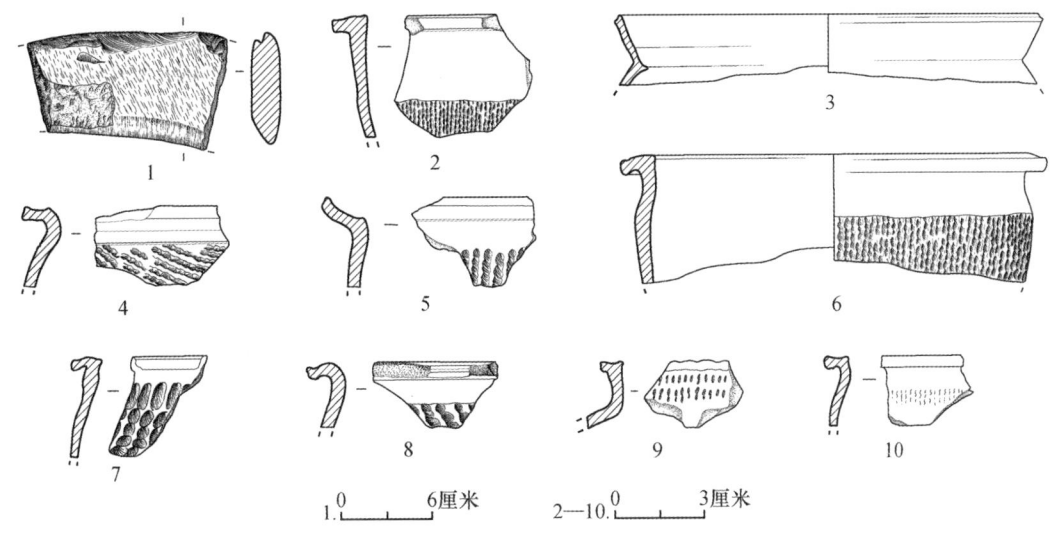

图2.110b 碑楼南（085）采集标本
1.石镰（085∶1） 2、6、10.盆（085∶9、085∶10、085∶8） 3.大口罐（085∶2） 4、5、7、8.鬲（085∶4、085∶3、085∶5、085∶6） 9.罐（085∶7）

1）仰韶文化

发现有素面陶片少量，较为残碎，无法确定具体年代。无典型标本。

2）龙山文化

采集有泥质篮纹陶片和夹砂方格纹陶片少量。可辨认器形有鼎（足）、大口罐、小口罐、盆。均为龙山晚期。标本1件。

大口罐 085∶2，口沿。泥质灰陶。直领微侈，方唇，广肩。素面。口径28、残高4.4、厚0.4—0.6厘米（图2.110b，3）。

3）二里头文化

采集有少量二里头文化陶片，具体年代难以判定。

4）东周时期

采集到不少遗物，可见鬲、盆、罐等。少量为春秋时期，多为战国时期。标本8件。

鬲 4件。085∶3，口沿。夹砂灰陶。折沿，方唇，沿面微凹，直腹。饰绳纹。残高5.8、厚0.6—0.8厘米（图2.110b，5；图版四三三，1）。085∶4，口沿。夹砂灰陶。侈口，卷沿，方唇，沿面微凹，矮领，溜肩。饰绳纹。残高5、厚0.6—0.9厘米（图2.110b，4；图版四五〇，3）。085∶5，口沿。夹砂灰陶。折沿下斜，圆唇，沿面有两道凹槽，直腹微弧。饰粗绳纹。残高6.3、厚0.5—1.1厘米（图2.110b，7；图版四五〇，4）。085∶6，口沿。夹砂灰陶。卷沿，方唇，唇面有一道凹弦纹，沿面有一道凹槽，溜肩。饰粗绳纹。残高4.2、厚0.7—0.9厘米（图2.110b，8）。

罐 085∶7，口沿。泥质灰陶。侈口，平折沿，束颈，溜肩。颈部饰暗绳纹。残高4.2、厚0.8—0.9厘米（图2.110b，9）。

盆 3件。085∶8，口沿。泥质灰陶。平折沿，沿面微凹，方唇，直腹微弧。饰暗绳纹。

残高4.5、厚0.6—0.7厘米（图2.110b，10）。085：9，口沿。泥质灰陶。平折沿，沿面有两道凹槽，方唇，直腹。饰绳纹。残高7.8、厚0.5—0.9厘米（图2.110b，2；图版四五〇，5）。085：10，口沿。泥质灰陶。平折沿，沿面有一道凹槽，方唇，直腹。饰细绳纹。口径28、残高8.3、厚0.7—1厘米（图2.110b，6；图版四五〇，6）。

（3）基本认识

该遗址为伊洛河古代之间的一处新石器时代至青铜时代的复合型遗址，包括仰韶、龙山、二里头和东周时期的遗存，其中东周时期的遗存较为丰富，应该为北侧不远处韩旗城址周边的遗址点之一。

102. 罗圪垱（082）

（1）概况

位于洛阳市洛龙区佃庄镇（伊滨区代管）罗圪垱村南。具体范围为以公坟为中心，北至岳佃路（X001）以北50米处断崖，东至罗圪垱东生产路东300米，西至碑楼东南北向道路，南至排涝渠（图2.111a；图版一〇八，1）。面积约39.7万平方米。地理坐标为北纬34°41′09.26″，东经112°36′38.03″，海拔约129米。地表多为农田，西北部被建材厂占压。东北部被取土坑破坏，文化堆积不厚，剖面上见有二里头文化灰坑。

图2.111a 罗圪垱（上为北）

1984年洛阳市文物普查队对该遗址进行了调查，时称罗圪垱-倪家庄遗址。调查认为该遗址面积约0.3万平方米，位于罗圪垱村南、倪家庄村西小台地上，文化层厚约0.7米，暴露出来的灰坑有几十个，采集的遗物大部分为二里头文化时期，包括大口尊、带錾盆、花边罐、侈口罐、三足器、刻槽盆、瓮、豆等。此外，还见有王湾三期的遗存[①]。

---

① 方孝廉：《洛阳市一九八四年古文化遗址调查简报》，《中原文物》1987年第3期。

2007年11月7日，洛阳市人民政府将该遗址公布为第三批洛阳市文物保护单位。

2001年3月12日，二里头工作队调查该遗址，2017年6月28日复查。

（2）主要发现

该遗址采集到不少的陶片，包括仰韶、龙山和二里头时期。标本19件。

石斧　082：1，硅质岩。黑褐色。经过琢制、磨制，顶端破裂，刃部有使用造成的破裂面。残长8.3、宽5—5.5、厚3.65厘米（图2.111b，1；图版二四五，2）。

石饼　082：2，硅质岩。黑色。保留饼状卵石的自然面。直径9.7—10.8、厚0.9—2.3厘米（图2.111b，2；图版二四五，3）。

石器　082：3，硅质岩（含铁）。红褐色。经过磨制，破裂。残长6.2、残宽1—3.2、厚1.9—2.1厘米（图版二四五，4）。

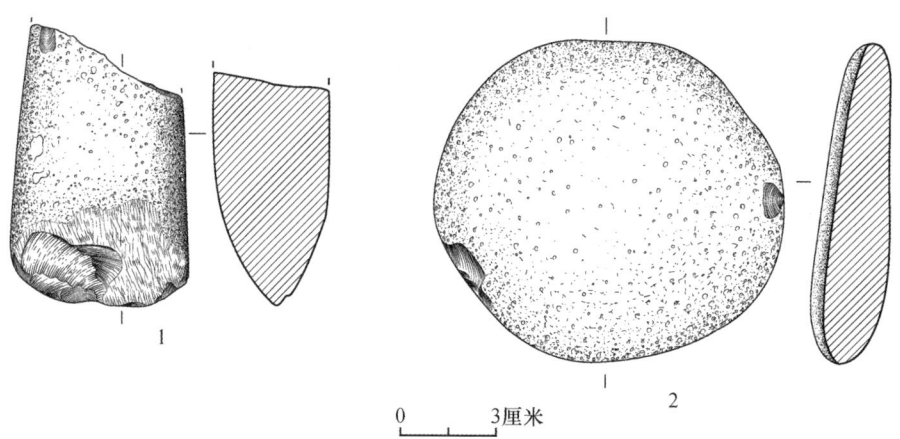

图2.111b　罗圪垱（082）采集标本（一）
1.石斧（082：1）　2.石饼（082：2）

1）仰韶文化

主要分布于村南南北向道路以西，陶片较少，见有少量小口高领瓮、鼎足。无标本。

2）龙山文化

可辨认器形有深腹罐、高领罐等，可能为龙山晚期，个别遗物可能到二里头文化。标本2件。

深腹罐　082：4，口沿。夹砂灰陶。卷沿，方唇，直腹微弧。饰方格纹，内壁有一道凹槽。残高8.7、厚0.4—0.8厘米（图2.111c，12；图版三七五，5）。

高领罐　082：5，口沿。夹砂灰陶。直领外侈，圆唇，溜肩，肩部饰一道凹弦纹。素面。口径22、残高4.8、厚0.6—0.7厘米（图2.111c，10；图版三六〇，1）。

3）二里头文化

陶片数量较多。可辨认器形有甑、鬲、深腹罐、圆腹罐、敛口罐、捏口罐、瓮、缸、刻槽盆、三足皿、豆、大口尊、尊等。主体为二里头文化二、三、四期。标本14件。

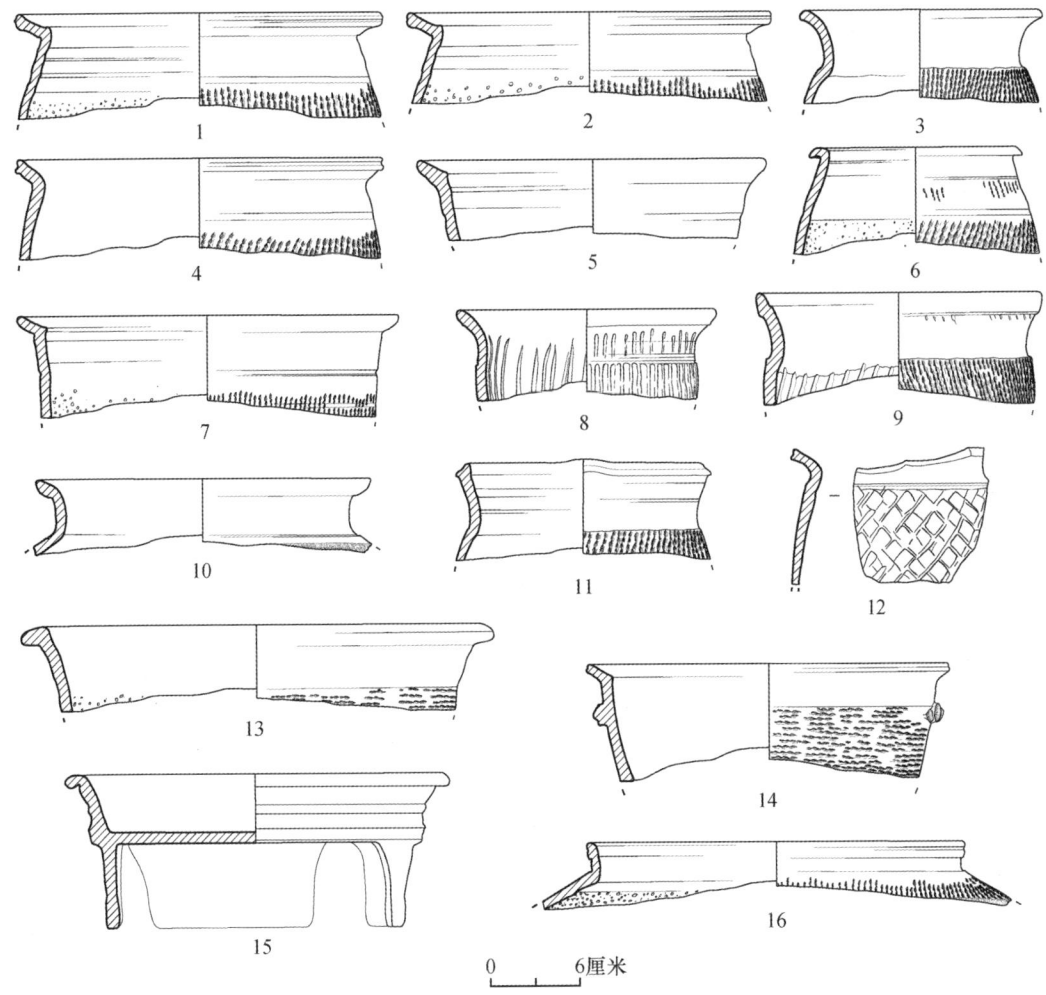

图2.111c 罗圪垱（082）采集标本（二）

1、2、4、12.深腹罐（082：7、082：8、082：6、082：4） 3.圆腹罐（082：9） 5、7、13.盆（082：18、082：12、082：13） 6.敛口罐（082：17） 8、9.刻槽盆（082：15、082：16） 10.高领罐（081：5） 11.捏口罐（082：10） 14.甑（082：11） 15.三足盘（082：14） 16.矮领瓮（082：19）

深腹罐 3件。082：6，口沿。夹砂灰陶。卷沿，方唇，唇面有一道凹槽，直腹微弧。饰绳纹。口径24、残高6.4、厚0.7—0.8厘米（图2.111c，4；图版三七八，4）。082：7，口沿。夹砂灰陶。平折沿，圆唇，唇面有一道凸弦纹，沿面内凹，直腹微弧。饰绳纹，内壁有小麻点和三周凹槽。口径24、残高6.7、厚0.5—0.7厘米（图2.111c，1；图版三八九，2）。082：8，口沿。夹砂灰陶。平折沿，圆唇，唇面有一道凸弦纹，沿面内凹，直腹微弧。饰绳纹，内壁有麻点和两周凹槽。口径24、残高5.8、厚0.5—0.7厘米（图2.111c，2；图版三八九，3）。

圆腹罐 082：9，口沿。夹砂灰陶。直领外侈，圆唇，溜肩。饰细绳纹。口径16、残高6、厚0.5—0.7厘米（图2.111c，3；图版四〇一，5）。

捏口罐 082：10，口沿。泥质灰陶。直领，方唇，唇面微凹，束颈，颈部有一道凹弦纹，溜肩。饰绳纹。口径15.5、残高6.2、厚0.5—0.9厘米（图2.111c，11）。

甑 082：11，口沿。夹砂灰陶。侈口，折沿上翘，方唇，唇面有一道凹弦纹，斜直腹，腹部有一鸡冠錾。饰横向细绳纹。口径24、残高7.3、厚0.6—0.8厘米（图2.111c，14；图版四〇一，6）。

盆 3件。082：12，口沿。泥质灰陶。侈口，折沿上翘，沿内有一周凹槽，圆唇，斜直腹。饰细绳纹夹一周凹弦纹，内壁有小麻点。口径25、残高6.5、厚0.7—0.8厘米（图2.111c，7；图版三八九，4）。082：13，口沿，泥质灰陶。折沿，圆唇，沿面微弧，斜直腹。饰横向细绳纹，内壁有小麻点。口径31、残高5.5、厚0.6—0.7厘米（图2.111c，13；图版四〇二，1）。082：18，口沿。泥质灰陶。侈口，折沿上翘，圆唇。磨光，内壁有两周凹槽。口径23、残高5.1、厚0.7—0.8厘米（图2.111c，5；图版三八九，6）。

三足盘 082：14，可复原。泥质灰陶。卷沿，圆唇，浅腹，腹部有一道凸棱，平底。舌形足残。磨光。口径25.4、高9.8、厚0.8厘米（图2.111c，15；图版三八九，5）。

刻槽盆 2件。082：15，口沿。泥质灰陶。侈口，卷沿，圆唇，沿下有一道凸弦纹，颈部饰两周凹弦纹。上部磨光，下部饰篮纹，内壁有刻槽。口径17、残高5.8、厚0.5—0.7厘米（图2.111c，8；图版三七八，5）。082：16，口沿。泥质灰陶。侈口，尖圆唇，沿外包边，束颈，弧腹。饰细绳纹，内壁有刻槽。口径19、残高7.2、厚0.7—0.9厘米（图2.111c，9；图版三七八，6）。

敛口罐 082：17，口沿。泥质灰陶。敛口，卷沿，尖唇，直腹微弧。磨光，饰绳纹，内壁有麻点。口径14、残高6.8、厚0.6—0.7厘米（图2.111c，6；图版四〇二，2）。

矮领瓮 082：19，口沿。直口，圆唇，沿外包边饰一周凹弦纹，矮领，广肩。饰细绳纹，内壁有一道凹槽，饰密集小麻点。口径25、残高4.2、厚0.5—0.8厘米（图2.111c，16；图版四〇二，3）。

（3）基本认识

该遗址为一处以二里头文化遗存为主体的遗址，另有少量仰韶文化遗存，龙山时期的遗存主要为晚期，核查时未发现简报所载商周时期的遗存[①]。

---

① 中国社会科学院考古研究所二里头工作队：《河南洛阳盆地2001～2003年考古调查简报》，《考古》2005年第5期。

三、伊河南岸片区

伊河南岸片区遗址数量丰富，是本次调查中发现遗址数量最多的区域，总数量有353处（图2.112）。

其中沙沟河以西的遗址主要位于伊河南岸的一级阶地上，东沙沟以东至马涧河河谷之间的遗址主要位于伊河南岸的二级阶地上，马涧河河谷以东的遗址主要位于二级阶地和黄土台塬。伊洛河段南岸的遗址，位于一级阶地、二级阶地和三级阶地上。

以下按照伊河南岸支流自西向东予以介绍。

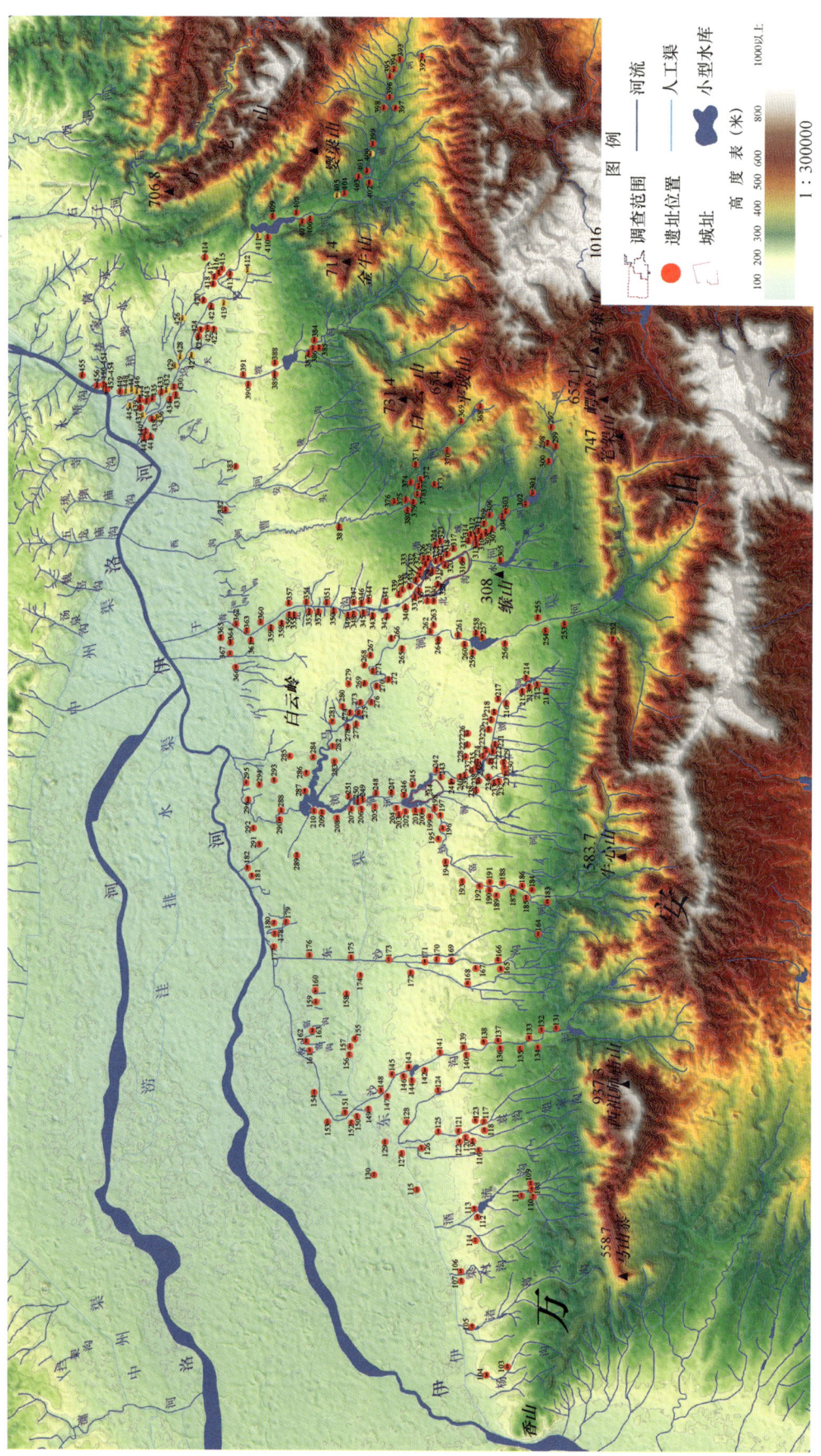

图2.112 伊河南岸片区遗址分布图

（一）杨沟

位于龙门东山——香山东侧，源自于万安山北麓的杨沟村南，经杨沟村中、刁窑南、刘窑北、裴村南，汇入伊河。大体为东南西北向，由南向北海拔逐渐递降。沿岸共发现遗址2处（图2.113）。

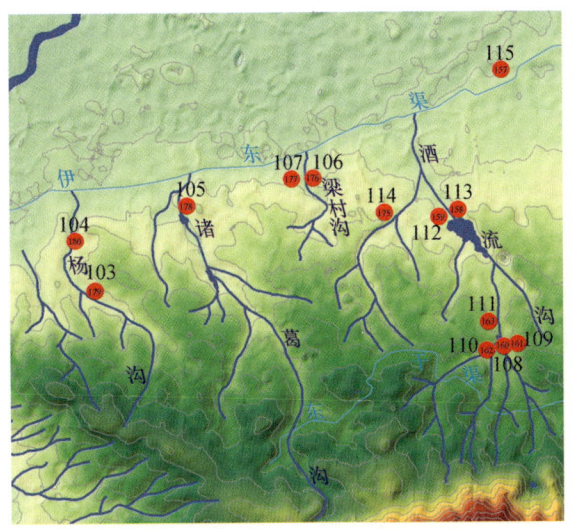

图2.113　杨沟、诸葛沟、梁村沟、酒流沟等流域遗址分布示意图

103. 刁窑东（179）

位于洛阳市洛龙区诸葛镇（伊滨区代管）刘窑行政村村刁窑自然村东。具体位置为裴村至刁窑村道路东侧杨沟北岸三角形台地上（图2.114a；图版一〇八，2）。面积约0.5万平方米。地理坐标为北纬34°33′30.17″，东经112°30′24.39″，海拔约214米。地表现为农田。

图2.114a 刁窑东（上为北）

2001年4月2日，二里头工作队调查发现，2017年7月2日复查。

采集到的陶片较少，均为东周早期。标本1件。

盆 179：1，口沿。泥质灰陶。平折沿，方唇，沿面微弧，出一道凹槽，斜直腹，素面。口径60、残高4.3、厚1.1—1.7厘米（图2.114b，1；图版四三三，2）。

该遗址处于临沟侧台地上，规模较小，遗存较少，可能是东周早期的小型聚落。

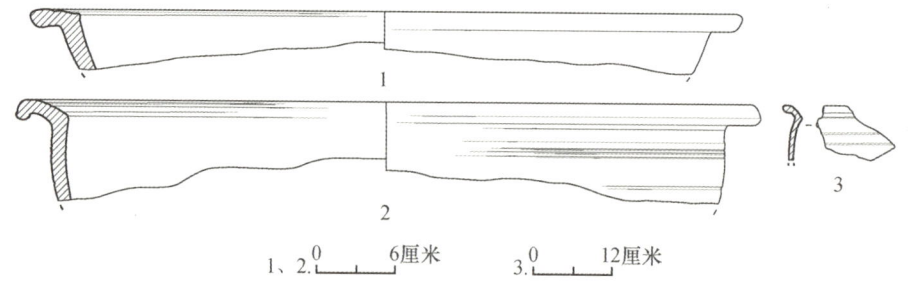

图2.114b 刁窑东（179）、刘窑东（180）采集标本
1—3. 盆（179：1、180：2、180：1）

104. 刘窑东（180）

（1）概况

位于洛阳市洛龙区诸葛镇（伊滨区代管）刘窑村东，具体位置为刘窑村东150米，杨沟东岸临沟坡地上（图2.115）。面积约2.9万平方米。地理坐标为北纬34°33′43.53″，东经112°30′05.41″，海拔203米左右。地表现为苗圃。

2001年4月2日，二里头工作队调查，2017年7月2日复查。

图2.115 刘窑东（右上为北）

（2）主要发现

该遗址采集的陶片数量较少，但是涵盖了仰韶、龙山、二里头、二里岗等各个时期。标本2件。

1）仰韶文化

见有少量陶片。可辨认器形有盆，可能为仰韶文化中、晚期。标本2件。

盆　2件。180：1，口沿。泥质褐陶。卷沿，圆唇，直腹微弧。素面。残高8、厚0.7—0.9厘米（图2.114b，3；图版三一〇，4）。180：2，口沿。泥质褐陶。卷沿，方唇，唇面和沿面各有一道凹弦纹，直腹微弧。腹饰凹弦纹。复原口径56、残高7.4、厚1—1.1厘米（图2.114b，2；图版三二九，6）。

2）龙山文化

陶片数量较少，为龙山文化晚期。无典型标本。

3）二里头文化

陶片数量较少，可能有缸、尊等器形腹片，属于二里头文化四期。无典型标本。

4）二里岗文化

陶片数量较少，见有灰陶鬲足，疑似二里岗文化。未见典型标本。

（3）基本认识

该遗址规模较小，文化内涵相对复杂，涵盖仰韶中晚期、龙山晚期、二里头文化晚期和疑似二里岗文化等不同时期，可能为伊河南岸支流近旁的一处小型遗址。

（二）诸葛沟

诸葛沟源自于上徐马，在诸葛村南汇入伊河河谷。诸葛沟附近发现遗址1处（图2.113）。

105. 诸葛水库北（178）

（1）概况

位于洛阳市洛龙区诸葛镇（伊滨区代管）诸葛村南的诸葛水库东侧。具体位置为诸葛沟东侧的台地上，诸葛水库大坝的东北侧，诸葛至刘沟东西向道路（X011）两侧，北至原偃师水泥厂（已停产），东至诸葛至刘沟南北向道路（X011），南至诸葛沟枝杈北边（图2.116a）。面积约5.2万平方米。地理坐标为北纬34°34′17.05″，东经112°31′27.67″，海拔约198米。新建龙少路自遗址中部穿过，其余地段仍为农田。

2001年4月1日，二里头工作队调查发现，2017年7月2日复查。

图2.116a　诸葛水库北（上为北）

（2）主要发现

原偃师水泥厂南侧围墙外排水沟西侧发现有地层，北部修龙少路挖排水沟埋设排水管道时发现了多处较大较深的灰坑，灰坑中采集了仰韶中期包口尖底瓶。发现墓葬1处。地表采集遗物较多，可辨认器形有釜形鼎、罐、缸、盆、尖底瓶、钵、彩陶钵、碗。时代为仰韶文化早、中期。标本12件。

M1：位于诸葛水库北，原偃师水泥厂南侧围墙外沟西断崖上（地理坐标为北纬34°34′371″；东经112°31′371″）。填土为夹有红烧土块的红褐土，底层下为黄褐生土。见有死者头骨、肩胛骨、锁骨等。头骨周围土色深褐。时代为仰韶文化早期。

釜形鼎　178：1，腹片。夹砂褐陶。折腹。饰锥刺纹。残高8、厚0.5—1.1厘米（图2.116b，1；图版三〇六，1）。

罐　2件。178：2，口沿。夹砂褐陶。矮领，圆唇，溜肩。肩部饰弦纹。口径22、残高6.3、厚0.4—0.7厘米（图2.116b，2；图版三〇六，2）。178：12，口沿。夹砂褐陶。直领外侈，圆唇，溜肩。素面。口径23、残高5.2、厚0.4—0.7厘米（图2.116b，11；图版三〇五，2）。

钵　4件。178：3，口沿。泥质红陶。直口，尖唇，直腹微弧。素面。口径38、残高4.4、厚0.6厘米（图2.116b，9；图版三〇六，3）。178：4，口沿。泥质红陶。敛口，尖圆唇，弧腹。施红彩。口径26、残高8.7、厚0.4—0.6厘米（图2.116b，4；图版三〇六，4）。178：5，口沿。泥质红陶。直口，圆唇，直腹微弧。沿内饰凹弦纹。口径22、残高4.6、厚0.4—0.5厘米（图2.116b，10）。178：6，口沿。泥质红陶。直口微敛，圆唇，弧腹。沿外施红彩。口径27、残高7.2、厚0.5—0.7厘米（图2.116b，5；图版三〇六，5）。

盆　4件。178：7，口沿。泥质红陶。敞口，小折沿，圆唇，沿下饰一道凹弦纹，斜直腹。腹部有一道凸棱。口径24、残高6.4、厚0.5—0.8厘米（图2.116b，3；图版三〇六，6）。178：8，口沿。泥质红陶。敞口，圆唇，沿内外包边，弧腹。素面。口径40、残高6、厚0.7—0.9厘米（图2.116b，7；图版三〇四，6）。178：9，口沿。泥质红陶。敛口，圆唇，唇面有一道凹弦纹，沿外包边，弧腹。素面。口径41、残高6、厚0.5—1.5厘米（图2.116b，6；图版三〇五，1）。178：10，口沿。夹砂褐陶。敛口，方唇，沿内有一道凸棱，沿外包边，弧腹。口径25、残高5.5、厚0.8—0.9厘米（图2.116b，8；图版三〇七，1）。

尖底瓶　178：11，泥质红陶。葫芦口，束颈，圆弧腹。饰线纹。口径6.6、残高52.2厘米（图2.116b，12；图版三〇七，2）。

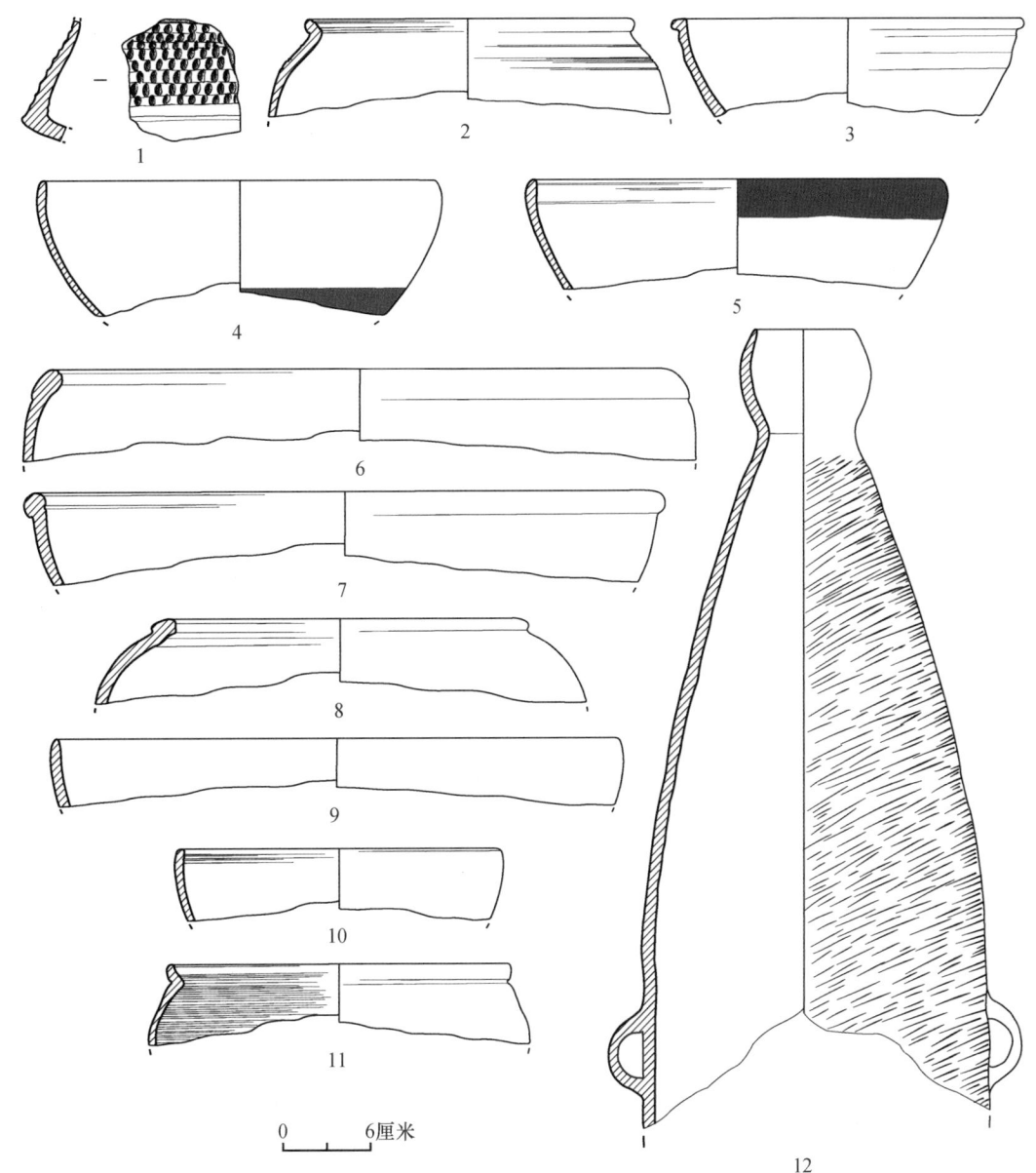

图2.116b 诸葛水库北(178)采集标本
1.釜形鼎(178：1) 2、11.罐(178：2、178：12) 3、6—8.盆(178：7、178：9、178：8、178：10) 4、5、9、10.钵
(178：4、178：6、178：3、178：5) 12.尖底瓶(178：11)

（3）基本认识

该遗址应该为伊河南岸支流诸葛沟旁的一处较为单纯的仰韶文化遗址，遗存的年代主要为仰韶文化早、中期，是该区域内数量较少的仰韶文化偏早阶段的遗址之一。原简报中暂定的裴李岗文化和龙山文化的遗物[①]，经核定尚不能确认。

---

① 中国社会科学院考古研究所二里头工作队：《河南洛阳盆地2001～2003年考古调查简报》，《考古》2005年第5期。

（三）梁村沟

梁村沟位于诸葛镇梁村和道湛村南，起自于刘沟村北坡地上，较短。在该沟两侧发现遗址2处（图2.113）。

106. 梁村南（176）

位于洛阳市洛龙区诸葛镇（伊滨区代管）梁村南。具体位置为梁村南侧沟东的台地边缘，北部不远处为原偃师合良水泥有限公司，南邻龙少路（图2.117；图版一〇九，1）。面积约4.4万平方米。地理坐标为北纬34°34′40.98″，东经112°32′50.12″，海拔约183米。地表为农田。

2001年3月31日，二里头工作队调查发现，2017年7月2日复查。

该遗址采集到的陶片较少，多为东周及以后。无典型标本。

该遗址应该为伊河南岸一处规模较小的东周遗址。

图2.117　梁村南（上为北）

107. 道湛东南（177）

（1）概况

位于洛阳市洛龙区诸葛镇（伊滨区代管）道湛村东南。具体位置为道湛东南伊河河谷南岸梁村沟西的台地尖嘴上，南邻龙少路（图2.118a）。面积约0.5万平方米。地理坐标为北纬34°34′40.96″，东经112°32′37.32″，海拔约163米（台地下）。该遗址在龙少路修建期间被取土破坏殆尽，基本无存。

2001年4月1日，二里头工作队调查发现，2017年7月2日复查。

图2.118a 道湛东南（上为北）

（2）主要发现

调查中，采集到的遗物较少。陶片主要为东周时期，此外还发现少量西周晚期的遗物。标本1件。

鬲 177∶1，口沿。夹砂灰陶。宽折沿，尖唇。沿下有两道浅凹弦纹。口径32、残高3.2、厚0.7—0.8厘米（图2.118b，1；图版四二八，2）。

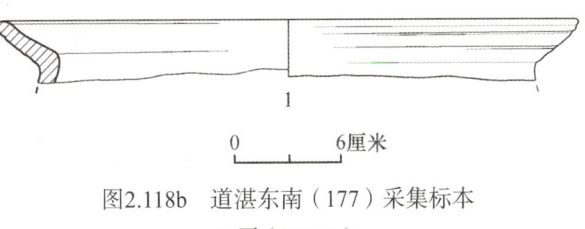

图2.118b 道湛东南（177）采集标本
1.鬲（177∶1）

（3）基本认识

该遗址是伊河南岸的一处规模较小的西周晚期和东周时期遗址。

（四）酒流沟

源自于万安山北麓的耿沟村西南，王沟、杨河等村附近的多条沟汊在杨河村北汇合为干流，老井、火石沟、东沟等村附近的中部支流在陈沟村南汇入，王桥南支流在酒流沟水库大坝附近入酒流沟水库，苏沟东南、王窑-刘沟处支流在宿驾窑处汇入干流，向北经上庄、下庄等村流入伊河河谷。该流域发现遗址8处（图2.113）。

108. 杨闲东南（160）

（1）概况

位于洛阳市洛龙区李村镇（伊滨区代管）杨河村南。具体位置为杨河村南杨闲自然村陆浑灌区东一干渠南北两侧两沟之间台地上（图2.119a；图版一〇九，2）。面积约1.5万平方米。地理坐标为北纬34°32′28.86″，东经112°35′18.82″，海拔约294米。现地表为农田。

2001年3月29日，二里头工作队调查发现，2017年7月25日复查。

（2）主要发现

该遗址发现灰坑2处。

H1：位于杨闲东南路东断崖。坑底距地表2.5米左右，宽3米左右。填土为灰褐土。坑内包含少量黑灰陶陶片。生土层中见有红砂岩。陶片多为黑灰陶，纹饰主要有方格纹、菱形方格纹

图2.119a　杨闲东南（上为北）

和绳纹。可辨认器形有夹砂小罐、折腹盆、小口高领瓮、盖。陶片时代特征明显，缺少口沿，破碎。为龙山晚期。

H2：位于杨闸南东一干渠南侧高地。口部直径约1.5米。坑内包含黑灰陶陶片，另发现蚌片。陶片多为黑灰陶，以方格纹为主，少量篮纹，弦纹更少。可辨认器形有夹砂小口高领罐、中口罐、罐、双腹盆、盖、豆、圈足盘。时代为龙山晚期。采集的陶片较为破碎，纹饰有篮纹、方格纹、弦纹等。可辨认器形有夹砂小罐、小口高领瓮、豆等。均为龙山晚期。标本2件。

罐　H2：1，口沿。泥质灰陶。直领微侈，尖唇，沿外饰一道凸棱，广肩。饰篮纹夹凹弦纹。口径17、残高5.2、厚0.3—0.4厘米（图2.119b，2；图版三六〇，2）。

中口罐　H2：2，口沿。夹砂褐陶。折沿，方唇，唇面有一道凹槽，沿内折棱明显，溜肩。饰方格纹。口径17、残高4.5、厚0.3—0.5厘米（图2.119b，5；图版三六〇，3）。

（3）基本认识

该遗址为位于万安山北麓坡地上的一处文化内涵较为单纯的龙山晚期遗址。核查时未发现简报所记录的东周时期遗物①。

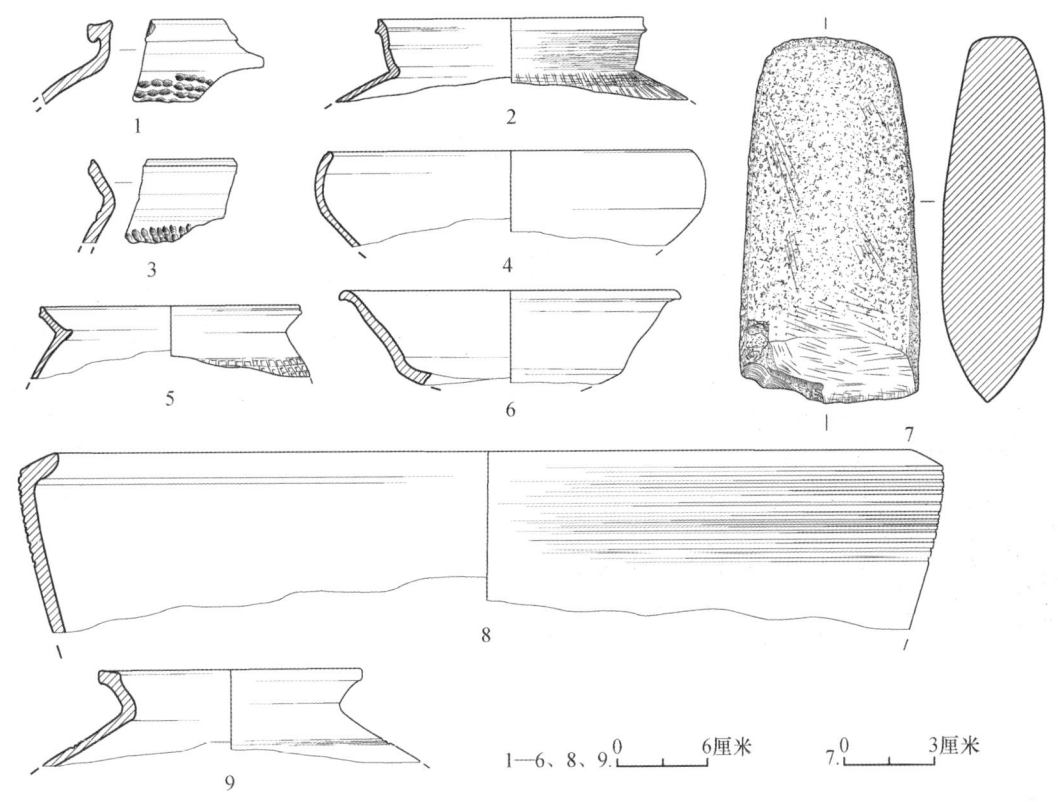

图2.119b　杨闸东南（160）、杨闸东（161）、王沟东（162）采集标本

1、2、9.罐（162：2、160H2：1、162：1）　3.深腹罐（162H1：2）　4.钵（161H1：1）　5.中口罐（160H2：2）　6.豆（162H1：3）　7.石斧（162H1：1）　8.缸（161H1：2）

---

① 中国社会科学院考古研究所二里头工作队：《河南洛阳盆地2001~2003年考古调查简报》，《考古》2005年第5期。

109. 杨闲东（161）

（1）概况

位于洛阳市洛龙区李村镇（伊滨区代管）杨河村东南的杨闲东。具体位置为东一干渠以北，两沟之间台地尖嘴上（图2.120）。面积约0.9万平方米。地理坐标为北纬34°32′32.34″，东经112°35′30.50″，海拔约283米。地表现为农田。

2001年3月29日，二里头工作队调查，2017年7月25日复查。

（2）主要发现

调查中发现灰坑1处。

H1：位于杨闲东台地上。开口距地表1米，宽1.5米，深约1米。填土为黄褐土泛灰。坑内包含物均为仰韶时代。陶片可辨认器形有夹砂小罐、泥质敛口缸、盆、彩陶盆、圈足盘、豆、缸等。年代为仰韶晚期。标本2件。

钵　H1:1，口沿。泥质灰陶。敛口，圆唇，鼓腹。磨光，施黑彩。口径23、残高6、厚0.4—0.6厘米（图2.119b，4）。

缸　H1:2，口沿。泥质褐陶。敛口，内折沿，尖唇，斜直腹。口径60、残高11.5、厚0.8—0.9厘米（图2.119b，8；图版三三〇，1）。

图2.120　杨闲东（上为北）

（3）基本认识

该遗址为万安山北麓伊河支流近旁的一处小型仰韶晚期聚落。

110. 王沟东（162）

（1）概况

位于洛阳市洛龙区李村镇（伊滨区代管）王沟村东。具体位置为王沟村东、杨河村杨闸自然村西，东一干渠以北，两冲沟之间台地上（图2.121）。面积约5.5万平方米。地理坐标为北纬34°32′29.40″，东经112°35′04.90″，海拔约282米。遗址地表现为农田，部分地段被厂区占压。

2001年3月29日，二里头工作队调查，2017年7月25日复查。

图2.121　王沟东（上为北）

（2）主要发现

采集的陶片数量不多，主要为二里头文化，少量遗存属于仰韶文化、二里岗文化及两周时期。标本5件。

1）仰韶文化

见有泥质磨光红陶片，疑似仰韶文化遗物。

2）二里头文化

陶片数量稍多，可辨认器形有深腹罐、豆、盖等。二里头文化早、晚期均见，以二期为主，二、三期兼有。见有灰坑1处。

H1：位于杨河村西台地，开口距地表0.5米，宽1.5—2.0米。填土为灰褐土。坑内见有陶片和小件石器。陶片均为碎片，无口沿。可辨认的陶器器形有深腹罐、豆等。年代为二里头二期晚段至二里头三期早段。标本3件。

石斧　H1：1，硅质岩。黑色。经过琢制、磨制，刃部破裂。长11.5、宽4.4—5.9、厚3.3厘米（图2.119b，7；图版三七九，1）。

深腹罐　H1：2，口沿。夹砂灰陶。折沿，方唇，溜肩。饰绳纹。残高5.3、厚0.6—0.7厘米（图2.119b，3；图版三七九，2）。

豆　H1：3，口沿。泥质黑陶。敞口，圆唇，斜直腹。磨光。口径22、残高6、厚0.4—0.6厘米（图2.119b，6；图版三七九，3）。

3）二里岗文化

可辨认器形有鬲、大口尊等，属于二里岗文化早期，无典型标本。

4）两周时期

陶片数量较少。标本2件，疑似西周和东周时期。

罐　2件。162：1，口沿。泥质灰陶。直领外侈，小折沿，方唇，广肩。肩饰两周凹弦纹。口径17、残高6、厚0.5—0.8厘米（图2.119b，9；图版四二八，3）。162：2，口沿。夹砂红陶。折沿，方唇，溜肩。饰绳纹。残高4.4、厚0.5—0.8厘米（图2.119b，1；图版四五一，1）。

（3）基本认识

该遗址为万安山北麓伊河支流近旁坡地上的一处小规模聚落，遗存以二里头文化为主，在二里岗和两周时期也有少量人类活动。

111. 杨河西（163）

位于洛阳市洛龙区李村镇（伊滨区代管）杨河村西。具体位置为杨河村所处冲沟与王沟村东冲沟交汇处的台地尖嘴上，西邻冲沟，东临杨河村所在的沟壑，呈条状南北向分布（图2.122）。面积约0.7万平方米。地理坐标为北纬34°32′45.70″，东经112°35′03.91″，海拔约266米。

2001年3月29日，二里头工作队调查，2017年7月25日复查。

图2.122　杨河西（上为北）

该遗址采集的残碎陶片较多。主要为仰韶时期，部分为东周。仰韶文化陶片多破碎，可辨认器形有夹砂小罐、盆等，属于仰韶文化晚期。无标本。东周的陶片少见口沿，多为腹片，具体时代难以判定。无典型标本。

该遗址是一处位于伊河支流酒流沟上游以仰韶文化遗存为主的小型坡地聚落。

112. 酒流沟水库西（159）

（1）概况

位于洛阳市洛龙区李村镇（伊滨区代管）酒流沟水库西侧。具体位置为王桥和宿驾窑之间的酒流沟水库大坝西延长线及县道X038两侧，东、西分别至冲沟，北至西侧冲沟汇合处。龙山文化遗存主要集中于干流西侧台地上（图2.123a；图版一一〇，1），面积约1.1万平方米。仰韶和东周时期遗存的分布范围较大，面积约34万平方米。地理坐标为北纬34°34′04.94″，东经112°34′18.56″，海拔约200米。遗址地表多为农田和果园，局部被招待所、学校、工厂和民宅占压。该遗址原为偃师县文物保护单位，现为洛龙区文物保护单位。

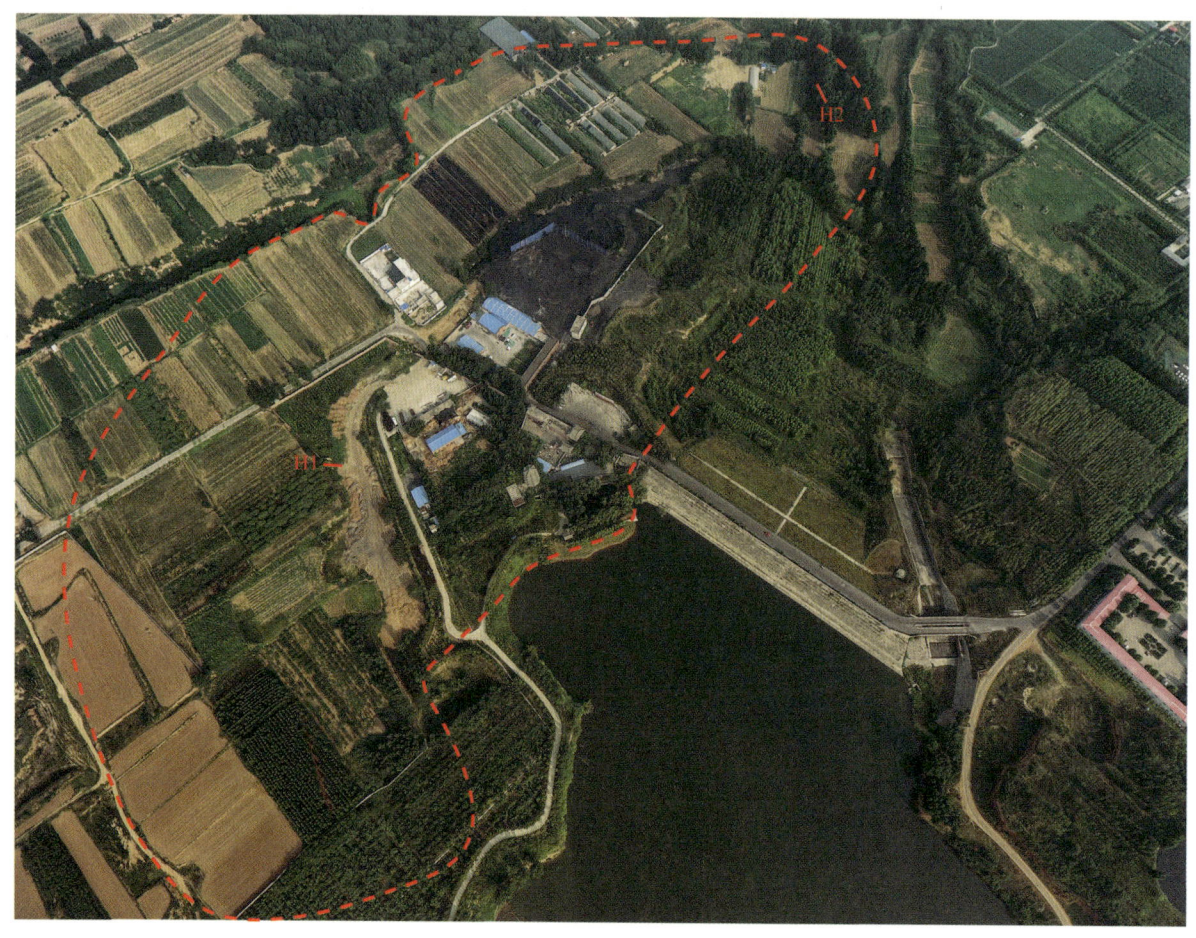

图2.123a 酒流沟水库西（右上为北）

1958年，河南省文化局文物工作队曾调查该遗址。认为遗址面积约1.2万平方米，文化层较薄，灰坑较为密集。采集到不少石器和陶器，包括石镰、石斧和陶鼎、杯、壶和罐等。据出土物判定，主要为龙山文化遗存，另有不少仰韶时期的遗存[①]。

1960年6月，北京大学考古实习队在王湾遗址发掘结束后，曾对伊河南岸的该遗址进行调查。认为遗址面积约20万平方米。在该遗址东北的北沟口发现60余处灰坑，采集到仰韶文化的夹砂红陶直筒罐、釜形鼎、夹砂网纹彩陶罐、附加堆纹夹砂罐，发现大量的夹砂素面或横篮纹陶罐。认为属于王湾二期，即仰韶文化向龙山文化过渡时期，另外还发现不少属于龙山文化晚期的遗物。即遗址涵盖了王湾文化一、二、三期[②]。

1984年，洛阳市文物队调查该遗址，认为该遗址包含煤山期和二里头文化遗存[③]。

2001年3月28日，二里头工作队调查该遗址，2017年7月3日复查。

（2）主要发现

在遗址的东北部，发现仰韶灰坑2处。遗址上采集到数量较多的陶片和石器。标本17件。

石斧　159：4，英安岩。黑色。经过打制和琢制，有使用造成的破裂面。残长12.1、宽5.7—6.1、厚4.3厘米（图2.123b，5；图版二四六，2）。

石环　159：5，榴辉岩或变质石英砂岩，灰绿色。磨制，残破。残长4.5、宽0.7、厚0.7厘米（图2.123b，1；图版二四六，3）。

石锄　159：1，硅质岩。黑色。经过打制和简单磨制，有砍砸造成的破裂面。长12.6、宽6.8—9.2、厚3.4厘米（图2.123b，4；图版二四五，5）。

石器　2件。159：2，粉砂岩。紫红色。结构细腻，属于粉砂级，磨面平整，破裂。长5.1、宽4—5、厚1.5厘米（图版二四五，6）。159：3，紫英砂岩。紫红色。细粒，一定程度次生变化，有砍砸造成的破裂面。长9.7、宽5.9—7.2、厚2.3厘米（图版二四六，1）。

1）仰韶文化

在遗址上采集到大量陶片，发现灰坑2处。可辨认器形有夹砂鼎、夹砂罐、小口高领瓮、缸、盆、小口尖底瓶、钵、盖等。时代为仰韶文化中、晚期。标本8件。

H1：位于酒流沟水库西，距地表2.5米左右。填土为灰褐杂土。坑内包含较大红烧土块和陶片。可辨认器形有小口罐、小口高领瓮、盖等。年代为仰韶晚期。

H2：位于酒流沟水库西，宽0.7—0.8米，深2.5米左右。坑内包含物以仰韶晚期陶片为主，另外，发现了猪尺骨和猪下颌骨。陶片较碎，可辨认器形有罐、敛口缸、盆、钵、盖等。年代为仰韶晚期。

鼎　2件。159：6，口沿。夹砂灰陶。折沿，尖唇，唇面有一道凹槽，沿面饰一道凸弦纹，直腹。腹部饰一道附加堆纹及一道弦纹。残高7.6、厚0.7—1.1厘米（图2.123b，3；图版三三〇，2）。159：7，口沿。夹砂褐陶。折沿上翘，方唇，弧腹。细线纹。残高6.7、厚0.6—

---

① 董祥：《河南偃师酒流沟新石器时代遗址的调查》，《考古》1965年第1期。
② 北京大学历史系考古实习队：《河南偃师伊河南岸考古调查试掘报告》，《考古》1964年第1期。
③ 方孝廉：《洛阳市一九八四年古文化遗址调查简报》，《中原文物》1987年第3期。

1.2厘米（图2.123b，6）。

罐　4件。159：8，口沿。夹砂灰陶。敛口，平沿，圆唇，溜肩。沿外饰一周附加堆纹。残高5.1、残长6.8、厚1.4—2.1厘米。159：10，口沿。泥质红陶。折沿，圆唇，溜肩。素面。残高4、厚0.7—1.1厘米（图2.123b，2）。159：11，口沿。夹砂黑陶。直领，折沿，圆唇，沿内出一道凸棱，折肩。残高4.4、厚0.7—1厘米（图2.123b，9；图版三三〇，4）。159：15，口沿。夹砂褐陶。直领外卷，方唇，溜肩。素面。口径20、残高5.2、厚0.3—0.6厘米（图2.123b，13；图版三三〇，5）。

钵　159：9，口沿。泥质红陶。直口，圆唇，折腹。磨光。口径28、残高7.3、厚0.6—0.7厘米（图2.123b，7；图版三三〇，3）。

小口罐　H1：1，泥质红陶。直领外侈，圆唇，沿内饰两周凹弦纹，广肩。口径11.4、残高8.4、厚0.5—0.8厘米（图2.123b，8）。

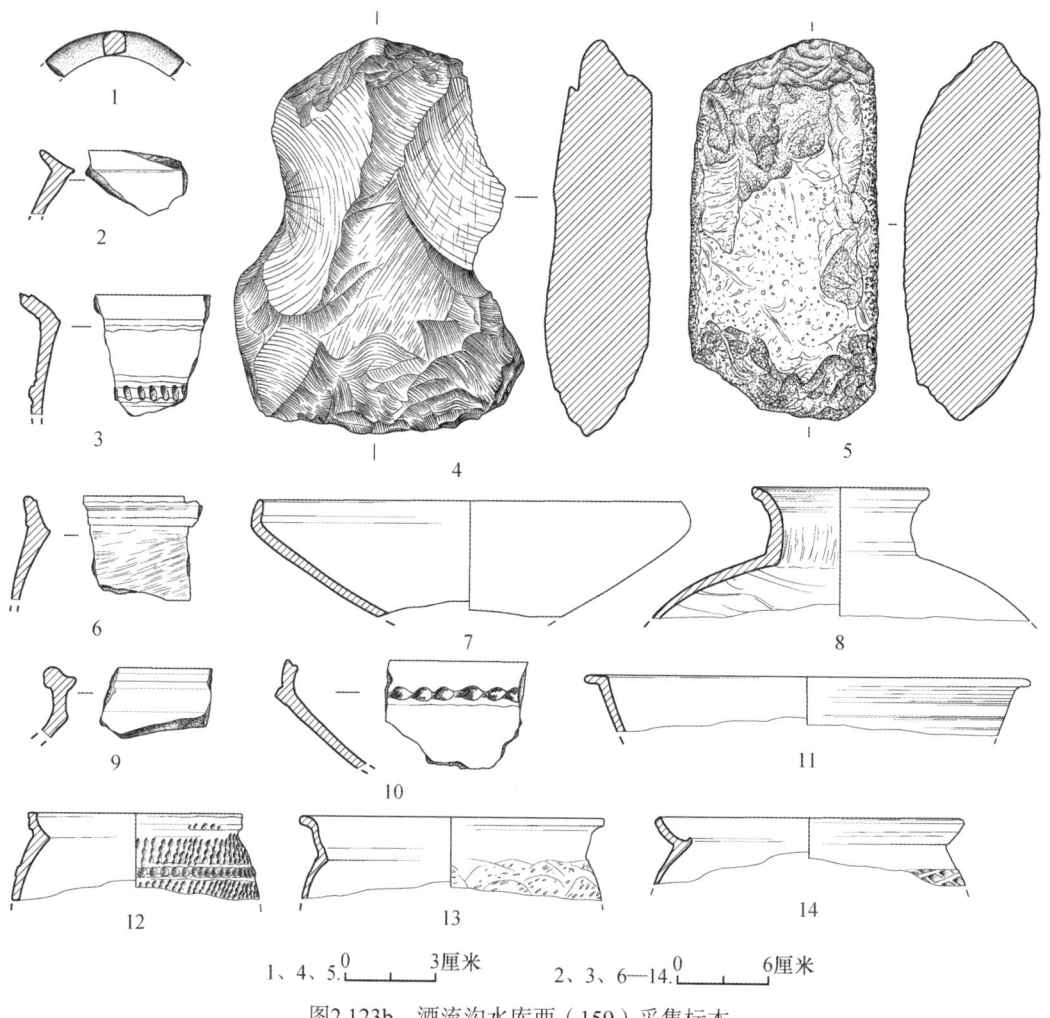

图2.123b　酒流沟水库西（159）采集标本

1.石环（159：5）　2、9、13、14.罐（159：10、159：11、159：15、159：14）　3、6.鼎（159：6、159：7）　4.石锄（159：1）　5.石斧（159：4）　7.钵（159：9）　8.小口罐（159H1：1）　10.盆形鼎（159：12）　11.盆（159：16）　12.罐形鼎（159：13）

2）龙山文化

采集到的陶片较多，包括龙山早、晚两期，早期可辨认器形有盆形鼎、罐形鼎等，晚期可辨认器形有大口罐、盆等。标本4件。

盆形鼎　159∶12，口沿。夹砂灰陶。直口，方唇，沿内出一道凸棱，折腹。折腹处饰一道附加堆纹。残高6.8、厚0.6—0.9厘米（图2.123b，10；图版三五二，4）。

罐形鼎　159∶13，口沿。夹砂灰陶。侈口，折沿，方唇，沿面微凹，溜肩。饰绳纹夹一周附加堆纹。口径14、残高5.4、厚0.5—0.9厘米（图2.123b，12；图版三五二，5）。

罐　159∶14，口沿。夹砂灰陶。侈口，折沿，方唇，沿面内凹，溜肩。饰篮纹。口径20、残高4.2、厚0.2—0.5厘米（图2.123b，14）。

盆　159∶16，口沿。泥质黑陶。折沿，圆唇，直腹。磨光。口径29、残高3.6、厚0.5—0.6厘米（图2.123b，11；图版三六〇，4）。

3）东周时期

见有少量陶片，无口沿标本，仅见腹片。疑似东周时期。

（3）基本认识

该遗址为伊河南岸支流酒流沟西侧的一处新石器时代至青铜时代聚落。根据历年的调查结果来看，以新石器时代的遗存为主，包括仰韶中、晚期和龙山早、晚两个阶段。本次调查未见到洛阳市文物普查队1984年调查发现的二里头文化遗存。经核查发现了不少简报中未载入的应属于龙山时期的遗物。该遗址可能有一定量的二里头及东周时期的遗存。

113. 酒流沟水库北（158）

（1）概况

位于洛阳市洛龙区李村镇（伊滨区代管）酒流沟水库北部，具体位置宿驾窑东南的酒流沟水库大坝下游泄洪槽东北侧，东至酒流沟东侧的X038线南北向段（图2.124a；图版一一〇，2）。面积约2.1万平方米。地理坐标为北纬34°34′19.02″，东经112°34′26.69″，海拔约197米。地表为苗圃和农田。

图2.124a　酒流沟水库北（左上为北）

二里头工作队于2001年3月28日调查发现，2017年7月3日复查。

（2）主要发现

该遗址采集到不少陶片，主要为仰韶文化和两周时期，少量遗物属于二里头文化。此外，还采集到石凿、石斧等石器。标本11件。

石凿　158∶1，粉砂岩。黑色-灰褐色，层状结构明显。经过琢制、磨制，刃部有使用痕。残长13.6、宽3.7—3.9、厚3.6—3.9厘米（图2.124b，6；图版二四六，4）。

石斧 158：2，硅质岩。黑色。经过琢制、磨制，两端破裂。残长14、宽5.5—6.05、厚3.95厘米（图2.124b，7；图版二四六，5）。

1）仰韶文化

陶片数量较多，可辨认器形有盆、泥质敛口缸。属于仰韶文化晚期。标本2件。

盆 158：3，口沿。泥质灰陶。敛口，圆唇，沿内包边，沿外有一道凹槽。残高3.2、厚0.7—0.9厘米（图2.124b，2）。

彩陶片 158：4，泥质红陶。近椭圆形，施黑彩。残长3.6、残高2.4厘米（图2.124b，5）。

2）西周时期

陶片数量较多，可辨认器形有鬲和瓮。属于西周晚期。标本2件。

鬲 158：5，口沿。夹砂灰陶。尖唇，斜折沿，沿面有三道凹槽，沿外有一道凸棱。残高6、厚0.6—0.7厘米（图2.124b，9；图版四二八，4）。

瓮 158：6，口沿。泥质灰陶。直口，圆唇，折肩。素面。残高4.4、厚0.7—0.9厘米（图2.124b，3）。

3）东周时期

陶片数量较多，可辨认器形有鬲、罐、豆、缸、瓮、纺轮等。分属春秋和战国时期。标本5件。

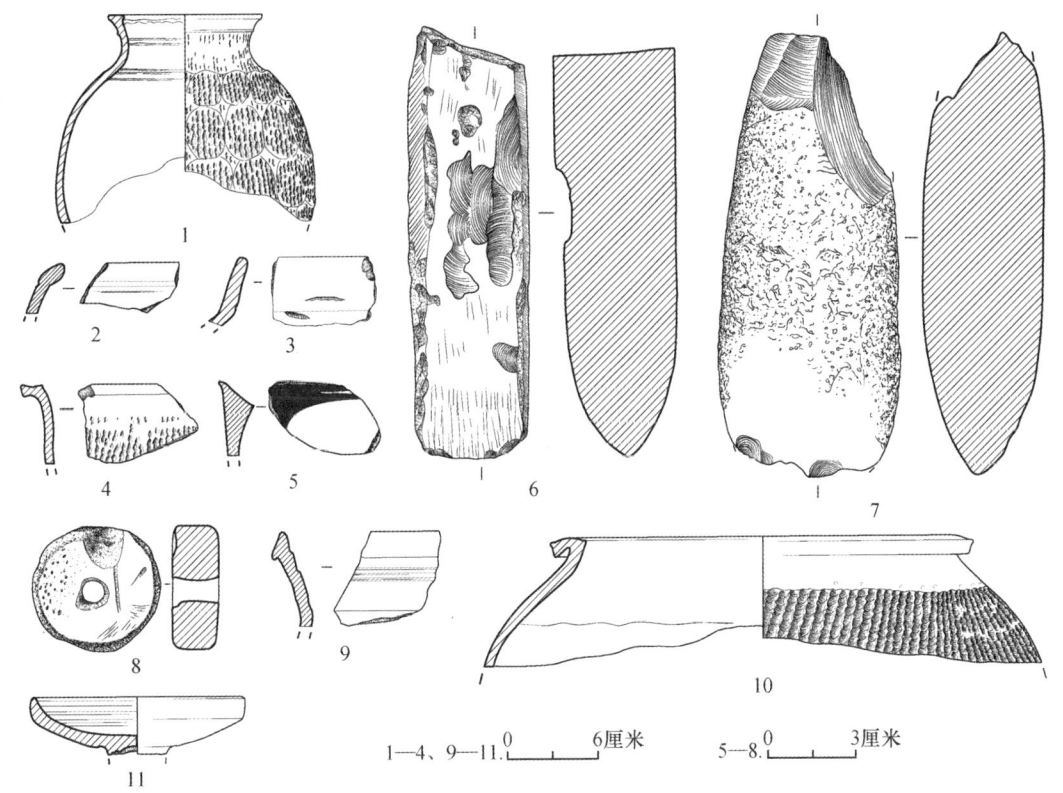

图2.124b 酒流沟水库北（158）采集标本

1、4.罐（158：8、158：10） 2.盆（158：3） 3.瓮（158：6） 5.彩陶片（158：4） 6.石凿（158：1） 7.石斧（158：2） 8.纺轮（158：11） 9、10.鬲（158：5、158：9） 11.豆（158：7）

豆　158∶7，口沿。泥质灰陶。直口，尖圆唇，折腹，浅盘。素面。口径14、残高3.6、厚0.7—0.8厘米（图2.124b，11）。

罐　2件。158∶8，口沿。泥质灰陶。直领外侈，方唇，沿外饰一道凸弦纹，束颈，溜肩。颈部饰暗绳纹，腹部饰细绳纹。口径10、残高13.2、厚0.5—0.6厘米（图2.124b，1；图版四三三，3）。158∶10，口沿。泥质灰陶。折沿，方唇，溜肩。饰暗绳纹。口径28、残高8.2、厚0.6—0.9厘米（图2.124b，4；图版四三三，4）。

鬲　158∶9，口沿。夹砂灰陶。斜折沿，方唇，广肩。饰绳纹。口径28、残高8.2、厚0.6—0.9厘米（图2.124b，10；图版四五一，2）。

纺轮　158∶11，完整。泥质灰陶。圆形，中心有一圆孔。素面。直径4—4.2、孔径0.7—1厘米（图2.124b，8；图版四六三，2）。

（3）基本认识

该遗址是一处仰韶和两周时期遗存为主的小型近河聚落。简报中未列仰韶文化遗存，经核对有仰韶晚期遗物，所列的商代遗物经核对可能为二里头文化遗存[1]。此外，《偃师县志》所载酒流沟遗址位于酒流沟水库两岸[2]，应该包括上述的酒流沟水库西（159）和本遗址（158）。经比对，两遗址距离较近（仅隔数十米宽的酒流沟），文化内涵不尽一致，前者主要为仰韶文化中、晚期和龙山早、晚两期，还可能包括二里头文化和少量东周时期遗存，而本遗址则未见龙山文化遗存，见有少量二里头文化遗存和两周时期遗存，因此，酒流沟两侧的遗址分别予以介绍。

---

[1] 中国社会科学院考古研究所二里头工作队：《河南洛阳盆地2001~2003年考古调查简报》，《考古》2005年第5期。

[2] 偃师县志编纂委员会编：《偃师县志》，生活·读书·新知三联书店，1992年，第684页，表28-7。

114. 刘沟东北（175）

（1）概况

位于洛阳市洛龙区诸葛镇（伊滨区代管）刘沟村东北。具体位置为伊滨区孝文大道（原伊洛大道）过龙少路南延长线至刘沟村段道路两侧冲沟北岸（图2.125a）。遗址面积约15.5万平方米。地理坐标为北纬34°34′04.93″，东经112°33′19.87″，海拔约216米。遗址南部被孝文大道延长线占压，中间被伊滨区垃圾消纳场填占，东北部被苗圃圈占。

2001年3月31日，二里头工作队调查，2017年7月2日复查。

图2.125a 刘沟东北（上为北）

（2）主要发现

发现少量二里头文化陶器腹片，可辨认器形有花边圆腹罐。仅见有少量疑似二里岗文化陶器腹片。未发现典型二里头和二里岗文化标本。多数遗物为东周时期，另发现东周时期灰坑2处，标本3件。

H1：位于刘沟东北果园东北角外，房屋以东2米余，地理坐标为北纬34°34′168″，东经

112°22′702″。填土为红褐土。含烧土粒。可辨认器形有鬲、盆、罐等。年代为春秋时期。

H2：位于刘沟东北果园东北角外，水道东断面，与H26距离约3米，地理坐标为北纬34°34′168″，东经112°22′702″。填土为红褐土。坑内含有烧土粒，无标本。

鬲　H1：1，口沿。夹砂灰陶。小折沿，方唇，沿面饰两道凹弦纹，圆弧腹。饰绳纹。口径19、残高7.4、厚0.5—0.6厘米（图2.125b，9；图版四三三，5）。

盆　2件。H1：2，口沿。泥质灰陶。平折沿，方唇，沿面微凹，弧腹。饰暗绳纹。口径34、残高9.6、厚0.4—0.6厘米（图2.125b，11；图版四三三，6）。H1：3，口沿。泥质灰陶。平折沿，方唇，唇面有一道凹槽，沿面微凹。口径24、残高3.2、厚0.6—0.7厘米（图2.125b，10；图版四三四，1）。

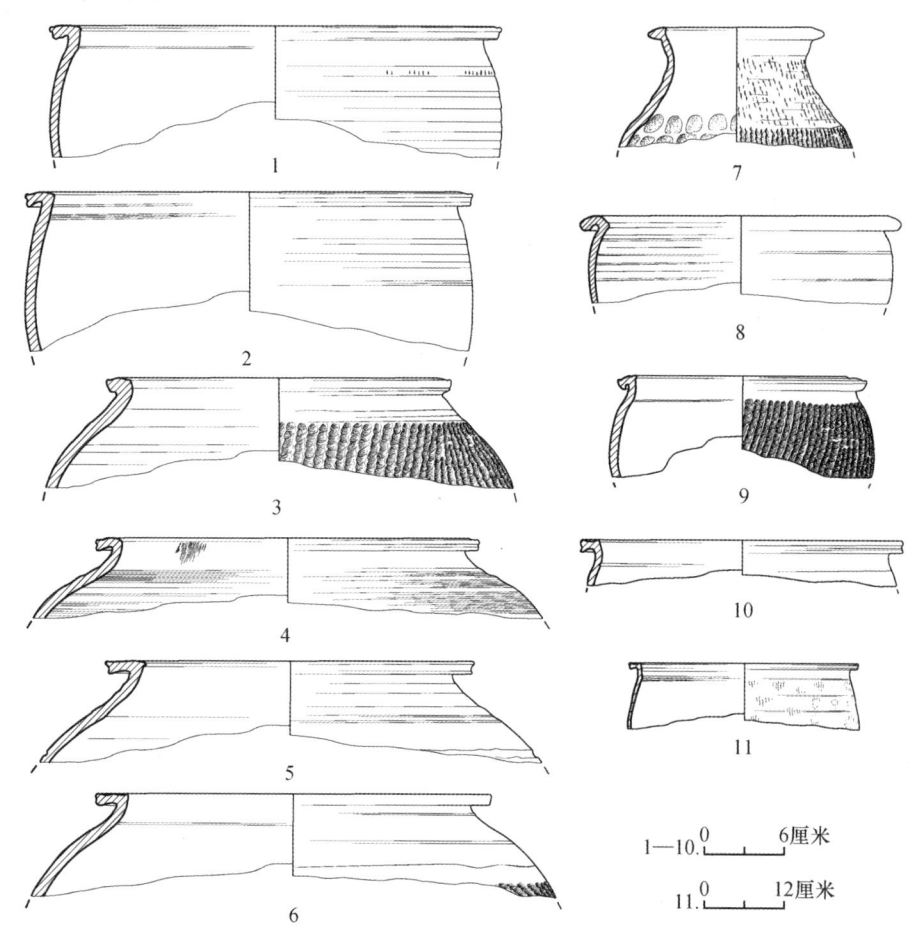

图2.125b　刘沟东北（175）、刘家窑（157）采集标本
1、2、8、10、11.盆（157H1：1、157H1：2、157H1：8、175H1：3、175H1：2）　3—6、9.鬲（157H1：3、157H1：4、157H1：5、157H1：6、175H1：1）7.罐（157H1：7）

（3）基本认识

该遗址为伊河南岸支流酒流沟近旁的东周时期遗存为主的青铜时代遗址，同时见有少量疑似二里头文化和二里岗文化的遗物。

115. 刘家窑（157）[①]

（1）概况

位于洛阳市洛龙区李村镇（伊滨区代管）刘家窑村。具体位置为刘家窑村南部东西两侧冲沟之间台地上，南距伊东渠约100米（图2.126；图版一一一，1）。面积约19.5万平方米。地理坐标为北纬34°35′38.57″，东经112°34′44.49″，海拔约152米。地表现为农田。

2001年3月27日，二里头工作队调查发现，2017年7月3日复查。

图2.126 刘家窑（上为北）

（2）主要发现

发现灰坑1处。调查中采集到大量的遗物，均为东周时期。标本8件。

H1：位于刘家窑东断崖，长4.5米，厚1米以上。坑内可辨认器形有鬲、罐、盆、瓮等。时代为东周，可能是战国时期。标本8件。

[①] 该遗址位于伊通渠北侧，介于袁沟和酒流沟之间，附近无其他遗址，归入酒流沟流域一并介绍（图2.113）。

鬲　4件。H1∶3，口沿。夹砂褐陶。平折沿，方唇，溜肩。饰粗绳纹。口径26、残高8、厚0.8—1.1厘米（图2.125b，3；图版四五一，5）。H1∶4，口沿。夹砂灰陶。平折沿，方唇，唇面有一道凹槽，广肩。口径29、残高5.9、厚0.6—0.8厘米（图2.125b，4；图版四五一，6）。H1∶5，口沿。夹砂灰陶。平折沿，方唇，唇面微凹，广肩。饰绳纹。口径28、残高7.4、厚0.6—0.9厘米（图2.125b，5；图版四五二，1）。H1∶6，口沿。夹砂褐陶。平折沿，方唇，溜肩。饰绳纹。口径30、残高7.5、厚0.8—0.9厘米（图2.125b，6；图版四五二，2）。

盆　3件。H1∶1，口沿。泥质灰陶。平折沿，方唇，沿面有一道凹槽，弧腹。饰数周凸弦纹。口径34、残高9.6、厚0.6—0.9厘米（图2.125b，1；图版四五一，3）。H1∶2，口沿。泥质灰陶。折沿，方唇，沿面微鼓，唇面有一道凹槽，直腹微弧。口径34、残高11.5、厚0.7—0.9厘米（图2.125b，2；图版四五一，4）。H1∶8，口沿。泥质红陶。侈口，卷沿，圆唇，鼓腹。腹部饰两道凹弦纹。口径24、残高6.4、厚0.4—0.7厘米（图2.125b，8）。

罐　H1∶7，口沿。泥质灰陶。小折沿，尖圆唇，溜肩。颈部饰暗绳纹，腹饰绳纹。口径13、残高8.8、厚0.5—0.7厘米（图2.125b，7；图版四五二，3）。

（3）基本认识

该遗址为临近伊河南岸的一处文化内涵较为单纯的东周时期遗址，其下限可能至汉代。

（五）袁沟-俎家沟

袁沟-俎家沟冲沟大体可分为三条。

西侧支流分别源自于万安山北麓的耿沟村东南和南宋沟西南，在张沟村南汇合后北流经段沟和魏村之间至袁沟村西、马庄和油赵村之间、毛村西至俎村东南，沿岸发现遗址2处。

中间支流分别源自于万安山北麓的苇园村南的山脉两侧和李家寨村南，西支经苇园村西、南宋沟村东、东宋沟西、段沟东至袁沟村北；中支经苇园村东、李家寨西、卦沟村之间至舜帝庙西南与经由李家寨东、西朱村与卦沟村之间的东支汇合经由高沟村之间，至袁沟村北汇合，经偏桥西、毛村东至俎家村东南，沿岸发现遗址8处。

东侧支流自万安山北麓的西朱村和东朱村南，在舜帝庙村东北与逍遥沟汇合，经由二教塔村西、杜寨和常村东北、刘李村西南、大王村北，至俎家村东南与西侧和中间支流汇合，沿岸发现遗址2处。

三沟汇合后，从俎家庄和伊通渠段开始，进入伊河河谷，下游地貌变化较大，水道已不清晰。可能经由南寨东、武屯西，汇入伊河，沿岸发现遗址2处。

该冲沟沟汊众多，沿岸遗址较为丰富，共发现15处（图2.127）。

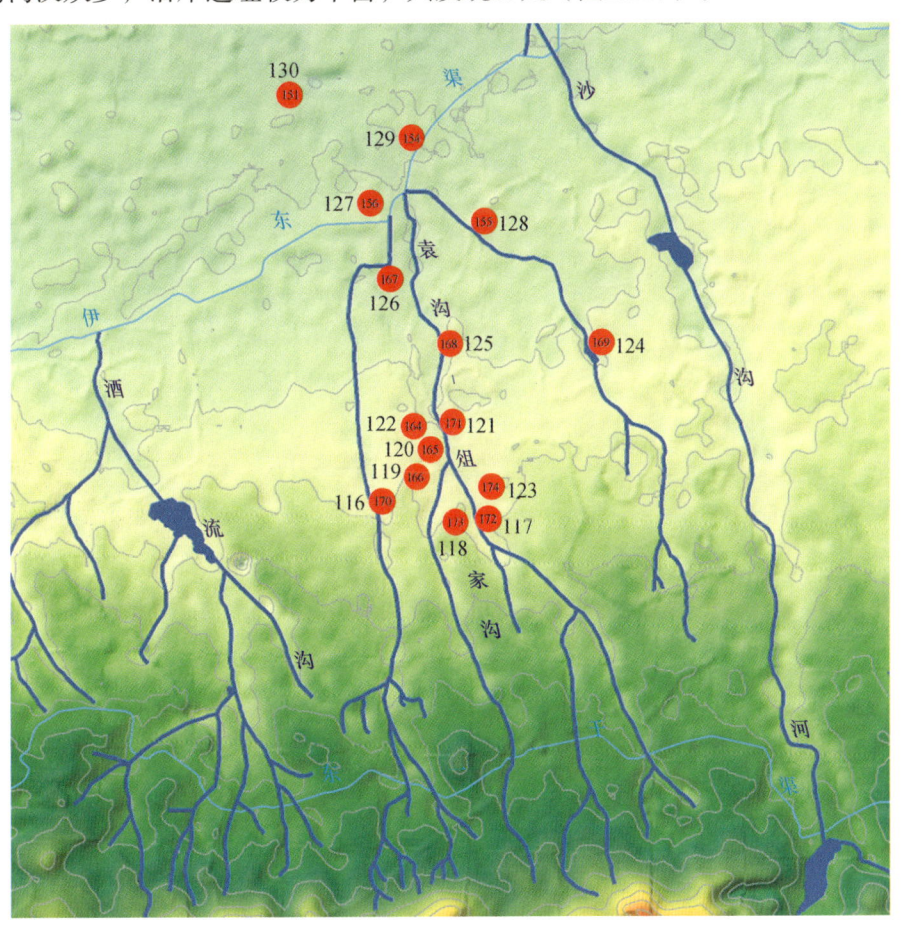

图2.127　袁沟-俎家沟流域遗址分布示意图

116. 袁沟西（170）

（1）概况

位于洛阳市洛龙区李村镇（伊滨区代管）袁沟村西部。具体范围为东至袁沟村西的X034以西100米，西至冲沟，南至厂区（图2.128a）。龙山时期的遗址面积不详，东周时期的遗址面积约2.6万平方米。地理坐标为北纬34°34′16.11″，东经112°35′54.89″，海拔约209米。地表为果园和农田，南部部分被厂房占压。

2003年3月12日，二里头工作队调查。2017年7月4日复查。

图2.128a　袁沟西（上为北）

（2）主要发现

该遗址采集到的陶片较少，仅见有个别的龙山时期篮纹陶片和少量的东周时期陶片。标本1件。

圆陶片　170:1，基本完整。泥质红陶。近圆形，磨制而成。饰有刻划痕。直径2.7—2.8、厚0.9厘米（图2.128b，10）。

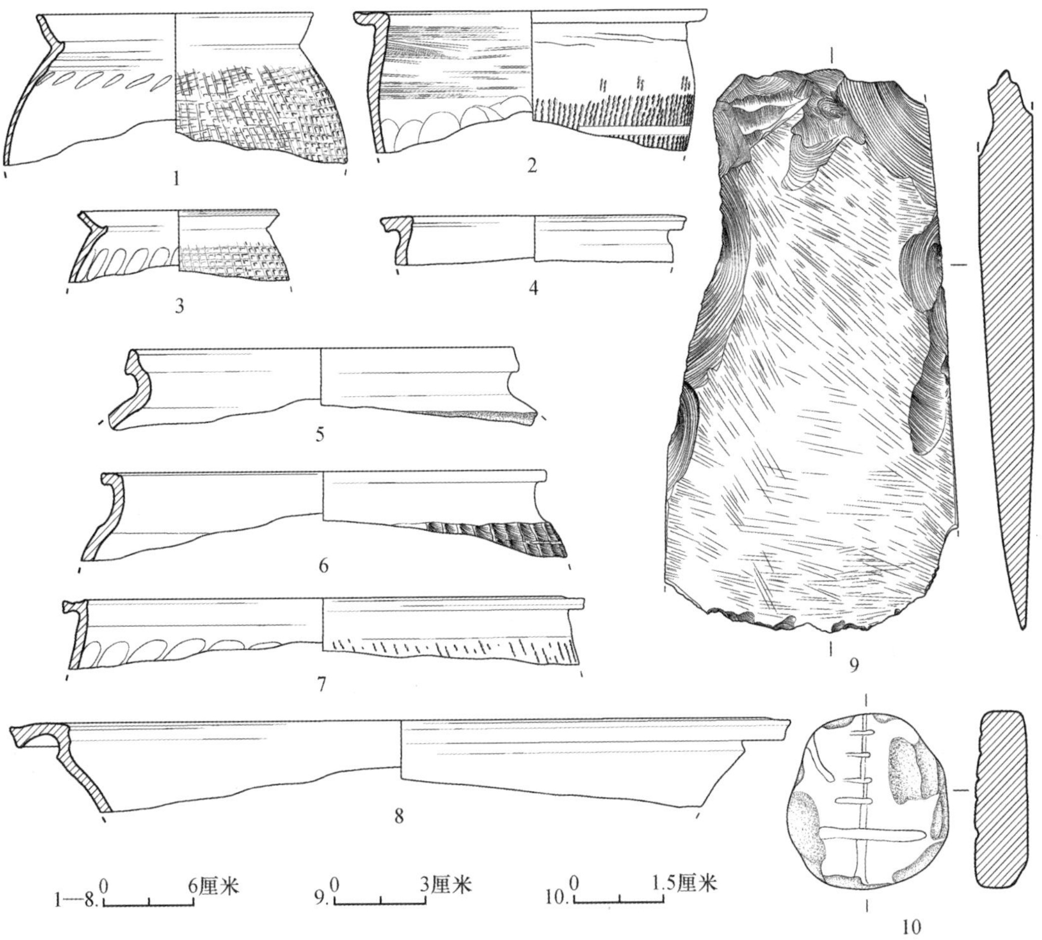

图2.128b 袁沟西（170）、袁沟东南（173）采集标本
1、3—5.罐（173：2、173：3、173：7、173：6） 2、7、8.盆（173：5、173：8、173：4） 6.鬲（173：9） 9.石铲（173：1） 10.圆陶片（170：1）

（3）基本认识

该遗址可能是伊河南岸东周时期的小型聚落，可能兼有龙山时期遗存，经核对后没有发现简报中所载的仰韶和二里头文化遗存[①]。

---

① 中国社会科学院考古研究所二里头工作队：《河南洛阳盆地2001~2003年考古调查简报》，《考古》2005年第5期。

117. 袁沟东（172）

位于洛阳市洛龙区李村镇（伊滨区代管）袁沟村东。具体位置为袁沟村东，高沟至袁沟段冲沟以东以北，东侧小型冲沟以南以西的台地上（图2.129）。面积约40万平方米。地理坐标为北纬34°34′17.18″，东经112°36′49.19″，海拔约208米。地表为农田，遗址中部被养殖场占压。

二里头工作队于2003年6月12日调查，2017年7月4日复查。

该遗址采集到不少残碎的陶片，可能为东周时期。无标本。

图2.129 袁沟东（左为北）

118. 袁沟东南（173）

（1）概况

位于洛阳市洛龙区李村镇（伊滨区代管）袁沟村东南。具体位置为袁沟村南部的冲沟与东部冲沟交汇处的尖嘴台地上，袁沟村至东宋沟旧路以东，袁沟村东大型冲沟以西（图2.130）。龙山时期遗存面积不详，两周时期遗存面积约6.6万平方米。地理坐标为北纬34°34′05.17″，东经112°36′28.89″，海拔约221米。地表为农田和苗圃，部分地段被建筑占压。

2003年6月12日，二里头工作队调查发现，2017年7月4日复查。

图2.130　袁沟东南（上为北）

（2）主要发现

该遗址采集的陶片较少，分属于龙山和东周时期。标本9件。

石铲　173∶1，泥质板岩。灰色，经过打制、磨制，有使用造成的小破裂面。残长18、宽9.4、厚1.8厘米（图2.128b，9；图版二四六，6）。

1）龙山文化

陶片数量较少，可辨认器形有大口罐、小口高领瓮等，属于龙山文化晚期。标本2件。

大口罐　2件。173：2，口沿。夹砂灰陶。直领外侈，尖唇，溜肩。饰方格纹，内壁有三道凸棱。口径18、残高9.6、厚0.3—0.6厘米（图2.128b，1；图版三六〇，5）。173：3，口沿。夹砂黑陶。侈口，折沿上翘，方唇，折沿处凸棱明显，溜肩。饰方格纹。口径13、残高4.5、厚0.3—0.6厘米（图2.128b，3；图版三六〇，6）。

2）东周时期

采集陶片较多。可辨认器形有鬲、盆、罐等。个别器物可能早至春秋时期，多为战国时期。标本6件。

鬲　173：9，口沿。夹砂黑灰陶。小折沿，方唇，束颈，溜肩。饰粗绳纹。口径29、残高5.5、厚0.6—0.7厘米（图2.128b，6；图版四五三，1）。

盆　3件。173：4，口沿。泥质灰陶。宽折沿，方唇，沿内有一道凹槽，束颈，折腹。内壁饰磨光条状纹。口径51、残高5.7、厚0.6—0.9厘米（图2.128b，8；图版四五二，4）。173：5，口沿。泥质灰陶。平折沿，方唇，圆弧腹。饰细绳纹。口径23、残高9、厚0.6—0.9厘米（图2.128b，2；图版四五二，5）。173：8，口沿。泥质灰陶。折沿，方唇，唇面有一道凹弦纹，沿面内凹，直腹微弧。饰暗绳纹。口径34、残高4.4、厚0.5—0.6厘米（图2.128b，7；图版四三四，2）。

罐　2件。173：6，口沿。泥质灰陶。盘口，尖唇，广肩。素面。口径28、残高5、厚0.7—0.8厘米（图2.128b，5；图版四五二，6）。173：7，口沿。泥质灰陶。平折沿，方唇，唇面微凹，束颈。素面。口径20、残高3、厚0.5—0.7厘米（图2.128b，4）。

（3）基本认识

该遗址应该为伊河南岸东周时期袁沟遗址群中的一个小型聚落，在龙山晚期可能也为小型聚落。

119. 袁沟B（166）

（1）概况

位于洛阳市洛龙区李村镇（伊滨区代管）袁沟村。具体位置为袁沟村中部偏西的村西和马庄村之间空地周围，东至袁沟村东部大冲沟，西至X034乡道（毛村至段沟路段）（图2.131a）。面积约10.2万平方米。地理坐标为北纬34°34′23.66″，东经112°36′11.01″，海拔约208米。地表多为农田，部分地段被民宅占压。

图2.131a　袁沟B（左为北）

2007—2011年，第三次全国文物普查期间，洛阳市文物机构对该遗址进行过调查[①]。2003年3月12日，二里头工作队调查，2017年7月4日复查。

---

① 河南省第三次全国文物普查领导小组办公室、河南省文物局：《河南省第三次全国文物普查300项重要发现》，海燕出版社，2011年。

（2）主要发现

该遗址东部的沟西断崖上见有大量的灰坑，文化层厚度约3米。在断崖与旧房基下清理不同时期的灰坑4处。采集了不少遗物，标本8件。

1）仰韶文化

清理灰坑2处。采集部分陶片，可辨认器形有夹砂弦纹罐、盆等，属于仰韶文化中、晚期。标本5件。

H1：陶片中可辨认器形有平唇夹砂罐（夹砂鼓肩弦纹附加堆纹罐）。时代为仰韶中期。

H4：陶片中可辨认器形有夹砂敛口瓮、夹砂弦纹罐。时代为仰韶中期偏晚。

钵　166：1，口沿。泥质红陶。敛口，尖唇，折腹。素面。口径28、残高3、厚0.6—0.7厘米（图2.131b，1）。

罐　3件。166：2，口沿。夹砂褐陶。直领外侈，方唇，束颈，溜肩。素面。口径20、残高4.3、厚0.5—0.8厘米（图2.131b，2）。H1：1，口沿。夹砂褐陶。直领外侈，平唇，圆肩。素面。口径20、残高4.4、厚0.6—0.9厘米（图2.131b，5）。H1：2，口沿。夹砂褐陶。直领，方唇，沿内有一道凹槽，溜肩。口径20、残高6.6、厚0.5—0.6厘米（图2.131b，4；图版三三〇，6）。

盆　H4：1，口沿。泥质灰陶。敛口，圆唇，沿外包边。素面。残高5、厚0.7—1.3厘米（图2.131b，3；图版三一〇，5）。

2）龙山文化

清理灰坑1处。陶片较少，可辨认器形有大口罐，属于龙山晚期。标本2件。

H3：可辨认器形有罐、小口高领瓮。时代为龙山晚期。

罐　166：3，口沿。夹砂褐陶。直领外侈，方唇，唇面饰一道凹弦纹，沿面内凸呈棱，溜肩。饰绳纹。口径23、残高10、厚0.6—0.9厘米（图2.131b，7；图版三六一，2）。

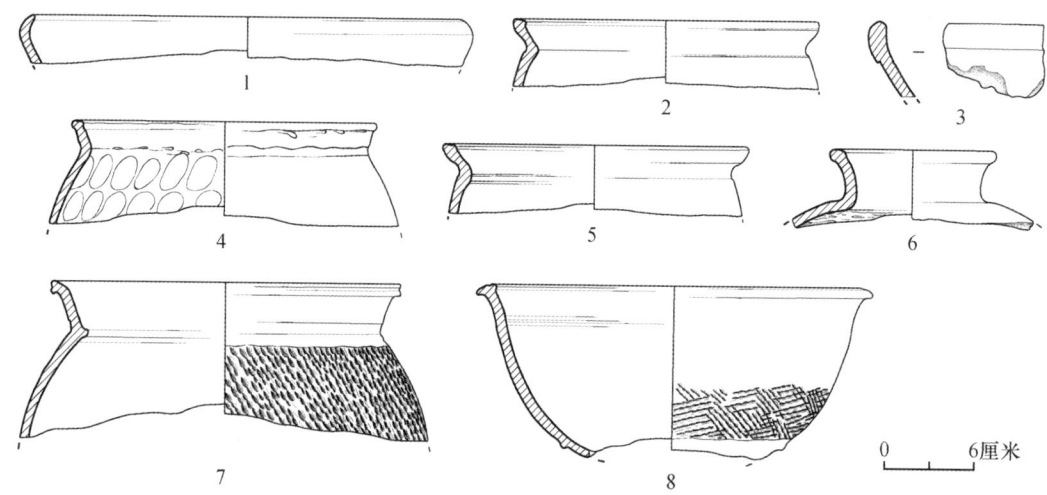

图2.131b　袁沟B（166）采集标本

1.钵（166：1）　2、4、5、7.罐（166：2、H1：2、H1：1、166：3）　3.盆（H4：1）　6.瓮（H3：1）　8.簋（H2：1）

瓮　H3：1，口沿。夹砂黑陶。直领微侈，圆唇，广肩。素面。口径10.8、残高5、厚0.5—0.8厘米（图2.131b，6；图版三六一，1）。

3）二里头文化

陶片数量不多，可辨认器形有深腹罐、缸等，属于二里头文化二、三期。无典型标本。

4）二里岗文化

清理灰坑1个。标本1件。

H2：可辨认器形有簋、深腹罐，属于二里岗文化早期。

簋　H2：1，口沿。夹砂灰陶。小折沿，尖唇，沿面有一道凹槽，圆弧腹。饰绳纹。口径26、残高11、厚0.7—0.8厘米（图2.131b，8；图版四一一，6）。

（3）基本认识

该遗址发现较早，根据相关记载，遗址面积为67.2万平方米，属二里头文化[①]。在第三次全国文物普查期间亦被称作袁沟遗址。经二里头工作队调查可知，该遗址以袁沟村北部和马庄村为中心，处于两沟之间台地上。但是村北与村中西部的文化内涵有差异，故而分为袁沟A和袁沟B两处，后者见有仰韶、龙山、二里头和二里岗时期的堆积，前者详见下文。

---

① 国家文物局主编：《中国文物地图集·河南分册》，中国地图出版社，1991年；偃师县志编纂委员会编：《偃师县志》，生活·读书·新知三联书店，1992年，第685页，表28-7。

120. 袁沟A（165）

（1）概况

位于洛阳市洛龙区李村镇（伊滨区代管）袁沟村北部。具体范围为以袁沟村北和马庄村为中心的两沟之间台地上，北至毛村和偏桥南部的冲沟南侧，西至马庄东部冲沟，南至袁沟村北部，东至袁沟村东部冲沟（图2.132a）。面积约7.2万平方米。地理坐标为北纬34°34′36.00″，东经112°36′12.57″，海拔约185米。龙少路自遗址中间穿过，南北两侧多为农田和苗圃，部分地段被厂区和民宅占压。2007—2011年，第三次全国文物普查期间，洛阳市文物机构对该遗址进行过调查[①]。

图2.132a 袁沟A（左为北）

2003年3月11日，二里头工作队调查该遗址，2017年7月4日复查。

---

① 河南省第三次全国文物普查领导小组办公室、河南省文物局：《河南省第三次全国文物普查300项重要发现》，海燕出版社，2011年。

（2）主要发现

调查中发现灰坑2处。采集到不少遗物，分属于二里头文化、殷墟和东周（可能至汉）时期。标本9件。

石铲（坯） 165：1，硅质岩。黑色，经过打制、磨制，刃部有使用造成的痕迹。长15.3、宽5—8.7、厚2.5厘米（图2.132b，1；图版二四七，1）。

石斧 165：2，中粒砂岩。褐色，经过琢制、磨制，一端断裂。残长6.3、宽8、厚2.8厘米（图版二四七，2）。

1）二里头文化

发现灰坑1处。陶片较少。可辨认器形有圆腹罐、深腹罐、高领尊。属于二里头文化二、三、四期。标本2件。

H1：时代为二里头三、四期，见有二期遗物。

器盖 165：3，口沿。夹砂灰陶。下口外侈，圆唇，斜直腹。饰绳纹。口径25、残高7.4、厚0.6—0.8厘米（图2.132b，8；图版四〇二，4）。

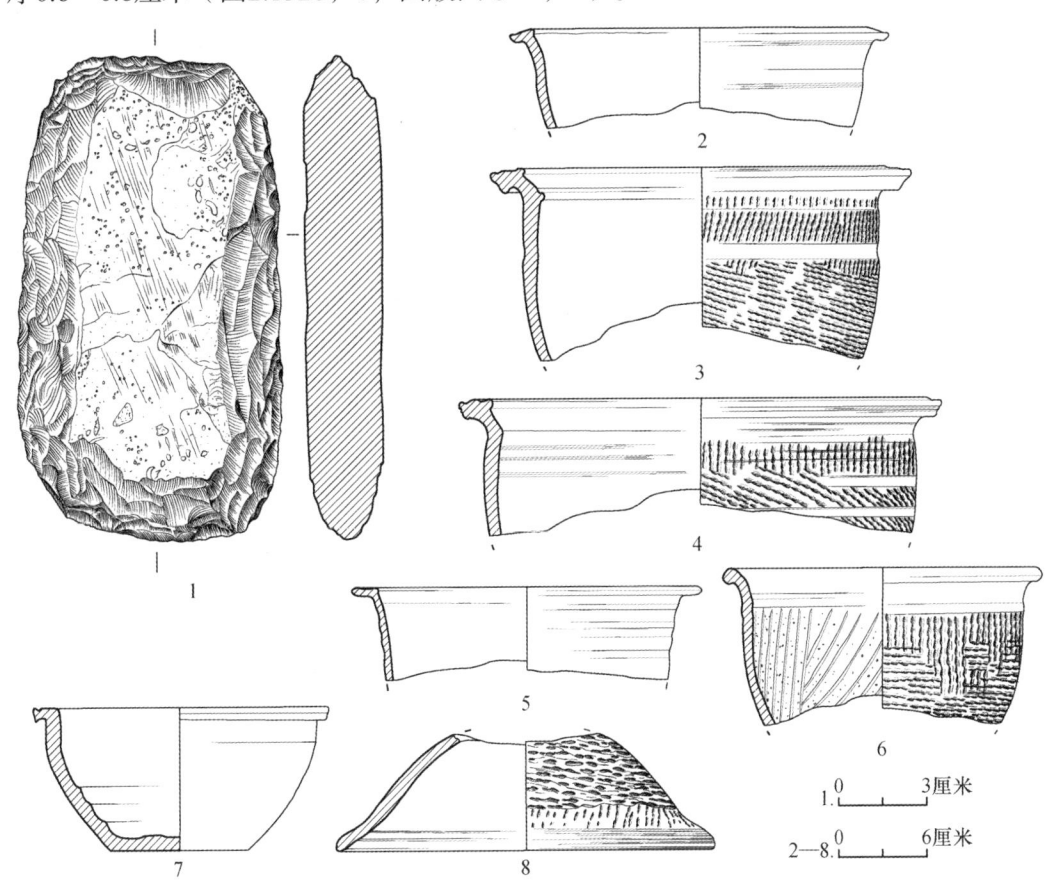

图2.132b 袁沟A（165）采集标本

1.石铲（坯）（165：1） 2.簋（165：5） 3—5、7.盆（165：7、165：8、165：6、165：9） 6.刻槽盆（165：4） 8.器盖（165：3）

刻槽盆　165：4，口沿。泥质灰陶。卷沿，圆唇，直腹微弧。磨光，饰绳纹，内壁有刻槽。口径21、残高10、厚0.5—0.7厘米（图2.132b，6；图版三九○，1）。

2）殷墟文化

陶片数量较多，可辨认器形有簋、盆等。属于殷墟文化晚期。标本4件。

簋　165：5，口沿。泥质灰陶。折沿下斜，尖唇，沿内凸呈棱，圆弧腹。素面。口径25、残高6.3、厚0.6—0.7厘米（图2.132b，2）。

盆　3件。165：6，口沿。泥质褐陶。平折沿，尖圆唇，直腹微弧。磨光，腹部饰三道凹弦纹。口径23、残高6、厚0.4—0.5厘米（图2.132b，5）。165：7，口沿。泥质灰陶。折沿，方唇，沿面内凸呈棱，直腹微弧，折沿处凸棱明显。饰细绳纹。口径28、残高12.4、厚0.7—1.1厘米（图2.132b，3；图版四二一，4）。165：8，口沿。泥质灰陶。平折沿，方唇，唇面有一道凹槽，沿面中间凸两侧凹，直腹微弧。饰绳纹。口径32、残高8.7、厚0.7—0.9厘米（图2.132b，4；图版四二一，5）。

3）东周（可能至汉）时期

见有灰坑1处（H2）。陶片数量较多，可辨认器形有盆。标本1件。

盆　165：9，可复原。泥质灰陶。折沿方唇，束颈，直腹下收呈平底。素面。口径19.4、底径9、高9.2厘米（图2.132b，7；图版四五三，2）。

（3）基本认识

如上文所述，该遗址是袁沟遗址的一部分，只是A区遗存的文化内涵包括二里头、殷墟和东周时期，B区则包含仰韶、龙山和二里头、二里岗时期。其中二里头时期的遗存范围可能涵盖整个遗址。东周时期的遗存应该是附近袁沟遗址群的一部分。

121. 偏桥西南（171）

位于洛阳市洛龙区李村镇（伊滨区代管）偏桥村西南。具体范围为偏桥村正南小型冲沟与偏桥村西南来自袁沟村东的较大冲沟之间，北至偏桥村，南至冲沟北岸，与袁沟遗址隔沟相望（图2.133）。面积约11.2万平方米。地理坐标为北纬34°34′50.53″，东经112°36′28.15″，海拔约177米。伊滨区汉魏大道（原称中原大道）自遗址中间穿过，两侧多为农田，南侧不远处，龙少路东西向穿过。

2003年3月12日，二里头工作队调查发现，2017年7月4日复查。

遗址地表采集到少许陶片，年代多为二里头文化和东周时期。陶片较为残碎，无典型标本。

该遗址可能为伊河支流袁沟东岸的一处二里头和东周时期遗存为主的遗址。

图2.133　偏桥西南（上为北）

122. 毛村东（164）

（1）概况

位于洛阳市洛龙区李村镇（伊滨区代管）毛村东台地上。具体范围为西至毛村，东至自袁沟而来的冲沟，北至毛村村北通向偏桥村中土路，南逾毛村村东通向偏桥南土路。与偏桥西南遗址隔沟相望，南邻袁沟遗址（图2.134a）。仰韶、龙山和二里岗、殷墟文化的面积不详，二里头文化与东周时期遗存的面积约12万平方米。地理坐标为北纬34°34′51.41″，东经112°36′07.93″，海拔约182米。遗址被农田和苗圃覆盖，土地平整将遗址表层破坏较为厉害。

图2.134a 毛村东（上为北）

第三次全国文物普查期间，洛阳市相关机构对该遗址进行过调查[①]。
2003年3月11日，二里头工作队调查，2017年7月4日复查。

---

① 河南省第三次全国文物普查领导小组办公室、河南省文物局：《河南省第三次全国文物普查300项重要发现》，海燕出版社，2011年。

（2）主要发现

台地南边可见长达30米的连续堆积，现存堆积厚约1.2米。地表见有大量二里头文化一至四期陶片和周代陶片，另有少量仰韶、龙山及二里岗陶片。简单清理墓葬1座、陶窑1座、灰坑2处。标本41件。

石铲　164∶6，鲕粒灰岩（典型）。灰黑色。磨制，破裂。残长8.6、宽6.1—6.6、厚1.5厘米（图2.134b，2；图版二四八，2）。

石凿　2件。164∶4，硅质岩。褐色。经过琢制、磨制，两端破裂。残长8.5、宽3.7—3.9、厚3.9厘米（图2.134b，1；图版二四七，6）。164∶8，辉绿岩。灰绿色基质，含白色石英、深绿色。经过琢制、磨制，刃部有使用痕。长14.6、宽2.8—3.9、厚4.1—4.4厘米（图2.134b，3；图版二四八，4）。

石杵　164∶1，硅质岩。黑色。保留卵石的自然面，经过磨制，边缘经过打制修整。残长19.85、残宽5—9.1、厚4.2厘米（图版二四七，3）。

石锤　164∶2，中粒砂岩。褐色。两侧经过修整，但次生变化严重。长10、宽6.5—8.6、最厚1.9厘米（图版二四七，4）。

残石器　164∶3，泥质灰岩。黑色。保留卵石的自然面，经过琢制，破损严重。残长7.4、宽4.3、厚2—2.2厘米（图版二四七，5）。

石片　2件。164∶5，英安岩。黑色。黑色基质，含圆化的石英，保留卵石的自然面，经过打制。长9.1、宽3—5.5、厚1.7厘米（图版二四八，1）。164∶7，硅质岩。黑色。保留卵石的自然面，经过打制。残长7.2、残宽4.1—5.8、最厚1.3厘米（图版二四八，3）。

1）仰韶文化

采集到部分陶片，可辨认器形有盆、小口高领瓮、彩陶钵、小口尖底瓶。属于仰韶文化晚期。无标本。

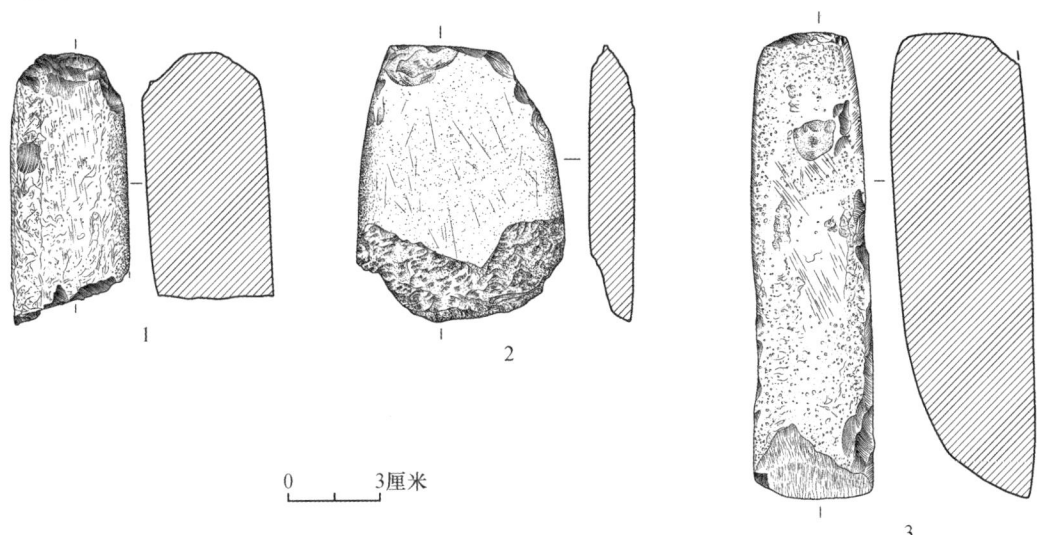

图2.134b　毛村东（164）采集石器

1、3.石凿（164∶4、164∶8）　2.石铲（164∶6）

2）龙山文化

采集到不少陶片，可辨认器形有大口罐、深腹罐、小口矮领瓮、小口高领瓮等。属于龙山晚期，或可晚至二里头文化一期。标本3件。

罐　2件。164：10，口沿。夹砂灰陶。折沿，方唇，唇面饰一道凹弦纹，溜肩。饰方格纹。口径20、残高5、厚0.4—0.6厘米（图2.134c，1；图版三六一，3）。164：11，口沿。夹砂黑陶。侈口，折沿上翘，尖唇，沿面有一道凸棱，溜肩。饰绳纹。口径20、残高4.2、厚0.6—1厘米（图2.134c，2；图版三六一，4）。

小口高领瓮　164：12，口沿。泥质灰陶。直领微侈，圆唇，沿内饰两周凹弦纹，广肩。磨光，颈部饰一周凹弦纹。口径20、残高7.4、厚0.5—0.8厘米（图2.134c，16；图版三六一，5）。

3）二里头文化

发现灰坑2个、墓葬1座、窑址1座。采集到大量二里头文化陶片。可辨认器形有鬲、鼎、甗、深腹罐、圆腹罐、敛口罐、高领罐、捏口罐、刻槽盆、缸、瓮、豆、尊、大口尊、高领尊、高领瓮、盆、器盖等。涵盖二里头文化一至四期。标本16件。

H1：坑内见有兽骨和二里头陶片。发现的有牛脊椎骨。可辨认器形有捏口罐、深腹罐、缸等。年代应为二里头文化四期（含二期标本）。

H2：坑内见有石器、兽骨和二里头陶片。发现的小件遗物有石片、石杵、肩胛骨等。可辨认器形有深腹罐等。年代为二里头文化二期。

M1：位于毛村东、东南临沟台地南边。距地表深0.5—1米，宽约0.5米。填土为黄褐土，有黄绿水锈。墓葬内见鸡冠形錾陶盆和绳纹陶片。兽骨3块，包括有狗肱骨、猪下颌骨、中型哺乳动物骨骼碎块（盆骨、髓骨）。属于二里头文化早期。

Y1：位于台地南面，M1东约8米。距地表约0.35米，直径超过1米，现存深约0.4米。窑壁为青灰色，陶窑上部似经扰动。窑址内见有汉代陶片和二里头文化陶片。可辨认器形有二里头文化方格纹深腹罐。属于二里头文化早期窑址，可能为二里头文化一期晚段或二期早段。

石杵　H2：1，闪长玢岩。黑色基质，含长石斑晶。经过琢制，破损只剩小部分。残长9.3、宽4.7、厚2.1厘米（图版三八〇，1）。

鼎　164：13，足部。夹砂灰陶。三角形足，饰刻划纹。残高11.6厘米（图2.134c，4；图版三九〇，2）。

深腹罐　3件。164：14，口沿。夹砂灰陶。侈口，折沿，方唇，弧腹。饰篮纹。口径18、残高10、厚0.6—0.8厘米（图2.134c，6；图版三八〇，2）。164：15，口沿。夹砂灰陶。侈口，折沿，方唇，直腹微弧。饰细绳纹。口径22、残高6.5、厚0.5—0.7厘米（图2.134c，5；图版三八〇，3）。Y1：1，口沿。夹砂灰陶。折沿，方唇，唇面饰一道凹弦纹，溜肩，弧腹。饰方格纹。残高8.8、厚0.5—0.6厘米（图2.134c，12；图版三七九，4）。

圆腹罐　164：16，口沿。夹砂灰陶。侈口，圆唇，束颈，溜肩。饰细绳纹。口径14、残高6、厚0.3—0.5厘米（图2.134c，7；图版四〇二，6）。

高领尊　164：17，口沿。泥质黑陶。直领外卷，圆唇，沿内有四道凹槽，广肩。磨光，

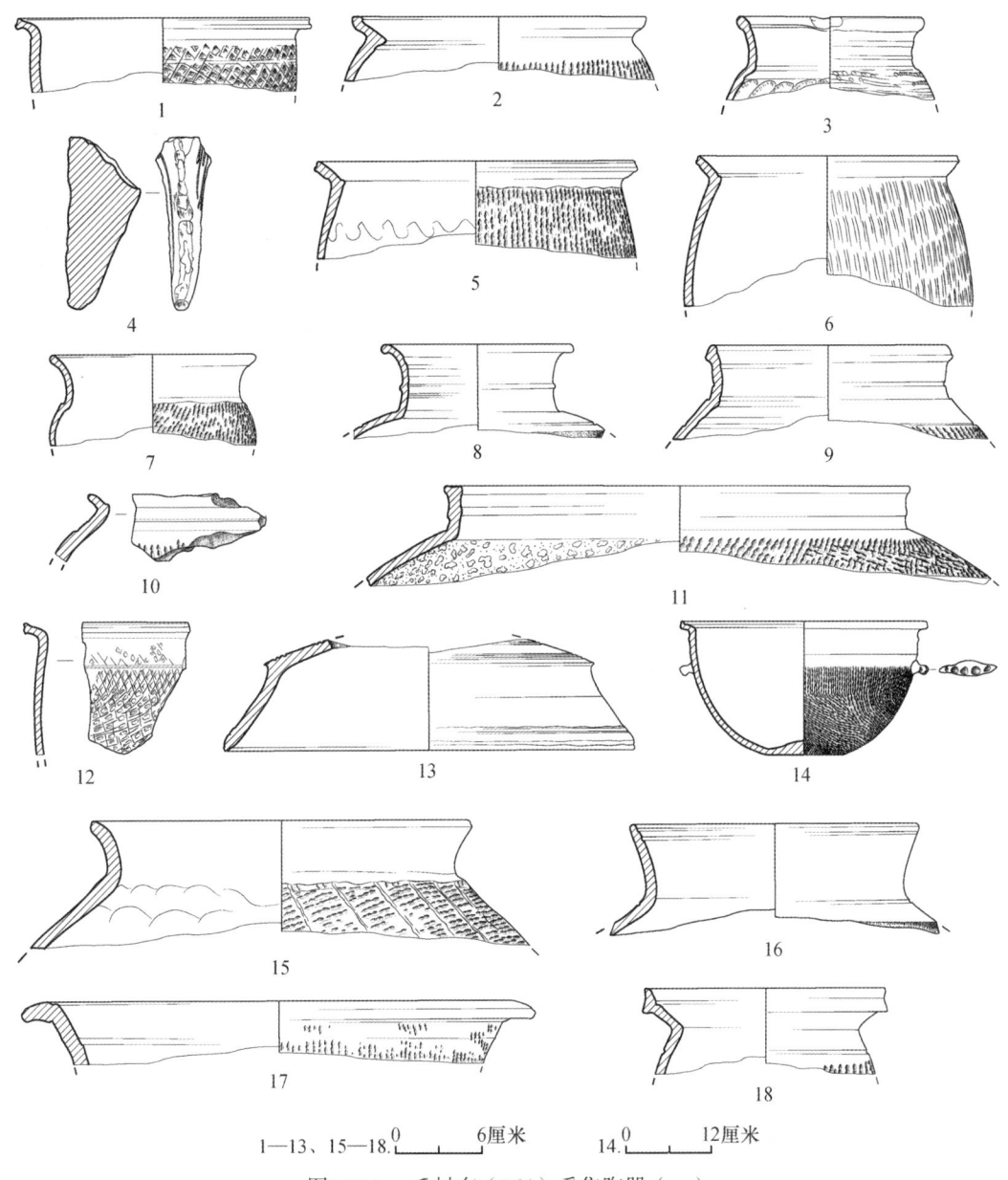

图2.134c 毛村东(164)采集陶器(一)

1、2.罐(164:10、164:11) 3.捏口罐(H1:1) 4.鼎(164:13) 5、6、12.深腹罐(164:15、164:14、Y1:1) 7.圆腹罐(164:16) 8.高领尊(164:17) 9.高领罐(164:18) 10.敛口罐(164:22) 11、15、16.高领瓮(164:19、164:20、164:12) 13.器盖(164:23) 14、17.盆(M1:1、164:21) 18.鬲(164:24)

颈部有一道凸棱。口径13、残高6.3、厚0.4—0.5厘米(图2.134c，8；图版三八〇，4)。

高领罐 164:18，口沿。泥质灰陶。直领，圆唇，溜肩。颈部饰两周凹弦纹，肩饰绳纹。口径17、残高6.3、厚0.6—0.7厘米(图2.134c，9；图版四〇三，1)。

高领瓮 2件。164:19，口沿。泥质灰陶。直领，方唇，沿内有两道凹槽，广肩。颈部有一道凸棱，颈肩结合处有一道凹弦纹，肩饰绳纹，内壁有麻点。口径32、残高6.7、厚0.6—0.8厘米(图2.134c，11；图版四〇三，2)。164:20，口沿。夹砂灰陶。直领微侈，圆唇，广肩。饰绳纹。口径26、残高8.4、厚0.8—1.1厘米(图2.134c，15；图版三八〇，5)。

盆 2件。164∶21，口沿。泥质灰陶。折沿，圆唇，沿面微鼓，沿面有一道凹槽，斜直腹。腹饰暗绳纹和一道凸弦纹，内壁有一道凹槽。口径35、残高4.2、厚0.8—0.9厘米（图2.134c，17）。M1∶1，可复原。泥质灰陶。敞口，折沿，方唇，弧腹下收，唇向上微凸，沿下有一道凸棱，腹部有一对鸡冠形錾。饰绳纹。口径34、底径10、高17.8、厚0.8厘米（图2.134c，14；图版三七九，5）。

敛口罐 164∶22，口沿。泥质灰陶。小折沿，圆唇，溜肩。饰绳纹。残高4.5、厚0.5—0.8厘米（图2.134c，10）。

器盖 164∶23，口沿。泥质黑陶。下口外侈，尖唇，沿内有一道凹槽，沿外饰一道凹弦纹，折腹，折腹处凸棱明显。磨光，顶部有数周凹弦纹。口径28、残高7.4、厚0.7—0.8厘米（图2.134c，13；图版三八〇，6）。

捏口罐 H1∶1，口沿。泥质灰陶。直领外侈，圆唇，沿内饰一道凹弦纹，口沿有捏制痕迹，束颈，溜肩。饰绳纹。口径13、残高5.5、厚0.5—0.6厘米（图2.134c，3；图版四〇二，5）。

缸 H1∶2，口沿。夹砂褐陶。折沿，方唇，弧腹。腹饰绳纹夹附加堆纹。残宽35.7、残高35厘米（图版三七九，6）。

4）二里岗文化

见有少量陶片，可辨认器形有鬲，属于二里岗文化晚期。标本1件。

鬲 164∶24，口沿。夹砂灰陶。折沿，方唇，唇面内凹，沿面微凹，沿面有一道凹槽，溜肩。腹部有一道凹槽。口径17、残高5.7、厚0.6—0.7厘米（图2.134c，18；图版四一五，2）。

5）殷墟文化

见有少量陶片，器形有鬲和罐等，属于殷墟晚期。无标本。

6）两周时期

见有大量两周时期陶片，部分可早至西周晚期或两周之际，部分为战国时期，可能到汉代。标本13件。

鬲 6件。164∶25，足部。夹砂灰陶。袋足有足尖，饰绳纹。残高5.2、厚0.3—0.7厘米（图2.134d，1）。164∶26，足部。夹砂灰陶。袋足有足尖，饰绳纹。残高4.7、厚0.7—1厘米（图2.134d，4）。164∶27，口沿。夹砂灰陶。平折沿，方唇，沿面有一道凹槽，溜肩。饰绳纹。残高4.3、厚0.7—0.9厘米（图2.134d，5；图版四三四，3）。164∶28，口沿。夹砂灰陶。卷沿，方唇，沿面有一道凹槽，束颈，溜肩。颈部饰暗绳纹，腹部饰绳纹。残高5.8、厚0.6—0.8厘米（图2.134d，7）。上述4件遗物为两周之际或春秋时期。164∶35，口沿。夹砂灰陶。直领，小折沿，方唇，沿面饰两道凹弦纹，溜肩，弧腹。颈部有一道凹槽，饰绳纹。口径23、残高6.7、厚0.5—0.7厘米（图2.134d，12；图版四五三，3）。164∶36，口沿。夹砂红陶。折沿，方唇，沿面有一道凹槽，溜肩。肩部饰粗绳纹和一周凹弦纹。口径28、残高4.7、厚0.4—0.8厘米（图2.134d，9；图版四五三，4）。上述2件鬲应该为战国时期。

罐 4件。164∶29，口沿。泥质灰陶。直领，尖唇，沿外饰三道凹弦纹，折肩。残高6.4、厚0.5—0.8厘米（图2.134d，8；图版四三四，4）。164∶30，口沿。泥质灰陶。折沿，圆

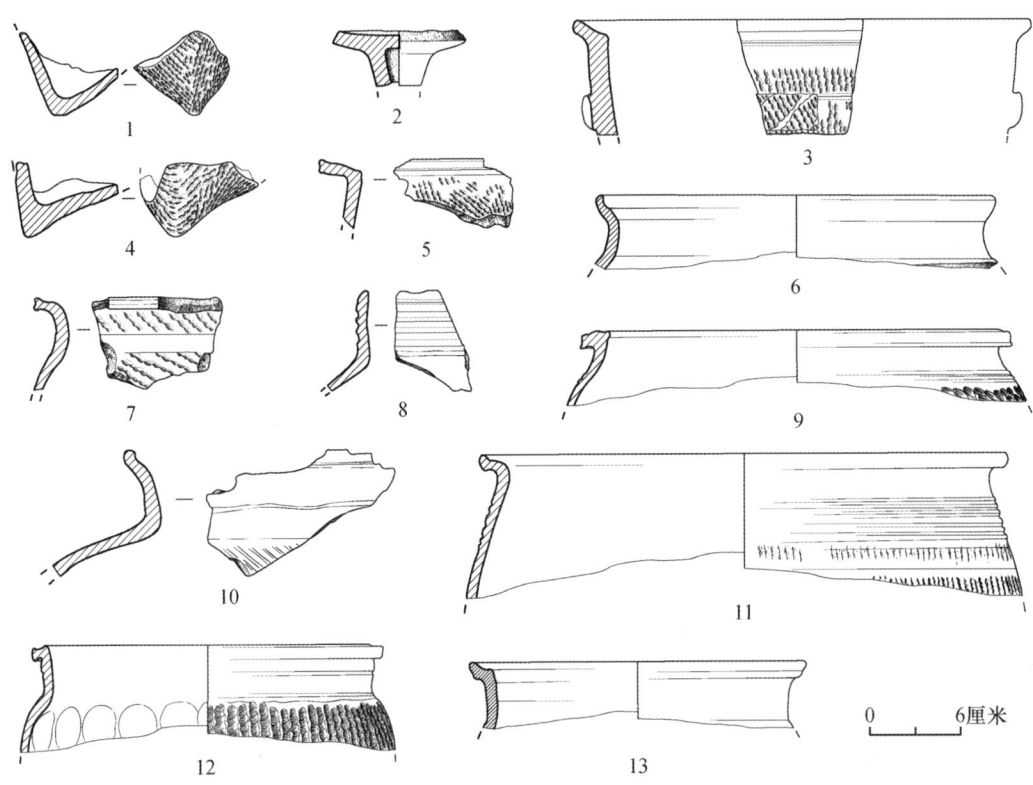

图2.134d　毛村东（164）采集陶器（二）

1、4、5、7、9、12. 鬲（164：25、164：26、164：27、164：28、164：36、164：35）　2. 豆（164：9）　3. 缸（164：34）
6、8、10、13. 罐（164：30、164：29、164：32、164：31）　11. 盆（164：33）

唇，沿面饰一道凹弦纹，束颈。磨光。口径26、残高4.6、厚0.6—0.8厘米（图2.134d，6）。164：31，口沿。夹砂灰陶。折沿，圆唇，沿面有一道凹槽，直领。口径22、残高4.2、厚0.6—0.7厘米（图2.134d，13；图版四三四，5）。164：32，口沿。泥质灰陶。直领外侈，圆唇，广肩。饰篮纹。残高8、厚0.7—1.1厘米（图2.134d，10；图版四三四，6）。上述4件罐可能为春秋时期。

豆　164：9，柄部。泥质黑陶。平底，空心柱柄。素面。残高3.4、厚0.7—1厘米（图2.134d，2）。

盆　164：33，口沿。泥质灰陶。平折沿，圆唇，沿面内凹，直腹。上腹饰数周凹弦纹，下腹饰绳纹。口径35、残高9、厚0.7—0.8厘米（图2.134d，11；图版四三五，1）。

缸　164：34，口沿。夹砂灰陶。折沿上翘，圆唇，沿面有一道凹槽，斜直腹。腹饰绳纹夹一周附加堆纹。口径30、残高7.3、厚0.8—1.5厘米（图2.134d，3；图版四三五，2）。

（3）基本认识

该遗址是洛阳盆地中东部区域一处较为罕见的涵盖先秦时期各个阶段遗存的遗址，其中二里头文化的遗存应该为主体遗存，仰韶、龙山、二里岗和殷墟文化的遗存相对较少。两周时期的遗存应该是袁沟两周遗址群中的一处。

123. 常村西南（174）

（1）概况

位于洛阳市洛龙区寇店镇（伊滨区代管）常村西南。具体范围为李村镇的袁沟村东通向高沟生产路两侧，袁沟村最东侧小沟的沟北（西北—东南向），北距龙少路300米，与袁沟东（172）隔沟相望（图2.135a；图版一一一，2）。面积约6万平方米。地理坐标为北纬34°34′25.53″，东经112°36′47.10″，海拔约199米。地表多为农田。

2003年3月13日，二里头工作队调查发现，2017年7月4日复查。

图2.135a　常村西南（右上为北）

（2）主要发现

该遗址采集到的遗物较少，主要包括仰韶和两周两个时期。

其中仰韶文化的陶片少量，可辨认器形有夹砂罐、盆、钵等。标本1件。

盆　174∶1，腹片。泥质红陶。折沿，直腹。腹部有一道凹槽，内壁磨光。残高7.2、厚0.6—1.1厘米（图2.135b，2；图版三二二，6）。

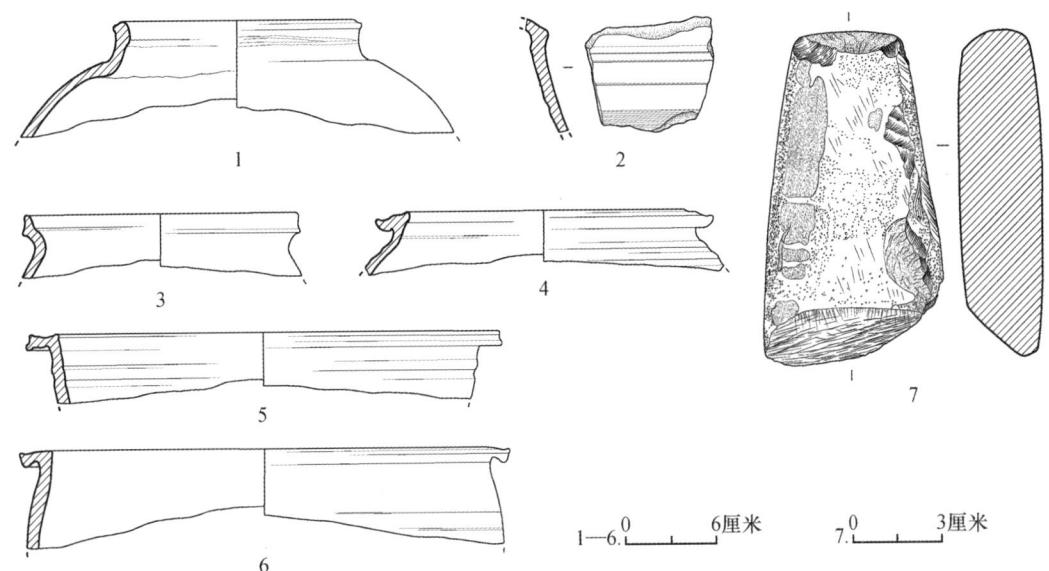

图2.135b 常村西南（174）、常村东（169）、偏桥北（168）、俎家村东南（167）采集标本
1.高领瓮（169∶1） 2、6.盆（174∶1、168∶4） 3、4.鬲（167∶2、168∶3） 5.甑（168∶2） 7.石锛（167∶1）

两周时期的陶片较为残碎，具体年代不详，无典型标本。

（3）基本认识

该遗址是袁沟附近的一处以仰韶文化遗存为主的小型聚落，两周时期的遗存应该是袁沟两周遗址群中的遗址之一。

124. 常村东（169）

（1）概况

位于洛阳市洛龙区寇店镇（伊滨区代管）常村东、杜家寨北。具体位置为常村东部、杜家寨北的冲沟北侧，常村煤矿以南的台地上（图2.136；图版一一二，1）。面积不详。地理坐标为北纬34°35′08.45″，东经112°37′26.98″，海拔约187米，地表多为农田。

2003年3月13日，二里头工作队调查发现，2017年7月5日复查。

图2.136　常村东（左为北）

（2）主要发现

陶片数量极少，采集到高领瓮1件，可能属于龙山晚期。

高领瓮　169:1，口沿。泥质灰陶。直领，圆唇，沿内包边，沿外有一道凸棱，广肩。口径16、残高7.2、厚0.6—0.7厘米（图2.135b，1；图版三六一，6）。

（3）基本认识

该遗址可能为龙山文化晚期的一处小型聚落。

125. 偏桥北（168）

（1）概况

位于洛阳市洛龙区李村镇（伊滨区代管）偏桥村北。具体位置为村北西侧冲沟的东侧，伊滨区新建汉魏大道与协作路（规划）交叉口附近（图2.137）。遗址面积不详。地理坐标为北纬34°35′13.08″，东经112°36′29.79″，海拔173米左右。地表现为农田，部分地段被道路占压。

2003年2月16日，二里头工作队调查发现，2017年7月25日复查。

图2.137 偏桥北（下为北）

（2）主要发现

采集到少量陶片，包括仰韶、二里头和东周时期，此外还采集有石器1件。标本4件。

石片 168∶1，硅质岩。黑色。保留卵石的自然面，经过打制，边缘似乎有使用造成的小破裂面。长8、宽6.2、厚1.1厘米（图版二四八，5）。

1）仰韶文化

采集到少量的泥质红陶片，见有线纹、弦纹和素面，可辨认器形有尖底瓶、盆等，无标本。

2）二里头文化

见有少量陶片，可辨认器形有甑，属于二里头文化四期。标本1件

甑　168：2，口沿。泥质灰陶。折沿，方唇，唇面饰一道凹弦纹，沿面内凹，直腹。沿下饰暗绳纹，腹部有一道凸棱。口径31、残高4.3、厚0.5—0.8厘米（图2.135b，5；图版四〇三，3）。

3）东周时代

见有大量的东周时期的陶片，可辨认器形有鬲和盆等。属于东周早期。标本2件。

鬲　168：3，口沿。夹砂红陶。折沿，圆唇，溜肩。沿面内凹，中间起小榫，肩部有两道浅凸棱。口径22、残高4、厚0.4—0.7厘米（图2.135b，4）。

盆　168：4，口沿。泥质灰陶。折沿，方唇，直腹。素面。口径32、残高6.1、厚0.6—0.8厘米（图2.135b，6）

（3）基本认识

该遗址为伊河南岸支流近旁的一处小型聚落，主体为东周时期，应该是附近袁沟东周遗址群中的一处，另有少量的仰韶和二里头文化遗存。

126. 俎家庄东南（167）

（1）概况

位于洛阳市洛龙区李村镇（伊滨区代管）俎家庄东南侧2千米处。具体位置为偏桥、毛村与俎家庄三村之间的经由偏桥村西至俎家庄东南的冲沟西侧，乡道X034以东约500米处（图2.138）。面积约2万平方米。地理坐标北纬34°35′20.03″，东经112°36′09.96″，海拔158米左右。地表为农田覆盖。

2003年3月13日二里头工作队调查发现，2017年7月25日复查。

图2.138 俎家庄东南（上为北）

（2）主要发现

采集到少量的陶片，包括二里岗文化晚期的鬲足和殷墟晚期（或商周之际）的遗物，另采集到石锛1件。

石锛 167：1，硅质岩。黑色。经过琢制、磨制，刃部一角使用造成破裂。残长10.6、宽3.6—5.9、厚2.7厘米（图2.135b，7；图版二四八，6）。

鬲 167：2，口沿。夹砂褐陶。直口，圆唇，沿外出一道凸棱，沿内有一道凹槽，束颈。口径18、残高4、厚0.5—0.6厘米（图2.135b，3）。

（3）基本认识

该遗址属于商周时期的一处小型遗址。

127. 俎家庄北（156）

（1）概况

位于洛阳市洛龙区李村镇（伊滨区代管）俎家庄村东、北台地上。具体范围为伊东渠以北，伊河南岸台地边缘以南，俎家庄村东伊东渠北折段以西，俎家庄村西乡道X034以东（图2.139a）。面积约21万平方米。地理坐标为北纬34°35′55.82″，东经112°35′53.59″，海拔约154米。地表为农田覆盖。

2001年3月25日，二里头工作队调查发现，2017年7月3日复查。

图2.139a 俎家庄北（右下为北）

（2）主要发现

该遗址发现的陶片较少，包括仰韶、龙山和二里头文化，另有个别陶片疑似为东周时期。标本4件。

蚌刀 156：4，梯形片状，一侧似经过打制，一侧有两个钻孔，一孔残。长6.7、宽3.5厘米（图2.139b，14；图版二四九，1）。

1）仰韶文化

陶片数量较少，见有罐等，属于仰韶中晚期。标本1件。

罐 156：2，口沿。泥质褐陶。折沿，方唇，溜肩。饰数道凹弦纹。口径21、残高5.5、厚0.4—0.8厘米（图2.139b，11；图版三二三，1）。

2）龙山文化

采集到的陶片相对较多，可辨认器形有小口高领瓮、折沿深腹宽篮纹盆、泥质罐等，属于龙山文化晚期。标本1件。

小口高领瓮　156∶3，口沿。泥质黑陶。直领外侈，尖圆唇，广肩。颈部饰一道凹弦纹和一周附加堆纹。口径14、残高6、厚0.5—0.8厘米（图2.139b，5）。

3）二里头文化

陶片较碎小，属于二里头文化二、三期。标本1件。

盆　156∶1，可复原。泥质灰陶。折沿，圆唇，唇面有两道凹弦纹，斜腹下收成平底。饰粗篮纹，较浅。口径26.4、底径11.2、高13.4厘米（图2.139b，15；图版三七六，1）。

（3）基本认识

该遗址应该为一处以仰韶、龙山时期遗存为主的小型聚落，另外见有少量二里头文化和东周时期的遗存。

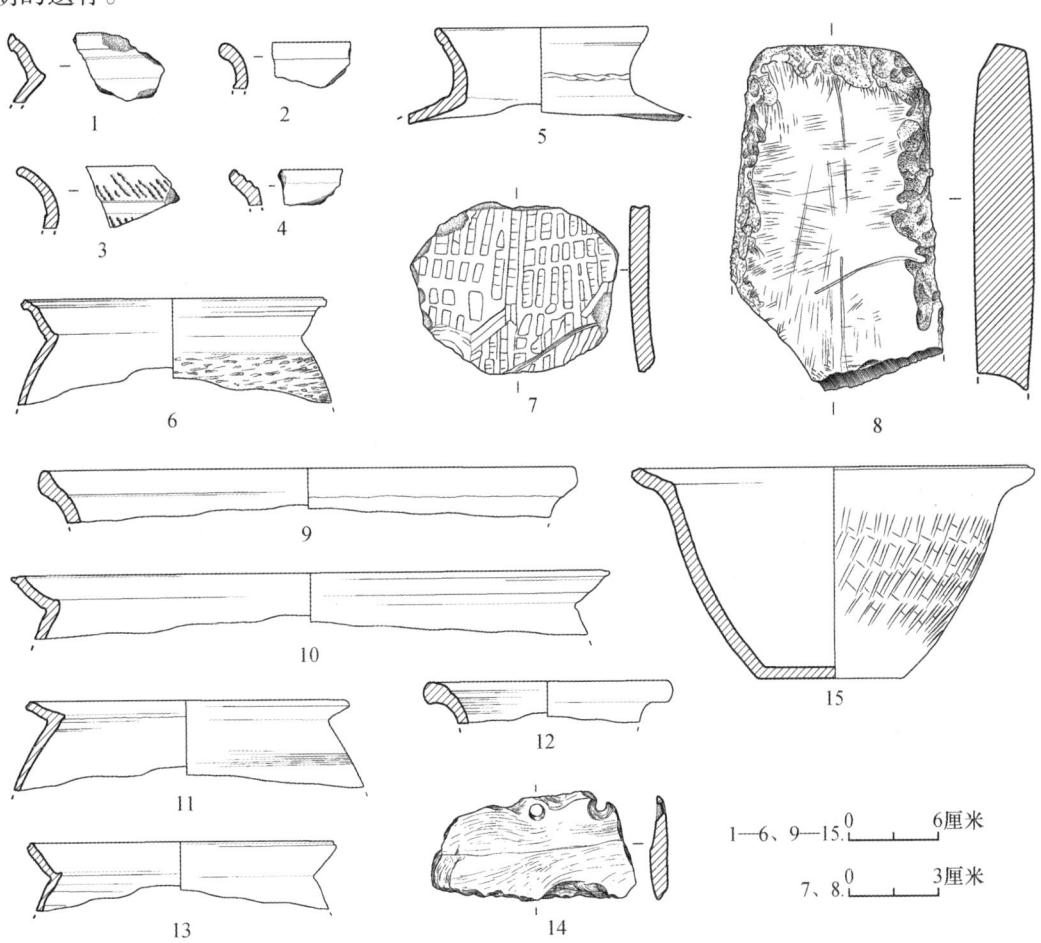

图2.139b　岨家庄北（156）、南寨上村东（154）、南寨西村南（151）采集标本

1、6、10—13.罐（154∶1、154H1∶3、151∶2、156∶2、154∶4、154H1∶2）　2、15.盆（154∶2、156∶1）　3、4、9.鬲（154∶5、154∶6、154∶3）　5.瓮（156∶3）　7.圆陶片（154∶7）　8.石铲（151∶1）　14.蚌刀（156∶4）

128. 大王村西北（155）

位于洛阳市洛龙区寇店镇（伊滨区代管）大王村西北部，经由常村北、大王村北段的冲沟北侧。具体范围为李村镇东南北向府李路（X029）南端两侧，现汉魏大道东科技大道路口以北段（图2.140）。面积约12.2万平方米。地理坐标为北纬34°35′56.45″，东经112°36′28.34″，海拔157米左右。遗址部分被厂区和新建道路占压。

2001年3月26日，二里头工作队调查发现，2017年7月3日复查。

图2.140 大王村西北（左为北）

遗址上采集到的陶片少且碎，无典型标本。涵盖包括龙山文化、二里头文化和两周时期。具体时代不详。

129. 南寨上村东（154）

（1）概况

位于洛阳市洛龙区李村镇（伊滨区代管）南寨上村东。具体位置为府李路伊东渠桥交叉口周围，西到上村东，北至废弃旧砖厂，东至新建汉魏大道，南至府李路（X029）东西向段以南300米左右（图2.141；图版一一二，2）。面积约68万平方米。地理坐标为北纬34°36′27.89″，东经112°36′11.37″，海拔约150米。遗址地表多为农田，现已成为规划城市区，东侧被中原大道占压，东南侧被厂区占压，府李路以北伊东渠以西段多被砖厂取土破坏。

图2.141　南寨上村东（右上为北）

1982年，南寨村村民在该村附近曾采集到西周时期的青铜铲[①]。1984年洛阳市文物普查队曾对该遗址进行调查。调查发现该遗址含有仰韶时代王湾二期文化和两周时期的遗存[②]。

2001年3月25日二里头工作队调查，2017年7月3日复查。

（2）主要发现

遗迹主要分布于伊东渠两侧的高地上，因周围取土形成了较大土坑，在坑壁上见有多处灰坑（图版一一三），在伊东渠两侧及台地边缘断崖上采集到不少的遗物。包含仰韶、龙山、二里头、殷墟和两周时期。标本10件。

1）仰韶文化

见有灰坑2处，未采集遗物。陶片数量较少，属于仰韶文化晚期。标本2件。

---

① 蔡运章：《谈偃师南寨村出土的西周铜铲》，《中原文物》1984年第3期。
② 方孝廉：《洛阳市一九八四年古文化遗址调查简报》，《中原文物》1987年第3期。

罐　154：1，口沿。夹砂灰陶。折沿，尖唇，沿面饰两道凹弦纹，溜肩。残高4.3、厚0.6—0.7厘米（图2.139b，1）。

盆　154：2，口沿。泥质褐陶。卷沿，圆唇。素面。残高2.9、厚0.6—0.7厘米（图2.139b，2）。

2）龙山文化

清理灰坑1处。陶片数量相对较多，见有泥质和夹砂陶。泥质陶片多见篮纹，部分素面；夹砂陶片多见素面，少量方格纹。可辨认器形有盖、碗，均属于龙山晚期。

H1：位于上村东砖厂西壁，开口距地面2米。填土为深灰褐土。坑内包含有较多黑灰（草木灰）。可辨认器形有鼎、大口罐、盖等。标本3件。

石器　H1：1，闪长玢岩。黑色基质，含长石斑晶。经过琢制、磨制，破裂。残长7.6、残宽4.8—7、厚1.8—1.9厘米。

罐　2件。H1：2，口沿。夹砂灰陶。直领外侈，方唇，沿内出一道凸棱，唇面有一道凹槽，溜肩。口径20、残高4.3、厚0.3—0.6厘米（图2.139b，13）。H1：3，口沿。夹砂灰陶。折沿，方唇，唇面有一道凹槽，沿面微鼓饰两道凸弦纹，溜肩。口径20、残高6.7、厚0.5—0.6厘米（图2.139b，6；图版三六二，1）。

圆陶片　154：7，泥质灰陶。近圆形，腹片打制而成。一面残存篮纹。直径5.5—6.8、厚0.6—0.7厘米（图2.139b，7）。

3）二里头文化

采集到的陶片数量较少，较碎。无标本。

4）殷墟文化

陶片数量较少，可见器形有鬲、簋、罐等，应为殷墟晚期。标本2件。

鬲　154：3，口沿。夹砂褐陶。折沿，圆唇，沿面微凹。素面。口径20、残高6.7、厚0.5—0.6厘米（图2.139b，9）。

罐　154：4，口沿。泥质灰陶。卷沿，圆唇。素面。口径16、残高2.6、厚0.6厘米（图2.139b，12）。

5）西周时期

清理灰坑1处。采集到少量陶片，可辨认器形有鬲等，属于商周之际或西周早期。

H2：见不少绳纹陶片，时代为商周之际。其中含二里头时期的鬶、爵足根等遗物。

鬲　2件。154：5，口沿。夹砂灰陶。卷沿，方唇。沿外饰暗绳纹。残高4、厚0.7—0.9厘米（图2.139b，3）。154：6，口沿。夹砂红陶。折沿，圆唇，沿面有两道凸棱。残高2.2、厚0.7—0.8厘米（图2.139b，4）。

（3）基本认识

该遗址为万安山北麓冲沟进入伊河河谷后附近的较大型聚落，文化内涵相对复杂，包括仰韶、龙山、二里头、殷墟和西周等各个时期的遗存。

130. 南寨西村南（151）

（1）概况

位于洛阳市洛龙区李村镇（伊滨区代管）南寨西村南侧。具体范围为顾龙路（S320）南寨段以西，县道府李线（X029）以北，李村至南寨西村西侧以东，南寨西村以南（图2.142）。面积约22.5万平方米。地理坐标为北纬34°36′37.75″，东经112°35′28.27″，海拔约137米。该区域现为城市规划区，周边几乎全部被厂区占压。

2001年3月21日二里头工作队调查，2017年7月3日复查。

图2.142　南寨西村南（石为北）

（2）主要发现

采集到不少陶片，包括仰韶、龙山、二里头和两周时期。标本2件。

石铲　151：1，硅质岩。黑色，经过打磨和琢制修整，一端破裂。残长10.8、宽4.5—6.7、厚1.9厘米（图2.139b，8；图版二四九，2）。

1）仰韶文化

采集到少量陶片，包括泥质和夹砂类。泥质陶多为素面，偶见弦纹和彩陶；夹砂陶见有素面和附加堆纹。可辨认器形有罐、小口折肩罐、盆，属于仰韶文化晚期。标本1件。

罐　151∶2，口沿。夹砂灰陶。侈口，折沿，尖唇，沿面微凹，沿面有一道凸棱，沿下有两道凹槽，溜肩。素面。口径39、残高4、厚0.7—0.8厘米（图2.139b，10）。

2）龙山文化

采集到一定数量的陶片，包括泥质和夹砂类。泥质陶片包括素面、篮纹和方格纹；夹砂陶片多为方格纹。可辨认器形有小口瓮、小罐、大口罐，属于龙山晚期。无典型标本。

3）二里头文化

陶片数量较少，可辨认器形有甑（腹片）、大口尊等，包含二里头文化二至四期。无典型标本。

4）两周时期

见有疑似周代遗存少量。

（3）基本认识

该遗址为伊河南岸冲沟近旁的中小型聚落，文化内涵相对复杂，包括仰韶晚期、龙山晚期、二里头文化二至四期和两周时期的遗存，但是主要以仰韶和龙山时期的遗存为主。

(六)沙沟河

沙沟河,又称西沙河或沙河,源自万安山北麓,流经寇店镇(旧称烟岭镇)。其上源有二:西侧支流分别源自于大泉沟、金马沟,李家窑和南北刘石窑,在水泉口汇合秦家窑来水,向南流经大潭沟,入沙河三库;东侧支流源自于大瓦山、焦山之间和老母猪岭两侧,在王窑附近汇合,南流经高窑和山窑南,入沙河二库。两支流在马寨村西汇合后经东朱封东、贾庄坡西、韩寨、杨裴屯、沙沟西和寨湾东,二教塔和寇店之间、陈家窑西、刘李寨东、九贤西、苏家窑东进入伊河河谷,然后流经武屯东,西庞村北、东庞村北、掘山西、后寨北,在东西彭店村之间流入伊河河谷,在高崖村西汇入伊河主流。

该流域发现的遗址数量较多,共计33处(图2.143)。

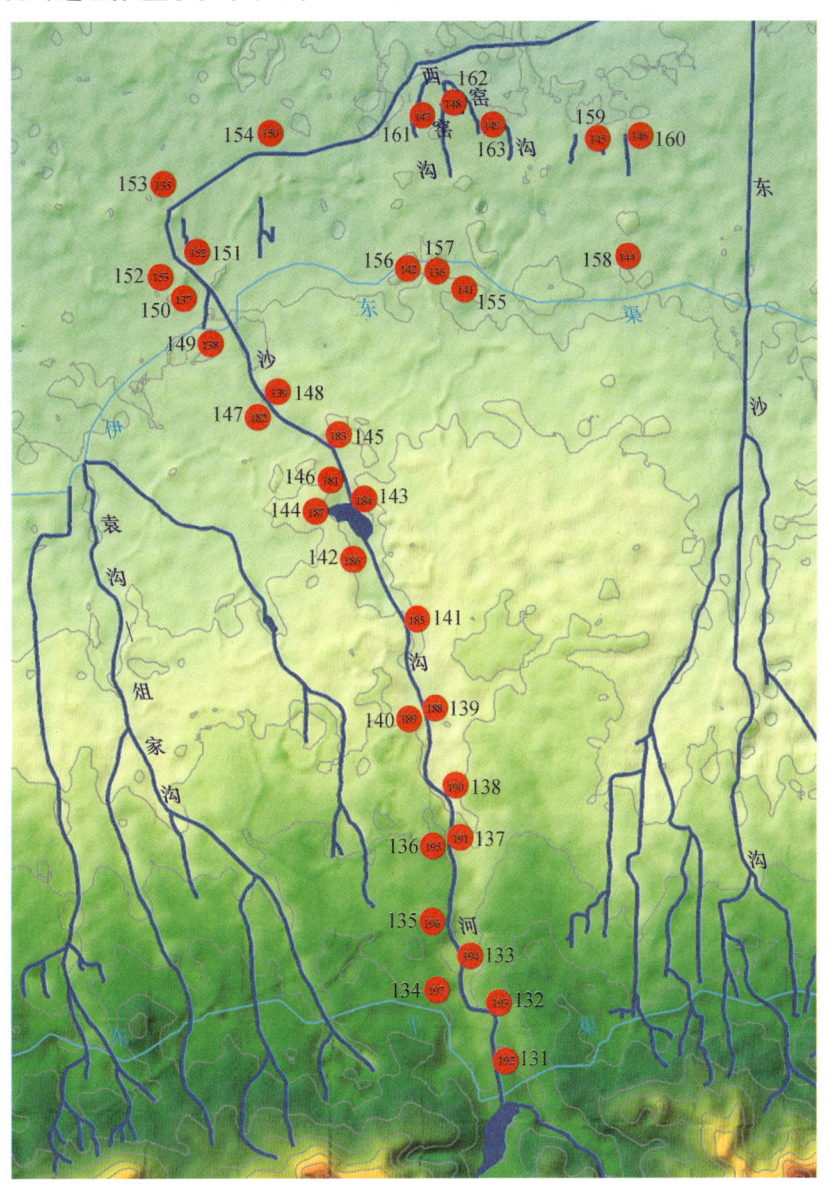

图2.143 沙沟河流域遗址分布示意图

131. 马寨（192）

（1）概况

位于洛阳市洛龙区寇店镇（伊滨区代管）马寨村东北（马寨老寨东）。具体位置为沙沟河东西两支流汇合处的沙沟河现河道东岸与旧河道（泄洪槽）间台地上，南邻马寨村，东部和北部临沙沟河故道，西为陡坡（图2.144a）。面积约1.6万平方米。地理坐标北纬34°32′41.99″，东经112°39′13.04″，海拔约245米。该遗址保存完好，地面仍为农田。

二里头工作队于2003年3月17日调查，2017年7月4日复查。

图2.144a　马寨（上为北）

（2）主要发现

遗址地表采集的陶片不多，以龙山文化遗存为主。可辨认器形有罐、圈足盘、盖等，属于龙山晚期。标本1件。

罐　192：1，口沿。夹砂灰陶。折沿，方唇，唇面饰一道凹弦纹，沿面内凹，沿下饰数道凸弦纹。口径15、残高2.5、厚0.5—0.7厘米（图2.144b，15）。

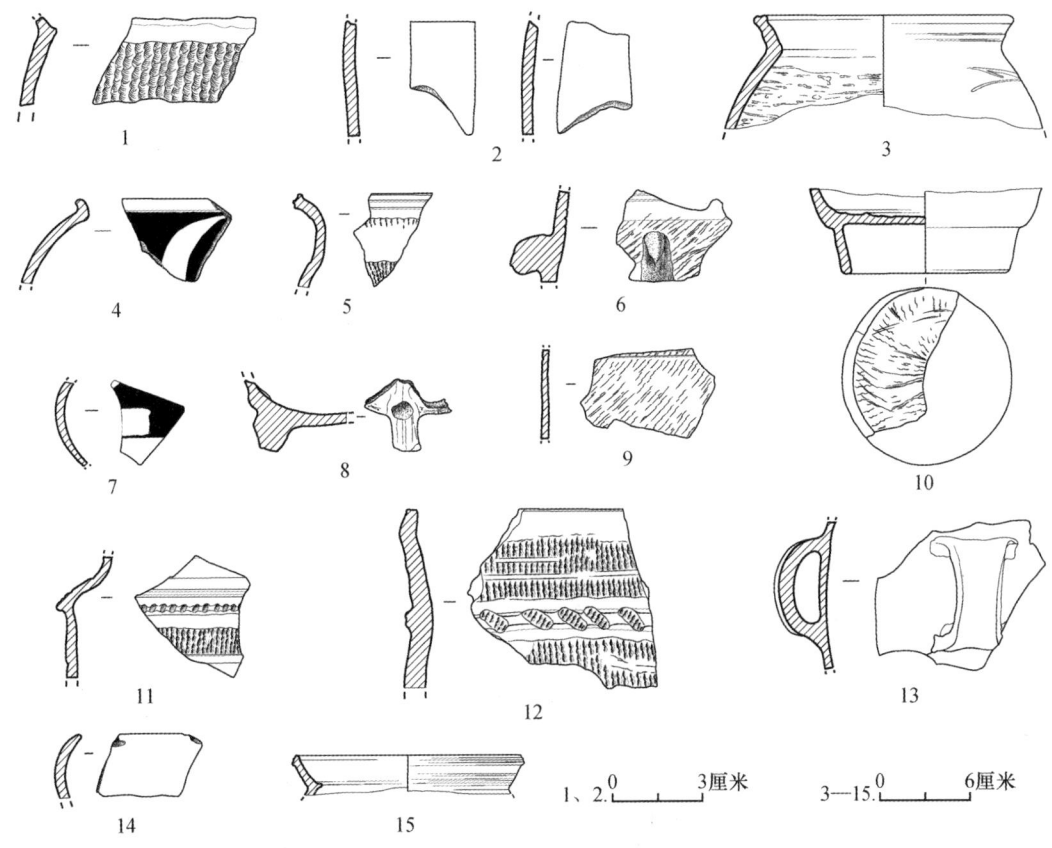

图2.144b 马寨（192）、孙家窑西（193）采集标本

1、5.鬲（193H1∶2、193H1∶1） 2.盉（193H1∶6） 3、4、15.罐（193∶2、193∶1、192∶1） 6、9、13.尖底瓶（193H3∶1、193M1∶2、193M1∶1） 7.盆（193H3∶2） 8.鼎（193H2∶1） 10.壶（193H1∶5） 11.尊（193H1∶3） 12.缸（193H1∶4） 14.钵（193H2∶2）

另见有个别疑似东周时期陶片。

（3）基本认识

该遗址可能为龙山晚期沙沟河上游的一处小型临河聚落。

132. 孙家窑西（193）

（1）概况

位于洛阳市洛龙区寇店镇（伊滨区代管）孙家窑村西。具体范围为沙沟河东岸贾庄坡南孙家窑西小型冲沟东侧，北至孙家窑村北，东至掘丁路（X011），西南临沙沟河干流（图2.145；图版一一四，1）。二里头文化遗存主要位于两沟之间的尖嘴上，面积较小，约0.8万平方米。仰韶文化遗存遍及整个遗址，面积稍大，约4.2万平方米。地理坐标为北纬34°32′57.57″，东经112°39′11.49″，海拔约275米。遗址部分被村庄占压。

二里头工作队于2003年3月17日调查发现，2017年7月4日复查。

图2.145 孙家窑西（上为北）

（2）主要发现

该遗址发现的遗存较多，以仰韶文化为主，少量属于二里头文化。标本14件。

1）仰韶文化

调查中发现灰坑3个，墓葬1座（图版一一四，2）。采集到不少遗物，可辨认器形有夹砂罐、弧线三角纹彩陶盆、尖底瓶、鼎、钵等。包括仰韶文化早、中期。标本8件。

H2：位于H1南约70米，靠近冲沟口，距地表0.3米（图版一一五，1）。填土为黄褐土。发现了仰韶红陶片、橘黄陶。可辨认器形有鼎、盆、钵。年代为仰韶早、中期。

H3：位于孙家窑村三岔路口南约20米，东部断崖上。坑口约为圆形，剖面约为袋形，坑口距地表约0.9米，坑底距地表约1.55米，宽1.5米。填土为黄褐土。坑内发现了两片白衣彩陶，含鱼纹、几何纹彩陶。可辨认器形有彩陶盆、小口尖底瓶。年代为仰韶早期。

H4：位于H2西约8米（图版一一五，2）。填土为黄灰土，含绿水锈。可辨认器形有小口尖底瓶。

M1：位于H3东约1米，墓口距地表约1米，墓底距地表约1.5米，墓长约1米，墓底距地表约1.5米。填土为黄褐土。墓葬内见有2件红陶线纹薄胎尖底瓶，瓶内有少量细小骨痕，瓶内和瓶外均是黄褐土。年代为仰韶中期偏早。

罐　2件。193：1，口沿。泥质红陶。直口，圆唇，矮领，广肩。施白衣褐彩。残高5.2、厚0.6—0.7厘米（图2.144b，4；图版三一〇，6）。193：2，口沿。夹砂褐陶。直领微侈，圆唇，溜肩。素面。口径17、残高7.2、厚0.6—1厘米（图2.144b，3）。

鼎　H2：1，足部。夹砂褐陶。圜底，扁圆柱形足，足尖残。足部饰压印纹。残高4.4、厚0.5—0.6厘米（图2.144b，8）。

钵　H2：2，口沿。泥质红陶。直口微敛，圆唇，弧腹。素面。残高4、厚0.5—0.6厘米（图2.144b，14）。

尖底瓶　3件。H3：1，腹片。泥质红陶。饰线纹，有一鸟嘴形錾。残高5.6、厚0.6—0.7厘米（图2.144b，6；图版三〇五，5）。M1：1，腹片。泥质红陶。腹部有一桥形錾，錾面内凹。素面。残高9.7、厚0.4—0.5厘米（图2.144b，13；图版三〇五，3）。M1：2，腹片。泥质红陶。饰线纹。残高5.6、厚0.3—0.4厘米（图2.144b，9；图版三〇五，4）。

盆　H3：2，腹片。泥质红陶。弧腹。施白衣褐彩。残高5.3、厚0.3—0.5厘米（图2.144b，7；图版三〇五，6）。

2）二里头文化

见有灰坑1个。

H1：位于村西冲沟东。深约1.1—3.2米，宽3米。填土为青灰土，含水锈。坑内包含大量二里头文化陶片。可辨认器形有鬲、罐、缸、大口尊、盉、壶等。年代为二里头文化四期。标本6件。

鬲　2件。H1：1，口沿。夹砂灰陶。卷沿，方唇，唇面上凸呈棱，束颈。饰绳纹。残高5.8、厚0.6—0.8厘米（图2.144b，5）。H1：2，腹片。夹砂灰陶。外壁饰绳纹。残高2.7、厚0.3—0.4厘米（图2.144b，1）。

大口尊　H1：3，腹片。泥质灰陶。折腹，肩部饰三道凹弦纹，折腹处饰一周附加堆纹，腹饰绳纹。残高7.6、厚0.5—0.7厘米（图2.144b，11；图版四〇三，4）。

缸　H1∶4，口沿。夹砂红陶。敞口，方唇，直腹微弧。饰绳纹夹一周附加堆纹。残高11.4、厚0.7—1.4厘米（图2.144b，12；图版四〇三，5）。

壶　H1∶5，圈足。泥质灰陶。弧腹，平底，直口，圆唇。素面。底径11、残高5.3、厚0.5—0.8厘米（图2.144b，10）。

盉　H1∶6，腹片。夹砂灰白陶。磨光。残高3.6、厚0.3厘米（图2.144b，2）。

（3）基本认识

该遗址为沙沟河东岸的一处仰韶和二里头文化遗址。其中仰韶时期遗存涵盖早、中期，是本区域内较为少见的早期遗址。二里头文化遗存主要属于二里头文化四期。核查中未发现简报中所载的东周时期遗存[①]。

[①] 中国社会科学院考古研究所二里头工作队：《河南洛阳盆地2001～2003年考古调查简报》，《考古》2005年第5期。

133. 贾庄坡西南（194）

（1）概况

位于洛阳市洛龙区寇店镇（伊滨区代管）贾庄坡村西南。具体范围为贾庄坡西南至孙家窑西的沙沟河东岸台地上，北至贾庄坡村西东西向冲沟南缘，南至孙家窑西沙沟河北缘，东至贾庄坡村西和孙家窑村西南北向冲沟西缘（图2.146；图版一一六，1）。面积约11.2万平方米。地理坐标为北纬34°33′10.61″，东经112°39′06.51″，海拔261米。地表为农田。

第三次全国文物普查期间，洛阳市相关机构对该遗址进行过复查[①]。

2003年3月17日二里头工作队调查，2017年7月4日复查。

图2.146　贾庄坡西南（左为北）

---

① 河南省第三次全国文物普查领导小组办公室、河南省文物局：《河南省第三次全国文物普查300项重要发现》，海燕出版社，2011年。

（2）主要发现

调查中采集到不少陶片，分属于仰韶、二里头和二里岗文化时期。

其中仰韶文化陶片仅数片，包括泥质和夹砂类。无典型标本，具体时代不详。

二里头文化陶片少量，可辨认器形有深腹罐、盆等，无典型标本，具体时代不详。

二里岗文化陶片少量，可辨认器形有鬲、盆等，无典型标本，属于二里岗文化早期。

（3）基本认识

该遗址为沙沟河东岸的一处规模不大的仰韶、二里头和二里岗文化遗址，其中二里头文化遗存的数量稍多。

134. 东朱村东南（197）

位于洛阳市洛龙区寇店镇（伊滨区代管）东朱村东南。具体位置为东朱村东南的沙沟河西岸台地上，东临沙沟河，南至东一干渠，西至东朱村村南南北向冲沟以东（图2.147；图版一一六，2）。面积约8.3万平方米。地理坐标为北纬34°32′51.02″，东经112°38′44.68″，海拔约277米。地表多为农田。

2003年3月17日二里头工作队调查，2017年7月4日复查。

图2.147　东朱村东南（右为北）

在地表采集了二里头文化和东周时期的少量陶片，无典型标本，具体年代不详。

该遗址应该是沙沟河西的一处普通的二里头文化和东周时期聚落。

135. 东朱村东北（196）

（1）概况

位于洛阳市洛龙区寇店镇（伊滨区代管）东朱村东北部。具体位置为东朱村东北的沙沟河西岸台地上，西至东朱村东北的南北向水渠及东朱村东部民宅，南至东朱村东沙沟河北岸，北至东朱村与王湾老村（已复耕）中间（图2.148a；图版一一七，1）。面积约4.8万平方米。地理坐标为北纬34°33′26.97″，东经112°38′43.53″，海拔约251米。地表为农田覆盖。

2003年3月19日二里头工作队调查，2017年7月4日复查。

图2.148a　东朱村东北（右上为北）

（2）主要发现

采集到不少陶片。内壁多见大麻点，饰较粗绳纹。可辨认器形有鬲、捏口罐、深腹罐、矮领瓮、盆、罐、高领罐、高领尊、大口尊、盖等。属于二里头文化晚期，部分可能到二里岗文化早期。标本7件。

鬲　196：1，足部。夹砂褐陶。锥形实足。饰绳纹。残高6、厚0.4—0.5厘米（图2.148b，6；图版四〇三，6）或为二里岗文化早期。

盆　196：2，口沿。夹砂灰陶。折沿，圆唇，直腹微弧。腹饰绳纹和一道附加堆纹。口径37、残高7.6、厚0.5—0.8厘米（图2.148b，2；图版四〇四，1）。

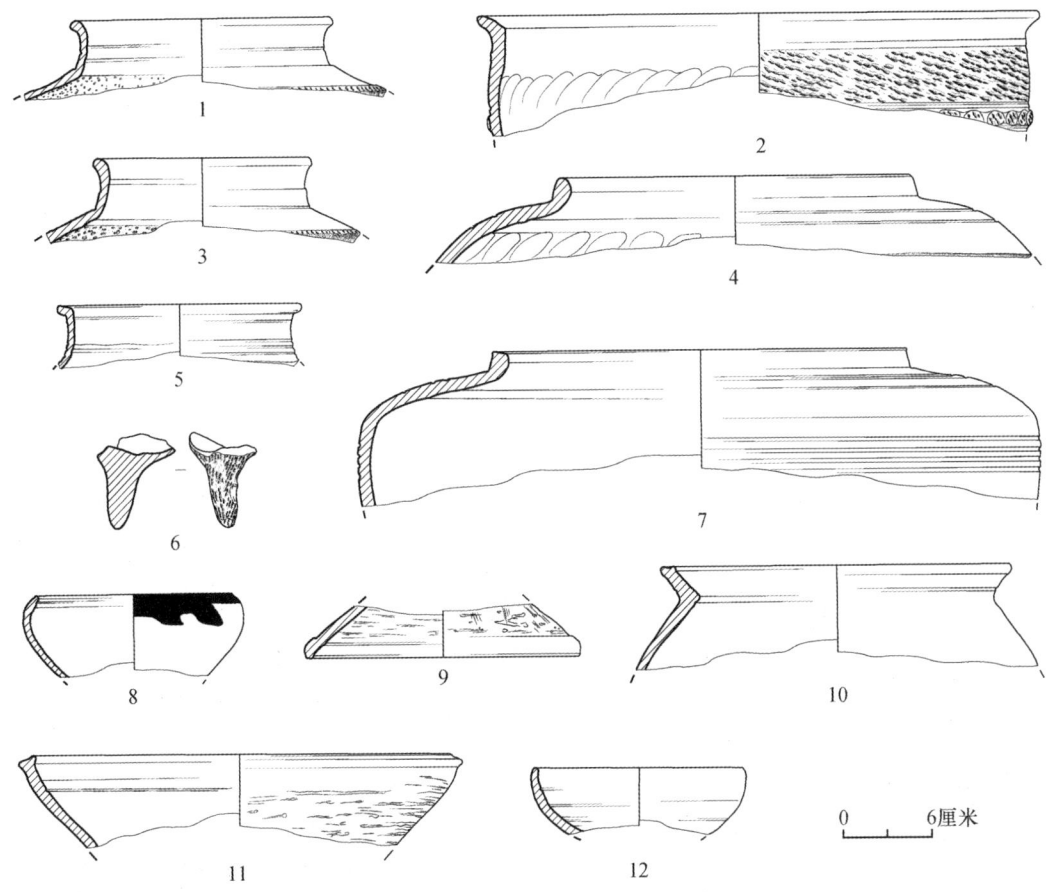

图2.148b 东朱村东北（196）、王湾西北（195）采集标本

1、3.高领罐（196：5、196：4） 2、11.盆（196：2、195H1：2） 4、7.瓮（196：6、196：7） 5、10.罐（196：3、195：4） 6.鬲（196：1） 8、12.钵（195：3、195H2：1） 9.器盖（195：5）

罐 196：3，口沿。泥质灰陶。小折沿，圆唇，直领，溜肩。颈部饰两道凹弦纹。口径16、残高4、厚0.3—0.5厘米（图2.148b，5；图版四〇四，2）。

高领罐 2件。196：4，口沿。泥质灰陶。直领微侈，圆唇，溜肩。饰绳纹。口径14、残高5.4、厚0.4—0.7厘米（图2.148b，3）。196：5，口沿。泥质黑陶。直领，卷沿，圆唇，广肩。磨光，颈部饰两周凹弦纹，肩饰绳纹。口径17、残高5、厚0.4—0.7厘米（图2.148b，1；图版四〇四，3）。

瓮 2件。196：6，口沿。泥质灰陶。矮领，圆唇，广肩，弧腹。磨光，肩饰两周凹弦纹。口径23、残高5.3、厚0.7—0.9厘米（图2.148b，4；图版四〇四，4）。196：7，口沿。泥质灰陶。矮领，方唇，广肩，折腹。磨光，肩饰两周凹弦纹，腹饰四周凹弦纹。口径27、残高9.8、厚0.7—0.8厘米（图2.148b，7；图版四〇四，5）。

（3）基本认识

该遗址为沙沟河西一处较为单纯的二里头文化晚期遗址，部分遗存可到二里岗文化早期。

136. 王湾西北（195）

（1）概况

位于洛阳市洛龙区寇店镇王湾村老村（已搬迁至韩寨）西北部。具体位置为韩寨对岸的沙沟河西台地尖嘴上（图2.149；图版一一七，2）。面积约4万平方米。地理坐标为北纬34°33′41.07″，东经112°38′44.93″，海拔约249米。地表现为农田。

2003年3月19日，二里头工作队调查发现。2017年7月4日复查。

图2.149 王湾西北（右为北）

（2）主要发现

地表采集到不少的遗物，另外还发现灰坑3处。分属于仰韶、二里头和东周时期。标本共8件。

砺石 195：2，石英砂岩。土黄色，中粒。两面应是沿解理劈开，一面有打磨其他器物时形成的圆锥和圆柱状磨面。残长9.4、宽2.2—4.7、厚1.2—1.4厘米（图版二四九，3）。

1）仰韶文化

发现灰坑3处，采集到不少陶片。可辨认器形有夹砂内叠唇折沿罐、敛口瓮、小口高领瓮、夹砂敛口缸、盆、钵、尖底瓶、器盖。属于仰韶文化中、晚期（相当于大河村二、三、四期）。标本7件。

H1：位于村北崖地西台地，为袋状坑（图版一一八，1）。坑口距地表约2.2米，宽约1.1米，坑深约0.6米。填土为浅灰土。坑内含有石器、兽骨和仰韶文化陶片。发现的有石片、猪骨等。可辨认器形有盆、小口高领瓮。年代为仰韶晚期。

H2：位于H1东约15米（图版一一八，2）。坑口距地表约1.8米，宽约0.5米，坑深约0.8米。填土为黄褐土。坑内包含物均为仰韶文化陶片。可辨认器形有夹砂罐、彩陶盆、尖底瓶、钵、碗等。时代为仰韶中期偏晚。

H3：位于H1北约1.5米，坑壁较直（图版一一九，1）。宽约3.8米，厚约1米，深1.2—2.2米。填土以黄褐土为主，夹数薄层灰土。坑内含有大量烧土块。可辨认器形有夹砂罐、盆等。也可能为一处房址。时代为仰韶晚期。

双缺口石刀 195：1，硅质岩。黑色。打制而成，边缘有打制而成的小缺口。长6.8、宽4.4、厚1.3厘米（图版三五〇，2）。

石片 H1：1，鲕粒灰岩。黑色，打制而成。残长4.6—5.5、宽5.8、厚1.7厘米（图版三三一，1）。

钵 2件。195：3，口沿。泥质褐陶。敛口，圆唇，鼓腹。施褐彩。口径13、残高5.2、厚0.4—0.5厘米（图2.148b，8；图版三三一，3）。H2：1，口沿。泥质灰陶。口微敛，尖圆唇，弧腹。素面。口径14、残高4.2、厚0.5—0.6厘米（图2.148b，12；图版三三一，2）。

罐 195：4，口沿。夹砂褐陶。折沿，内叠唇，溜肩。素面。口径23、残高6.5、厚0.6—1.1厘米（图2.148b，10；图版三一一，1）。

器盖 195：5，口沿。夹砂灰陶。敞口，圆唇，唇外包边。表面有擦痕。口径18、残高3.3、厚0.5—0.6厘米（图2.148b，9；图版三一一，2）。

盆 H1：2，口沿。夹砂褐陶。敞口，方唇，斜弧腹。表面有擦痕。口径29、残高5.8、厚0.5—0.7厘米（图2.148b，11）。

2）二里头文化

陶片数量较少，且碎。仅有陶质封顶盉残片。属于二里头文化四期。

3）东周时期

见有少量陶片，疑似东周时期。

（3）基本认识

该遗址应为沙沟河西岸的一处以仰韶晚期遗存为主的小型聚落，可能有少量二里头文化和东周时期的遗存。核查中没有发现原简报中所载的龙山时期遗存[1]。

---

[1] 中国社会科学院考古研究所二里头工作队：《河南洛阳盆地2001~2003年考古调查简报》，《考古》2005年第5期。

137. 韩寨北（191）

（1）概况

位于洛阳市洛龙区寇店镇（伊滨区代管）韩寨村西北。具体位置为韩寨村西北的沙沟河东岸台地，北至韩寨与杨裴屯两村之间东西向冲沟，东至杨裴屯南南北向冲沟与掘丁线（X011），南至韩寨村北断崖，西至沙沟河东岸（图2.150a；图版一一九，2）。面积约5.4万平方米。地理坐标为北纬34°33′52.48″，东经112°39′12.80″，海拔约239米。遗址地表多为农田，西南部地段被工厂和民宅占压。

图2.150a　韩寨北（右为北）

2003年2月16日，二里头工作队调查，2017年7月13日复查。

（2）主要发现

该遗址采集到部分遗物，分属于仰韶文化、殷墟和东周时期。标本1件。

1）仰韶文化

发现少部分陶片，可辨认器形有附加堆纹罐、细线纹较为规整的小口尖底瓶等。可能为仰韶文化早、中期。无典型标本。

2）殷墟文化

陶片数量较少，可辨认器形有磨光实足根鬲，足跟部内钩。无典型标本。

3）东周时期

见有少量陶片。可能属于东周时期偏晚阶段。标本1件。

盆　191∶1，口沿。泥质灰陶。平折沿，方唇，直腹微弧。饰绳纹。口径38、残高3.9、厚0.6—0.7厘米（图2.150b，2；图版四五三，5）。

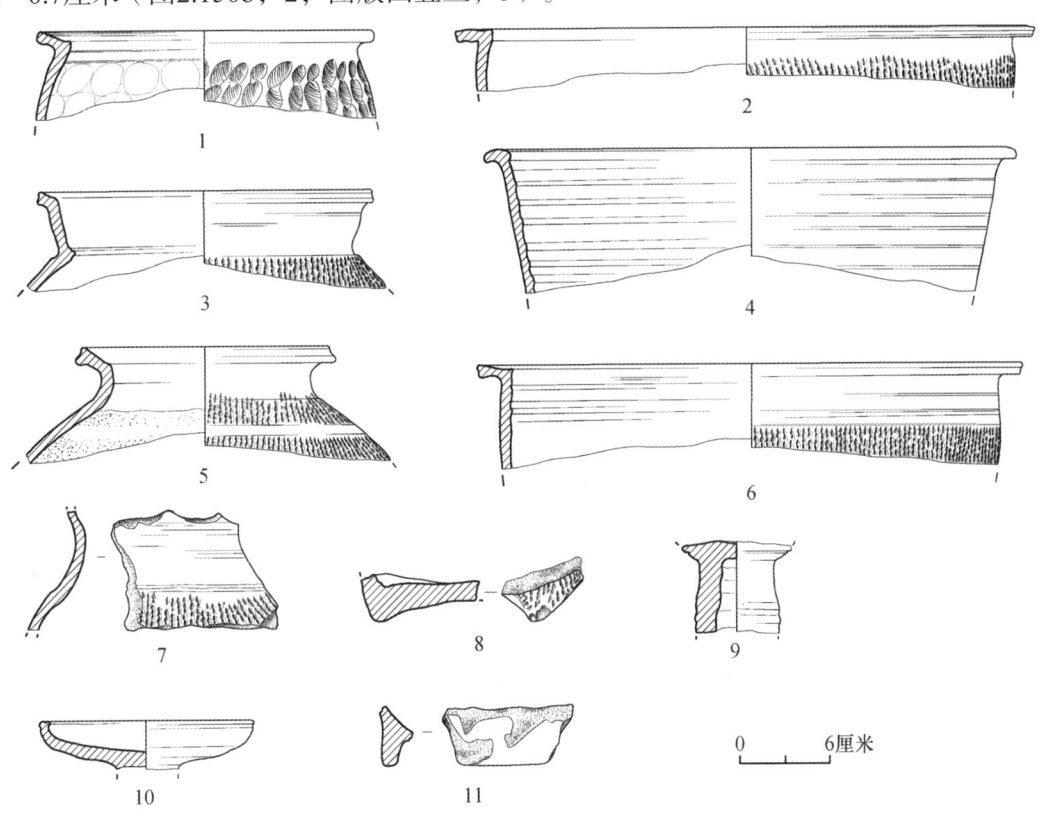

图2.150b　韩寨北（191）、杨裴屯西南（190）采集标本
1、8.鬲（190∶4、190∶2）　2、4、6.盆（191∶1、190∶1、190∶8）　3、5、7.罐（190∶6、190∶7、190∶3）　9、10.豆（190∶5、190∶9）　11.三足皿（190∶10）

（3）基本认识

该遗址应该为沙沟河东岸的一处小型聚落，文化内涵相对复杂，涵盖仰韶、殷墟和东周时期。其中仰韶时期的遗存时代偏早，可能是该区域为数不多的仰韶文化早期遗址之一。

138. 杨裴屯西南（190）

（1）概况

位于洛阳市洛龙区寇店镇（伊滨区代管）杨裴屯村西、村南。具体位置为沙沟河东岸的杨裴屯村西南，东至杨裴屯西与韩寨村之间的路沟（老寨壕），北至韩寨砖厂取土坑处，南至杨裴屯与韩寨之间的东西向冲沟（191北缘处），西邻沙沟河（图2.151；图版一二〇，1）。面积约13.2万平方米。地理坐标为北纬34°33′58.24″，东经112°39′09.87″，海拔233米左右。地表现多为农田。

2003年2月16日，二里头工作队调查发现，2017年7月4日复查。

图2.151　杨裴屯西南（左下为北）

（2）主要发现

陶片数量不多，主要为龙山、殷墟和东周时期。标本10件。

1）龙山文化

陶片数量较少，可辨认器形有盆、折腹盆、三足皿等。时代为龙山晚期，或可至二里头文化早期。标本2件。

盆　190：1，口沿。泥质黑陶。卷沿，圆唇，沿内出一道凸棱，直腹。磨光，内壁饰数道凸棱。口径35、残高9.2、厚0.5—0.6厘米（图2.150b，4；图版三六二，2）。

三足皿　190：10，底部。泥质灰陶。舌形短足。磨光。残高3.8、厚0.6厘米（图2.150b，11；图版三六二，3）。

2）殷墟文化

陶片数量较少，可辨认器形有鬲、罐等。时代为殷墟晚期，或可至西周早期。

鬲　190：2，足部。夹砂褐陶。袋足。实足尖。饰绳纹。残高4、厚1—1.3厘米（图2.150b，8）。

罐　190：3，口沿。泥质灰陶。直领，溜肩。饰绳纹。残高7.5、厚0.5—0.9厘米（图2.150b，7；图版四二一，6）。

3）东周时期

陶片数量相对较多。可辨认器形有鬲、豆、罐、盆等。可能为两周之际或春秋时期。

鬲　190：4，口沿，夹砂褐陶。折沿，圆唇，沿面饰三周凹弦纹，溜肩。饰粗绳纹。口径22、残高5.6、厚0.6—0.9厘米（图2.150b，1；图版四三五，3）。

豆　2件。190：5，柄部。泥质灰陶。空心粗柱柄。磨光。残高5.8、厚1—1.2厘米（图2.150b，9；图版四三五，4）。190：9，豆盘。泥质灰陶。直口，方唇，唇面饰一道凹弦纹，弧腹，浅盘。口径14、残高3.1、厚0.6—0.9厘米（图2.150b，10）。

罐　2件。190：6，口沿。泥质灰陶。折沿上翘，方唇，直领，溜肩。沿面有两道凹槽，肩饰绳纹，颈内有一道凸棱。口径22、残高6.3、厚0.7—0.9厘米（图2.150b，3；图版四三五，5）。190：7，口沿。夹砂灰陶。折沿，方唇，唇面微凹，束颈，溜肩。饰弦断细绳纹。口径17、残高7.3、厚0.6—1厘米（图2.150b，5；图版四三五，6）。

盆　190：8，口沿。泥质灰陶。平折沿，方唇，直腹微弧。腹饰细绳纹，内壁有一道凹槽。口径36、残高6.5、厚0.6—0.7厘米（图2.150b，6；图版四三六，1）。

（3）基本认识

该遗址为沙沟河东岸的一处龙山晚与二里头之交、殷周之际和两周之际的遗址。文化内涵相对复杂。

139. 沙沟西（188）

（1）概况

位于洛阳市洛龙区寇店镇（伊滨区代管）沙沟村西。具体位置为龙少路、沙沟村北东西向冲沟以南，现沙沟村以西（1991年，沙沟村整体搬迁至沟东和沟西的道路边，其中沟东部分也称东沙沟），沙沟河东侧台地上（图2.152a）。现沙沟村西东西向冲沟以北为二里头与二里岗及两周时期遗存核心分布区，冲沟以南为龙山文化遗存密集区。其中二里头、二里岗与两周时期遗存的面积约41.1万平方米；龙山时期遗存的面积不详。地理坐标为北纬34°34′28.05″，东经112°38′53.72″，海拔约214米。地表多为农田，部分地段为荷池。龙少路自遗址北部穿过，遗址北部被占压少许。

图2.152a 沙沟西（左为北）

1962年，中国科学院考古研究所洛阳发掘队曾对该沙沟遗址进行调查，发现"二里头类型"的遗存①，但是遗存位于沙沟河的西岸，应该为本报告所称的西湾北（189）遗址（详见下文）。

---

① 中国科学院考古研究所洛阳发掘队：《河南偃师商代和西周遗址调查简报》，《考古》1963年第12期。

1984年，洛阳市文物普查队，曾对该遗址进行调查，发现两周时期遗存[①]。

2003年3月13日，二里头工作队调查，2017年7月4日复查。

（2）主要发现

调查采集的遗物均为陶片，包括龙山、二里岗和两周时期。标本17件。

1）龙山文化

陶片数量较少，见有夹砂篮纹和方格纹陶片，属于龙山晚期。无典型标本。

2）二里岗文化

陶片数量相对较多，可辨认器形有鬲、捏口罐、卷沿盆。分属于二里岗文化早期和晚期。标本5件。

鬲　2件。188∶1，足部。夹砂灰陶。袋状足，锥形光足根。残高7.4、厚0.5—0.6厘米（图2.152b，1；图版四一二，1）。188∶2，口沿。夹砂灰陶。斜折沿，尖唇，沿面有一道凹槽，溜肩。饰绳纹。口径13、残高4.7、厚0.3—0.4厘米（图2.152b，3；图版四一五，3）。

捏口罐　188∶3，口沿。泥质灰陶。折沿，尖唇，沿面出一道凸棱，束颈，口沿捏痕明显。颈部饰暗绳纹。口径16、残高5.6、厚0.5—0.6厘米（图2.152b，4）。

罐　188∶4，口沿。夹砂灰陶。卷沿，方唇，溜肩。饰粗绳纹。口径22、残高7.2、厚0.5—0.8厘米（图2.152b，5；图版四一五，4）。

盆　188∶5，口沿。泥质灰陶。卷沿，方唇，直腹微弧。腹饰绳纹和两道凹弦纹。口径31、残高11.5、厚0.6—1厘米（图2.152b，8；图版四一二，2）。

3）西周时期

数量较少，可辨认器形有鬲等，属于西周晚期。标本1件。

鬲　188∶6，足部。夹砂褐陶。袋状足，矮实足尖。满饰绳纹。残高8.2、厚0.9—1.1厘米（图2.152b，2）。

4）东周时期

陶片数量较多，可辨认器形有鬲、盆、豆等。分属于春秋和战国时期。标本11件。

鬲　4件。188∶7，口沿。夹砂灰陶。折沿，方唇，唇面有两道凹槽，溜肩。饰绳纹。口径25、残高6、厚0.6—0.7厘米（图2.152b，7；图版四三六，2）。188∶8，口沿。夹砂灰陶。折沿，方唇，沿面微凹，束颈，溜肩。饰绳纹。口径38、残高4.8、厚0.5—0.8厘米（图2.152b，6；图版四三六，3）。188∶12，口沿。夹砂灰陶。平折沿，方唇，唇面饰一道凸弦纹，溜肩。饰绳纹。口径24、残高5、厚0.5—0.7厘米（图2.152c，2；图版四五三，6）。188∶14，口沿。夹砂灰陶。折沿，方唇，唇面饰一道凸弦纹，溜肩。饰绳纹。口径24、残高6、厚0.6—0.7厘米（图2.152c，4；图版四五四，2）。

盆　4件。188∶9，口沿。泥质褐陶。折沿，方唇，沿面微凹，直腹微弧。饰细绳纹。

---

① 方孝廉：《洛阳市一九八四年古文化遗址调查简报》，《中原文物》1987年第3期。

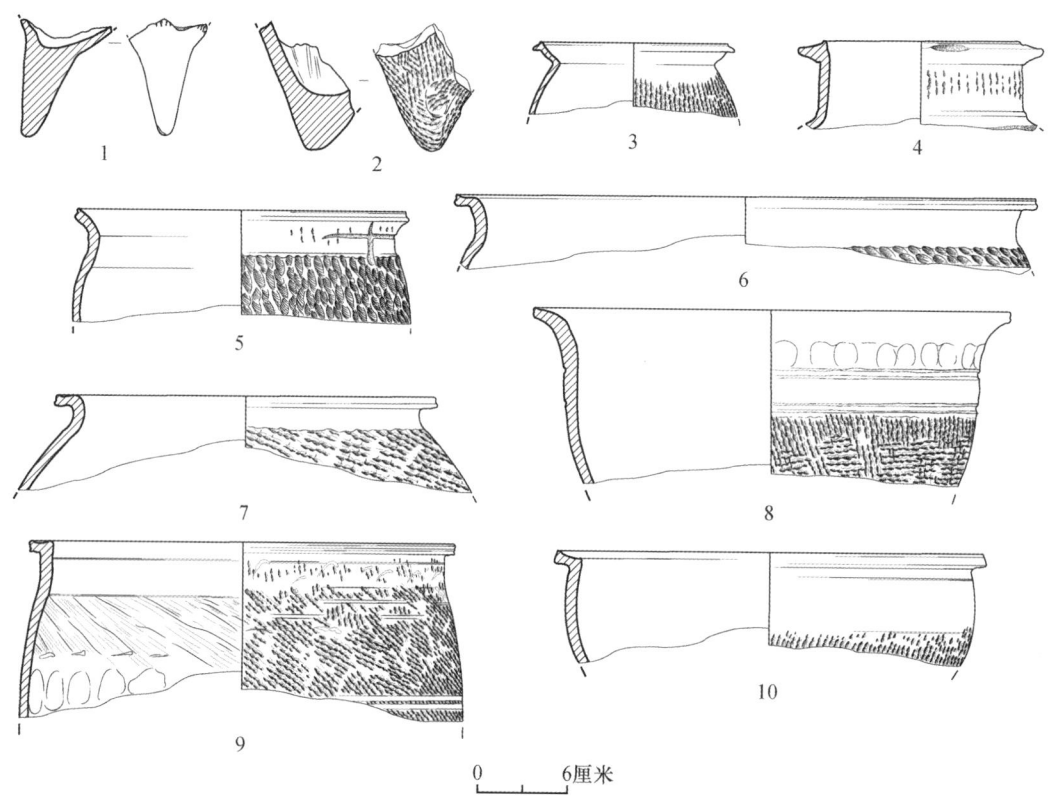

图2.152b 沙沟西（188）采集标本

1—3、6、7.鬲（188∶1、188∶6、188∶2、188∶8、188∶7） 4.捏口罐（188∶3） 5.罐（188∶4） 8—10.盆（188∶5、188∶9、188∶10）

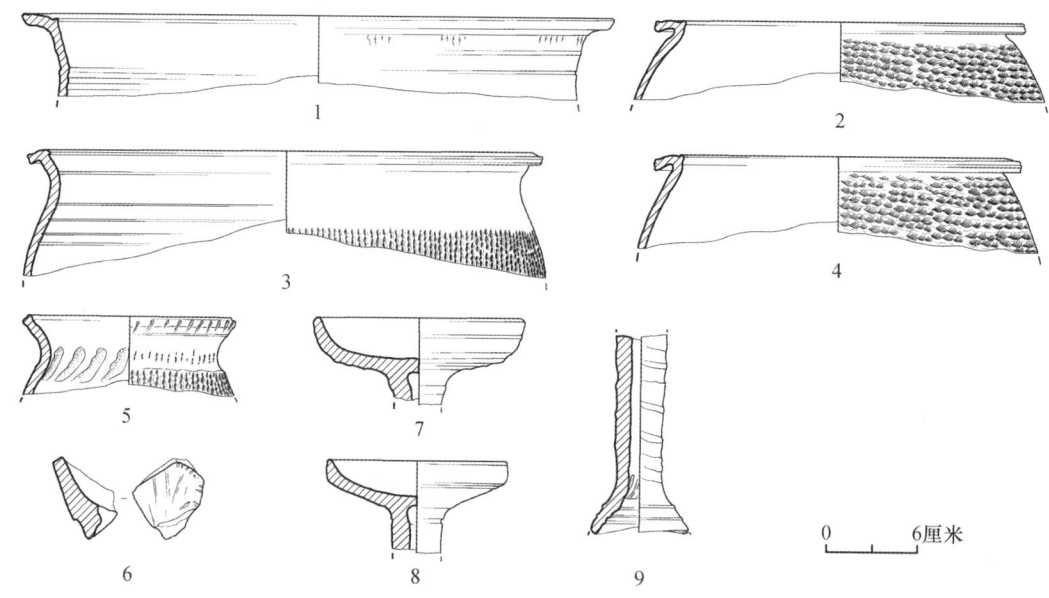

图2.152c 沙沟西（188）、西湾北（189）采集标本

1、3.盆（188∶11、188∶13） 2、4、6.鬲（188∶12、188∶14、189∶2） 5.罐（189∶1） 7—9.豆（188∶15、188∶17、188∶16）

口径28、残高11.3、厚0.5—0.8厘米（图2.152b，9；图版四三六，4）。188∶10，口沿。泥质灰陶。折沿，方唇，唇面微凹，弧腹。腹饰绳纹。口径28、残高7.1、厚0.6—0.8厘米（图2.152b，10；图版四三六，5）。188∶11，口沿。泥质灰陶。平折沿，尖唇，折腹。磨光，颈部饰暗绳纹和一道凹弦纹。口径39、残高5.2、厚0.5—0.6厘米（图2.152c，1）。188∶13，口沿。泥质灰陶。折沿，方唇，束颈，弧腹。沿面有一道凹槽，腹饰细绳纹。口径34、残高8、厚0.6—0.7厘米（图2.152c，3；图版四五四，1）。

豆　3件。188∶15，豆盘。泥质灰陶。直口，圆唇，弧腹下收成平底，浅盘，空心柱柄，腹部有数道凸棱。口径14、残高5.7、厚0.7—0.9厘米（图2.152c，7；图版四五四，3）。188∶16，柄部。泥质灰陶。空心柱柄，喇叭口，泥条盘筑痕迹明显。素面。残高12.8、厚0.5—1.2厘米（图2.152c，9；图版四五四，4）。188∶17，豆盘。泥质褐陶。直口，圆唇，折腹，浅盘，空心柱柄。素面。口径13、残高5.9、厚0.7—1.1厘米（图2.152c，8）。

（3）基本认识

该遗址为沙沟河东岸的一处以东周时期遗存为主的中型遗址。遗存文化内涵相对复杂，还包含有少量的龙山、二里岗文化与西周晚期遗存，核查中未发现简报中所称的二里头文化遗物[1]。

---

[1] 中国社会科学院考古研究所二里头工作队：《河南洛阳盆地2001～2003年考古调查简报》，《考古》2005年第5期。

140. 西湾北（189）

（1）概况

位于洛阳市洛龙区寇店镇（伊滨区代管）西湾村东部。具体位置西湾村东北的沙沟河西岸台地上，北至自二教塔村中穿过的龙少路，南至西湾至东沙沟村路沟（原西沙沟村附近），东至沙沟河，西至西湾村东北至二教塔村东南一线（图2.153；图版一二〇，2）。二里头文化遗存主要集中于西湾村东北的路沟两侧，面积约4.08万平方米，东周时期的遗存覆盖整个遗址，面积约13.5万平方米。地理坐标为北纬34°34′18.54″，东经112°38′29.41″，海拔约215米。遗址地表为农田，北部被龙少路部分占压。

图2.153　西湾北（上为北）

1962年，中国科学院考古研究所洛阳发掘队曾对该遗址进行调查，发现"二里头类型"的遗存[①]，位于沙沟河的西岸（西沙沟村），即为本遗址。调查中发现有地层堆积，但是未见到灰坑等遗迹，推测面积较小。采集到侈口罐、圜底罐、大口深腹罐、夹砂陶缸、大口尊等器物

---

① 中国科学院考古研究所洛阳发掘队：《河南偃师商代和西周遗址调查简报》，《考古》1963年第12期。

残片，遗物均为厚胎，绳纹也较粗，推测属于"商代早期"中期偏晚[①]。

2003年3月17日，二里头工作队调查，2017年7月4日复查。

（2）主要发现

在西湾村东北通往沙沟村的路沟北侧发现有二里头文化地层，见有灰坑（图版一二一，1）。在遗址上采集到不少二里头文化、殷墟和两周时期的遗物。

1）龙山文化

采集到少量陶片，包括夹砂方格纹和素面陶片，属于龙山文化晚期。无标本。

2）二里头文化

发现灰坑1处，采集到陶片少量。可辨认器形有鬲、深腹罐、盆、器盖等。属于二里头文化二、三、四期。标本1件。

H1：位于西湾东北通往沙沟村道路临河处以北断崖上（图版一二一，2）。灰坑宽1.4—1.6米，深约1—2.2米，堆积厚约1.2米。属于二里头文化时期。

罐　189：1，口沿。夹砂褐陶。侈口，方唇，唇外饰花边，溜肩。颈部有一道凸棱，饰绳纹。口径14、残高5、厚0.5—0.6厘米（图2.152c，5；图版三八一，1）。

3）殷墟文化

陶片数量较少，发现个别遗物如鬲属于殷墟文化。标本1件。

鬲　189：2，足部。夹砂褐陶。袋足。有实足脱落痕迹。残高5.2、厚0.7—0.9厘米（图2.152c，6）。

4）两周时期

陶片数量较少，均为碎片，无标本。具体时代不详。

（3）基本认识

该遗址为沙沟河西岸的一处以二里头文化遗存为主的小型遗址。文化内涵相对复杂，还见有龙山晚期、殷墟和两周时期的遗存。

---

① 二里头工作队资料。

141. 寇店西（185）

（1）概况

位于洛阳市洛龙区寇店镇（伊滨区代管）寇店村西。具体位置为寇店一中西南，沙沟河以东，原府李路以北，新修烟岭大道两侧（图2.154a）。仰韶文化遗存的面积约8万平方米，其余时期的面积不详。地理坐标为北纬34°35′01.62″，东经112°38′40.29″，海拔约207米。地表为苗圃和农田，临河处已修建为沙河公园。

2003年2月28日，二里头工作队调查，2017年7月5日复查。

图2.154a 寇店西（上为北）

（2）主要发现

该遗址发现的遗存以仰韶文化为主，另外见有少许二里头和两周时期的遗存。标本7件。

1）仰韶文化

陶片数量相对较多。可辨认器形有鼎、夹砂罐、盆、叠唇盆、小碟、宽带彩陶钵、钵、碗等，属于仰韶文化中期。标本7件。

鼎 185：1，足部。夹砂褐陶。圆锥形足。素面。残高6.6、厚0.47厘米（图2.154b，1；图版三一一，3）。

钵 2件。185：2，口沿。泥质红陶。直口，圆唇，直腹微弧。沿外施红彩。残高5.2、厚

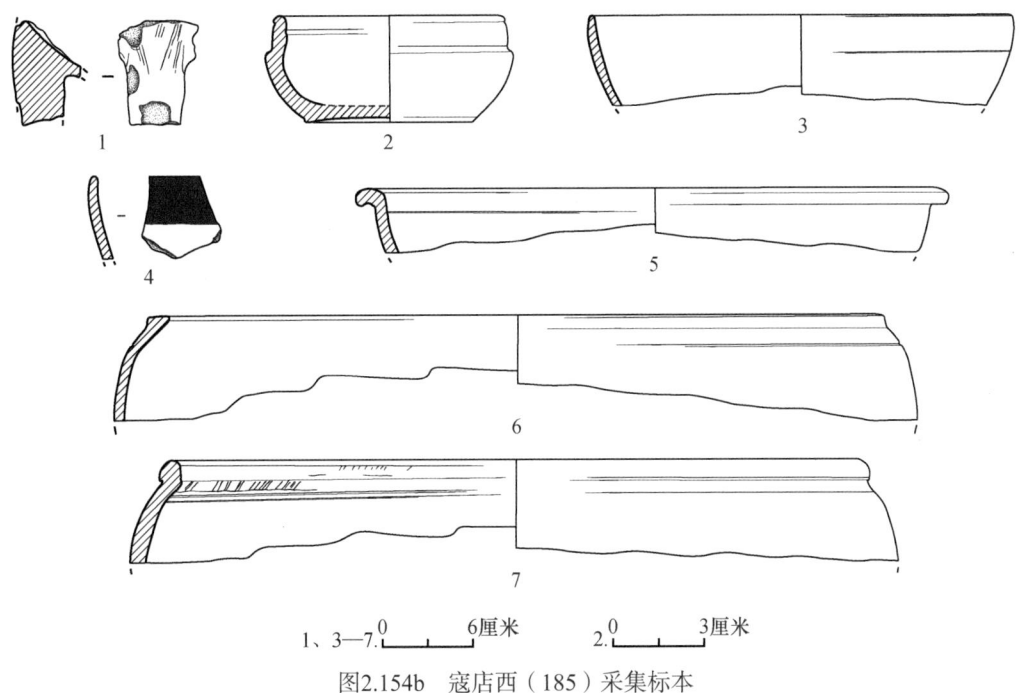

图2.154b 寇店西（185）采集标本
1.鼎（185：1） 2.盒（185：4） 3、4.钵（185：3、185：2） 5—7.盆（185：5、185：6、185：7）

0.5—0.6厘米（图2.154b，4；图版三一一，4）。185：3，口沿。泥质红陶。直口，圆唇，弧腹。磨光。口径28、残高5.7、厚0.4—0.6厘米（图2.154b，3；图版三一一，5）。

盆 3件。185：5，口沿。泥质红陶。卷沿，圆唇，斜直腹。磨光。口径39、残高4.1、厚0.7—0.8厘米（图2.154b，5；图版三一二，1）。185：6，口沿。泥质红陶。敛口，平沿，弧腹。素面。口径48、残高6.7、厚0.5—0.8厘米（图2.154b，6；图版三一二，2）。185：7，口沿。泥质红陶。直口，圆唇，唇外包边，弧腹。素面。口径46、残高6.8、厚0.9—1.1厘米（图2.154b，7；图版三一二，3）。

2）二里头文化

数片碎片，器形不详。无典型标本。

3）两周时期

多为碎片，具体年代不详。无典型标本。

盒 185：4，可复原。泥质灰陶。子母口，圆唇，弧腹，凹底。素面。口径7.4、高3.4、底径5.5、厚0.4—0.6厘米（图2.154b，2；图版三一一，6）。

（3）基本认识

该遗址为沙沟河东岸的一处以仰韶文化遗存为主的小型遗址。文化内涵相对复杂，还见有少量的二里头文化和两周时期的遗物，未发现简报中所称的商代遗物[1]。

---

[1] 中国社会科学院考古研究所二里头工作队：《河南洛阳盆地2001～2003年考古调查简报》，《考古》2005年第5期。

142. 刘李寨A（186）

（1）概况

位于洛阳市洛龙区寇店镇（伊滨区代管）刘李村东部的刘李寨南。具体位置为刘李寨以南的沙沟河西岸台地上，北至刘李寨，南至二教塔村北部，西至乡道X032东200米刘李寨至二教塔村道路两侧（图2.155）。仰韶文化遗存主要集中于遗址中南部，面积约6.8万平方米，二里头文化与东周时期的遗存涵盖遗址全部，面积约18万平方米。地理坐标为北纬34°35′22.48″，东经112°38′04.25″，海拔约187米。地表多为苗圃覆盖。

2003年2月28日，二里头工作队调查，2017年7月5日复查。

图2.155　刘李寨A（右为北）

（2）主要发现

该遗址发现的遗物以仰韶文化为主，另外见有少量的龙山、二里头和东周时期的遗物。

1）仰韶文化

发现的陶片数量较多，均碎片，可辨认器形有鼎、盆、钵等，属于仰韶文化中期偏晚阶段。无标本。

2）龙山文化

见有个别龙山文化晚期的方格纹陶片。无标本。

3）二里头文化

见有少量的疑似二里头文化的陶片，具体年代不详。

4）东周时期

见有少量东周时期的遗物，可能为战国时期。标本1件。

盆　186∶1，口沿。泥质灰陶。折沿，方唇，直腹微弧。上腹饰暗绳纹，下腹饰绳纹。口径33、残高10.6、厚0.9厘米（图版四五四，5）。

（3）基本认识

该遗址为沙沟河西岸的一处以仰韶文化遗存为主的中小型遗址。文化内涵相对较为复杂，还见有龙山、二里头、东周时期的少量遗物。

143. 陈家窑（184）

（1）概况

位于洛阳市洛龙区寇店镇（伊滨区代管）陈家窑村周围。具体位置为陈家窑村西（原沟内村庄已搬迁至沟东台地上）沙沟河东岸的南北台地上，南至沙河路，北至陈家窑西北。东至村东部南北向道路（图2.156a）。其中仰韶、二里头和东周时期的遗存主要分布于村南沟东台地上，面积约23万平方米；龙山时期的遗存主要分布于村西和村北的沟东台地上，面积约15.9万平方米。地理坐标为北纬34°35′28.63″，东经112°38′22.93″，海拔约193米。遗址地表现为农田和苗圃，部分地段被道路和村庄占压。

2003年2月28日，二里头工作队调查发现，2017年7月5日复查。

图2.156a 陈家窑（上为北）

（2）主要发现

采集到不少陶片及少量石器。分属于仰韶、龙山、二里头和东周时期。标本22件。

石锛 2件。184：1，英安岩。黑色。经过打磨和琢制修整，有使用造成的破裂面。残长

6.2、宽3.3—4.4、厚2.4厘米（图2.156b，3；图版二四九，4）。184∶3，中粒砂岩。灰褐色。经过磨制。长8、宽4.4—5.2、厚1.4—2厘米（图版二四九，6）。

穿孔石器　184∶2，紫英砂岩。紫红色。经过打制、磨制、中间有对向钻孔（孔壁有旋痕）。长4.9、最宽4、厚1.1厘米（图2.156b，2；图版二四九，5）。

1）仰韶文化

陶片数量较多，可辨认器形有夹砂折肩罐、鼎、罐、环、泥质彩陶罐、盆、敛口缸、小口尖底瓶、钵、盖等。属于仰韶文化中、晚期。标本8件。

鼎　2件。184∶8，口沿。夹砂灰陶。折沿，方唇，沿内有四道凹槽，溜肩。口径22、残高4、厚0.6—1.4厘米（图2.156b，10；图版三一三，1）。184∶9，口沿。夹砂灰陶。折沿上翘，尖唇，沿内有一道凸棱。口径35、残高5.2、厚0.7—1.2厘米（图2.156b，7）。

罐　3件。184∶10，口沿。泥质红陶。矮领，圆唇，广肩。施白衣红彩。残高3.6、厚0.6—0.7厘米（图2.156b，8；图版三一三，2）。184∶11，口沿。夹砂灰陶。侈口，折沿，方唇，沿面微凹，溜肩。素面。口径20、残高4.7、厚0.6—0.9厘米（图2.156b，9；图版三一三，3）。184∶12，口沿。夹砂红陶。敛口，圆唇，沿内外包边，广肩。素面。口径39.5、残高40、厚0.8—1.5厘米（图2.156b，11；图版三一三，4）。

盆　2件。184∶5，口沿。泥质红陶。敛口，尖圆唇，沿内饰一道凹弦纹，折腹。口径23、残高6.4、厚0.4—0.9厘米（图2.156b，4；图版三一二，5）。184∶7，口沿。夹砂褐陶。

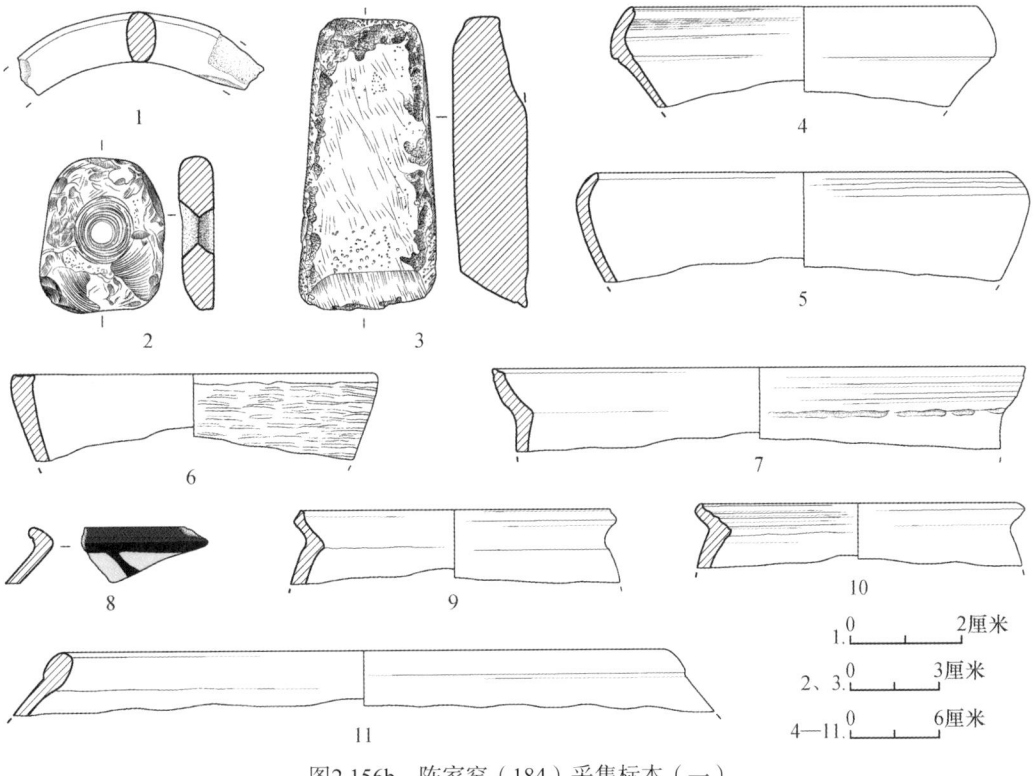

图2.156b　陈家窑（184）采集标本（一）
1.环（184∶4）　2.穿孔石器（184∶2）　3.石锛（184∶1）　4、6.盆（184∶5、184∶7）　5.钵（184∶6）
7、10.鼎（184∶9、184∶8）　8、9、11.罐（184∶10、184∶11、184∶12）

平沿，直腹微弧。饰篮纹。口径24、残高5.5、厚0.8—1.5厘米（图2.156b，6）。

钵 184：6，口沿。泥质红陶。敛口，圆唇，弧腹。磨光。口径27、残高7、厚0.6—0.8厘米（图2.156b，5；图版三一二，6）。

环 184：4，残片。泥质灰陶。椭圆形断面。磨光。残长4、截面直径约0.5厘米（图2.156b，1；图版三一二，4）。

2）龙山文化

数量不多，以腹片为主，无口沿，纹饰以方格纹、篮纹为主，可辨认器形有中口罐，属于龙山文化晚期。无典型标本。

3）二里头文化

陶片数量相对较多，可辨认器形有鬲、尊、缸、盆、大口尊、水管、垫、盖等，属于二里头文化二、三、四期。其中1件水管疑似属二里头文化。标本6件。

鬲 184：13，口沿。夹砂灰陶。卷沿，溜肩，分裆。饰绳纹。残高9.8、厚0.6—1.2厘米（图2.156c，1；图版四〇四，6）。

盆 184：14，口沿。泥质灰陶。敞口，平折沿，圆唇，直腹。腹饰两道凹弦纹和绳纹。

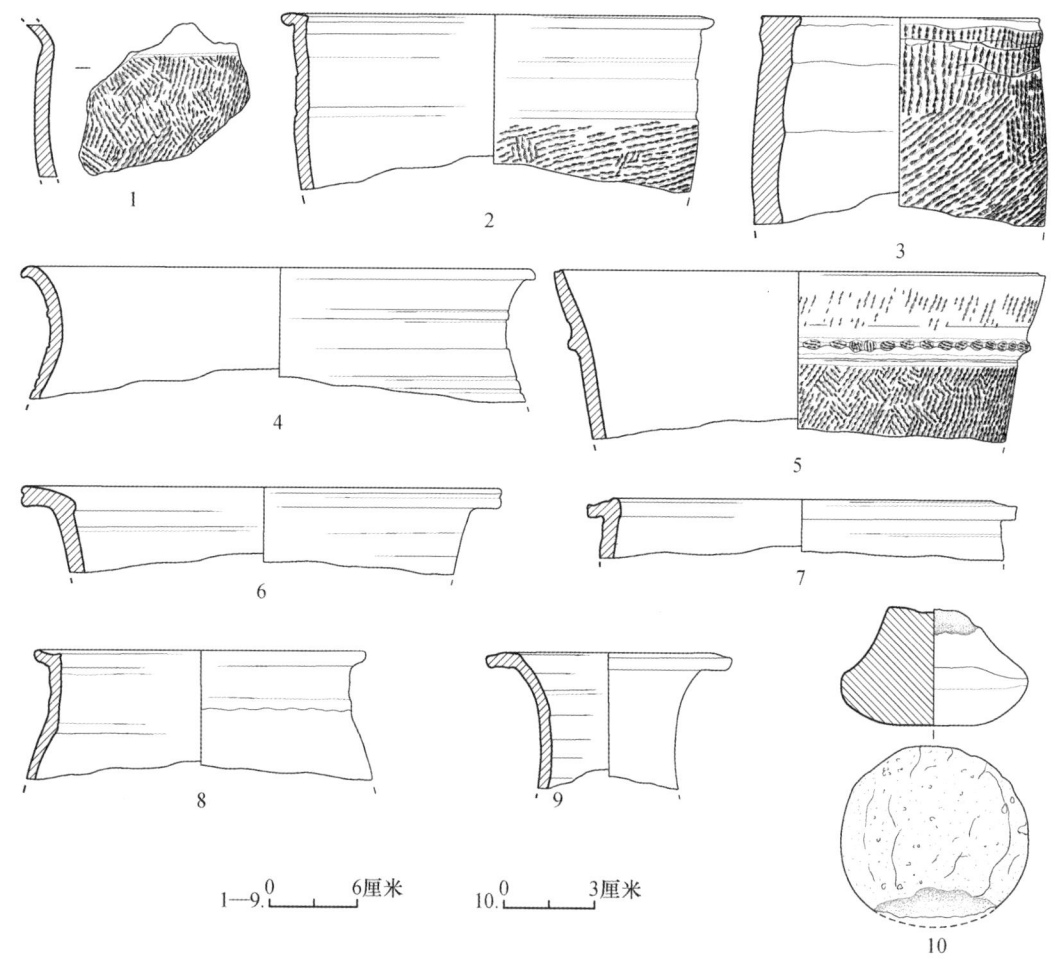

图2.156c 陈家窑（184）采集标本（二）

1、7、8. 鬲（184：13、184：21、184：22） 2、6. 盆（184：14、184：19） 3. 水管（184：17） 4. 大口尊（184：15）
5. 缸（184：16） 9. 壶（184：20） 10. 陶垫（184：18）

口径28.5、残高11.3、厚0.8—0.9厘米（图2.156c, 2；图版四〇五，1）。

大口尊　184∶15，口沿。泥质灰陶。直领外卷，圆唇，溜肩。颈部有一道凸棱，肩部饰一道凹弦纹。口径34、残高8.5、厚0.6—0.8厘米（图2.156c, 4；图版四〇五，2）。

缸　184∶16，口沿。夹砂灰陶。直口，方唇，唇面有一道凹弦纹，直腹。饰绳纹加一周附加堆纹和两道凹弦纹。口径32、残高10.8、厚0.8—0.9厘米（图2.156c, 5；图版四〇五，3）。

水管　184∶17，残断。泥质灰陶。厚胎，直口。饰绳纹。口径18、残高13.3、厚1.8—2.5厘米（图2.156c, 3；图版四〇五，4）。

陶垫　184∶18，残断。夹砂红陶。蘑菇状拍。素面。残高3.7、直径6.1厘米（图2.156c, 10）。

4）东周（或至汉代）

少量陶片标本。可辨认器形有鬲、罐、壶、盆等。部分可早至春秋时期，部分或许可晚至汉代。标本4件。

鬲　2件。184∶21，口沿。夹砂红陶。折沿下耷，方唇，沿面有两道凹槽。口径28、残高3.8、厚0.8—1.2厘米（图2.156c, 7；图版四三六，6）。184∶22，口沿。夹砂灰陶。折沿，圆唇，沿面微凹，溜肩。颈部有一道凸棱。口径22、残高8.2、厚0.6—0.7厘米（图2.156c, 8；图版四三七，1）。

盆　184∶19，口沿。泥质灰陶。敞口，卷沿，方唇，唇面有一道凹槽，沿面内凸出棱，素面。口径32、残高5.2、厚1—1.2厘米（图2.156c, 6；图版四六五，3）。

壶　184∶20，口沿。泥质灰陶。平折沿，方唇，长颈。口径16、残高8.7、厚0.5—0.6厘米（图2.156c, 9；图版四六五，4）。

（3）基本认识

该遗址为沙沟河东岸的一处以仰韶、二里头和东周时期遗存为主的中小型遗址，还见有少量的龙山时期遗存，文化内涵相对较为复杂。

144. 刘李寨B（187）

（1）概况

位于洛阳市洛龙区寇店镇（伊滨区代管）刘李村东部刘李寨周围。具体位置为刘李寨周围沙沟河西岸的尖嘴状台地上，南至刘李寨通往陈家窑村路沟，北至刘李村东南，西至刘李寨村西断崖以东（图2.157）。龙山、二里头和二里岗时期的遗存主要分布于刘李寨东南部，面积约1.2万平方米，东周时期的遗存主要分布于刘李寨周围，面积约1.8万平方米。地理坐标为北纬34°35′40.75″，东经112°37′57.30″，海拔约182米。地表为农田和苗圃，部分地段为建筑占压。

2003年2月28日，二里头工作队调查发现，2017年7月5日复查。

图2.157　刘李寨B（右下为北）

（2）主要发现

采集的陶片数量较少，主要为龙山和二里头时期，另见有少量的仰韶、二里岗和东周时期的遗物。

1）仰韶文化

陶片数量较少，见有泥质彩陶片和素面陶片，具体时代不详。无标本。

2）龙山文化

见有少量的方格纹和篮纹陶片，属于龙山文化晚期。无标本。

3）二里头文化

见有部分二里头文化陶片，具体时段不详。无标本。

4）二里岗文化

见有少量陶片，可辨认器形有簋等。标本1件。

簋　187：1，口沿，泥质灰陶。卷沿，圆唇，沿面饰一道凹弦纹，弧腹。磨光，腹饰凹弦纹。残宽12.8、残高9.3、厚1.2厘米（图版四一五，5）。

5）东周时期

见有少量东周时期陶片，较为残碎，具体时代不详。

（3）基本认识

该遗址为沙沟河西岸的一处以仰韶文化遗存为主的小型遗址，文化内涵较为复杂，还见有少量的龙山、二里头、二里岗和东周时期的遗存。

145. 宫家窑（183）

（1）概况

位于洛阳市洛龙区寇店镇宫家窑村西。具体位置为沙沟河东岸的宫家窑村西北、西部和西南，北至庞村镇九贤村东南，南至陈家窑村北，东至九贤老寨到宫家窑村的壕沟（图2.158a）。仰韶时期的遗存主要集中于宫家窑村北沟西台地上，面积约20.8万平方米，东周时期的遗存遍布整个遗址，面积约66万平方米，其余各个时期的遗存面积不详。地理坐标为北纬34°35′48.97″，东经112°38′03.76″，海拔约214米。遗址表面为苗圃覆盖。

图2.158a　宫家窑（左上为北）

1963年，河南省文化局文物工作队曾对该遗址进行调查，在村南道路两侧发现了文化层、灰坑和墓葬，见有泥质和夹砂红陶，器形包括尖底瓶、钵、罐、釜和彩陶钵等，认为遗址面积约10万平方米，属于仰韶文化，此外还采集了东周时期的夹砂红陶器[1]。

1984年洛阳市文物普查队曾对该遗址进行调查，认同河南省文化局调查的遗址面积，除了采集到仰韶文化的遗物外，还采集到"罐形器"1件，认为与宝鸡北首岭遗址所出的三足器较为接近，因而判定该遗址还有新石器时代早期遗存，此外还认为该遗址的遗存包括王湾一期、王湾二期和东周时期[2]。

2003年2月27日，二里头工作队调查该遗址，2017年7月5日复查。

（2）主要发现

调查中在该遗址采集到兽骨和陶片，另外还采集了陶球、残石器等。在宫家窑村北还发现灰

---

[1] 杨育彬：《河南偃师仰韶及商代遗址》，《考古》1964年第3期。
[2] 方孝廉：《洛阳市一九八四年古文化遗址调查简报》，《中原文物》1987年第3期。

坑1处（图版一二二，1）。标本26件。

H1：位于宫家窑村北断崖上。距地表0.3米，宽1.5米，深0.6—0.7米。填土为浅灰土夹烧土粒、炭粒，下为生土。

石镰　183：2，中粒砂岩。肉红色。经过磨制，破裂。残长5.6、宽4.4、厚2.3厘米（图版二五〇，2）。

石球　183：5，泥质板岩。灰黑色/灰褐色。直径2.5—2.8厘米（图2.158b，1；图版二五〇，3）。

残石器　183：1，英安岩。黑色。经过打磨和琢制修整，两端破裂。残长5.4、宽6.4—6.5、厚3厘米（图版二五〇，1）。

石片　183：3，英安岩。黑色。保留卵石的自然面，经过打制。长4.1、最宽6.3、最厚1.7厘米。

石料　183：4，泥质板岩。灰黑色/灰褐色。长5.4、宽2.7、厚1.3厘米。

1）仰韶文化

陶片数量较多，可辨认器形有鼎、罐、夹砂鼓肩罐、碟、小口高领罐、盖、盆、钵、小口

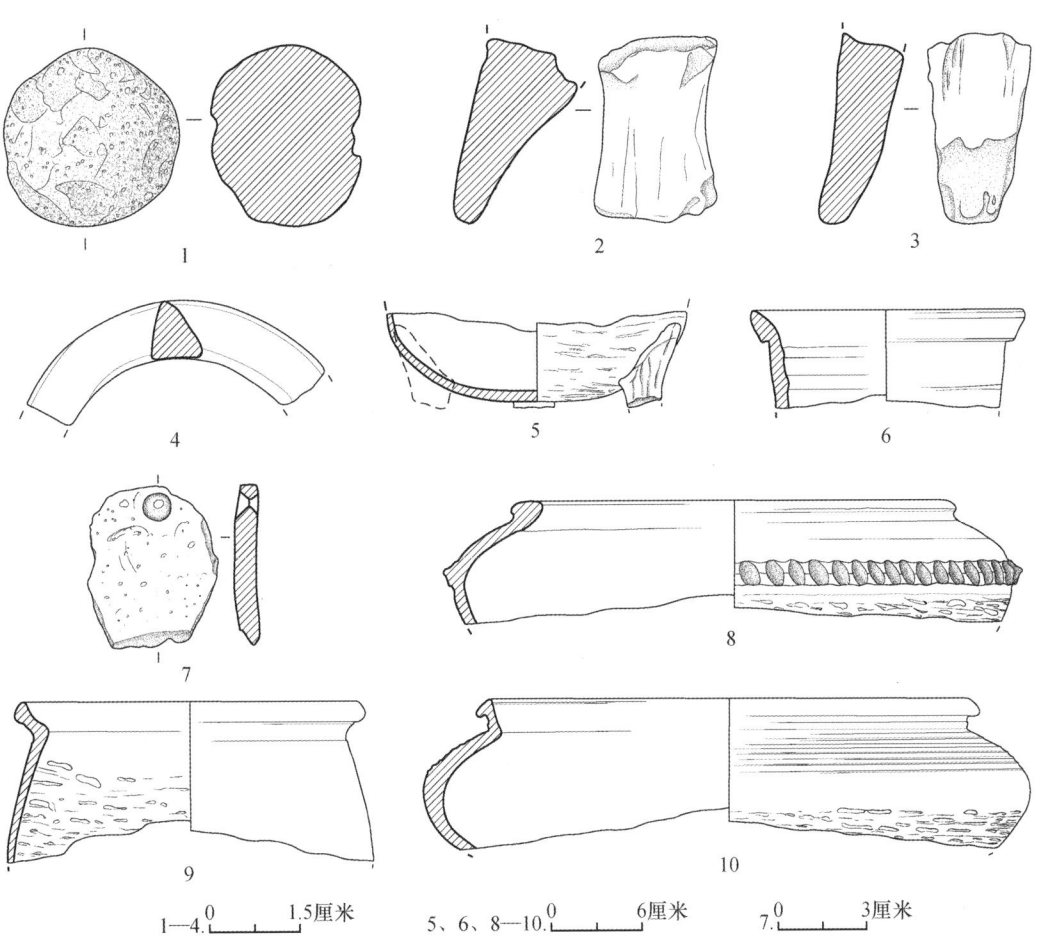

图2.158b　宫家窑（183）采集标本（一）

1.石球（183：5）　2、3、5.鼎（183：8、183：9、183：7）　4.环（183：6）　6、8—10.罐（183：10、183：11、183：13、183：12）　7.穿孔陶片（183：14）

尖底瓶、环等。属于仰韶文化中、晚期（或可晚至庙底沟二期文化）。标本10件。

鼎　3件。183：7，底部。夹砂黑陶。弧腹下收成圜底，扁圆形柱足，足残。素面。残高6、厚0.3—0.7厘米（图2.158b，5；图版三一三，5）。183：8，足部。夹砂褐陶。凿形足。素面。残高6厘米（图2.158b，2）。183：9，足部。夹砂褐陶。舌形足。素面。残高6厘米（图2.158b，3）。

罐　4件。183：10，口沿。泥质红陶。直领微侈，尖唇，沿外包边。口径18、残高6.2、厚0.7—1厘米（图2.158b，6）。183：11，口沿。夹砂褐陶。敛口，圆唇，沿外包边，溜肩，折腹。折腹处饰一道附加堆纹。口径29、残高7.8、厚0.6—0.7厘米（图2.158b，8；图版三一三，6）。183：12，口沿。夹砂褐陶。直领，小折沿，圆唇，鼓腹。颈部饰一道凸弦纹，肩部饰凸弦纹。口径33、残高9.5、厚0.6—1.3厘米（图2.158b，10；图版三一四，1）。183：13，口沿。夹砂灰陶。折沿，方唇，溜肩。素面。口径23、残高10.1、厚0.4—0.9厘米（图2.158b，9）。

尖底瓶　183：26，腹部。泥质红陶。直腹微弧，上腹部有一小錾。饰刻划纹。腹径21、

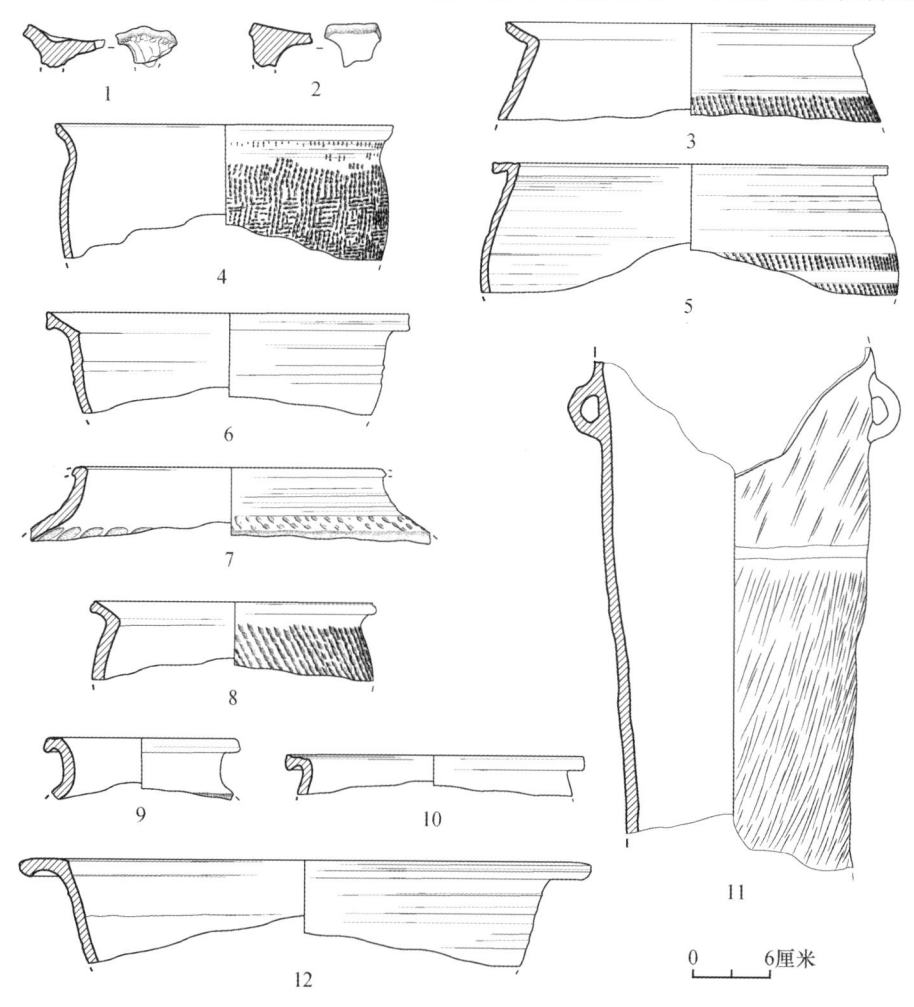

图2.158c　宫家窑（183）采集标本（二）

1、10. 鬲（183：18、183：20）　2. 鼎（183：19）　3、4、8. 深腹罐（183：16、183：17、183：15）　5、6、12. 盆（183：22、183：21、183：23）　7、9. 罐（183：25、183：24）　11. 尖底瓶（183：26）

残高48.4厘米（图2.158c，11；图版三二三，4）。

穿孔陶片　183：14，残片。泥质红陶。有一圆形钻孔，外壁施红彩。残长5.1、残宽2.6—4.1、孔径0.3—0.9厘米（图2.158b，7；图版三二三，3）。

环　183：6，残断。泥质灰陶。断面为等腰三角形。残长4.9、宽0.9—0.95、厚0.9厘米（图2.158b，4；图版三二三，2）。

2）二里头文化

陶片数量相对较多，可辨认器形有深腹罐、圆腹罐、缸、尊等。属于二里头文化三、四期。标本3件。

深腹罐　3件。183：15，口沿。夹砂灰陶。侈口，折沿，方唇，溜肩。饰绳纹。口径22、残高5.8、厚0.6—0.9厘米（图2.158c，8；图版四○五，5）。183：16，口沿。夹砂灰陶。侈口，折沿，方唇，唇面有一道凹槽，溜肩。饰绳纹。口径28、残高7.2、厚0.5—0.8厘米（图2.158c，3；图版三九○，3）。183：17，口沿。夹砂灰陶。侈口，卷沿，尖圆唇，束颈，溜肩。饰绳纹。口径26、残高10、厚0.5—0.6厘米（图2.158c，4；图版三九○，4）。

3）东周（或到汉）时期

陶片数量较多，可辨认器形有鬲、鼎、盆、罐等，主要属于东周时期，部分标本可能晚至汉代。标本8件。

鬲　2件。183：18，足部。夹砂灰陶。袋足，实足残。残高3.1厘米（图2.158c，1）。183：20，口沿。夹砂灰陶。平折沿，方唇，唇面上凸呈棱，有一道凹弦纹，沿面有一道凸弦纹。口径23、残高2.8、厚0.7—0.8厘米（图2.158c，10）。

鼎　183：19，足部。泥质灰陶。圆锥形实足，足尖残。残高3.2厘米（图2.158c，2）。

盆　3件。183：21，口沿。泥质灰陶。折沿，方唇，斜直腹。腹饰三周凸弦纹。口径28、残高7.5、厚0.5—0.8厘米（图2.158c，6；图版四六五，5）。183：22，口沿。泥质灰陶。平折沿，方唇，弧腹。腹饰弦断绳纹。口径30、残高9.7、厚0.4—0.7厘米（图2.158c，5；图版四五四，6）。183：23，口沿。泥质灰陶。敞口，平折沿，方唇，沿面微鼓，斜直腹。腹部有两道凸棱。口径44、残高7.7、厚0.6—1厘米（图2.158c，12；图版四六五，6）。

罐　2件。183：24，口沿。泥质灰陶。直领外卷，沿面有一道凹槽，溜肩。素面。口径15、残高4.6、厚0.7—0.8厘米（图2.158c，9）。183：25，口沿。夹砂灰陶。直口，沿面外凸呈棱，广肩。饰绳纹。内径22、残高5.5、厚0.8—1厘米（图2.158c，7；图版四五五，1）。

（3）基本认识

该遗址的文化内涵相对复杂，主要包括仰韶、二里头和东周时期的遗存。从历年调查的结果来看，该遗址发现的所谓三足"罐形器"年代较早，接近于裴李岗文化晚期，是探索新石器时代中期和早期遗存的重要线索，也是洛阳盆地内年代较早的遗存之一，值得特别关注。此外以往调查中发现的庙底沟二期的遗物，本次调查中也未发现。

146. 刘李东北（181）

（1）概况

位于洛阳市洛龙区寇店镇（伊滨区代管）刘李村东北。具体位置为刘李村东北的沙沟河西岸台地上，南至府李路（X029），北至庞村镇九贤村南部沙沟河对岸的尖嘴处，东到沙沟河西岸，西至县道（X032）北延线两侧（图2.159a；图版一二二，2）。仰韶时期的遗存主要位于九贤村对岸尖嘴上，面积约1万平方米，二里头文化遗存主要位于其南侧的刘李村东北，面积约9.3万平方米。地理坐标为北纬34°36′00.97″，东经112°37′45.40″，海拔约173米。遗址地表多为农田，南部被厂区占压。

2001年3月26日，二里头工作队调查发现，2017年7月25日复查。

图2.159a　刘李东北（下为北）

（2）主要发现

调查中发现灰坑1处。采集不少陶片，另采集石器和铜器少许。分属于仰韶、龙山、二里头和二里岗时期。标本32件。

石斧 3件。181∶1，安山岩。黑色。经过琢制、磨制，破裂。残长5.4—5.7、宽7.2、厚3.8厘米（图2.159b，1；图版二五〇，4）。181∶2，硅质岩。黑色。经过琢制、磨制，破裂。残长4.3、宽11、厚2.8厘米（图版二五〇，5）。181∶3，硅质岩。黑色。经过琢制、磨制，破裂。长7.1、宽5.3—5.4、厚0.9厘米。

1）仰韶文化

陶片数量较多，可辨认器形有罐、鼎、夹砂折肩罐、敛口瓮、直口缸、敛口缸、钵、碗、盖等，属于仰韶文化晚期（约相当于大河村三、四期）。标本23件。

罐 12件。181∶5，口沿。夹砂褐陶。直领外侈，尖唇，沿内有一道凸棱，沿下有一道凹槽，溜肩。肩部饰四周凹弦纹。口径30、残高5.8、厚0.7—1厘米（图2.159b，2；图版三三一，4）。181∶6，口沿。夹砂褐陶。折沿上翘，圆唇，沿内饰一道凸弦纹，溜肩。饰篮纹。口径26、残高4.5、厚0.5—1厘米（图2.159b，3）。也可能为大汶口文化晚期的圆腹横篮纹鼎，年代或可到庙底沟二期文化时期。181∶9，口沿。泥质红陶。折沿上翘，尖唇，溜肩。饰红彩平行线纹夹网格纹。口径17、残高6.7、厚0.3—0.7厘米（图2.159b，6；图版三三一，5）。181∶10，口沿。泥质红陶。直领外侈，尖唇，溜肩。饰黑彩平行线纹夹网格纹。口径20、残高4.8、厚0.3—1厘米（图2.159b，7；图版三三一，6）。181∶11，口沿。泥质红陶。折沿，尖圆唇，直腹微弧。饰黑彩平行线纹夹网格纹。残高6.8、厚0.5—1.2厘米（图2.159b，8；图版三三二，1）。181∶12，口沿。泥质红陶。折沿，尖唇，溜肩。饰黑彩平行线纹夹网格

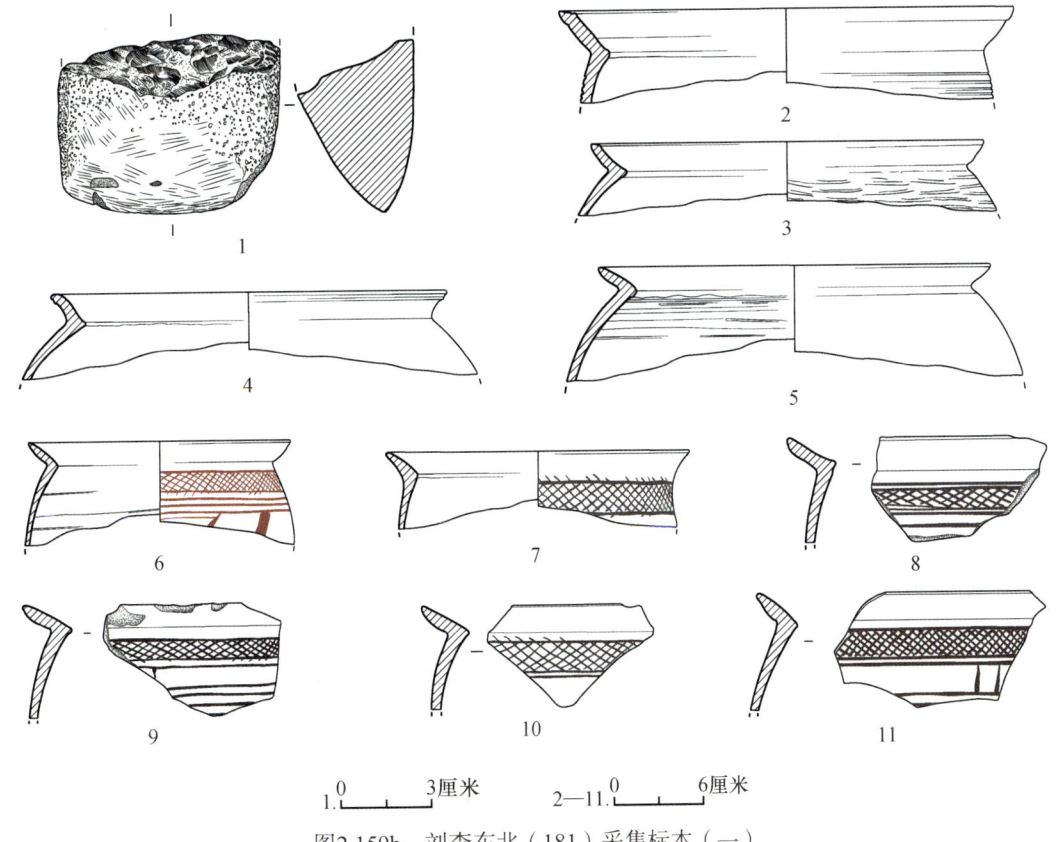

图2.159b 刘李东北（181）采集标本（一）

1.石斧（181∶1） 2—11.罐（181∶5、181∶6、181∶7、181∶8、181∶9、181∶10、181∶11、181∶12、181∶13、181∶14）

纹。残高7.2、厚0.5—1.2厘米（图2.159b，9；图版三三二，2）。181：13，口沿。泥质红陶。折沿，尖唇，溜肩。饰黑彩平行线纹夹网格纹。残高6.5、厚0.6—1.1厘米（图2.159b，10；图版三三二，3）。181：14，口沿。泥质红陶。折沿，尖唇，溜肩。饰黑彩横向平行线纹夹网格纹，黑彩平行线纹夹纵向平行线纹。残高7.5、厚0.5—1.2厘米（图2.159b，11；图版三三二，4）。181：15，口沿。泥质褐陶。折沿上翘，方唇，沿面有两道凹槽，溜肩。肩部饰数周凹弦纹，腹部饰一周附加堆纹。口径19、残高8.5、厚0.5—0.9厘米（图2.159c，1；图版三三二，5）。181：16，口沿。夹砂黑陶。直领微侈，尖唇，沿内有两道凹槽，溜肩。腹饰一周附加堆纹。口径18、残高7.6、厚0.6—1.1厘米（图2.159c，2；图版三三二，6）。181：17，口沿。泥质红陶。直领，圆唇，溜肩。磨光。口径19、残高9.6、厚0.7—0.9厘米（图2.159c，4；图版三三三，1）。181：18，口沿。夹砂黑陶。直领微侈，圆唇，沿内有一道凹槽，鼓腹。口径10、残高7、厚0.5—1.1厘米（图2.159c，3）。

瓮 2件。181：19，口沿。泥质黑陶。敛口，圆唇，沿内包边，沿外饰两周凹弦纹，广肩。磨光。口径13、残高2.9、厚0.4—1厘米（图2.159c，5；图版三三三，2）。181：20，口沿。泥质红陶。敛口，圆唇，沿内有一道凹槽，沿外包边，广肩。磨光。口径12、残高6.6、厚0.5—0.9厘米（图2.159c，6）。

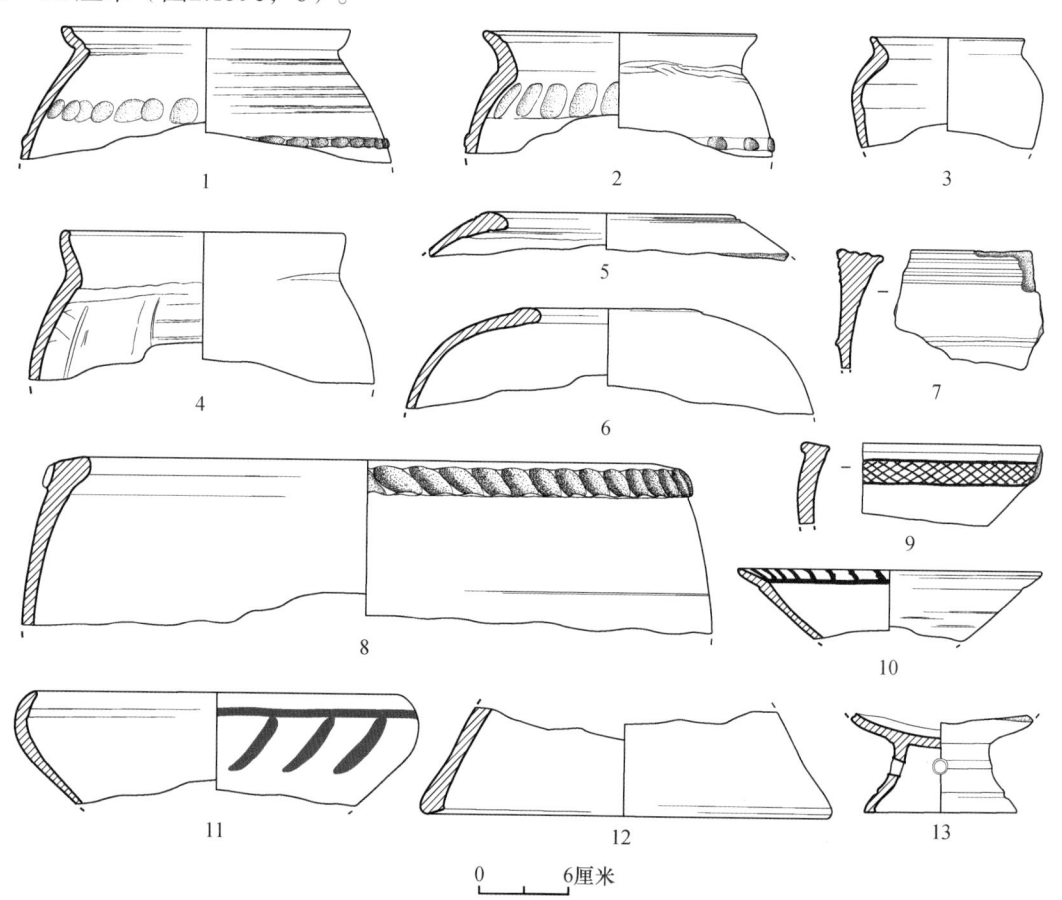

图2.159c 刘李东北（181）采集标本（二）

1—4.罐（181：15、181：16、181：18、181：17） 5、6.瓮（181：19、181：20） 7、8.缸（181：23、181：22） 9.盆（181：21） 10、11.钵（181：24、181：25） 12.器盖（181：27） 13.壶（181：26）

盆　181：21，口沿。泥质红陶。平沿，沿外凸呈棱，直腹微弧。施红褐色彩，饰平行纹夹网格纹。残高5.3、厚0.9—1.2厘米（图2.159c，9；图版三三三，3）。

缸　2件。181：22，口沿。夹砂褐陶。敛口，平沿，方唇，溜肩。沿外饰花边。口径37、残高10.9、厚0.7—1.4厘米（图2.159c，8；图版三三三，4）。181：23，口沿。夹砂褐陶。敛口，平沿，唇面饰三道凹弦纹，沿外凸呈棱，沿下有数道凸棱，直腹。腹部有一道凸棱。残高7.7、厚0.5—2.1厘米（图2.159c，7；图版三三三，5）。

钵　2件。181：24，口沿。泥质红陶。敞口，折沿，圆唇，斜直腹。沿外饰一道凹弦纹，沿内饰红彩纵向平行线纹。口径20、残高4.4、厚0.5—0.7厘米（图2.159c，10；图版三三三，6）。181：25，口沿。泥质红陶。敛口，圆唇，鼓腹。饰黑彩平行线纹夹柳叶形纹。口径25、残高7.2、厚0.5—0.9厘米（图2.159c，11；图版三三四，1）。

壶　181：26，圈足。泥质灰陶。圜底，下口外侈，方唇，沿外有一道凹槽。底径10、残高6.3、厚0.5—0.6厘米（图2.159c，13）。

器盖　181：27，口沿。夹砂红陶。下口外侈，方唇，斜直腹。素面。口径27、残高6.8、厚0.7—1.2厘米（图2.159c，12）。

2）龙山文化

见有部分遗物。为龙山晚期。标本2件。

罐　2件。181：7，口沿。泥质灰陶。折沿上翘，尖圆唇，沿下有一道凸棱，溜肩。磨光。口径26、残高5.4、厚0.5—0.9厘米（图2.159b，4；图版三六二，4）。181：8，口沿。泥质褐陶。折沿上翘，溜肩。磨光。口径26、残高7.2、厚0.6—1厘米（图2.159b，5；图版三六二，5）。

3）二里头文化

陶片较多，均为腹片，可辨认器形有深腹罐、鼎、瓮、盆等，属于二里头文化三、四期。无标本。

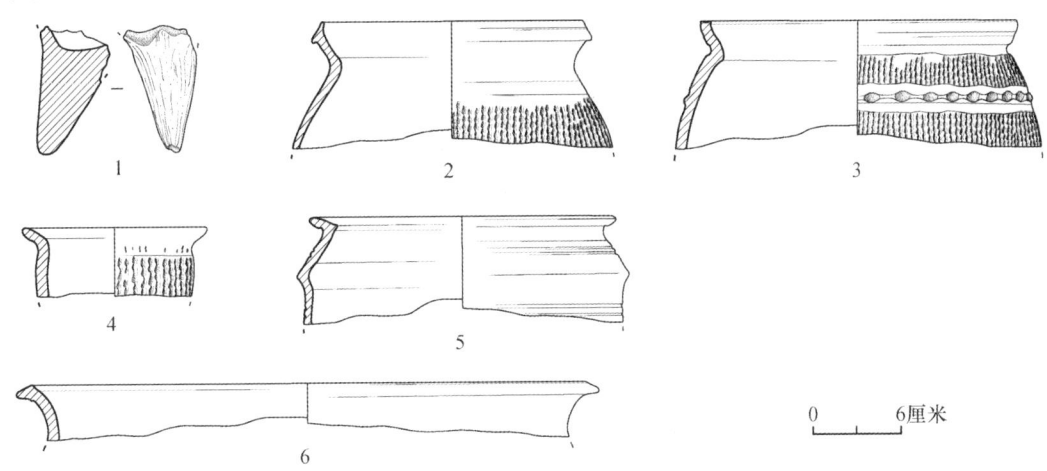

图2.159d　刘李东北（181）采集标本（三）
1、2. 鬲（181：29、H1：1）　3. 罐形鼎（181：30）　4. 深腹罐（181：28）　5. 尊（H1：2）　6. 盆（181：4）

4）二里岗文化

发现灰坑1处，采集少量陶片。涵盖二里岗文化早、晚期。标本6件。

H1：位于刘李东北近河西岸（地理坐标为：北纬34°35′998″，东经112°37′773″）。坑内陶片较多。可辨认器形有鬲、卷沿方唇鬲、卷沿薄胎鬲、小尊、盆等。年代为二里岗文化早期。

深腹罐　181：28，口沿。泥质黑陶。折沿，尖唇，直腹。饰绳纹。口径12、残高4.4、厚0.6—0.8厘米（图2.159d，4）。

鬲　2件。181：29，足部。夹砂褐陶。圆锥形实足。素面。残高8.2、厚0.6厘米（图2.159d，1）。H1：1，口沿。夹砂灰陶。折沿，方唇，沿内有一道凹槽，束颈，溜肩。饰绳纹。口径17、残高8、厚0.6—0.8厘米（图2.159d，2；图版四一五，6）。

罐形鼎　181：30，口沿。夹砂褐陶。直领外侈，方唇，束颈，溜肩。饰细绳纹夹一周附加堆纹。口径21、残高8、厚0.7—0.8厘米（图2.159d，3；图版四一二，4）。

盆　181：4，口沿。泥质黑陶。小折沿，尖唇，束颈。素面。口径38、残高3.4、厚0.6—0.7厘米（图2.159d，6）。

尊　H1：2，口沿。泥质黑陶。折沿，尖圆唇，溜肩，折腹。磨光，肩部、腹部各饰两周凹弦纹。口径20、残高6.8、厚0.5—0.7厘米（图2.159d，5；图版四一二，3）。

（3）基本认识

该遗址文化内涵相对复杂，以仰韶晚期遗存为主，另外兼有不少龙山晚期、二里头晚期和二里岗文化的遗物。

147. 刘李西北（182）

（1）概况

位于洛阳市洛龙区寇店镇刘李村西北。具体位置为刘李村西北沙沟河西岸的尖嘴状台地上，九贤村西东西向道路以南约100米处，其西侧和南侧不远处均为厂房（图2.160a）。仰韶文化的遗存主要集中于台地尖嘴处，面积约0.4万平方米。南侧300米处的沟西见有东周时期的遗存，面积不详。地理坐标为北纬34°36′20.59″，东经112°37′24.51″，海拔约154米。地表为农田和树林。

2001年3月26日二里头工作队调查发现，2017年7月25日复查。

图2.160a 刘李西北（右为北）

（2）主要发现

在台地上见有不少仰韶文化遗存，台地南侧不远处见有零星东周时期遗存。标本6件。

1）仰韶文化

陶片数量相对较多，可辨认器形有夹砂溜肩罐、夹砂折肩罐、泥质彩陶罐、盆、盖、碗等，属于仰韶文化晚期。标本4件。

罐　2件。182：1，口沿。夹砂灰陶。直领外侈，圆唇，沿内包边，溜肩。肩部饰数道凸弦纹和一周附加堆纹。口径37、残高9.8、厚0.6—0.9厘米（图2.160b，6；图版三三四，2）。182：2，口沿。夹砂灰陶。直领外侈，尖唇，沿内包边，溜肩。饰弦纹。口径23、残高8.6、厚0.5—0.9厘米（图2.160b，5；图版三三四，3）。

盆　182：3，口沿。夹砂灰陶。直口，方唇，唇面有两道凹弦纹，折腹，弧顶。腹部有四道凸棱。口径40、残高8.2、厚0.9—1.6厘米（图2.160b，4；图版三三四，4）。

碗　182：4，可复原。泥质灰陶。敞口，圆唇，弧腹下收呈平底。沿外残存少许红彩。口径18.5、底径9.5、高6.4厘米（图2.160b，3；图版三三四，5）。

2）东周时期

碎片较多，可见器形有盆、瓮等，属于东周早期。标本2件。

瓮　182：5，口沿。泥质灰陶。直领外侈，方唇，唇面外凸呈棱，广肩。饰细绳纹。残高6.8、厚1—1.6厘米（图2.160b，1；图版四三七，2）。

盆　182：6，口沿。泥质灰陶。平折沿，方唇，唇面有一道凹槽，沿面内凹，腹部有一道凸弦纹。口径35、残高4、厚0.6—0.8厘米（图2.160b，2；图版四三七，3）。

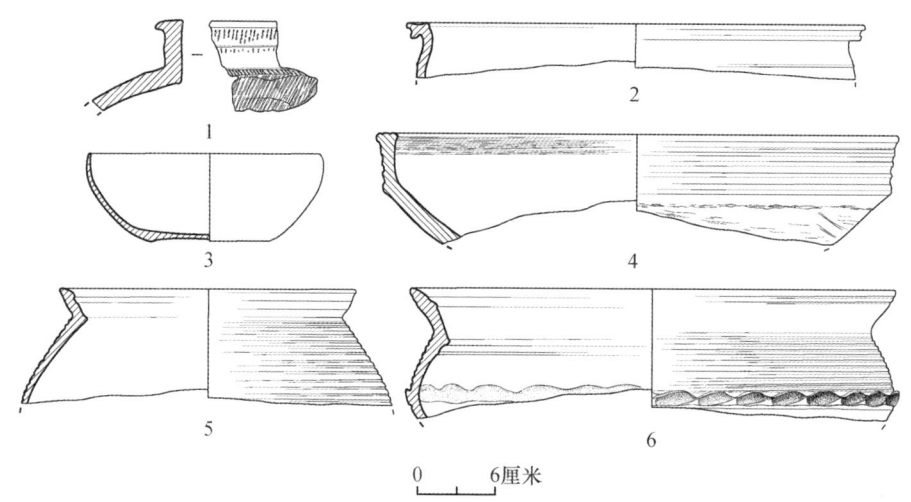

图2.160b　刘李西北（182）采集标本

1.瓮（182：5）　2、4.盆（182：6、182：3）　3.碗（182：4）　5、6.罐（182：2、182：1）

（3）基本认识

该遗址为沙沟河西岸的一处小型遗址，以仰韶文化的遗存为主，也兼有少量东周时期遗物。

148. 九贤（139）

（1）概况

位于洛阳市洛龙区庞村镇九贤村西。具体位置为九贤村西北沙沟河东岸台地，南至九贤通往李村镇道路，东到九贤通往西庞村道路以西，西到河岸（图2.161a）。面积约6万平方米。地理坐标为北纬34°36′35.15″，东经112°37′23.29″，海拔约158米。遗址地表为核桃园。

1984年，洛阳市文物普查队调查该遗址，认为该遗址存在庙底沟二期、王湾三期和商代的遗存[①]。

2001年3月26日二里头工作队调查，2017年7月3日复查。

图2.161a　九贤（上为北）

---

① 方孝廉：《洛阳市一九八四年古文化遗址调查简报》，《中原文物》1987年第3期。

（2）主要发现

调查中采集到不少陶片，属于仰韶、龙山和殷墟文化。发现有陶杯、石器残片等。标本13件。

1）仰韶文化

采集陶片较为丰富。可辨认器形有直腹鼎、夹砂折肩罐、泥质彩陶罐、罐、小口高领瓮、杯、花边缸、缸、尖底瓶、彩陶钵、钵、碗、盖等，属于仰韶文化中、晚期。标本9件。

双缺口石刀　2件。139：1，硅质岩。黑色。保留卵石的自然面，两侧有打制形成的缺口。残长8.6、残宽4.9、厚1.4厘米（图版三五〇，3）。139：2，硅质岩。黑色，保留卵石的自然面，两侧有打制形成的缺口。残长8.9、宽5、厚1.6—1.9厘米（图版三五〇，4）。

罐　5件。139：4，口沿。泥质灰陶。直领外侈，束颈，广肩。磨光，饰平行线纹夹网格纹。残高8.6、厚0.7—1.1厘米（图2.161b，4；图版三三四，6）。139：5，口沿。泥质红陶。侈口，折沿，尖唇，溜肩。饰平行线纹夹网格纹。口径28、残高8.2厘米（图2.161b，5；图版三三五，1）。139：6，口沿。夹砂褐陶。侈口，卷沿，圆唇，沿面有两道凸棱，沿内起一道凸棱，溜肩。口径16、残高5.2、厚0.5—0.7厘米（图2.161b，1；图版三一四，2）。139：8，口沿。夹砂褐陶。直领外侈，圆唇，弧腹。腹饰一周附加堆纹。口径23、残高13、厚0.4—0.8

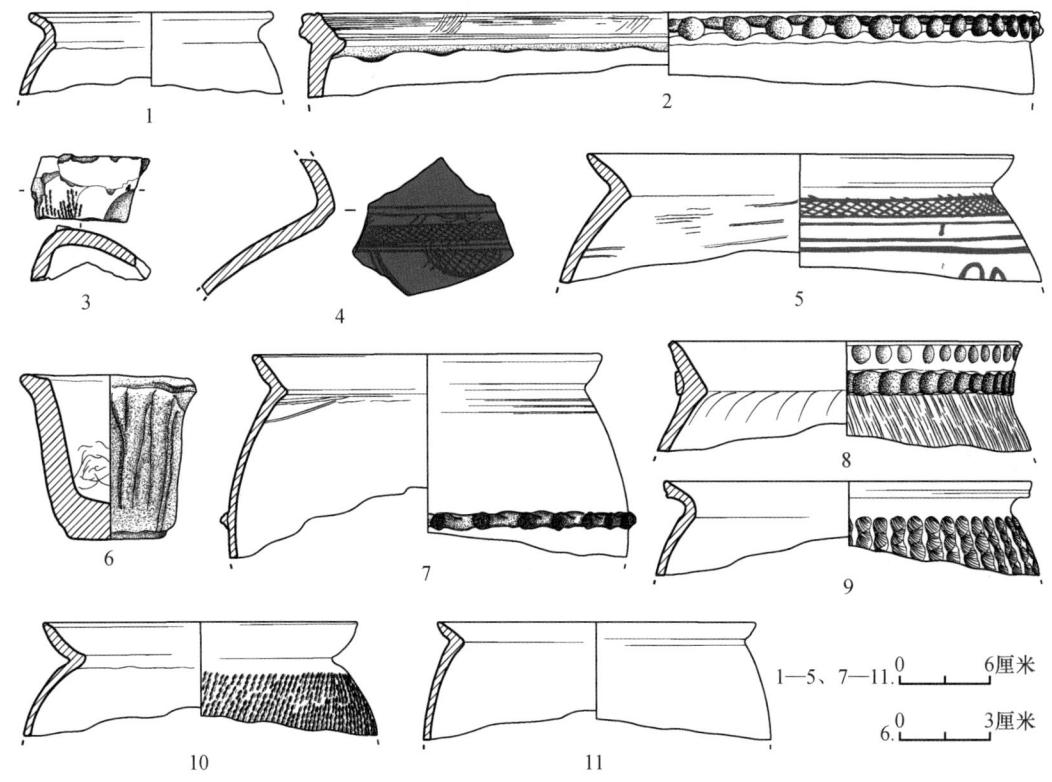

图2.161b　九贤（139）采集标本

1、4、5、7、8、10、11.罐（139：6、139：4、139：5、139：8、139：7、139：9、139：10）　2.缸（139：3）　3.三足器（139：11）　6.杯（139：13）　9.鬲（139：12）

厘米（图2.161b，7；图版三三五，2）。139：10，口沿。泥质灰陶。侈口，折沿上翘，尖唇，溜肩。施红衣。口径21、残高7.5、厚0.5—0.8厘米（图2.161b，11）。

缸　139：3，口沿。夹砂褐陶。侈口，折沿，圆唇，沿外饰一周花边，沿内起一道凸棱，弧腹。口径47、残高5.1、厚0.9—1.5厘米（图2.161b，2）。

杯　139：13，口沿残。泥质灰陶。斜腹，平底。素面。口径5.8、厚0.5—1.3、残高5.3厘米（图2.161b，6）。

2）龙山文化

陶片数量较多。可辨认器形有鼎、花边深腹罐、罐，属于龙山时代早、晚期。标本2件。

罐　2件。139：7，口沿。夹砂褐陶。直领微侈，圆唇，溜肩。颈部饰一周附加堆纹，肩饰篮纹。口径23、残高7、厚0.7—1.4厘米（图2.161b，8；图版三五二，6）。139：9，口沿。夹砂褐陶。侈口，折沿上翘，尖唇，沿面有一道凸棱，溜肩。饰绳纹。口径21、残高7.2、厚0.4—0.8厘米（图2.161b，10；图版三五三，1）。

3）殷墟文化

陶片数量不多，可辨认器形有三足器（可能为三足瓮、蛋形瓮类）、鬲等，属于殷墟文化。标本2件。

三足器　139：11，足部。泥质灰陶。素面。残长4.3、厚1厘米（图2.161b，3）。

鬲　139：12，口沿。夹砂灰陶。卷沿，方唇，溜肩。饰粗绳纹。口径24、残高6、厚0.6—0.8厘米（图2.161b，9；图版四二二，1）。

（3）基本认识

该遗址文化内涵相对复杂，以仰韶中、晚期和龙山时期遗存为主，其中龙山早期的遗存在本地区较为少见。另见有少量的殷墟文化遗物，核查中未发现简报中所录的两周时期遗物[①]。

---

① 中国社会科学院考古研究所二里头工作队：《河南洛阳盆地2001～2003年考古调查简报》，《考古》2005年第5期。

149. 苏家窑南（138）

位于洛阳市洛龙区庞村镇（伊滨区代管）苏家窑村南。具体位置为伊东渠以南的大王村至苏家窑生产路西侧，工业区通往九贤村道路以北，苏家窑南通往李村道路以南（图2.162）。面积约6万平方米。地理坐标为北纬34°36′30.67″，东经112°36′59.29″，海拔166米左右。该区域现在为工业区，遗址南部被床垫厂占压，北部被办公家具厂占压，中部为苗圃。

2001年3月26日二里头工作队调查发现，2017年7月3日复查。

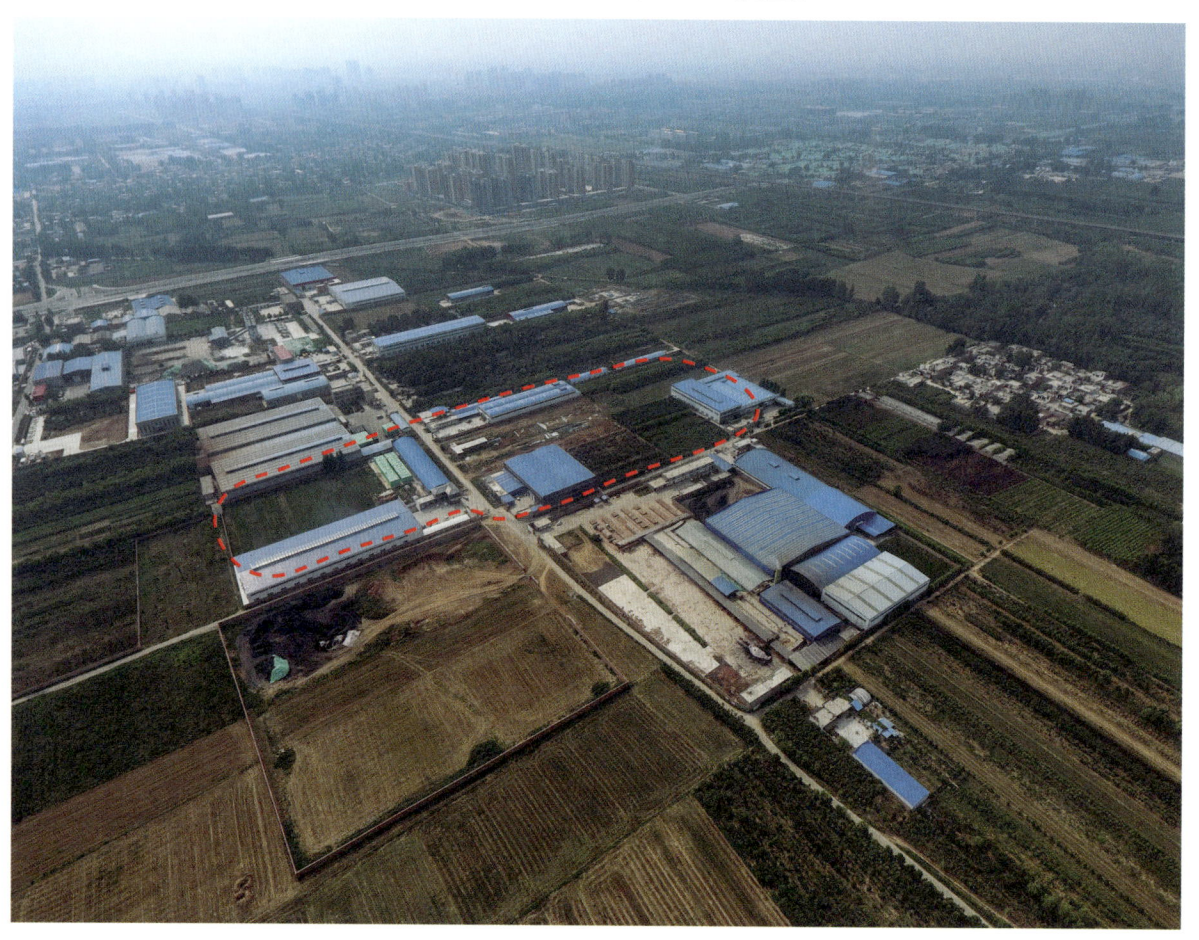

图2.162　苏家窑南（右上为北）

在该区域曾采集少量龙山时期陶片，无典型标本。具体时段不详。

该遗址东距沙沟河约200米，可能为沙沟河西岸的一处小型龙山文化遗址。

150. 苏家窑西北（137）

（1）概况

位于洛阳市洛龙区庞村镇苏家窑村西北。具体位置为苏家窑老村西北沙沟河西岸的台地上，北距郑西高铁约150米，东至沙沟河西岸，南距伊东渠约200米，西距汉魏大道约300米（图2.163a；图版一二三，1）。仰韶、龙山时期的遗存主要分布于河岸附近，面积约5万平方米，东周时期的遗存面积稍大，约8.1万平方米。地理坐标为北纬34°36′56.55″，东经112°36′56.49″，海拔约145米。地表多为农田，遗址被取土破坏较为严重。

2007年11月7日，洛阳市人民政府将该遗址公布为第三批洛阳市文物保护单位。

2001年3月27日，二里头工作队调查，2017年7月3日复查。

图2.163a　苏家窑西北（上为北）

（2）主要发现

该遗址发现灰坑5处。采集到较多的陶片和石质器物。遗存分属于仰韶、龙山和东周时期。标本36件。

1) 仰韶文化

发现灰坑1处。陶片数量较多，可辨认器形有夹砂折肩罐、泥质罐、盆、钵，属于仰韶文化晚期。标本9件。

H3：位于苏家窑西北台地北断崖。距地表1米，口宽1.5米，深0.6—0.7米。坑内见有陶片和小件石器。陶片可辨认器形有夹砂罐、盆、器盖等。时代为仰韶晚期晚段。

石刀　2件。H3:1，硅质岩。黑色。保留卵石的自然面，经过打制，刃部较长，有使用造成的小破裂面。残长7.7、宽5、厚1.1厘米（图版三三五，3）。H3:2，硅质岩。黑色。保留卵石的自然面，经过打制，刃部端有使用造成的小破裂面。长8.6、最宽4.7、厚1.1厘米（图版三三五，4）。

罐　2件。137:1，口沿。夹砂褐陶。直领外侈，方唇，溜肩。素面。口径28、残高5、厚0.8—1.3厘米（图2.163b，12；图版三三五，5）。H3:4，口沿，夹砂褐陶。宽折沿，圆唇，

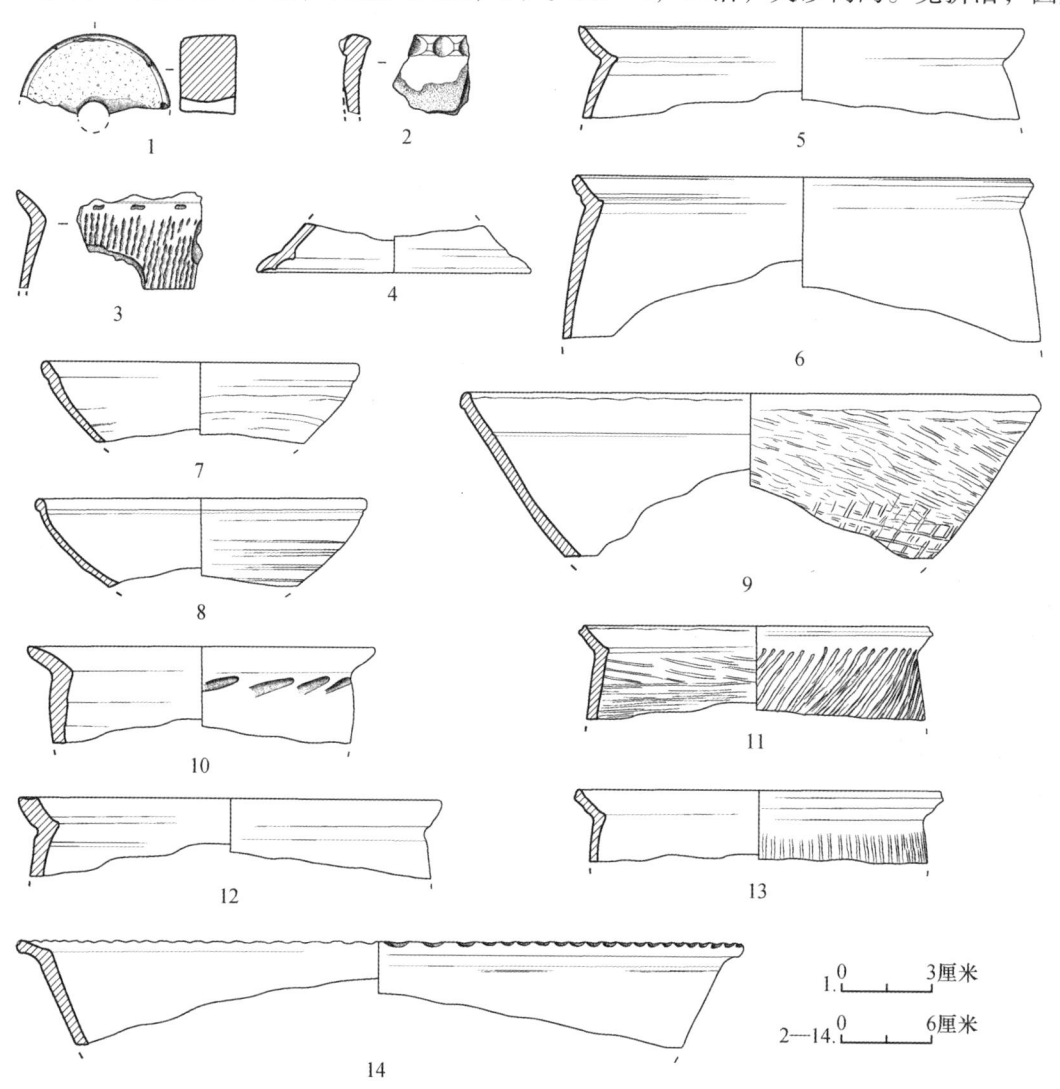

图2.163b　苏家窑西北（137）采集标本（一）

1. 纺轮（137:3）　2、6、9、14. 盆（137:2、137:4、H4:2、H3:5）　3、5、10—13. 罐（137:6、137:5、H3:4、137:7、137:1、H2:3）　4. 器盖（H3:3）　7、8. 豆（H1:4、H1:3）

直腹微弧。颈有凹坑。口径23、残高6.2、厚0.7—1.2厘米（图2.163b，10）。

盆　3件。137∶2，口沿。夹砂黑陶。平沿，圆唇，沿外饰花边，直腹微弧。残高5.1、厚0.5—1.2厘米（图2.163b，2）。H3∶5，口沿。夹砂灰陶。敞口，折沿，圆唇，唇面饰一周花边，斜直腹。口径48、残高6.6、厚0.8—1厘米（图2.163b，14）。H4∶2，口沿。夹砂灰陶。敞口，圆唇，斜直腹。素面。口径38、残高10.4、厚0.6—0.7厘米（图2.163b，9）。

纺轮　137∶3，泥质褐陶。圆形，中心穿孔。素面。直径约5.5、厚1.8厘米（图2.163b，1）。

器盖　H3∶3，口沿。夹砂灰陶。下口外侈，圆唇。沿内有两道凸棱，沿下有一道凹槽。口径18、残高3、厚0.6—0.8厘米（图2.163b，4）。

2）龙山文化

见有灰坑4处，涵盖龙山时代早、晚期。采集的标本较多，可辨认器形有盆、罐、豆等。标本12件。

H4：位于苏家窑西北台地西断崖，H1南40米左右。深0.7米。填土为黑灰土。坑内见有石器、兽骨和陶器。陶片可辨认器形有盆、小口高领瓮等，也见有仰韶文化遗物。时代为龙山晚期早段。

H5：位于苏家窑西台地东断崖，坑口距地表1.4米。填土为灰褐土夹红烧土。坑内包含龙山文化泥质陶片和夹砂陶片。陶片有泥质和夹砂类，泥质类多素面，夹砂类多见素面，少量绳纹和篮纹。年代为龙山早期。

H1：位于苏家窑西北台地西断崖。开口于耕地下，距地表0.5—0.6米。填土为黑灰土。坑内见有陶片和小件石器，石器有双缺口石刀和石片。陶片可辨认器形有豆等。时代为龙山晚期。

H2：位于苏家窑西北台地西断崖，与H1南邻。距地表0.5—0.6米，深2米左右。填土为灰黄杂土。坑内小件遗物发现有石片。可辨认的器形为大口罐。时代为龙山晚期。

石片　5件。H1∶1，英安岩。黑色。保留卵石的自然面，经过打制。残长9.6、宽5.1、厚1.3厘米。H1∶2，英安岩。黑色。保留卵石的自然面，经过打制。长10、宽2—3.7、厚0.9厘米（图版三六二，6）。H4∶1，硅质岩。褐色。保留卵石的自然面，经过打制。长5.7、最宽6、厚1.6厘米（图版三六三，5）。H2∶1，硅质岩。黑色。保留卵石的自然面，经过打制。长6.3、宽8.9、厚1.8厘米（图版三六三，2）。H2∶2，硅质岩。黑色。保留卵石的自然面，经过打制。长8.65、宽4.2、厚1.4厘米（图版三六三，3）。

罐　4件。137∶5，口沿。泥质灰陶。折沿，圆唇，溜肩。素面。口径29、残高5.8、厚0.6—0.8厘米（图2.163b，5）。137∶6，口沿。夹砂灰陶。侈口，折沿，溜肩。饰绳纹。残高6.3、厚0.6—0.8厘米（图2.163b，3；图版三五三，3）。137∶7，口沿。夹砂褐陶。侈口，折沿上翘，方唇，唇面有一道凹槽，溜肩。饰篮纹。口径23、残高6、厚0.6—0.8厘米（图2.163b，11；图版三五三，4）。H2∶3，口沿。夹砂褐陶。折沿，方唇，沿下饰一道凸弦纹，溜肩。饰篮纹。口径24、残高4.6、厚0.4—0.6厘米（图2.163b，13；图版三六三，4）。

盆 137：4，口沿。夹砂灰陶。折沿，方唇，沿面有一道凹槽，直腹微弧。口径30、残高10.4、厚0.5—1厘米（图2.163b，6；图版三五三，2）。

豆 2件。H1：3，口沿。泥质灰陶。直口，圆唇，沿下有一道凹槽，弧腹。口径22、残高5.6、厚0.4—0.5厘米（图2.163b，8；图版三六三，1）。H1：4，口沿。泥质灰陶。敞口，圆唇，斜腹内收。素面。口径21、残高5.1、厚0.4—0.7厘米（图2.163b，7）。

3）东周时期

有大量周代陶片。可辨认器形有罐、缸、盆、豆、鬲等。包括春秋和战国时期。标本15件。

鬲 3件。137：20，口沿。夹砂灰陶。平折沿，方唇，矮领，广肩。饰暗绳纹。口径22、残高3.6、厚0.6—0.8厘米（图2.163c，12；图版四五六，3）。137：21，口沿。夹砂红陶。折沿，方唇，沿面内凹，唇面饰一道凹弦纹，矮领，广肩。口径27、残高5.4、厚0.4—0.9厘米（图2.163c，11；图版四五六，4）。137：22，口沿。夹砂红陶。平折沿，方唇，沿内凸呈棱，沿面有一道凹槽，矮领，溜肩。肩饰数道凹弦纹。口径24、残高4.2、厚0.5—0.6厘米（图2.163c，13；图版四五六，5）。

罐 4件。137：8，口沿。泥质灰陶。直领外侈，方唇，唇面内凹，广肩。饰细绳纹。口径20、残高7.2、厚0.8—1.1厘米（图2.163c，14；图版四五五，2）。137：9，口沿。泥质灰陶。折沿，方唇，束颈。素面。残高4.3、厚0.7—0.9厘米（图2.163c，6；图版四三七，4）。

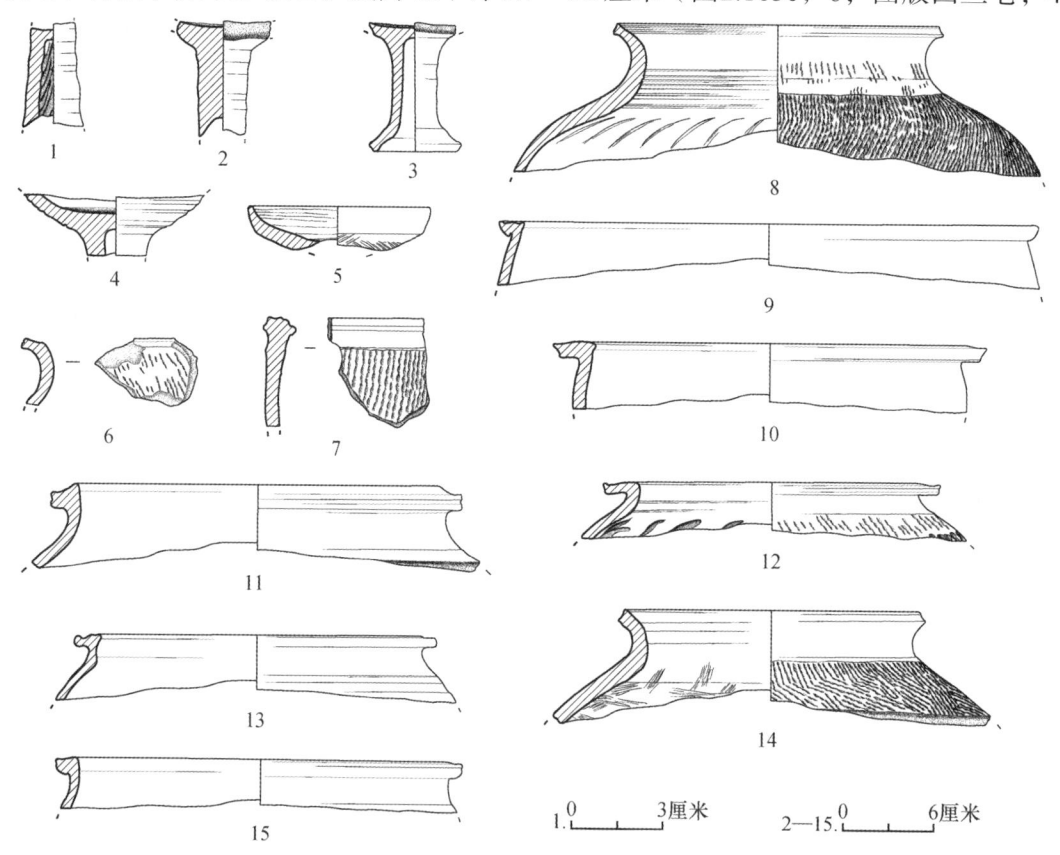

图2.163c 苏家窑西北（137）采集标本（二）

1—5. 豆（137：14、137：16、137：13、137：15、137：11） 6、8、14、15. 罐（137：9、137：10、137：8、137：19）
7、9、10. 盆（137：12、137：18、137：17） 11—13. 鬲（137：21、137：20、137：22）

137：10，口沿。泥质灰陶。直领外卷，方唇，广肩。饰细绳纹。口径21、残高9.5、厚0.6—1.3厘米（图2.163c，8；图版四五五，3）。137：19，口沿。泥质灰陶。平折沿，方唇，矮领。素面。口径27、残高3.2、厚0.5—0.6厘米（图2.163c，15）。

豆　5件。137：11，口沿。泥质灰陶。直口微侈，方唇，折腹，浅盘。内壁磨光。口径12、残高2.8、厚0.4—1厘米（图2.163c，5；图版四三七，5）。137：13，柄部。泥质灰陶。平底，空心柱柄，喇叭口，方唇。素面。残高8.2、厚0.5—0.7厘米（图2.163c，3；图版四五五，4）。137：14，柄部。泥质灰陶。实心柱柄。素面。残高3.3、厚0.7—0.9厘米（图2.163c，1；图版四五五，5）。137：15，柄部。泥质灰陶。圜底，空心柱柄。素面。残高3.8、厚0.7—1.2厘米（图2.163c，4；图版四五五，6）。137：16，柄部。泥质灰陶。圜底，实心柱柄。素面。残高7.4厘米（图2.163c，2；图版四五六，1）。

盆　3件。137：12，口沿。夹砂灰陶。直口，平沿，沿面饰一道凹弦纹，沿内凸呈棱，沿外包边加厚，呈丁字形口沿。饰绳纹。残高7、厚0.8—1.2厘米（图2.163c，7；图版四六三，3）。137：17，口沿。泥质灰陶。平折沿，方唇，沿内凸呈棱，直腹微弧。素面。口径28、残高4.3、厚0.7—0.9厘米（图2.163c，10；图版四五六，2）。137：18，口沿。泥质灰陶。平折沿，方唇，直腹。素面。口径35、残高4、厚0.6—0.7厘米（图2.163c，9）。

（3）基本认识

该遗址文化内涵复杂，包括仰韶、龙山和东周时期遗存。其中龙山时代遗存涵盖早、晚两个时期，为本区域内较少见。整理中未见到简报所录的商代（包括二里岗和殷墟文化）遗存[1]。

---

[1] 中国社会科学院考古研究所二里头工作队：《河南洛阳盆地2001~2003年考古调查简报》，《考古》2005年第5期。

151. 武屯东南（152）

（1）概况

位于洛阳市洛龙区李村镇（伊滨区代管）武屯村（已拆迁）东南。具体位置为武屯村东南的沙沟河东岸台地上，北至西庞村南断崖，东至西庞村西至苏家窑道路，西至沙沟河西岸，南至郑西高铁高架桥沿线（图2.164a；图版一二三，2；图版一二四，1）。仰韶文化遗存的面积约19万平方米，其余时期的遗存面积不详。地理坐标为北纬34°37′02.33″，东经112°37′03.63″，海拔约150米。遗址西部被砖厂取土破坏，北部为苗圃占压，其余地段多为农田。

图2.164a 武屯东南（下为北）

1984年，洛阳市文物普查队曾调查该遗址，发现该遗址断崖上暴露的文化层厚约1米，地面遗迹遗物不多，遗址面积约6万平方米。发现的标本有盆、彩陶钵、钵、瓮、罐等，另外还采集尖底瓶、器耳、器盖、器底、鼎足和石铲等遗物。认为该遗址属于王湾一期和王湾二期文化[①]。

---

① 方孝廉：《洛阳市一九八四年古文化遗址调查简报》，《中原文物》1987年第3期。

2001年3月25日，二里头工作队调查，2017年7月3日复查。

（2）主要发现

调查采集的遗物较多，包括石器2件和数十块陶片。主要为仰韶文化，同时见有部分龙山、二里头和东周时期的遗物。标本36件。

石器　152∶1，红褐色。保留卵石的自然面，经过打制。长9.7、宽5.4—7.1、厚2.1厘米（图版二五〇，6）。

石料　152∶2，中粒砂岩。淡紫色。废料。长3.9、宽6.3、厚1.3—1.5厘米。

1）仰韶文化

陶片数量较多，可辨认器形有各类夹砂罐、泥质罐、釜形鼎、盆、缸、钵、碗、盖、鼎、刀、尖底瓶等，属于仰韶文化中、晚期，部分或能早到早期。标本28件。

鼎　3件。152∶7，足部。夹砂褐陶。溜肩，折腹。宽扁长方形足。肩部饰数周凹弦纹，足面饰沟槽。残高7.6、厚0.6—0.7厘米（图2.164b，4；图版三一四，5）。152∶8，足部。夹砂褐陶。宽扁长方形足，饰三角形刻划纹和戳印纹。残高8厘米（图2.164b，5；图版三一四，6）。152∶9，足部。夹砂褐陶。长条形足。素面。残高5.5、厚1.2—1.6厘米（图2.164b，7；图版三一五，1）。

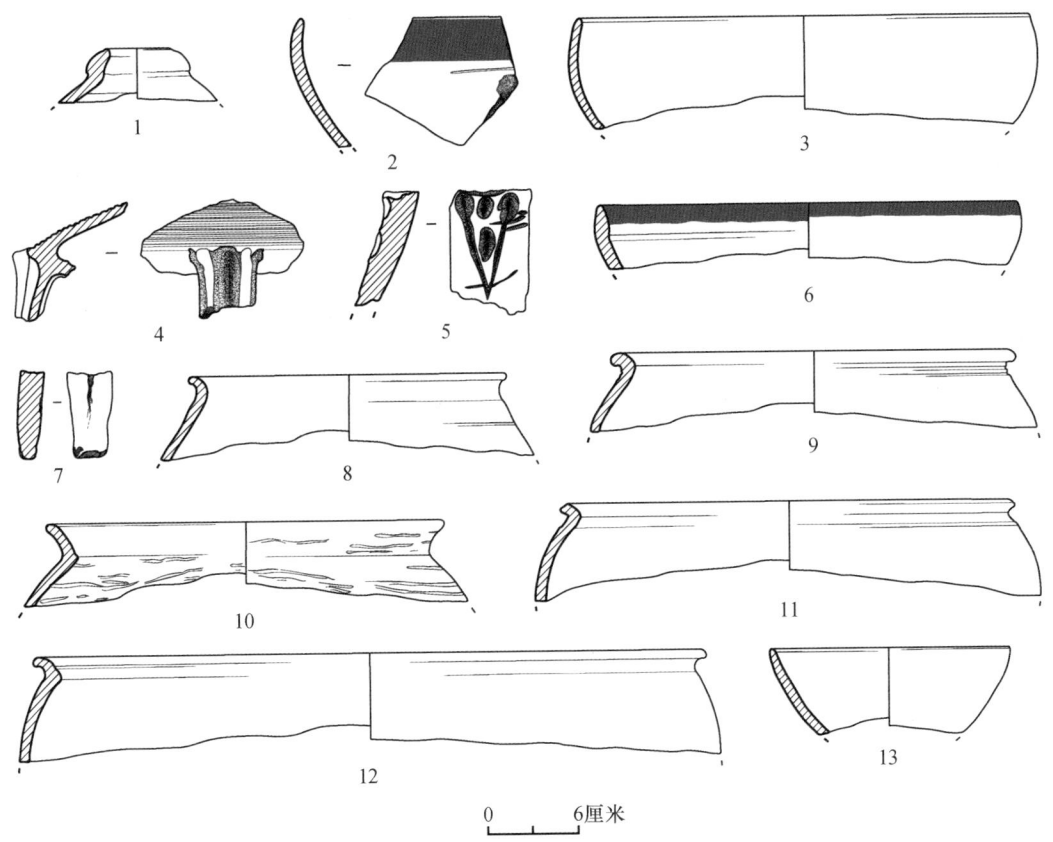

图2.164b　武屯东南（152）采集标本（一）

1.尖底瓶（152∶10）　2、3、6.钵（152∶4，152∶5，152∶6）　4、5、7.鼎（152∶7，152∶8，152∶9）　8—12.罐（152∶11，152∶12，152∶13，152∶14，152∶15）　13.碗（152∶3）

罐 11件。152∶11，口沿。夹砂褐陶。侈口，卷沿，尖圆唇，溜肩。素面。口径21、残高5.2、厚0.6—0.8厘米（图2.164b，8；图版三一五，3）。152∶12，口沿。夹砂褐陶。卷沿，圆唇，溜肩。素面。口径27、残高5、厚0.5—0.6厘米（图2.164b，9；图版三一五，4）。152∶13，口沿。夹砂褐陶。直领外侈，尖圆唇，溜肩。肩饰两周凹弦纹。口径26、残高5.2、厚0.6—0.7厘米（图2.164b，10；图版三一五，5）。152∶14，口沿。夹砂灰陶。卷沿，圆唇，沿面有一道凹槽，溜肩。口径30、残高6.2、厚0.7—0.8厘米（图2.164b，11；图版三一五，6）。152∶15，口沿。夹砂灰陶。侈口，卷沿，圆唇，溜肩。素面。口径44、残高6.6、厚0.6—0.9厘米（图2.164b，12；图版三一六，1）。152∶16，口沿。夹砂灰陶。侈口，折沿上翘，方唇，溜肩。素面。口径15、残高5.8、厚0.6—0.7厘米（图2.164c，12；图版三一六，2）。152∶17，口沿。夹砂红陶。直领外侈，方唇，溜肩。素面。残高4.5、厚0.7—0.9厘米（图2.164c，1）。152∶18，口沿。夹砂灰陶。直领，方唇，沿内凹，沿外出一道凸棱，溜肩。口径16、残高3.1、厚0.6—0.7厘米（图2.164c，2）。152∶19，口沿。夹砂褐陶。直口，圆唇，沿外出一道凸棱，溜肩。口径23、残高5、厚0.6—0.9厘米（图2.164c，5；图版三一六，3）。152∶22，口沿。夹砂褐陶。侈口，折沿上翘，溜肩。唇面饰花边。残高6、厚0.8—0.9厘米（图2.164c，4；图版三三六，2）。152∶30，口沿。夹砂褐陶。矮领微侈，圆唇，溜肩。素面。口径24、残高5.5、厚0.4—0.6厘米（图2.164d，1）。

碗 152∶3，口沿。泥质褐陶。敞口，尖圆唇，弧腹。素面。口径16、残高5.5、厚0.5—0.6厘米（图2.164b，13；图版三三五，6）。

钵 3件。152∶4，口沿。泥质红陶。敛口，尖唇，弧腹。沿外施红彩。残高8.1、厚0.6—

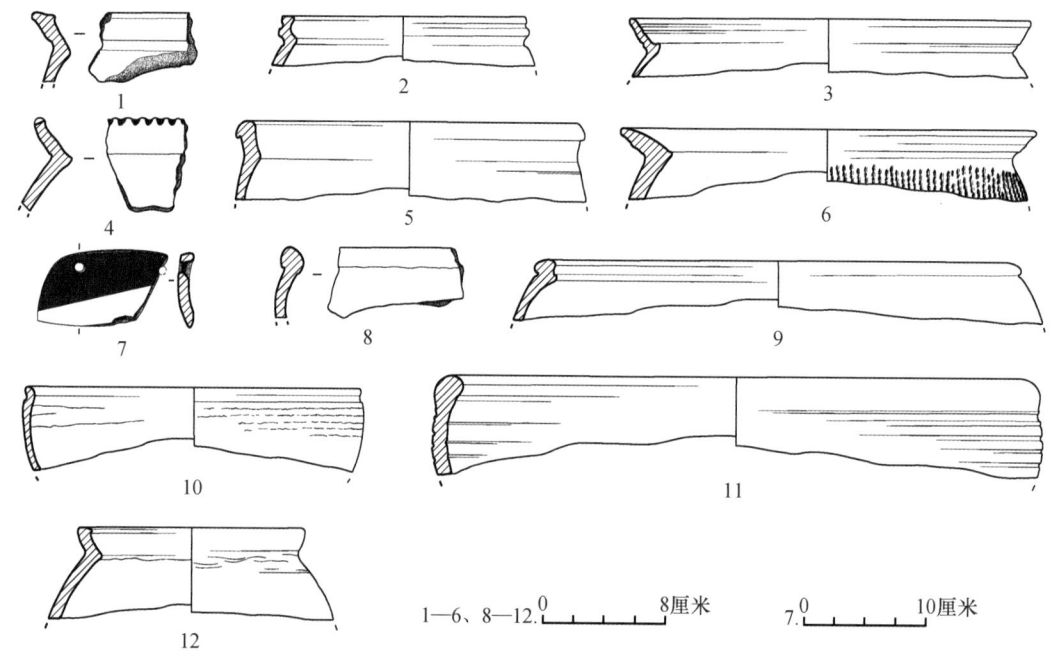

图2.164c 武屯东南（152）采集标本（二）
1—6、12.罐（152∶17、152∶18、152∶21、152∶22、152∶19、152∶20、152∶16） 7.刀（152∶27） 8—11.盆（152∶24、152∶23、152∶25、152∶26）

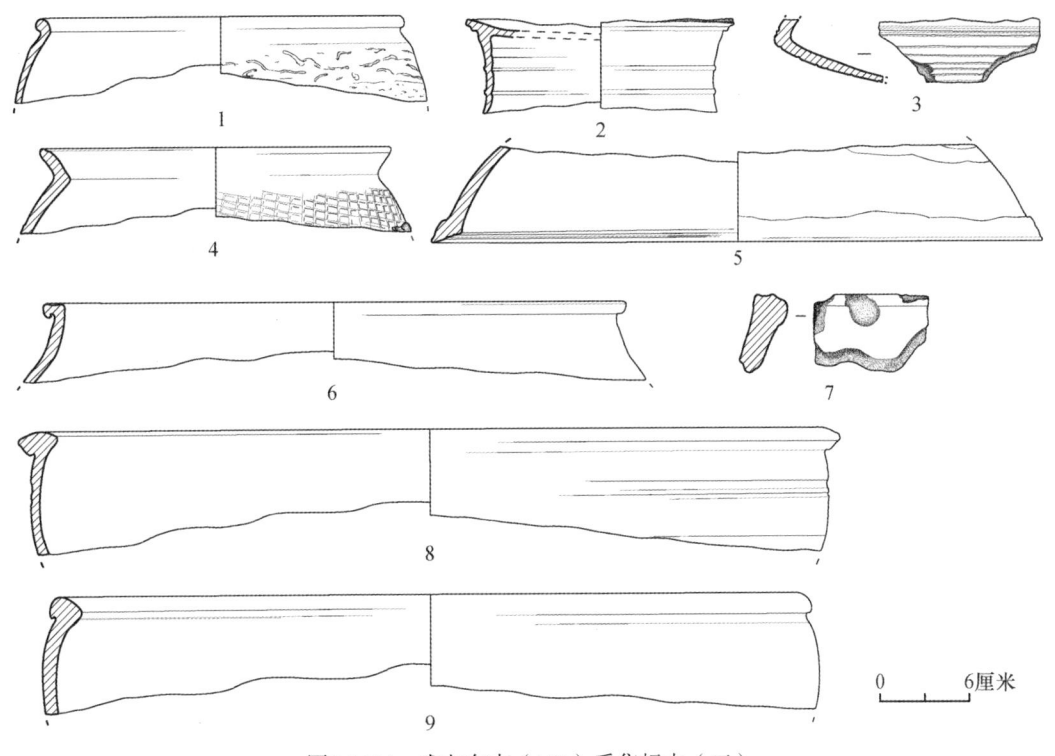

图2.164d 武屯东南（152）采集标本（三）

1、6. 罐（152：30、152：36） 2. 圈足盘（152：33） 3. 斝（152：34） 4. 深腹罐（152：35） 5. 盖（152：31）
7. 缸（153：32） 8、9. 盆（152：28、152：29）

0.7厘米（图2.164b，2；图版三三六，1）。152：5，口沿。泥质红陶。直口微敛，圆唇，弧腹。素面。口径30、残高7、厚0.5—0.6厘米（图2.164b，3；图版三一四，3）。152：6，口沿。泥质红陶。直口微敛，尖圆唇，弧腹。口沿施红彩。口径28、残高4、厚0.7—0.8厘米（图2.164b，6；图版三一四，4）。

尖底瓶　152：10，口沿。泥质红陶。包口，圆唇。素面。口径4、残高3.4、厚0.8—0.9厘米（图2.164b，1；图版三一五，2）。

盆　6件。152：23，口沿。夹砂褐陶。平沿，圆唇，沿内有一道凹槽，沿外饰一道凹弦纹，弧腹。口径31.5、残高3.8、厚0.6—0.8厘米（图2.64c，9；图版三一六，4）。152：24，口沿。夹砂褐陶。卷沿，圆唇，沿外有一道凹槽，直腹微弧。残高4.6、厚0.6—0.7厘米（图2.164c，8；图版三一六，5）。152：25，口沿。泥质红陶。小卷沿，方唇，沿外有一道凹槽，弧腹。口径22、残高5.2、厚0.4—0.6厘米（图2.164c，10；图版三三六，3）。152：26，口沿。泥质红陶。敛口，圆唇，沿外包边加厚，弧腹。腹饰三周凹弦纹。口径38、残高6.3、厚0.8—0.9厘米（图2.164c，11；图版三三六，4）。152：28，口沿。泥质红陶。折沿，尖圆唇，弧腹。腹饰两道凸弦纹。口径54、残高7.8、厚0.6—0.7厘米（图2.164d，8；图版三一七，1）。152：29，口沿。夹砂褐陶。卷沿，圆唇，沿外包边，弧腹。素面。口径50、残高7.4、厚0.8—1.1厘米（图2.164d，9；图版三一七，2）。

盖　152：31，口沿。夹砂灰陶。下口外侈，平沿，沿外包边。素面。口径40、残高6.2、厚0.5—1.1厘米（图2.164d，5）。

缸　152：32，口沿。泥质灰陶。敛口，平沿，圆唇，沿面有一道凹槽，弧腹。磨光。残高5、厚1.6—2.5厘米（图2.164d，7）。

刀　152：27，泥质红腹片改制陶。四周边缘经过磨制。上部有两个钻孔，一孔残，下端磨制呈刃。上残存红彩。残长6.8、宽3.8、厚0.5—0.65厘米（图2.164c，7；图版三一六，6）。

2）龙山文化

陶片数量相对较少。包括泥质和夹砂类。泥质陶片多为素面，偶见篮纹和凸弦纹等；夹砂陶片见有方格纹和弦纹。可辨认器形有罐、大口罐、小口高领瓮、斝、盖、圈足盘、碗等，属于龙山文化晚期。标本3件。

罐　152：21，口沿。夹砂灰陶。侈口，折沿上翘，尖圆唇，沿面微凹，溜肩。素面。口径26、残高3.6、厚0.4—0.5厘米（图2.164c，3）。

圈足盘　152：33，底部残片。泥质黑陶。侈口，尖唇。磨光，外壁有两道凸棱。残高6、厚0.3—0.7厘米（图2.164d，2；图版三六三，6）。

斝　152：34，底部残片。夹砂灰陶。折腹，圜底，袋足。底部饰数道凹弦纹。残高4、厚0.4—0.8厘米（图2.164d，3）。

3）二里头文化

陶片数量极少。可辨认器形有深腹罐等。属于二里头文化早期（一、二期）。标本1件。

深腹罐　152：35，口沿。夹砂灰陶。直领外侈，尖圆唇，溜肩。饰方格纹。口径23、残高5.4、厚0.6—0.8厘米（图2.164d，4；图版三八一，2）。

4）东周时期

陶片数量极少，可辨认器形有罐等。属于东周晚期。标本2件。

罐　2件。152：20，口沿。夹砂褐陶。侈口，折沿上翘，尖唇，溜肩。饰暗绳纹。口径27、残高4.4、厚1—1.1厘米（图2.164c，6）。152：36，口沿。夹砂褐陶。折沿，方唇，溜肩。素面。口径38、残高5、厚0.5—0.7厘米（图2.164d，6；图版四五六，6）。

（3）基本认识

该遗址为沙沟河进入伊河河谷处的一处以仰韶文化遗存为主的中小型遗址，结合历年调查资料看，遗存包含早、中、晚三个阶段，或可至龙山时代早期。文化内涵相对复杂，也见有少量的龙山晚期和二里头文化早期与东周晚期的遗存。

152. 武屯南（153）

（1）概况

位于洛阳市洛龙区李村镇（伊滨区代管）武屯村（已拆迁）南，具体位置为原武屯村南部废弃砖厂周围的沙沟河西岸台地上，现中原大道东侧，郑西高铁高架桥以北，北至原村庄，东至沙沟河岸（图2.165a；图版一二四，2）。面积约4万平方米。地理坐标为北纬34°37′10.28″，东经112°36′35.67″，海拔约139米。遗址被砖厂取土破坏较甚，残余少许。

2001年3月25日，二里头工作队调查，2017年7月4日复查。

图2.165a 武屯南（上为北）

（2）主要发现

采集石器数件和少量陶片，在取土坑四壁见有不少灰坑（图版一二五），清理4处。采集的遗物以龙山晚期为主，少量仰韶、二里头和东周时期。标本16件。

石斧 153∶1，硅质岩。灰黑色，通体琢制，顶端经过打磨，一端断裂。残长9.5、宽4.4—6.3、厚4—5.3厘米（图2.165b，1；图版二五一，1）。

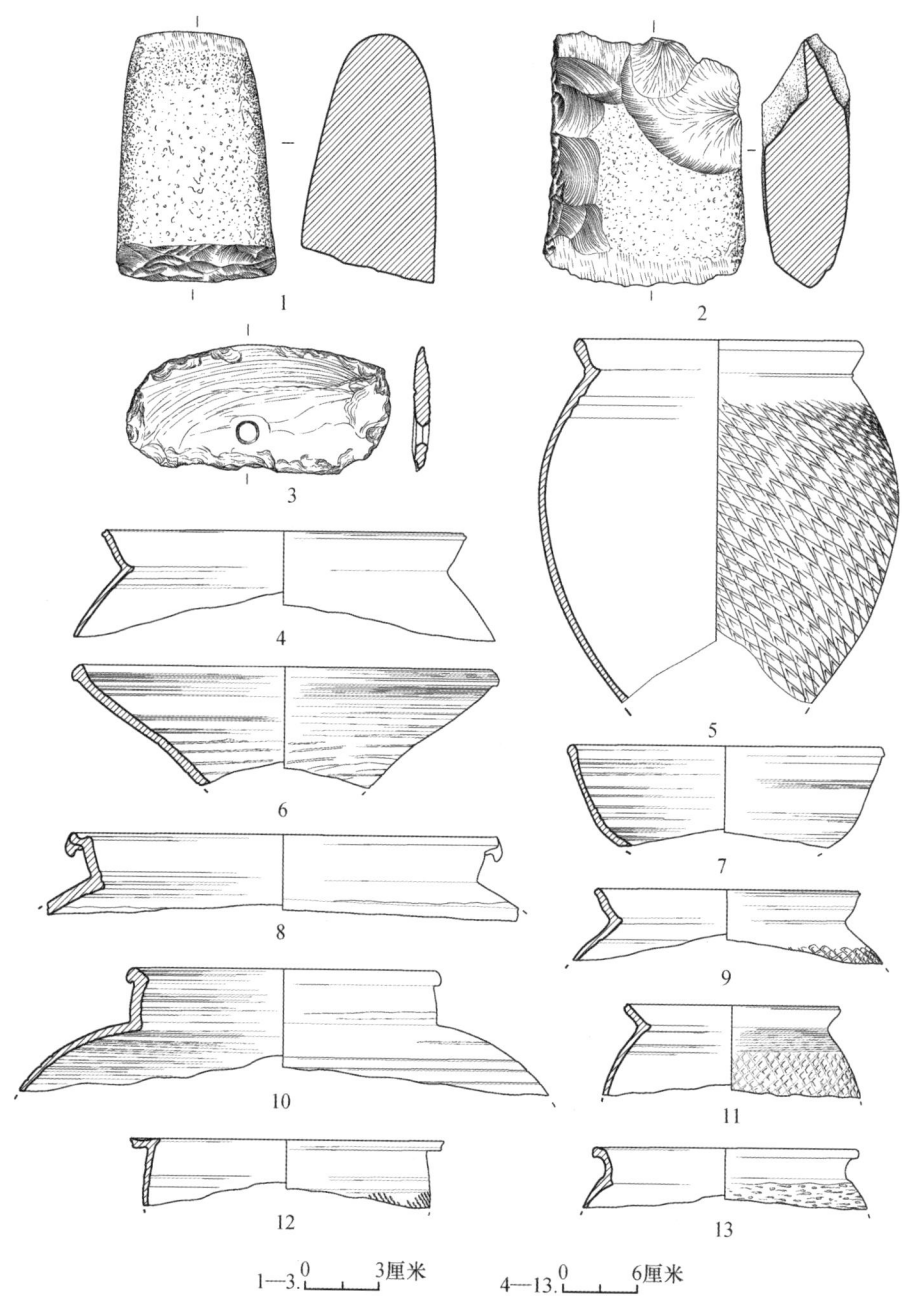

图2.165b 武屯南（153）采集标本

1、2.石斧（153∶1、H3∶1） 3.穿孔蚌刀（H1∶1） 4、5、9、11.罐（153∶3、H3∶3、H2∶3、H3∶2） 6、7、12.盆（H4∶2、H4∶1、153∶5） 8、10.高领瓮（H2∶1、H2∶2） 13.鼎（H2∶4）

石片 153∶2，硅质岩。灰黑色，磨制，破裂。残长6.4、宽10.3、厚1.7厘米（图版二五一，2）。

1）仰韶文化

仅发现少量泥质红陶片。具体时代不详。无标本。

2）龙山文化

发现灰坑4处，采集有不少陶片。包括泥质和夹砂类。泥质陶片见有素面和篮纹，夹砂陶片多见方格纹和篮纹，少量素面。可辨认器形有中口罐、小口高领瓮、盖等，属于龙山文化晚期。

H1：位于沙河沟西岸武屯村南砖厂东壁剖面。开口距地表2米，宽2米，残深1米。填土呈灰褐土、黑灰土、烧土层状分布。坑内陶片包括泥质和夹砂两类，可辨认器形有小口高领瓮、豆、盖等。另发现了猪骨4块、蚌镰、穿孔蚌刀、蚌料和蚌壳等遗物。时代为龙山晚期。

H2：在砖厂取土坑北壁，距H1约10米处断崖剖面上。开口于耕土下，距地表0.3—0.4米。填土为灰褐土。坑内陶片可辨认器形有鼎、罐、大矮领瓮、高领瓮等。时代为龙山晚期。

H3：在H1、H2以北20—25米处砖厂取土坑北壁发现。开口于地表。填土为灰褐土。坑内陶片可辨器形有大口罐等。另发现石斧1件。时代为龙山晚期。

H4：在砖厂北取土沟壁上，与H3距离约8米处。开口于地表。填土为灰褐土。坑内陶片可辨认器形主要有中口罐、盆、折腹盆、豆、小口高领瓮等。年代为龙山晚期。标本12件。

穿孔蚌刀 H1∶1，三角帆蚌。腹缘，左。长10.5、宽4.7、厚0.6厘米（图2.165b，3；图版三六四，1）。

蚌料 H1∶2，丽蚌侧齿，左。长6.7、宽2.2、厚1.05厘米（图版三六四，2）。

石斧 H3∶1，硅质岩。灰黑色。经过打制、琢制，一面未磨，一面的刃部磨制。残长9.7、残宽7.5—7.9、厚3.4厘米（图2.165b，2）。

罐 4件。153∶3，口沿。夹砂灰陶。侈口，折沿上翘，方唇，沿面内凹，折棱明显，溜肩。饰方格纹。口径29、残高8.2、厚0.4厘米（图2.165b，4；图版三六五，3）。H2∶3，口沿。夹砂灰陶。直领外侈，方唇，溜肩。肩饰方格纹。口径21、残高5.6、厚0.4—0.7厘米（图2.165b，9；图版三六四，5）。H3∶2，口沿。夹砂灰陶。直领外侈，方唇，唇内有一道凹槽，沿面微凹，溜肩。饰方格纹。口径17、残高7、厚0.3—0.5厘米（图2.165b，11；图版三六四，6）。H3∶3，口沿。夹砂灰陶。直领外侈，方唇，沿内凹，弧腹。饰方格纹。口径22、残高28、厚0.5厘米（图2.165b，5；图版三七五，6）。

盆 2件。H4∶1，口沿。泥质灰陶。敞口，圆唇，斜弧腹。磨光，饰数周凹弦纹。口径25、残高7.8、厚0.4—0.5厘米（图2.165b，7；图版三六五，1）。H4∶2，口沿。泥质灰陶。敞口，尖唇，沿外有一道凸棱，斜直腹。口径34、残高9.2、厚0.6—0.8厘米（图2.165b，6；图版三六五，2）。

高领瓮 2件。H2∶1，口沿。泥质黑陶。直领，小折沿，方唇，沿面内凹呈子母口状，沿外饰一小錾，广肩。磨光。口径34、残高6.4、厚0.7—1.2厘米（图2.165b，8；图版三六四，3）。H2∶2，口沿。泥质黑陶。小折沿，圆唇，直领，广肩。磨光，肩部饰三道凹弦纹，内壁有两道凸棱。口径25、残高9.6、厚0.4—0.8厘米（图2.165b，10；图版三六四，4）。

鼎 H2∶4，口沿。夹砂灰陶。直领，卷沿，方唇，溜肩。器表见大砂粒。口径21、残高4.6、厚0.3—0.8厘米（图2.165b，13）。

3）二里头文化

仅少量小碎片，可辨认器形有尊、壶。无典型标本。

4）东周时期

仅少量小碎片。器形有罐和盆等，属于东周早期。标本2件。

罐　153：4，腹片。泥质褐陶。内壁饰有拍印纹。残长11.9、残宽11.8、厚0.7厘米（图版四三七，6；图版四三八，1）。

盆　153：5，口沿。夹砂红陶。平折沿，方唇，唇面有一道凹槽，弧腹。饰绳纹。口径25、残高5.1、厚0.4—0.5厘米（图2.165b，12；图版四三八，2）。

（3）基本认识

该遗址为沙沟河进入伊河河谷处的一处以龙山晚期遗存为主的小型遗址。文化内涵相对较为复杂，还见有少量的仰韶、二里头和东周时期的遗存。该遗址濒临城市拓展区，大部分无存。

153. 西庞村西北（135）

（1）概况

位于洛阳市洛龙区庞村镇（伊滨区代管）西庞村西北，李村镇武屯村（已拆迁）东北。具体位置为西庞村西北的沙沟河北岸，东距东柿园至西庞村西道路约200米，西距武屯至柿园道路约300米，南距顾龙路（S320）约300米（图2.166a）。面积约0.6万平方米。地理坐标为北纬34°37′38.58″，东距112°36′44.08″，海拔约132米。遗址大部被厂区和苗圃占压。

2001年3月20日，二里头工作队调查，2017年7月4日复查。

图2.166a 西庞村西北（右为北）

（2）主要发现

遗址上采集的陶片较多，主要为仰韶时期，少量龙山。标本4件。

1）仰韶文化

采集到不少陶片，包括泥质和夹砂类。泥质陶片主要为素面，部分饰线纹。夹砂陶片主要为素面，个别为线纹。可辨认器形有鼎、釜形鼎、罐形鼎、盆、尖底瓶等，时代以仰韶文化中期为主（庙底沟文化）。标本4件。

鼎　2件。135：1，腹片。夹砂红陶。折肩，斜直腹。饰凹弦纹。残高4.5、厚0.5—2.4厘米（图2.166b，1；图版三一七，3）。135：4，口沿。夹砂红陶。折沿，圆唇，溜肩。素面。口径18、残高3.9、厚0.5—0.7厘米（图2.166b，2）。

罐　135：3，口沿。夹砂褐陶。卷沿，尖唇，沿面有两道凹槽，束颈，斜直腹。肩部饰一周附加堆纹。口径22、残高7、厚0.4—0.9厘米（图2.166b，3；图版三一七，5）。

盆　135：2，口沿。泥质红陶。折沿，圆唇，沿面微弧，斜直腹。素面。口径29、残高3.7、厚0.6—1厘米（图2.166b，5；图版三一七，4）。

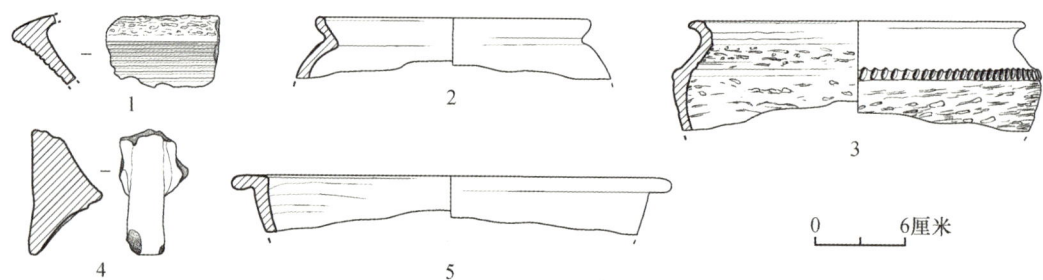

图2.166b　西庞村西北（135）、东庞村北（150）采集标本
1、2、4.鼎（135：1、135：4、150：2）　3.罐（135：3）　5.盆（135：2）

2）龙山文化

见有少量碎片，纹饰有篮纹，个别为磨光。具体时代不详。

（3）基本认识

该遗址为沙沟河北岸的一处小型遗址，遗存以仰韶时期为主，少量龙山。

154. 东庞村北（150）

（1）概况

位于洛阳市洛龙区庞村镇（伊滨区代管）东庞村北。具体位置为东、西庞村北部赵屯村西南的沙沟河北岸。南邻沙沟河，西至西庞村至大庄村道路，东至东庞村西至赵屯西道路，北至工业区北侧东西向道路（图2.167）。面积约5.9万平方米，陶片分布范围约40万平方米。地理坐标为北纬34°37′59.76″，东经112°37′45.27″，海拔约127米。中部被厂区占压，西部为农田，东部为苗圃。

2003年3月9日，二里头工作队调查发现，2017年7月4日复查。

图2.167　东庞村北（下为北）

（2）主要发现

遗址上采集的遗物较少，包括石器和部分陶片。多数为二里头文化，少量遗物属于仰韶、龙山和商周时期。标本2件。

石刀　150：1，硅质岩。黑色。保留卵石的自然面，边缘经过打制修整。长8.5、宽4.1、厚1.2厘米（图版二五一，3）。

1）仰韶文化

陶片数量较少，可见器形有鼎，属于仰韶文化晚期。标本1件。

鼎　150：2，足部。夹砂褐陶。凿形足，素面。残高8厘米（图2.166b，4；图版三三六，5）。

2）龙山文化

见有篮纹陶片数枚，属于龙山晚期。无标本。

3）二里头文化

见有绳纹陶片数枚，属于二里头文化三、四期。无标本。

4）商周时期

个别陶片疑似为商周时期，较为残碎，无法确定具体年代，可能属于二里岗至东周。无标本。

（3）基本认识

该遗址为沙沟河北岸的一处小型遗址，遗存内涵较为复杂，可能以二里头文化晚期为主，另见有少量仰韶、龙山晚期和商周时期的遗物。

155. 白草坡西南（141）

位于洛阳市洛龙区庞村镇（伊滨区代管）白草坡村西南。具体位置为白草坡村西通往曹村北道路以西，伊东渠南约400米，掘丁路（X011）以东700米（图2.168）。面积约2.1万平方米。地理坐标为北纬34°36′49.13″，东经112°39′05.00″，海拔约155米。地表为苗圃覆盖。

2003年2月26日，二里头工作队调查发现，2017年7月5日复查。

图2.168　白草坡西南（上为北）

地表采集的陶片数量较少，分属仰韶、二里头和东周时期。

该遗址可能为沙沟河南侧不远处的一处小型遗址。因陶片数量较少，文化内涵不甚清晰，可能包括仰韶、二里头和东周等时期。

156. 辛庄东北（142）

位于洛阳市洛龙区庞村镇（伊滨区代管）辛庄村东北（西庞村境内）。具体位置为伊东渠以南，掘丁路（X011）以西，辛庄东北冲沟以东（图2.169）。面积约8.2万平方米。地理坐标为北纬34°37′11.90″，东经112°38′31.25″，海拔约151米。地表为苗圃和果园。

2003年3月27日，二里头工作队调查发现，2017年7月5日复查。

该遗址采集的陶片数量较少，包括仰韶、二里头和两周时期。无典型标本。

调查中见有零星的仰韶文化遗物，具体时代不详。二里头文化陶片均为碎片，可辨认器形有尊、圆腹罐、盆等。属于二里头文化二、三、四期。两周时期的陶片也较少，具体时代不详。

该遗址是一处位于沙沟河南岸小支流近旁的中小型遗址，文化内涵相对较为复杂，以二里头文化遗存为主，兼有零星仰韶和少量两周时期遗物。

图2.169　辛庄东北（右为北）

157. 东庞村南（136）

（1）概况

位于洛阳市洛龙区庞村镇（伊滨区代管）东庞村南。具体位置为东庞村南、白草坡西北的伊东渠两侧，北至郑西高铁高架桥，西距掘丁路（X011）约100米（图2.170a；图版一二六，1）。面积约7.8万平方米。地理坐标为北纬34°37′12.53″，东经112°38′37.26″，海拔约150米。西部被钢木家具厂占压，剩余部分仍为农田。

2003年2月26日，二里头工作队调查发现，2017年7月5日复查。

图2.170a　东庞村南（右为北）

（2）主要发现

该遗址采集到部分陶片，包括仰韶、龙山、二里头和西周时期。标本2件。

1）仰韶文化

采集到少量小碎片。可辨认器形有叠唇盆、盖等，可能为仰韶时期。标本1件。

盆 136∶1，口沿。泥质灰陶。敞口，圆唇，沿外包边，弧腹。划痕。残高6.2、厚0.6—0.8厘米（图2.170b，1）。

2）龙山文化

见有零星的篮纹陶片，器形不详，属于龙山晚期。无典型标本。

3）二里头文化

见有少量陶片，器形不详。具体时段不详。无典型标本。

4）西周时期

见有少量期陶片，可辨认器形有盆、罐等，可能为西周晚期。标本1件。

盆 136∶2，口沿。泥质灰陶。敞口，卷沿，方唇，唇面有两道凹槽。口径55、残高4.8、厚0.7—0.9厘米（图2.170b，2；图版四二八，5）。

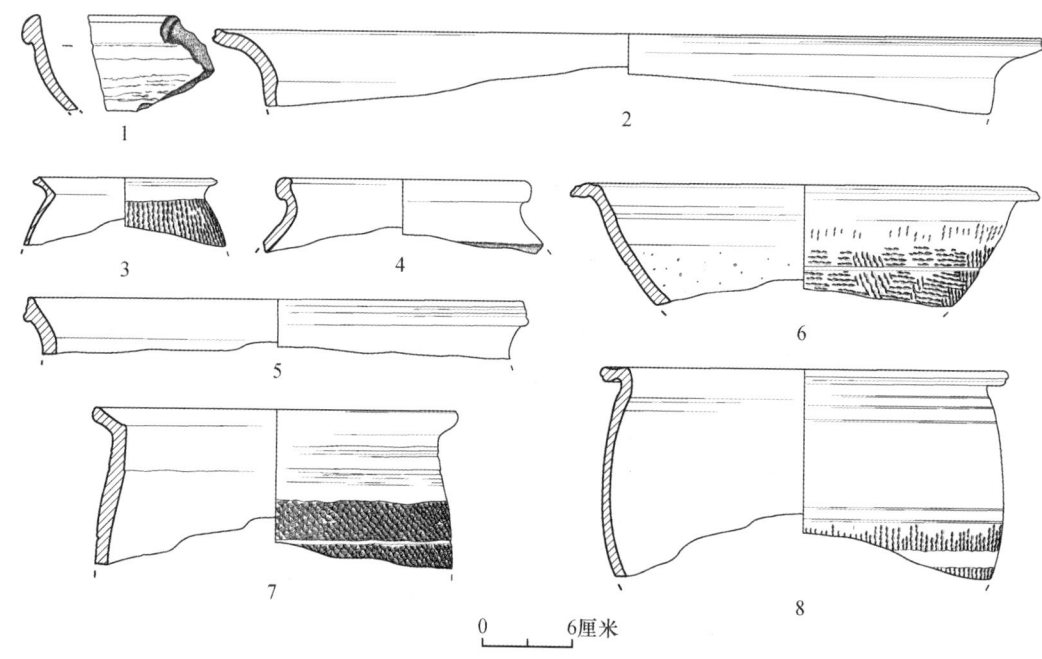

图2.170b　东庞村南（136）、杨村东南（144）采集标本
1、2.盆（136∶1、136∶2）　3、7.鬲（144∶3、144∶5）　4.罐（144∶4）　5.深腹罐（144∶2）　6.簋（144∶1）　8.盆（144∶6）

（3）基本认识

该遗址为沙沟河南岸缓坡上的一处中小型遗址，文化内涵相对复杂，以仰韶和二里头文化遗存相对为多，龙山和西周时期的遗存相对较少。

158. 杨村东南（144）

（1）概况

位于洛阳市洛龙区庞村镇（伊滨区代管）杨村东南。具体位置为杨村东南现工业区，西至顾龙路至窑沟村道路，东至王村南一线，北至杨村南至王村南道路，南至顾龙路（S320）（图2.171）。面积约12万平方米。地理坐标为北纬34°37′44.24″，东经112°39′54.58″，海拔约141米。遗址已经全部被钢木家具厂占压。

二里头工作队于2003年3月8日调查发现，2017年7月10日复查。

图2.171　杨村东南（上为北）

（2）主要发现

在该遗址采集到少量遗物，分属于二里头、二里岗、殷墟和东周时期。标本6件。

1）二里头文化

陶片数量较多，可辨认器形有簋、缸、大口尊。标本2件。

簋　144：1，口沿。泥质灰陶。折沿，圆唇，沿面有一道凸棱，直腹微弧。腹饰绳纹，内壁磨光，饰两道凸弦纹。口径31、残高7.7、厚0.8—0.9厘米（图2.170b，6；图版四〇五，6）。

深腹罐　144：2，口沿。夹砂褐陶。折沿，尖圆唇，唇面有两道凹槽。沿下饰暗绳纹。口径33、残高3.6、厚0.8—0.9厘米（图2.170b，5）。

2）二里岗文化

陶片数量较少，可辨认器形有薄胎鬲等，属于二里岗文化早期。标本1件。

鬲　144：3，口沿。夹砂灰陶。折沿，尖唇，溜肩。饰绳纹。口径12、残高4.3、厚0.3—0.4厘米（图2.170b，3；图版四一二，5）。

3）殷/周时期

陶片数量较少，可辨认器形有鬲，大体为殷末周初时期，具体年代不详。标本1件。

鬲　144：5，口沿。夹砂灰陶。侈口，折沿，圆唇，直腹微弧。饰绳纹。口径24、残高10、厚0.8—1.1厘米（图2.170b，7）。

4）东周时期

数量较多，可辨认器形有罐、盆、瓮等。部分可能为两周之际，部分可能为东周晚期。标本2件。

罐　144：4，口沿。泥质灰陶。直领，圆唇，外包边，束颈，广肩。素面。口径17、残高4.7、厚0.6—0.7厘米（图2.170b，4；图版四五七，1）。

盆　144：6，口沿。泥质灰陶。折沿，圆唇，唇面饰一道凹弦纹，弧腹。饰弦断绳纹。口径27、残高13.4、厚0.5—0.9厘米（图2.170b，8；图版四三八，3）。

（3）基本认识

该遗址为沙沟河南岸、伊河河谷南侧较高处的一处青铜时代遗址。文化内涵相对复杂，涵盖二里头、二里岗，部分遗存可能为殷周之际和两周之际、东周晚期。其中二里岗文化早期的遗存是本区域除偃师商城遗址以外较为少见的二里岗文化早期遗存之一。

159. 杨村北（145）

（1）概况

位于洛阳市洛龙区庞村镇（伊滨区代管）杨村北。具体位置为杨村北部至王村西伊河河谷南岸高地上，西至窑沟村西南北向冲沟，东至王村村西南北向冲沟，南至杨村，北至河谷（图2.172a）。龙山时期的遗存主要发现于杨村北，二里头时期的遗存发现于王村西。龙山、二里头时期遗存的面积约16.2万平方米，东周时期的面积可达88万平方米。地理坐标为北纬34°37′50.32″，东经112°39′50.32″，海拔约139米。遗址地表目前多为农田。

1959年10月，中国科学院考古研究所洛阳发掘队曾对该遗址（窑沟-王村）进行调查[①]。二里头工作队于2003年3月8日调查，2017年7月10日复查。

图2.172a 杨村北（上为北）

---

① 伊河南岸窑沟—王村间的位置，即杨村以北。二里头工作队资料。

（2）主要发现

该遗址发现有多处灰坑，采集到不少遗物。分属于仰韶、龙山、二里头、二里岗和东周时期。标本23件。

石杵　145：1，硅质岩。黑色。经过琢制、磨制，一端有使用痕，另一端破裂。残长10.3、直径3.4—4.3厘米（图2.172b，1；图版二五一，4）。

石镰　145：2，粉砂岩。黑色。经过琢制、磨制，一端断裂。残长11.4、宽4.5—5.7、厚1.3厘米（图2.172b，3；图版二五一，5）。

石斧　145：3，硅质岩。黑色。保留卵石的自然面，经过打制，已破裂。残长4.7、残宽6.9、厚2.7厘米（图版二五一，6）。

1）仰韶文化

见有少量陶片，可辨认器形有圈足盘等，属于仰韶文化晚期。无典型标本。

2）龙山文化

清理灰坑2处。采集不少陶片。陶片可辨认器形有鼎、中口罐、粗砂罐、豆、缸、圈足（盘）等，属于龙山文化晚期，早、晚段均有。标本4件。

H1：位于杨村东北，南北路南头之断崖上。宽0.8—1.1米、深0.9米。填土为灰褐土。

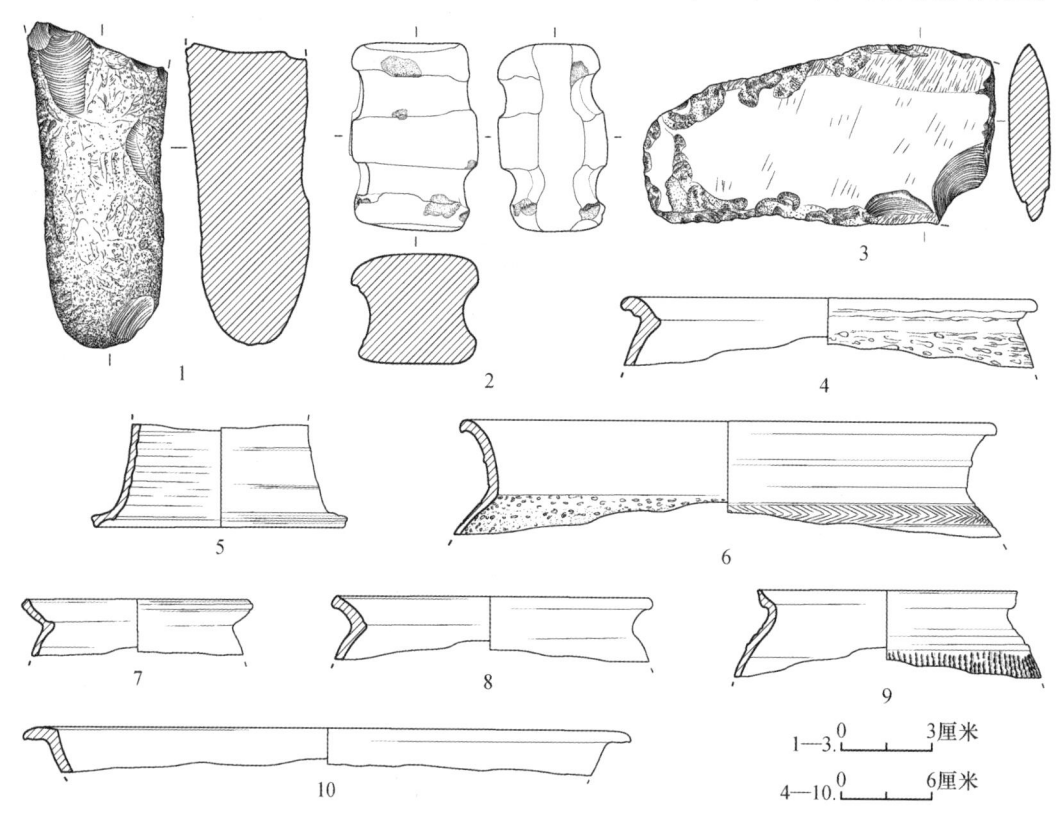

图2.172b　杨村北（145）采集标本（一）

1.石杵（145：1）　2.网坠（145：8）　3.石镰（145：2）　4.鼎（145：4）　5.圈足（145：7）　6.大口尊（145：9）
7—9.罐（145：5、145：6、145：11）　10.盆（145：10）

H2：位于H1之北10米左右。宽0.8—1.2米，深1.5—1.7米。

鼎 145：4，口沿。夹砂褐陶。卷沿，尖圆唇，沿内折棱明显，沿下有一道凸棱，溜肩。夹大砂粒。口径27、残高4.3、厚0.6—1.1厘米（图2.172b，4）。

罐 2件。145：5，口沿。夹砂灰陶。折沿，方唇，沿面微凹，溜肩。素面。口径15、残高3.5、厚0.3—0.5厘米（图2.172b，7）。145：6，口沿。夹砂褐陶。折沿，圆唇，沿面微弧，溜肩。素面。口径21、残高4、厚0.6—0.8厘米（图2.172b，8）。

圈足 145：7，足部。泥质黑陶。下口外侈，折沿，方唇，沿面内凹。磨光。底径17、残高6.5、厚0.4—0.5厘米（图2.172b，5；图版三六五，4）。

3）二里头文化

见有较多陶片，可辨认器形有鼎、深腹罐、圆腹罐、盆、缸、豆、大口尊等。多属于二里头文化三、四期。标本4件。

罐 145：11，口沿。夹砂灰陶。卷沿，方唇，溜肩，肩部有一道凹槽。饰绳纹。口径17、残高5.5、厚0.4—0.6厘米（图2.172b，9；图版四〇六，2）。

大口尊 145：9，口沿。泥质灰陶。卷沿，尖唇，直领，颈部有一道凸棱，广肩。肩部饰凹弦纹夹指甲纹，内部磨光，有麻点。口径35、残高7.3、厚0.3—0.8厘米（图2.172b，6；图版四〇六，1）。

盆 145：10，口沿。泥质灰陶。折沿，圆唇，直腹微弧。磨光。口径40、残高2.8、厚0.6—0.7厘米（图2.172b，10）。

网坠 145：8，基本完整。泥质灰陶。近似长方体，素面。上两下周凹槽，左右两侧各有一道凹槽。长6、宽3.8—4.2、厚3.1—3.5厘米（图2.172b，2）。

4）二里岗文化

见有少量陶片。可辨认器形有鬲、深腹罐、缸、甗等，属于二里岗文化早期。无标本。

5）东周时期

见有较多陶片，可辨认器形有鬲、盆、豆、罐等。部分遗物为东周早期或两周之际，少数遗物为东周晚期。标本12件。

鬲 5件。145：12，口沿。夹砂灰陶。折沿，方唇，溜肩。素面。残高4、厚0.6—1.2厘米（图2.172c，1）。145：13，口沿。夹砂灰陶。折沿，溜肩。饰凹弦纹。残高3.2、厚0.8厘米（图2.172c，2）。145：21，口沿。夹砂红陶。折沿下耷，方唇，沿面有一道凹槽，折肩。素面。口径28、残高3.4、厚0.6—0.7厘米（图2.172c，6；图版四五七，2）。145：22，口沿。夹砂红陶。平折沿，方唇，沿面有一道凹槽，溜肩。口径27、残高3.5、厚0.6—0.7厘米（图2.172c，9；图版四五七，3）。145：23，口沿。夹砂红陶。小折沿，方唇，矮领，广肩。饰绳纹。残高5.6、厚0.6—0.9厘米（图2.172c，4；图版四五七，4）。

盆 6件。145：15，口沿。泥质灰陶。平折沿，方唇，束颈，弧腹。腹部有两道凹槽。口径14、残高6.3、厚0.6—0.7厘米（图2.172c，7；图版四三八，4）。145：16，口沿。泥质灰陶。平折沿，方唇，沿面微凹，直腹微弧。饰细绳纹。残高5.6、厚0.6—0.9厘米（图2.172c，

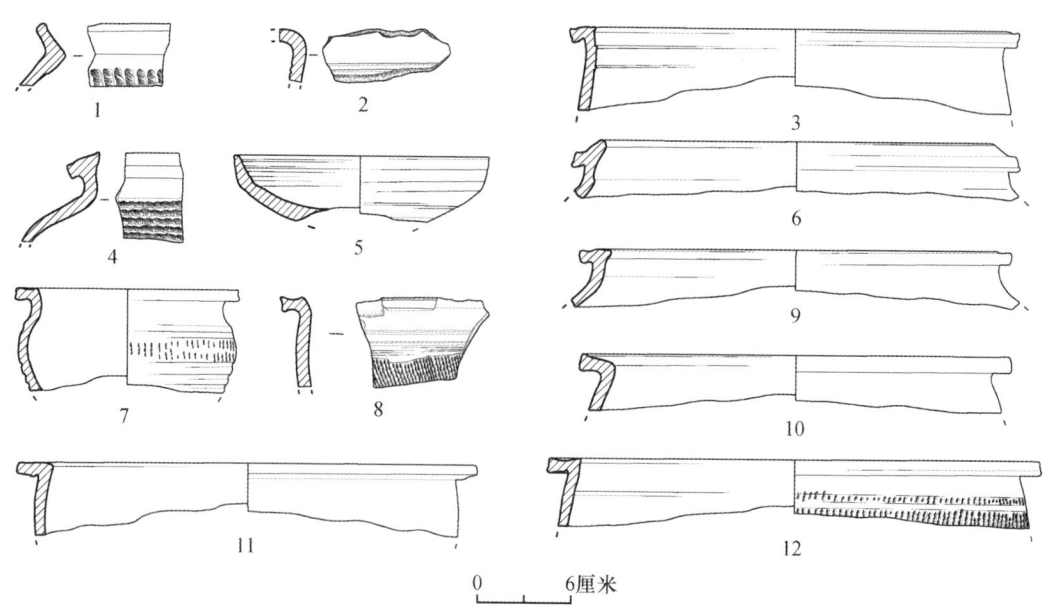

图2.172c 杨村北（145）采集标本（二）

1、2、4、6、9.鬲（145∶12、145∶13、145∶23、145∶21、145∶22） 3、7、8、10—12.盆（145∶20、145∶15、145∶16、145∶17、145∶18、145∶19） 5.豆（145∶14）

8；图版四三八，5）。145∶17，口沿。泥质灰陶。平折沿，方唇，直腹。素面。口径27、残高3.4、厚0.6—0.8厘米（图2.172c，10）。145∶18，口沿。泥质灰陶。平折沿，方唇，直腹微弧。素面。口径29、残高4.4、厚0.6—0.7厘米（图2.172c，11）。145∶19，口沿。泥质灰陶。平折沿，方唇，沿面内凹，直腹。饰绳纹，内壁有一道凹槽。口径31、残高4.1、厚0.6—0.8厘米（图2.172c，12；图版四三八，6）。145∶20，口沿。泥质灰陶。平折沿，方唇，唇面饰一道凹弦纹，沿面有一道凹槽，沿内凸呈棱，直腹微弧。口径28、残高5、厚0.5—0.6厘米（图2.172c，3；图版四三九，1）。

豆 145∶14，口沿。夹砂灰陶。直口，折腹。磨光。口径16、残高4、厚0.6—1厘米（图2.172c，5）。

（3）基本认识

该遗址为伊河河谷南岸高地上的一处复合型遗址，文化内涵较为复杂，包括本区域内先秦时期多个阶段的遗存。其中龙山、二里头和东周时期的遗存较为丰富，仰韶、二里岗时期的遗存相对较少。

160. 魏家窑北（146）

位于洛阳市洛龙区庞村镇（伊滨区代管）魏家窑村北部。具体位置为魏家窑村北部的伊河河谷南岸台地上，西至村西大体西南东北向冲沟，东至村东北冲沟（寨壕）一线（图2.173）。面积约4.5万平方米。地理坐标为北纬34°37′58.88″，东经112°40′04.69″，海拔约133米。遗址北部在村北断崖上可见，南部为民宅占压。

2003年3月9日二里头工作队调查发现，2017年7月10日复查。

图2.173　魏家窑北（右为北）

调查中发现了少量陶片，均为残碎腹片，无典型标本。多数属于二里头文化三、四期，少数可能属于东周时期。

该遗址为伊河河谷南岸台地上的一处以二里头文化晚期遗存为主的遗址，同时见有少量的东周时期遗存。

161. 掘山（147）

（1）概况

位于洛阳市洛龙区庞村镇（伊滨区代管）掘山村，具体位置为沙沟河东南岸伊河河谷南侧台地上。南至东庞村北，东到掘山村中部冲沟，西至东庞村西北冲沟北岸，北至河谷（图2.174a；图版一二六，2）。南部主要为仰韶、龙山、二里头和东周时期遗存密集分布区，中部主要为二里头和东周时期遗存密集区，北部为二里岗时期遗存分布区。仰韶和龙山时期的遗存面积约18万平方米，二里头时期的遗存面积约37.5万，二里岗时期的遗存面积不详，东周时期的遗存面积约190万平方米。地理坐标为北纬34°37′51.77″，东经112°38′19.91″，海拔约133米。遗址西南部被取土破坏较多，中部和北部被村庄占压较多。

1960年，北京大学考古实习队曾对该遗址进行调查，在遗址中部冲沟断崖上发现了大量汉代堆积和窑址，发现少量的龙山文化和东周时期的灰坑，地表未见到遗物[①]。

2003年3月9日二里头工作队调查，2017年7月10日复查。

图2.174a 掘山（左为北）

[①] 北京大学历史系洛阳考古实习队：《河南偃师伊河南岸考古调查试掘报告》，《考古》1964年第11期。

（2）主要发现

该遗址发现有灰坑（图版一二七，2）。地面采集到大量的遗物，分属于仰韶、龙山、二里头、二里岗和东周时期（图版一二七，1）。还采集到石器6件，包括石杵、石球、石坯和石片等。标本共50件。

石杵　147：1，闪长玢岩。黑色基质，含长石斑晶。保留卵石的自然面，一段破裂，一段保留使用痕。残长16.6、宽5.7—5.9、厚5.4—5.6厘米（图2.174b，10；图版二五二，1）。

石球　147：6，硅质岩。黑色。器表为灰白色胶结物，破损为半球。直径3.1—3.2、厚2.2厘米（图2.174b，1；图版二五二，4）。

石坯　147：2，闪长玢岩。黑色。保留卵石的自然面，边缘经过打制修整，尚未完成。长13.8、宽9.2、厚2.5—2.7厘米（图版二五二，2）。

石片　3件。147：3，石英岩。肉红色。保留卵石的自然面，经过打制。残长7.7、宽3.6—4.5、厚0.7—1.5厘米。147：4，硅质岩。黑色。保留卵石的自然面，经过打制。残长8.65、宽2.9—5.7、厚1.4厘米。147：5，硅质岩。黑色。保留卵石的自然面，经过打制。长6.9、宽4.8、厚1.3厘米（图版二五二，3）。

1）仰韶文化

残碎陶片较多。见有白衣黑彩的彩陶。陶片可辨认的器形有夹砂罐、盆、彩陶盆、器盖、小口高领瓮、豆、小口尖底瓶、彩陶钵、器盖等，属于仰韶文化中、晚期。标本3件。

罐　147：40，口沿。夹砂红陶。直领微侈，方唇，唇面有一道凹槽，束颈，溜肩。口径23、残高4.7、厚0.6—0.7厘米（图2.174b，12）。

盆　147：39，可复原。夹砂红陶。折沿上翘，方唇，束颈，溜肩，弧腹，下收成圜底。素面。口径26、高11.4、厚0.3厘米（图2.174b，15；图版三一七，6）。

器盖　147：8，可复原。夹砂褐陶。侈口，圆唇，斜腹，平顶。素面。口径10.2、顶径5.2、高3.7、厚1厘米（图2.174b，7；图版三三六，6）。

2）龙山文化

陶片数量较多，可辨认器形有鼎、罐、泥质中口罐、中口罐、高领瓮、矮领瓮、豆、器盖等，涵盖龙山文化早、晚期。标本9件。

鼎　147：9，足部。夹砂灰陶。矮实足，腹部饰绳纹。残高4.6、厚0.5—0.6厘米（图2.174b，3；图版三五三，5）。

罐　4件。147：10，口沿。夹砂褐陶。侈口，折沿，尖唇，溜肩。饰细绳纹。口径25、残高4.7、厚0.8—1.4厘米（图2.174b，11；图版三五三，6）。147：11，口沿。夹砂灰陶。直领外侈，方唇，沿外有一道凹槽，溜肩。饰方格纹。残高6.9、厚0.5—0.7厘米（图2.174b，5；图版三六五，6）。147：12，口沿。夹砂灰陶。直领外侈，方唇，唇面饰一道凹弦纹，沿面微凹，溜肩。颈部有一周凹槽，肩部饰方格纹。口径18、残高7、厚0.5—0.8厘米（图2.174b，

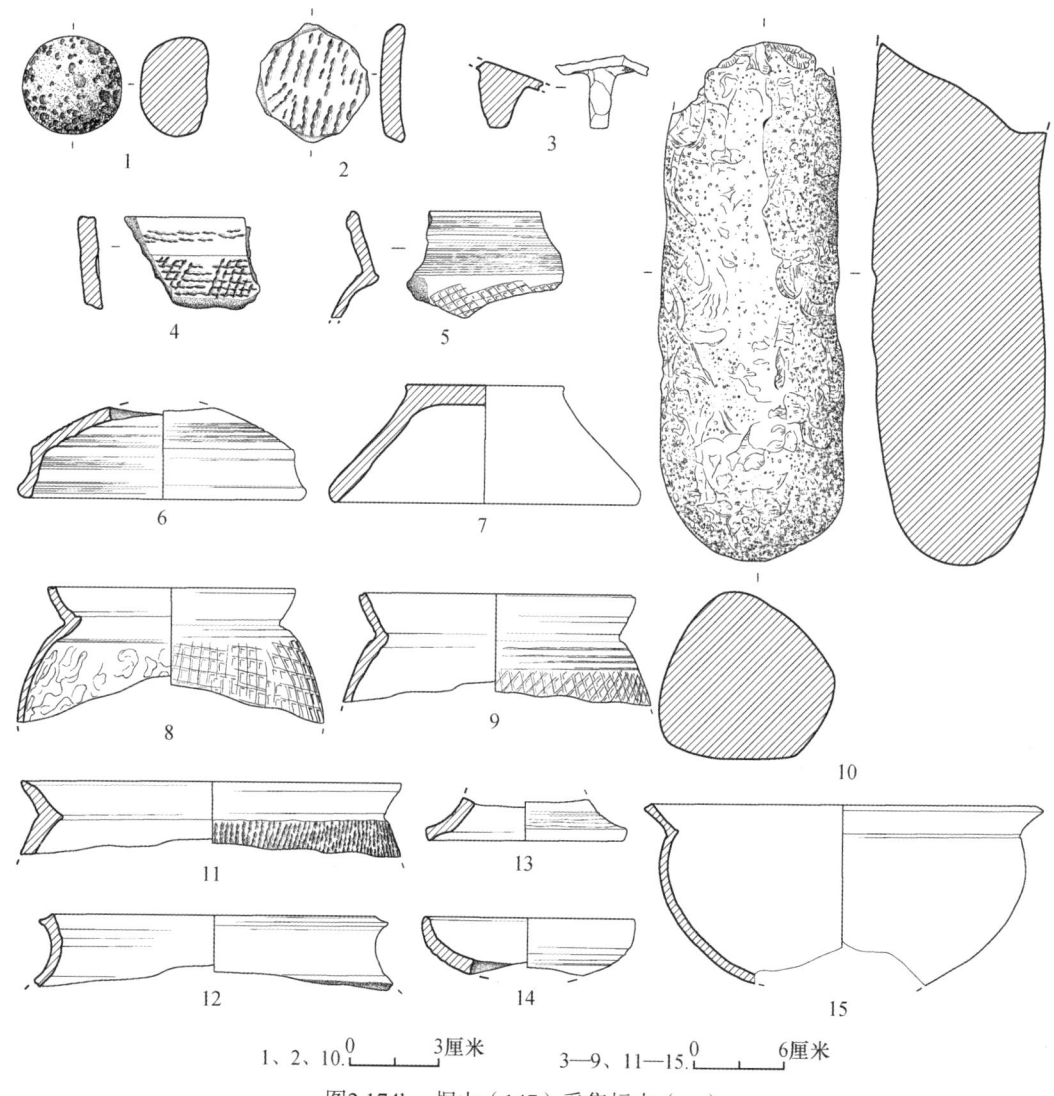

图2.174b 掘山（147）采集标本（一）
1.石球（147：6） 2.圆陶片（147：50） 3.鼎（147：9） 4.缸（147：14） 5、8、9、11、12.罐（147：11、147：13、147：12、147：10、147：40） 6、7.器盖（147：7、147：8） 10.石杵（147：1） 13、14.豆（147：32、147：37）
15.盆（147：39）

9；图版三六六，1）。147：13，口沿。夹砂黑陶。直领外侈，方唇，沿面内凹，溜肩，弧腹。饰方格纹。口径16、残高8.6、厚0.4—0.8厘米（图2.174b，8；图版三六六，2）。

豆 2件。 147：32，底部。泥质褐陶。喇叭口，圆唇，磨光。口径13、残高2.6、厚0.7—0.8厘米（图2.174b，13）。147：37，口沿。泥质灰陶。敞口，尖唇，弧腹，浅盘。腹部有磨光条状纹。口径14、残高3.6、厚0.7—1厘米（图2.174b，14）。

器盖 147：7，口沿。泥质褐陶。下口外侈，方唇，折腹。磨光，外壁有数周凹弦纹。口径19、残高5.8、厚0.6—0.9厘米（图2.174b，6；图版三六五，5）。

圆陶片 147：50，泥质灰陶。近圆形，腹片打制而成。饰篮纹。直径3.8、厚0.6厘米（图2.174b，2）。

3）二里头文化

陶片数量较多，可辨认器形有深腹罐、小罐、圈足簋。主要为二里头文化四期晚段。无标本。

4）二里岗文化

陶片数量较少，可辨认出器形有缸等。属于二里岗文化早期。标本1件。

缸　147：14，口沿。夹砂红陶。敞口，方唇，直腹。饰绳纹。残高5.8、厚0.9—1.2厘米（图2.174b，4；图版四一二，6）。

5）两周时期

采集到的陶片数量较多，可辨认器形有鬲、盆、罐、瓮、豆等。少数遗物为两周之际（或可早至西周晚期），部分为东周早期的春秋时期，部分战国时期。标本31件。

鬲　7件。147：15，口沿。夹砂褐陶。平折沿，方唇，沿面内凹，束颈，溜肩。饰绳纹。口径24、残高5.2、厚0.6—0.7厘米（图2.174c，14；图版四三九，2）。147：16，口沿。夹砂褐陶。小折沿，方唇，沿面内凹，束颈，广肩。饰粗绳纹。残高5.2、厚0.5—0.8厘米（图2.174c，5；图版四三九，3）。147：18，口沿。夹砂褐陶。折沿，方唇，沿面微凹，沿面饰两道凹弦纹，溜肩。饰粗绳纹。口径27、残高3.2、厚0.6—0.9厘米（图2.174c，16）。147：19，口沿。夹砂褐陶。平折沿，方唇，溜肩。饰粗绳纹。口径25.5、残高5.2、厚0.6—0.8厘米（图2.174c，15；图版四三九，4）。147：20，口沿。夹砂灰陶。平折沿，沿面有一道凹槽，溜肩。饰粗绳纹。残高3.7、厚0.7—1厘米（图2.174c，4；图版四三九，5）。147：21，口沿。夹砂灰陶。折沿，方唇，唇面有一道凹槽，沿面有三道凸棱，溜肩。饰粗绳纹。残高6.5、厚0.7—0.8厘米（图2.174c，2；图版四三九，6）。147：22，口沿。夹砂灰陶。平折沿，方唇，沿面有一道凹槽，溜肩。饰绳纹。残高4.2、厚0.6—1.2厘米（图2.174c，6；图版四四〇，1）。

罐　10件。147：17，口沿。泥质灰陶。卷沿，方唇，素面。口径16、残高4.3、厚0.7—1厘米（图2.174c，10）。147：25，口沿。泥质灰陶。折沿，方唇，束颈，广肩。素面。口径17、残高6、厚0.7—0.8厘米（图2.174c，8；图版四四〇，2）。147：26，口沿。泥质灰陶。折沿，尖唇，唇外有一道凸棱，束颈。内壁饰三周凸弦纹。口径19、残高5.2、厚0.7—1厘米（图2.174c，9；图版四四〇，3）。147：27，口沿。泥质灰陶。侈口，卷沿，方唇，沿面有两道凸棱，唇面饰一周凹弦纹，束颈，溜肩。口径17、残高10.2、厚0.7—1厘米（图2.174c，17；图版四四〇，4）。147：28，口沿。泥质灰陶。平折沿，方唇，直颈。素面。口径14、残高3.7、厚0.8—1.1厘米（图2.174c，11；图版四四〇，5）。147：29，口沿。泥质褐陶。卷沿，溜肩。饰绳纹。残高6、厚0.8—1厘米（图2.174c，3；图版四四〇，6）。147：30，口沿。夹砂灰陶。折沿，方唇，唇面有一道凹槽，溜肩。口径11、残高3.7、厚0.4—0.6厘米（图2.174c，12）。147：38，口沿。泥质灰陶。折沿，圆唇，沿面有一周凹槽，弧腹。饰暗绳纹。口径16.3、残高5.5、厚0.4—0.7厘米（图2.174d，9；图版四四一，1）。147：45，口沿。泥质灰陶。卷沿，方唇，束颈，广肩。饰细绳纹。残高5.7、厚0.6—0.9厘米（图2.174d，5；图版四五八，5）。147：46，口沿。夹砂灰陶。卷沿，束颈，广肩。饰细绳纹。残高7.7、厚0.6—

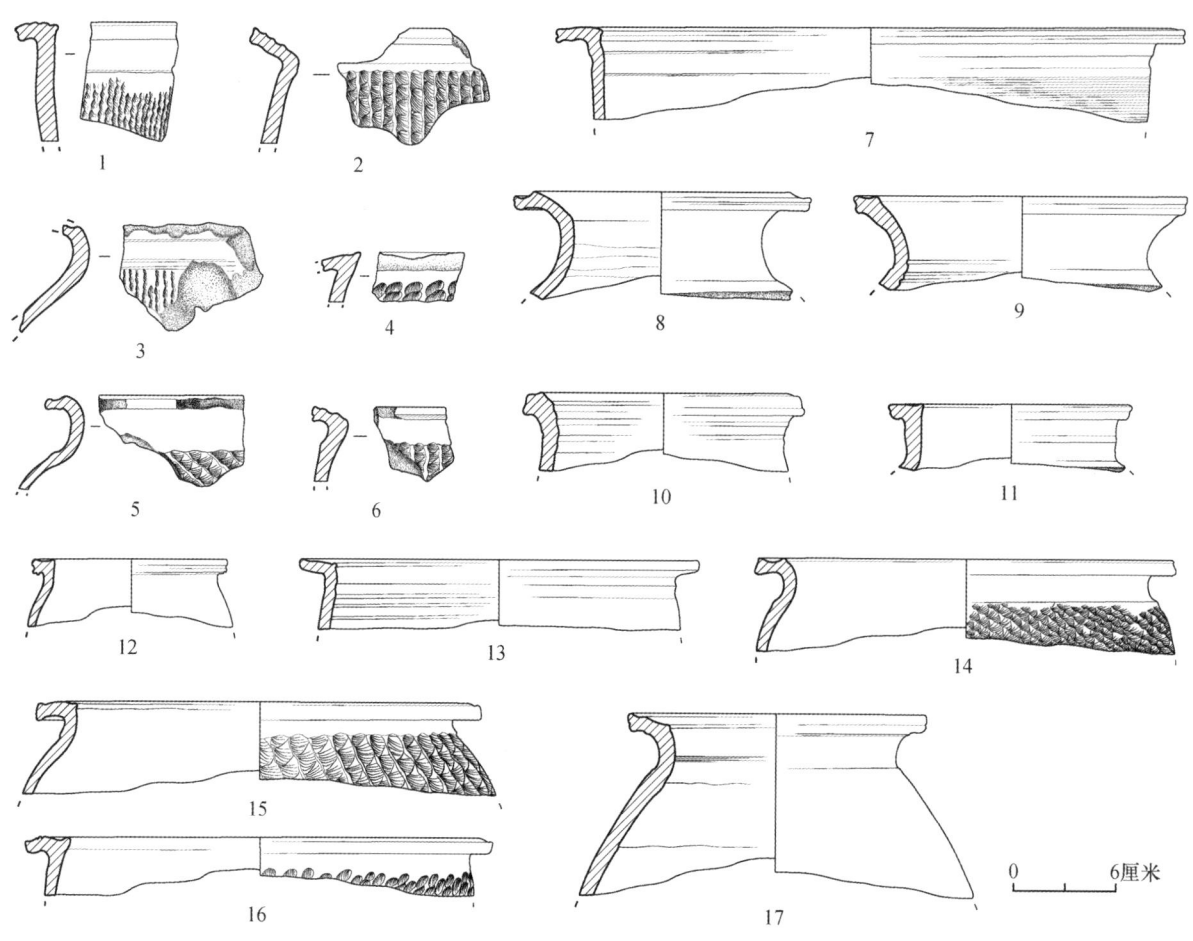

图2.174c 掘山（147）采集标本（二）

1、7、13. 盆（147：24、147：23、147：41） 2、4—6、14—16. 鬲（147：21、147：20、147：16、147：22、147：15、147：19、147：18） 3、8—11、12、17. 罐（147：29、147：25、147：26、147：17、147：28、147：30、147：27）

0.9厘米（图2.174d，6；图版四五八，6）。

盆 6件。147：23，口沿。泥质灰陶。折沿，方唇，唇面饰一道凹弦纹，沿面内凸呈棱，斜直腹。颈部有一道凹槽。口径36、残高5.2、厚0.5—0.6厘米（图2.174c，7；图版四五七，5）。147：24，口沿。泥质褐陶。平折沿，方唇，唇面有一道凹槽，直腹微弧。饰绳纹。残高6.6、厚0.8—1.2厘米（图2.174c，1；图版四五七，6）。147：41，口沿。泥质灰陶。平折沿，方唇，沿面有一道凹槽，直腹微弧。磨光。口径23、残高3.9、厚0.7厘米（图2.174c，13；图版四五八，1）。147：42，口沿。夹砂红陶。折沿，方唇，唇面有一道凹槽，直腹。口径39、残高6.8、厚0.6—0.7厘米（图2.174d，13；图版四五八，2）。147：43，口沿。泥质灰陶。卷沿，方唇，斜直腹。素面。口径58、残高6.9、厚0.7—1厘米（图2.174d，14；图版四五八，3）。147：44，口沿。泥质灰陶。平折沿，方唇，唇面有一道凹槽，束颈，弧腹。口径38、残高5.3、厚0.8—1.4厘米（图2.174d，8；图版四五八，4）。

豆 5件。147：31，口沿。泥质褐陶。浅盘。素面。残高3.2、厚0.8厘米（图2.174d，1）。147：33，底部。泥质黑陶。下口外侈，折沿，方唇，沿面内凹呈子母口状。磨光。口

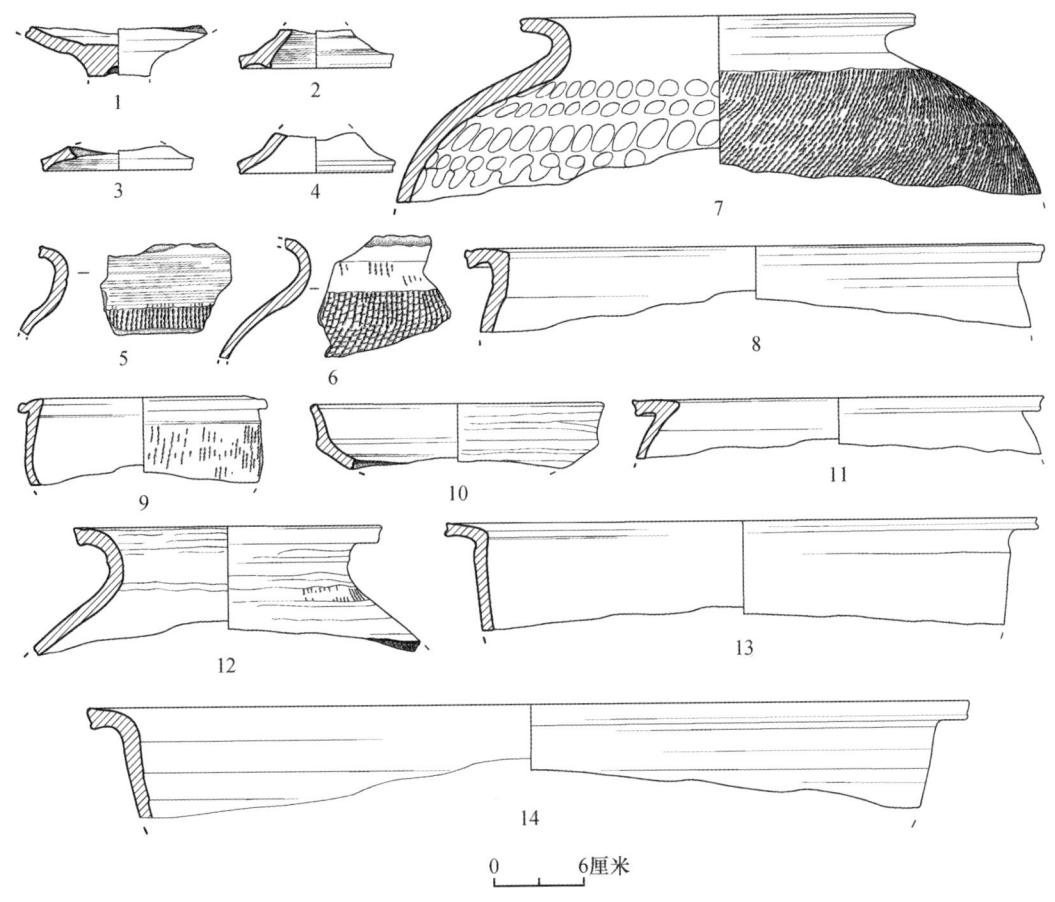

图2.174d 掘山(147)采集标本(三)

1—4、10. 豆（147：31、147：33、147：34、147：36、147：35） 5、6、9. 罐（147：45、147：46、147：38） 7、11、12. 瓮（147：48、147：49、147：47） 8、13、14. 盆（147：44、147：42、147：43）

径10、残高2.4、厚0.7—0.8厘米（图2.174d，2）。147：34，底部。泥质灰陶。底面内凹，方唇。磨光。残高1.5、厚0.5—0.9厘米（图2.174d，3）。147：35，口沿。泥质灰陶。直口，方唇，折腹。磨光。口径19、残高4.1、厚0.6—0.7厘米（图2.174d，10）。147：36，底部。泥质灰陶。喇叭口，方唇。素面。底径10、残高2.5、厚0.6—0.7厘米（图2.174d，4）。

瓮 3件。147：47，口沿。泥质黑陶。卷沿，方唇，束颈，广肩。磨光。口径20、残高8、厚0.8—1.1厘米（图2.174d，12；图版四五九，1）。147：48，口沿。夹砂红陶。平折沿，方唇，唇面有一道凹槽，溜肩。口径26、残高11.6、厚0.8—1.2厘米（图2.174d，7；图版四五九，2）。147：49，口沿。泥质灰陶。卷沿，方唇，唇面有一道凹槽，束颈，圆弧肩。口径27、残高3.7、厚0.5—0.8厘米（图2.174d，11；图版四五九，3）。

（3）基本认识

该遗址为伊河河谷南岸的一处较为重要的遗址，文化内涵非常复杂，几乎涵盖了先秦时期多个阶段的文化遗存，以仰韶、龙山和东周时期的遗存为主。其中二里岗时期的遗存在该区域较少。该遗址目前的保护状况较差，新修的掘丁路从遗址中间穿过，建议提升保护等级，定为文物保护单位。

162. 西窑沟（148）

位于洛阳市洛龙区庞村镇（伊滨区代管）西窑沟村。具体位置为沙沟河南岸的伊河河谷南侧突出台地上，西至掘山村中部南北向冲沟（寨壕），北、东至台地边缘，南至掘山村和门庄村交界处（图2.175）。龙山、二里头时期的面积约19万平方米，两周时期的遗存面积约97万平方米。地理坐标为北纬34°38′02.00″，东经112°38′48.69″，海拔约140米。遗址南部为村庄占压，北部被冲沟打断，有少许建筑。

2003年3月9日，二里头工作队调查发现，2017年7月10日复查。

见有少量龙山、二里头和二里岗、两周时期的遗存，无典型标本，具体时代不详。

调查中，曾将该遗址视作掘山遗址（147）的一部分，因两遗址间有南北向较深的冲沟，整理时将其从掘山遗址中别出，文化内涵与掘山遗址基本相同。

图2.175　西窑沟（右为北）

163. 窑沟（149）

位于洛阳市洛龙区庞村镇（伊滨区代管）窑沟村。具体位置为窑沟村西北伊河南岸台地上，西至村西南北向冲沟，东至新修掘丁路一线（图2.176）。面积不详。地理坐标为北纬34°37′58.84″，东经112°39′13.49″，海拔约128米。

2003年3月9日二里头工作队调查发现，2017年7月10日复查。

在村西冲沟东侧的台地上采集到少量的两周时期遗物，无典型标本，具体时代不详。

该遗址可能为两周时期伊河南岸的一处小型聚落。

图2.176　窑沟（右为北）

（七）东沙沟

东沙沟，又称东沙河，源自于万安山南麓，其源有三。西源分三支：西支源自于经周南窑以西、贾庄坡以东，经由经周寨村西侧至宁村西北；中支源自于经周南窑以东南，经由经周南窑东、经周寨东至宁村西北；东支源自于经周南窑东南东一干渠以南的万安山南麓，经由经周村西、宁村西至宁村西北与西支和中支汇合，后经周寨西、王寨东、后周村东至郜寨西南。中源源自于西村（肖村西寨）以南，经西村（肖村西寨）西、经周东、宁村东、吕桥西至郜寨西南与西源汇合。东源源自于肖村以南，经南后和北后（肖村南后村和北后村）之间、大口西南、吕桥东、郜寨村内至姬家桥西南与西源和中源汇合。诸源汇合后，经姬家桥东、石牛村中，在东彭店北汇入沙沟河。

沿岸遗址合计15处（图2.177）。

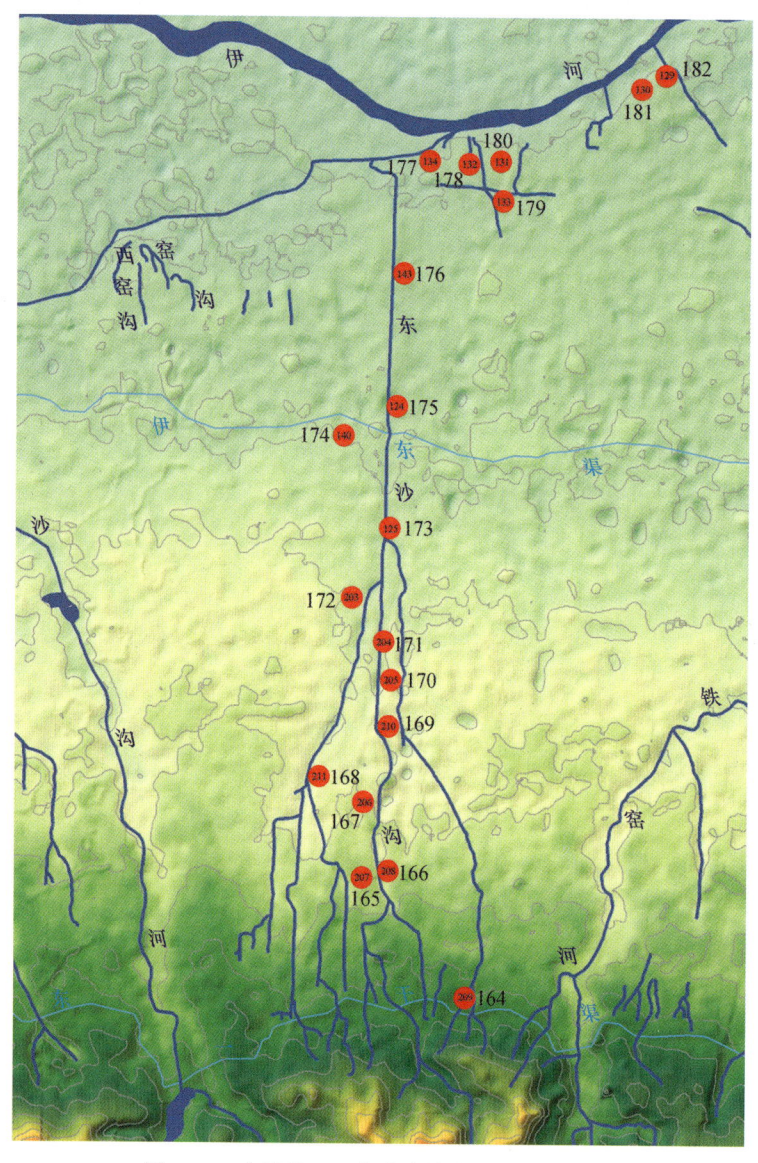

图2.177　东沙沟、五岔沟流域遗址分布示意图

164. 肖村南寨（209）

位于洛阳偃师市大口镇肖村南寨村中。具体位置为肖村南寨村中两沟汇合处台地上，南寨小学附近（图2.178）。面积不详。地理坐标为北纬34°33′02.41″，东经112°41′41.09″，海拔约266米。周围为冲沟，多数地段被建筑占压。

1984年，洛阳市文物普查队曾调查该遗址，认为含有王湾二期文化遗存[①]。

二里头工作队于2003年6月12日调查，2017年7月6日复查。

图2.178　肖村南寨（上为北）

在南寨小学西北处的冲沟西侧见有少量陶片。包括龙山和两周时期。无典型标本，具体年代不详。

该遗址为沙沟河沿岸的一处小型龙山早期遗址，同时可能还有两周时期遗存。

---

① 方孝廉：《洛阳市一九八四年古文化遗址调查简报》，《中原文物》1987年第3期。

165. 经周东（207）

（1）概况

位于洛阳偃师市大口镇经周村东部。具体位置为经周村东及东南部，东、南至自肖村西寨西侧冲沟，西至经周南东侧冲沟，北至经周村北东西一线（图2.179a）。二里头文化的遗存主要见于经周村东部，面积约19.2万平方米，两周时期的遗存见于经周村东和东南，面积约63万平方米。地理坐标为北纬34°33′59.41″，东经112°40′45.03″，海拔约232米。地表多为农田。

2003年3月19日二里头工作队调查发现，2017年7月5日复查。

图2.179a　经周东（右为北）

（2）主要发现

调查中采集的遗物不多，包括二里头、二里岗和两周时期的陶片。标本7件。

石锛　207∶1，粉砂岩。土黄色。经过磨制，刃部破裂。残长4.7、宽1.6—2.6、厚1.4厘米（图2.179b，1；图版二五二，5）。

1）二里头文化

见有少量陶片。均为残片，器形不详。属于二里头文化三、四期。标本1件。

深腹罐　207∶2，口沿。夹砂灰陶。侈口，折沿，方唇，溜肩。肩饰绳纹和一道凸弦纹。口径20、残高5.3、厚0.6—0.7厘米（图2.179b，5；图版四〇六，3）。

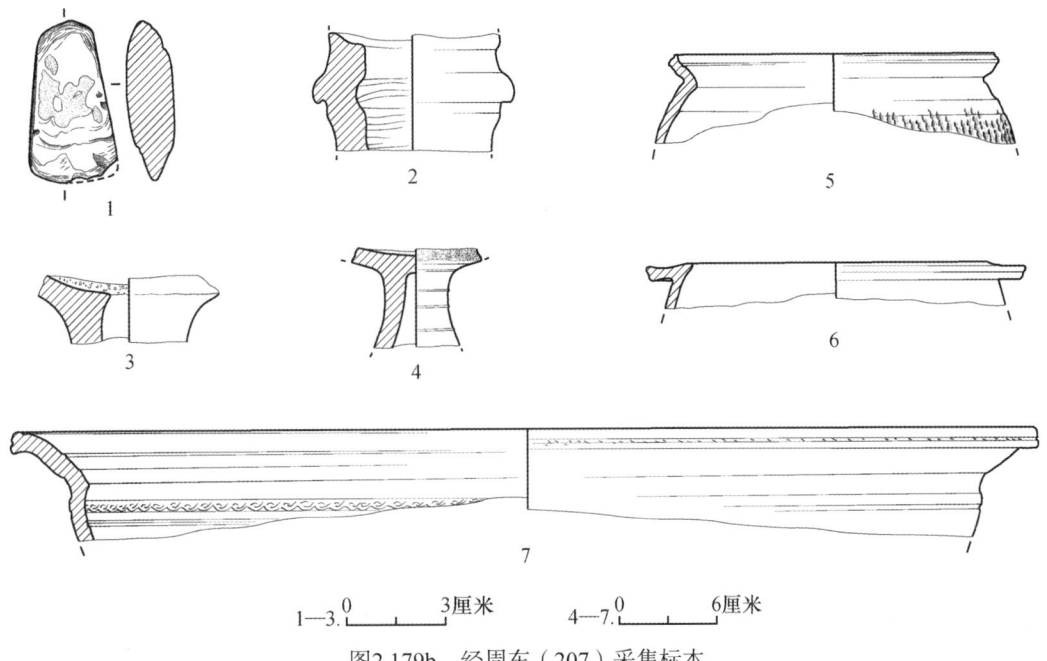

图2.179b 经周东（207）采集标本

1. 石锛（207：1） 2—4. 豆（207：3、207：7、207：6） 5. 深腹罐（207：2） 6. 鬲（207：4） 7. 盆（207：5）

2）二里岗文化

个别陶片为二里岗文化时期，可辨认器形有鬲等，属于二里岗文化晚期。无典型标本。

3）西周时期

部分陶片属于西周时期，可辨认器形有豆等，属于西周晚期。标本1件。

豆 207：3，柄部。泥质灰陶。中部有一道凸棱。素面。残高3.4、厚0.9—1厘米（图2.179b，2；图版四二八，6）。

4）东周时期

陶片数量相对较多，可辨认器形有鬲、盆、豆、罐等。包括春秋和战国时期。标本4件。

鬲 207：4，口沿。夹砂红陶。直领，折沿，方唇，沿内凸呈棱。素面。口径23、残高2.6、厚0.6—0.8厘米（图2.179b，6）。

豆 2件。207：6，柄部。泥质灰陶。空心柱柄。素面。残高5.8、厚0.8—1.1厘米（图2.179b，4；图版四四一，2）。207：7，豆盘。泥质灰陶。素面。孔径1.1—1.6、残高1.9、厚0.7—0.9厘米（图2.179b，3；图版四四一，3）。

盆 207：5，口沿。泥质灰陶。敞口，宽折沿，方唇，唇面饰一道绳纹，沿面有一道凹槽，斜弧腹。腹部有一道凹槽，内壁饰两道凹弦纹。口径62、残高6.5、厚0.9—1厘米（图2.179b，7；图版四五九，4）。

（3）基本认识

该遗址是东沙沟沿岸的一处以二里头和东周时期遗存为主的遗址，另见有少量二里岗文化晚期和西周晚期的遗存。

166. 肖村西寨西北（208）

（1）概况

位于洛阳偃师市大口镇肖村西寨村西北。具体位置为肖村西寨西北的冲沟东岸，与经周东遗址（207）隔沟相望，北至龙少路以南砖厂取土坑，东至南北向生产路，西至沟东缘，南至肖村西寨北300米处（图2.180a；图版一二八，1）。面积约5.6万平方米。地理坐标为北纬34°34′01.29″，东经112°40′55.20″，海拔约217米。地表为农田覆盖，局部被取土破坏。

二里头工作队于2003年3月20日调查发现，2017年7月5日复查。

图2.180a　肖村西寨西北（右为北）

（2）主要发现

该遗址发现有文化层（图版一二九，2），见有灰坑2处。采集的陶片数量较少。分属于二里头、二里岗、殷墟和东周时期。标本8件。

砍砸器　208∶1，硅质岩。黑色，打制而成，表面略经打磨，刃部有使用痕。长14.9、宽6.4—11.1、厚3.9厘米（图2.180b，6；图版二五二，6）。

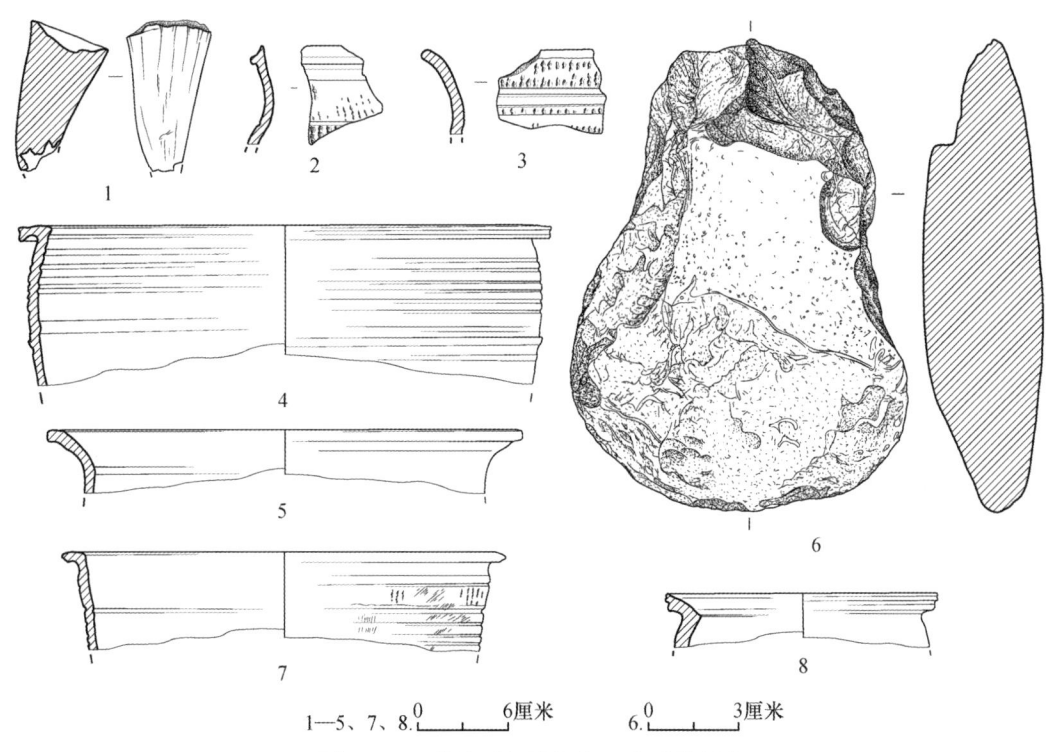

图2.180b 肖村西寨西北（208）采集标本

1.鬲（208∶2） 2、8.罐（208∶3、208∶7） 3.尊（208∶6） 4、5.盆（H2∶1、208∶5） 6.砍砸器（208∶1）
7.簋（208∶4）

1）二里头文化

发现灰坑1处。采集到的陶片不多，可辨认器形有盆、大口尊、尊、小尊等。属于二里头文化三、四期。无典型标本。

H1：位于遗址东部，取土场东约80米的阶地（图版一二八，2）。坑口距地表0.3米，宽2.2米，深度不详。填土为黑灰土。坑内陶片以二里头文化为主，所含陶片均为碎片，未见典型标本。年代为二里头文化四期偏晚阶段。采集陶片均为碎片，未见典型标本。

2）二里岗文化

采集到的陶片数量相对较多，可辨认器形有鬲、簋、罐、盆、尊、缸、束颈盆、大口尊等。包括二里岗文化早期和晚期时期。标本5件。

鬲 208∶2，足部。夹砂褐陶。圆锥形足，足尖残。素面。残高9.6厘米（图2.180b，1；图版四一六，1）。

罐 208∶3，口沿。泥质灰陶。直领外侈，尖唇。饰绳纹。残高6.3、厚0.5—0.6厘米（图2.180b，2）。

簋 208∶4，口沿。泥质灰陶。平折沿，斜直腹。磨光，腹饰数周凹弦纹，内壁有一道凹槽。内径26、残高6.3、厚0.5—0.6厘米（图2.180b，7）。

盆 208∶5，口沿。泥质灰陶。敞口，折沿，沿面有一道凸棱，方唇直腹。磨光。口径31、残高4、厚0.6—0.8厘米（图2.180b，5）。

尊　208∶6，口沿。夹砂褐陶。直领外侈，圆唇。颈部饰暗绳纹、弦纹。残高5.4、厚0.7—0.8厘米（图2.180b，3；图版四一六，2）。

3）殷墟文化

见有少量殷墟文化遗物。标本1件。

罐　208∶7，口沿。夹砂灰陶。折沿，方唇，唇面有一道凸棱，溜肩。素面。口径18、残高3.4、厚0.9—1厘米（图2.180b，8；图版四二二，2）。

4）东周时期

发现灰坑1处。采集到部分陶片。属于东周晚期。标本1件。

H2：位于遗址中部，取土场东剖面南部（图版一二九，1）。坑口距地表1.3米，宽约3米，深约1米。填土为黄褐土夹灰黑土。坑内陶片以东周时期为主，发现了猪骨2块。可辨认器形有盆。

盆　H2∶1，口沿。泥质灰陶。平折沿，方唇，唇面有一道凹槽，弧腹。腹部有数道凹槽。口径35、残高10.2、厚0.6—0.7厘米（图2.180b，4；图版四五九，5）。

（3）基本认识

该遗址为东沙沟沿岸的一处以二里岗文化遗存为主的小型遗址，同时还见有少量的二里头晚期、殷墟和东周晚期的遗存。

167. 经周东北（206）

位于洛阳偃师市大口镇经周村东北。具体位置为经周东北、宁村东的冲沟西，东至冲沟，西至经周至宁村东侧的道路，南距龙少路约100米（图2.181）。面积约4.8万平方米。地理坐标为北纬34°34′17.84″，东经112°40′47.84″，海拔约210米。地表为农田。

二里头工作队于2003年6月12日调查发现，2017年7月5日复查。

在该遗址采集到少量的二里头和东周时期陶片。无典型标本，具体年代不详。

该遗址可能为东沙沟沿岸的一处二里头文化和东周时期的小型遗址。

图2.181　经周东北（上为北）

168. 宁村西北（211）

（1）概况

位于洛阳偃师大口镇宁村西北。具体位置为宁村西北冲沟中旧土坝（已塌坝）东侧附近（图2.182）。面积不详。地理坐标为北纬34°34′32.35″，东经112°40′15.67″，海拔约200米。地表为农田。

图2.182　宁村西北（上为北）

2003年3月20日，二里头工作队调查发现，2017年7月5日复查。

（2）主要发现

在土坝东侧附近采集到少量东周时期陶片，器形不详，无典型标本，具体年代不详。此外还采集到个别疑似仰韶文化陶片。

（3）基本认识

该遗址可能为东沙沟沿岸的一处东周时期的小型聚落，可能有少量仰韶文化遗存。

169. 吕桥东南（210）

（1）概况

位于洛阳偃师市大口镇吕桥村东南。具体位置为吕桥村南府李路以南的两条冲沟之间，西至冲沟东侧，南至大口村西南东西向道路，北距府李路约100米（图2.183a）。面积约17.6万平方米。地理坐标为北纬34°34′38.50″，东经112°41′06.35″，海拔约196米。地表为苗圃和农田。

2003年3月20日，二里头工作队调查发现，2017年7月5日复查。

图2.183a　吕桥东南（上为北）

（2）主要发现

该遗址采集的陶片不多，可辨认器形有罐和豆等，均为东周时期，包括春秋和战国。标本5件。

罐　210∶1，口沿。夹砂红陶。平折沿，方唇，沿面有两道凹槽，广肩。饰方格纹。口径26.5、残高5.2、厚0.5—0.7厘米（图2.183b，5；图版四四一，4）。

豆　4件。210∶2，豆盘。泥质灰陶。直口，圆唇，折腹，浅盘。素面。口径13、残高

3.2、厚0.6—0.7厘米（图2.183b，1）。210：3，豆盘。泥质灰陶。侈口，尖唇，折腹，浅盘。素面。口径12、残高2.4、厚0.8—0.9厘米（图2.183b，2）。210：4，柄部。泥质灰陶。空心柱柄，喇叭口，方唇。素面。底径7、残高4.7、厚0.6—0.9厘米（图2.183b，3；图版四五九，6）。210：5，柄部。泥质灰陶。空心柱柄，喇叭口，方唇。素面。底径9、残高5.7、厚0.6—0.9厘米（图2.183b，4；图版四六〇，1）。

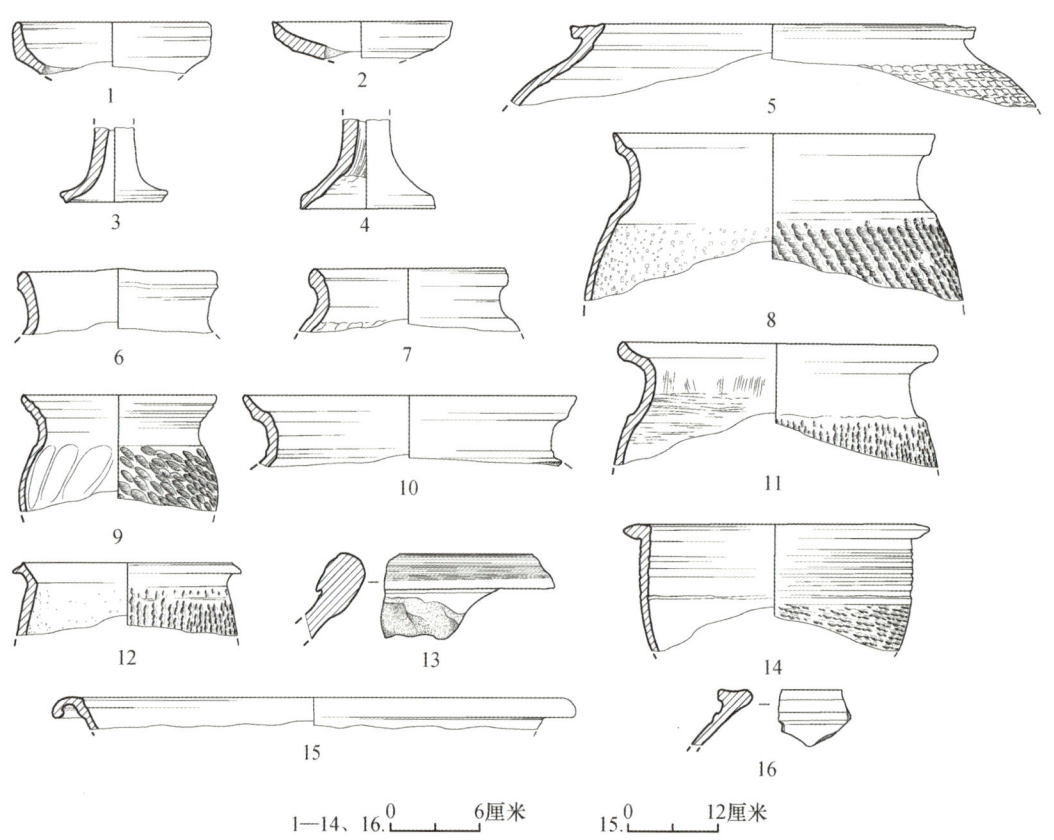

图2.183b　吕桥东南（210）、吕桥（205）、吕桥北（204）采集遗物
1—4.豆（210：2、210：3、210：4、210：5）　5、7.罐（210：1、205：3）　6.捏口罐（205：1）　8、11.深腹罐（205H1：3、205H1：4）　9、10.圆腹罐（205H1：1、205H1：2）　12.鬲（204：1）　13、16.瓮（204：2、205：2）　14、15.盆（205H1：5、204：3）

（3）基本认识

该遗址为东沙沟沿岸东周时期的一处中小型的遗址。

170. 吕桥（205）

（1）概况

位于洛阳偃师市大口镇吕桥村东北。具体位置为吕桥村北的两沟之间，北至村北蓄水池一线，东西分别到冲沟两岸，南至村庄（图2.184）。面积约5万平方米。地理坐标为北纬34°35′06.01″，东经112°40′59.29″，海拔约186米。遗址西部已被吕桥村民民宅占压，东部仍余少许，被农田和苗圃覆盖。

2003年2月25日，二里头工作队调查发现，2017年7月5日复查。

图2.184 吕桥（下为北）

（2）主要发现

调查中发现灰坑1处（图版一三〇，2）。采集到陶片若干。陶片可辨认器形有圆腹罐、深腹罐、罐、瓮、盆、鼎、捏口罐、缸等。属于二里头文化第四期。标本有8件。

H1：位于村西南冲沟东侧断崖上。开口于表土下，深1.7—1.8米。填土为灰褐土夹黑灰土。可辨认器形有圆腹罐、深腹罐、盆、大口尊。年代为二里头四期偏晚。

圆腹罐　2件。H1∶1，口沿。夹砂灰陶。直领外侈，尖唇，弧腹。颈部饰两道凹弦纹，腹饰粗绳纹，沿内有两道凸棱。口径13、残高7.4、厚0.3—0.6厘米（图2.183b，9；图版四〇六，4）。H1∶2，口沿。泥质灰陶。盘口，尖圆唇，沿面有一道凹槽，沿外有一道凸棱，束颈，溜肩。口径22、残高4.5、厚0.6—0.8厘米（图2.183b，10）。

深腹罐　2件。H1∶3，口沿。夹砂灰陶。盘口，尖唇，沿外有一道凹槽，束颈，溜肩。饰粗绳纹。口径21、残高10.6、厚0.5—0.6厘米（图2.183b，8；图版四〇六，5）。H1∶4，口沿。夹砂灰陶。盘口，尖圆唇，束颈，溜肩。饰绳纹。口径21、残高7.8、厚0.6—0.8厘米（图2.183b，11；图版四〇六，6）。

捏口罐　205∶1，口沿。夹砂灰陶。直领，圆唇，沿外有一道凸棱，束颈。口径13、残高4、厚0.5—0.7厘米（图2.183b，6）。

罐　205∶3，口沿。泥质褐陶。矮领，圆唇，沿内有一道凸棱，束颈，溜肩。口径13、残高4、厚0.7—0.8厘米（图2.183b，7）。

瓮　205∶2，口沿。泥质褐陶。敛口，平沿，圆唇，沿外凸呈棱，溜肩。磨光，肩部饰一道凸棱。残高3.6、厚0.6—1.2厘米（图2.183b，16）。

盆　H1∶5，口沿。夹砂黑陶。折沿，尖唇，弧腹。上腹饰数周凹弦纹，下腹饰绳纹。口径20、残高8.1、厚0.4—0.7厘米（图2.183b，14；图版四〇七，1）。

（3）基本认识

该遗址为东沙沟和沿岸的一处小型的文化内涵较为单纯的二里头文化遗址，遗存主要为二里头文化四期。核查中未发现简报中所录商周时期的遗物[①]。

---

① 中国社会科学院考古研究所二里头工作队：《河南洛阳盆地2001~2003年考古调查简报》，《考古》2005年第5期。

171. 吕桥北（204）

（1）概况

位于洛阳偃师市大口镇吕桥村北。具体位置为东西吕桥村之间的南北向沟东侧，南距吕桥村约200米，东距吕桥至郜寨道路约150米，西邻冲沟（图2.185）。面积约0.7万平方米。地理坐标为北纬34°35′08.72″，东经112°40′52.01″，海拔约185米。地表为苗圃覆盖。

2003年2月25日二里头工作队调查发现，2017年7月5日复查。

图2.185　吕桥北（下为北）

（2）主要发现

该遗址采集到的遗物较少，包括二里岗文化和东周时期。

采集的二里岗文化陶片极少，可辨认器形有鬲，属于二里岗文化早期。标本1件。东周时期的陶片相对较多，可辨认器形有卷沿盆、瓮等。年代为东周晚期，或可到汉代。标本2件。

鬲　204∶1，口沿。夹砂灰陶。折沿，尖唇，唇面有一道凹槽，溜肩。饰绳纹。口径15、残高4.6、厚0.5—0.7厘米（图2.183b，12）。

瓮　204∶2，口沿。泥质灰陶。敛口，圆唇，沿内外包边较厚。素面。残高5、厚1.5—2.3厘米（图2.183b，13）。

盆　204∶3，口沿。泥质红陶。卷沿，圆唇，沿内有呈棱，斜直腹。颈部饰两道凸弦纹。口径69、残高4、厚0.7—1.3厘米（图2.183b，15）。

（3）基本认识

该遗址为东沙沟沿岸的一处小型遗址，遗存以东周晚期（或可至汉代）为主，另见有少量二里岗文化早期遗存。

172. 郭家岭北（203）

（1）概况

位于洛阳偃师市大口镇郭家岭村。具体位置为郭家岭村东北姬家桥至后周村道路两侧，东至王寨东至郜寨西南冲沟，西至郭家岭西南取土坑，南至村东东西向小冲沟，北至郭家岭通往姬家桥村东西向道路（图2.186；图版一三一，1）。面积约12.6万平方米。地理坐标为北纬34°35′47.57″，东经112°40′33.75″，海拔约184米。地表为农田。

2003年2月25日，二里头工作队调查发现，2017年7月7日复查。

图2.186　郭家岭北（下为北）

（2）主要发现

该遗址采集到的陶片较少，可能包括仰韶文化和西周时期。其中疑似仰韶文化所见陶片为钵形盆，西周时期可辨认器形有豆。陶片均较为残碎，无标本。

（3）基本认识

该遗址可能为东沙沟沿岸一处小型的西周时期遗址，同时见有少量的仰韶文化遗存，核查中未见简报所列二里头文化遗物[1]。

---

[1]　中国社会科学院考古研究所二里头工作队：《河南洛阳盆地2001~2003年考古调查简报》，《考古》2005年第5期。

173. 郘寨北（125）

（1）概况

位于洛阳偃师市高龙镇郘寨村北。具体位置为姬家桥与郘寨之间，东沙沟河诸支流汇合处的东北部（图2.187；图版一三一，2）。面积约0.2万平方米。地理坐标为北纬34°36′12.71″，东经112°40′56.65″，海拔约160米。遗址周围被取土破坏殆尽，仅余沟边少许。

2003年2月20日二里头工作队调查发现，2017年7月7日复查。

图2.187　郘寨北（右为北）

（2）主要发现

采集到陶片少许绳纹陶片，较为残碎，无标本，具体年代不详，约为商周时期。

（3）基本认识

该遗址可能为东沙沟沿岸的一处商周时期的小型聚落。

174. 军屯东南（140）

（1）概况

位于洛阳市洛龙区庞村镇（伊滨区代管）军屯村东南废弃砖厂处。具体位置为军屯和水牛沟两村南部的东沙沟西侧，北距伊东渠约340米，东距军屯至姬家桥村道路约150米，西邻浅沟（图2.188a；图版一三二，1）。面积约0.7万平方米。地理坐标为北纬34°36′50.24″，东经112°40′27.67″，海拔约157米。遗址周围被砖厂取土破坏较甚，现为果园。

2003年2月25日二里头工作队调查发现，2017年7月7日复查。

图2.188a 军屯东南（右为北）

（2）主要发现

调查中发现灰坑2处，采集陶片少量，分别属于二里头和二里岗文化。标本7件。

1）二里头文化

发现灰坑1个（H2）。陶片较少，可辨认器形有高领瓮、缸、大口尊等。属于二里头文化二、三、四期。

H2：位于H1东3米。斜壁，圜底。深约0.9米。填土为灰褐泛黄土。坑内含大量黑灰、红烧土粒，小件遗物发现了石料。年代为二里头文化四期偏晚阶段，见有早期遗物。

废石料 H2∶1，硅质岩。黑色。废石料。残长4.2、残宽1.2—5、残厚1.4—1.8厘米。

高领瓮 140∶1，口沿。夹砂灰陶。直领外侈，圆唇，广肩。颈部饰两周凸弦纹，肩饰绳纹。口径33、残高6.5、厚0.5—0.6厘米（图2.188b，2；图版四〇七，4）。

缸 H1∶1，口沿。夹砂灰陶。直领外侈，方唇，束颈，直腹。腹饰绳纹夹两周附加堆

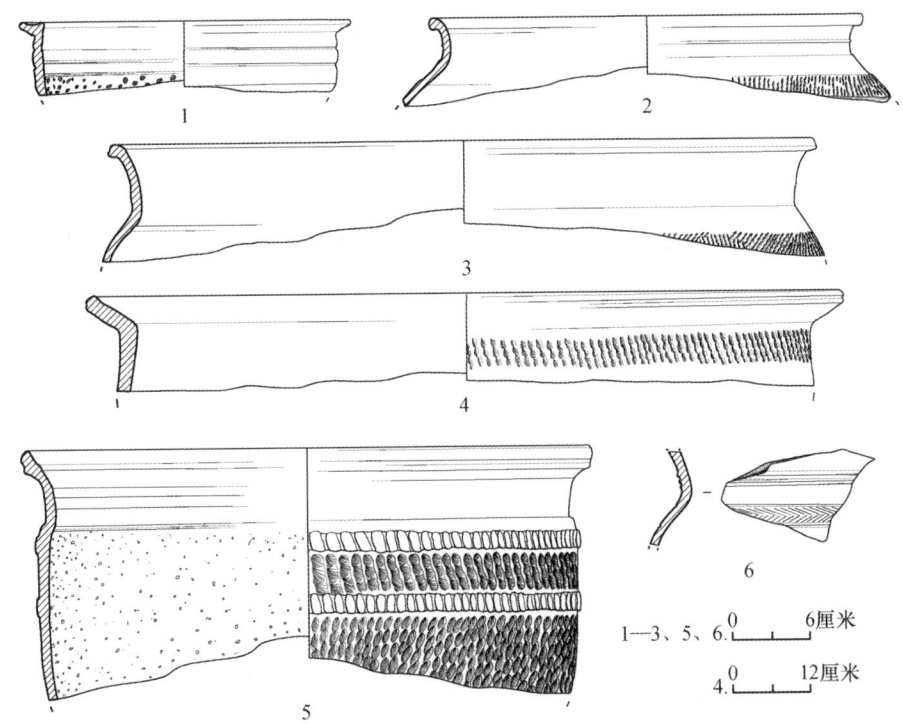

图2.188b 军屯东南（140）采集标本

1.甑（H1∶3） 2.高领瓮（140∶1） 3、6.大口尊（H1∶2、H1∶4） 4.盆（140∶2） 5.缸（H1∶1）

纹。口径43、残高18.4、厚0.5—0.9厘米（图2.188b，5；图版四〇七，2）。

大口尊 2件。H1∶2，口沿。泥质灰陶。直领外侈，尖唇，溜肩。饰绳纹。口径55、残高8.6、厚0.6—0.9厘米（图2.188b，3；图版四〇七，3）。H1∶4，肩部。泥质灰陶。颈部饰三周凸弦纹，肩部饰凹弦纹夹指甲纹，内壁有麻点。残高7、厚0.6—0.7厘米（图2.188b，6）。

甑 H1∶3，口沿。泥质灰陶。平折沿，圆唇，沿面有两道凹槽，直腹微弧。腹饰两周凹弦纹，内壁有麻点。口径25、残高5.3、厚0.7—0.9厘米（图2.188b，1）。

2）二里岗文化

H1：位于公坟南，浅沟凹地南侧剖面，直壁坑。坑口距地表约0.5米，宽1.7—1.8米。填土为黄褐泛灰土，含白色丝状纤维。坑内见有二里头文化四期至二里岗文化陶片。可辨认器形有罐、盆、瓮、缸、大口尊、甑等，应该为二里岗文化早期。

盆 140∶2，口沿。泥质灰陶。侈口，宽折沿，圆唇，唇面饰一道凹弦纹，直腹。饰绳纹。口径58、残高7、厚0.9—1.1厘米（图2.188b，4；图版四一三，1）。

（3）基本认识

该遗址为东沙沟附近的一处二里头文化至二里岗文化早期的小型遗址。核查中未见简报中所列两周时期遗存[①]。

---

① 中国社会科学院考古研究所二里头工作队：《河南洛阳盆地2001～2003年考古调查简报》，《考古》2005年第5期。

175. 石牛沟（124）

（1）概况

位于洛阳偃师市高龙镇石牛村南。具体位置为东沙沟与伊东渠交汇处东北部，北距石牛村约210米处，南距伊东渠约80米，西至东沙沟，东至石牛村至高龙镇南北向道路（图2.189a；图版一三二，2）。面积约3万平方米。地理坐标为北纬34°37′05.86″，东经112°40′59.59″，海拔约149米。遗址地表为农田。

1984年，洛阳市文物普查队曾进行调查，称之为石牛沟遗址，认为该遗址属于二里头文化，另见有王湾二期遗存[①]。

二里头工作队于2003年2月20日调查，2017年7月7日复查。原为偃师县文物保护单位，2007年11月7日，洛阳市人民政府将该遗址公布为第三批洛阳市文物保护单位。

图2.189a　石牛沟（右为北）

（2）主要发现

该遗址发现有灰坑（图版一三三，1），采集到的陶片较为丰富，可辨认器形有鼎、鬲、深腹罐、圆腹罐、缸、刻槽盆、盆、大口尊、尊、豆、盖等。均属于二里头文化，包括二、三、四期。标本8件。

石铲　124：1，泥质板岩。灰色。经过琢制、磨制，断裂。残长4.3、残宽4.6、最厚1.6厘米（图2.189b，1；图版二五三，1）。

深腹罐　2件。124：3，口沿。夹砂灰陶。侈口，折沿，方唇，直腹微弧。饰绳纹。口径23、残高9.8、厚0.6—0.8厘米（图2.189b，2；图版三八一，3）。124：4，口沿。夹砂灰

[①] 方孝廉：《洛阳市一九八四年古文化遗址调查简报》，《中原文物》1987年第3期。

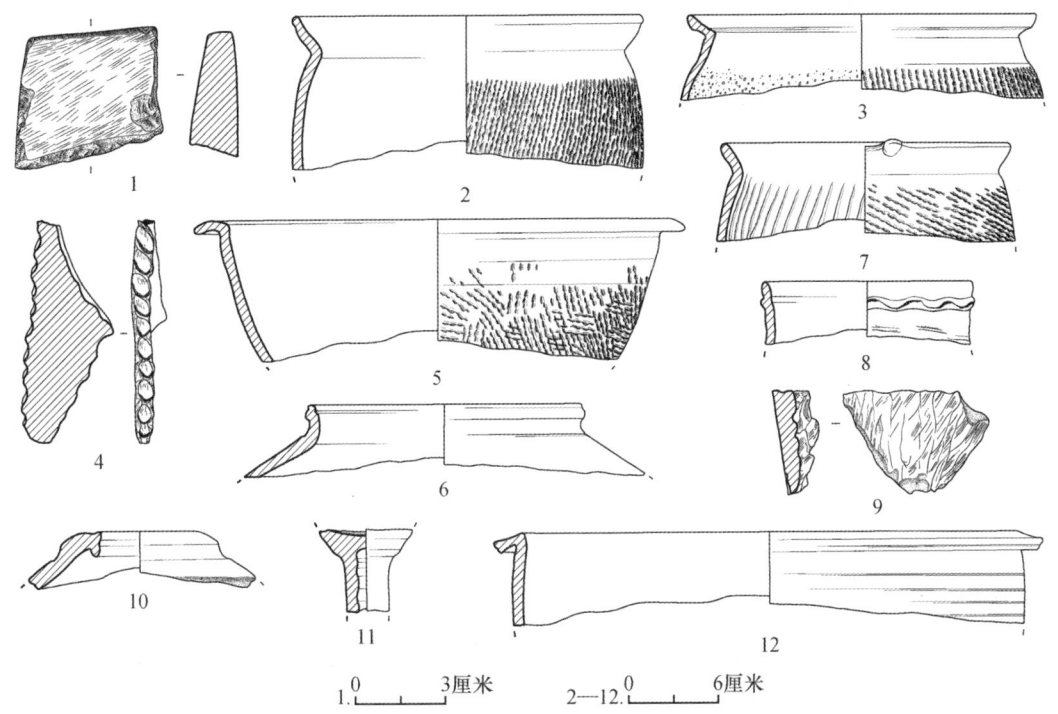

图2.189b 石牛沟（124）、新彭店东（143）采集标本
1.石铲（124：1） 2、3.深腹罐（124：3、124：4） 4.鼎（124：2） 5、12.盆（124：7、143：5） 6.尊（124：8）
7.刻槽盆（124：5） 8.圆腹罐（124：6） 9、10.尖底瓶（143：2、143：3） 11.豆（143：4）

陶。侈口，折沿，圆唇，沿面饰一道凹弦纹，沿下有一道凸棱，溜肩。饰绳纹。口径23、残高5.4、厚0.5—0.6厘米（图2.189b，3；图版三九〇，6）。

圆腹罐 124：6，口沿。夹砂灰陶。直领微侈，尖唇，沿外饰花边。口径14、残高4、厚0.6厘米（图2.189b，8；图版三八一，4）。

鼎 124：2，足部。泥质灰陶。三角形扁足。饰花边。残高14.3厘米（图2.189b，4；图版三九〇，5）。

刻槽盆 124：5，口沿。泥质灰陶。敞口，卷沿，圆唇，口沿有捏制痕迹，沿下饰一道凹弦纹，圆弧腹。饰绳纹，内壁有刻槽。口径19、残高6.5、厚0.6—0.7厘米（图2.189b，7；图版三九一，1）。

盆 124：7，口沿。泥质灰陶。敞口，折沿，圆唇，沿面微弧，沿内有一道凹槽，斜直腹。饰绳纹。口径32、残高9、厚0.6—0.7厘米（图2.189b，5；图版三九一，2）。

尊 124：8，口沿。泥质灰陶。直口，圆唇，沿内饰一道凹弦纹，沿外有一道凸棱，矮领，广肩。颈部饰一道凹弦纹。口径18、残高4.5、厚0.6—1厘米（图2.189b，6）。

（3）基本认识

该遗址为沙沟河东岸的一处以二里头文化遗存为主的遗址。结合以往工作来看，还有仰韶晚期和龙山早期的遗存，但本次调查中未见到。

176. 新彭店东（143）

（1）概况

位于洛阳市洛龙区庞村镇（伊滨区）新彭店村与偃师市高龙镇交界处。具体位置为东沙沟东岸的国道锡海线（G207）与省道顾龙路（S320）交叉处以西，洛偃快速路以南的新彭店以东阎楼以西区域，北距洛偃快速路约400米，南距省道S320约200米，西距东沙沟约50米（图2.190；图版一三三，2）。面积约40万平方米。地理坐标为北纬34°38′07.57″，东经112°41′02.83″，海拔约134米。地表为农田和果园。

二里头工作队于2003年3月8日调查发现，2017年7月10日复查。

图2.190　新彭店东（左下为北）

（2）主要发现

调查采集的遗物有石器1件，陶片些许。陶片主要为仰韶文化和东周时期，少量为龙山、二里头时期。标本5件。

刀坯　143∶1，鲕粒灰岩。黑色。经过打制、尚未加工完成。长11.6、宽5.2—5.8、厚2.9厘米（图版二五三，2）。

1）仰韶文化

陶片较多，可辨认器形有尖底瓶、钵等，属于仰韶文化中期偏早阶段。标本2件。

尖底瓶　2件。143∶2，底部。泥质红陶。素面。残高6.6、厚0.6—1.4厘米（图2.189b，9；图版三一八，1）。143∶3，口沿。泥质红陶。小包口，平沿，尖唇，沿内凸呈棱。口径5、残高3.6、厚0.9—1.2厘米（图2.189b，10）。

2）龙山文化

陶片数量较少，见有方格纹、篮纹和素面陶片，属于龙山时代晚期。无典型标本。

3）二里头文化

个别陶片为二里头文化时期。器形不详，具体年代不详。

4）东周时期

见有少量陶片，可辨认器形有盆、豆等，属于东周早期。标本2件。

豆　143∶4，柄部，泥质灰陶。空心柱柄。豆盘近柄处有旋转痕迹。残高5、厚0.6—0.8厘米（图2.189b，11）。

盆　143∶5，口沿，泥质灰陶。折沿，方唇，直腹微弧。腹部外侧有加工中的旋转痕迹。口径36、残高5.8、厚0.7—0.8厘米（图2.189b，12；图版四四一，5）。

（3）基本认识

该遗址是东沙河东岸的一处中型遗址，以仰韶和东周时期的遗存为主，另见有少量龙山晚期和二里头文化的遗存。

177. 高崖西（134）

（1）概况

位于洛阳偃师市高龙镇高崖村西。具体位置为伊河河谷南岸，东沙沟和沙沟河交汇处的东侧龙华游乐园以东，高崖村中国道锡海线（G207）以西，洛偃快速路以北，伊河以南台地上（图2.191a）。裴李岗文化的遗存见于遗址东南部的洛偃快速路沿线附近，面积不详；仰韶和龙山时期的遗存见于遗址东部、高崖村西和村南，面积约57.2万平方米；二里头和东周时期的遗存见于整个遗址，面积约79.5万平方米。地理坐标为北纬34°38′49.69″，东经112°41′06.07″，海拔约130米。遗址地表除了被道路和民宅占压外，余为农田和苗圃。

图2.191a　高崖西（右上为北）

1959年10月，中国科学院考古研究所曾对该遗址（时称高崖遗址，属大口乡，包括高崖西和高崖东北）进行调查，认为该遗址的面积达200万平方米，文化层深1—2米，发现了地层、灰坑和红烧土，采集到仰韶、龙山和商代（即二里头文化）遗物，其中商代遗物遍布整个遗址，西部较早（即本遗址），东部稍晚（即高崖东北，132），认为该遗址与二里头遗址关系密切，并建议发掘①。

1960年6月，北京大学历史系洛阳考古实习队配合河南省文物普查工作，对该遗址进行了复查和试掘。通过试掘了解到，高崖西台地东南部有商代文化层（二里头文化），堆积厚度在2米以上，台地的北部有类似洛阳王湾第一、二、三期文化的先后叠压关系，出土遗物也比较丰富，可能是高崖西台地的中心②。

1962年4月和7月，中国科学院考古研究所洛阳发掘队对该遗址再次进行了两次详细调查，认为高崖遗址除了二里头类型和二里岗期的遗存外，还包括仰韶文化和龙山文化的遗存③。

1984年，洛阳市文物普查队也对该遗址（包括东西两部分）进行过复查，认为该遗址的面积约为24万平方米，主要文化内涵包括王湾遗址第一、二、三期，采集到大量的仰韶文化罐、尖底瓶、盆、瓮、鼎足和石斧、石铲的遗物，还采集到属于裴李岗文化三足钵之锥形足。此外认为，该遗址还包括庙底沟二期等时期文化遗存④。

1988年10月，为配合国道锡海线（G207）偃师段建设工程，洛阳市第二文物工作队和偃师县文物管理委员会在该遗址国道占地范围内（即本遗址）联合进行了考古发掘。发现该遗址的面积约50万平方米，发掘了解到遗址南北两部分堆积情况不同，北半部以裴李岗和仰韶文化遗存为主，南半部以龙山晚期和二里头文化堆积为主。发现裴李岗文化遗存窖穴5处，石、骨、陶器若干；发现仰韶文化窖穴9个，房基2座，墓葬1座，遗物若干；发现龙山文化壕沟1条，窖穴10个，房基1座；还发现二里头文化遗存若干等。通过发掘认识到该遗址裴李岗文化遗存的年代接近新郑沙窝李和临汝中山寨裴李岗时期遗存，而此后的仰韶、龙山、二里头等时期的遗存长期承续⑤。

鉴于该遗址具有重要价值，1960年被定为偃师县文物保护单位，1981年被定为洛阳市文物保护单位，2016年被河南省政府公布为第七批文物保护单位。

2003年3月8日，二里头工作队对该遗址进行调查，2017年7月10日复查。

（2）主要发现

该遗址在调查中发现灰坑3处（图版一三四）。采集到大量陶片和石器3件。标本38件。

石片　134:1，石英岩。肉红色，保留卵石的自然面，经过打制。残长7.4、残宽4.8—5.5、厚2厘米。

石杵　134:2，硅质岩。黑色，保留卵石的自然面，一端破裂，一端有使用造成的凹凸不

---

① 二里头工作队资料。
② 北京大学历史系洛阳考古实习队：《河南偃师伊河南岸考古调查试掘报告》，《考古》1964年第11期。
③ 中国科学院考古研究所洛阳发掘队：《河南偃师商代和西周遗址调查简报》，《考古》1963年第12期；中国科学院考古研究所洛阳发掘队：《伊河下游几处新石器遗址的调查》，《考古》1964年第1期。
④ 方孝廉：《洛阳市一九八四年古文化遗址调查简报》，《中原文物》1987年第3期。
⑤ 洛阳市第二文物工作队、偃师县文物管理委员会：《洛阳市偃师县高崖遗址发掘报告》，《华夏考古》1996年第4期。

平的面。残长6.4、残宽4—5.1、厚3.3厘米（图版二五三，3）。

石铲　134∶3，泥质板岩。灰色，经过磨制，一端破裂，刃部有使用造成的破裂面。残长8.7、残宽7.1、厚1.2厘米（图2.191b，8；图版二五三，4）。

1）裴李岗文化

本次调查未发现，根据以往的调查和试掘工作可知，遗址东部偏北存在着一定量的裴李岗文化遗存[①]。

2）仰韶文化

发现灰坑1处。陶片数量较多，可辨认器形有鼎、罐、盆、泥质彩陶罐、夹砂弦纹罐、叠唇盆、小口尖底瓶、缸、钵、碗、豆、盖等。部分磨光陶制作极为精细。属于仰韶文化中、晚期，个别遗物已接近龙山时代早期（庙底沟二期文化）。标本7件。

H3：位于高崖村西断崖上，可辨认器形有尖底瓶。时代为仰韶。无标本。

钵　134∶4，口沿。泥质褐陶。敛口，圆唇。素面。口径23、残高5.5、厚0.6—0.7厘米（图2.191b，1）。

碗　134∶5，口沿。泥质红陶。直口，方唇，直腹微弧。素面。口径24、残高4.8、厚0.4—0.5厘米（图2.191b，2）。

豆　134∶6，口沿。泥质褐陶。敛口，圆唇，折腹，折腹处有一道凸棱。口径27、残高3、厚0.5—0.9厘米（图2.191b，3）。

罐　134∶7，口沿。夹砂灰陶。直领外侈，圆唇，沿内有一道凹槽，广肩。口径27、残高7、厚0.4—0.9厘米（图2.191b，4；图版三三七，1）。

缸　134∶8，口沿。泥质灰陶。敛口，圆唇，沿外包边。沿下饰一周附加堆纹和三周凸弦纹。口径41、残高10.3、厚0.6—1.4厘米（图2.191b，12；图版三三七，2）。

鼎　134∶9，口沿。夹砂褐陶。侈口，折沿，尖圆唇，沿面饰一道凸弦纹，溜肩。口径16.5、残高4.6、厚0.5—0.9厘米（图2.191b，6）。

盆　134∶10，口沿。泥质红陶。敛口，尖唇，沿外包边。素面。残高4.4、厚0.5—0.8厘米（图2.191b，7）。

3）龙山文化

发现灰坑2处。采集陶片数量较多，可辨认器形有大口罐、粗砂罐、小口高领瓮、矮领瓮、盖等。多属于龙山时代晚期，早、晚段均有。标本7件。

H1：位于高崖村西断崖上。距地表0.6米左右，宽0.7—0.9米，深0.6—0.8米。填土为灰土。坑内陶片可辨认器形有中口罐。年代为龙山晚期。

H2：位于H1向西1米。坑内陶片可辨认器形有矮领瓮。年代为龙山晚期。

器盖　134∶11，可复原。泥质灰陶。下口外侈，方唇，唇面饰一道凹弦纹，沿外有一道凹

---

① 洛阳市第二文物工作队、偃师县文物管理委员会：《洛阳市偃师县高崖遗址发掘报告》，《华夏考古》1996年第4期。

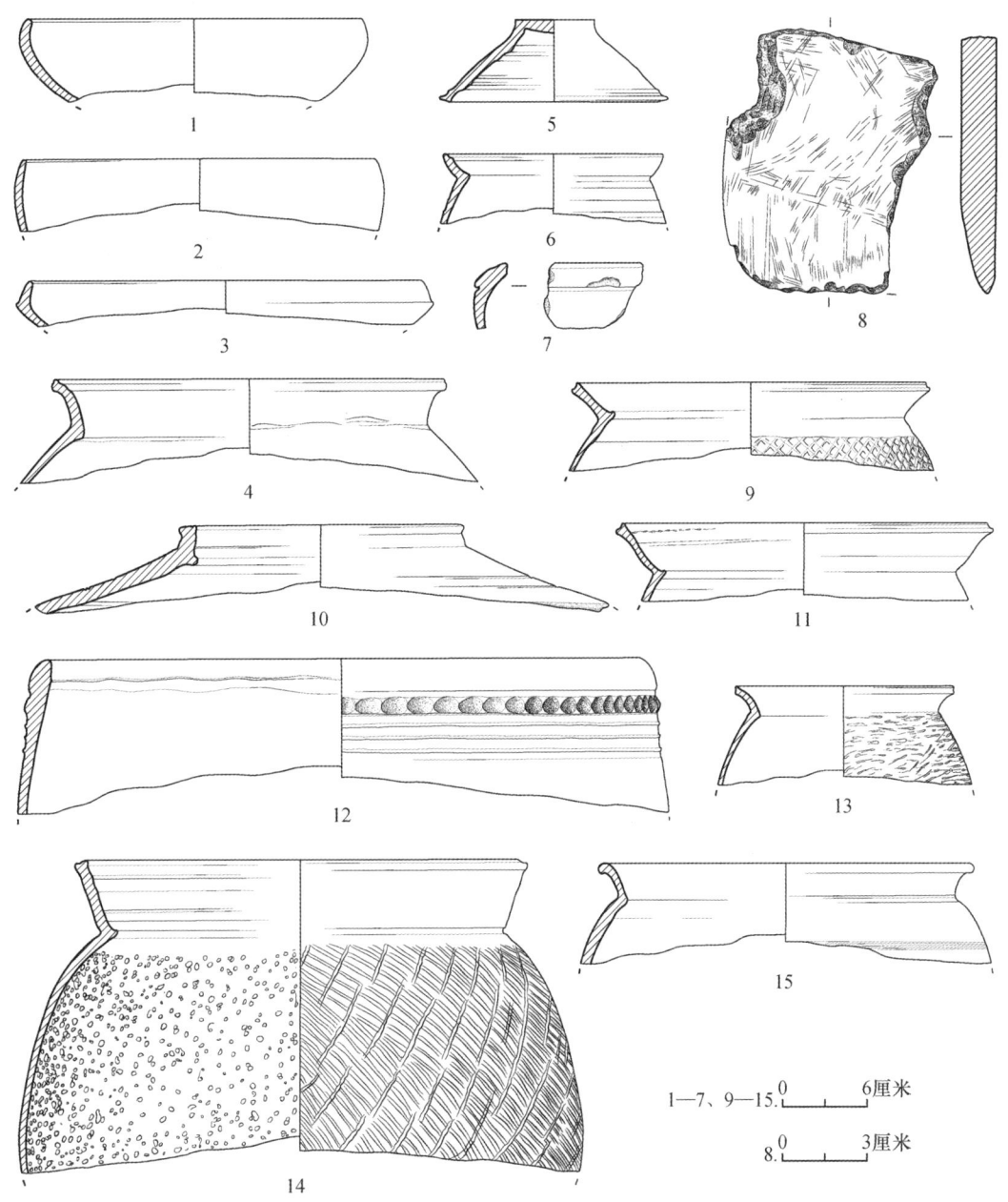

图2.191b 高崖西（134）采集标本（一）

1.钵（134：4） 2.碗（134：5） 3.豆（134：6） 4、9、11、13、14.罐（134：7、134：13、134：14、134：12、H1：1）
5.器盖（134：11） 6.鼎（134：9） 7.盆（134：10） 8.石铲（134：3） 10.矮领瓮（H2：1） 12.缸（134：8）
15.高领瓮（134：16）

槽，平顶。磨光。口径15.7、顶径5.4、高5.5、厚0.4—0.8厘米（图2.191b，5；图版三六六，5）。

罐 4件。134：12，口沿。夹砂灰陶。直领外侈，方唇，溜肩。表面有砂粒。口径15、残高6.6、厚0.3—0.5厘米（图2.191b，13；图版三六六，6）。134：13，口沿。夹砂灰陶。侈口，折沿，方唇，唇面有一道凹槽，折沿处凸棱明显，溜肩。饰方格纹。口径25、残高5.9、厚0.3—0.6厘米（图2.191b，9；图版三六七，1）。134：14，口沿。夹砂灰陶。侈口，折沿上翘，方唇，沿面微凹，溜肩。素面。口径26、残高5.2、厚0.5—0.7厘米（图2.191b，11）。

H1∶1，口沿。夹砂灰陶。直领外侈，方唇，唇面有一道凹槽，沿内有三道凸棱，弧腹。饰篮纹。口径31、残高21、厚0.4—0.7厘米（图2.191b，14；图版三六六，3）。

高领瓮　134∶16，口沿。泥质黑陶。直领外侈，圆唇，广肩。磨光。口径26、残高6.7、厚0.5—0.8厘米（图2.191b，15；图版三六七，2）。

矮领瓮　H2∶1，口沿。泥质黑陶。方唇，唇面饰一道凹弦纹，矮领，领内出一道凸棱，广肩，肩部饰两周凹弦纹。口径19.5、残高5.8、厚0.7—1.3厘米（图2.191b，10；图版三六六，4）。

4）二里头文化

陶片数量较多，可辨认器形有鼎、鬲、深腹罐、圆腹罐、捏口罐、矮领瓮、刻槽盆、豆、爵（足）、器盖等。涵盖二里头文化一、二、三、四期。标本13件。

矮领瓮　134∶15，口沿。泥质黑陶。直口，圆唇，矮领，广肩。磨光，肩部有一周凹槽，内壁饰密集麻点。口径28、残高3.4、厚0.5—0.8厘米（图2.191c，9）。

豆　134∶17，口沿。泥质灰陶。敞口，卷沿，尖唇，斜腹内收。磨光，腹部有一周凸棱。口径20、残高5.2、厚0.7—0.8厘米（图2.191c，18；图版四〇七，5）。

器盖　134∶18，口沿。泥质灰陶。下口外折，圆唇，折腹。素面。口径20、残高5.5、厚0.4—0.7厘米（图2.191c，10；图版三八一，5）。

圆腹罐　2件。134∶19，口沿。夹砂灰陶。直领外侈，尖唇，沿外饰花边，并附有鸡冠錾。口径14、残高3.6、厚0.4—0.5厘米（图2.191c，11；图版三八一，6）。134∶21，口沿。夹砂灰陶。直领外侈，尖唇，沿外饰一周花边，弧腹。饰绳纹。口径15、残高13.5、厚0.6—0.7厘米（图2.191c，14；图版三八二，1）。

捏口罐　134∶22，口沿。泥质灰陶。直领外侈，圆唇，溜肩。饰绳纹。口径14、残高7.3、厚0.4—0.6厘米（图2.191c，16；图版四〇七，6）。

刻槽盆　2件。134∶20，口沿。泥质灰陶。侈口，折沿上翘，尖唇，沿外有一道凹弦纹，直腹微弧。腹饰绳纹及一道凹弦纹，内壁有刻槽和稀疏小麻点。口径24、残高8.2、厚0.5—0.6厘米（图2.191c，15；图版三九一，3）。134∶28，口沿。泥质灰陶。直领外侈，圆唇，沿外包边，束颈。磨光，腹饰绳纹，内壁有刻槽。口径28、残高5.3、厚0.6—0.7厘米（图2.191c，8；图版三八二，5）。

深腹罐　3件。134∶23，口沿。夹砂灰陶。折沿，圆唇，直腹微弧。饰篮纹。口径22、残高5.8、厚0.6—0.7厘米（图2.191c，19；图版三八二，2）。134∶24，口沿。泥质灰陶。折沿，方唇，唇面饰一道凹弦纹，直腹。饰篮纹。口径21、残高4.7、厚0.6—0.7厘米（图2.191c，13；图版三八二，3）。134∶27，口沿。泥质灰陶。侈口，折沿，圆唇，沿面内凹，溜肩，肩部有一道凸棱。口径23、残高4、厚0.4—0.7厘米（图2.191c，17）。

鬲　134∶25，口沿。夹砂灰陶。侈口，卷沿，尖唇，唇面有一道凹弦纹，溜肩。饰细绳纹。口径24、残高7.2、厚0.6—0.7厘米（图2.191c，12；图版四〇八，1）。

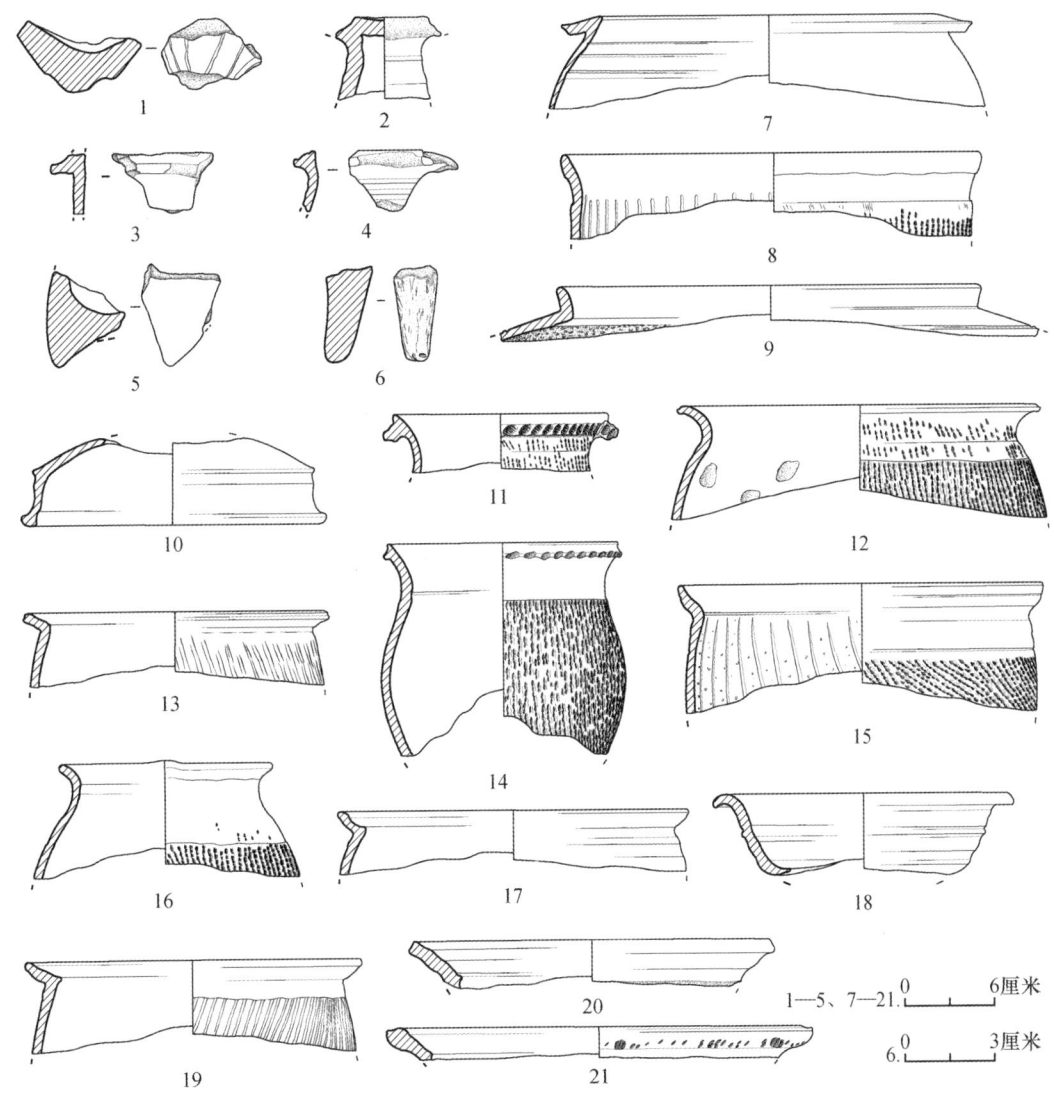

图2.191c 高崖西（134）采集标本（二）

1、4、5、7、12、20. 鬲（134：30、134：35、134：29、134：36、134：25、134：31） 2、18. 豆（134：32、134：17）
3、21. 盆（134：33、134：34） 6. 爵（134：26） 8、15. 刻槽盆（134：28、134：20） 9. 矮领瓮（134：15） 10. 器盖（134：18） 11、14. 圆腹罐（134：19、134：21） 13、17、19. 深腹罐（134：24、134：27、134：23） 16. 捏口罐（134：22）

爵 134：26，足部。夹砂褐陶。锥形实足。素面。残高3.1厘米（图2.191c，6；图版三八二，4）。

5）殷墟文化

陶片数量较少，可辨认器形有鬲足根。标本2件。

鬲 2件。134：29，足部。夹砂灰陶。低矮锥形实足。素面。残高6.3、厚0.8—0.9厘米（图2.191c，5；图版四二二，3）。134：30，足部。夹砂灰陶。袋状足，实足尖脱落。表面有加工痕。残高4.5、厚1厘米（图2.191c，1）。

6）西周时期

陶片数量较多，可辨认器形有宽沿弦纹鬲、豆、盆等，多属于西周晚期。标本4件。

鬲　134：31，口沿。夹砂灰陶。侈口，折沿，方唇，沿面有一道凸棱，沿下有两道凹槽。口径24、残高3、厚0.8—0.9厘米（图2.191c，20）。

豆　134：32，柄部。泥质灰陶。平底，空心柱柄。柄上饰一道凸弦纹。残高5.2、厚1—1.2厘米（图2.191c，2；图版四二九，1）。

盆　2件。134：33，口沿。泥质褐陶。折沿，方唇，直腹。素面。残高3.8、厚0.6—0.8厘米（图2.191c，3）。134：34，口沿。泥质灰陶。侈口，折沿，圆唇，内外包边。沿面有压印绳纹。口径28、残高2、厚0.7—0.8厘米（图2.191c，21；图版四二九，2）。

7）东周时期

陶片数量较少，可辨认器形有红陶平沿罐、鬲等，多属于东周晚期。标本2件。

鬲　2件。134：35，口沿。夹砂红陶。折沿。饰凸弦纹。残高4、厚0.5—0.6厘米（图2.191c，4）。134：36，口沿。夹砂红陶。折沿，方唇，溜肩。素面。口径27、残高6、厚0.3—0.7厘米（图2.191c，7；图版四六〇，2）。

（3）基本认识

该遗址是位于伊河南岸沙沟河入伊河处的一处较大型聚落，文化内涵异常复杂，涵盖了本区域内几乎所有的先秦时期考古学文化，包括裴李岗、仰韶、龙山、二里头、殷墟和两周等阶段，是研究区域考古学文化变迁与生产生活的重要依据。由于常年遭受自然风雨剥蚀、水土流失、大气和环境污染等，对遗址形成相当程度的破坏，且遗址地处河岸台地、紧邻村庄，中部国道南北贯通，南部洛偃快速路东西修建，当地群众的文物保护意识落后，对遗址本体造成了相当程度的破坏。遗址的完整性及附近的环境风貌均受到很大的影响，建议提升保护等级，加强长效管理和有效保护。

178. 高崖东北（132）

（1）概况

位于洛阳偃师市高龙镇高崖村东北。具体位置为高崖东至赵寨村道路南北，北至伊河南岸，南至高崖村中部东西一线，东至赵寨村西南北向道路，西至高崖村东部（图2.192a）。龙山、二里头时期的面积约26万平方米，二里岗时期的面积不详。地理坐标为北纬34°38′54.22″，东经112°42′22.84″，海拔约125米。遗址西部局部被民居占压，东部多为农田和苗圃。

图2.192a　高崖东北（左上为北）

1959年10月，中国科学院考古研究所对该遗址进行调查，在高崖村所在台地的东半部及寨墙内的部分地段自西向东发现了断续的仰韶、龙山和商代灰坑。认为除了龙山灰坑与西台地（高崖西遗址）无异外，仰韶灰坑内的遗物似乎红陶、彩陶的数量减少而夹砂粗灰陶及粗褐陶数量增多，显示两个区域仰韶时期的遗存阶段有异。商代灰坑内出有盆、钵、鬲等口沿及残块，接近于郑州二里岗期的商代遗物①。

1960年6月，北京大学历史系考古实习队对该遗址进行了调查和试掘。认为该遗址面积约21万平方米。在高崖村东寨壕内和村北的断崖上发现了灰坑和文化层，采集到不少早商和北朝时期的陶片，并进行了试掘。试掘发现文化层最厚约2米，部分地方不见。主要为商代文化层，也见有少量周代和北朝文化层。其中商代文化层出土的遗物类似二里头类型中期，发现了石镰、石刀、陶纺轮、铜刀、骨锥等遗物，见有大口尊、鼎、鬲、刻槽盆、圈足盘、器盖、平底盆等陶器②。

1962年4月和7月，中国科学院考古研究所洛阳发掘队两次调查该遗址，在高崖东寨墙下和附近略偏东北处，发现早商遗存（二里头文化）皆在灰层和灰坑暴露，与二里岗期遗存交错分布。发现的陶片多为绳纹陶片，带麻点，计有罐、缸、瓮、盆、尊、斝等残片，并认为商代遗址的分布，此处属最密集处③。

1984年，洛阳市文物普查队对高崖遗址进行过调查④，包括前述高崖西和本遗址。1960年，该遗址同高崖西遗址被定为偃师县文物保护单位，1981年被定为洛阳市文物保护单位，2016年被河南省政府公布为第七批文物保护单位。2007—2011年，河南省相关机构对该遗址进行了调查⑤。

2003年3月3日，二里头工作队调查，2017年7月10日复查。

（2）主要发现

该遗址东北部的断崖上，发现了较厚的文化堆积，地层厚3—4米，含有灰褐色土、烧土颗粒、草木灰等及大量遗物。发现灰坑1处，采集遗物较多（图版一三五）。分属于仰韶、龙山、二里头和二里岗时期。标本13件。

1）仰韶文化

陶片数量不多，可辨认器形有泥质彩陶罐、缸、内折沿缸、瓮和小口高领瓮等。属于仰韶文化晚期。标本3件。

罐　132∶1，口沿。泥质红陶。侈口，折沿，圆唇，溜肩。肩饰褐彩横向平行线纹夹斜向平行线纹。口径31、残高5.8、厚0.6—0.8厘米（图2.192b，4；图版三三七，3）。

缸　132∶2，口沿。夹砂褐陶。敛口，平沿，沿面内凹，沿上有一道凸棱，圆唇，直腹。沿下饰一周凸弦纹。残高9.2、厚0.8—2厘米（图2.192b，2）。

---

① 二里头工作队资料。
② 北京大学历史系洛阳考古实习队：《河南偃师伊河南岸考古调查试掘报告》，《考古》1964年第11期。
③ 中国科学院考古研究所洛阳发掘队：《河南偃师商代和西周遗址调查简报》，《考古》1963年第12期；二里头工作队资料。
④ 方孝廉：《洛阳市一九八四年古文化遗址调查简报》，《中原文物》1987年第3期。
⑤ 河南省第三次全国文物普查领导小组办公室、河南省文物局：《河南省第三次全国文物普查300项重要发现》，海燕出版社，2011年。

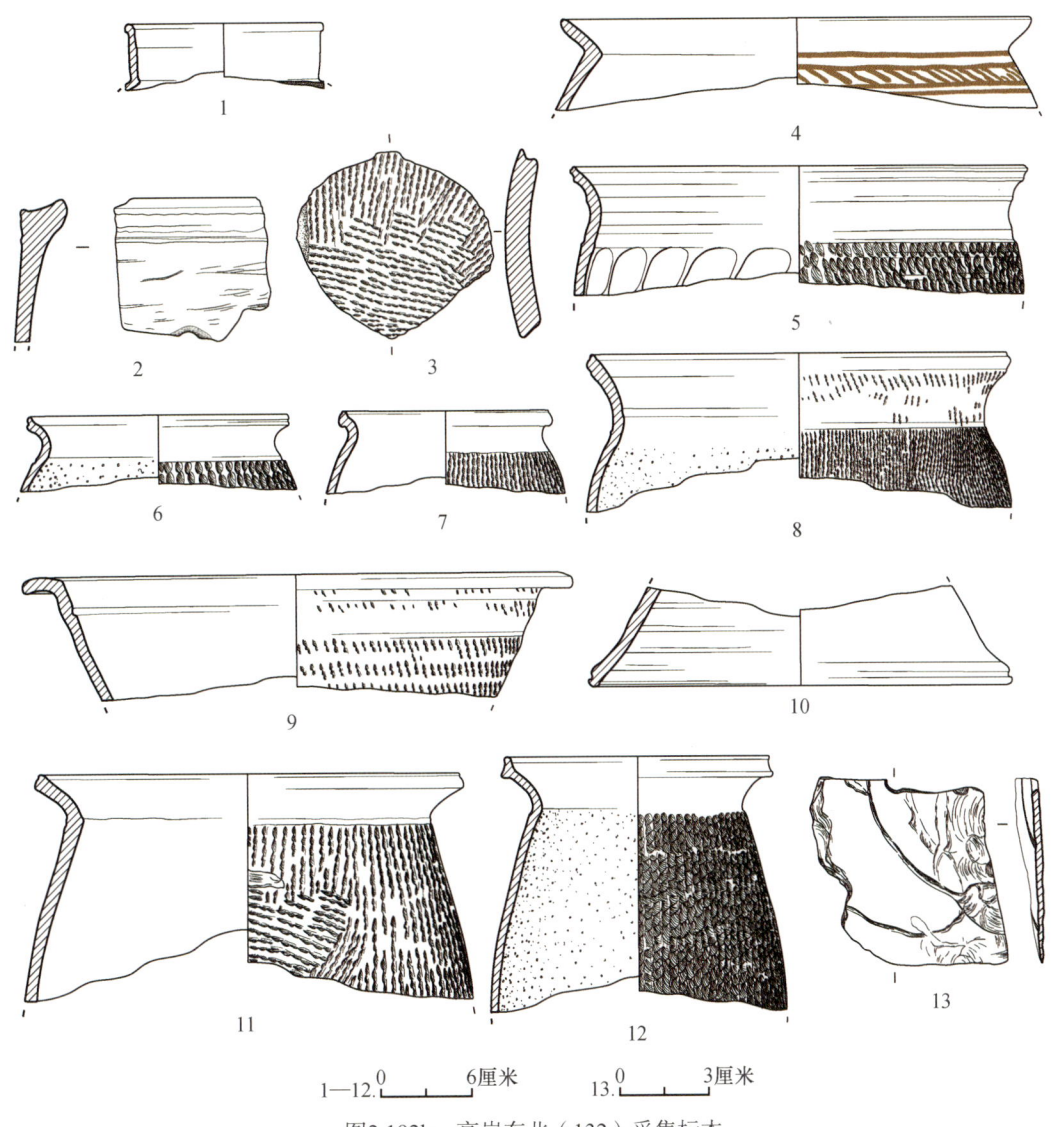

图2.192b 高崖东北（132）采集标本

1. 瓮（132：3） 2. 缸（132：2） 3. 圆陶片（132：4） 4. 罐（132：1） 5—7. 圆腹罐（132：10、132：7、132：8） 8、11、12. 鬲（132：9、132：12、132：6） 9. 盆（132：5） 10. 圈足（132：11） 13. 蚌刀（H1：1）

瓮 132：3，口沿。泥质灰陶。直口微侈，圆唇，直领。磨光。口径13、残高4.2、厚0.4—0.5厘米（图2.192b，1）。

2）龙山文化

陶片数量较少，在灰坑H1内发现了少量龙山文化陶片。无典型标本。

3）二里头文化

发现灰坑1个。陶片数量不多，可辨认器形有鬲、缸、大口尊等。属于二里头文化四期。标本2件。

H1：位于高崖东北断崖东部，为袋状坑，宽1.4米，深1米。填土为灰黄土。坑内见有蚌器和二里头陶片。发现穿孔残蚌刀等，陶片以龙山文化为主，个别为二里头时期。

蚌刀 H1：1，三角帆蚌腹缘。长6.6、宽5.9、厚0.2厘米（图2.192b，13）。

圆陶片　132∶4，夹砂灰陶。近圆形，腹片磨制而成。饰绳纹。直径6—6.3、厚0.8—0.85厘米（图2.192b，3）。

4）二里岗文化

陶片较为富，可辨认器形有鬲、深腹罐、圆腹罐、盆、豆、大口尊、圈足、盖等，包括二里岗文化早、晚两期。标本8件。

鬲　3件。132∶6，口沿。夹砂灰陶。侈口，折沿，方唇。颈部饰暗绳纹，腹饰绳纹。口径17.6、残高16.3、厚0.6—0.7厘米（图2.192b，12；图版四一六，3）。132∶9，口沿。夹砂褐陶。直领外侈，方唇，唇面有一道凹槽，束颈，溜肩。颈部饰暗绳纹，腹饰绳纹。口径28、残高10、厚0.6—0.9厘米（图2.192b，8；图版四一六，5）。132∶12，口沿。夹砂灰陶。侈口，卷沿，沿面有一道凹槽，方唇。饰绳纹。口径28、残高14.5、厚0.8—1.1厘米（图2.192b，11；图版四一三，3）。

圆腹罐　3件。132∶7，口沿。夹砂灰陶。卷沿，尖唇，沿外饰一道凹弦纹，束颈，溜肩。饰绳纹。口径17、残高4.8、厚0.4—0.6厘米（图2.192b，6；图版四〇八，2）。132∶8，口沿。夹砂褐陶。卷沿，尖唇，溜肩。饰绳纹。口径14、残高5.3、厚0.5—0.6厘米（图2.192b，7；图版四一六，4）。132∶10，口沿。夹砂灰陶。直领微侈，方唇，沿外饰一周凸弦纹，溜肩。饰绳纹。口径30、残高8.2、厚0.6—0.9厘米（图2.192b，5；图版四一六，6）。

盆　132∶5，口沿。泥质灰陶。折沿，方唇，沿面微弧，斜直腹。饰绳纹，内壁有一道凹槽。口径36、残高7.9、厚0.6—0.8厘米（图2.192b，9；图版四一三，2）。

圈足　132∶11，泥质灰陶。下口微侈，圆唇，沿外有一道凸棱。磨光。口径28、残高6.3、厚0.6—0.8厘米（图2.192b，10）。

（3）基本认识

该遗址为伊河南岸的一处重要的中小型遗址。文化内涵相对复杂，以二里头文化四期和二里岗期遗存为主，另见有少量的仰韶晚期和龙山时期遗存。

(八)五岔沟等

五岔沟介于伊河支流东沙沟和浏涧河之间区域,伊河南岸的几条小冲沟,包括赵寨村北的东西两条、半个寨和五岔沟村北、逯寨村南和村北等几处。附近发现遗址4处(图2.177)。

179. 丁湖店西南(133)

位于洛阳偃师市高龙镇丁湖店村西南。具体位置为丁湖店村西南的洛偃快速路以南,顾龙路(S320)以北,偃师五高以东,郑西高铁南北两侧(图2.193)。面积为10.8万平方米。地理坐标为北纬34°38′31.58″,东经112°42′28.09″,海拔约134米。遗址中部被郑西高铁高架桥局部占压。

二里头工作队于2003年3月3日调查发现,2017年7月10日复查。

图2.193 丁湖店西南(下为北)

调查中采集的陶片极少。可辨认器形有仰韶文化的尖底瓶、圈足盘,无典型标本,具体年代不详;还见有二里头文化的夹砂绳纹陶片,无典型标本,具体年代也不详。

该遗址可能为伊河南岸小型冲沟近旁的仰韶文化和二里头文化的小型聚落。

180. 半个寨西南（赵寨东南，131）

（1）概况

位于洛阳偃师市高龙镇赵寨村南。具体位置为赵寨东南通往洛偃快速路道路的两侧（图2.194a）。面积约5.5万平方米。地理坐标为北纬34°38′53.55″，东经112°42′46.30″，海拔约128米。地表为农田和苗圃，局部被洛偃快速路占压。

2003年3月3日二里头工作队调查发现，2017年7月10日复查。

图2.194a　半个寨西南（左为北）

（2）主要发现

调查中采集的陶片较少。包括零星的仰韶文化泥质红陶碎片和龙山文化陶片些许。采集的龙山文化陶片纹饰以篮纹、方格纹为主，可辨认器形有大口罐等，属于龙山时代晚期。标本1件。

罐　131∶1，口沿。夹砂灰陶。侈口，卷沿，溜肩。腹饰篮纹夹两道弦纹。残高8.2、厚0.5—0.7厘米（图2.194b，1；图版三六七，3）。

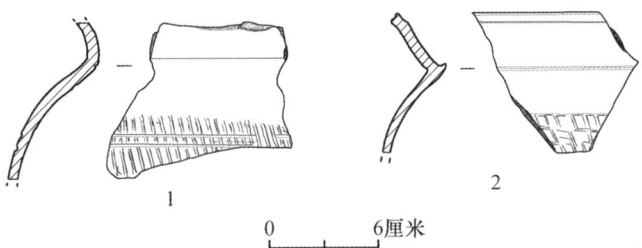

图2.194b 半个寨西南（131）、五岔沟西北（130）采集标本
1、2.罐（131∶1、130∶1）

（3）基本认识

该遗址为伊河南岸的一处新石器时代的小型聚落，以龙山晚期的遗存为主，可能有少许仰韶文化遗存。

181. 五岔沟西北（130）

（1）概况

位于洛阳偃师市高龙镇半个寨村和五岔沟村之间。具体位置伊河南岸的半个寨村和香椿崖村之间的路沟两侧。北至伊河南岸台地，东至香椿崖旧寨墙南门一线，现存面积约0.2万平方米（图2.195）。地理坐标为北纬34°39′33.21″，东经112°43′09.56″，海拔约130米。遗址大部分被民宅占压，残存村北断崖处少许。

图2.195　五岔沟西北（右上为北）

1962年中国科学院考古研究所洛阳发掘队曾调查该遗址（时称半个寨遗址），在半个寨东寨墙与香椿崖寨墙之间的路沟内发现不少灰坑，在香椿崖南寨墙南门附近发现了地层堆积，灰坑多为龙山时期，推测面积为0.72—0.9万平方米。采集了方格纹的罐、双腹盆，篮纹的瓮和碗、钵形器等，另外还见有汉代的窑址，发现了筒瓦、甑片等[①]。

---

①　二里头工作队资料；中国科学院考古研究所洛阳发掘队：《伊河下游几处新石器遗址的调查》，《考古》1964年第1期。

据《偃师县志》载，该遗址为龙山文化遗址，面积约6万平方米，堆积厚1—2米[①]。2003年3月3日，二里头工作队调查，2017年7月10日复查。

（2）主要发现

本次调查中采集的陶片较少，包括仰韶和龙山两个时期。

1）仰韶文化

陶片数量较少，均为碎片。可辨认器形有盆、小口高领瓮（腹片）等，属于仰韶文化晚期。无标本。

2）龙山文化

陶片数量不多。可辨认器形有鬶、大口罐等，属于龙山文化晚期。标本1件。

罐　130：1，口沿。夹砂灰陶。折沿，方唇，沿面微凹，沿面有一道凸棱，唇面饰一道凹弦纹，溜肩。饰方格纹。残高7.3、厚0.4—0.6厘米（图2.195b，2；图版三六七，4）。

（3）基本认识

该遗址为伊河南岸的一处小型的仰韶和龙山文化晚期遗址，以龙山晚期的遗存为主。该遗址大部分已经被村庄占压。

---

① 偃师县志编纂委员会编：《偃师县志》，生活·读书·新知三联书店，1992年，表28-1。

182. 五岔沟北（129）

位于洛阳偃师市高龙镇五岔沟村北。具体位置为伊河南岸五岔沟村北的五岔沟老寨周围，东北侧有伊河南岸小型冲沟（图2.196）。面积约1.1万平方米。地理坐标为北纬34°39′28.45″，东经112°43′17.80″，海拔约140米。现老寨已被取土平毁，无存。

2003年3月3日，二里头工作队调查，2017年7月10日复查。

图2.196　五岔沟北（上为北）

调查中发现较多的疑似东周和汉代陶片，无典型标本。

该遗址可能为伊河南岸的一处小型的东周时期遗址。

（九）浏涧河

源自于伊川、登封与偃师交界处的大封门山，其源头有两处。

西源为涧河，同河又称铁窑河、沙沟、合水等。源自于柿树沟、温窑沟和头道沟至四道沟，在山张附近汇流后，经铁窑东、杨寨西、铁村东、马寨西、寨湾东、曹寨西、张村、温村东南、南坞张、张大寨西北、韩村、彭村南和符寨村西北、裴村东入擂鼓台水库，在南坞张处汇入经由胡寨、堰村、杨村、马村等来水，在陶家村处汇入的源自董村百步岭黄草堌堆东沟的经杨家沟北下、过董村、陈村、焦村和郭村、翟寨、石家寨、引礼寨等村的涧河及流经焦村、陈村间、郭村间、引礼寨西、陶家村西的涧河支流小西河来水。

东源称浏河（或浏水），源自西管茅南屿，向西北方向经夏后村西南、邢村东北、任才南、卢村南至双泉西南、灰嘴东北、南家村西、郑窑西南、浏涧河南入擂鼓台水库。沿流依次汇入了经由邢寨、邢村、二郎庙来水，孙坡村东西来水、王窑村东西来水和经由刘庄南、孙寨、泉寨、双泉的孙寨来水，南家村南侧还汇入了经王庄、扒头间、官庄、晋村南的来水。浏河和涧河汇合后，出擂鼓台水库，经程子沟西、涧沟东、崔河-郝寨东、姬家村西，汇入缑氏、盆窑南、西王河南黑龙沟来水在陶化店村东入陶化店水库。

沿岸遗址69处（图2.197）。

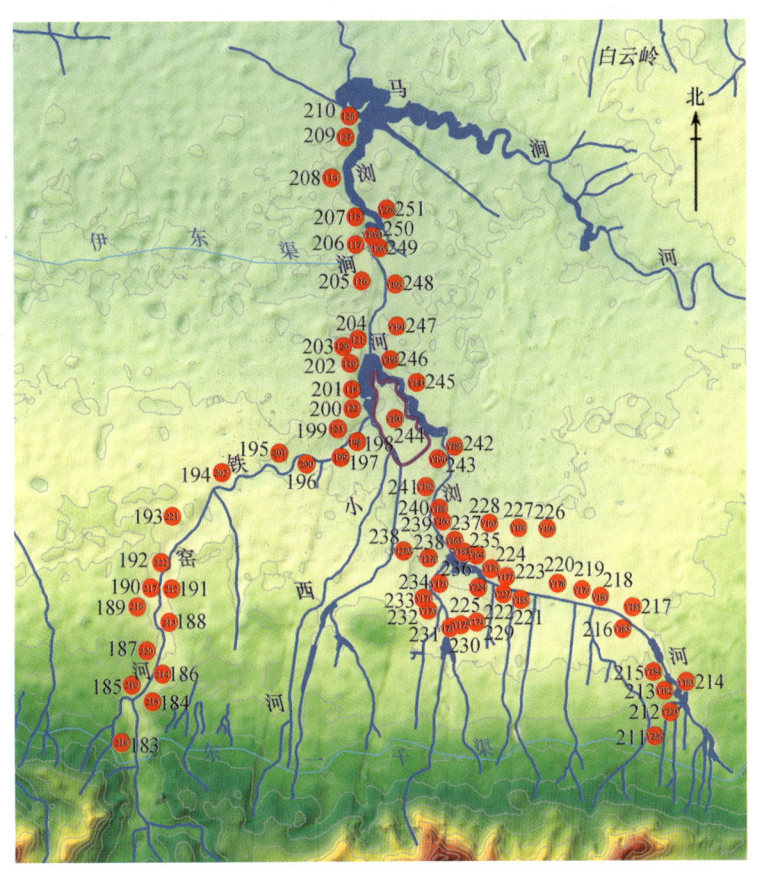

图2.197　浏涧河流域遗址分布示意图

183. 铁窑东南（218）

（1）概况

位于洛阳偃师市大口镇铁窑村南稍偏东。具体位置为村南约300米处，东一干渠以北，村南西南—东北向冲沟入铁窑河处沟南河西台地上（图2.198a；图版一三六，1）。面积约1.8万平方米。地理坐标为北纬34°32′56.34″，东经112°42′23.91″，海拔约255米。该遗址基本被工厂选址建设平毁。

二里头工作队于2003年3月22日调查发现，2017年7月7日复查。

图2.198a 铁窑东南（下为北）

（2）主要发现

调查中发现墓葬1座，编号M1（图版一三六，2）。另发现了红烧土墙块，两面光面，含草拌泥等。采集陶片较多，涵盖仰韶、龙山和二里头时期。标本11件。

石料 218：1，硅质岩。灰黑色，层状构造，保留卵石的自然面，一端断裂。残长8.6、最宽8、厚2厘米（图版二五三，5）。

石铲　218∶2，细粒砂岩灰褐色，经过磨制，破裂。长5.6、宽4.3—6、厚1.6厘米（图版二五三，6）。

石凿　218∶3，硅质岩。黑色，经过磨制，顶端断裂，刃部有使用痕。残长7.8、宽2.7—3.2、厚3.3厘米（图版二五四，1）。

1）仰韶文化

发现墓葬1座。陶片较多，经水磨蚀，磨圆度较高。可辨认器形有盆、尖底瓶、钵、盖。属于仰韶文化中、晚期。标本5件。

M1：位于台地中央地带。墓口距地表约0.35米，宽约2.3米，墓底深约0.7米。填土为红褐色土。死者头西脚东，从剖面看，应是仰身直肢，骨骼保存尚好。填土内另有少量较小红陶片，可辨认器形为夹砂叠唇罐。还发现了颅骨碎块。年代为仰韶中期。

石料　M1∶1，凝灰岩。黄褐色，结构疏松，没有加工痕迹。长5.8、最宽4.1、厚1.2—1.5厘米（图版三一八，2）。

石片　M1∶2，硅质岩。灰黑色，打制石器产生的小石片。长3.2、最宽2.7、最厚1.1厘米（图版三一八，3）。

罐　M1∶3，口沿。夹砂灰陶。敛口，折沿，叠唇，溜肩。素面。口径31、残高4.2、厚

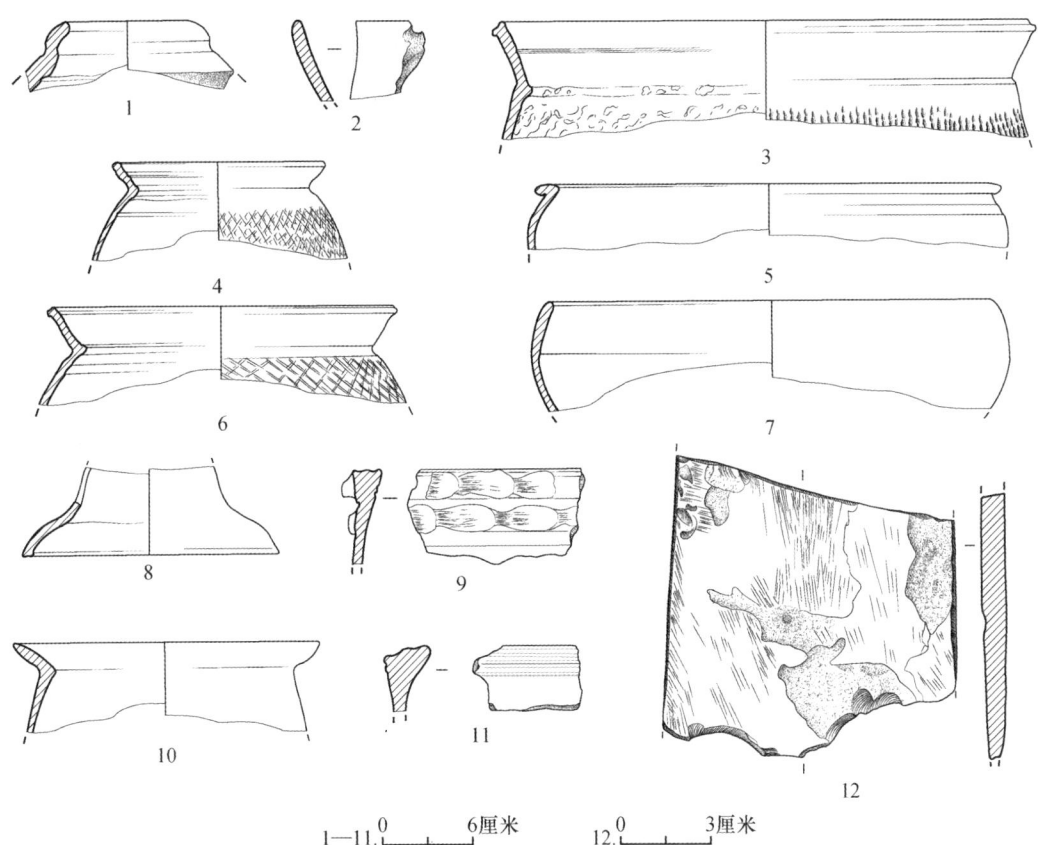

图2.198b　铁窑东南（218）、杨寨西南（215）、铁窑东（219）采集标本
1.尖底瓶（218∶4）　2、7.钵（218∶5、215∶3）　3、5、6、10.罐（218∶7、218M1∶3、215H1∶2、219∶1）
4.鼎（218∶6）　8.圈足（218∶8）　9、11.缸（215∶4、219∶2）　12.残石铲（215H1∶1）

0.5—0.6厘米（图2.198b，5；图版三一八，4）。

尖底瓶　218：4，口沿。泥质红陶。小包口，圆唇。素面。口径8、残高4.5、厚0.7—1厘米（图2.198b，1）。

钵　218：5，口沿。泥质红陶。圆唇，腹微弧。素面。残高5.1、厚0.7—0.9厘米（图2.198b，2）。

2）龙山文化

陶片数量较多，可辨认器形有横篮纹鼎、大口罐、碗等。龙山时代早、晚期均有。标本2件。

罐　218：7，口沿。夹砂黑陶。侈口，折沿，方唇，唇面有一道凹槽，沿内出一道凸棱，溜肩。饰绳纹。口径36、残高7.5、厚0.5—0.8厘米（图2.198b，3；图版三六七，5）。

圈足　218：8，底部。泥质灰陶。喇叭口。素面。口径17、残高5.6、厚0.3—0.6厘米（图2.198b，8）。

3）二里头文化

数量较少，均为碎片，多饰有中、粗绳纹，可辨认器形有深腹罐等。多属于二里头文化二、三期。标本1件。

鼎　218：6，口沿。夹砂灰陶。侈口，折沿，圆唇，沿面有一道凸棱，溜肩。饰方格纹。口径14、残高6.2、厚0.3—0.5厘米（图2.198b，4；图版三七六，2）。该器物方格纹较浅，属于二里头文化早期遗物。

（3）基本认识

该遗址为小型临河坡地遗址，文化内涵相对复杂，以仰韶、龙山时期遗存为主，另有少量二里头文化遗存。

184. 杨寨西南（215）

（1）概况

位于洛阳偃师市大口镇杨寨村西南约500米处。具体位置为铁窑村东铁窑河对岸杨寨村西南临河台地尖嘴上，东侧正对杨寨、堰村、焦村等村南侧东西向道路，北侧、西南和东南侧三面临沟（图2.199）。面积约0.7万平方米。地理坐标为北纬34°33′10.11″，东经112°42′44.74″，海拔约239米。地表为苗圃。

2003年3月21日，二里头工作队调查发现，2017年7月7日复查。

图2.199　杨寨西南（左下为北）

（2）主要发现

调查中发现灰坑1个。采集的陶片不多，主要为仰韶、龙山和两周时期。标本6件。

石片　2件。215：1，硅质岩（含铁）。黑色，解理面有铁氧化物，经过打制。长8.7、宽3.6—4.2、最厚1.4厘米（图版二五四，2）。215：2，硅质岩。黑色，经过打制。长4.15、最宽5.9、厚1.1厘米（图版二五四，3）。

1）仰韶文化

陶片数量较少，可辨认器形有鼎、小口高领瓮、花边缸、豆、钵，属于仰韶文化晚期偏晚阶段。标本2件。

钵　215∶3，口沿。泥质红陶。敛口，圆唇，弧腹。素面。口径29、残高7、厚0.4—0.9厘米（图2.198b，7）。

缸　215∶4，口沿。夹砂褐陶。敛口，方唇，唇面有两道凹弦纹，沿外饰花边，直腹微弧。肩部饰一道附加堆纹。残高6、厚0.6—1.4厘米（图2.198b，9；图版三三七，4）。

2）龙山文化

发现灰坑1个。采集的陶片数量较少，属于龙山晚期。标本2件。

H1：陶片数量不多，可辨认器形有中口罐、小口高领瓮、器盖等。另外，还采集石铲1件，属于龙山晚期。

残石铲　H1∶1，泥质灰岩。灰褐色，经过磨制，破裂。残长9.4、宽9.3—9.6、厚0.9厘米（图2.198b，12；图版三六七，6）。

罐　H1∶2，口沿。夹砂灰陶。侈口，折沿，方唇，唇面有一道凹弦纹，沿面微凹，溜肩。颈部内侧有凸棱。器表饰方格纹，较浅。口径23、残高6.2、厚0.4—0.5厘米（图2.198b，6；图版三七六，3）。

3）两周时期

陶片数量极少，无典型标本，具体年代不详。

（3）基本认识

该遗址为铁窑河东岸的一处小型遗址，文化内涵相对复杂，以仰韶和龙山文化遗存为主，另可能有两周时期遗物。

185. 铁窑东（219）

（1）概况

位于洛阳偃师大口镇铁窑村。具体位置为铁窑村东南部铁窑河西侧的大圣庙周围，南至铁窑河北缘，东为铁窑村至寨湾村泄洪槽，西北部为铁窑村（图2.200）。面积约0.2万平方米。地理坐标为北纬34°33′13.73″，东经112°42′27.81″，海拔约249米。遗址被砖厂取土损毁较甚，仅余少许。

二里头工作队于2003年3月22日调查发现，2017年7月7日复查。

图2.200　铁窑东（上为北）

（2）主要发现

调查中采集的陶片较少，分属于仰韶和龙山时期。标本2件。

仰韶文化陶片可辨认器形有泥质折沿罐、内折沿缸等，属于仰韶晚期。龙山时期的陶片有方格纹、篮纹和素面陶片少许，属于龙山晚期。标本2件，均为仰韶文化遗物。

罐　219：1，口沿。泥质红陶。侈口，折沿上翘，尖唇，溜肩。素面。口径20、残高5.7、厚0.3—0.6厘米（图2.198b，10；图版三三七，5）。

缸　219：2，口沿。夹砂黑陶。敛口，内折沿，圆唇，沿外饰两道凹弦纹，直腹。残高4、厚0.8—2.1厘米（图2.198b，11）。

（3）基本认识

该遗址为铁窑河西侧的一处小型仰韶和龙山晚期遗址。

186. 杨寨西（214）

（1）概况

位于洛阳偃师市大口镇杨寨村西。具体位置为杨寨村西稍偏南的铁窑河东岸台地上，西至河东台地边缘，南至取土坑南缘，东至村西南北向道路，北至铁窑河谷内凹处南缘（图2.201a；图版一三七，1）。面积约1.1万平方米。地理坐标为北纬34°33′14.36″，东经112°43′01.87″，海拔约243米。大部分被砖厂取土破坏，仅在路西保留砖窑处部分，现地表复耕后为农田和苗圃。

2003年6月16日，二里头工作队调查发现，2017年7月10日复查。

图2.201a 杨寨西（上为北）

（2）主要发现

调查中发现数量较多的陶片，属于仰韶晚期、龙山、二里头文化和两周时期。采集了蚌器残件和少量动物骨骼（猪耻骨、坐骨和桡骨）。标本33件。

蚌锥 214：33，三角帆蚌，侧齿，左。残长10.7、残宽1.5、厚1厘米（图2.201d，8；图

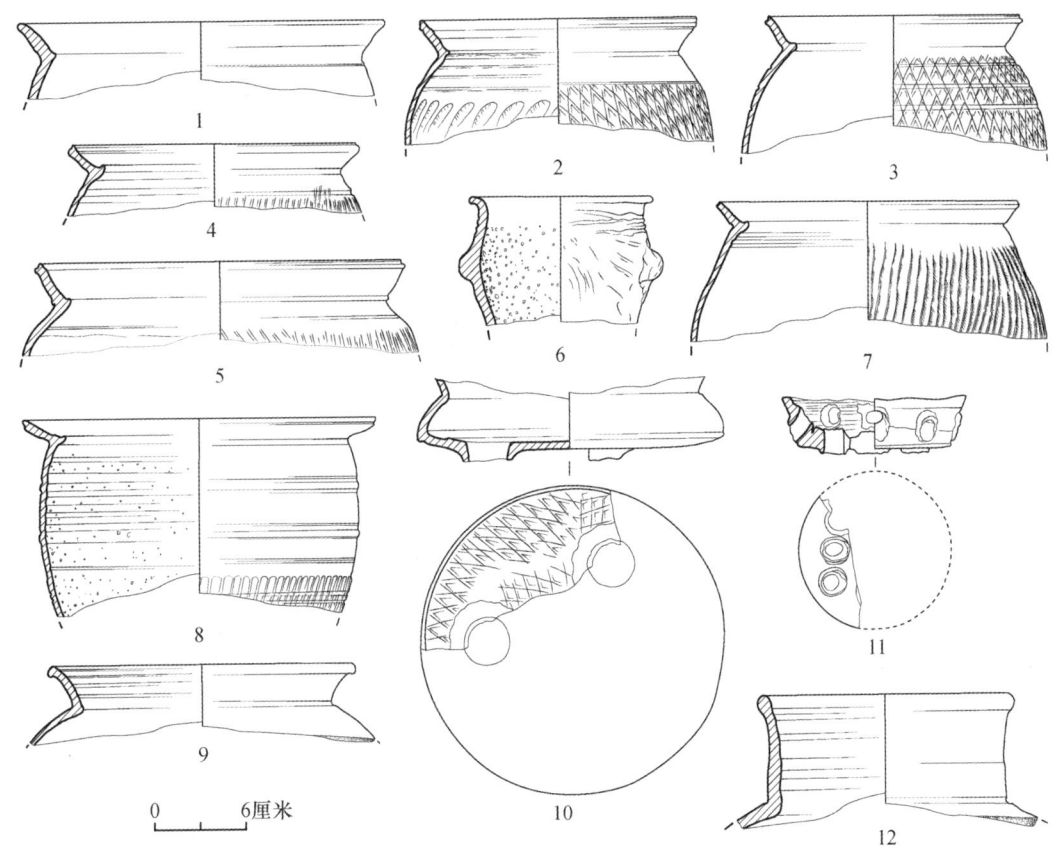

图2.201b 杨寨西（214）采集标本（一）

1—5、7、8.罐（214∶1、214∶3、214∶4、214∶5、214∶2、214∶6、214∶7） 6.夹砂罐（214∶8） 9.瓮（214∶11）
10.斝（214∶9） 11.甑（214∶10） 12.高领罐（214∶12）

版二五四，4）。

1）仰韶文化

陶片数量不多。见有罐等，属于仰韶晚期。标本1件。

罐 214∶1，口沿。夹砂褐陶。折沿，圆唇，溜肩。素面。口径24、残高4.8、厚0.6—0.7厘米（图2.201b，1；图版三三七，6）。

2）龙山文化

陶片数量较多，可辨认器形有鼎、甑、大口罐、小口高领罐、粗砂罐、瓮、圈足盘、壶、斝等。多数遗物属于龙山文化晚期。标本16件。

罐 6件。214∶2，口沿。夹砂灰陶。侈口，折沿，方唇，沿内凹，唇面有一道凹槽，沿内起一道凸棱，颈部有一道凸棱，溜肩。饰篮纹。口径24、残高5.8、厚0.4—0.7厘米（图2.201b，5）。214∶3，口沿。夹砂灰陶。折沿上翘，尖唇，沿外有一道凸棱，沿面有一道凹槽，溜肩。饰方格纹。口径18、残高8、厚0.3—0.5厘米（图2.201b，2；图版三六八，1）。214∶4，口沿。夹砂灰陶。侈口，折沿，方唇，唇面有一道凹槽，沿面微凹，溜肩。饰方格纹夹两道弦纹。口径17、残高8.7、厚0.3—0.7厘米（图2.201b，3；图版三六八，2）。214∶5，

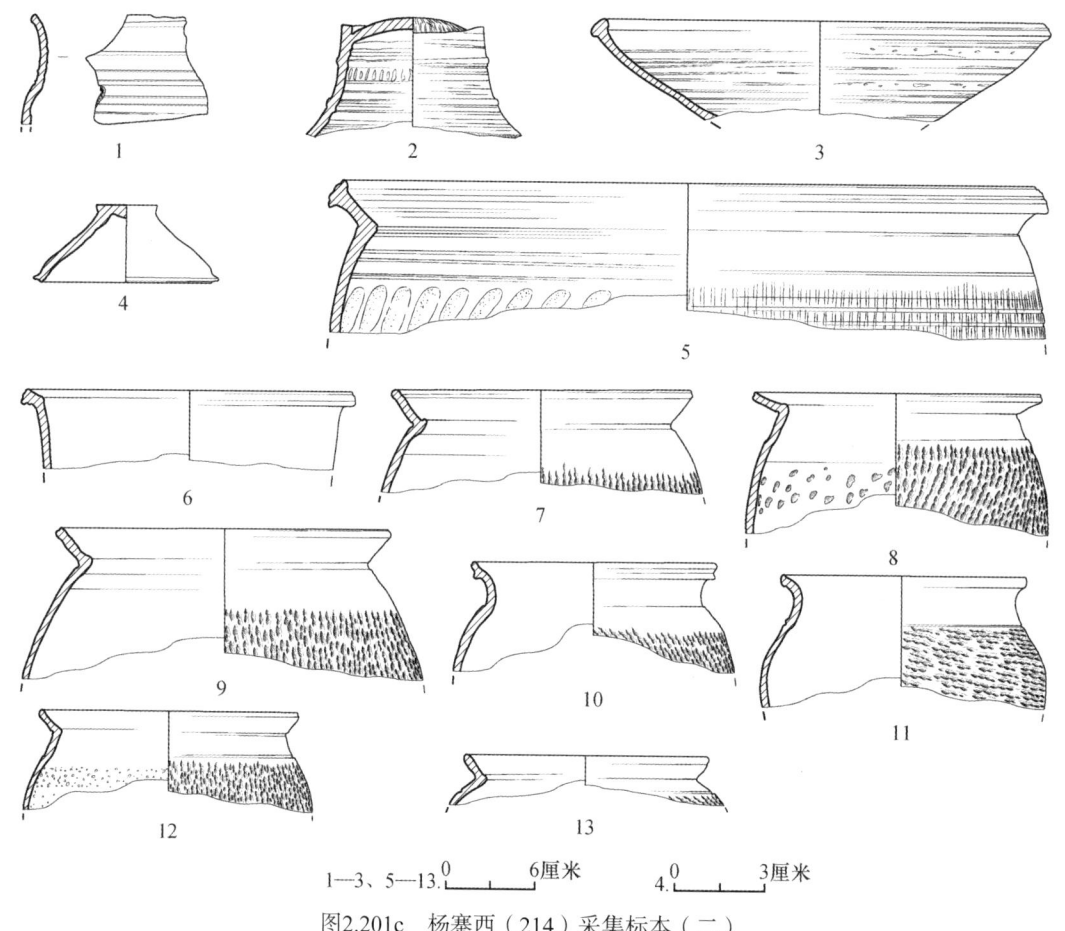

图2.201c 杨寨西（214）采集标本（二）

1. 壶（214：13） 2. 圈足盘（214：14） 3. 盘（214：15） 4. 器盖（214：18） 5. 瓮（214：17） 6. 盆（214：16）
7—9. 深腹罐（214：20、214：21、214：22） 10—13. 圆腹罐（214：23、214：24、214：25、214：19）

口沿。夹砂灰陶。侈口，折沿，方唇，唇面饰一道凹弦纹，沿面内凹，沿内起一道凸棱，溜肩。饰篮纹和一道凹弦纹。口径19、残高4.4、厚0.3—0.5厘米（图2.201b，4；图版三六八，3）。214：6，口沿。夹砂灰陶。折沿，方唇，沿面内凹，沿内起一道凸棱，溜肩。腹饰绳纹。口径20、残高8.8、厚0.3—0.5厘米（图2.201b，7；图版三六八，4）。214：7，口沿。泥质灰陶。折沿，方唇，唇面饰一道凹弦纹，沿面内凹，沿内起一道凸棱，弧腹。上腹有两道凸棱，下腹饰篮纹夹弦纹。口径23、残高12.6、厚0.4—0.5厘米（图2.201b，8；图版三六八，5）。

夹砂罐 214：8，口沿。夹砂灰陶。卷沿，尖唇，直腹微弧。腹部有一对小錾。口径12、残高8.2、厚0.5—0.6厘米（图2.201b，6；图版三六八，6）。

鬲 214：9，腹部。夹砂黑陶。折腹，圜底，袋足。磨光，底部饰方格纹。残高5.3、厚0.4—0.6厘米（图2.201b，10）。

甑 214：10，底部。泥质黑陶。直腹下收，平底，腹部和底部有圆形小孔。素面。底径10、残高3.6厘米（图2.201b，11；图版三六九，1）。

瓮 2件。214：11，口沿。泥质灰陶。侈口，折沿，方唇，广肩。素面。口径20、残高

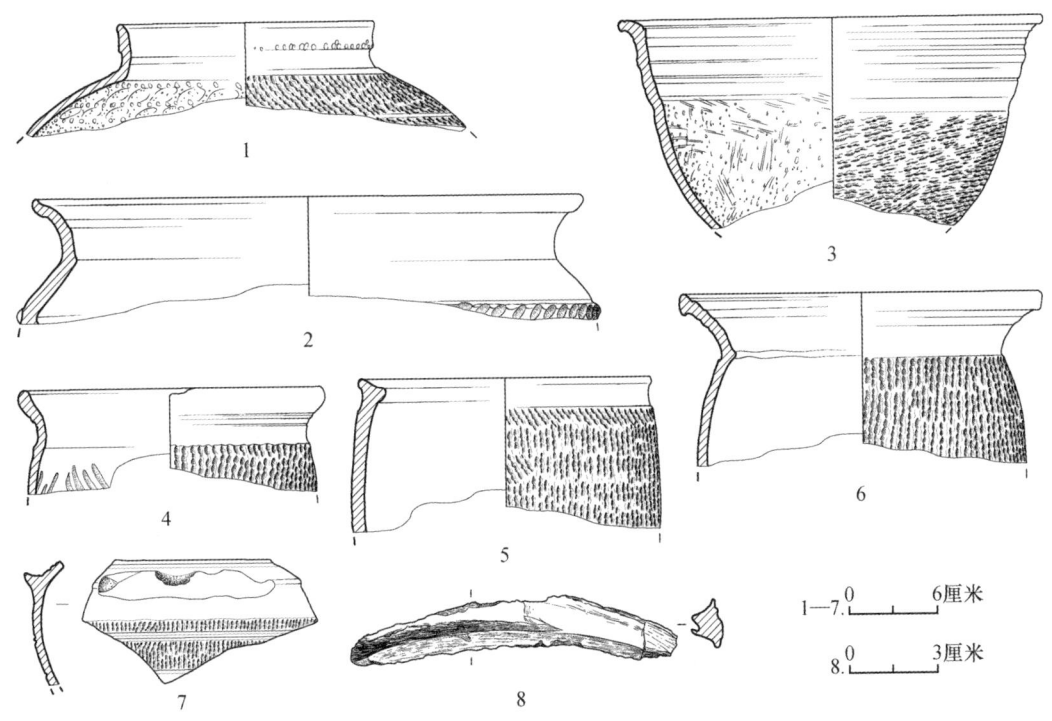

图2.201d 杨寨西（214）采集标本（三）

1.高领罐（214∶26） 2.大口尊（214∶27） 3.盆（214∶29） 4.刻槽盆（214∶30） 5.甗（214∶28） 6.鬲（214∶31）
7.瓮（214∶32） 8.蚌锥（214∶33）

5、厚0.3—0.5厘米（图2.201b，9）。214∶17，口沿。泥质灰陶。侈口，折沿，方唇，唇上凸、下垂呈棱，唇面饰三道凹弦纹，沿内凹，溜肩。饰篮纹和凹弦纹。口径45.5、残高9.8、厚0.6—1.1厘米（图2.201c，5；图版三六九，4）。

高领罐 214∶12，口沿。泥质灰陶。高领，圆唇，折肩。磨光。口径17、残高8.5、厚0.6—1厘米（图2.201b，12）。

壶 214∶13，口沿。泥质褐陶。直领微侈，方唇，溜肩。磨光。残高7、厚0.4—0.5厘米（图2.201c，1）。

盘 214∶15，口沿。泥质灰陶。敞口，圆唇，斜直腹。磨光。口径30、残高6.3、厚0.4—0.5厘米（图2.201c，3；图版三六九，3）。

圈足盘 214∶14，底部。泥质黑陶。喇叭口，矮足。磨光，饰数道凸棱。残高7.6、厚0.6—0.7厘米（图2.201c，2；图版三六九，2）。

器盖 214∶18，可复原。夹砂灰陶。敞口，方唇，唇面饰一道凹槽，斜直腹，平顶。素面。口径12.2、顶径4.2、高5、厚0.5—0.8厘米（图2.201c，4；图版三六九，5）。

3）二里头文化

陶片数量较多，可辨认器形有深腹罐、圆腹罐、瓮、盆、刻槽盆、高领尊等。属于二里头文化二、三、四期。标本12件。

圆腹罐 4件。214∶19，口沿。夹砂灰陶。侈口，折沿，尖圆唇，溜肩。饰绳纹。口径16、残高3.1、厚0.5—0.6厘米（图2.201c，13）。214：23，口沿。夹砂灰陶。沿外卷，圆唇，唇外有一道凸棱，溜肩。饰绳纹。口径16、残高7、厚0.5—0.7厘米（图2.201c，10；图版三九一，4）。214：24，口沿。夹砂灰陶。侈口，卷沿，尖圆唇，溜肩。饰绳纹。口径16、残高8.4、厚0.5—0.6厘米（图2.201c，11；图版四〇八，3）。214：25，口沿。夹砂灰陶。折沿，尖圆唇，沿面微凹，溜肩。饰绳纹。口径17、残高6.3、厚0.4—0.5厘米（图2.201c，12；图版三九一，5）。

深腹罐　3件。214：20，口沿。夹砂灰陶。侈口，折沿，方唇，溜肩。饰绳纹。口径20、残高6.5、厚0.5—0.7厘米（图2.201c，7；图版三八二，6）。214：21，口沿。夹砂灰陶。折沿，方唇，唇面饰一道凹弦纹，溜肩。饰绳纹。口径19、残高9、厚0.5—0.6厘米（图2.201c，8；图版三八三，1）。214：22，口沿。夹砂灰陶。折沿上翘，方唇，沿面微凹，溜肩。饰绳纹。口径22、残高9.6、厚0.4—0.6厘米（图2.201c，9；图版三八三，2）。

甗　214：28，腹部。夹砂褐陶。直腹，腰部内壁出棱，下部残。饰绳纹。口径19、残高9.7、厚0.8—0.9厘米（图2.201d，5；图版四〇八，4）。

盆　214：29，口沿。泥质灰陶。敞口，折沿，圆唇，弧腹。上腹部有两道凹槽，下腹部饰绳纹，内壁有小麻点。口径28、残高13.4、厚0.6—0.8厘米（图2.201d，3；图版四〇八，5）。

刻槽盆　214：30，口沿。泥质灰陶。侈口，圆唇，沿外包边，直腹。颈部饰一道凸弦纹，腹饰绳纹，内壁有刻槽。口径20、残高6.6、厚0.5—0.6厘米（图2.201d，4；图版三九二，1）。

高领罐　214：26，口沿。夹砂灰陶。直领，圆唇，沿外包边，广肩。沿下饰戳印纹，肩饰绳纹。口径17、残高7、厚0.5—0.7厘米（图2.201d，1；图版三九一，6）。

大口尊　214：27，口沿。泥质灰陶。直领外卷，圆唇，广肩。肩饰一道附加堆纹。口径36、残高8、厚0.7—1厘米（图2.201d，2）。

4）两周时期

陶片数量较少，可辨认器形有宽折沿内抹弦纹鬲、盆、瓮等。属于西周晚期或两周之际。标本3件。

鬲　214：31，口沿。夹砂灰陶。侈口，宽折沿，方唇，沿面饰三道凹弦纹，弧腹。腹饰绳纹。口径24、残高11、厚0.7—0.8厘米（图2.201d，6；图版四二九，3）。

盆　214：16，口沿。泥质灰陶。侈口，小折沿，方唇，素面。口径22、残高5、厚0.4—0.5厘米（图2.201c，6）。

瓮　214：32，口沿。泥质灰陶。敛口，方唇，唇外饰三周凹弦纹，弧腹。上腹部有一长条形錾，腹饰细绳纹夹三周凹弦纹。残高7.8、厚0.5—0.6厘米（图2.201d，7；图版四二九，4）。

（3）基本认识

该遗址面积不大，文化内涵却较为丰富，是铁窑河东岸的一处以龙山晚期和二里头文化遗存为主的遗址，另见有少量仰韶晚期、西周晚期或两周之际的遗存。

187. 铁村南（220）

（1）概况

位于洛阳偃师市大口镇铁村南。具体位置为铁村南部，铁窑河上原土坝（已塌坝）左岸的台地上，西至铁窑村至寨湾村南北向泄洪槽东侧的南北向道路，南和东侧至铁窑河西北岸边，北至铁村（图2.202a；图版一三七，2）。面积约5万平方米。地理坐标为北纬34°33′26.38″，东经112°42′35.47″，海拔约242米。地表为农田覆盖。

2003年3月22日，二里头工作队调查发现，2017年7月7日复查。

图2.202a 铁村南（右上为北）

（2）主要发现

见有灰坑1处（图版一三八，1）。该遗址采集的遗物不多，主要为仰韶、二里头、二里岗和殷墟文化。标本13件。

1）仰韶文化

陶片数量较少，可辨认器形有罐、高领罐、内斜唇折沿罐等，属于仰韶文化晚期偏晚阶

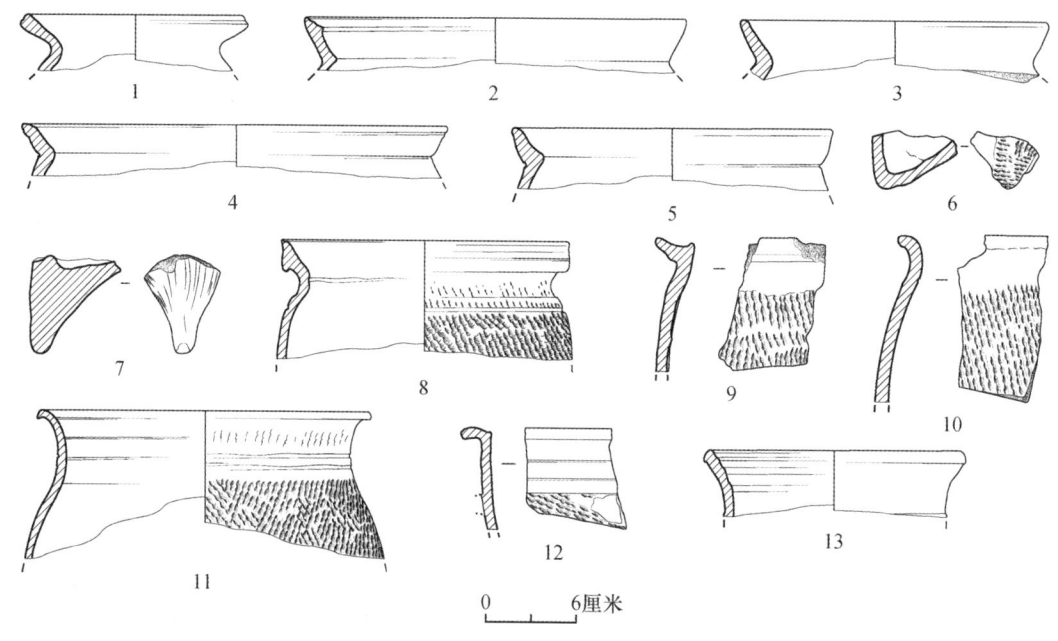

图2.202b 铁村南（220）采集标本

1—5.罐（220：1、220：2、220：4、220：3、220：5） 6—9、11.鬲（220：9、220：8、220：11、220：10、220：13）
10、12.盆（220：12、220：7） 13.高领罐（220：6）

段。标本6件。

罐 5件。220：1，口沿。泥质褐陶。侈口，折沿，圆唇。素面。口径15、残高3.6、厚0.5—0.8厘米（图2.202b，1）。220：2，口沿。夹砂褐陶。折沿，尖唇，沿内有一道凸棱。素面。口径25、残高3.4、厚0.6—0.8厘米（图2.202b，2）。220：3，口沿。夹砂褐陶。侈口，折沿，尖唇，沿外饰一道凹弦纹，溜肩。素面。口径28、残高3.4、厚0.7—0.8厘米（图2.202b，4）。220：4，口沿。夹砂褐陶。侈口，折沿，圆唇，沿面微凹。素面。口径20、残高3.8、厚0.6—1厘米（图2.202b，3）。220：5，口沿。夹砂灰陶。侈口，折沿，圆唇，沿面微凹。素面。口径21、残高3.8、厚0.7—1.1厘米（图2.202b，5）。

高领罐 220：6，口沿。泥质褐陶。高领，方唇。素面。口径15、残高4.2、厚0.6—0.7厘米（图2.202b，13；图版三三八，1）。

2）二里头文化

陶片数量较少，可辨认器形有缸、盆、尊等，属于二里头文化二、三、四期。标本1件。

盆 220：7，口沿。泥质灰陶。折沿，圆唇，斜直腹。饰绳纹。残高6.5、厚0.6—0.7厘米（图2.202b，12）。

3）二里岗文化

陶片数量较少，可辨认器形有鬲、盆等，涵盖二里岗文化早、晚期。标本4件。

鬲 3件。220：10，口沿。夹砂灰陶。折沿，圆唇，沿面内凹，沿内起一道凸棱，沿下有一道凹槽，直腹微弧。饰绳纹。残高8.5、厚0.7—1厘米（图2.202b，9；图版四一七，1）。220：11，口沿。夹砂灰陶。折沿，方唇，溜肩。饰绳纹夹一道凹弦纹。口径19、残高7.5、厚

0.6—1.2厘米（图2.202b，8；图版四一七，2）。220∶13，口沿。夹砂灰陶。沿外卷，圆唇，溜肩。颈部饰两道凹弦纹，饰绳纹。口径22、残高9.4、厚0.5—0.7厘米（图2.202b，11；图版四一三，4）。

盆　220∶12，口沿。泥质灰陶。卷沿，圆唇，直腹微弧。饰绳纹。残高10.7、厚0.7—0.9厘米（图2.202b，10；图版四一七，3）。

4）殷墟文化

陶片数量较少，可辨认器形有鬲等。标本2件。

鬲　2件。220∶8，足部。夹砂褐陶。袋足，锥形实足。素面。残高6.2、厚0.6—1厘米（图2.202b，7）。220∶9，足部。夹砂褐陶。袋足，实足脱落。饰绳纹。残高3.4、厚0.6—0.7厘米（图2.202b，6）。

（3）基本认识

该遗址为铁窑河西岸的一处小型的以仰韶文化晚期遗存为主的遗址，同时见有少量的二里头文化和二里岗、殷墟文化的遗存。核查中未见简报所录的龙山时期遗物[①]。

---

① 中国社会科学院考古研究所二里头工作队：《河南洛阳盆地2001—2003年考古调查简报》，《考古》2005年第5期。

188. 马寨西（213）

（1）概况

位于洛阳偃师市大口镇马寨村西。具体位置为以马寨老寨为中心的铁窑河东岸台地上，北至曹寨村南，东到曹寨至马寨村中道路，南至马寨村南东西向小冲沟（寨壕）以南，西到铁窑河东岸马寨老寨处的尖嘴上（图2.203a；图版一三八，2）。面积约6.7万平方米。地理坐标为北纬34°33′52.08″，东经112°42′56.12″，海拔约227米。遗址部分被现马寨村民宅占压，河东侧台地上留存部分多为农田和苗圃。2007—2011年，河南省相关文物机构对该遗址进行了调查[①]。

二里头工作队于2003年3月21日调查发现，2017年7月7日复查。

图2.203a 马寨西（左为北）

---

① 河南省第三次全国文物普查领导小组办公室、河南省文物局：《河南省第三次全国文物普查300项重要发现》，海燕出版社，2011年。

（2）主要发现

自北向南，在河东岸断崖上发现灰坑7个，尤其以马寨老寨壕周围较为集中。采集到较多的陶片，分属于仰韶、龙山、二里头和殷墟及东周时期。调查中见有部分烧制变形的陶片和经过焙烧的石灰石。标本40件。

石刀　2件。213：1，安山岩。灰绿色基质，含黑色角闪石。保留卵石的自然面，打制而成的石片。残长6.1、宽8.2、最厚1.15厘米（图版二五四，5）。213：2，安山岩。黑色，含石英。打制而成，边缘有使用造成的小破裂面。残长9、宽5—5.5、厚0.7—1.1厘米（图版二五四，6）。

1）仰韶文化

发现灰坑2个。采集到数量较多的陶片，可辨认器形有鼎、泥质罐、泥质彩陶罐、附加堆纹罐、小口高领瓮、盆、尖底瓶、钵、碗、盖等，属于仰韶文化中、晚期。标本20件。

H1：位于曹寨村西南。坑口距地表1.3米，口宽约0.8米，底宽约1.5米，深约3.0米。填土为浅灰土。坑内包含较大红烧土块。采集了石器2件。陶片数量较多，可辨认器形有泥质彩陶罐、夹砂弦纹罐、彩陶钵、盆、尖底瓶、器盖，含有仰韶文化中期典型庙底沟文化弧线三角纹白衣黑彩彩陶盆。年代为仰韶晚期。

H4：位于马寨西老寨北寨壕中间处（图版一四〇）。坑口距地表2.2米，口宽1米，底宽1.4米，深0.6米。采集有石器1件。陶片数量较多，可辨认器形有泥质彩陶罐、钵、小口高领瓮、盆、瓮、缸、尖底瓶、器盖等。在坑内发现有3件陶器层层相套，外部为缸，中间为钵，内层为罐，用黄褐土相互隔开，似乎具有特殊意义。年代为仰韶晚期。

石刀　213：3，安山岩。黑褐色。保留卵石的自然面，边缘侧有打制的小缺口。残长9.7、最宽4.3、厚1.3厘米。

残石器　H1：1，泥质灰岩。灰白色。经过磨制，破裂。残长6.3、残宽6.1—6.5、厚2.7厘米（图版三三八，2）。

石料　H1：2，硅质岩。灰黑色。保持卵石的自然面，有破裂面。残长5.8、最宽7.4、厚3.9厘米（图版三三八，3）。

刮削器　H4：1，硅质岩。黑色。打制而成，一端有使用造成的小破裂面。残长10.3、宽6.5—7.1、最厚2.5厘米（图2.203b，1；图版三三九，1）。

鼎　213：4，足部。夹砂褐陶。凿形足，素面。残高8.2厘米（图2.203b，13；图版三一八，5）。

罐　9件。213：5，口沿。夹砂褐陶。直领外侈，尖圆唇，沿内有一道凹槽，沿下饰一道凹弦纹和一道附加堆纹，溜肩。口径26、残高5.5、厚0.8—0.9厘米（图2.203b，14）。213：6，口沿。泥质红陶。侈口，折沿，尖唇，溜肩。磨光，肩部饰褐彩平行线纹夹网格纹。残高5.5、厚0.6—1厘米（图2.203b，15）。213：7，口沿。泥质红陶。侈口，矮领，圆唇，溜肩。素面。口径16、残高5、厚0.3—0.5厘米（图2.203b，11；图版三一八，6）。213：15，可

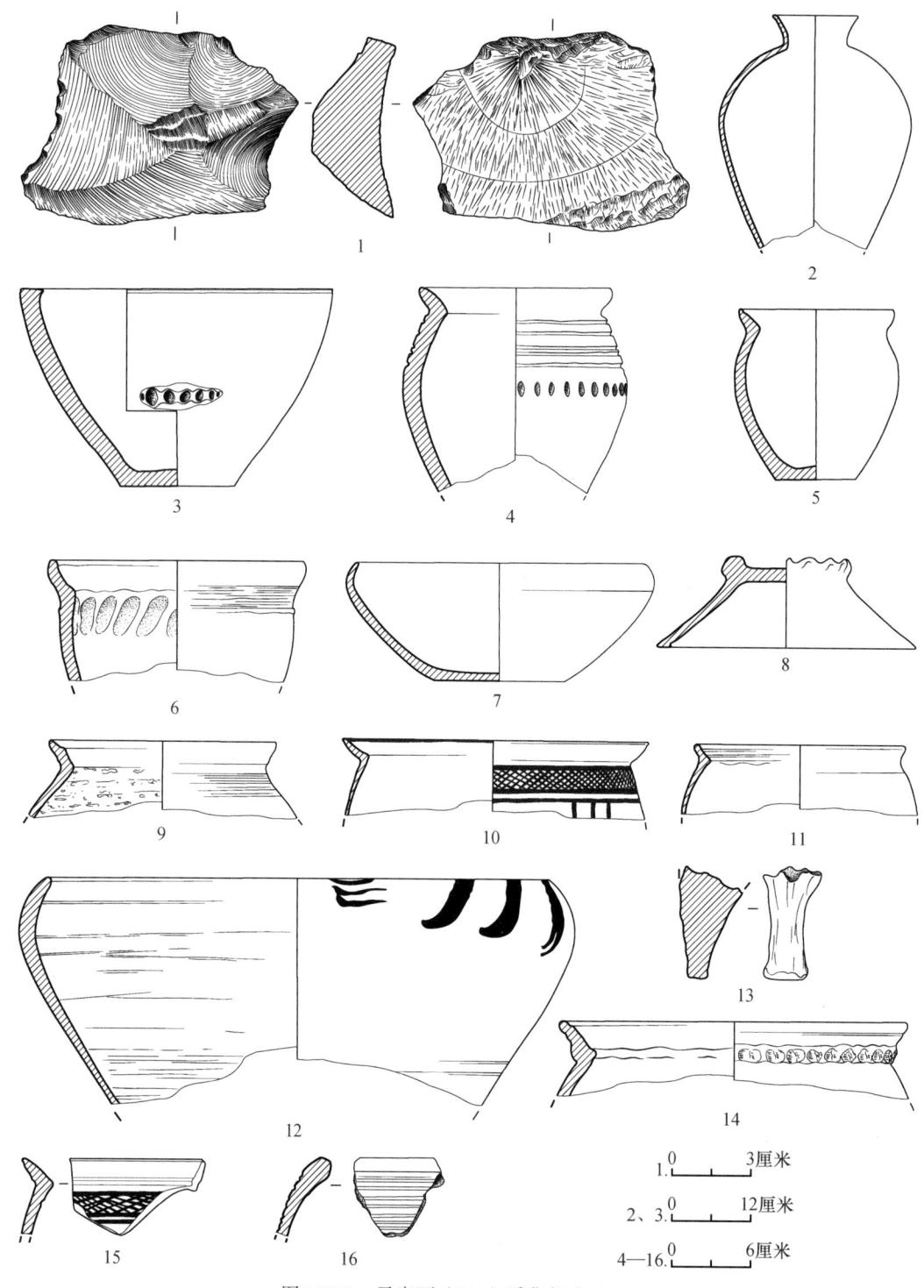

图2.203b 马寨西（213）采集标本（一）

1.刮削器（H4∶1） 2.瓮（H4∶6） 3.缸（H4∶2） 4—6、9—11、14、15.罐（213∶15、H4∶4、H1∶6、H1∶4、H1∶5、213∶7、213∶5、213∶6） 7.钵（H4∶7） 8.器盖（H4∶3） 12、16.盆（H1∶3、213∶8） 13.鼎（213∶4）

复原。夹砂灰陶。直领外侈，圆唇，束颈，溜肩，圆弧腹，底残。肩部饰凹弦纹及一周压印纹。口径13.6、残高15、厚1.3厘米（图2.203b，4）。H1∶4，口沿。夹砂灰陶。直领外侈，尖唇，沿面有一道凹槽，溜肩。口径17、残高5.6、厚0.5—0.8厘米（图2.203b，9）。H1∶5，口沿。泥质灰陶。折沿，尖唇，溜肩。饰红彩横向平行线纹夹网格纹和纵向平行线纹。残高5.6、厚0.3—0.7厘米（图2.203b，10；图版三三八，5）。H1：6，口沿。夹砂灰陶。直领外侈，圆唇，沿内凹，束颈，直腹微弧。素面，颈部有抹痕，内壁有指痕。口径19、残高8.8、厚0.8—1.1厘米（图2.203b，6；图版三三八，6）。H4：4，可复原。泥质灰陶。折沿上翘，尖唇，溜肩，弧腹，小平底。素面。口径11.4、底径6、高12.4、厚0.8厘米（图2.203b，5；图版三三九，4）。H4：5，口沿。泥质红陶。折沿上翘，圆唇，溜肩。饰黑彩平行线纹夹网格纹。口径27、残高8.2、厚0.9厘米（图版三三九，5）。

盆　2件。213：8，口沿。夹砂灰陶。敛口，平沿，方唇，沿内外包边，鼓腹。腹饰数周凹弦纹。残高5.8、厚0.8—1.4厘米（图2.203b，16）。H1：3，口沿。泥质红陶。敛口，圆唇，鼓腹。施褐彩。口径38、残高16.6、厚0.4—1.1厘米（图2.203b，12；图版三三八，4）。

缸　H4：2，可复原。夹砂褐陶。敛口，平沿内斜，尖唇，直腹下收成平底，腹部有两个鸡冠錾。口径47、底径17、高28.8、厚2.7厘米（图2.203b，3；图版三三九，2）。

器盖　H4：3，可复原。夹砂褐陶。敞口，方唇，沿内出棱，斜直腹，平顶内凹。顶部饰一周压印纹。口径19.4、顶径8.6、高6.6、厚0.5厘米（图2.203b，8；图版三三九，3）。

瓮　H4：6，可复原。泥质褐陶。直领外侈，圆唇，溜肩，圆弧腹，底残。口径12.6、残高34、厚0.72厘米（图2.203b，2）。

钵　H4：7，可复原。泥质褐陶。敛口，内折沿，圆唇，斜直腹下收成平底。口径21.4、底径9、高8.6厘米（图2.203b，7；图版三三九，6）。

2）龙山文化

发现灰坑4个。采集到不少陶片。涵盖龙山时代早、晚两期。早期遗物中，可辨认器形有绳纹附加堆纹鼎、花边附加堆纹罐、小罐等。晚期遗物中，可辨认器形有圈足盘、小口高领瓮等。标本14件。

H2：位于马寨老寨东寨壕处（图版一三九，1）。深约0.6米。坑内包含物可辨认器形有横篮纹罐、双腹盆、器盖等。为龙山早期。

H3：位于马寨老寨东寨壕处，H2南约12米（图版一三九，2）。坑口距地表约1米，宽约1.1米，深约1.6米。坑内发现了猪骨和牛牙各1枚。陶片以黑褐陶为主。可辨认器形有罐、中口罐、圈足盘、小口高领瓮等。年代为龙山晚期。

H5：位于马寨村西南老寨壕以南的遗址最南部河东断崖上。坑口距地表约0.45米，宽1.4米，底深约1.05米。圜底。填土为黄土。坑内见有石器、兽骨和龙山晚期陶片。采集残石器1件，猪骨1块。陶片可辨认器形有鬶（足根）、泥质罐、盆、双腹盆等。年代为龙山晚期。

H6：位于马寨村西南老寨壕南岸（图版一四一，1）。坑口距地表约0.2米，口宽约1.7米，底宽约3.3米，底深约2.7米。坑内填土为黑灰、浅灰和黄褐土相间杂。坑内见有石器、兽骨和龙山晚期陶片。采集的遗物有焙烧石灰石2块，羊骨1块。陶片较多，见有仰韶文化陶片混入，可辨认的器形有大口罐、中口罐、小口高领瓮等。年代为龙山晚期。

残石器　H5：1，硅质岩（含铁）。紫红色，经过打制。残长5.6、宽1.8—2.5、厚1.3厘米（图版三七〇，2）。

焙烧石灰石　2件。H6：1，石灰石。土白色，经过烧制，未烧透。长12.8、宽8.4、厚4.4厘米（图版三七〇，5）。H6：2，石灰石。土白色，经过烧制，未烧透。残长6.1、最宽6.2、厚2.8—3厘米（图版三七〇，6）。

缸　213：9，口沿。夹砂灰陶。折沿，方唇，直腹微弧。沿外饰花边，沿面饰凹弦纹，腹饰篮纹和一道附加堆纹。口径35、残高8.3、厚0.7—1厘米（图2.203c，7；图版三五四，2）。

鼎　213：10，口沿。夹砂灰陶。侈口，折沿，方唇，溜肩。沿外饰一周附加堆纹，腹饰绳纹。口径23、残高8、厚0.5—0.7厘米（图2.203c，9；图版三五四，3）。

罐　H3：1，口沿。夹砂灰陶。折沿上翘，方唇，唇面有一道凹槽，沿面内凹，沿内出一道凸棱，溜肩，弧腹。饰篮纹。口径22、残高14.1、厚0.3—0.7厘米（图2.203c，8；图版三六九，6）。

中口罐　H6：3，口沿。夹砂灰陶。折沿上翘，方唇，沿面内凹，沿内出一道凸棱。素面。口径26、残高3.9、厚0.3—0.6厘米（图2.203c，10）。

大口罐　H6：4，口沿。夹砂灰陶。折沿上翘，尖唇，沿面微凹，沿内出一道凸棱，溜肩。饰方格纹。口径18、残高5、厚0.4—0.5厘米（图2.203c，11；图版三七一，1）。

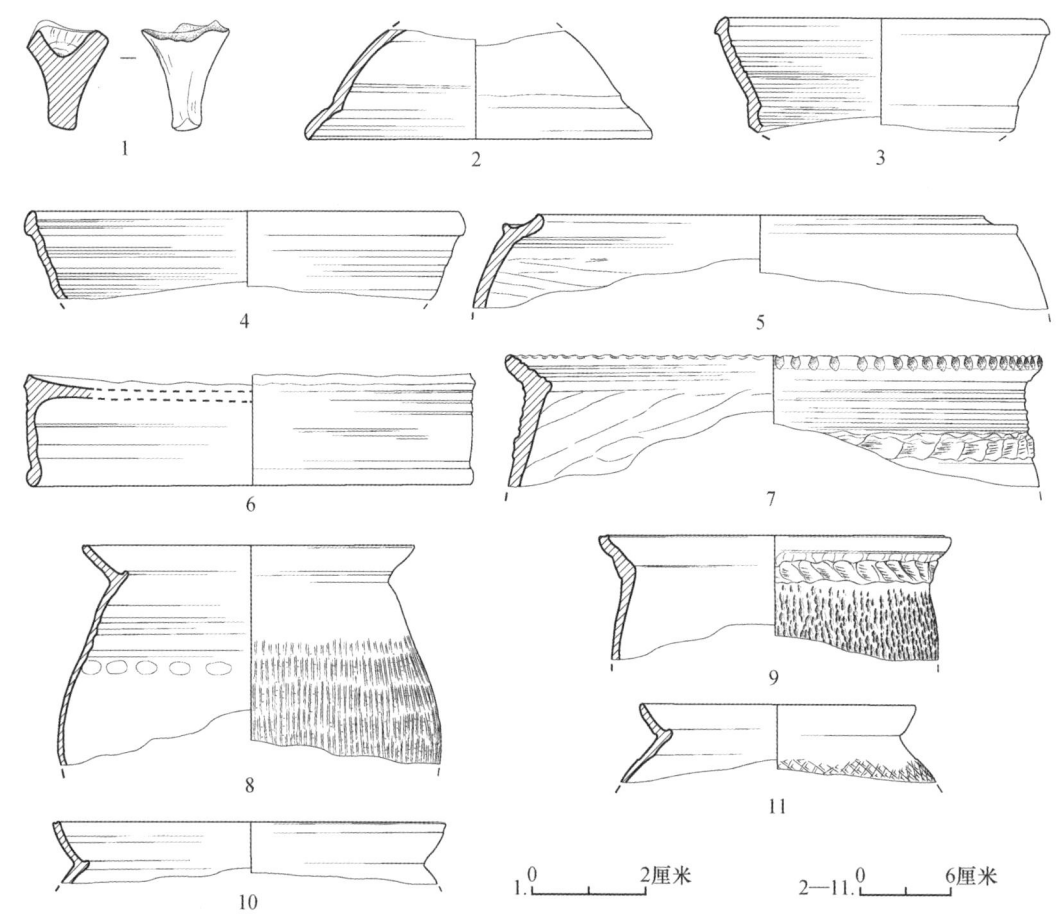

图2.203c　马寨西（213）采集标本（二）
1.鬲（H5：3）　2.器盖（H2：1）　3、4.盆（H5：2、213：11）　5.瓮（213：14）　6.圈足盘（H3：2）　7.缸（213：9）
8.罐（H3：1）　9.鼎（213：10）　10.中口罐（H6：3）　11.大口罐（H6：4）

盆 3件。213：11，口沿。泥质黑陶。敞口，尖圆唇，沿外包边，斜直腹。磨光。口径28、残高5.6、厚0.4—0.7厘米（图2.203c，4；图版三七一，2）。H5：2，口沿。泥质灰陶。敞口，尖唇，唇外包边，折腹。素面。口径22、残高7.3、厚0.6—0.7厘米（图2.203c，3；图版三七〇，3）。

瓮 213：14，口沿。泥质灰陶。敛口，圆唇，沿面内凹呈子母口状，鼓腹。磨光。口径29、残高6、厚0.6—0.7厘米（图2.203c，5；图版三七一，3）。

圈足盘 H3：2，圈足残片。泥质黑陶。下口直，圆唇，矮足。磨光。底径30、残高7.1、厚0.4—0.7厘米（图2.203c，6；图版三七〇，1）。

器盖 H2：1，口沿。夹砂褐陶。下口外侈，圆唇，腹微弧。素面器表有旋痕。口径23、残高7、厚0.5—0.6厘米（图2.203c，2；图版三五四，1）。

鬲 H5：3，足部。夹砂灰陶。锥形袋足，实足尖。素面。残高3.5、厚0.5—0.6厘米（图2.203c，1；图版三七〇，4）。

3）二里头文化

陶片数量不多，可辨认器形有深腹罐等，属于二里头文化二、三期。标本2件。

深腹罐 213：12，口沿。夹砂灰陶。侈口，折沿，方唇，溜肩。饰绳纹。口径24、残高7.8、厚0.5—0.9厘米（图2.203d，1；图版三八六，5）。

高领罐 H7：1，口沿。夹砂灰陶。侈口，折沿，方唇，广肩。肩饰两周凹弦纹夹刻划纹，腹饰绳纹。口径17、残高8.3、厚0.7—0.9厘米（图2.203d，2；图版三八六，6）。

4）殷墟文化

H7：位于H6西约3米（图版一四一，2）。坑口距地表约0.3米，宽约2.2米，底深约0.7米。坑内包含物以殷墟二期陶片为主，可辨认器形有殷墟鬲足，混入有二里头文化的高领罐。灰坑年代为殷墟文化二期。标本1件。

鬲 H7：2，足部。口沿。夹砂灰陶。袋足，饰绳纹。锥形实足，足尖残。残高13、厚0.6—0.7厘米（图2.203d，3；图版四二二，4）。

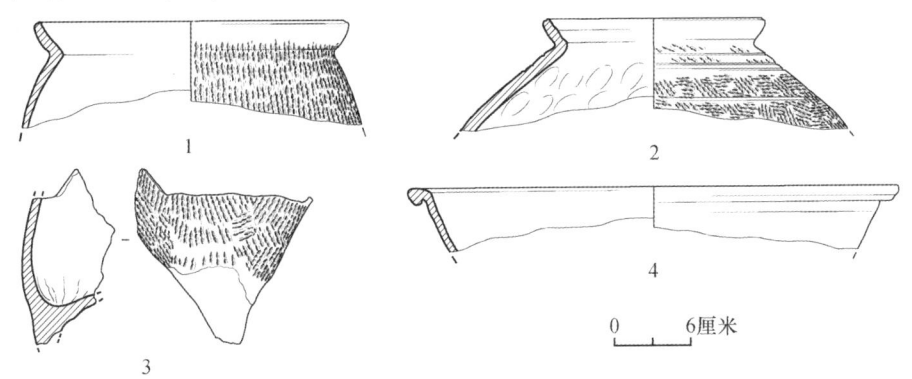

图2.203d 马寨西（213）采集标本（三）

1.深腹罐（213：12） 2.高领罐（H7：1） 3.鬲（H7：2） 4.盆（213：13）

5）东周时期

陶片数量较少，可辨认器形有盆、子母口器等，时代为东周晚期。标本1件。

盆　213：13，口沿。泥质灰陶。敞口，平沿，圆唇，斜直腹。素面。口径38、残高4.7、厚0.5—0.6厘米（图2.203d，4；图版四六〇，3）。

（3）基本认识

该遗址为浏涧河流域重要的遗址之一，文化内涵较为复杂，以仰韶和龙山时期的遗存为主，另见有少量的二里头、殷墟和东周时期遗存。灰坑内发现的仰韶时期缸、钵、罐层层叠套的现象、龙山时期的烧制石灰石对于探讨区域内社会的精神信仰和手工业生产都是不可多得的资料。建议定为文保单位，并提高保护级别。

189. 寨湾东南（216）

（1）概况

又称砦湾遗址，位于洛阳偃师市大口镇曹寨行政村寨湾自然村（原村民居住于河谷内的东西两侧）。具体位置为寨湾东南的铁窑河西岸的台地上，西侧和西北邻铁窑至寨湾的泄洪槽，东北和东部至河西东缘，南距铁窑行政村黄古洞自然村约100米（图2.204a；图版一四二，1）。面积约7.5万平方米。地理坐标为北纬34°33′58.14″，东经112°42′38.08″，海拔约221米。地表为农田覆盖。初为偃师县文物保护单位，后为洛阳市文物保护单位，2016年被定为河南省第七批文物保护单位。

图2.204a　寨湾东南（右为北）

1962年7月，中国科学院考古研究所洛阳发掘队曾对该遗址进行调查。当时认为遗址面积不大，堆积较薄，仅在现寨湾村南道路两侧见有文化层，发现了少量的灰坑和窑址。推测该遗址主要为龙山文化和二里头文化遗存，也见有少量仰韶遗物，但出土地点不详，而龙山时期的遗存属于王湾三期文化[①]。1984年，洛阳市文物普查队也对该遗址进行过调查，称为寨湾南遗址。调查认为该遗址含有庙底沟二期、王湾三期和二里头文化遗存[②]。第三次全国文物普查期间，洛阳市相关机构对该遗址进行复查[③]。

二里头工作队于2003年3月21日调查，2017年7月7日复查。

（2）主要发现

在遗址中部的陡坎上发现了多处灰坑，形状不一，有袋状、长方形等。灰坑内包含物丰富，有陶片和少量的烧土颗粒（图版一四二，2；图版一四三至图版一四五；图版一四六，1）。地表散落大量陶片，有泥质红陶、泥质灰陶、泥质黑陶及夹砂灰陶等，纹饰多样，有粗、细绳纹、篮纹、方格纹、附加堆纹、细线纹等。分属于仰韶、龙山、二里头和二里岗文化。标本55件。

石斧　3件。216∶2，闪长岩。黑绿色基质，含黑色小斑晶。经过琢制、磨制，刃部有使用造成的破裂面。残长19.2、宽5—6.5、厚4.1—4.9厘米（图2.204b，5；图版二五五，2）。216∶8，硅质岩（碳质碧玉岩）。灰黑色。经过打制、磨制，中间有一琢制的对向钻孔，破裂（钺形斧）。残长6.6—6.8、宽8.2—9.3、厚2.55厘米（图2.204b，4；图版二五六，2）。216∶9，硅质岩（碳质碧玉岩）。灰黑色。经过磨制，两侧经琢制修整，破裂。残长15.2、残宽6.9—8.2、厚3.5厘米（图2.204b，6；图版二五六，3）。

石铲　2件。216∶4，鲕粒灰岩（典型）。灰黑色。经过磨制，破裂。残长8.2、残宽4.8—6.1、厚1.6—1.7厘米（图2.204b，2；图版二五五，4）。216∶5，鲕粒灰岩（典型）。灰黑色。经过磨制，两侧经琢制修整，破裂。残长7.8、残宽5—6、厚1.6厘米（图版二五五，5）。

石刀　2件。216∶6，细粒砂岩。灰褐色。经过磨制，孔为琢制而成，破裂。残长5.7、宽5、厚1厘米（图2.204b，3；图版二五五，6）。216∶11，泥质板岩。灰褐色。经过磨制，破裂。残长7.7、宽5.6—6.6、厚1.2厘米（图版二五六，5）。

石凿　216∶12，硅质岩。黑色，有丝绢光泽。经过磨制，破裂。残长4.4、宽2.4—2.7、厚0.9厘米（图版二五六，6）。

石器　2件。216∶7，硅质岩。灰黑色。经过打制。残长7.1、残宽2.8—3.3、厚1—1.4厘米（图版二五六，1）。216∶10，泥质板岩。灰黑色。经过磨制，破裂。残长7.9、残宽7.2、厚1.2厘米（图版二五六，4）。

石锛坯　216∶1，硅质岩（碳质碧玉岩）。黑色。经过打制，尚未完成。长11.9、宽5.3—

---

① 中国科学院考古研究所洛阳发掘队：《河南偃师商代和西周遗址调查简报》，《考古》1963年第12期；中国科学院考古研究所洛阳发掘队：《伊河下游几处新石器时代遗址的调查》，《考古》1964年第1期；二里头工作队资料。

② 方孝廉：《洛阳市一九八四年古文化遗址调查简报》，《中原文物》1987年第3期。

③ 河南省第三次全国文物普查领导小组办公室、河南省文物局：《河南省第三次全国文物普查300项重要发现》，海燕出版社，2011年。

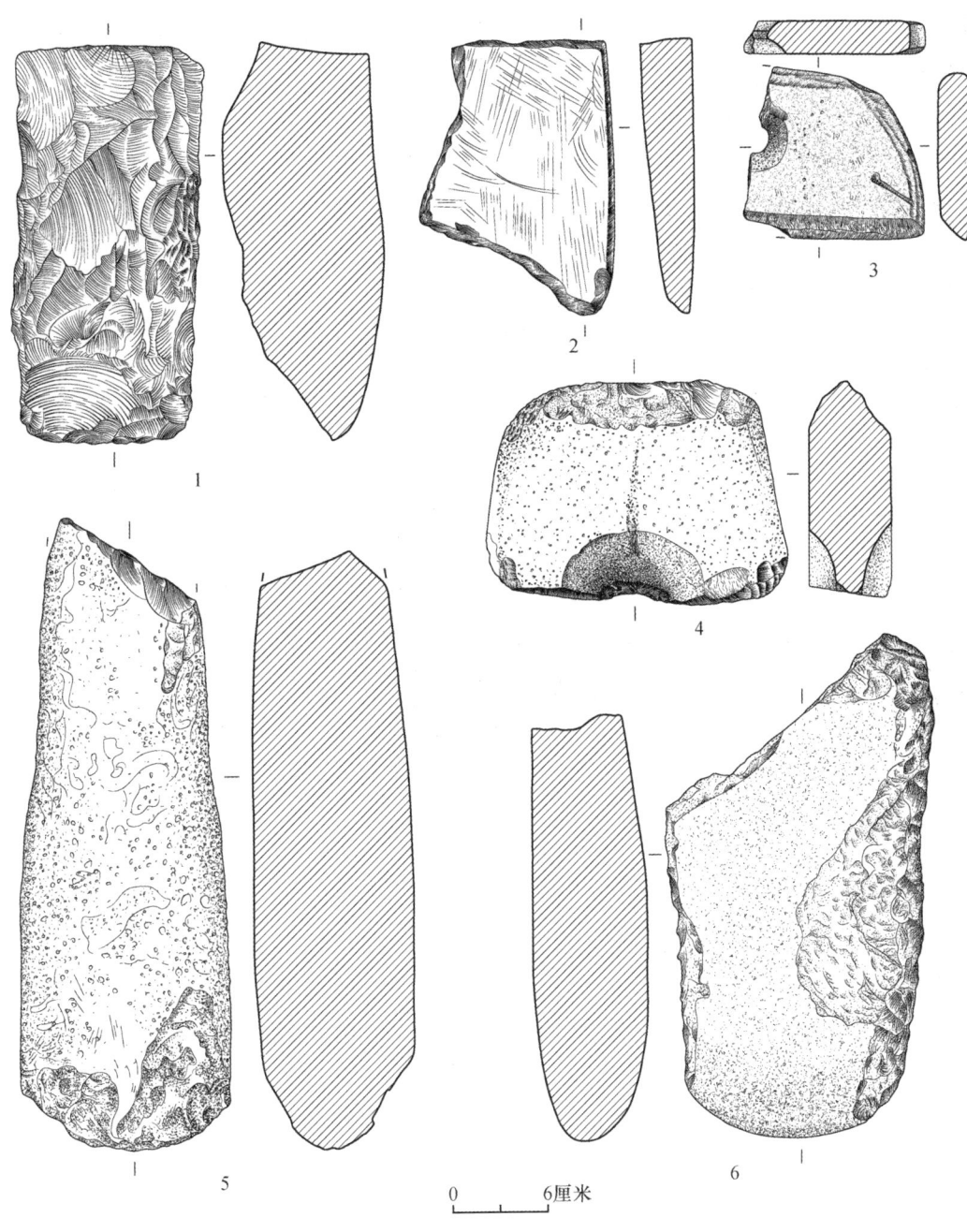

图2.204b 寨湾东南（216）采集石器
1. 石锛坯（216：1） 2. 石铲（216：4） 3. 石刀（216：6） 4—6. 石斧（216：8、216：2、216：9）

5.9、厚4.3—4.6厘米（图2.204b，1；图版二五五，1）。

石料 2件。216：3，硅质岩（碳质碧玉岩）。黑色。保留卵石的自然面，一面沿层状构造破裂。残长10.6、宽3.8—4.1、厚1.5—2.1厘米（图版二五五，3）。216：13，鲕粒灰岩。灰褐色。经过打制。残长7—8.5、残宽7.3—8.4、厚1.3—2.8厘米（图版二五七，1）。

1）仰韶文化

陶片数量不多，可辨认器形有鼎、泥质罐、夹砂罐、小口高领瓮、盆等。属于仰韶文化晚

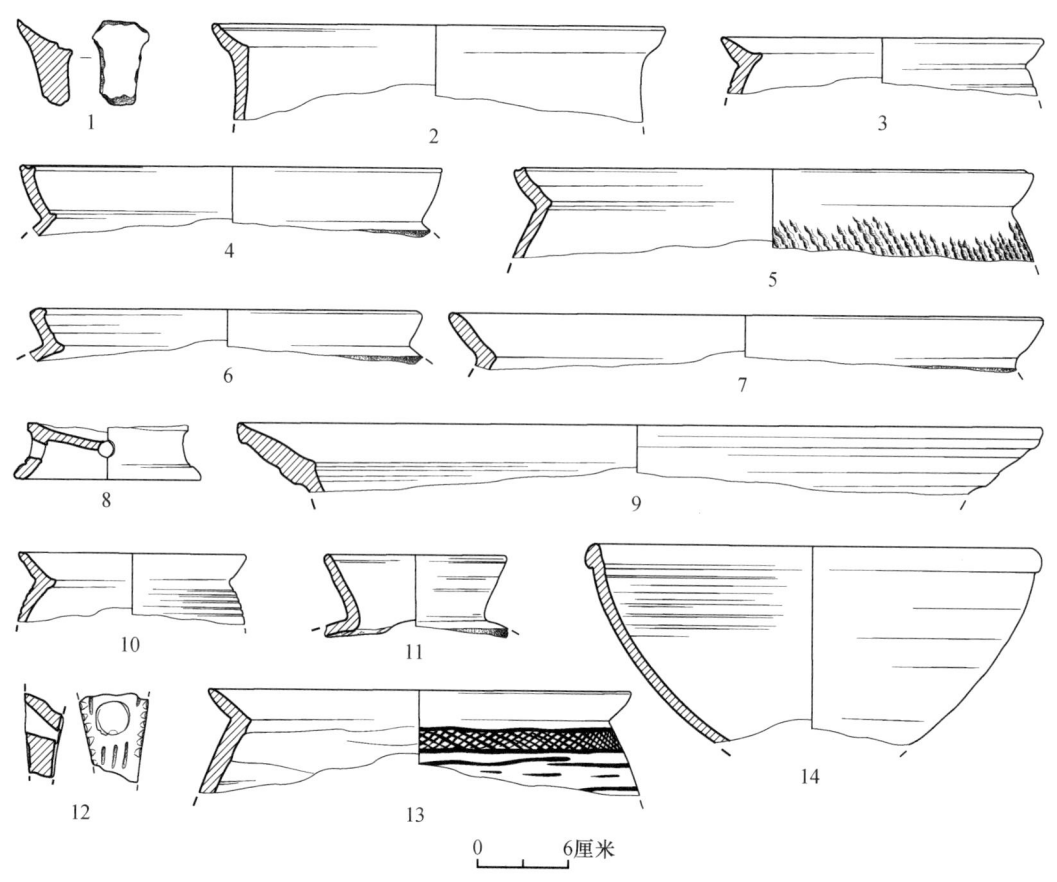

图2.204c 寨湾东南（216）采集陶器（一）
1、10、12.鼎（216∶14、H8∶2、H8∶3） 2、7、9、14.盆（216∶16、216∶21、216∶20、H4∶4） 3—6、13.罐（216∶15、216∶19、216∶17、216∶18、H8∶4） 8.杯（H4∶3） 11.高领瓮（H4∶2）

期偏晚阶段。标本5件。

鼎 216∶14，足部残片。夹砂灰陶。圜底，方形柱足，足尖残。素面。残高5.4厘米（图2.204c，1）。

罐 2件。216∶15，口沿。夹砂褐陶。侈口，折沿，尖唇，溜肩。素面。口径21、残高3.5、厚0.8—0.9厘米（图2.204c，3）。H8∶4，口沿。泥质红陶。侈口，折沿上翘，尖唇，溜肩。肩饰褐彩平行线夹网格纹。口径28、残高6.6、厚0.8—1.3厘米（图2.204c，13；图版三四〇，1）。

盆 216∶16，口沿。泥质红陶。侈口，折沿，尖唇，沿面微凹，直腹。素面。口径30、残高6.1、厚0.6—0.8厘米（图2.204c，2）。

2）龙山文化

清理灰坑4个。陶片数量较多，涵盖龙山时代早、晚期。早期可辨认器形有横篮纹鼎、泥质高领彩陶罐等。晚期可辨认器形有夹砂大口罐、盆、圈足盘、盖等。标本13件。

H4：位于寨湾东南。坑口距地表1米，宽3.6米，底深1.9—2米，底宽约3米。填土为灰褐土。坑内见有石器和龙山陶片。发现石铲坯1件。可辨认器形有小口高领瓮、盆、杯等。年代为龙山晚期。

H5：位于H3北约3.8米，为圜底坑。坑口距地表1.2米，宽1.1米，底深约1.9米。填土为灰黑土。坑内含有石器，蚌器和龙山陶片。发现的小件遗物有残石锛、蚌器。无陶器口沿标本，见有夹砂褐陶篮纹陶片（含仰韶陶片）。时代为龙山晚期，含仰韶陶片。无口沿标本。

H7：位于寨湾东南。坑口距地表至少1.4米，范围不明。填土为黄灰土。坑内见有平放的肢骨，可能为墓葬。可辨认器形有横篮纹鼎、花边附加堆纹罐。为龙山早期。

H8：位于寨湾东南，为袋状坑。坑口距地表1米，底宽约2米，底深1.3—1.7米。填土为灰黑土夹黄褐土。坑内包含物以龙山文化早期陶片为主，含仰韶泥质彩陶罐1件。可辨认的器形有罐、鼎、钵、盖等。年代为龙山早期。

残石锛　H5∶1，硅质岩。黑色。经过打制、磨制，刃部有使用造成的破裂面。长9.5、宽3.8—7.1、厚4.2厘米（图2.204d，2）。

石坯　H4∶1，鲕粒灰岩。黑色。石料。残长12.8、宽11.6—12.4、厚3.5厘米（图版三七一，4）。

石片　H8∶1，硅质岩。黑色。经过打制。残长5.2、宽6.5、厚1.4—1.8厘米（图版三五四，4）。

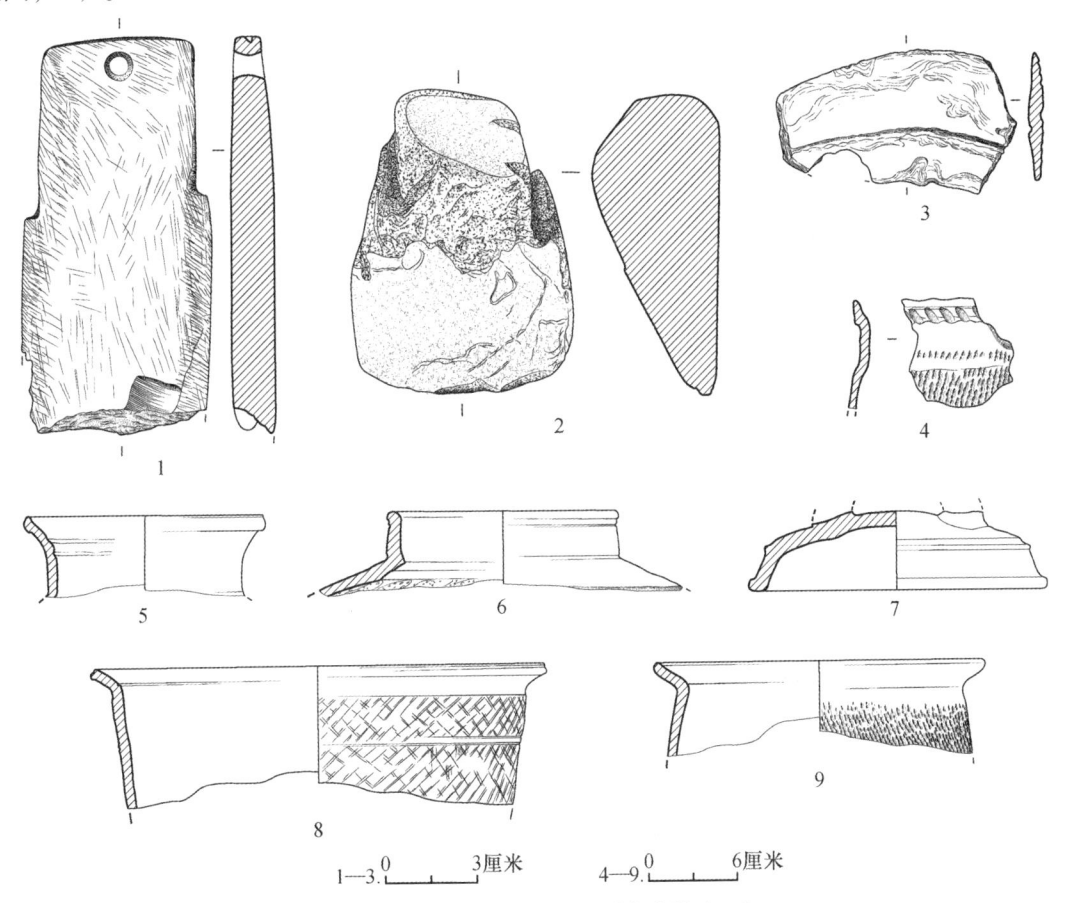

图2.204d　寨湾东南（216）采集陶器（二）

1.石戈（H1∶1）　2.残石锛（H5∶1）　3.蚌器（H5∶2）　4.圆腹罐（H1∶5）　5.高领尊（H3∶1）　6.矮领瓮（H6∶2）　7.器盖（H6∶3）　8.盆（H1∶6）　9.深腹罐（H6∶1）

蚌器　H5：2，三角帆蚌腹缘。残长8、宽4.2—4.4、厚0.4厘米（图2.204d，3）。

鼎　2件。H8：2，口沿。夹砂褐陶。侈口，折沿，尖唇，沿面饰一道凸弦纹，溜肩。饰弦纹。口径15、残高4.4、厚0.6—1.2厘米（图2.204c，10；图版三五四，5）。H8：3，足部。夹砂灰陶。方形三角足，上部有一钻孔，下部有刻划纹，两侧外棱饰压印纹。残高5.6厘米（图2.204c，12；图版三五四，6）。

罐　3件。216：17，口沿。夹砂褐陶。直领外侈，方唇，溜肩。饰绳纹。口径34、残高5.7、厚0.5—0.9厘米（图2.204c，5；图版三四〇，2）。216：18，口沿。夹砂灰陶。折沿上翘，方唇，沿面内凹。素面。口径26、残高3.4、厚0.6—0.9厘米（图2.204c，6）。216：19，口沿。夹砂灰陶。折沿上翘，方唇，唇面有一道凹槽，沿面内凹，沿内出一道凸棱。口径28、残高4.4、厚0.6—0.7厘米（图2.204c，4）。

盆　3件。216：20，口沿。泥质黑陶。折沿，方唇，沿下有一道凹槽。磨光。口径53、残高4.3、厚0.9—1.6厘米（图2.204c，9）。216：21，口沿。泥质灰陶。折沿，圆唇。沿面饰两道磨光条状纹。口径39、残高3.5、厚0.8—0.9厘米（图2.204c，7）。H4：4，口沿。泥质黑陶。敞口，圆唇，沿外包边，弧腹。素面。口径29、残高12.6、厚0.6—0.9厘米（图2.204c，14；图版三七一，5）。

高领瓮　H4：2，口沿。泥质黑陶。直领外侈，圆唇，折肩。磨光。口径12、残高5.2、厚0.5—0.7厘米（图2.204c，11）。

杯　H4：3，圈足。泥质黑陶。平底，下口外卷，尖圆唇。磨光，外壁有一道刻划痕迹和两个圆形钻孔。底径6、残高1.7、厚0.3—0.4厘米（图2.204c，8）。

3）二里头文化

发现灰坑4个，均位于遗址中部的断崖上。采集的陶片数量较多，可辨认器形有鼎、鬲、深腹罐、圆腹罐、敛口罐、缸、矮领瓮、盆、刻槽盆、三足皿、豆、圈足盘、高领尊、杯、器盖。涵盖二里头文化一、二、三、四期。标本20件。

H1：位于寨湾东南。圜底坑。坑口距地表1—1.4米，宽1.5米，深约2米。填土为灰土夹生土块和红、黑烧土块。采集石器2件。可辨认的陶器器形有深腹罐、圆腹罐、盆等。年代为二里头文化二期。

H2：位于寨湾东南。坑口距地表约0.8米，宽约0.7米，深约1.3米。填土为灰褐土。可辨认器形有尊、高领尊等。年代为二里头文化二期。

H3：位于寨湾东南。坑口距地表约1米，口部宽约1.2米，底宽约1.36米，深1.4—1.5米。填土为浅灰土。可辨认器形有深腹罐、捏口罐、高领尊、豆等。年代为二里头文化二期。

H6：位于寨湾东南。坑口距地表约1.4米，长达16米，厚过1米。填土为灰黑土。可辨认器形有深腹罐、矮领瓮、器盖等。年代为二里头文化四期。

石戈　H1：1，白云岩化大理岩。青灰色。磨制而成，内部有一对向钻孔，刃部断裂。残长12.6、宽4.9—6.1、厚0.9—1.4、孔径0.6—0.9厘米（图2.204d，1；图版三八三，3）。

石片　2件。H1：2，紫英砂岩。紫红色。两面均经过打制。长6.7、宽4.4—5.4、厚1.4厘米（图版三八三，4）。H1：3，砂岩。灰色。含云母。残长8.9—10.9、宽4.5—5、厚1.2厘米。

石料　H1：4，鲕粒灰岩。黑色。废石料。长5.5、宽3.1、厚1.6厘米（图版三八三，5）。

鬲　216：22，足部。夹砂褐陶。锥形实足。素面。残高8.8厘米（图2.204e，1；图版四〇八，6）。

深腹罐　4件。216：23，口沿。夹砂灰陶。折沿上翘，圆唇，溜肩，直腹微弧。饰绳纹。口径18、残高7、厚0.5—1.1厘米（图2.204e，2；图版四〇九，1）。216：24，口沿。夹砂灰陶。侈口，尖唇，束颈，沿内有一道凹槽，沿外有一道凸棱，溜肩。饰绳纹。口径19、残高7.6、厚0.6—0.8厘米（图2.204e，3；图版四〇九，2）。216：25，口沿。夹砂褐陶。侈口，折沿，方唇，直腹微弧。饰绳纹。口径23、残高4.2、厚0.5—0.6厘米（图2.204e，9；图版三九二，2）。H6：1，口沿。夹砂灰陶。折沿上翘，圆唇，溜肩。饰细绳纹。口径22、残高6、厚0.6—0.7厘米（图2.204d，9；图版三八四，2）。

圆腹罐　2件。216：26，口沿。夹砂灰陶。直领微侈，尖唇，唇外饰花边和一个小錾，弧腹。饰细绳纹。口径15、残高8.1、厚0.4—0.5厘米（图2.204e，6；图版三八四，3）。H1：5，口沿。夹砂灰陶。直领外侈，唇外饰花边，溜肩。饰绳纹。残高6.8、厚0.5—0.6厘米（图

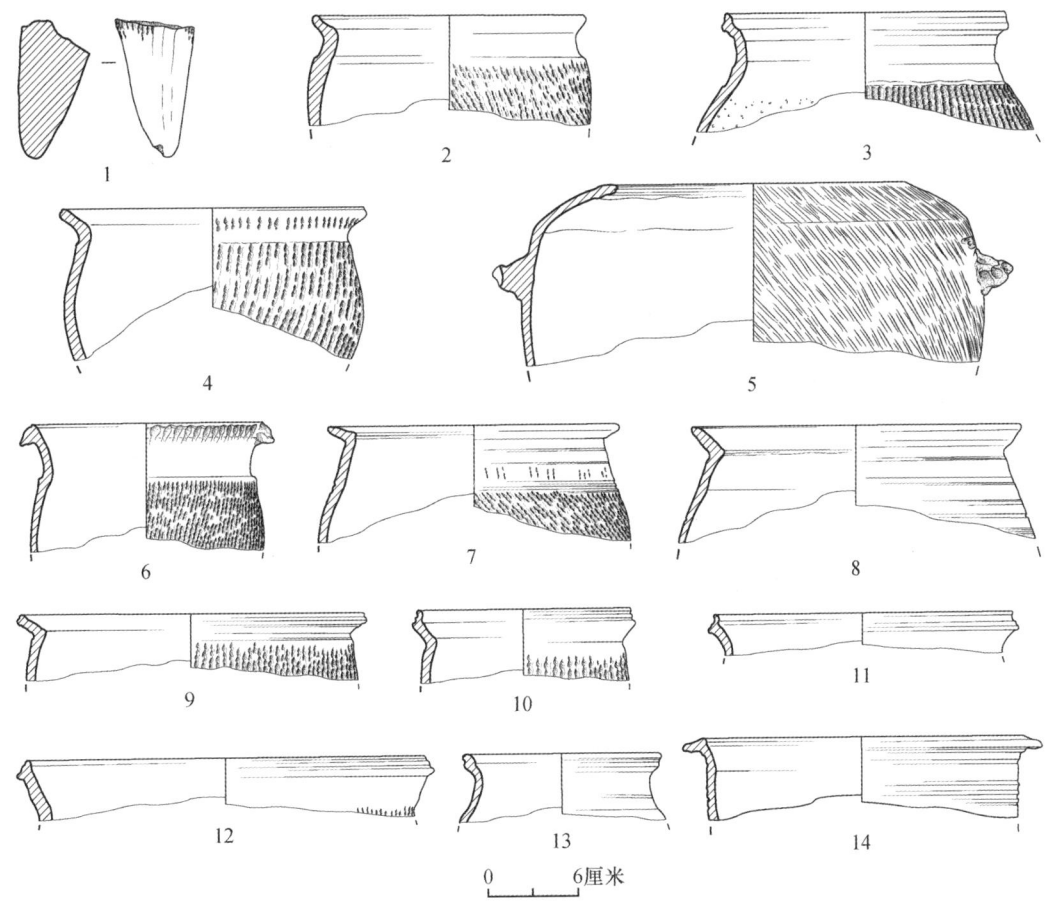

图2.204e　寨湾东南（216）采集陶器（三）

1、10—12.鬲（216：22、216：33、216：34、216：32）　2、3、9.深腹罐（216：23、216：24、216：25）　4.盆（216：28）　5.鼎（216：27）　6.圆腹罐（216：26）　7、8.敛口罐（216：29、216：31）　13.高领尊（216：30）　14.簋（216：35）

2.204d，4；图版三八三，6）。

鼎　216：27，口沿。夹砂褐陶。敛口，圆唇，沿内有一道凹槽，折肩。腹饰篮纹和一个鸡冠錾。口径19、残高11.6、厚0.5—0.6厘米（图2.204e，5；图版三八四，4）。

盆　2件。216：28，口沿。泥质红陶。侈口，折沿，方唇，弧腹。饰绳纹。口径20、残高9.6、厚0.6—0.7厘米（图2.204e，4；图版三八四，5）。H1：6，口沿。泥质灰陶。侈口，折沿，方唇，唇面饰一道凹弦纹，直腹微弧。腹饰篮纹夹一道凹弦纹。口径30、残高9、厚0.5—0.7厘米（图2.204d，8；图版三八四，1）。

敛口罐　2件。216：29，口沿。泥质灰陶。折沿，圆唇，弧腹。磨光，腹饰绳纹夹两道凹弦纹。口径19、残高7.5、厚0.5—0.6厘米（图2.204e，7；图版四〇九，3）。216：31，口沿。泥质黑陶。折沿上翘，尖圆唇，溜肩。磨光，腹饰数道凹弦纹。口径22、残高7.4、厚0.5—0.8厘米（图2.204e，8）。

高领尊　2件。216：30，口沿。泥质黑陶。直领，圆唇，唇外有一道凸棱，沿内有一道凹槽。磨光。口径13、残高4.3、厚0.4—0.6厘米（图2.204e，13）。H3：1，口沿。泥质灰陶。侈口，高领，尖唇，沿外包边。磨光。底径16、残高5.2、厚0.5—0.6厘米（图2.204d，5）。

矮领瓮　H6：2，口沿。泥质黑陶。矮领，圆唇，广肩。磨光，颈部有一道凹槽。口径15、残高5.2、厚0.6—0.8厘米（图2.204d，6）。

器盖　H6：3，可复原。夹砂褐陶。下口外侈，圆唇，折腹，弧顶，桥纽残。折腹处有一道凸棱。口径19.6、高5、厚1厘米（图2.204d，7；图版三七六，4）。

4）二里岗文化

陶片数量不多，可辨认器形有鬲、簋等，属于二里岗文化晚期。标本4件。

鬲　3件。216：32，口沿。夹砂褐陶。折沿，方唇，唇面有两道凹槽。饰绳纹。口径26、残高3.8、厚0.7—0.8厘米（图2.204e，12；图版四一七，4）。216：33，口沿。夹砂褐陶。折沿，方唇，沿面向上有一道凸棱，溜肩。饰绳纹。口径14、残高4.6、厚0.5—0.6厘米（图2.204e，10；图版四一七，5）。216：34，口沿。夹砂灰陶。侈口，方唇，唇面内凹，沿面向上有一道凸棱。口径20、残高2.6、厚0.5—0.6厘米（图2.204e，11）。

簋　216：35，口沿。泥质灰陶。侈口，折沿下耷，尖唇，直腹。腹饰凹弦纹。口径24、残高5.2、厚0.4—0.5厘米（图2.204e，14）。

（3）基本认识

该遗址为浏涧河沿岸的一处较为重要的遗址，文化内涵丰富，涵盖仰韶晚期、龙山和二里头时期、二里岗文化晚期等多个阶段。其中发现数量较多的龙山至二里头时期石器加工过程中的遗留物，可能为当时的一处石器加工点。

190. 寨湾东北（217）

（1）概况

位于洛阳偃师大口镇曹寨村寨湾自然村东北。具体位置为寨湾村东北的铁窑河西岸台地上，南至寨湾村东通往马寨村道路路沟以北，北至西张庄东南沙沟河西台地内凹处，西距寨湾至西张庄道路约100米，东至铁窑河西岸东缘（图2.205a；图版一四六，2）。面积约5.3万平方米。地理坐标为北纬34°34′13.22″，东经112°42′43.11″，海拔约218米。遗址南部被新修的龙少路破坏得较为严重，东部被取土破坏较多，其余部分地表仍为农田和苗圃。

中国科学院考古研究所洛阳发掘队调查的砦湾遗址和洛阳市文物普查队调查的寨湾南遗址为前文所述的寨湾东南（216）部分，不包括本遗址。2007—2011年，河南省文物机构在第三次全国文物普查期间，根据中国社会科学院考古研究所河南二里头工作队提供的信息对该遗址进行过调查，将其视作寨湾遗址的北部[①]。2016年，河南省政府公布为第七批文物保护单位，涵盖该遗址的南北两部分。

二里头工作队于2003年3月22日调查发现，2017年7月7日复查。

图2.205a　寨湾东北（右为北）

---

① 河南省第三次全国文物普查领导小组办公室、河南省文物局：《河南省第三次全国文物普查300项重要发现》，海燕出版社，2011年。

（2）主要发现

调查过程中，在该遗址南部的东西向冲沟北侧发现较为集中的灰坑7个（图版一四七、图版一四八），房址4座。采集到大量的遗物，包括玉石器6件和数量较多的陶片。复查时，在新修龙少路的南北两侧排水沟两侧，也发现大量的灰坑。分属于仰韶、龙山、二里头、殷墟和两周时期。标本69件。

石铲　217：1，泥质板岩。浅灰褐色。经过磨制，已残只剩顶部。残长6.2、宽5.8—7.8、厚1.7厘米（图版二五七，2）。

石器　217：2，硅质岩。灰黑色。经过磨制，破裂。残长5.5、宽4.9、厚1.1厘米（图版二五七，3）。

石片　217：3，硅质岩。灰黑色。经过打制，边缘有使用造成的破裂面。残长9.15、宽3.1—3.9、厚1厘米（图版二五七，4）。

1）仰韶文化

陶片数量相对较少，可辨认器形有鼎、泥质折沿罐、夹砂弦纹罐、小口高领罐、器盖、环，属于仰韶文化晚期。标本5件。

罐　3件。217：5，口沿。夹砂褐陶。折沿上翘，尖圆唇，沿面有一道凸棱，溜肩。饰凹弦纹。口径21、残高5.9、厚0.6—1厘米（图2.205b，8；图版三四〇，5）。217：6，口沿。泥

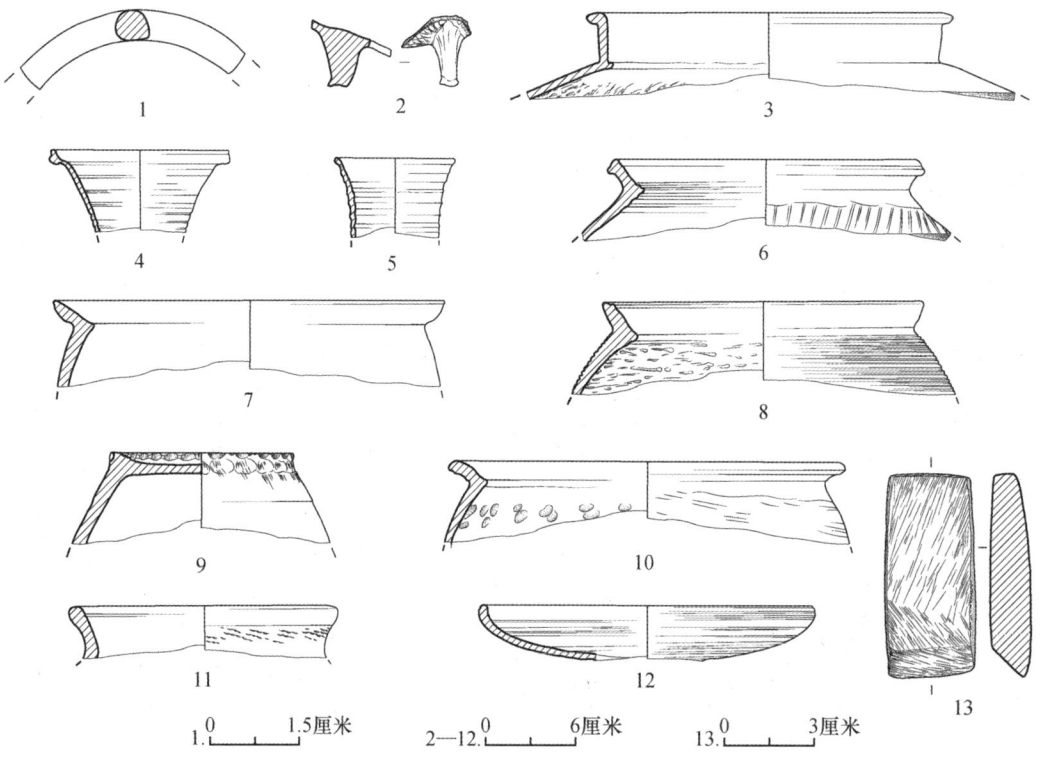

图2.205b　寨湾东北（217）采集标本（一）

1.环（F1：1）　2.鼎（H4：1）　3.瓮（H7：1）　4、5.甗（H4：2、H3：3）　6—8、10、11.罐（217：35、217：6、217：5、217：9、217：7）　9.器盖（217：4）　12.豆（H1：2）　13.玉凿/锛（H1：1）

质红陶。折沿上翘，尖唇，溜肩。素面。口径26、残高5.5、厚0.7—1厘米（图2.205b，7）。217∶7，口沿。夹砂褐陶。方唇，束颈。颈部饰暗绳纹。口径18、残高3.3、厚0.6—0.8厘米（图2.205b，11）。

器盖　217∶4，顶部。夹砂褐陶。斜直腹，平顶。顶部有压印纹。底径12、残高5.8、厚0.4—0.9厘米（图2.205b，9；图版三四〇，4）。

环　F1∶1，口沿。泥质灰陶。横截面较圆。磨光。残长3.7、厚0.55厘米（图2.205b，1；图版三四〇，3）。

2）龙山文化

发现灰坑5个，采集到数量较多的陶片。可辨认器形有鼎、缸、小口高领瓮、粗砂罐、盆、豆、圈足盘、瓠等。属于龙山文化晚期，早、晚段均有。标本12件。

H1：位于寨湾村东南，南北向生产路与农田南缘交接处西边。坑口距地表1.1米，口宽约0.7米，底宽约1米，深约0.7米。填土为灰土，有水浸痕。坑内发现的小件遗物有小玉凿/锛1件，陶片可辨认器形有圈足盘、瓮、豆等。年代为龙山晚期。

H2：位于H1约1.3米。坑口距地表约0.3米，坑口宽约2.3米，宽约1.6米，底深约0.6米。填土为灰土。时代为龙山晚期。

H4：位于取土凹坑南壁中央。袋形坑。剖面暴露的上口宽约2.3米，距地表深1.8米，下底宽约2.4米，距地表深约2.3米。填土为灰黑夹黄褐土。坑内包含物以龙山晚期陶片为主。可辨认器形有鼎、盆、瓮、瓠等。时代为龙山晚期。

H7：坑内陶片可辨认器形有小口高领瓮。年代为龙山晚期。

玉凿/锛　H1∶1，透闪石玉。灰绿色，磨制，在原先的细磨面上又产生粗磨痕。长6.5、宽2.7—2.9、厚1.3厘米（图2.205b，13；图版三七一，6）。

石料　2件。H3∶1，灰岩。灰黄色。未见明显加工痕迹。长9.3、宽3—3.6、厚1—2.6厘米（图版三七二，2）。H3∶2，石英岩。肉红色。保留卵石的自然面，有破裂面。残长4.6、残宽4.3、厚2.4厘米。

鼎　2件。217∶51，口沿。夹砂灰陶。侈口，卷沿，圆唇，溜肩。饰绳纹。口径21、残高6.3、厚0.6厘米（图版三五五，1）。H4∶1，鼎足。夹砂灰陶。三角形足。饰方格纹。残高4.5、厚0.3—0.4厘米（图2.205b，2）。

罐　2件。217∶9，口沿。夹砂褐陶。折沿，圆唇，溜肩。素面。口径26、残高5.2、厚0.5—0.8厘米（图2.205b，10）。217∶35，口沿。泥质灰陶。侈口，折沿，方唇，沿内凸呈棱，沿面饰一道凹弦纹，溜肩。饰篮纹。口径21、残高5.2、厚0.4—1厘米（图2.205b，6）。

盆　217∶8，可复原。泥质黑陶。卷沿，方唇，鼓腹，残底。饰篮纹。

豆　H1∶2，豆盘。泥质黑陶。圆唇，弧腹，浅盘。磨光。口径22、残高3.5、厚0.4—0.7厘米（图2.205b，12；图版三七二，1）。

瓮　H7∶1，口沿。泥质灰陶。矮领，小折沿，圆唇，广肩。磨光，饰绳纹。口径24、残高5.6、厚0.5—0.6厘米（图2.205b，3；图版三七二，3）。

觚　2件。H3：3，口沿。泥质黑陶。直口微侈，圆唇。饰数周凹弦纹。口径8、残高5.1、厚0.2—0.3厘米（图2.205b，5）。H4：2，口沿。泥质灰陶。侈口，方唇，弧腹。磨光。口径12、残高5.3、厚0.2—0.3厘米（图2.205b，4）。

3）二里头文化

发现灰坑2个，房址1处。采集的陶片数量较多，可辨认器形有鼎、深腹罐、圆腹罐、大口尊、敛口罐、罐、甑、矮领尊、缸、盆、瓮等。属于二里头文化二、三、四期。标本18件。

H3：位于寨湾村东，小庙东北取土形成的凹坑北壁偏西处。坑口距地表约0.5米，口宽约0.7米，底宽约2米，深约1.7米。填土为坚硬黄土和较软灰土相杂。坑内发现了石料2件。陶片可辨认器形有觚、大口罐、捏口罐等，属于二里头文化二、三期，中间混入的有龙山晚期遗物。

H6：此灰坑宽约1米，底低于H5底部约1米，底宽约2米。填土为灰土。坑内可辨认器形有深腹罐，其余以龙山陶片为主。年代为二里头二期晚段。

F1：位于H2西约0.2米。坑口距地表约0.4米，口宽约2.6米，底宽约2.7米，底深约0.88米。填土为灰土。坑内包含物以二里头遗存为主，含仰韶、龙山陶片。无典型陶片口沿标本。左下角有灶，底和壁部红烧土均较坚硬，烧土厚约3厘米。年代为二里头时期。

深腹罐　3件。217：10，口沿。夹砂褐陶。卷折沿，圆唇，沿面内凹，溜肩。饰绳纹。口径23、残高6.3、厚0.8—0.9厘米（图2.205c，15；图版三九二，4）。217：11，口沿。夹砂灰陶。折沿，圆唇，沿面内凹，溜肩。素面。口径28、残高3.6、厚0.7—0.9厘米（图2.205c，14）。H6：1，口沿。泥质褐陶。折沿，圆唇，溜肩。饰绳纹夹一道凹弦纹。口径22、残高8.2、厚0.7—1厘米（图2.205c，6；图版三八四，6）。

鼎　2件。217：12，口沿。夹砂灰陶。卷折沿，圆唇，唇面饰一道凹弦纹，弧腹。饰绳纹。口径14、残高8.2、厚0.6—0.7厘米（图2.205c，11；图版三九二，5）。217：16，口沿。夹砂灰陶。矮领，圆唇，沿内凹，广肩。饰绳纹和三周凹槽。口径15、残高4.3、厚0.7厘米（图2.205c，13）。

大口尊　217：13，口沿。泥质灰陶。直领，方唇，唇面有一道凹槽。磨光。残高7.2、厚0.8—0.9厘米（图2.205c，4）。

敛口罐　217：14，口沿。泥质灰陶。折沿上翘，方唇，溜肩。饰绳纹和一道凹弦纹。口径21、残高5.1、厚0.3—0.7厘米（图2.205c，16）。

罐　2件。217：15，口沿。夹砂灰陶。直领，圆唇，溜肩。饰绳纹。口径12、残高5.6、厚0.6—0.7厘米（图2.205c，8）。217：17，口沿。夹砂灰陶。侈口，折沿，圆唇，广肩。颈部饰暗绳纹。口径14、残高5.2、厚0.5—0.7厘米（图2.205c，7）。

尊　2件。217：18，口沿。泥质灰陶。束颈，方唇，广肩。磨光。口径14、残高5.6、厚0.6—0.9厘米（图2.205c，9）。217：19，口沿。泥质灰陶。高领，小折沿，圆唇，沿面内凹。磨光，颈内饰五道凹弦纹。口径16、残高7.4、厚0.6—0.7厘米（图2.205c，10）。

盆　217：20，口沿。泥质灰陶。敞口，方唇，束颈，弧腹。沿外饰暗绳纹，腹饰绳纹。

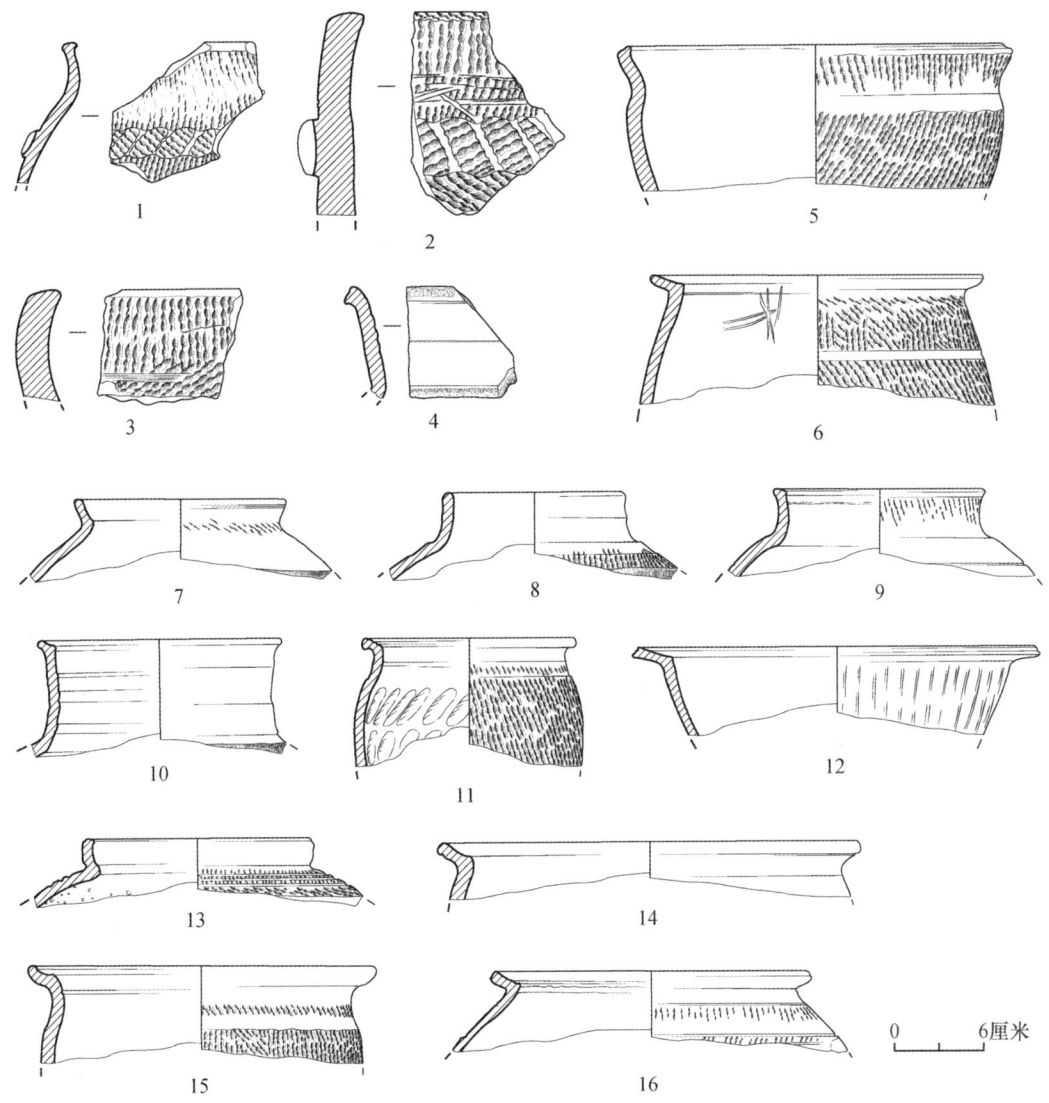

图2.205c 寨湾东北（217）采集标本（二）

1—3.缸（217：22、217：23、217：24） 4.大口尊（217：13） 5.盆（217：20） 6、14、15.深腹罐（H6：1、217：11、217：10） 7、8.罐（217：17、217：15） 9、10.尊（217：18、217：19） 11、13.鼎（217：12、217：16） 12.甑（217：21） 16.敛口罐（217：14）

口径26、残高9.3、厚0.8—0.9厘米（图2.205c，5；图版三九二，6）。

甑　217：21，口沿。泥质灰陶。敞口，折沿，方唇，唇面饰两道凹弦纹，斜弧腹。饰篮纹。口径27、残高5.7、厚0.5—0.7厘米（图2.205c，12）。

缸　4件。217：22，口沿。夹砂灰陶。直口，方唇，溜肩。沿外饰暗绳纹，腹饰绳纹夹一道附加堆纹。残高9、厚0.6—0.8厘米（图2.205c，1；图版四〇九，4）。217：23，口沿。夹砂灰陶。敛口，平沿，方唇，直腹微弧。饰绳纹夹一道附加堆纹及两道凹弦纹。残高13.1、厚2.1—2.4厘米（图2.205c，2；图版四〇九，5）。217：24，口沿。夹砂灰陶。敛口，平沿，圆唇，直腹微弧。饰绳纹。残高7.4、厚2.1—2.3厘米（图2.205c，3；图版四〇九，6）。F1：2，口沿。夹砂灰陶。侈口，折沿，圆唇，直腹微弧。饰细绳纹及一周附加堆纹。口径35、残高

12.3、厚0.9厘米（图版三九二，3）。

腹片　217：57，夹砂褐陶。饰绳纹。长7.7、宽5.5、厚1厘米。

4）殷墟文化

陶片数量较多，有较多殷墟时代标本[①]。可辨认器形有鬲、罐、盆、簋、瓮等。包括殷墟二期。标本23件。

鬲　12件。217：31，口沿。夹砂褐陶。折沿，圆唇，沿面微凹。溜肩，饰绳纹。口径19、残高5.2、厚0.8—1.2厘米（图2.205d，1）。217：40，袋足。夹砂褐陶。锥形矮足。残高6厘米。217：41，袋足。夹砂褐陶。锥形矮足。饰绳纹。残高5厘米（图版四二三，4）。217：42，袋足。夹砂褐陶。锥形足。饰绳纹。残高5.5厘米（图版四二三，5）。217：43，袋足。夹砂灰陶。空心锥形矮足。饰绳纹。残高6.5厘米。217：44，袋足。夹砂灰陶。实心锥形足，饰绳纹。残高7.5厘米。217：45，袋足。夹砂褐陶。实心矮柱形足。饰绳纹。残高9.2厘米（图版四二三，6）。217：46，袋足。夹砂灰陶。实心锥形足，足尖残。残高6厘米。217：47，袋足。夹砂灰陶。实心锥形矮足。饰绳纹。残高8厘米。217：48，袋足。夹砂灰陶。实心锥形足，足尖残。饰绳纹。残高6.4厘米。217：49，袋足。夹砂褐陶。实心锥形足，足尖残。上部饰绳纹。残高8.5厘米。217：50，袋足。夹砂褐陶。实心锥形足。残高4.8厘米。

罐　7件。217：25，口沿。夹砂灰陶。侈口，圆唇，束颈，弧腹。饰绳纹。口径30、残高6.3、厚0.7—1厘米（图2.205d，4）。217：26，口沿。夹砂灰陶。侈口，折沿，圆唇，广肩。饰绳纹。口径18.6、残高9.4、厚0.8厘米（图2.205d，3；图版四二二，6）。217：27，口沿。夹砂褐陶。直领微侈，圆唇，广肩。饰绳纹。口径16、残高5.8、厚0.7—1厘米（图2.205d，11）。217：28，口沿。夹砂灰陶。折沿上翘，圆唇，沿面微凹，直腹微弧。饰绳纹。口径17.2、残高8.5、厚0.7—1厘米（图2.205d，7；图版四二三，1）。217：29，口沿。夹砂灰陶。折沿上翘，圆唇，沿面微凹，直腹微弧。饰绳纹。口径24、残高6.2、厚0.9—1.1厘米（图2.205d，10；图版四二三，2）。217：32，口沿。夹砂灰陶。折沿上翘，圆唇，溜肩。饰弦断绳纹。口径24、残高4.3、厚0.6—0.8厘米（图2.205d，2）。217：55，口沿。夹砂灰陶。盘口，方唇，溜肩。素面。口径20、残高4.4、厚0.7厘米。

盆　2件。217：30，口沿。夹砂褐陶。折沿，圆唇，直腹微弧。饰绳纹。口径34、残高5.2、厚0.7—1.2厘米（图2.205d，5；图版四二三，3）。217：36，口沿。泥质灰陶。侈口，折沿，圆唇，弧腹。饰绳纹及五道凹弦纹。口径34、残高15.5、厚0.9厘米。

簋　217：37，口沿。敞口，折沿，厚方唇，束颈，弧腹。上腹饰凹弦纹夹三角形几何纹，下腹饰三角形几何纹夹细绳纹。口径27、残高14.5、厚0.8—1.1厘米。

瓮　F3：1，泥质灰陶。矮领，圆唇，广肩，弧腹，平底。肩部有五周弦纹，器身饰绳纹夹两周弦纹。口径14.8、残高30.2、厚0.68—1厘米（图2.205d，6；图版四二二，5）。

---

① 2004年4月24日，杨锡璋先生核定，认为有殷墟二期实足尖磨光内勾鬲足1件；绳纹罐沿1件；夹砂粗陶内勾足尖大型鬲1件，但绳纹偏细；还有三角花纹簋圈足1件。

第二章 主要发现

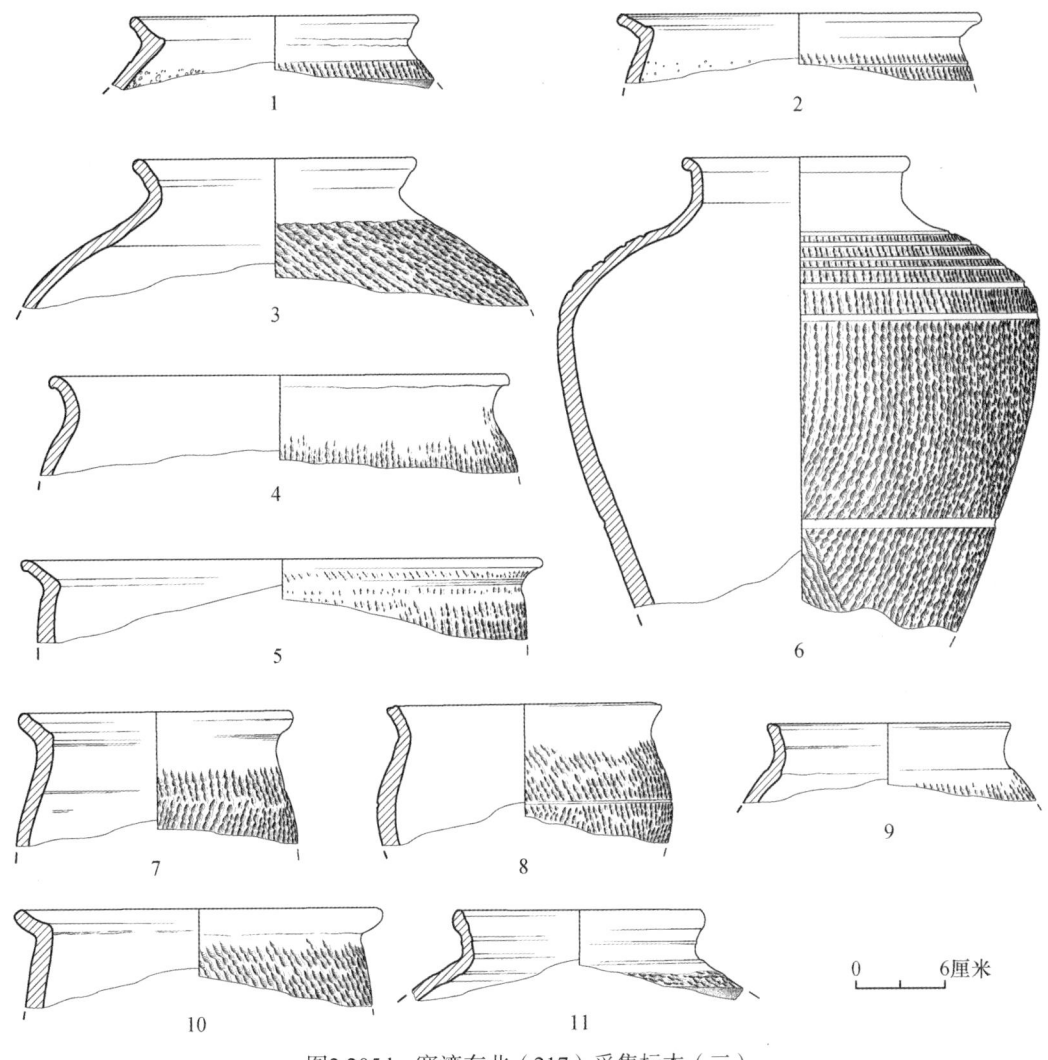

图2.205d 寨湾东北（217）采集标本（三）
1.鬲（217：31） 2—4、7—11.罐（217：32、217：26、217：25、217：28、217：34、217：33、217：29、217：27）
5.盆（217：30） 6.瓮（F3：1）

5）两周时期

见有灰坑2个，房址3座。陶片数量较多，可辨认器形有鬲、盆、罐、簋、壶等。除少数遗存为西周晚期外，多属东周早期。标本8件。

H5：位于H4东约5米，坑壁、底较直。坑口深约0.3米（右上部被破坏，地表即是），底深1.9米，宽约2.3米。填土为灰黑土和黄褐土间杂。年代可能为西周。

F2：位于H3右侧。口距地表约0.2米，口宽约4米，底宽约4.1米，底深约1.2米。填土为黄褐土。右下角有灶，红烧土厚约3厘米。含龙山早、晚期陶片。时代为东周。无典型口沿标本。

F3：位于F2东测。上部已被F2破坏，地表即是。口宽约4.1米，左边底略弧，底宽约3.8米，底深约1.2米，左边底略弧。上层填土为黄褐土，下层为厚约0.3米的灰土。有殷墟文化瓮片。房址可能为东周时期。

F4：位于F3东约4米。上部被破坏，地表即是。口宽4.2米，底宽4.2米，底深0.7米。填土为浅灰土。房址仅见1件陶片。可辨认器形为鬲。年代为西周。

罐　2件。217：33，口沿。泥质灰陶。侈口，圆唇，束颈，溜肩。饰绳纹。口径16、残高5、厚0.7—1.1厘米（图2.205d，9）。217：34，口沿。夹砂灰陶。侈口，方唇，唇面饰一道凹弦纹，弧腹，饰弦断绳纹。口径18、残高9、厚0.7—1.2厘米（图2.205d，8；图版四四一，6）。

盆　3件。217：52，口沿。侈口，方唇。素面。口径26、残高5、厚1厘米（图版四六三，6）。217：53，口沿。泥质灰陶。敞口，厚方唇，斜弧腹。饰细绳纹及两道凹弦纹。口径32、残高6.7、厚0.7—0.9厘米（图版四六四，1）。217：54，口沿。泥质灰陶。敞口，厚方唇。素面。口径34、残高3.8、厚0.7厘米（图版四六四，2）。

圈足器　217：38，圈足。泥质灰陶。矮足，足口外侈，方唇，外壁饰两周凹弦纹。底径15、残高7.5、厚1.2厘米（图版四六三，4）。

壶　217：39，圈足。泥质灰陶。侈口，圆唇，高领。素面。口径11、残高13.5、厚0.7厘米（图版四六三，5）。

簋　217：56，腹部残片。泥质灰陶。饰绳纹。长9.3、宽8、厚0.85厘米（图版四六四，3）。

（3）基本认识

该遗址浏涧河支流铁窑河西岸的一处重要遗址，文化内涵复杂，遗存十分丰富。涵盖仰韶、龙山、二里头、殷墟和两周时期。尤其是殷墟文化的遗存较为丰富，为本地区少见。

191. 曹寨北（212）

（1）概况

位于洛阳偃师市大口镇曹寨村北。具体位置为曹寨北的沙沟[①]东侧台地上，南至曹寨北新修建的龙少路，北至南坞张村西东西向土路，西至沙沟东岸（图2.206a；图版一四九，1）。龙山和二里头时期的遗存主要集中分布于遗址西北部的沙沟东岸台地上，面积约6.8万平方米；东周时期的遗存遍布整个遗址。地理坐标为北纬34°34′24.92″，东经112°43′14.78″，海拔约211米。遗址南部被龙少路占压，遗址西北部被取土破坏，其余部分地表为农田覆盖。

二里头工作队于2003年3月20日调查发现，2017年7月7日复查。

图2.206a 曹寨北（左下为北）

（2）主要发现

在遗址西侧沟东的断崖上发现灰坑6个，地表采集到数量较多的陶片，涵盖龙山、二里头

---

① 寨湾、曹寨段以下又称沙沟。

和二里岗文化。标本11件。

石凿　212：1，硅质岩。黑色。经过打制、磨制，刃部有使用产生的痕迹。长8.6、宽2.9—3.75、厚1.6厘米（图2.206b，1；图版二五七，5）。

1）龙山文化

发现灰坑4个（H2、H4—H6），采集到少量陶片。遗址地表采集了少量方格纹陶片。标本3件。

H2：位于龙少路以北的沟东断崖处，北距H1约10米（图版一五〇，1）。坑口距地表约1.7米，宽约0.6米，深约0.6米。填土为红褐土。未采集陶片。年代为龙山时期，具体时段不详。

H4：位于崖地最西北角阶地偏西处取土坑南端西侧（图版一五一，1）。坑口距地表约0.8米，宽约2.2米，可见部分坑底宽约2.6米（未到底，厚度不详，至少在1米以上）。填土为灰黑土。坑内含有较为丰富的泥质陶片和夹砂陶片，无典型标本。泥质陶片见有素面、篮纹等；夹砂陶片见有素面、绳纹、篮纹和数量较多的方格纹陶片。可辨认器形有中口罐，属于龙山晚期。无典型标本。

H5：位于H4东约6米（图版一五一，2）。圜底坑。坑口距地表约0.8米，可见部分坑底距地表0.2—0.5米，宽约2.2米。填土为灰黑土（其下尚有黄褐土堆积，深度不详）。坑内陶片可辨认器形有大口罐、罐等，属于龙山晚期。

H6：位于西北台地北部（图版一五二，1）。坑口距地表1.1米。填土为黄褐土。陶片可辨认器形有矮领瓮、小口高领瓮、大口罐、盖等，属于龙山晚期。

罐　2件。H5：1，口沿。夹砂灰陶。侈口，折沿，方唇，沿面有一道凹槽，溜肩。腹饰方格纹。口径15、残高7.5、厚0.5—0.6厘米（图2.206b，6；图版三七二，4）。H6：1，口沿。夹砂黑陶。直领外侈，方唇，唇面有一道凹槽，沿内出一道凸棱，溜肩。饰篮纹，内壁有一道凹槽。口径27、残高6.5、厚0.5—0.8厘米（图2.206b，9；图版三七二，5）。

瓮　H6：2，口沿。泥质红陶。矮领，方唇，广肩，沿内凹。肩部饰凹弦纹夹刻划纹，内壁有一道凹槽。口径26、残高3.6、厚0.4—0.6厘米（图2.206b，4；图版三七二，6）。

2）二里头文化

发现灰坑2个。采集陶片数量较多，可辨认器形有盆形鼎、深腹罐、刻槽盆、盆、大口尊、缸等，属于二里头文化第三、四期。标本6件。

H1：位于曹寨村北，沟东断崖上（图版一四九，2）。圜底坑。坑口距地表约1米，宽约1.5米，深约0.5米。填土为灰土，有水浸痕。坑内陶片可辨认器形有大口尊、缸、盆等。属于二里头文化第三期。

H3：位于H1北约150米东西向断崖（图版一五〇，2）。坑口距地表约1.2米，宽约2米，深度在1.3米以上（未见底）。填土为灰黑土。坑内陶片可辨认器形有圆腹罐、豆等。属于二里头文化第三期。

圆腹罐　H3：1，口沿。夹砂灰陶。直领外侈，圆唇，沿外有一小錾，溜肩，圆腹。饰绳纹。口径16、残高9.6、厚0.3—0.5厘米（图2.206b，7；图版三九三，2）。

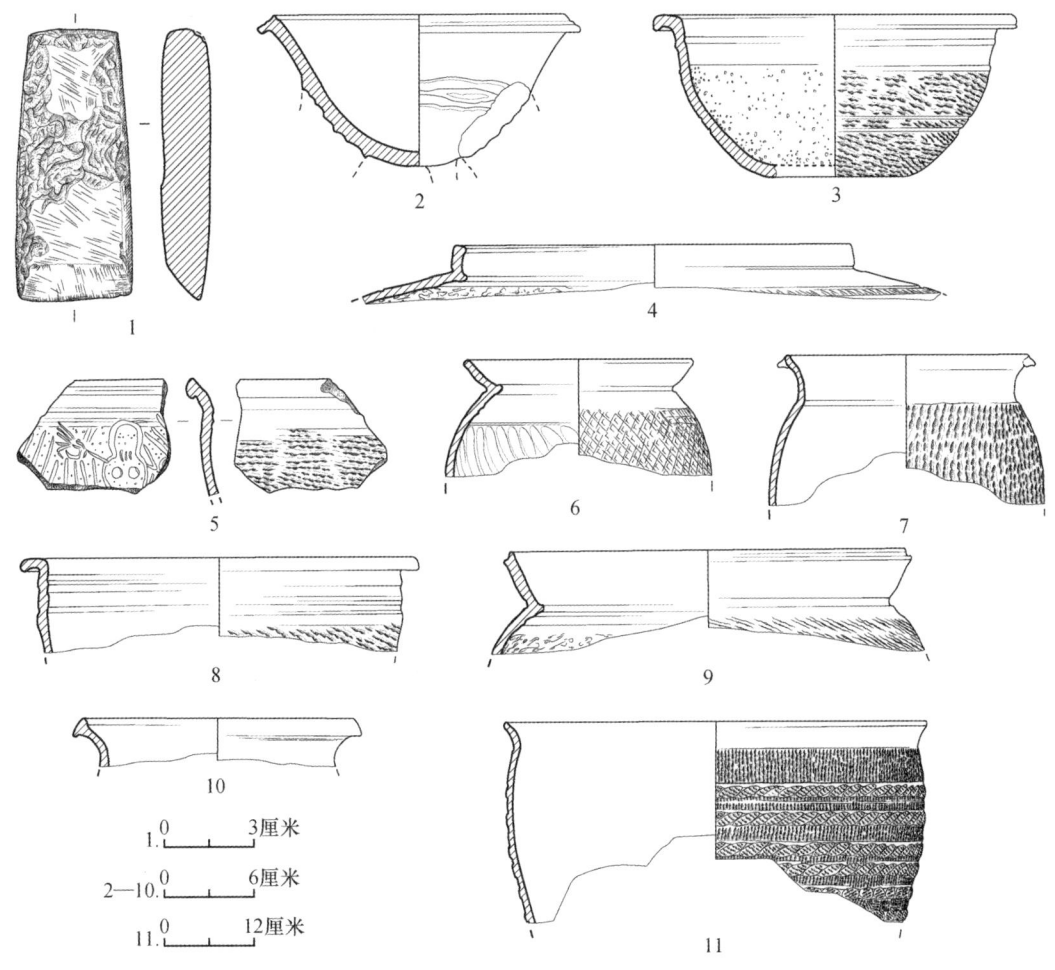

图2.206b 曹寨北（212）采集标本

1. 石凿（212∶1） 2. 鼎（212∶2） 3、8. 盆（212∶5、212∶4） 4. 瓮（H6∶2） 5. 刻槽盆（212∶3） 6、9. 罐（H5∶1、H6∶1） 7. 圆腹罐（H3∶1） 10. 鬲（212∶6） 11. 缸（H1∶1）

鼎 212∶2，可复原。夹砂灰陶。折沿，圆唇，沿面有一道凸棱，圜底，残足。器壁有不规则凹痕。口径18.8、残高9.7、厚0.7厘米（图2.206b，2；图版四一〇，1）。

刻槽盆 212∶3，口沿。泥质黑陶。侈口，圆唇，沿外包边，弧腹。磨光，腹饰绳纹，内壁有刻槽，刻有人形图案。残高7.2、厚0.6—0.7厘米（图2.206b，5；图版三九三，3、4）。

盆 2件。212∶4，口沿。夹砂灰陶。平折沿，圆唇，直腹微弧。腹饰绳纹和两道凹弦纹。口径26、残高6、厚0.5—0.6厘米（图2.206b，8）。212∶5，除底部外可见。夹砂灰陶。折沿，方唇，弧腹。颈部饰一道凸弦纹，腹饰绳纹。口径24、残高10.4、厚0.5—0.7厘米（图2.206b，3；图版四一〇，2）。

缸 H1∶1，口沿。夹砂灰陶。侈口，圆唇，直腹微弧。腹饰绳纹夹数道附加堆纹。口径56、残高25.8、厚0.7—1厘米（图2.206b，11；图版三九三，1）。

3）二里岗文化

陶片数量不多，可辨认器形有鬲、大口尊、盖。属于二里岗文化晚期。标本1件。

鬲 212:6，口沿。夹砂灰陶。卷沿，斜方唇，沿面内出一道凹槽，口部呈浅盘状。素面。口径18、残高3、厚0.4—0.5厘米（图2.206b，10；图版四一七，6）。

4）东周时期

陶片数量不多，未见典型标本。疑似东周时期。

（3）基本认识

该遗址为浏涧河支流沙沟东岸的一处小型遗址，文化内涵相对复杂，包含龙山晚期、二里头第三、四期和二里岗晚期遗存，可能还有一定量的东周时期遗存。

192. 西张庄[①]东南（222）

（1）概况

位于洛阳偃师市大口镇西张村（张村）东南。具体位置为张村东南的沙沟西岸台地上，南至通往曹寨村东西向土路附近的断崖，北至西张村通往南坞张的道路以北，东至沙沟西岸（图2.207a；图版一五二，2）。仰韶时期的遗存主要位于南部，面积约5.5万平方米；龙山时期的遗存主要位于北部，面积约3.5万平方米；东周时期的遗存遍及整个遗址，面积约10万平方米。地理坐标为北纬34°34′20.47″，东经112°42′52.37″，海拔约215米。遗址南部、东部和北部被取土破坏较甚，其余地段地表为农田和苗圃。

二里头工作队于2003年3月22日调查，2017年7月7日复查。

图2.207a　西张庄东南（右为北）

---

① 简报中称为西张庄，系采用万分之一地图标注为西张庄之称法，五万分之一地形图标注为西张村，是相对于缑氏镇的东张村而言，1983年以来，称为张村，系行政村建制。

（2）主要发现

该遗址周围被破坏较甚，采集陶片数量不多，涵盖仰韶、龙山和东周时期。

见有仰韶文化灰坑1处。仰韶文化的陶片数量较少，可辨认器形有泥质彩陶罐、夹砂罐、盆、钵、碗等，均属于仰韶文化晚期。标本2件。

钵　2件。222∶1，口沿。泥质红陶。直口，圆唇。磨光。口径36、残高3.1、厚0.6厘米（图2.207b，4；图版三四〇，6）。222∶2，口沿。泥质红陶。敛口，圆唇，鼓腹。饰黑彩。口径19、残高6.5、厚0.4—0.6厘米（图2.207b，8；图版三四一，1）。

龙山和东周时期的陶片也较少，无典型标本。具体年代不详。

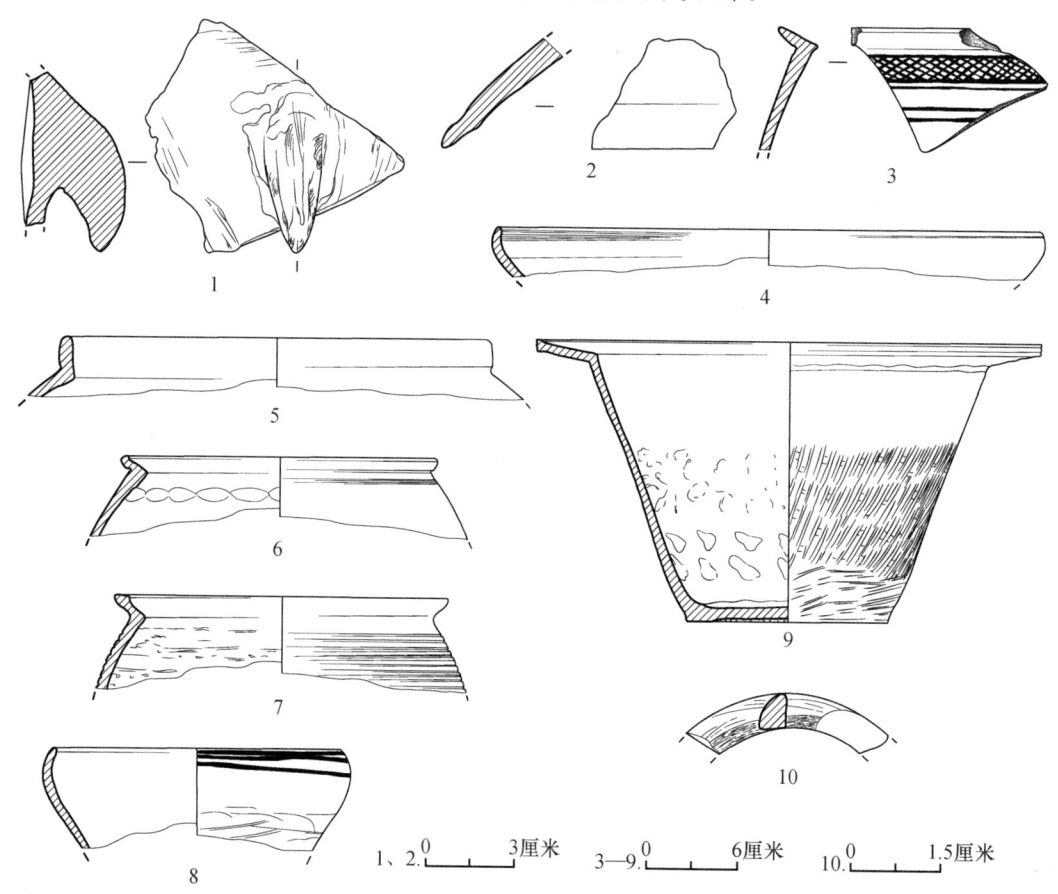

图2.207b　西张庄东南（222）、西张庄东北（221）采集标本

1、5—7.罐（221H4∶2、221H4∶1、221H5∶1、221H5∶2）　2.器盖（221∶1）　3.彩陶罐（221H2∶1）　4、8.钵（222∶1、222∶2）　9.盆（221H1∶1）　10.蚌环（221∶2）

（3）基本认识

该遗址为浏涧河支流沙沟西岸的一处中小型遗址，遗存以仰韶晚期为主，可能还有少量的龙山和东周时期遗物。

193. 西张庄[①]东北（221）

（1）概况

位于洛阳偃师市大口镇西张村（张村）东北部。具体位置为西张村东北、温村东南的沙沟西岸废弃砖厂附近，西南距西张村750米，北距府李路约200米（图2.208）。残存面积约1.7万平方米。地理坐标为北纬34°34′41.58″，东经112°43′14.01″，海拔约200米左右。遗址大部分被砖厂取土破坏，残存部分多为农田和苗圃。

2003年3月22日二里头工作队调查，2017年7月7日复查。

图2.208　西张庄东北（左上为北）

（2）主要发现

调查发现，该遗址被砖厂取土破坏较甚（取土深度2.6米），从取土坑剖面看，堆积厚度约1.5米，地表少见陶片。在取土坑周围发现灰坑5个（图版一五三—图版一五五）。标本8件。

[①]　简报中称为西张庄，系采用万分之一地图标注为西张庄之称法，五万分之一地形图标注为西张村，是相对于缑氏镇的东张村而言，1983年以来，称为张村，系行政村建制。

蚌环　221∶2，经磨制，环状规整，残断。残长3.3、最宽0.6、厚0.4厘米（图2.207b，10）。

1）仰韶文化

发现灰坑4个。陶片数量稍多，可辨认器形有夹砂罐、盆、碗、盖等。可能为仰韶文化中、晚期。标本6件。

H2：位于遗址西南，H1东北约15米。坑内包含物可辨认器形有泥质彩陶罐、夹砂罐。年代为仰韶晚期。

H3：位于砖场挖土形成的洼地西南部东面断崖。坑口距地表约0.8米，口宽约0.7米，底宽约1.4米，深约2.1米。坑内见有少量的泥质陶片和夹砂陶片，另有白灰墙皮1块。陶片均为碎片，无口沿标本，可辨认器形有盆、夹砂罐等。年代为仰韶晚期。

H4：坑内包含物以仰韶晚期陶片为主，多黑皮褐陶。可辨认器形有泥质罐（黑皮陶）、夹砂罐等。年代为仰韶晚期至龙山早期。

H5：坑内包含物均为仰韶文化陶片，可辨认的器形有泥质斜唇弦纹罐。年代为仰韶晚期。

彩陶罐　H2∶1，口沿。泥质红陶。折沿，尖圆唇，溜肩。饰黑彩横向平行线纹夹网格纹。残高8、厚0.7—1.1厘米（图2.207b，3；图版三四一，2）。

罐　4件。H4∶1，口沿。泥质褐陶。直领，圆唇，溜肩。磨光。口径28、残高3.8、厚0.6—0.8厘米（图2.207b，5）。H4∶2，腹部。泥质褐陶。饰一鸟嘴形鋬。磨光。残长7.4、残宽8.4厘米（图2.207b，1；图版三四一，3）。H5∶1，口沿。夹砂灰陶。折沿，方唇，沿面有一道凹槽，溜肩。口径21、残高5.1、厚0.5—0.9厘米（图2.207b，6）。H5∶2，口沿。夹砂褐陶。侈口，折沿，沿内有一道凸棱，尖唇，溜肩。饰凹弦纹。口径22、残高6、厚0.5—0.8厘米（图2.207b，7；图版三四一，4）。

器盖　221∶1，口沿。夹砂褐陶。侈口，尖唇，唇内有一道凸棱。素面。残高3.4、厚0.5—0.6厘米（图2.207b，2）。

2）龙山文化

见有灰坑1个，采集到少陶片。见有夹砂的篮纹和方格纹陶片。属于龙山早期标本1件。

H1：位于遗址南面断崖。坑口距地表1.1米，宽1.1—1.6米，深约2.2米。填土为浅灰土。坑内包含物以龙山文化早期陶片为主，含2片仰韶陶片。可辨认器形有宽折沿盆（双腹盆）、盆、小口高领瓮等。年代为龙山早期。

盆　H1∶1，口沿。泥质灰陶。折沿，方唇，直腹下收成平底。饰篮纹。口径33、高18、底径13、厚0.5—0.8厘米（图2.207b，9；图版三五五，2）。

3）东周时期

采集少量疑似东周时期陶片，具体时段不详。无典型标本。

（3）基本认识

该遗址为浏涧河支流沙沟西岸的一处小型遗址，遗存以仰韶中、晚期和龙山早期为主，可能还有少量东周时期遗物。其中仰韶晚期和龙山早期之间过渡期的遗存在本区域较为少见。

194. 韩村南B（202）

（1）概况

位于洛阳偃师市大口镇韩村南。具体位置为韩村以南的府李路南侧，韩村西和韩村中部的两条南北向冲沟之间，沙沟北岸的尖嘴状台地上。东南正对张大寨老寨，北距韩村约500米（图2.209）。面积约1.1万平方米。地理坐标为北纬34°34′57.52″，东经112°43′35.32″，海拔约183米。地表为农田覆盖。

2003年3月23日，二里头工作队调查发现，2017年7月7日复查。

图2.209 韩村南B（左为北）

（2）主要发现

地表采集的遗物较少，主要为仰韶文化陶片。可辨认器形有泥质彩陶罐、夹砂罐、盆、碗等，属于仰韶文化晚期。标本2件。另见有少量的西周时期遗物，可辨认器形有绳纹鬲（足根），属于西周晚期。无典型标本。

罐 202∶1，口沿。泥质红陶。侈口，折沿，尖唇，溜肩。肩部饰褐彩平行线纹夹网格纹。残高7.2、厚0.8—1.4厘米（图2.210b，1；图版三四一，5）。

碗 202∶2，口沿。泥质灰陶。敞口，圆唇，弧腹。磨光，腹部饰数道凸弦纹。口径15、残高5.2、厚0.4—0.6厘米（图2.210b，2）。

（3）基本认识

该遗址为浏涧河支流沙沟沿岸的一处小型遗址，遗存以仰韶晚期为主，另有少量西周晚期遗物。

195. 韩村南A（201）

（1）概况

位于洛阳偃师市大口镇韩村南。具体位置为韩村南、张大寨东北的沙沟北岸半岛形台地上，其东、南、西南三面临沟，北面距韩村南的府李路约500米（图2.210a；图版一五六，1）。面积约0.5万平方米。地理坐标为北纬34°35′08.04″，东经112°43′48.34″，海拔约185米。地表为农田。

二里头工作队于2003年2月19日调查发现，2017年7月8日复查。

图2.210a　韩村南A（上为北）

（2）主要发现

地表采集到少量陶片，涵盖二里头文化和二里岗文化。标本5件。

1）二里头文化

陶片数量较多，可辨认器形有深腹罐、鬲、高领罐、缸、瓮、豆、高领尊等。属于二里头文化第二至四期。标本2件。

深腹罐　201:2，口沿。夹砂灰陶。侈口，卷沿，圆唇，溜肩。肩部饰绳纹加一周凹弦纹。口径18、残高6.7、厚0.6—0.8厘米（图2.210b，5；图版四一〇，3）。

尊　201:1，口沿。泥质灰陶。卷沿，圆唇，广肩。肩部饰绳纹与一周附加堆纹。口径32、残高8.7、厚0.5—0.9厘米（图2.210b，3；图版三九三，5）。

2）二里岗文化

陶片数量较少，可辨认器形有夹砂罐、捏口罐、大口尊等。属于二里岗文化早、晚期。标本3件。

罐　201:3，口沿。夹砂灰陶。卷沿，尖唇，沿面饰一周凸弦纹，沿外有一道凸棱，溜肩。素面。口径16、残高3.5、厚0.5—0.6厘米（图2.210b，10；图版四一八，1）。

捏口罐　201:4，口沿。夹砂灰陶。卷沿，圆唇，口沿捏痕明显，溜肩。饰绳纹。残高4.4、厚0.6—0.7厘米（图2.210b，4）。

大口尊　201:5，口沿。泥质红陶。侈口，小折沿，方唇。素面。口径36、残高5.3、厚0.7—0.8厘米（图2.210b，6；图版四一八，2）。

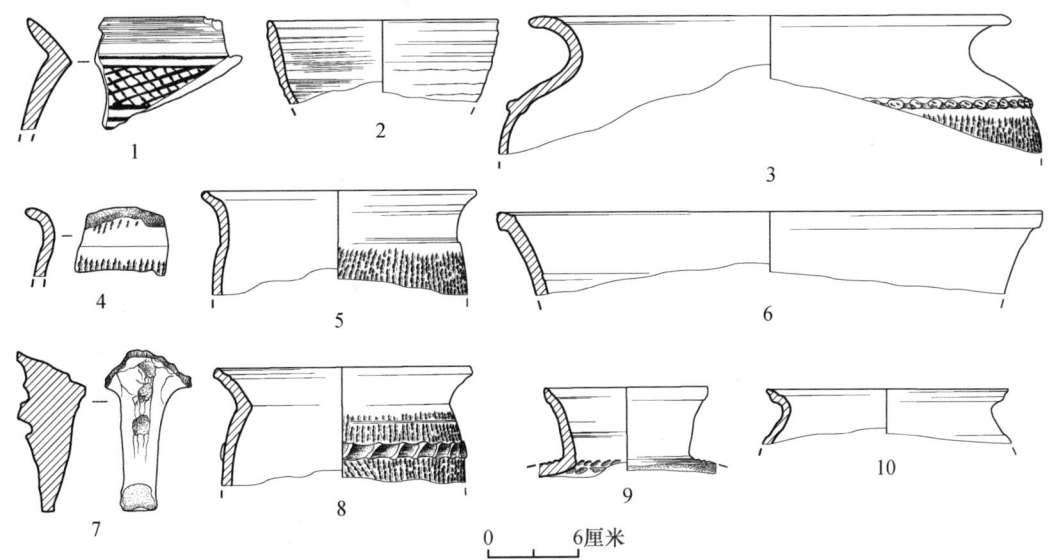

图2.210b　韩村南B（202）、韩村南A（201）、符家寨西（200）采集标本

1、8、10. 罐（202:1、200:2、201:3）　2. 碗（202:2）　3. 尊（201:1）　4. 捏口罐（201:4）　5. 深腹罐（201:2）　6. 大口尊（201:5）　7. 鼎（200:1）　9. 瓮（200:3）

（3）基本认识

该遗址是浏涧河支流沙沟北岸的一处小型遗址，文化内涵相对简单，主要为二里头文化和二里岗文化遗存。

196. 符家寨西（200）

（1）概况

位于洛阳偃师大口镇符家寨（符寨）村西。具体位置为符家寨村西、张大寨东北的沙沟南岸台地上，东距火焦路（X016）约400米。遗址北侧、西侧和西南侧临沙沟，东侧和东南有较深的冲沟，基本处于半岛形台地上，仅余条状高地与南侧坡地连接（图2.211；图版一五六，2）。面积约0.9万平方米。地理坐标为北纬34°35′06.01″，东经112°44′21.52″，海拔约173米。遗址被流水切割较甚，地表为苗圃和农田。

二里头工作队于2003年6月16日调查发现，2017年7月8日复查。

图2.211　符家寨西（左为北）

（2）主要发现

在地表采集到少量陶片，包括仰韶文化晚期和龙山早期的遗物。其中仰韶文化的陶片数量稍多，可辨认器形有鼎、彩陶网纹罐（泥质彩陶罐）、小口高领瓮等。标本2件。龙山文化早期的陶片稍少，可辨认器形有罐等。标本1件。

鼎　200∶1，足部。夹砂灰陶。凿形足。饰压印纹。残高10.1、厚0.5—0.6厘米（图2.210b，7；图版三四一，6）。

瓮　200∶3，口沿。泥质灰陶。直领外侈，尖唇，唇外包边，广肩。肩部饰两周凹弦纹。口径10.6、残高5.6、厚0.5—1厘米（图2.210b，9）。

罐　200∶2，口沿。夹砂褐陶。折沿，方唇，溜肩。肩部饰绳纹夹一周附加堆纹。口径17、残高7.5、厚0.6—0.8厘米（图2.210b，8；图版三五五，3）。

（3）基本认识

该遗址为浏涧河支流沙沟北岸的一处小型遗址，遗存以仰韶文化晚期和龙山文化早期为主。

197. 符家寨北（199）

位于洛阳偃师大口镇符家寨村北（符家寨老寨）。具体位置为符家寨村北沙沟南岸的台地上，东西两侧临小型冲沟（寨壕）（图2.212）。面积约0.4万平方米。地理坐标为北纬34°35′15.32″，东经112°44′46.98″，海拔约172米。遗址南部被村庄占压。

二里头工作队于2003年2月28日调查发现，2017年7月8日复查。

图2.212　符家寨北（左下为北）

在符家寨村北的断崖周围发现少量的仰韶文化陶片。均较为残碎，无典型标本，具体时段不详。

该遗址可能为瀍涧河支流沙沟南岸的一处小型仰韶文化遗址。

198. 符家寨东北（198）

（1）概况

位于洛阳偃师市大口镇符家寨村东北。具体位置为符家寨东北，涧河和沙沟交汇处的沙沟河东岸，西邻沙沟河，北至擂鼓台水库南侧高压线塔南侧断崖，中部有较短浅沟，东至涧河西侧冲沟西岸，南距符家寨至陶家村道路约50米（图2.213a）。面积约8.3万平方米。地理坐标为北纬34°35′17.15″，东经112°44′58.85″，海拔约168米。地表为农田。

2007年至2011年，第三次全国文物普查期间，洛阳市相关文物机构根据二里头工作队提供的资料对该遗址进行调查[①]。

2003年2月28日二里头工作队调查发现，2017年7月8日复查。

图2.213a　符家寨东北（左下为北）

（2）主要发现

发现灰坑1个。采集的遗物数量较多，涵盖仰韶、龙山、二里头、二里岗和东周时期。标本16件。

石铲　198：1，鲕粒灰岩。灰黑色，磨制，破裂。残长7.8、残宽8.8、厚1.3厘米（图2.213b，6；图版二五七，6）。

---

① 河南省第三次全国文物普查领导小组办公室、河南省文物局：《河南省第三次全国文物普查300项重要发现》，海燕出版社，2011年。

1）仰韶文化

数量较多，可辨认器形有鼎、泥质彩陶罐、夹砂罐、缸、盆、小口高领瓮、小口尖底瓶、豆、圈足盘、钵、盖、饼等，属于仰韶文化中、晚期。标本13件。

H1：位于村东北，水道边。袋状坑。宽2米左右，残深0.5米。填土为浅灰褐土。坑内陶片以仰韶时代中期偏晚为主，含大量烧土块。可辨认器形有鼎、夹砂罐、碗、夹砂钵、钵等。年代为仰韶中期偏晚。

鼎　198：11，口沿。夹砂灰陶。直领微侈，圆唇。颈部有三周凹弦纹。口径20、残高5.2、厚0.5—0.6厘米（图2.213b，14；图版三四三，1）。

罐　4件。198：6，口沿。夹砂黑陶。侈口，折沿，圆唇，弧腹。磨光，腹部饰一道凸棱。口径13、残高9.4、厚0.4—0.9厘米（图2.213b，8；图版三四二，4）。198：7，口沿。夹砂褐陶。直领外侈，折沿，圆唇，溜肩。肩部饰两道凹弦纹。口径22、残高5.3、厚0.8—0.9厘米（图2.213b，13；图版三四二，5）。198：8，口沿。泥质红陶。侈口，折沿，圆唇，溜肩。饰白衣褐彩平行线纹夹网格纹。残高5.5、厚0.5—0.6厘米（图2.213b，4；图版三一九，3）。H1：2，口沿。夹砂灰陶。侈口，折沿，圆唇，溜肩。肩部饰数周凹弦纹。口径29、残高7.6、厚0.6—0.8厘米（图2.213b，10；图版三一九，1）。

钵　2件。198：2，口沿。泥质红陶。敛口，尖圆唇，鼓腹。施白衣褐彩。残高5.1、厚0.6—1厘米（图2.213b，2；图版三一九，2）。H1：1，口沿。夹砂红陶。微侈口，尖圆唇，折腹。素面。口径18、残高2.4、厚0.6—0.9厘米（图2.213b，16）。

豆　198：3，豆盘。泥质褐陶。敛口，圆唇，折腹。素面。口径20、残高3.9、厚0.5—1厘米（图2.213b，15；图版三四二，1）。

盆　2件。198：4，口沿。泥质褐陶。直口，方唇，唇外凸有棱，鼓腹。素面。口径17、残高6.3、厚0.5—1厘米（图2.213b，9；图版三四二，2）。198：5，口沿。泥质红陶。敛口，圆唇，鼓腹。施褐彩。口径24、残高7.8、厚0.4—0.6厘米（图2.213b，7；图版三四二，3）。

缸　198：9，口沿。泥质褐陶。敛口，圆唇，沿内外包边加厚。沿外饰凹弦纹。残高3.2、厚1—2.1厘米（图2.213b，1）。

瓮　198：10，口沿。夹砂灰陶。敛口，圆唇，沿外有一道凸棱。外壁饰一周附加堆纹。残高4.1、厚0.8—0.9厘米（图2.213b，3；图版三四二，6）。

陶饼　198：12，残块。泥质红陶。椭圆形，下面近平，上面微鼓。素面。直径4.3—4.7、厚1.3厘米（图2.213b，5）。

2）龙山文化

仅发现少量残片。特征不典型，疑似龙山时期。

3）二里头文化

发现残片10数片。属于二里头文化第三、四期。无标本。

4）二里岗文化

数量较少，可辨认器形有深腹罐等。属于二里岗文化早期。标本1件。

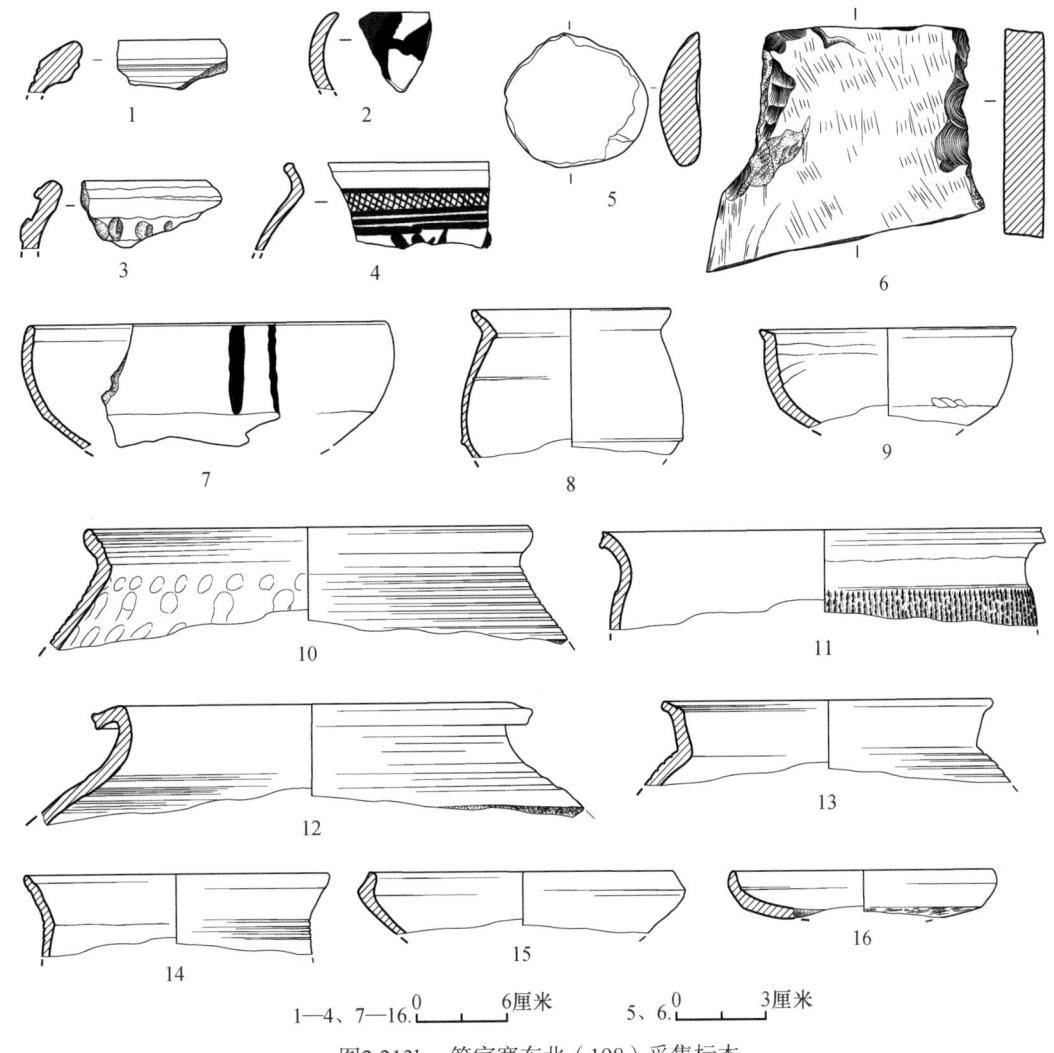

图2.213b 符家寨东北（198）采集标本
1.缸（198：9） 2、16.钵（198：2、H1：1） 3.瓮（198：10） 4、8、10、13.罐（198：8、198：6、H1：2、198：7）
5.陶饼（198：12） 6.石铲（198：1） 7、9.盆（198：5、198：4） 11.深腹罐（198：13） 12.鬲（198：14） 14.鼎
（198：11） 15.豆（198：3）

深腹罐 198：13，口沿。夹砂灰陶。卷沿，方唇，唇面内凹，溜肩。颈部饰一道凹弦纹，其下饰绳纹。口径29、残高6.2、厚0.6—0.9厘米（图2.213b，11；图版四一三，5）。

5）东周时期

陶片数量相对较多，可辨认器形有鬲、罐等，属于东周晚期。标本1件。

鬲 198：14，口沿。夹砂褐陶。卷折沿，方唇，溜肩。素面肩部有旋纹。口径29、残高7.5、厚0.8—1.1厘米（图2.213b，12；图版四六〇，4）。

（3）基本认识

该遗址为浏涧河支流沙沟和涧河交汇处的一处中小型遗址。文化内涵相对较为复杂，以仰韶中晚期的遗存为主，另外可能有少量龙山、二里头文化晚期、二里岗文化早期和东周晚期的遗存。

199. 张村[①]东南（123）

（1）概况

位于洛阳偃师市缑氏镇夫子庙行政村四角楼张村自然村东南。具体位置为张村东南部废弃水渠以南，沙沟北的坡状尖嘴台地上。南侧正对符家寨村，东北为擂鼓台水库，三面临河，一面临坡。西距火焦路（X016）约200米（图2.214a）。面积约4.7万平方米。地理坐标为北纬34°35′26.98″，东经112°44′45.20″，海拔约167米。地表为农田。

二里头工作队于2003年2月19日调查发现，2017年7月8日复查。

图2.214a　张村东南（上为北）

（2）主要发现

调查中发现灰坑1个。采集的陶片较多，分属于仰韶、龙山、二里头、二里岗和东周时期。标本6件。

---

① 张村，调查简报称之为四角楼张村系沿用河南省测绘局及不同版本地图之标称，该村为夫子庙行政村下辖自然村。

1）仰韶文化

陶片数量相对较少，可辨认器形有夹砂内斜唇折沿折肩罐、泥质网格纹红彩罐、盆、钵、盖等，属于仰韶文化晚期。标本1件。

罐　123：1，口沿。夹砂红陶。直领外侈，尖圆唇内斜，折沿，沿面饰一道凹弦纹和一道凸弦纹，溜肩。口径35、残高5.5、厚0.8—0.9厘米（图2.214b，13；图版三四三，2）。

2）龙山文化

采集到不少陶片。包括龙山早期和晚期，早期遗迹见有灰坑1个，晚期陶片见有篮纹和素面陶片少量。标本2件。

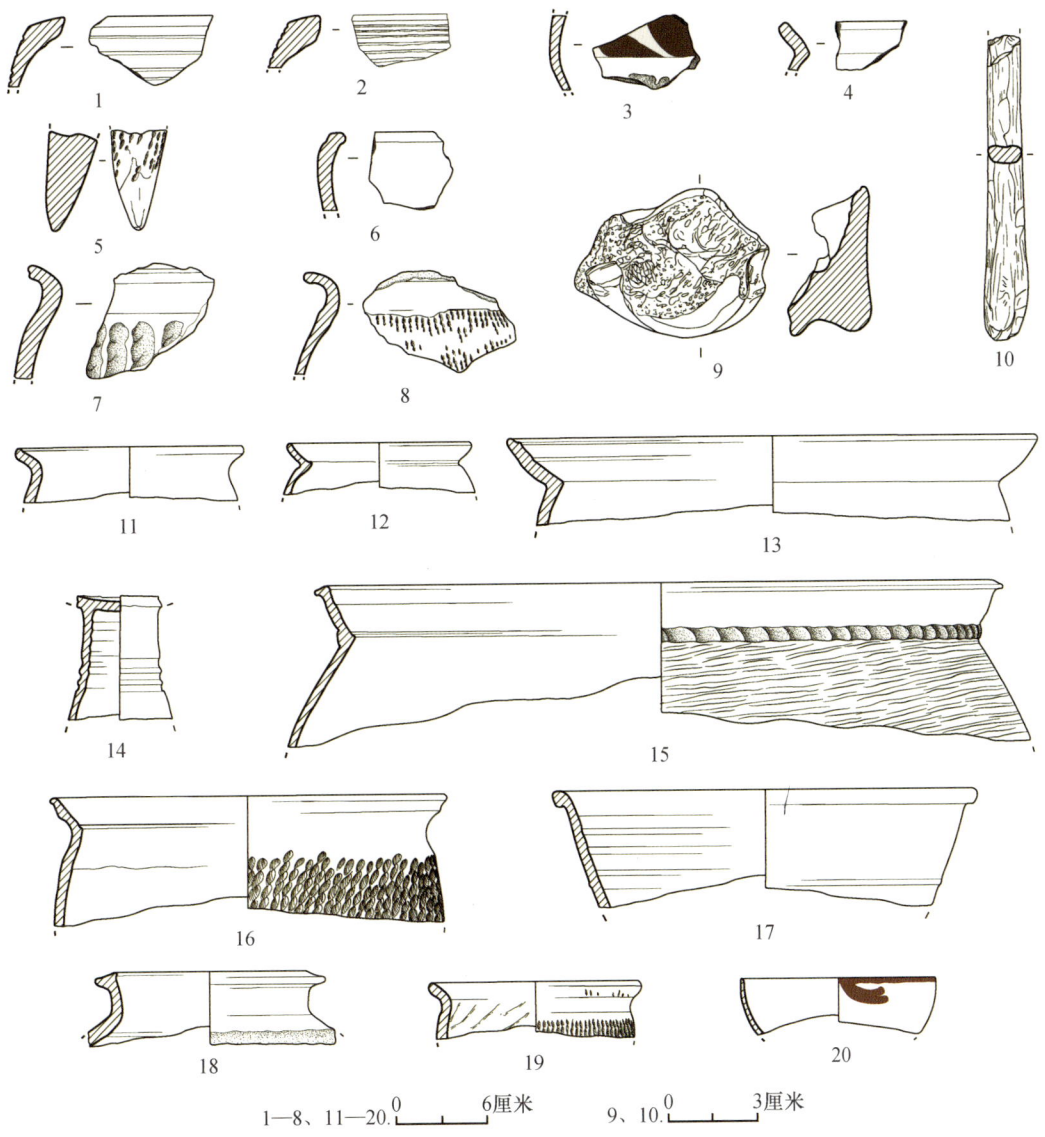

图2.214b　张村东南（123）、裴村E（122）、裴村A（118）、裴村B（119）、裴村C（120）、裴村D（121）采集标本

1、2.折沿缸（120：1、118：2）　3、17.盆（118：1、119：2）　4、8、12、13、18、19.罐（118H1：1、123H1：2、121H1：1、123：1、122：4、123：2）　5、7.鬲（122：2、123：3）　6.钵（119：1）　9.骨料（118：3）　10.骨匕（121：1）　11、16.深腹罐（123：4、122：3）　14.豆（119：3）　15.缸（123H1：1）　20.碗（119：4）

H1：位于四角楼张村东南，废弃水渠南坡北台地西侧南北向小路西的断崖上。坑内陶片可辨认器形有横篮纹缸、大口罐等。年代为龙山早期。

缸　H1∶1，口沿。夹砂褐陶。直领外侈，方唇，沿内有一道凹槽，溜肩。肩部饰一道附加堆纹，腹饰横篮纹。口径45、残高10.2、厚0.5—0.6厘米（图2.214b，15；图版三五五，4）。

罐　H1∶2，口沿。夹砂褐陶。卷沿，圆唇，束颈，溜肩。饰绳纹。残高6.4、厚0.6—0.9厘米（图2.214b，8；图版三五五，5）。

3）二里头文化

陶片数量不多，可辨认器形有圆腹罐、深腹罐等，属于二里头文化第二至四期。标本2件。

罐　123∶2，口沿。夹砂灰陶。直领外侈，圆唇，直腹微弧。饰绳纹。口径14、残高3.6、厚0.6—0.7厘米（图2.214b，19）。

深腹罐　123∶4，口沿。泥质灰陶。侈口，卷沿，圆唇，沿面有一道凹槽，溜肩。口径15、残高3.5、厚0.5—0.6厘米（图2.214b，11）。

4）二里岗文化

陶片数量较少，仅有鬲等，属于二里岗文化晚期。标本1件。

鬲　123∶3，口沿。夹砂灰陶。卷沿。饰粗绳纹。残高7.5、厚0.5—0.6厘米（图2.214b，7）。

（3）基本认识

该遗址系浏涧河支流沙沟北岸的一处小型遗址。文化内涵相对复杂，包括仰韶晚期，龙山时期早、晚期，二里头文化二至四期，二里岗文化晚期遗存。另见有少量疑似东周时期的遗物，可能与临近的刘国故城遗址有关。

200. 裴村E（122）

（1）概况

位于洛阳偃师市缑氏镇夫子庙行政村裴村自然村东南。具体位置为裴村和张村东南的涧河西岸台地上，南至东西向的废弃水渠，北至东西向冲沟的南岸，西至冲沟尽头南北一线（图2.215；图版一五七，1）。面积约3.5万平方米。地理坐标为北纬34°35′31.28″，东经112°44′52.69″，海拔约164米。遗址中部和北部有小型冲沟，水土流失较为厉害，地表多为农田。

2003年2月19日二里头工作队调查发现，2017年7月8日复查。

图2.215　裴村E（右为北）

（2）主要发现

采集的遗物不多，陶片主要为二里头文化，少量为东周时期，个别疑似龙山时期。标本4件。

石铲　122∶1，细粒砂岩。灰褐色，经过打制、磨制、破裂（背面的破裂面可能是打制后未加工，也可能是使用中破裂的；刃部的破裂面应是使用中造成的）。残长7.8、宽6.4—6.7、厚1.7厘米（图版二五八，1）。

1）二里头文化

采集陶片主要属二里头文化，可辨认的器形有鼎、鬲、深腹罐、圆腹罐、缸、瓮、盆、尊、大口尊等。属于二里头文化第四期晚段。标本2件。

鬲　122∶2，足部。夹砂灰陶。锥形足。上段显饰绳纹。残高6.3厘米（图2.214b，5；图版四一〇，4）。

深腹罐　122∶3，口沿。夹砂灰陶。浅盘口，斜折沿，尖圆唇，溜肩。腹饰较粗绳纹。口径26、残高8.2、厚0.5—0.7厘米（图2.214b，16；图版四一〇，5）。

2）东周时期

陶片数量较少，可辨认的器形主要有鬲（裆）、罐等，可能为东周晚期。标本1件。

罐　122∶4，口沿。泥质灰陶。直领微侈口，斜折沿，圆唇，广肩。素面。口径15、残高3.5、厚0.5—0.6厘米（图2.214b，18）。

（3）基本认识

该遗址为浏涧河西岸的一处以二里头文化四期为主的遗址，调查中还发现个别的龙山文化晚期篮纹陶片和少量东周时期的遗物，该遗址可能存在着一定数量的龙山文化晚期遗存和少量的东周晚期遗存。

201. 裴村A（118）

（1）概况

位于洛阳偃师市缑氏镇夫子庙行政村裴村自然村东南。具体位置为四角楼张村正东、裴村东南的浏涧河西岸，南至裴村南东西向冲沟北侧，北至裴村正东东西向小冲沟南侧，西至裴村东（图2.216；图版一五七，2）。面积约6.2万平方米。地理坐标为北纬34°35′45.42″，东经112°44′56.29″，海拔约162米。遗址北部为葡萄园，南部为农田。

2003年2月19日二里头工作队调查发现，2017年7月8日复查。

图2.216 裴村A（右为北）

（2）主要发现

调查中采集到不少陶片，主要为仰韶时期，少量为龙山时期。标本4件。

骨料 118：3，股骨远端，残破。残长6.4、宽4.7、厚0.7—2.4厘米（图2.214b，9；图版二五八，2）。

1）仰韶文化

发现灰坑1处。地表见有大量陶片，多破碎，口沿较少。可辨认器形有鼎、夹砂罐、彩陶盆、盆、内折沿灰陶缸、小口尖底瓶、圈足盘、碗、钵等。属于仰韶文化中、晚期。标本3件。

H1：位于裴村东南，四角楼张村正东小型冲沟北岸的台地上。坑内见有兽骨和仰韶陶片。兽骨为鹿肩胛骨（疑似卜骨）。陶片较多，可辨认器形有夹砂弦纹鼓肩罐。时代为仰韶中期（大河村二、三期之间）。

盆　1件。118：1，腹部。泥质红陶。施白衣褐彩。残高4.6、厚0.3—0.8厘米（图2.214b，3；图版三一九，4）。

折沿缸　118：2，口沿。泥质灰陶。敛口，内折沿，斜方唇。磨光，饰凹弦纹。残高3.4、厚0.6—1.8厘米（图2.214b，2）。

罐　H1：1，口沿。夹砂褐陶。侈口，圆唇。素面。残高3、厚0.5—0.8厘米（图2.214b，4）。

2）龙山文化

陶片数量较少，见有饰横篮纹和篮纹的夹砂灰陶片，涵盖龙山时代早、晚期。无典型标本。

（3）基本认识

该遗址为浏涧河西岸的一处以仰韶文化中、晚期遗存为主的中小型遗址，同时见有少量的龙山时期遗存。

该遗址与前述的裴村E（122）、张村东南（123）等3处遗址，均位于浏涧河的西岸，南北连城一线，中间被小型冲沟分割开来。这三个遗址采集物的特征也较为相似，主要为仰韶、龙山和二里头时期的遗存：其中仰韶时期的遗物较为丰富，可辨认器形有鼎、夹砂附加堆纹罐、小口高领罐、彩陶罐、夹砂罐、彩陶盆、内折沿缸、小口尖底瓶、钵、碗等。涵盖仰韶文化中、晚期，尤其以晚期遗物为多，中期可至庙底沟期；龙山时期的遗物可辨认器形有横篮纹鼎、小口高领罐、泥质黑灰陶罐、斝、瓿等，纹饰以篮纹和方格纹为主，涵盖龙山早、晚期；二里头文化的遗物可辨认器形有鬲、圆腹罐、深腹罐、刻槽盆（二期晚）、盆、大口尊、小尊、圈足（器）等，以二里头文化第四期为主，同时见有少量其他时期的遗物。这三个遗址有可能为一处较大型遗址，也有可能为三个遗址。

202. 裴村B（119）

（1）概况

位于洛阳偃师市缑氏镇夫子庙行政村裴村自然村东北。具体位置为裴村东北的浏涧河西岸，南至裴村正东的东西向小冲沟，北至府李路，西至裴村东北南北向道路，东至擂鼓台水库（图2.217；图版一五八，1）。面积约4.1万平方米。地理坐标为北纬34°35′53.88″，东经112°44′55.17″，海拔约162米。遗址北部为葡萄园，南部和东部被砖厂取土破坏，现为农田，西部原为擂鼓台水库泄洪槽（擂鼓台水库至陶化店水库段，已废弃），局部被民宅占压。

二里头工作队于2003年2月19日调查发现，2017年7月8日复查。

图2.217 裴村B（右为北）

（2）主要发现

发现灰坑1个。采集的陶片较少，包括仰韶晚期和龙山晚期。标本4件。

1）仰韶文化

陶片较少，见有部分泥质磨光素面红陶片和敛口灰陶钵，属于仰韶文化晚期。标本2件。

钵　119：1，口沿。泥质灰陶。敛口，圆唇，沿内凸成棱，沿外有一道凹槽，直腹微弧。残高4.9、厚0.8—0.9厘米（图2.214b，6）。

碗　119：4，口沿。泥质灰陶，薄胎。侈口，尖圆唇，弧腹。沿外施红彩。口径13、残高3.8、厚0.2—0.3厘米（图2.214b，20；图版三四三，3）。

2）龙山文化

见有灰坑1个。陶片数量较少，可辨认器形有大口罐、双腹盆、盆、豆等，属于龙山晚期。标本2件。

H1：位于裴村东北擂鼓台水库西岸。坑内包含物以龙山时期为主，仅见个别仰韶时期陶片。年代应为龙山时期。

盆　119：2，口沿。泥质黑陶。敞口，卷沿，圆唇，斜腹，外壁有一道凸棱。素面。口径28、残高7.4、厚0.5—0.7厘米（图2.214b，17；图版三七三，1）。

豆　119：3，柄部。泥质褐陶。平底，空心柱柄，外壁有三周凸棱。残高7.8、厚0.5—0.7厘米（图2.214b，14；图版三七三，2）。

（3）基本认识

该遗址为浏涧河西岸的一处以仰韶晚期和龙山晚期遗存为主的小型遗址，西部被泄洪槽破坏较甚。

203. 裴村C（120）

（1）概况

位于洛阳偃师市缑氏镇裴村北。具体位置为裴村北侧的小型冲沟以北，东临冲沟，北至冲沟东折处，西距火焦路（X016）约80米（图2.218）。面积约8.6万平方米。地理坐标为北纬34°36′04.28″，东经112°44′46.40″，海拔约160米。地表为农田和葡萄园，局部被垃圾场占压。

二里头工作队于2003年2月19日调查发现，2017年7月8日复查。

图2.218 裴村C（右为北）

（2）主要发现

调查中采集的遗物不多，主要为陶器碎片。其中仰韶文化碎片少量，可辨认器形有内折沿缸口沿，标本1件，属于仰韶文化晚期；二里头文化陶片少量，可辨认器形有刻槽盆等。属于二里头文化晚期；另有个别陶片为东周时期，具体时段不详。

折沿缸 120：1，口沿。泥质褐陶。敛口，内折沿。外壁饰四道凹弦纹。残高4.4、厚0.6—1.3厘米（图2.214b，1；图版三四三，4）。

（3）基本认识

该遗址为浏涧河西侧的一处中小型的仰韶文化晚期和二里头文化晚期遗址，另见有少量东周时期遗存，可能与附近的刘国故城有关。

204. 裴村D（121）

（1）概况

位于洛阳偃师市缑氏镇夫子庙行政村裴村自然村东北。具体位置为裴村东北的擂鼓台水库大坝西北侧，南至府李路所经过的擂鼓台水库大坝，西至裴村北冲沟南北向段，北逾冲沟东西向段，东部至浏涧河主河道西岸（图2.219；图版一五八，2）。面积约5.2万平方米。地理坐标为北纬34°36′10.87″，东经112°44′58.49″，海拔约148米。遗址东部被泄洪槽破坏，局部被砖厂取土破坏，现复耕为农田。

2003年2月19日二里头工作队调查发现，2017年7月8日复查。

图2.219 裴村D（右为北）

（2）主要发现

发现灰坑1个。调查中采集的陶片不少，但是多为碎片。其中见有泥质红陶盆碎片，也见有鬲和盆等，疑似仰韶文化，具体时段不详。见有龙山时期的篮纹和方格纹陶片，可辨认器形有中口罐3件，均属于龙山晚期。二里头文化的陶片数量较多，均为腹片，可辨认器形有大口尊等，属于二里头文化晚期。另外见有个别的颈部饰圆圈纹的陶鬲，属于二里岗文化晚期。东周时期的陶片数量也不少。标本2件。

骨匕　121∶1，残长9.8、宽1.1—1.4、厚0.55—0.6厘米（图2.214b，10；图版二五八，3）。

H1：位于裴村北小型冲沟近浏涧河主河道处的北岸沟西台地上。坑内陶片可辨认的器形有中口罐。年代为龙山晚期。

罐　H1∶1，口沿。夹砂褐陶。侈口，折沿，沿面微凹，溜肩。素面。口径12、残高3.2、厚0.4—0.5厘米（图2.214b，12；图版三七三，3）。

（3）基本认识

该遗址为浏涧河西岸的一处中小型遗址，文化内涵相对复杂，涵盖仰韶、龙山晚期、二里头晚期、二里岗晚期和东周时期等多个阶段。

205. 程子沟南（116）

（1）概况

位于洛阳偃师市缑氏镇程子沟村南。具体位置为程子沟村南浏涧河西岸的台地上，西至程子沟南的南北向道路和擂鼓台水库泄洪槽（已废弃），南至废弃东西向水渠处，东至浏涧河西岸，北至自程子沟村中穿过的国道锡海线（G207）所在的东西向冲沟（图2.220a）。面积约7万平方米。地理坐标为北纬34°36′25.85″，东经112°44′56.43″，海拔约151米。遗址西部被泄洪槽破坏，北部与西北部被村庄占压，南部被取土破坏，其余地段地表为农田和果园。

图2.220a　程子沟南（左上为北）

1962年和1984年，中国科学院考古研究所洛阳发掘队与洛阳市文物普查队调查的程子沟（程氏沟）遗址未包含本遗址。

二里头工作队于2003年2月18日调查，2017年7月8日复查。

（2）主要发现

采集的遗物较少，涵盖仰韶、龙山、二里头、二里岗和西周时期。标本3件。

1）仰韶文化

发现少量陶片，部分见有线纹，器形有内叠唇罐等，属于仰韶文化晚期。标本1件。

罐 116：1，口沿。夹砂褐陶。侈口，折沿，内叠唇，沿面有一道凸棱，溜肩。残高3.7、厚0.7—0.8厘米（图2.220b，5）。

2）龙山文化

采集到少量陶片，见有篮纹、方格纹、弦纹、绳纹和素面。器形有豆等，属于龙山文化晚期。标本1件。

豆 116：2，口沿。泥质黑陶。敞口，圆唇，斜弧腹，浅盘。磨光。口径18、残高3.8、厚0.3—0.4厘米（图2.220b，9）。

3）二里头文化

见有少量绳纹陶片，可辨认器形有深（圆）腹罐等。无标本。具体时段不详。

4）二里岗文化

见有个别绳纹陶片，可辨认器形有鬲（裆）等，属于二里岗文化晚期。无标本。

5）西周时期

陶片数量较少，见有豆、罐等。可能属于西周时期。标本1件。

罐 116：3，口沿。夹砂灰陶。直领外卷，圆唇，沿面内有一道凹槽，沿内有凸棱，广肩。饰绳纹夹弦纹。口径19、残高7.6、厚0.6—1.2厘米（图2.220b，12；图版四二九，5）。

（3）基本认识

该遗址采集的遗物不多，文化内涵却比较复杂，涵盖仰韶晚期、龙山晚期、二里头、二里岗晚期和西周时期，是浏涧河沿岸的一处中小型遗址。

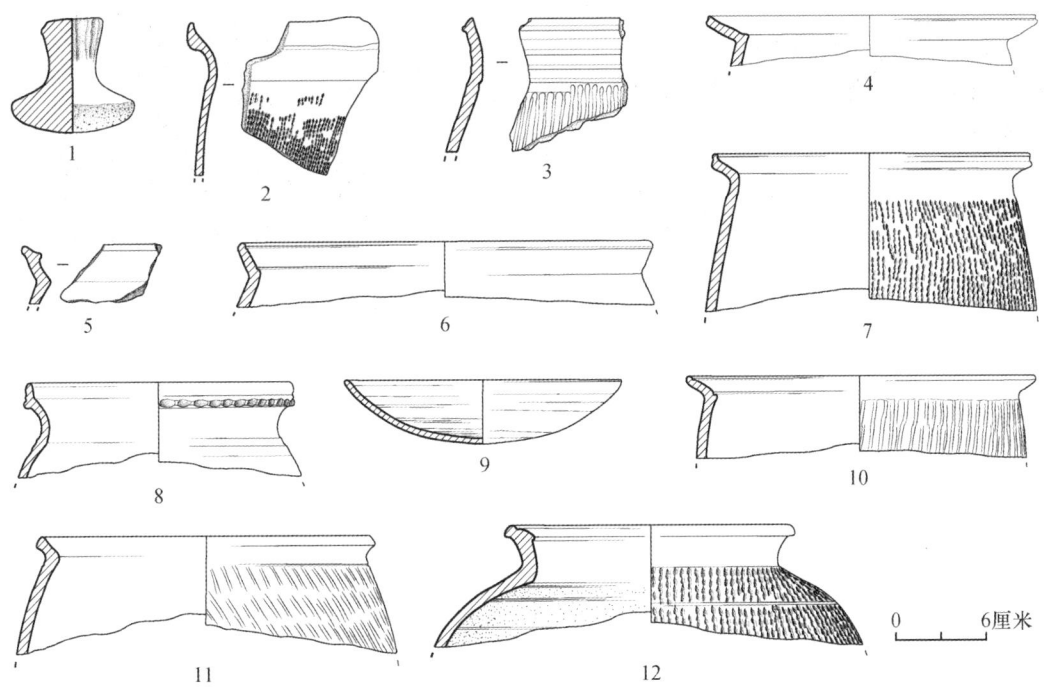

图2.220b 程子沟南（116）、程子沟（117）采集标本

1.拍（117：2） 2.捏口罐（117：3） 3.缸（117：9） 4.折沿罐（117：1） 5、12.罐（116：1、116：3） 6.鼎（117：7） 7、11.深腹罐（117：6、117：5） 8.圆腹罐（117：4） 9.豆（116：2） 10.甑（117：8）

206. 程子沟（117）

（1）概况

又称程氏沟，位于洛阳偃师市缑氏镇程子沟村西北。具体位置为浏涧河西岸程子沟西北、崔河东南伊东渠两岸的台地上，西至火焦路（X016），东至浏涧河西岸，南至程子沟村西北，北至崔河东南（图2.221）。面积约12.2万平方米。地理坐标为北纬34°36′53.80″，东经112°44′51.68″，海拔约150米。遗址中部有伊东渠穿过，部分被破坏，地表现为农田，局部为果园和苗圃，南北两端被现代村庄占压，东南部被擂鼓台水库泄洪槽破坏。

图2.221　程子沟（右下为北）

1962年7月，中国科学院考古研究所洛阳发掘队调查该遗址，在浏涧河东西两岸（原程氏沟村位置）和伊东渠南北两壁上发现不少圆形灰坑、墓葬和人骨遗存。推测面积约15万平方米，堆积层厚约1米。采集到穿孔石铲和石刀以及不少陶片，认为该遗址为"二里头类型"遗址[1]。1984年，洛阳市文物普查队也对该遗址进行过调查，认为该遗址包含煤山期兼有汉代遗存[2]。2003年2月18日，二里头工作队对该遗址进行调查，2017年7月8日复查。

---

[1] 中国科学院考古研究所洛阳发掘队：《河南偃师商代和西周遗址调查简报》，《考古》1963年第12期。
[2] 方孝廉：《洛阳市一九八四年古文化遗址调查简报》，《中原文物》1987年第3期。

该遗址原为偃师县文物保护单位，2007年11月7日，洛阳市人民政府将其公布为第三批洛阳市文物保护单位。

（2）主要发现

调查中采集到不少陶片，包括龙山文化和二里头文化。标本9件。

1）龙山文化

见有少量陶片，可辨认器形有小口高领罐、泥质折沿罐等，属于龙山文化晚期。标本1件。

折沿罐　117：1，口沿。泥质黑陶。折沿，方唇，唇面饰一道凹弦纹，沿面有一道凹槽。磨光。口径22、残高3.2、厚0.6—0.7厘米（图2.220b，4）。

2）二里头文化

陶片数量较多，可辨认器形有鼎、甗、花边圆腹罐、深腹罐、捏口罐、缸、三足皿、觚、大口尊、陶拍等。涵盖二里头文化第一至三期。标本8件。

圆腹罐　117：4，口沿。夹砂灰陶。直口，尖圆唇，沿下饰花边，束颈，溜肩。肩部有两道凸棱。口径17、残高6、厚0.4—0.5厘米（图2.220b，8）。

深腹罐　2件。117：5，口沿。夹砂灰陶。侈口，折沿，方唇，溜肩。肩部有一道凹弦纹，腹饰篮纹。口径22、残高7.4、厚0.6—0.7厘米（图2.220b，11；图版三八五，2）。117：6，口沿。夹砂灰陶。侈口，方唇，唇面有一道凹槽，直腹。饰细绳纹。口径21、残高10、厚0.6—0.7厘米（图2.220b，7；图版三八五，3）。

鼎　117：7，口沿。夹砂灰陶。直领外侈，方唇，沿面饰两道凹弦纹，直腹微弧。口径27、残高4、厚0.6—0.7厘米（图2.220b，6）。

甗　117：8，口沿。泥质灰陶。侈口，折沿，尖圆唇，唇面有两道凹槽，直腹微弧。饰篮纹。口径23、残高5.1、厚0.5—0.7厘米（图2.220b，10；图版三八五，4）。

捏口罐　117：3，口沿。泥质灰陶。侈口，尖唇，口沿有捏制痕迹。饰细绳纹。残高10、厚0.5—0.6厘米（图2.220b，2；图版三八五，1）。

缸　117：9，口沿。夹砂灰陶。敞口，外侈，尖唇，沿外饰花边，直腹。沿下饰凹弦纹，腹饰绳纹。残高8.2、厚0.7—0.8厘米（图2.220b，3；图版三八五，5）。

拍　117：2，基本完整。夹砂褐陶。蘑菇状，上面嵌有大砂砾。素面。高7.2厘米（图2.220b，1）。

（3）基本认识

该遗址为浏涧河沿岸的一处以龙山晚期和二里头文化一至三期遗存为主的中小型遗址。其文化内涵较为丰富，属于二里头文化代表性遗址之一。1962年调查的浏涧河东岸原程氏沟村附近的遗存归入涧东诸遗址（包括Y195、Y196、Y196A），详见下文相关条目。

207. 崔河北（115）

（1）概况

位于洛阳偃师市缑氏镇崔河村北部。具体位置为崔河村北的浏涧河西岸台地上，西距火焦路（X016）约100米，北侧、东侧至浏涧河西岸边缘，南至崔河村，西北至郝寨村南（图2.222a）。面积约3.1万平方米。地理坐标为北纬34°37′14.93″，东经112°44′51.95″，海拔约149米。遗址地表多为苗圃，南、北两端被村庄占压较甚，中部被养殖场占压，现残存少许。

1962年7月，中国科学院考古研究所洛阳发掘队曾对该遗址进行过调查，认为程子沟遗址延伸至崔河北，从而将其视作程子沟遗址的一部分[1]。1984年，洛阳市文物普查队对该遗址进行调查，认为该遗址存在煤山期和二里头文化的遗存[2]。

2003年2月18日二里头工作队调查该遗址，2017年7月8日复查。

图2.222a　崔河北（右为北）

---

[1] 二里头工作队资料。
[2] 方孝廉：《洛阳市一九八四年古文化遗址调查简报》，《中原文物》1987年第3期。

（2）主要发现

该遗址采集的陶片较少，但是文化内涵复杂，包括仰韶、龙山、二里头、二里岗、殷墟和东周各个时期。仰韶文化陶片仅见数枚碎片，具体年代不详。二里头文化见有少量腹片，具体期段不详。另见有个别二里岗文化陶片，似为晚期。还见有疑似殷墟晚期的磨光实足根粗绳纹鬲足和东周晚期的灰陶碗。标本2件。

鬲 115：1，足部。夹砂褐陶。袋足饰绳纹，实足残。残高6.7、厚0.8—1.1厘米（图2.222b，1）。

碗 115：2，口沿。泥质灰陶。直口，圆唇，弧腹。素面。口径12、残高6.5、厚0.4—0.8厘米（图2.222b，2；图版四六〇，5）。

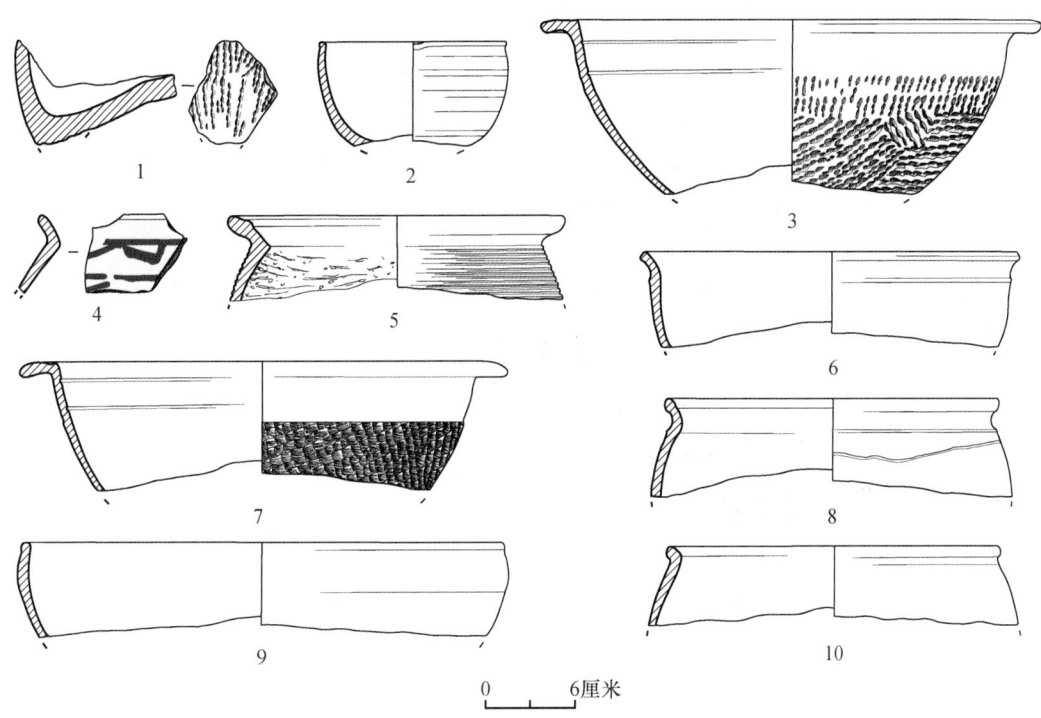

图2.222b 崔河北（115）、郝寨东北（114）、陶化店东南（127）、陶化店水库（126）采集标本
1.鬲（115：1） 2.碗（115：2） 3、6、7.盆（114H1：1、126H2：1、114H1：2） 4、5、8.罐（126：1、126H1：2、126H2：2） 9.钵（127H1：1） 10.瓮（126H1：1）

（3）基本认识

该遗址为浏涧河西岸的一处小型遗址，文化内涵较为复杂，但是遗存规模可能较小。

208. 郝寨东北（114）

（1）概况

位于洛阳偃师市缑氏镇郝寨村东北部。具体位置为郝寨村东北的浏涧河西岸尖嘴状台地上，西距火焦路（X016）约50米（图2.223）。面积不详。地理坐标为北纬34°37′26.00″，东经112°44′43.91″，海拔约135米。遗址被苗圃占压。

二里头工作队于2003年2月16日调查发现，2017年7月8日复查。

图2.223　郝寨东北（右为北）

（2）主要发现

调查中在台地上发现灰坑1处，采集到少量陶片，器形有盆等，属于二里头文化二、三期。标本2件。

H1：位于郝寨北东北的尖嘴状台地上。坑内陶片以二里头二期为主。可辨认器形有盆。

盆　2件。H1：1，口沿。泥质灰陶。敞口，平折沿，圆唇，斜弧腹。磨光，饰绳纹，内壁有两道凹槽。口径33、残高11.2、厚0.4—0.6厘米（图2.222b，3；图版三八五，6）。H1：2，口沿。泥质灰陶。折沿，圆唇，沿面微鼓，饰一道凹弦纹，直腹微弧。饰绳纹，内壁饰两周凹弦纹。口径32、残高8.2、厚0.4—0.6厘米（图2.222b，7；图版三八六，1）。

（3）基本认识

该遗址为浏涧河西岸的一处小型的较为单纯的二里头文化遗址。

209. 陶化店东南（127）

（1）概况

位于洛阳偃师市高龙镇陶化店村东南。具体位置为陶化店村东南的浏涧河西岸台地上，南至陶化店村，南至王村北东西向道路，西距火焦路（X016）约300米，北至陶化店东南浏涧河西岸的小型冲沟（图2.224）。面积约4.1万平方米。地理坐标为北纬34°37′52.00″，东经112°44′49.84″，海拔约144米。地表为苗圃覆盖。

2003年3月3日二里头工作队调查发现，2017年7月11日复查。

图2.224　陶化店东南（上为北）

（2）主要发现

发现仰韶时期灰坑1个。采集到少量陶片，以二里头文化为主，个别为二里岗和东周时期。标本1件。

H1：位于浏涧河西侧姬家村通往火焦路（X016）道路北侧的断崖上。坑内包含物以仰韶时期陶片为主。可辨认器形有钵、彩陶盆等。

钵　H1∶1，口沿。泥质红陶。直口微敛，圆唇，弧腹。素面。口径31、残高5.8、厚0.5—0.7厘米（图2.222b，9；图版三四三，5）。

采集的二里头文化陶片相对较多。均为碎片，属于二里头文化第三、四期。无标本。另见有零星的二里岗文化陶片，可辨认器形为鬲，属于二里岗文化晚期。还见有少量东周时期陶片。

（3）基本认识

该遗址可能是一处以二里头文化遗存为主的复合型遗址，另见有少量的仰韶时期、二里岗晚期和东周时期的遗物。

210. 陶化店水库（126）

（1）概况

位于洛阳偃师市高龙镇陶化店村东的陶化店水库西侧。具体位置为马涧河和浏涧河汇合处陶化店水库西侧的半岛形台地上，南至河岸，西南至自陶化店村中穿过的冲沟北，西北至水库（图2.225）。面积约2.1万平方米。地理坐标为北纬34°38′06.13″，东经112°44′53.05″，海拔约140米。遗址西南部为苗圃覆盖，东南部为耕地，西北部被取土破坏较多。

二里头工作队于2003年3月2日调查发现，2017年7月11日复查。

图2.225　陶化店水库（左上为北）

（2）主要发现

调查中发现灰坑2个，采集到不少陶片，可辨认器形有泥质彩陶罐、彩陶盆、瓮等，属于仰韶文化中、晚期。标本5件。

H1：位于半岛北侧二层台地上（图版一五九，1）。宽1.2米，深0.5—0.6米。填土为浅灰褐土。坑内包含物均为仰韶时期陶片。可辨认器形有夹砂弦纹罐、小口高领瓮、盆等。年代为仰韶中期偏晚阶段。

H2：位于H1东50米左右（图版一五九，2）。宽2.3—2.4米，深0.7米。坑内陶片可辨认器形有夹砂罐、夹砂盆、钵、器盖等。年代为仰韶中期偏晚。

罐　3件。126：1，口沿。泥质红陶。侈口，折沿，圆唇，溜肩。施白衣黑彩。残高5、厚0.5—0.8厘米（图2.222b，4；图版三一九，6）。H1：2，口沿。夹砂褐陶。侈口，折沿，圆唇，溜肩。沿面有一道凸棱，肩饰数道凹弦纹。口径22、残高5.4、厚0.6—1.2厘米（图2.222b，5；图版三四三，6）。H2：2，口沿。夹砂红陶。折沿，圆唇，束颈，颈部有一道凸棱，溜肩。素面。口径22、残高6.2、厚0.5—0.7厘米（图2.222b，8；图版三四四，2）。

瓮　H1：1，口沿。夹砂褐陶。小折沿，圆唇，溜肩。素面。口径22、残高5、厚0.5—0.7厘米（图2.222b，10；图版三一九，5）。

盆　H2：1，口沿。夹砂红陶。直口微侈，方唇，沿下饰一道凸弦纹，直腹微弧。口径25、残高6、厚0.6—0.7厘米（图2.222b，6；图版三四四，1）。

（3）基本认识

该遗址为浏涧河与马涧河汇合处干流西岸的一处较为单纯的小型仰韶文化中、晚期遗址。

211. 邢寨东北（Y226）

（1）概况

位于洛阳偃师市缑氏镇邢村南，邢寨东北100米，X011乡道以北250米，浏河支流邢村东沟西岸（图2.226）。面积约1万平方米。地理坐标北纬34°32′55.84″，东经112°48′05.89″，海拔261米。地势南高北低，呈台阶状分布，地表现为林地。

2005年6月25日初查，2017年7月13日复查。

图2.226 邢寨东北（上为北）

（2）主要发现

地表散见仰韶、龙山、周代陶片，陶片密度不大。采集陶片14片，均为腹片，疑似仰韶陶片仅1片。其余均为碎片，无典型标本，其中龙山时期陶片年代较为明确。

（3）基本认识

该遗址规模不大，以龙山晚期遗存为主。少量仰韶及周代陶片，不排除为搬运而至的可能。

212. 邢村东（Y225）

（1）概况

位于洛阳偃师市缑氏镇邢村东100米，浏河南岸，浏河支流邢村东沟东折以后与石鳖沟交汇处的台地上。台地东、西、北三面冲沟下切较深，北面隔河与夏后寺（Y182）遗址相望（图2.227；图版一六〇，1）。面积约4万平方米。地理坐标北纬34°33′06.53″，东经112°48′11.77″，海拔245米。地势较为平坦，起伏不大，有低矮地坎，地表现为农田。

2005年6月25日初查，2017年7月13日复查。

图2.227　邢村东（上为北）

（2）主要发现

地坎下部暴露有灰坑。地表散见陶片，陶片密度较大。采集陶片48片，口沿4片、腹片41片、底片3片。属于仰韶时期仅3片陶片，周代陶片也较少，均无典型标本。龙山文化可辨认器形有大口罐、盆等，属于龙山晚期。标本1件。

盆　Y225：1，口沿。泥质黑陶。卷沿，圆唇，斜直腹。素面磨光。残宽8.6、残高4.7、厚0.8厘米（图2.228b，3）。

（3）基本认识

该遗址规模不大，文化内涵较为复杂，以龙山晚期遗存为主，兼有少量疑似仰韶及周代陶片。遗址总体保存较好，主要受流水侵蚀搬运，破坏较轻。

213. 夏后寺（Y182）

（1）概况

位于洛阳偃师市缑氏镇邢村东北，浏河西南岸，水库西侧临河台地上。遗址北有夏后村，当地村民称水库附近原为夏后寺所在地，故该水库又称夏后寺水库（亦称九龙水库）（图2.228a）。面积约4万平方米。地理坐标北纬34°33′12.63″，东经112°48′13.69″。海拔240米。地势略有起伏，落差不大，多已开辟成梯田，地表现为农田。

图2.228a　夏后寺（上为北）

1962年，中国科学院考古研究所洛阳发掘队曾经对该遗址进行调查，在夏后寺水库大坝西北部的泄洪槽与河道之间半岛状台地上发现"二里头类型"的遗址，推测面积约15万平方米。发现灰坑20余处，较为密集，其中在台地北端发现了体量巨大的灰坑，台地东侧发现灰坑若干，体量稍小，泄洪槽两侧及底部均发现了灰坑。地表遗物较多，采集的遗物中，除了二里头文化的遗物外，还见西周时期的鬲、盆、罐等。此外，在水库东侧及遗址附近还发现了汉代及北朝时期的遗存[1]。1963年，河南省文化局文物工作队再次调查该遗址，认为该遗址的年代主

---

[1] 中国科学院考古研究所洛阳发掘队：《河南偃师商代和西周遗址调查简报》，《考古》1963年第12期；二里头工作队资料。

要为"商代"（二里头文化），但是也见有东周时期的高把豆等遗物[①]。1984年，洛阳市文物普查队调查该遗址，认为该遗址主要为商周时期遗存[②]。

2002年6月8日初查，2005年6月24日、2017年7月13日复查。

（2）主要发现

水库修建时，在台地东北部挖掘了一条深约2米，宽10余米的泄洪槽，对遗址造成了严重的破坏。调查中在泄洪槽两侧剖面上暴露出多个灰坑及二里头文化的堆积层。

地表散见二里头文化及商周时期陶片，陶片密度较大，另外还发现了多种石毛坯，与灰嘴遗址采集的石毛坯相似。初查时采集石毛坯8件，陶片98片，其中口沿30片、底片8片、腹片60片。2005年复查时，采集陶片6片，其中口沿2片、腹片3片、底片1片，石器等31件。

石斧　4件。Y182：21，辉绿岩。琢磨兼制。长方梯形厚体，圆顶，双面直刃，刃部残，刃两侧使用痕迹明显。长12.3、宽5.3、厚3.6厘米（图2.228b，1）。Y182：22，辉绿岩。琢磨兼制。长方形厚体，平顶，方棱，双面直刃，刃部使用痕迹明显。长15.2、宽4.9、厚3.5厘米（图2.228b，2）。Y182：23，辉绿岩。利用砸击法去薄制成稍薄石片，再稍经打制。近扁平梯形，圆弧顶，打制出刃。长12.6、宽9.6、厚3厘米。Y182：24，钟乳石。残断。琢磨兼制。长方形厚体。一面平整，磨制光滑，一面圆弧状，琢制，密布琢痕。圆角平顶，刃部残断。残长9.1、宽6.9、厚3.3厘米。

石锛　Y182：25，石英岩，砾石。长方形厚体，圆角平顶，一端略经打制似刃状。或欲做斧类毛坯而未成。长12.4、宽6.1、厚4.5厘米。

石锤　Y182：26，石灰岩。残断。椭圆形柱体，圆弧状顶，使用痕迹明显。残长4.5、长径5.2、短径4.2厘米。

石杵　Y182：27，鲕状白云岩。完整。琢制。方形柱体，有使用痕迹。长6.5、宽3.4、厚46厘米。

去薄石片　3件。Y182：37，残断，中段。打制，已经塑形去薄。侧棱稍加打制，两面较平整，去薄过程中残断。残长14.8、宽9.5、厚2.9厘米。Y182：40，残断，中段。打制，已经塑形，未经去薄。侧棱稍加打制，底面较平整，上面突兀，去薄塑形过程中残断。残长9.9、残宽9.9、厚4.5厘米。Y182：41，残断，中段。打制，已经去薄，未经塑形，一面较为平整，去薄塑形过程中残断。残长11.1、宽11.7、厚2.1厘米。

石铲坯　30件。按残断部位不同，可分为上、中、下段，多为白云化鲕状灰岩。Y182：28，残断，中段。打制。圆弧状侧棱，顶部、刃部残断，底面平整，上面凸凹。残长

---

① 亦称夏后寺遗址，但是简报中未记遗址具体位置，图中该遗址被标注在马涧河旁。杨育彬：《河南偃师仰韶及商代遗址》，《考古》1964年第3期；国家文物局主编：《中国文物地图集·河南分册》，中国地图出版社，1991年，第122页，29-A29。

② 方孝廉：《洛阳市一九八四年古文化遗址调查简报》附表，《中原文物》1987年第3期。

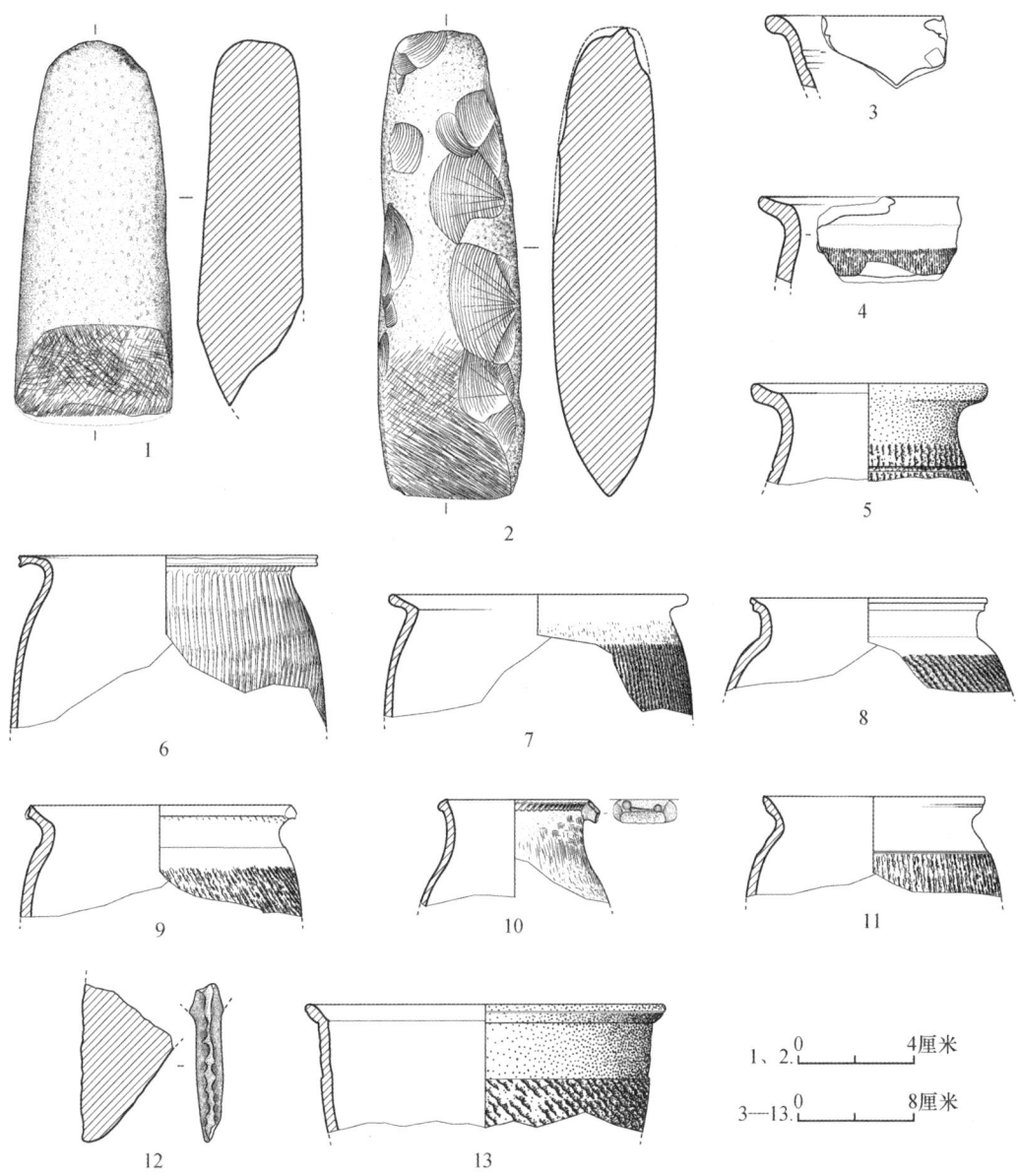

图2.228b 邢村东（Y225）、夏后寺（Y182）采集标本
1、2. 石斧（Y182：21、Y182：22） 3. 盆（Y225：1） 4—7. 深腹罐（Y182：2、Y182：1、Y182：3、Y182：4）
8—10. 圆腹罐（Y182：8、Y182：9、Y182：7） 11、12. 鼎（Y182：5、Y182：6） 13. 甑（Y182：10）

23.7、宽13.4、厚5.7厘米。Y182：29，残断，中段。打制，部分侧棱经过打制呈双面刃状，一面较平整，一面突兀。残长19.1、宽10.2、厚3.4厘米。Y182：30，残断，上段。打制。部分侧棱稍加打制，一面较平整，一面突兀。残长11.7、宽10.6、厚4.4厘米。Y182：31，硅质灰岩。上段。部分侧棱稍加打制，一面较平整，已经磨光，一面较平未经磨制。残长12.7、宽9.6、厚3.5厘米。Y182：32，中段。侧棱呈圆弧状，一面较平整磨光，一面突兀，但也经磨制。残长11.2、宽9.6、厚4厘米。Y182：33，残断，上段。侧棱稍加打制，一面较平整，一面突兀。残长16.6、宽11.4、厚4.6厘米（图版二五八，4）。Y182：34，残断，上、下段不易区分。较薄，侧棱打制，一面较平整，一面突兀。残长14.9、宽11.3、厚3.3厘米（图版

二五八，5）。Y182：35，残断，上段。较厚，侧棱经打制，一面较平整，一面突兀。残长16.6、宽13.1、厚4.8厘米（图版二五八，6）。Y182：36，残断，上、下段不易区分。近风化料，本身较薄，局部打制。残长16.6、宽11.4、厚4.6厘米（图版二五九，1）。Y182：38，残断，下段。较平而不甚厚。残长20、宽12.2、厚3.3厘米（图版二五九，2）。Y182：39，残断，中段小残块。一侧为脊，两面较平整。残长9.9、宽12.5、厚3.3厘米（图版二五九，3）。Y182：42，残块。一面平整已经磨制，上面突兀，保留风化石皮。残长9.4、宽6.6、厚2.7厘米（图版二五九，4）。Y182：43，残断，中段。较厚，两面突兀不平。残长16.6、宽11.4、厚4.6厘米（图版二五九，5）。Y182：44，残断，下段。一面较平整，一面突兀。残长16.6、宽11.4、厚4.6厘米（图版二五九，6）。Y182：45，残断，上段。两面平整。残长13.1、宽11.1、厚3.3厘米（图版二六〇，1）。Y182：46，残断，中段。两面较平整。残长16.6、宽11.4、厚4.6厘米（图版二六〇，2）。Y182：47，残断，中、下段。较厚。残长23.9、宽11、厚5厘米（图版二六〇，3）。Y182：48，残断，中段。较薄，两面较平整。残长18、宽11.9、厚2.3厘米（图版二六〇，4）。Y182：49，残断，上、中段。打制，较厚，两面较平整。残长25.6、宽14.4、厚4.7厘米（图版二六〇，5）。Y182：50，残断，中段。打制，已经去薄，未经塑形。侧棱未加打制，两面较为平整，塑形过程中残断。残长8.1、宽11.8、厚2.8厘米（图版二六〇，6）。Y182：51，残断，上半段。较厚。残长19.6、宽11.1、厚4.62厘米（图版二六一，1）。Y182：52，残断，中段残块。较厚。残长8.4、宽9.4、厚4.3厘米（图版二六一，2）。Y182：53，残断，中段。较厚，边脊密布砸击痕。残长15.2、宽11.7、厚5.1厘米（图版二六一，3）。Y182：54，残断，下段。较薄。残长18.1、宽12.9、厚3.1厘米（图版二六一，4）。Y182：55，残断，中段。较厚，边脊密布砸击痕。残长24、宽10.8、厚5.9厘米（图版二六一，5）。Y182：57，残断，上、中段。稍厚。近长方形，圆弧顶，圆弧状侧棱，上下面较平整，刃部残断。残长24、残宽12、厚4.8厘米（图版二六一，6）。

砺石　2件。Y182：58，石英砂岩。残块。长方体，底面为自然断面稍加磨砺，一面磨砺光滑，一个侧面略经琢磨，其余面为断面。残长14.3、残宽7.8、厚3.5厘米（图版二六二，1）。Y182：59，石英砂岩。残块。长方体，底面为自然断面，未经修整，一面磨砺光滑，呈坡状，一个侧面琢磨规整，其余面为断面。残长9.1、残宽8.7、厚6.2厘米（图版二六二，2）。

石器残件　Y182：56，残断，中段。打制，未经去薄塑形。侧棱稍加打制，底面较平整，上面突兀，去薄过程中残断。残长18.2、宽18、厚4.8厘米。

白烧石　Y182：60，残块。烧制石灰的半成品。残长15.6、残宽6.4、厚8.6厘米（图版二六二，3）。

共采集陶片114片，其中口沿32、底片9、腹片63片。

1）二里头文化

遗物数量较多。可辨认器形有盆形鼎、甑、鬲、深腹罐、圆腹罐、敛口罐、捏口罐、缸、刻槽盆、盆、瓮、豆、大口尊等，涵盖二里头文化二至四期。标本17件。

深腹罐　4件。Y182：1，口沿。夹砂灰陶。折沿上翘，圆唇，束颈，溜肩。腹饰绳纹夹一周凹弦纹。口径15.3、残高6.4厘米（图2.228b，5）。Y182：2，口沿。夹砂灰陶。折沿上翘，圆唇，沿面微凹，溜肩。饰绳纹。残宽9.9、残高5.7、厚0.9厘米（图2.228b，4）。Y182：3，口沿。夹砂灰陶。平折沿，方唇，唇面饰一周凹弦纹，束颈，溜肩，直腹。饰篮纹。口径20.1、残高11.4厘米（图2.228b，6）。Y182：4，口沿。泥质灰陶。折沿，圆唇，束颈，溜肩。饰绳纹。口径20、残高8厘米（图2.228b，7）。

鼎　2件。Y182：5，口沿。夹砂灰陶。卷沿，尖唇，束颈，溜肩，圆腹。饰绳纹，内壁有小麻点。口径15.2、残高6.5厘米（图2.228b，11）。Y182：6，足部。夹砂灰陶。扁三角形足。素面，侧棱饰手捏花边。足高10.3厘米（图2.228b，12）。

圆腹罐　3件。Y182：7，口沿。夹砂黑陶。直领微侈，圆唇，唇外饰花边并附有一对大鋬，长颈，溜肩。素面。口径9、残高6.9厘米（图2.228b，10）。Y182：8，口沿。夹砂灰陶。直领外卷，圆唇，唇面饰一周凹弦纹，束颈，溜肩，圆腹。饰绳纹，内壁有麻点。口径16.2、残高6.2厘米（图2.228b，8）。Y182：9，口沿。夹砂灰陶。卷沿，方唇，束颈，溜肩，圆腹。饰绳纹。口径18.2、残高7.2厘米（图2.228b，9）。

甑　Y182：10，口沿。泥质黑皮陶。折沿，圆唇，直腹。饰绳纹。口径23.3、残高8.4厘米（图2.228b，13）。

缸　Y182：11，口沿。夹砂褐陶。侈口，斜方唇，直腹。腹饰绳纹及附加堆纹。口径39.6、残高12.1厘米（图2.228c，9）。

尊　Y182：12，腹部。泥质灰陶。腹饰绳纹夹附加堆纹。腹径42、残高9.2厘米（图2.228c，8）。

盆　2件。Y182：13，口沿。泥质黑皮陶。卷沿，圆唇，斜弧腹。腹饰绳纹，附一对三角形鋬。口径25.8、残高7.4厘米（图2.228c，3）。Y182：14，口沿。泥质黑陶。折沿上翘，圆唇，弧腹。上部磨光，下饰绳纹。残宽8.2、残高4.7、厚0.3厘米（图2.228c，2）。

敛口罐　3件。Y182：15，口沿。泥质灰陶。折沿上翘，圆唇，沿面饰两道凹弦纹，溜肩。磨光。残宽8.4、残高5.7、厚0.6厘米（图2.228c，1）。Y182：16，口沿。泥质灰陶。折沿上翘，方唇，唇面饰一道凹弦纹，溜肩。磨光。口径23.4、残高3.1厘米（图2.228c，7）。Y182：17，口沿。泥质灰陶。卷沿，尖唇，沿面微鼓，溜肩，圆腹。磨光，饰两周凹弦纹，凹弦纹间为指甲纹。口径16.5、残高5.5厘米（图2.228c，10）。

2）殷墟文化

数量相对较少，见有鬲、盆、罐等，属于殷墟晚期。标本3件。

鬲　Y182：18，口沿。夹砂灰陶。折沿，尖唇，沿面有一道凹槽，束颈。素面。残宽5.2、残高4、厚0.7厘米（图2.228c，4）。

盆　Y182：19，口沿。泥质灰陶。折沿上翘，方唇，唇面饰一道凹弦纹，直腹，腹部有一道凹弦纹。素面。口径35.6、残高5厘米（图2.228c，6）。

罐　Y182：20，口沿。夹砂褐陶。卷沿，方唇，唇面有一道凹槽，沿面微凹，溜肩。素

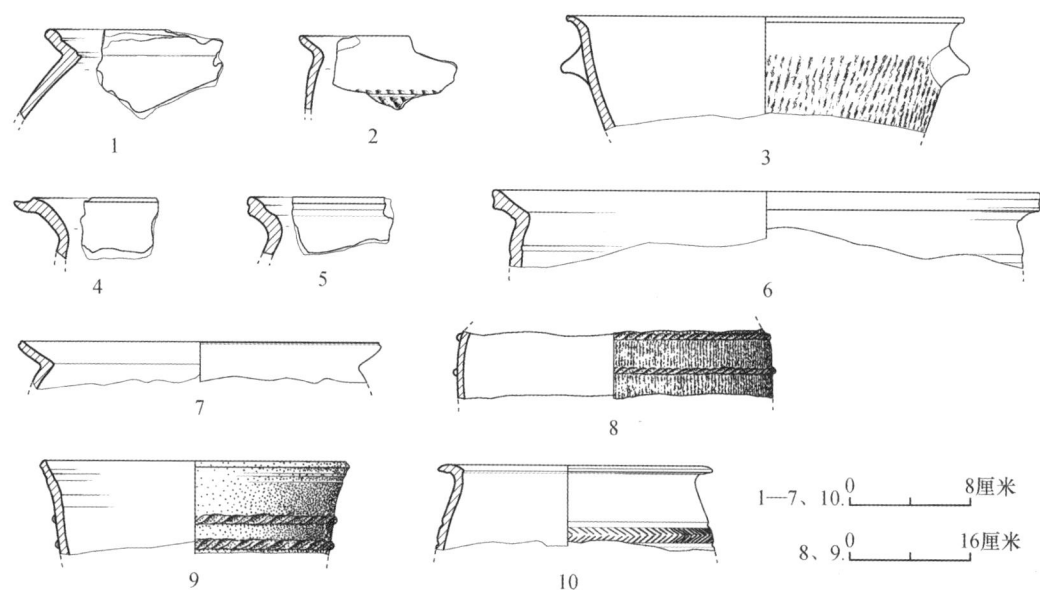

图2.228c 夏后寺（Y182）采集标本

1、7、10.敛口罐（Y182：15、Y182：16、Y182：17） 2、3、6.盆（Y182：14、Y182：13、Y182：19） 4.鬲（Y182：18）
5.罐（Y182：20） 8.尊（Y182：12） 9.缸（Y182：11）

面。残宽6.7、残高3.8、厚0.7厘米（图2.228c，5）。

（3）基本认识

该遗址主要为二里头文化遗存，涵盖二里头文化二至四期。本次调查发现少量殷墟晚期遗存，之前工作曾发现西周和东周时期的遗物，表明该遗址可能还有商周时期的遗物。综合以上，该遗址应该是一处文化内涵相对复杂的遗址，涵盖二里头文化、殷墟、西周和东周等不同时期。

调查中采集到的大量石铲（坯），与灰嘴遗址状况类似，表明其应该也是石铲毛坯加工场之一。因修建水库泄洪渠，遗址中部被破坏严重，水库也淹没和破坏了遗址东部。

214. 九龙水库东南（Y183）

（1）概况

位于洛阳偃师市缑氏镇邢村东北，西管茅村西北，浏河东岸，夏后寺（九龙）水库大坝东南半岛形台地上。西、南两面紧邻水库，东有小冲沟（图2.229a）。面积约1万平方米。地理坐标北纬34°33′17.48″，东经112°48′22.01″，海拔约232米。遗址所在台地地势突兀，西、南两面河道下切严重，冲沟较深，地表现为农田。

2002年6月8日初查，2017年7月13日复查。

图2.229a　九龙水库东南（上为北）

（2）主要发现

未发现相关遗迹。地表散见龙山及汉代陶片，个别二里岗文化陶片。陶片密度较小。采集石器1件，陶片16片，其中口沿1片、腹片14片、底片1片。包括龙山文化晚期、二里岗和东周与汉代。1片陶片疑似二里岗文化晚期，无标本。东周或汉代标本1件。

石斧　Y183：2，残断。玄武岩。琢磨兼制。长方形厚体，椭圆形断面，顶部残断，双面直刃，刃部使用痕迹明显（刃已秃残）。残长9、宽6.4、厚3.9厘米（图2.229b，1）。

豆　Y183：1，复原。泥质灰陶。直沿，圆唇，浅腹，平底，细柄中空，喇叭形圈足。素面，盘内刻有字符。口径10.3、底径7.5厘米、高11.8厘米（图2.229b，2）。

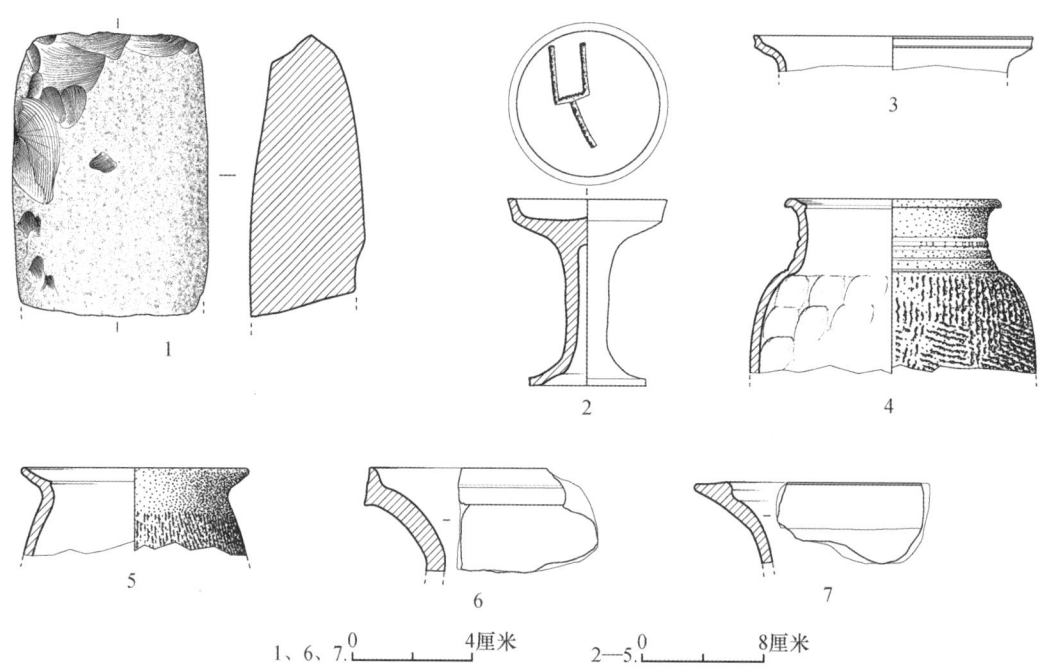

图2.229b 九龙水库东南（Y183）、邢村北（Y184）、扒头水库南（Y185）采集标本
1.石斧（Y183:2） 2.豆（Y183:1） 3、5—7.鬲（Y184:1、Y185:2、Y185:1、Y185:3） 4.捏口罐（Y184:2）

（3）基本认识

该遗址规模不大，以龙山文化晚期和汉代遗存为主。兼有少量二里岗文化和东周时期遗存。

215. 邢村北（Y184）

（1）概况

遗址位于洛阳偃师市缑氏镇邢村村北略偏东200米，浏河南岸临河台地上（图2.230；图版一六〇，2）。面积约1万平方米。地理坐标北纬34°33′24.70″，东经112°48′06.03″，海拔为231米。遗址所在地势较周围地表稍高。地表现为农田。

2002年6月8日初查，2007年11月6日、2017年7月13日复查。

图2.230　邢村北（上为北）

（2）主要发现

在台地北面有一个取土留下的大坑，大坑的南壁剖面上暴露有二里岗文化的灰坑及文化层。2007年复查时，在北部大坑南壁剖面的灰坑里采集了浮选土样及残留物分析标本，至东向西将灰坑编号为H1—H3。

地表散见二里岗时期陶片，陶片密度不大。采集陶片18片，口沿2片、圈足1片、腹片15片。可辨认器形有鬲、簋、深腹罐、捏口罐，多属于晚期。标本2件。

鬲　Y184：1，口沿。夹砂灰陶。折沿，方唇，唇面有一道凹槽，沿面内凹，束颈。素面。口径17.9、残高2.4厘米（图2.229b，3）。

捏口罐　Y184：2，口沿。泥质灰陶。卷沿，圆唇，沿面微鼓，沿内有一道凸棱，束颈，圆弧腹。颈部饰暗绳纹和三周凹弦纹，腹饰绳纹。口径13.2、残高11.1厘米（图2.229b，4）。

（3）基本认识

该遗址规模较小，文化内涵较为单纯，系二里岗文化晚期的一处小型遗址。

216. 扒头水库南（Y185）

（1）概况

位于洛阳偃师市缑氏镇扒头村南，浏河南岸，扒头至二郎庙乡村公路东侧临河台地上，与扒头东南遗址（Y181）隔沟相对（图2.231；图版一六一，1）。面积约4万平方米。地理坐标北纬34°33′49.15″，东经112°47′45.34″，海拔约212米。遗址所在台地地势自北西南逐渐抬升，起伏不大，地表现为农田。

2002年6月8日初查，2017年7月13日复查。

图2.231 扒头水库南（下为北）

（2）主要发现

未发现相关遗迹。地表散见二里岗文化陶片，个别为二里头和殷墟文化，陶片密度不大。采集有石器2件，陶片44片，其中口沿5片、腹片39片。

石锤 Y185：4，砂岩。完整。琢磨兼制。厚重梯形。长9.32、宽6.51、厚4.46厘米。

石刀 Y185：5，鲕状白云岩。磨制。扁平梯形，圆角方顶，刃部已秃残，风化严重。长12.42、宽8.28、厚1.58厘米。

1）二里头文化

数量较少，可辨认器形有深腹罐。具体时段不详。无典型标本。

2）二里岗文化

数量相对较多，可辨认器形有鬲、大口尊、缸等。属于二里岗文化晚期。标本1件。

鬲　Y185：1，口沿。夹砂灰陶。折沿，方唇，沿面有一道凹槽，束颈。素面。残宽4.6、残高3.3厘米（图2.229b，6）。

3）殷墟文化

数量不多，可辨认器形有鬲等。可能属于殷墟晚期。标本2件。

鬲　2件。Y185：2，口沿。夹砂褐陶。折沿，圆唇，沿面微凹，溜肩。饰细绳纹。口径14.4、残高5.6厘米（图2.229b，5）。Y185：3，口沿。夹砂灰陶。折沿，圆唇，沿面内侧有一道凹弦纹。素面。残宽5、残高2.6厘米（图2.229b，7）。

（3）基本认识

该遗址规模不大，以二里岗文化和殷墟文化的遗存为主，疑似有少量二里头文化遗存。遗址保存较好，主要受农耕活动影响及流水侵蚀。

217. 扒头东南（Y181）

（1）概况

位于洛阳偃师市缑氏镇扒头村东南300米，扒头至二郎庙村乡村公路东侧，任才村至夏后村的小路南侧，浏河北岸临河台地上（图2.232a）。面积约3万平方米。地理坐标北纬34°33′56.37″，东经112°47′45.01″，海拔约212米。地势较为平坦，起伏不大，已修成低矮的梯田，地表现为农田。

1962年，中国科学院考古研究所洛阳发掘队曾根据线索对扒头村周围进行调查，未发现相关遗存[①]。1984年洛阳市文物普查队对该遗址进行调查，认为该遗址以商周时期遗存为主，兼有汉代遗存[②]。

2002年6月7日初查，2007年11月6日、2017年7月13日复查。

图2.232a 扒头东南（下为北）

---

① 二里头工作队资料。
② 方孝廉：《洛阳市一九八四年古文化遗址调查简报》，《中原文物》1987年第3期；国家文物局主编：《中国文物地图集·河南分册》，中国地图出版社，1991年，第122页，34-A34。

（2）主要发现

遗址所在的梯田地坎上部为晚期堆积层，在地坎下部接近下一级台地地表处发现了灰坑和二里岗文化堆积层。2007年11月6日复查时，在遗址东北部地坎下部的一个灰坑里（H1）采集了浮选土样及残留物分析标本。地表散见二里岗文化陶片，密度较大，个别陶片具有岳石文化风格。采集石器1件，陶片59片，其中口沿9片，腹片50片，可辨认器形有鬲、罐（岳石）、瓮、大口尊、敛口尊、盆等，涵盖二里岗文化早期和晚期。标本9件。

石斧　Y181：9，石灰岩。残块。琢磨兼制。长方形厚体，圆弧状顶。残长7.8、残宽5.2、厚4.5厘米（图版二六二，4）。

鬲　3件。Y181：5，口沿。夹砂灰陶。折沿，方唇，沿面有一道凹槽，溜肩。饰粗绳纹。口径17、残高7.7厘米（图2.232b，8）。Y181：6，口沿。夹砂灰陶。卷沿，方唇，沿内出一道凹槽，溜肩，直腹。饰绳纹。残宽6.7、残高4.1厘米（图2.232b，5）。Y181：7，口沿。夹砂灰陶。折沿，方唇，沿面有一道凹槽。素面。口径17.3、残高3.3厘米（图2.232b，9）。

罐　Y181：1，口沿。夹砂褐陶。折沿，圆唇，溜肩。饰刮抹纹。口径17.8、残高6.3厘米（图2.232b，7）。

瓮　Y181：2，口沿。泥质褐陶。直领外侈，方唇，溜肩，直腹。残宽10.3、残高4.1厘米（图2.232b，3）。

大口尊　Y181：3，口沿。泥质灰陶。敞口，沿外卷，圆唇，颈部饰一道凹弦纹。素面。残宽6.9、残高5.3厘米（图2.232b，4）。

敛口尊　Y181：4，口沿。泥质黑陶。敛口，方唇，宽肩较平，肩饰四道凹弦纹。磨光。

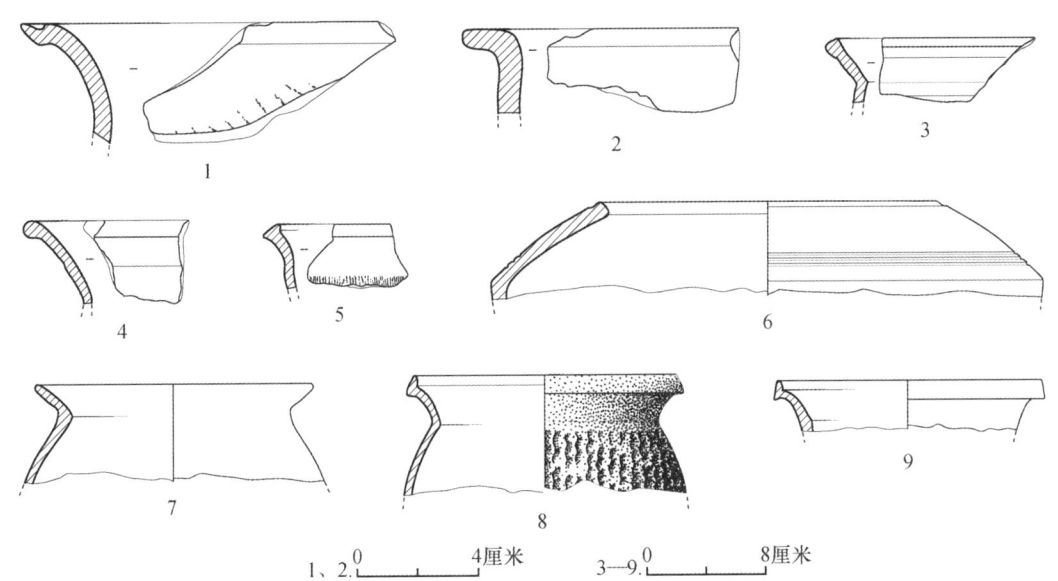

图2.232b　扒头东南（Y181）、扒头西南（Y180）采集标本
1.深腹罐（Y180：1）　2.盆（Y181：8）　3.瓮（Y181：2）　4.大口尊（Y181：3）　5、8、9.鬲（Y181：6、Y181：5、Y181：7）　6.敛口尊（Y181：4）　7.罐（Y181：1）

口径22.4、残高6.2厘米（图2.232b，6）。

盆　Y181∶8，口沿。泥质灰陶。平折沿，圆唇，直腹。素面。残宽6.4、残高2.7厘米（图2.232b，2）。

（3）基本认识

该遗址以二里岗文化遗存为主，部分遗物具有岳石文化风格。也见有少量东周战国时期遗存。原始地貌已被破坏，但破坏力度不大。

218. 扒头西南（Y180）

（1）概况

位于洛阳偃师市缑氏镇扒头村西南，浏河北岸临河台地上。具体位置为扒头至二郎庙乡村公路西侧，任才村至夏后村的小路南侧，西侧对岸有一条南北向冲沟汇入浏河（图2.233）。面积约2万平方米。地理坐标北纬34°34′00.55″，东经112°47′31.80″，海拔约206米。地势较为平坦，起伏不大，有低矮梯田地坎，地表现为农田、葡萄园。

1962年，中国科学院考古研究所洛阳发掘队根据扒头周围有商代遗址的线索，沿扒头村寨壕外围踏查，未发现相关遗迹。

2002年6月7日初查，2017年7月13日复查。

图2.233　扒头西南（上为北）

（2）主要发现

未见相关遗迹。地表散见陶片，密度不大。

采集陶片26片，其中口沿2片、腹片24片。以二里岗时期为主，可辨认器形有鬲、缸、深腹罐等。属于晚期。标本1件。另外发现仰韶和龙山时期陶片各仅1片，未采集周代遗物。

深腹罐　Y180：1，口沿。夹砂灰陶。直领外侈，尖唇，盘口。残宽8.3、残高3.9、厚0.5厘米（图2.232b，1）。

（3）基本认识

该遗址以二里岗文化遗存为主，见有少量周代陶片。仰韶、龙山时期的陶片可能为搬运而来，也不排除因埋藏较深，未遭破坏。地貌基本保持原始状态，后期破坏力度不大。

219. 任才村东南（Y179）

（1）概况

位于洛阳偃师市缑氏镇扒头行政村任才自然村东南，任才村至夏后村的小路南侧，浏河北岸临河台地上（图2.234a）。地理坐标北纬34°34′01.62″，东经112°47′19.99″。海拔203米。遗址面积约3万平方米。遗址所处台地对岸东西两侧各有一条冲沟汇入浏河。地势较为平坦，有两级低矮梯田，地表现为农田。

2002年6月7日初查，2017年7月13日复查。

图2.234a　任才村东南（上为北）

（2）主要发现

遗址所在台地的断崖剖面上暴露有龙山灰坑和文化层，堆积较为丰富。采集到陶片44片，其中口沿7片、腹片34片、底片2片、足1片。时代以龙山为主，少量东周。

1）龙山文化

数量较多，可辨认器形有鼎、泥质罐、中口罐、小口高领瓮、盖。属于龙山文化晚期。标本2件。

中口罐　Y179：1，口沿。泥质灰陶。折沿，圆唇，沿面内侧有一道凸棱，溜肩，腹较直。上部磨光。残宽7.4、残高8.5厘米（图2.234b，2）。

瓮　Y179：2，口沿。夹砂灰陶。直领微侈，圆唇，沿内有一道凸棱，广肩。素面。口径27.9、残高9.3厘米（图2.234b，3）。

2）东周时期

遗物数量相对较少，器形有盆等。可能为战国时期。标本1件。

盆　Y179：3，口沿。泥质灰陶。平折沿，方唇，沿面微凹，束颈。饰绳纹。口径30、残高6厘米（图2.234b，4）。

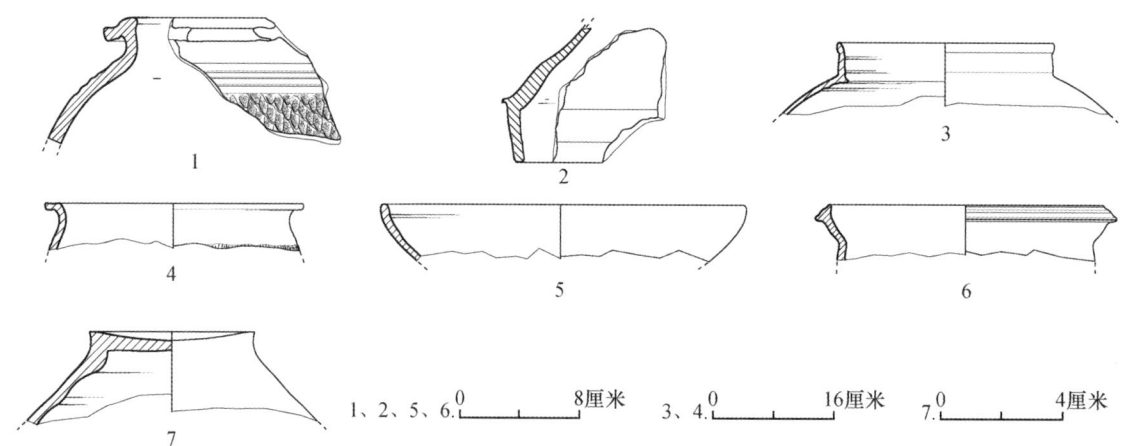

图2.234b　任才村东南（Y179）、任才村西南（Y178）、卢村南（Y186）采集标本
1、3.瓮（Y178：1、Y179：2）　2.中口罐（Y179：1）　4.盆（Y179：3）　5.豆（Y186：2）　6.鬲（Y186：3）
7.器盖（Y186：1）

（3）基本认识

该遗址规模不大，以龙山晚期遗存为主，见有少量东周时期陶片。保存状况较好。1962年调查时，主要的发现位置为任才村南寨墙附近及任才村西南（Y178），不涉及本遗址所在。

220. 任才村西南（Y178）

（1）概况

位于洛阳偃师市缑氏镇扒头行政村任才自然村南的浏河北岸临河台地上（图2.235）。面积约3万平方米。地理坐标北纬34°34′03.26″，东经112°47′09.47″，海拔约197米。台地与沟南的一个沟嘴相对应，地势相对较为开阔，地表现为农田、民居。

1962年，中国科学院考古研究所洛阳发掘队调查时称任才遗址，认为该遗址包含仰韶文化和龙山晚期（王湾三期文化）遗存[1]。

2002年6月7日初查，2017年7月13日复查。

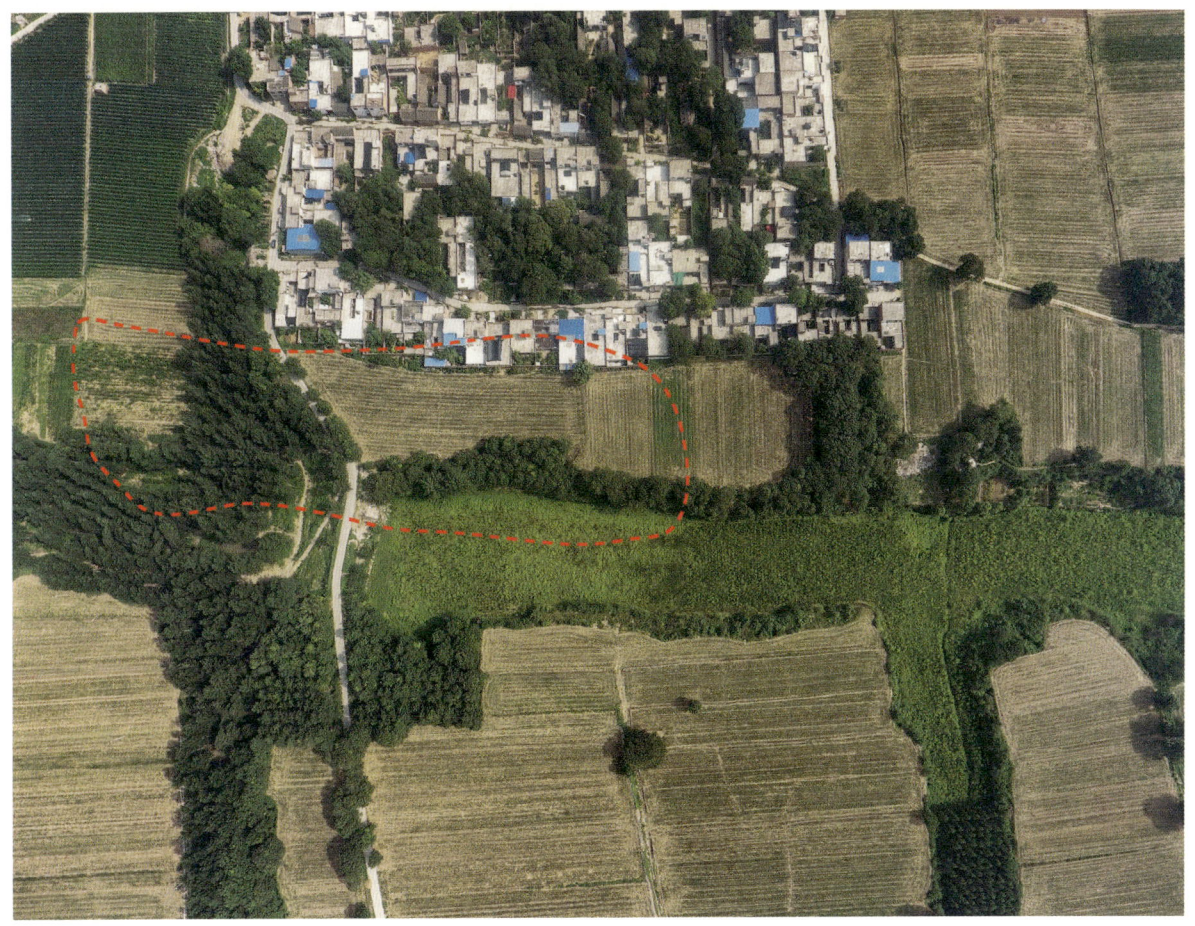

图2.235　任才村西南（上为北）

---

[1] 中国科学院考古研究所洛阳发掘队：《伊河下游几处新石器遗址的调查》，《考古》1964年第1期；国家文物局：《中国文物地图集·河南分册》，中国地图出版社，1991年，第121页，13-13A。

（2）主要发现

调查中未发现相关遗迹。地表散见周代陶片，密度不大。另见有1片龙山陶片，疑为从别处搬运而来。采集陶片33片，其中口沿3片、腹片30片。器形有瓮等，多为战国时期。标本1件。

瓮　Y178∶1，口沿。夹砂褐陶。折沿，方唇，沿面有一道凹槽，短颈，广肩。饰粗绳纹，内壁有麻点。残宽11.4、残高8.13厘米、厚0.7厘米（图2.234b，1）。

（3）基本认识

该遗址规模不大，调查发现该遗址以战国时期的遗存为主。结合以往的调查情况来看，该遗址应该还有不少仰韶和龙山晚期的遗存。遗址主要受流水侵蚀及农耕破坏，北部被民居占压，相对保存较好。

221. 卢村南（Y186）

（1）概况

位于洛阳偃师市缑氏镇双泉行政村卢村自然村南，浏河南岸，顾刘路（顾县—刘庄）东侧的两条南北向小冲沟之间临河台地上（图2.236）。面积约1万平方米。地理坐标北纬34°34′02.47″，东经112°46′38.36″，海拔约192米。遗址所在台地地势较为平缓，起伏不大，地表现为农田。

2002年6月10日初查，2017年7月13日复查。

图2.236 卢村南（下为北）

（2）主要发现

地表散见龙山、二里岗和周代陶片，密度很小，汉代砖瓦残片较多，密度较大。采集陶片32片，其中口沿2片、底片1片、腹片29片。周代陶片多系东周时期，未采集标本，时段不详。

1）龙山文化

数量较少，可辨认器形有豆盘、盖。属于龙山文化晚期。标本2件。

豆 Y186：2，口沿。泥质黑陶。敞口微敛，圆唇，浅弧腹。磨光。口径23.5、残高3.6厘米（图2.234b，5）。

器盖 Y186：1，顶部。泥质灰陶。斜腹，平顶。素面。顶径5.3、残高3厘米（图2.234b，7）。

2）二里岗文化

数量不多，可辨认器形有鬲。属于二里岗文化晚期。标本1件。

鬲 Y186：3，口沿。夹砂灰陶。卷沿，方唇，唇面外凸成棱，沿面有一道凹槽，束颈。素面。口径17.8、残高3.6厘米（图2.234b，6）。

（3）基本认识

该遗址规模不大，遗存以龙山文化晚期和二里岗文化晚期为主，兼有少量东周时期遗存。台地地貌基本保持原始状态，后期破坏力度较小，无裸露遗迹现象。

222. 卢村西南（Y227）

（1）概况

位于洛阳偃师市缑氏镇双泉行政村卢村自然村西南，浏涧河南岸，西侧两南北向冲沟所夹台地西北角。北与卢村西（Y176）遗址隔河相对，西与双泉东北（Y224）隔一条较直的冲沟（图2.237）。面积约0.5万平方米。地理坐标北纬34°34′05.54″，东经112°46′25.61″，海拔约193米。台地地势平坦，起伏很小，台地地貌基本保持原始状态，后期破坏力度较小，沟边断崖剖面未发现遗迹现象。地表现为农田。

2005年6月26日初查，2017年7月25日复查。

图2.237　卢村西南（下为北）

（2）主要发现

发现了陶片6片，均为腹片碎片。疑似仰韶、龙山晚和两周时期。无典型标本。具体时段不详。

（3）基本认识

该地点采集陶片数量较少，可能与双泉东北（Y224）属同一遗址。

223. 卢村西（Y177）

（1）概况

位于洛阳偃师市缑氏镇双泉行政村卢村自然村西，龙少路南，南北向冲沟与浏河交汇处浏河北岸东北台地上。临卢村西北西南，两者之间部分重合（图2.238a）。面积约0.5万平方米。地理坐标北纬34°34′04.24″，东经112°46′22.29″，海拔约190米。遗址所在台地地势北高南低，起伏不大，地表现为农田。

1962年，中国科学院考古研究所洛阳发掘队在该遗址调查时称"罗村"遗址。在村西的道路两侧发现了不少战国时期的粗绳纹鬲、簋、盆、豆、罐残片及仰韶时期的泥质红陶豆盘。在附近还发现了龙山时期的文化层，距地表0.55米，厚0.3米，东西暴露长3米，采集有斜篮纹罐、粗绳纹鼎足、绳纹罐、豆把、鼎足等器物[①]。

2002年6月7日初查，2017年7月13日复查。

图2.238a　卢村西（下为北）

---

① 二里头工作队资料。

（2）主要发现

调查中未发现相关遗迹。在靠近村庄南部，卢村至双泉间穿越冲沟的小路北侧大坑状冲沟附近，散见有少量陶片，密度不大。采集石器1件，陶片35片，其中口沿5片、腹片30片。涵盖龙山文化和周代，龙山遗物可辨认器形有小口高领罐、小罐、双腹盆、瓮、折腹盆、斝等，多属于龙山晚期。标本3件。周代遗物未采集。

白烧石　Y177∶4，白云岩石片，因其非石灰岩，因而未烧成石灰。长5.1、宽3.9、厚1.1厘米（图版二六二，5）。

小罐　Y177∶1，口沿。夹砂褐陶。直领外侈，圆唇，溜肩。素面。残宽5.7、残高4.5、厚0.5厘米（图2.238b，1）。

瓮　Y177∶2，口沿。泥质黑陶。直领外侈，圆唇，沿外包边呈棱状，平肩。素面。残宽6.6、残高5、厚0.6厘米（图2.238b，2）。

折腹盆　Y177∶3，腹部。泥质灰陶。敞口，折腹。素面。残宽7.5、残高6.7、厚0.6厘米（图2.238b，6）。

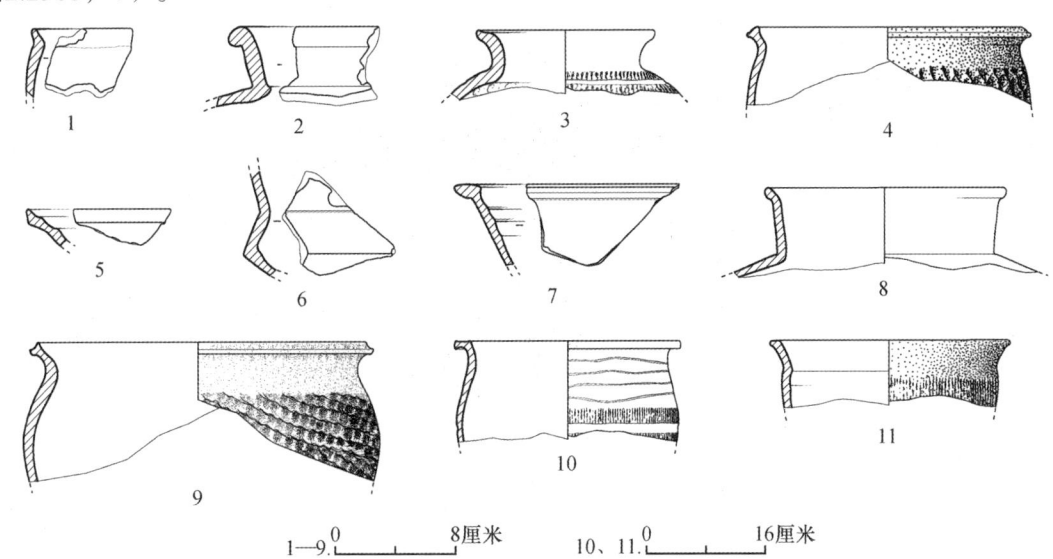

图2.238b　卢村西（Y177）、卢村西北（Y176）、双泉东北（Y224）采集标本
1. 小罐（Y177∶1）　2、8. 瓮（Y177∶2、Y224∶1）　3. 罐（Y176∶3）　4、5、9. 鬲（Y176∶4、Y176∶2、Y176∶5）
6. 折腹盆（Y177∶3）　7、10、11. 盆（Y224∶2、Y176∶6、Y176∶1）

（3）基本认识

该遗址规模不大，以龙山晚期遗存为主，也见有白烧石，与灰嘴遗址发现的情况类似，但数量较少。遗物中见有少量仰韶时期遗存。还发现个别周代陶片，归于卢村西北（Y176）遗址。台地地貌基本保持原始状态，后期破坏力度较小，主要为农耕及流水侵蚀。

224. 卢村西北（Y176）

（1）概况

位于洛阳偃师市缑氏镇双泉行政村村卢村自然村西，龙少路南北两侧，主体位于偏南一侧，浏河北岸临河台地上（图2.239）。面积约4万平方米。地理坐标北纬34°34′15.05″，东经112°46′28.11″，海拔约189米。遗址所在台地地势北高南低，起伏不大，地表现为林地、农田。

1962年，中国科学院考古研究所洛阳发掘队调查该地点时称"罗村"遗址，发现了仰韶、龙山和东周晚期的堆积与遗物，详情参见卢村遗址（Y177）。

2002年6月7日初查，2017年7月13日复查。

图2.239 卢村西北（下为北）

（2）主要发现

调查中未见相关遗迹。地表散见陶片，密度不大。采集石刮削器1件，陶片50片，其中口沿15片、腹片45片。时代以两周时期为主，也见有少量殷墟和汉代陶片，3片陶片疑似龙山晚期遗存。

刮削器　Y176：7，石英砂岩。打制。利用打制石片，把较薄的一侧打制成刃部，刃部有使用痕迹。长10.2、宽6.5、厚1.5厘米。

1）殷墟文化

见有鬲、盆等。属于殷墟晚期。标本1件。

盆　Y176：1，口沿。泥质黄褐陶。折沿，方唇，溜肩，直腹。饰绳纹。口径30.2、残高8.8厘米（图2.238b，11）。

2）西周时期

见有鬲、罐等器形。属于西周晚期。标本2件。

鬲　Y176：2，口沿。夹砂灰陶。折沿，方唇，沿面有三道凹槽。素面。残宽6.4、残高2.4、厚0.7厘米（图2.238b，5）。

罐　Y176：3，口沿。夹砂灰陶。侈口，沿外卷，方唇，束颈，肩较宽平。肩饰绳纹夹一周凹弦纹。口径11.3、残高4.4厘米（图2.238b，3）。

3）东周时期

见有鬲、盆等器形。标本3件，具体时段不详。

鬲　2件。Y176：4，口沿。夹砂灰陶。卷沿，方唇，沿面内凹，直腹。饰绳纹。口径17.4、残高5厘米（图2.238b，4）。Y176：5，口沿。夹砂灰陶。卷沿，方唇，唇面有一道凹槽，束颈，溜肩。饰粗绳纹。口径21.4、残高9厘米（图2.238b，9）。

盆　Y176：6，口沿。泥质灰陶。平折沿，方唇，沿面内凹，溜肩，圆弧腹。上腹部磨光，下腹部饰弦断绳纹。口径27.4、残高13厘米（图2.238b，10）。

（3）基本认识

该遗址规模不大，以两周时期的遗存为主，包括西周和东周的不同阶段。也见有少量殷墟晚期遗存，个别疑似龙山陶片。地貌基本保持原始状态，后期破坏力度较小。缺乏断坎剖面，难以观察是否有遗迹现象。

1962年调查时，判断该遗址与卢村西（Y177）遗址属于同一处遗址，文化内涵较为复杂，包括仰韶、龙山晚期和东周。本次调查时，将这两个地点分开，文化内涵各有侧重，此遗址主要位于卢村西北部，主体为商周时期遗址，而卢村西（Y177）遗址主要位于南部，以仰韶和龙山时期的遗存为主，兼有东周时期的遗存。

225. 双泉东北（Y224）

（1）概况

位于洛阳偃师市缑氏镇双泉村东北，龙少路南，浏河南岸南北向冲沟与浏河交汇处的台地上（图2.240）。面积约3万平方米。地理坐标北纬34°34′12.01″，东经112°46′09.10″，海拔189米。台地地势平坦，起伏很小，地表现为农田。

2002年6月5日初查，2005年6月24日、2017年7月13日复查。

图2.240　双泉东北（下为北）

（2）主要发现

在沟边断崖剖面上发现龙山灰坑1座，编号H1。

地表散见陶片，密度不大。采集石器7件，多为石料或废片，陶片70片，其中口沿16片、腹片52片、底片1片、足1片。分属于龙山、二里头和周代。龙山陶片可辨认器形有鼎、大口罐、小口高领瓮、双腹盆、蛋壳杯等。多属于龙山晚期，标本2件。二里头及两周陶片较少，无典型标本。具体时段不详。

石斧　2件。Y224：3，辉绿岩。残断。琢磨兼制。长方形厚体，加工精致，双面直刃，顶部残断。残长5.8、宽5.8、厚2.6厘米（图版二六二，6）。Y224：4，辉绿岩。残。边缘琢制。局部保留自然砾石石皮。长方形厚体，圆弧状顶，刃端经交互打制，尚未完全成形。残长14.1、宽7.4、厚4.1厘米（图版二六三，1）。

刮削器　Y224：8，辉绿岩。利用一片打制石片，将其与打击点对应的一侧作刃部，无二次加工痕迹。长5.2、宽10.3、厚1.5厘米。

石毛坯　2件。Y224：5，石灰岩。长方形柱体，打琢兼制，疑为石凿坯。长7.3、宽3.7、厚2.9厘米。Y224：6，鲕状灰岩。残块。已经塑形去薄，侧棱已经琢制，琢制过程中断裂。残长5.3、宽11.1、厚2厘米。

石杵　Y224：7，石英砂岩。基本完整。琢磨兼制，不规则长方体。两端使用痕迹明显。长7.9、宽4.5、厚2.6厘米。

白烧石　H1：1，石灰岩。烧制石灰的半成品。长7.5、宽4.6、厚2.8厘米。

瓮　Y224：1，口沿。泥质灰陶。直领外卷，圆唇，广肩。磨光。口径15.6、残高5.7厘米（图2.238b，8）。

盆　Y224：2，口沿。泥质黑陶。折沿，尖唇，沿面外凸成棱，斜腹。磨光。残宽10、残高5.2、厚0.5厘米（图2.238b，7）。

（3）基本认识

该遗址规模不大，以龙山晚期遗存为主，兼有二里头及两周陶片。台地地貌基本保持原始状态，后期破坏力度较小。

226. 卢村东北（Y169）

（1）概况

位于洛阳偃师市缑氏镇双泉行政村卢村自然村东北，任才村西北，高祖庙岭东南侧坡下。具体位置为提灌渡槽南侧，龙少路以北300米，顾刘路以东250米，府金路以南200米的南北向台地上（图2.241a；图版一六一，2）。面积约1.5万平方米。地理坐标北纬34°34′24.14″，东经112°46′50.91″，海拔约200米。地表现为农田。

2002年6月3日初查，2002年6月7日、2017年7月13日复查。

图2.241a　卢村东北（上为北）

（2）主要发现

台地所在剖面上暴露有文化层。

地表散见仰韶、龙山、周代陶片，密度较大。采集陶片25片，其中口沿1片、腹片24片，多为碎片。涵盖仰韶晚期至龙山晚期，其中仰韶晚期遗物可辨认器形有盆、碗等，标本1件，属于龙山早期可辨认器形有横篮纹缸，属于龙山晚期的均为篮纹陶片碎片，无标本。另有少量周代陶片碎片，未采集。

盆 Y169∶1，口沿。泥质红陶。敞口，平沿，沿外出棱，斜腹。素面。口径32、残高6厘米（图2.241b，2）。

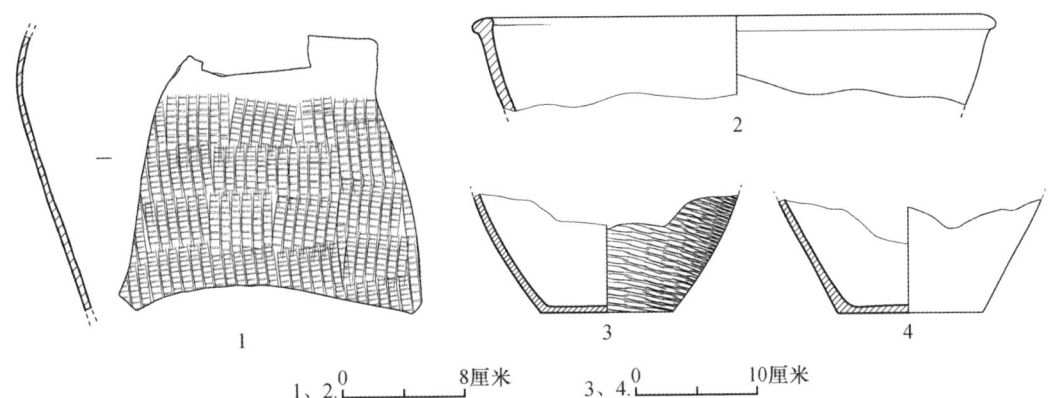

图2.241b 卢村东北（Y169）、卢村北（Y168）、高祖庙（Y167）采集、出土标本
1、3、4.罐（Y168H1∶2、Y167∶1、Y168H1∶3） 2.盆（Y169∶1）

（3）基本认识

该遗址面积不大，文化内涵相对复杂，包括仰韶文化晚期、龙山文化早期和晚期的遗存，同时也见有少量两周碎片。遗址保存尚好，未遭大的破坏。

该遗址与高祖庙（Y167）、卢村北（Y168）遗址间隔不远，时代相近，或许有一定关联。遗址位于缓坡地带，远离今河道近1000米，比较罕见，或许附近原有其他古河道。

227. 卢村北（Y168）

（1）概况

位于洛阳偃师市缑氏镇双泉卢村北500米，顾刘路两侧高地上，高祖庙岭东侧半坡处，顾刘公路从遗址中部穿过（图2.242）。遗址面积约1万平方米。地理坐标北纬34°34′30.30″，东经112°46′38.77″，海拔约207米。高祖庙岭地势高亢，西高东低，落差很大，地表现为工厂、农田。

2002年6月2日初查，2017年7月13日复查。

图2.242　卢村北（上为北）

（2）主要发现

地表陶片很少。公路东西两侧断崖剖面上暴露灰坑各1个，采集陶片38片，口沿2片、底片2片、腹片34片。

H1：采集陶片35片，可辨认器形有鼎、喇叭口罐、小口瓮、刻槽盆、罐，属于龙山早期，标本4件。

H2：采集3片陶片，可辨认器形有斝，属于龙山早期。无典型标本。

鼎　H1：1，底部。夹砂褐陶。圆腹，圜底，扁三角形素面足，足尖残。腹饰横向篮纹。残高12.5厘米。

罐　2件。H1：2，腹部。泥质褐陶。口残，圆弧肩。肩部磨光，腹部饰篮纹。残宽19.4、残长17.7厘米、厚0.4厘米（图2.241b，1）。H1：3，底部。泥质褐陶。直腹下收，平底。底径11.8、残高8.9厘米（图2.241b，4）。

刻槽盆　H1：4，腹部。泥质灰陶。饰篮纹，内壁有平行线刻槽。残高7.6、残宽7.6厘米。

（3）基本认识

该遗址文化内涵较为单纯，灰坑年代均为龙山早期。遗址遭公路建设及取土破坏。东北被洛阳东铁车辆配件有限公司占压。初查时西侧灰坑因有电线杆而幸存部分，后公路再次扩宽后已完全破坏。高祖庙岭周围遗址众多，分布较为密集，近年附近新建了数家工厂，对遗址破坏较大。

228. 高祖庙（Y167）

（1）概况

位于洛阳偃师市缑氏镇齐家窑村东南。具体位置为新宋村北，卢村西北，高祖庙西侧圆形大水池南，高祖庙岭南侧半山腰处，高祖庙岭顶部东西向大路南侧，两条南北向上岭小路之间三、四级台地上，四级台地高出三级台地4—5米（图2.243）。面积约2万平方米。地理坐标北纬34°34′23.71″，东经112°46′25.56″，海拔约213米。地表现为核桃林。

2002年6月2日初查，2007年11月6日、2017年7月13日复查。

图2.243　高祖庙（上为北）

（2）主要发现

遗址南侧的断崖剖面上暴露有龙山早期文化层。

发现灰坑1个（H1），内含白灰面及陶片、灰烬等，采集到陶片标本。2007年复查时，又在H1内采集了浮选土样及残留物分析标本。

遗址地表散见陶片，密度较小。采集兽骨3块，陶片16片，口沿1片、鼎足1件、腹片14片。可辨认器形有鼎、横篮纹罐、花边罐等，属于龙山文化早期标本1件。少量陶片属于东周时期，未采集。

罐　Y167：1，罐底。泥质褐陶。直腹微弧，下收成平底。腹饰篮纹。底径10.7、残高9.5厘米（图2.241b，3）。

（3）基本认识

该遗址为浏涧河北岸坡地上的一处以龙山文化早期遗存为主的小型遗址，保存状况较差，容易遭受破坏。

229. 双泉东南（Y174）

（1）概况

位于洛阳偃师市缑氏镇双泉村东南，泉寨村东，孙寨河的东岸，南北向路西侧台地上（图2.244；图版一六二，1）。面积约0.5万平方米。地理坐标北纬34°33′52.50″，东经112°46′01.36″，海拔约203米。台地被一条南北向小冲沟破坏，地势较平，起伏不大，地表现为农田。

2002年6月5日初查，2017年7月13日复查。

图2.244　双泉东南（左为北）

（2）主要发现

周边未见相关遗迹。地表散见3片仰韶陶片和1片周代陶片。

（3）基本认识

该遗址采集的遗物较少，可能与遗址保存较好有关。具体文化属性尚难遽定，可能为仰韶文化和两周时期的遗址。

230. 双泉南（Y172）

（1）概况

位于洛阳偃师市缑氏镇双泉村南，泉寨东北南北向路以西50米，孙寨河东岸临河台地上（图2.245a）。面积约1万平方米。地理坐标北纬34°33′55.01″，东经112°45′58.45″，海拔约197米。台地地势较平，起伏不大，地貌基本保持原始状态，后期破坏程度较小，地表现为农田。

2002年6月5日初查，2017年7月15日复查。

图2.245a　双泉南（左为北）

（2）主要发现

在台地小断崖剖面发现了龙山灰坑1个（H1），在灰坑里采集到较多陶片。

地表散见龙山陶片，密度不大。采集陶片79片，其中口沿9片、底片2片、足1片、腹片67片。可辨认器形有鼎、中口罐、小口高领罐、斝，属于龙山文化晚期。标本4件。

H1：时代为龙山晚期，可辨认器形有中口罐、小口高领罐。

鼎　Y172：1，足部。夹砂褐陶。低矮扁三角形足，素面。残高4.01厘米（图2.245b，1）。

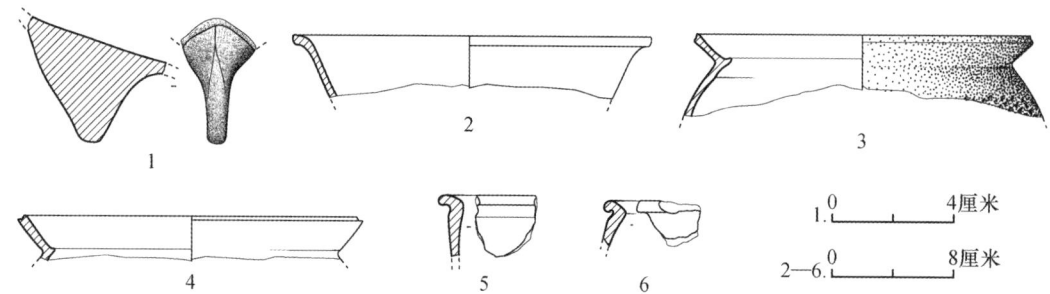

图2.245b 双泉南（Y172）、双泉西南（Y171）采集标本
1.鼎（Y172∶1） 2.斝（Y172∶2） 3、4.中口罐（Y172H1∶2、Y172H1∶1） 5、6.小罐（Y171∶1、Y171∶2）

斝 Y172∶2，口沿。夹砂黑陶。直领外侈，方唇。磨光。口径23.2、残高4厘米（图2.245b，2）。

中口罐 2件。H1∶1，口沿。夹砂黑陶。折沿，方唇，唇面有一道凹槽。素面。口径21.9、残高2.9厘米（图2.245b，4）。H1∶2，口沿。夹砂灰陶。折沿，方唇，沿面内侧出一道凸棱，溜肩。腹饰方格纹。口径21.6、残高5.2厘米（图2.245b，3）。

（3）基本认识

该遗址规模较小，文化内涵单纯，属于龙山晚期的一处临河小遗址。目前保存较好。

231. 泉寨东（Y173）

（1）概况

位于洛阳偃师市缑氏镇双泉村南，泉寨村东，孙寨河的东岸，南北向路以西150米处的临河台地上，东部与双泉南（Y172）相邻，界限不甚明显（图2.246；图版一六二，2）。面积约2万平方米。地理坐标北纬34°33′54.37″，东经112°45′54.17″，海拔约197米。台地地势较平，起伏不大，地表现为农田。

2002年6月5日初查，2017年7月13日复查。

图2.246　泉寨东（左为北）

（2）主要发现

周边未发现相关遗迹。地表散见陶片，密度不大。采集陶片26片，皆为腹片，无口沿标本。

（3）基本认识

该遗址规模较小，可能以东周时期遗存为主，兼有少量二里岗文化晚期遗物。地貌基本保持原始状态，后期破坏较少。

232. 泉寨西（Y170）

（1）概况

位于洛阳偃师市缑氏镇双泉行政村泉寨自然村西，孙寨河西岸的临河台地上。具体位置为西靠火焰岗，东临孙寨河，地势较平，有断崖沟叉（图2.247）。面积约3万平方米。地理坐标北纬34°33′53.50″，东经112°45′41.72″，海拔约198米。地表现为农田。

2002年6月4日初查，2017年7月13日复查。

图2.247　泉寨西（左为北）

（2）主要发现

未发现相关遗迹。地表散见战国时期陶片，仅见1片龙山陶片。
采集陶片16片，皆为腹片。无标本。

（3）基本认识

该遗址主体为战国时期遗存，可能还有零星龙山时期的遗物。

233. 双泉西南（Y171）

（1）概况

位于洛阳偃师市缑氏镇双泉行政村西南泉寨自然村西北，孙寨河的西岸临河台地上。台地西靠火焰岗，东临孙寨河，地势较平，有断崖沟叉，南与泉寨西（Y170）相邻，西北临西泉小庙天爷庙（图2.248；图版一六三，1）。面积约0.5万平方米。地理坐标北纬34°34′01.69″，东经112°45′42.21″，海拔约196米。地表现为农田。

2002年6月4日初查，2017年7月14日复查。

图2.248　双泉西南（左为北）

（2）主要发现

在断崖剖面上发现了疑似裴李岗文化的堆积层，与府店东裴李岗时期的堆积较为相似。

地表散见裴李岗文化和仰韶文化陶片。采集陶片40片，其中口沿4片、腹片36片。陶片多为橘红色碎片，可能为裴李岗文化晚期和仰韶早中期遗存。标本2件。

小罐　2件。Y171：1，口沿。夹砂红陶。卷沿，圆唇，溜肩。素面。残宽4、残高4、厚0.5厘米（图2.245b，5）。Y171：2，口沿。夹砂褐陶。卷沿，圆唇，溜肩。素面。残宽4.2、残高2.9、厚0.6厘米（图2.245b，6）。

（3）基本认识

调查中认为该遗址为裴李岗文化晚期遗址，经过核查确定其为仰韶文化早、中期遗存。文化堆积较贫乏，缺少典型器物，但是不排除可早到裴李岗文化晚期。

234. 双泉西北（Y175）

(1) 概况

位于洛阳偃师市缑氏镇双泉村西北的双泉砖厂以北，孙寨河的东岸，龙少路以南180米，水库以东临河台地上（图2.249；图版一六三，2）。面积约0.5万平方米。地理坐标北纬34°34′05.75″，东经112°45′44.91″，海拔约187米。台地地势平坦，起伏很小，除被砖厂破坏一小部分外，基本保持原貌，地表现为农田。

2002年6月5日初查，2017年7月13日复查。

图2.249 双泉西北（左为北）

(2) 主要发现

周边未见相关遗迹。地表及断崖剖面上散见2片仰韶陶片。复查时又发现3片仰韶陶片，未采集标本。距当地村民说，其北部曾有石斧出土。采集陶片2片，其中夹砂褐陶1片，泥质红陶1片，属于仰韶文化遗存。

(3) 基本认识

该遗址规模较小，文化内涵单纯，以仰韶时期遗存为主，具体时段不详。遗物较少，可能与面积较小及破坏程度不大有关。

235. 西齐家窑东南（Y164）

（1）概况

位于洛阳偃师市缑氏镇双泉行政村西齐家窑东南双泉水库东北侧。具体位置为双泉村部所在地的东北部，新宋村西通往高祖庙小路西侧，卢村至大口的乡道（X009）北侧，浏涧河东北岸的高祖庙岭西南部临河二级台地上，台地高出一级台地4—5米（图2.250）。面积约1万平方米。地理坐标北纬34°34′25.70″，东经112°46′02.41″，海拔约192米。台地已被现代民居及工厂削去一部分，地表现为民居、厂房、核桃林。

2002年6月2日初查，2017年7月14日复查。

图2.250　西齐家窑东南（上为北）

（2）主要发现

断崖剖面未发现遗迹现象，地表散见仰韶、龙山和两周陶片，密度很低。
采集陶片10片，皆为腹片，无典型标本。具体时段不详。

（3）基本认识

该遗址采集陶片较少且碎，未发现相关遗迹。陶片年代包括仰韶、龙山和两周时期。具体时间不详。遗址南侧压在民居、厂房下。

236. 浏涧河水库东（Y187）

（1）概况

位于洛阳偃师市缑氏镇双泉村党政服务中心西南，浏涧河水库大坝东南，乡道（X009）以南，浏涧河东北岸临河台地上（图2.251a）。面积约1万平方米。地理坐标北纬34°34′23.82″，东经112°45′58.12″，海拔约183米。遗址所在台地地势较为平缓，起伏不大，已被现代建筑所压和水库淹没。

2002年6月10日初查，2017年7月13日复查。

图2.251a 浏涧河水库东（下为北）

（2）主要发现

在遗址周边地表及断崖剖面上散见橘红色陶片，密度不大。采集了浮选土样。采集石器2件，陶片62片，其中口沿2片、腹片60片。可辨认器形有盆、缸、短足钵、夹砂深腹折沿罐、泥质罐、壶等。分属于裴李岗文化晚期和仰韶文化早中期。标本7件。

石铲　Y187：8，鲕状灰岩，风化严重。残片。磨制，双面弧刃。残长6.5、宽7.7、厚1.8厘米。

石锤　Y187：9，残块。琢磨兼制。长方形厚体。残长6.8、残宽8.4、厚4.6厘米。

夹砂罐　2件。Y187：1，口沿。夹砂褐陶。折沿上翘，圆唇，溜肩。素面。残宽4.8、残高3.9、厚0.9厘米（图2.251b，1）。Y187：2，口沿。夹砂灰陶。直领外侈，圆唇。素面。残宽4、残高3.5、厚0.5厘米（图2.251b，2）。

盆　Y187：3，口沿。夹砂褐陶。敞口，平沿，直腹。素面。残宽6.4、残高5.6、厚1.2厘米（图2.251b，7）。

泥质罐　3件。Y187：4，口沿。泥质红陶。敞口，圆唇。素面。复原口径22、残高1.5厘米（图2.251b，4）。Y187：5，口沿。泥质红陶。折沿，圆唇，直腹微弧。素面。残宽5.5、残高5、厚0.7厘米（图2.251b，6）。Y187：6，底部。泥质红陶。小平底。素面。底径9.9、残高1.68厘米（图2.251b，5）。

钵　Y187：7，腹片。泥质灰陶。素面，饰有乳钉状小錾（或是三足钵足）。残高2.7厘米（图2.251b，3）。

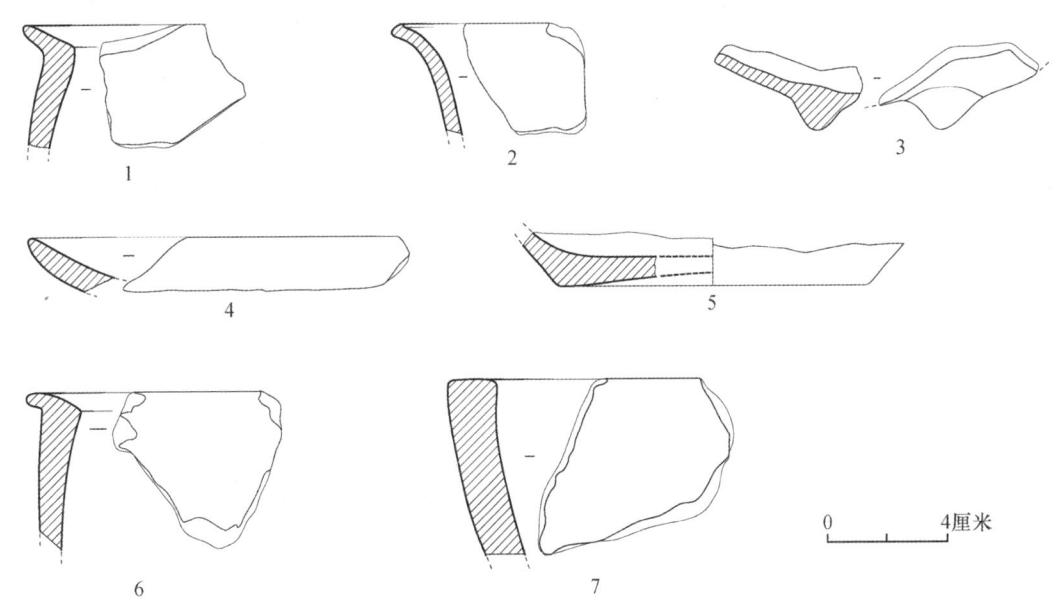

图2.251b　浏涧河水库东（Y187）采集标本
1、2.夹砂罐（Y187：1、Y187：2）　3.钵（Y187：7）　4—6.泥质罐（Y187：4、Y187：6、Y187：5）　7.盆（Y187：3）

（3）基本认识

该遗址规模较小，以裴李岗文化晚期至仰韶文化早期的遗存为主，个别遗物可到仰韶文化中期。核查时未见龙山晚期遗物。遗址西部和南部被水库破坏，形成陡坎，北部压在工厂下。文化层埋藏较深，大部分压在断坎下部，很难详细调查。

237. 西齐家窑（Y165）

（1）概况

位于洛阳偃师市缑氏镇双泉村西齐家窑村东，高祖庙岭西侧。齐家窑至高祖庙岭顶部东西向小路北侧，浏涧河东岸二级台地上，台地高出一级台地20余米（图2.252）。面积约0.5万平方米。地理坐标北纬34°34′31.80″，东经112°45′58.58″，海拔约200米。地表现为林地、农田。

2002年6月2日初查，2017年7月13日复查。

图2.252　西齐家窑（左为北）

（2）主要发现

路边断崖剖面上暴露有仰韶文化的瓮棺葬，葬具为弦纹陶瓮，发现了人骨，未采集。未发现灰坑、房基等其他遗迹，年代为仰韶文化中、晚期。

断崖距地表较高，未采集陶片。

（3）基本认识

该遗址可能为仰韶文化中、晚期的一处小型遗址（墓地）。

238. 灰嘴（Y127E、Y127W）

（1）概况

位于洛阳偃师市缑氏镇双泉行政村灰嘴自然村。可细分为东址（Y127E）、西址（Y127W）、西南址（Y127SW）三处遗址（图2.253）。周代时期可能为一个较大的遗址。面积较大，但主要分布在村中、村南。

东址位于双泉村灰嘴东浏河西南岸台地上。台地东、北两面靠浏河，西有小冲沟，南依火焰岗。遗址坐落在台地北部，灰嘴村东，乡道卢村至大口公路（X009）北、临河三级台地上都有分布。面积约7万平方米。地理坐标北纬34°34′23.05″，东经112°45′41.78″（遗址南界），北纬34°34′27.01″，东经112°45′22.69″（遗址西界），海拔约183米。有断崖沟坎，多平整为梯田。地表现为农田，上有废弃旧水渠。

2000年12月28日初查，2017年7月14日复查。

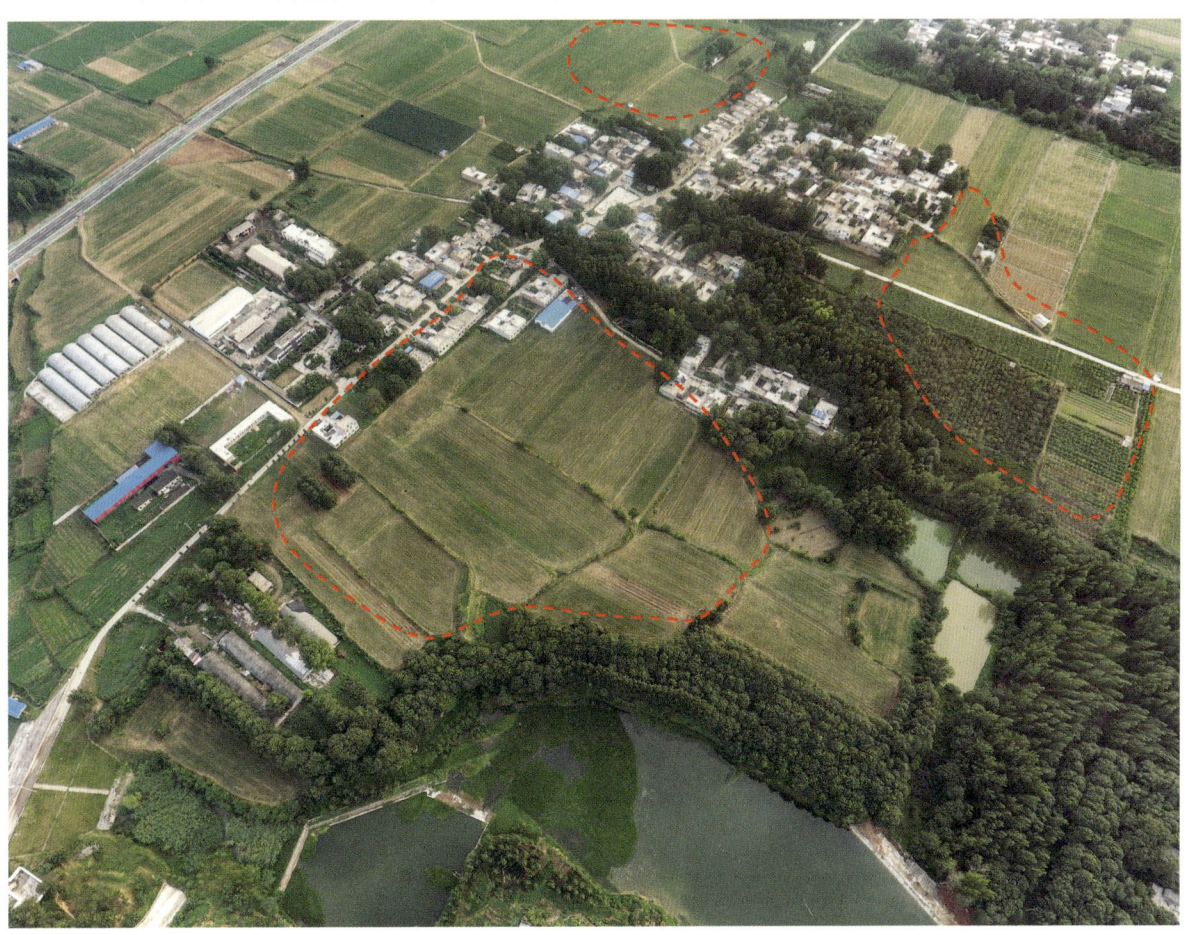

图2.253　灰嘴（右下为北）

该遗址1937年河南博物馆调查时发现，采集到一批新石器时代的遗物[①]。1956年，洛阳专区文管会对该遗址进行过考古勘察[②]。1959年4月，河南省文化局文物工作队对灰嘴遗址进行调查和发掘，发现商代（二里头文化）、龙山和仰韶文化层[③]。2002—2006年，中国社会科学院考古研究所河南第一工作队对灰嘴遗址进行了4次发掘，发现新石器时代至东周时期的遗存，尤其是二里头文化时期的石器加工遗存[④]。1963年，河南省人民委员会将其列为第一批河南省文物保护单位。

西址行政隶属于缑氏镇双泉行政村灰嘴自然村及大口镇引礼寨村。所在台地东临浏河，西临涧河，南靠火焰岗，浏河、涧河在台地北交汇。遗址坐落在台地中东部，灰嘴村北，灰嘴村至陶家村小路两侧。面积约3万平方米。地理坐标北纬34°34′32.63″，东经112°45′31.34″，海拔约180米。与东址间隔有灰嘴老村及两南北向短冲沟，间隔区剖面未发现文化层及遗迹现象。地表现为苹果园、农田等，部分可能被压在村庄西北部之下。

西南址位于灰嘴自然村西南部，涧河东侧台地，X009乡道两侧，主要位于道路南侧。与西址间隔一块台地，中间经初步钻探，未发现文化堆积。面积约1.5万平方米。浏涧河在遗址北部近直线直达陶家村，可能是晚期改道或人工疏通形成，或许涧河原从台地北侧穿过，在西址北附近折向东北与浏河汇合，与现今河流走向并不一致。

（2）主要发现

东址台地堆积厚4—5米，剖面暴露大量房基、灰坑、墓葬、瓮棺葬、水井等。地面散见仰韶、龙山、二里头、周代陶片，密度很大。二里岗文化陶片较少。地表有较多的石器残片以及大量的石料、石毛坯、半成品石器、石料断块、白烧石块、砺石、石锤等。遗址除经过多次发掘外，历年调查、详细复查积累了大量的采集品。

西址台地堆积厚度厚3—4米，剖面暴露出文化层、灰坑等。西址是较为单纯的二里头文化遗址，地表偶见有仰韶、龙山、周代陶片，可能系别处搬运而来。遗址上亦见到大量与石铲（毛坯）制造相关的石制品。

西南址台地灰坑深3—4米，发现灰坑、陶窑等。二里头文化陶片主要分布在西南角临河一带，少部分可能压在村庄西南部，估计面积约1.5万平方米。地表见有较多周代遗物，主体为周

[①] 李鉴昭：《偃师古迹记自序》，《河南博物馆馆刊》1937年第7、8期。
[②] 寇金昌：《洛阳专区文管会勘察偃师县灰嘴村古文化遗址》，《文物参考资料》1956年第1期。
[③] 河南省文化局文物工作队：《河南偃师灰嘴遗址发掘简报》，《文物》1959年第12期；河南省文化局文物工作队：《河南偃师县灰咀商代遗址的调查》，《考古》1961年第2期；河南省文物研究所：《河南灰嘴遗址发掘报告》，《华夏考古》1990年第1期。
[④] 中国社会科学院考古研究所河南一队：《河南偃师灰嘴遗址发现东周墓葬》，《考古》2004年第12期；中国社会科学院考古研究所河南第一工作队：《2002—2003年河南偃师灰嘴遗址的发掘》，《考古学报》2010年第3期；中国社会科学院考古研究所河南第一工作队：《河南偃师市灰嘴遗址西址2004年发掘简报》，《考古》2010年第2期；中国社会科学院考古研究所河南第一工作队：《河南偃师市灰嘴遗址2006年发掘简报》，《考古》2010年第4期。

代遗存。周代遗存面积较大，估计超过10万平方米，可能整个村子中部、南部及以南均有分布。

（3）基本认识

该遗址经过详细的调查和勘探，期间积累了大量的调查资料，包括大剖面刮面观察及地表采集，动物、植物遗存浮选调查，房基面残留物分析，器物微痕、残留物分析，陶片产地分析，石器制造调查，石料来源调查，地质地貌环境调查等系统调查工作。部分研究成果已经发表，其余材料正在进行整理，将来专门另行刊布。

灰嘴东址文化内涵相对复杂，包含仰韶中、晚期，龙山早、晚期、二里头和东周时期的遗存，也见有少量二里岗文化陶片。以仰韶、龙山、二里头时期的遗存为主。西址文化内涵相对较为单纯，主要是二里头文化的遗存。西南址西南部多见二里头文化遗存，其上压有周代遗存。

灰嘴东址发现了大量的龙山晚期至二里头文化时期的白色石灰石，推测应为烧制石灰的专门场所；东、西址见有大量的石铲毛坯、断块、石片、石屑等不同制作过程中的石质品，以及石锤、砺石等加工工具，证明该遗址是龙山晚期至二里头文化时期的一处重要的石铲（毛坯）加工场所。

遗址因修建水渠取土、历年取土用作肥料及平整土地等，破坏较为严重。东址顶部被取走厚度至少1.5米以上土层，并被修成三、四级梯田，对遗址破坏极大。遗址北部因受流水侵蚀，也遭到一定程度破坏。西址中部被挖成大坑，取土深1.5—2米，平整土地时将遗址南部的土往北推，以及挖坑植树、施肥等对遗址破坏极大，导致遗址保存非常差。西南址北部因建水库堤坝取土，挖出4—5米大坑，对遗址破坏亦十分严重。

239. 西齐家窑东北（Y166）

（1）概况

位于洛阳偃师市缑氏镇双泉行政村西齐家窑村东偏北，高祖庙岭西北侧，村中部至高祖庙岭北部一条东西向小路两侧近山脚下的台地上，台地落差较大（图2.254a；图版一六四，1）。面积约5万平方米。地理坐标北纬34°34′36.69″，东经112°45′58.75″，海拔约199米。地表现为农田。

2002年6月2日初查，2002年6月7日、2017年7月13日复查。

图2.254a　西齐家窑东北（左为北）

（2）主要发现

在道路边断崖剖面上暴露有龙山时期灰坑3座（编号H1—H3），于H1采集了浮选土样。

地表散见陶片，密度不大。采集石器3件，蚌刀2件，兽骨1块，陶片46片，其中口沿6片、腹片40片。龙山时期陶器可辨认器形有大口罐、小口高领罐、刻槽盆、器盖。多属于龙山晚期，标本5件。周代遗物未采集标本，具体时段不详。

石斧　Y166：6，辉绿岩。琢磨兼制。残断。长方形厚体，双面弧刃，长方形断面，残顶。残长10、宽5.8、厚3.4厘米（图2.254b，1）。Y166：7，玄武岩。残块。琢磨兼制。长方形厚体。残长7.9、宽4.4、残厚2.4厘米。

石锛坯　Y166：8，石灰岩。琢磨兼制。扁平长方体，单面弧刃，弧顶。长11、宽5.4、厚2.6厘米（图2.254b，2）。

中口罐　2件。Y166：1，口沿。夹砂灰陶。折沿，圆唇，沿内侧有一道凹槽，溜肩。腹饰方格纹。口径18、残高3.9厘米（图2.254b，4）。Y166：2，口沿。夹砂黑陶。折沿，方唇，溜肩，弧腹。饰方格纹。口径21、残高7.7厘米（图2.254b，7）。

刻槽盆　Y166：3，口沿。夹砂灰陶。直沿微敛，圆唇，圆弧腹下收。饰绳纹，内壁有刻槽。口径34.8、残高6.4厘米（图2.254b，3）。

器盖　2件。Y166：4，口沿。泥质灰陶。下口直沿敞口，方唇，唇面有一道凹槽，斜直腹，残顶。素面，内壁有明显瓦棱，外壁瓦棱不明显。口径19.7、残高7厘米（图2.254b，6）。Y166：5，顶部。泥质灰陶。下口沿残，斜直腹上收成假圈足状平顶握手。素面，外壁有不明显瓦棱，内壁瓦棱较明显。底径5.9、残高6.6厘米（图2.254b，5）。

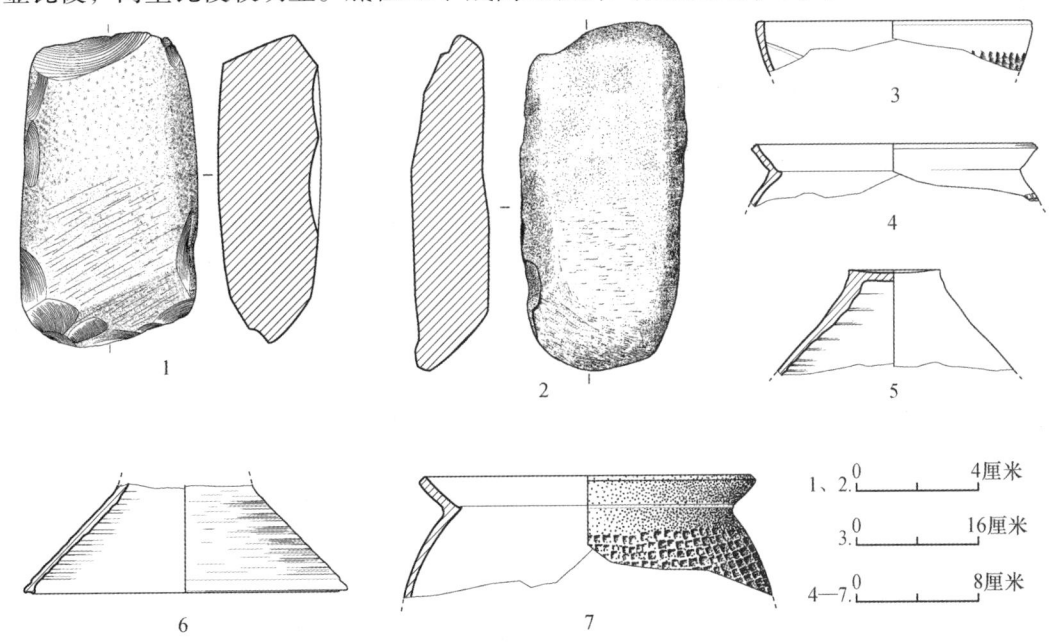

图2.254b　西齐家窑东北（Y166）采集标本

1.石斧（Y166：6）　2.石锛坯（Y166：8）　3.刻槽盆（Y166：3）　4、7.中口罐（Y166：1、Y166：2）　5、6.器盖（Y166：5、Y166：4）

（3）基本认识

该遗址规模不大，遗存以龙山文化晚期为主，也见有少量周代陶片。遗址地表现为农田，保存尚好。

240. 西齐家窑西北（Y188）

（1）概况

位于洛阳偃师市缑氏镇双泉行政村西齐家窑西北80米，浏河东岸临河台地上（图2.255a）。面积约2万平方米。地理坐标北纬34°34′43.19″，东经112°45′44.47″，海拔约178米。遗址所在台地地势较为平缓，起伏不大，地表现为农田。

2002年6月10日初查，2017年7月13日复查。

图2.255a 西齐家窑西北（左为北）

（2）主要发现

2006年冬季遗址附近架设高压线时，在开挖的高压线铁塔基坑（西距浏河东岸160米，南距西齐家窑村50余米）剖面上，发现周代灰坑及文化层。灰坑开口距现地表2米，其上为红色黏土淤积层。地表散见龙山及周代陶片，密度不大。采集石器1件，陶片29片，其中口沿11、腹片18片。

石器 Y188：11，辉绿岩。残块。琢磨兼制，圆弧状侧棱。残长7.3、残宽5.8、厚2.4厘米。

1）龙山文化

见有少量陶片，可辨认器形有小口高领瓮。属于龙山文化晚期。标本1件。

瓮 Y188：1，口沿。泥质灰陶。侈口，卷沿，圆唇，广肩。素面。口径34.5、残高6.2厘米（图2.255b，9）。

2）东周时期

数量相对较多，可辨认器形有平底盆、盆、豆等。多属于战国时期。标本9件。

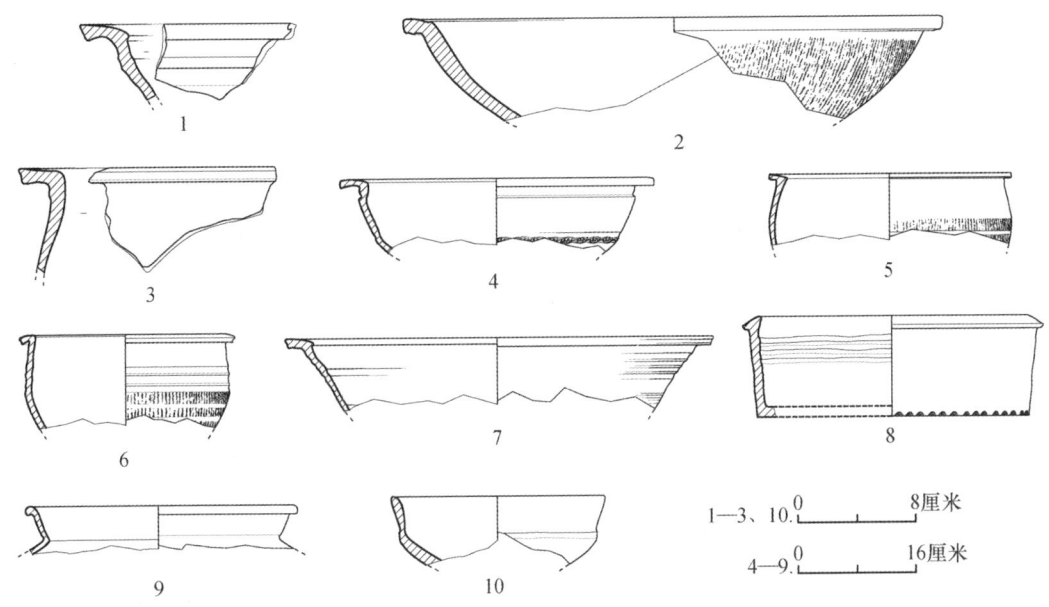

图2.255b 西齐家窑西北（Y188）采集标本
1—7.盆（Y188：9、Y188：5、Y188：8、Y188：3、Y188：4、Y188：7、Y188：6） 8.平底盆（Y188：2）
9.瓮（Y188：1） 10.豆（Y188：10）

平底盆 Y188：2，复原。泥质灰陶。敛口，内折沿，圆唇，沿外出一道凸棱，直腹微斜，平底。腹饰暗绳纹，内壁有瓦棱，底部饰一周压印绳纹。口径35.4、底径36、高12.9厘米（图2.255b，8）。

盆 7件。Y188：3，口沿。泥质灰陶。折沿，方唇，束颈，小折肩，斜弧腹较浅，腹部饰一周索状绳纹。素面。口径38.2、残高9.4厘米（图2.255b，4）。Y188：4，口沿。泥质灰陶。折沿，方唇，溜肩，圆鼓腹较深。上部素面，下部饰弦断绳纹。口径32、残高9.4厘米（图2.255b，5）。Y188：5，口沿。泥质灰陶。折沿，方唇，浅弧腹。饰绳纹。口径34.8、残高6.5厘米（图2.255b，2）。Y188：6，口沿。泥质灰陶。折沿，方唇，沿面内侧有一道凸棱，斜腹。饰瓦棱纹。口径55、残高9.3厘米（图2.255b，7）。Y188：7，口沿。泥质灰陶。折沿，方唇，沿面微鼓，直腹下收。上腹部饰凹弦纹，下腹部饰弦断绳纹。口径25、残高12厘米（图2.255b，6）。Y188：8，口沿。泥质灰陶。折沿，方唇，唇面有一道凹槽，沿面较平，直腹微弧。素面。残宽12.4、残高6.7、厚0.6厘米（图2.255b，3）。Y188：9，口沿。泥质灰陶。折沿，方唇，沿面微鼓，沿内出一道凸棱，浅腹。素面。残宽9.2、残高4.8、厚0.7厘米（图2.255b，1）。

豆 Y188：10，口沿。泥质灰陶。敞口，圆唇，折腹，腹饰一道凹弦纹。素面。口径13.7、残高4.4厘米（图2.255b，10）。

（3）基本认识

该遗址规模不大，以战国时期的遗存为主，见有少量龙山晚期遗物。遗址总体上保存尚好，稍有破坏。

241. 灰嘴北（Y192）

（1）概况

位于洛阳偃师市缑氏镇双泉村灰嘴北450米，南北向小路以东200米，陶家村南500米，浏河西岸临河台地上，南面与灰嘴西（Y127W）相距300余米（图2.256a；图版一六四，2）。面积3万平方米。地理坐标北纬34°34′52.00″，东经112°45′36.97″，海拔约177米。地势较为平坦、起伏不大，地貌基本保持原始状态，后期破坏力度较小，地表现为农田。

2002年6月11日初查，2017年7月14日复查。

图2.256a　灰嘴北（左为北）

（2）主要发现

未发现相关遗迹。地表散见仰韶、龙山、二里头、周等各个时期陶器残片，陶片密度较小。采集陶片27片，其中口沿2片、腹片25片。

其中仰韶、龙山、二里头陶片较少，无标本。属于西周时期的陶片，可辨认器形有罐。标本1件。

罐 Y192：1，口沿。泥质灰陶。折沿下耷，方唇，沿面有一道凹槽，束颈，溜肩。饰绳纹。口径11.7、残高9.3厘米（图2.256b，11）。

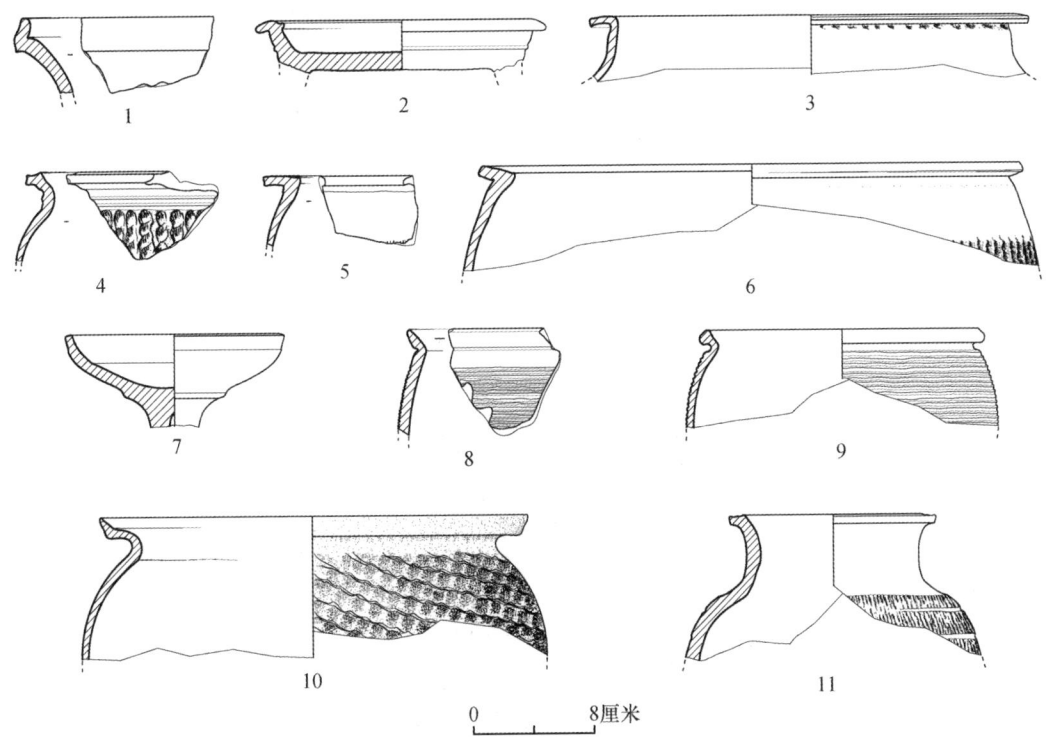

图2.256b 灰嘴北（Y192）、郑窑南（Y189）、陶家村东（Y191）采集陶器
1. 深腹罐（Y191：1） 2. 假腹豆（Y191：2） 3、4. 鬲（Y189H2：1、Y189：3） 5、6. 盆（Y189：4、Y189H2：2）
7. 豆（Y189：5） 8—11. 罐（Y189：1、Y189H1：1、Y189：2、Y192：1）

（3）基本认识

该遗址规模不大，以二里头文化和两周时期遗存为主，亦见有仰韶、龙山、二里头等时期的遗物，多为碎片，难以详细断代。遗址整体保存尚好，破坏程度不大。

242. 郑窑南（Y189）

（1）概况

位于洛阳偃师市缑氏镇郑窑村南500米，陶家村以东600米，浏河东岸临河台地上（图2.257；图版一六五，1）。面积3万平方米。地理坐标北纬34°35′14.51″，东经112°45′54.27″，海拔约168米。遗址所在台地地势较为平坦、起伏不大，多断崖沟叉，地表现为农田。

1984年，洛阳市文物普查队调查该遗址时称郑窑遗址，认为其含有东周和汉代的遗存[①]。2002年6月11日初查，2017年7月12日复查。

图2.257　郑窑南（上为北）

（2）主要发现

遗址所在周边的断崖剖面上发现了灰坑、地层和房基等遗迹（图版一六六，1）。仰韶、

---

① 方孝廉：《洛阳市一九八四年古文化遗址调查简报》附表，《中原文物》1987年第3期；国家文物局主编：《中国文物地图集·河南分册》，中国地图出版社，1991年，第122页，22-A22。

龙山陶片多采集于灰坑之中。2017年复查时，在遗址西部断崖剖面发现灰坑5个，在其中2个灰坑里采集到陶片标本，灰坑编号H1、H2（图版一六五，2）。地表多见周代陶片，密度很大，仰韶、龙山陶片较少。采集石铲坯4件，陶片76片，其中口沿6片，腹片70片，涵盖仰韶、龙山、战国等不同时期。龙山晚期多灰坑，未见口沿标本。

石铲坯 4件。Y189：6，石英岩。略残。打制，两面琢制，密布琢窝，基本成形。圆角长方形，圆弧状顶，侧棱已经打制，上下面较平整。残长24、残宽12、厚4.8厘米。Y189：7，石灰岩。残断，顶端。打制，两面琢制，密布琢窝，基本成形。圆角长方形，圆弧状顶，侧棱已经打制，上下面较平整。残长16.5、宽15.7、厚5.3厘米。Y189：8，石灰岩。残断，底端。打制。圆角长方形，圆弧状刃部，与侧棱均呈双面刃，上下面较平整。残长10.8、宽14.6、厚3.8厘米。Y189：9，石灰岩。残断，顶端。打制，稍未成形。残长13.3、残宽12、厚5.7厘米。

1）仰韶文化

见有灰坑，遗物数量不多，可辨认器形有夹砂鼓肩弦纹罐、盆、钵。属于仰韶文化中期偏早阶段。标本2件。

罐 2件。Y189：1，口沿。夹砂褐陶。折沿，圆唇，溜肩，圆弧腹。饰凹弦纹。残宽7.4、残高6.9、厚0.7厘米（图2.256b，8）。H1：1，口沿，夹砂红陶。直领外侈，圆唇，束颈，溜肩。饰凹弦纹。口径17.8、残高6.3厘米（图2.256b，9）。

2）东周时期

遗物数量较多，可辨认器形有鬲、盆、豆、罐等。多属于战国时期。标本6件。

鬲 2件。Y189：3，口沿。夹砂灰陶。折沿，方唇，沿面有一道凹槽，束颈，颈部饰一周凸弦纹，溜肩。饰粗绳纹。残宽10、残高5.6、厚0.4厘米（图2.256b，4）。H2：1，口沿。夹砂褐陶。折沿，方唇，直领，溜肩。饰暗绳纹。口径29、残高4.2厘米（图2.256b，3）。

罐 Y189：2，口沿。夹砂灰陶。卷沿，尖唇，沿面内凹，束颈，溜肩，圆弧腹。饰粗绳纹。口径27.8、残高9厘米（图2.256b，10）。

盆 2件。Y189：4，口沿。泥质灰陶。折沿，方唇，溜肩。素面。残宽6.5、残高4.5、厚0.5厘米（图2.256b，5）。H2：2，口沿。泥质灰陶。折沿，方唇，直腹微弧。上腹部磨光，下腹部饰绳纹。口径35.3、残高6.7厘米（图2.256b，6）。

豆 Y189：5，豆盘。敞口，方唇，折腹，圜底，实柄。素面。口径13.5、残高6厘米（图2.256b，7）。

（3）基本认识

该遗址规模不大，文化内涵相对复杂，包括仰韶文化中期、龙山晚期及战国时期的遗存。堆积较丰富，保存较好。

243. 陶家村东（Y191）

（1）概况

位于洛阳偃师市缑氏镇郑窑村陶家村东，浏河西岸临河台地上，东面与郑窑南（Y189）隔沟相望（图2.258）。面积8万平方米。地理坐标北纬34°35′07.40″，东经112°45′45.02″，海拔约169米。遗址所在台地地势较为平坦、起伏不大，地貌基本保持原始状态，后期破坏力度较小，无遗迹现象暴露，地表现为农田、核桃林。

2002年6月11日初查，2017年7月12日复查。

图2.258　陶家村东（上为北）

（2）主要发现

地表散见商周时期陶器残片。从陶片的质地、颜色及纹饰特征看，多为周代。采集陶片27片，皆为腹片。无典型标本。

2017年复查时，在村东南铺设地埋管道的沟槽两边，发现了较多的二里岗时期的陶片，采集了少量标本。器形有深腹罐、假腹豆等。时段不详。标本2件。

深腹罐　Y191∶1，口沿。夹砂灰陶。折沿，方唇，沿面内凹。素面。残宽8.8、残高4.8厘米（图2.256b，1）。

假腹豆　Y191∶2，豆盘。泥质灰陶。折沿，圆唇，沿面微鼓，浅盘，粗圈足。素面。口径16.7、残高3.4厘米（图2.256b，2）。

（3）基本认识

该遗址以两周时期的遗存为主。复查发现二里岗文化时期的陶片，应该有同期遗址存在。遗址总体保存尚好，主要受农耕、植树、流水侵蚀破坏。

244. 刘国故城（Y190）

（1）概况

位于洛阳偃师市缑氏镇陶家村北，擂鼓台水库上游的浏河西岸和涧河之间（图2.244—1）（图2.259a；图版一六六，2）。面积80万平方米。地理坐标北纬34°35′22.61″，东经112°45′22.58″，海拔约157—165米。遗址在浏涧河与沙沟交汇处之间的半岛形台地上，地势较为平坦、起伏不大，地表现为农田。

图2.259a 刘国故城（上为北）

1984年11月，洛阳市文物工作队和偃师县文管会对刘国故城遗址进行了考察[①]。该城址呈长方形，南北长约1220米，东西宽约650米，城区内耕土层中散落着大量春秋至汉代的板瓦、筒瓦、小砖等建筑材料及盆、甑、壶、豆、瓮等陶制器皿残片。在陶家村的东北处，断崖上暴露出残存的南城墙。墙体分为东西两段。东段现存137米，宽24.5米，夯土距地表最浅处0.1

---

① 赵会军：《河南省文物普查大观》，《中原文物》1986年第3期。

米，最深处0.6米，残存高度0.5—1.2米，西段现长135米，墙体宽约2.1米，南城门可能位于东西两段墙之间①。

2006年被列入河南省文物保护单位名单。2013年5月，被国务院核定为第七批全国重点文物保护单位。

2002年6月11日初查，2006年11月21日、2017年7月17日复查。

（2）主要发现

据相关部门实地勘察，该城址平面大体呈长方形，南北长约1200米，东西宽650米。北、东、西三面临河，为深沟，可能未筑城墙，仅南面筑有城墙。调察时南城墙地表以上已荡然无存，地表以下还残存长300余米，宽20余米，高0.5—1.5米的部分。

城内地表散见砖瓦、盆、罐、瓮等陶器残片，陶片密度很大，还见有个别龙山文化陶片。西北部发现了大量的烧制变形的陶器，此处可能是当时陶器的制作场所。断崖剖面上发现灰坑、房基等遗迹现象。2006年复查时，在城址中北部断崖剖面上发现2个灰坑（H1、H2），采集了浮选土样及陶片标本。共采集石器1件，陶片72片，其中口沿28片、底片6片、腹片38片。

石锤 Y190：11，花岗岩。琢制。扁平圆形，制作规整。直径10.2、厚6厘米。

1）龙山文化

数量较少，可辨认器形有夹砂中口罐。属于龙山文化晚期。标本2件。

罐 2件。Y190：1，口沿。夹砂褐陶。侈口外折，方唇，沿面有一道凹槽。素面。残宽5.5、残高3厘米（图2.259b，1）。Y190：2，口沿。夹砂褐陶。侈口，方唇，唇面内凹。素面。残宽6.7、残高3.7厘米（图2.259b，2）。

2）东周时期

遗物数量较多，见有鬲、罐、瓮、盆、器盖等器形。属于春秋和战国时期。标本8件。

鬲 Y190：3，口沿。夹砂红陶。折沿，方唇，沿面内凹，有戳刺纹，束颈，溜肩。饰绳纹。口径28.3、残高7.2厘米（图2.259b，9）。

罐 3件。Y190：5，口沿。泥质灰陶。折沿上翘，方唇，沿面内凹，束颈，溜肩，圆腹。饰绳纹。口径12.4、残高3.8厘米（图2.259b，4）。Y190：6，口沿。泥质灰陶。小折沿下垂，圆唇，沿面内凸成棱，束颈，溜肩。饰绳纹。口径11.5、残高6.8厘米（图2.259b，5）。Y190：7，口沿。泥质灰陶。平折沿，方唇，直领。素面，烧制过程中走形严重。残宽9.5、残高4.2、厚0.6厘米（图2.259b，3）。

瓮 Y190：8，口沿。泥质灰陶。直领，圆唇，唇面有一道凹槽，广肩。素面。口径15.1、残高7.9厘米（图2.259b，10）。

盆 2件。Y190：9，口沿。泥质灰陶。折沿，方唇，唇面有一道凹槽，沿面微鼓，束

---

① 郭洪涛：《春秋刘国故城考》，《中国古都研究（第十二辑）——中国古都学会第十二届年会论文集》，1994年；郭洪涛：《春秋刘国故城考》，《洛阳大学学报》1998年第3期。

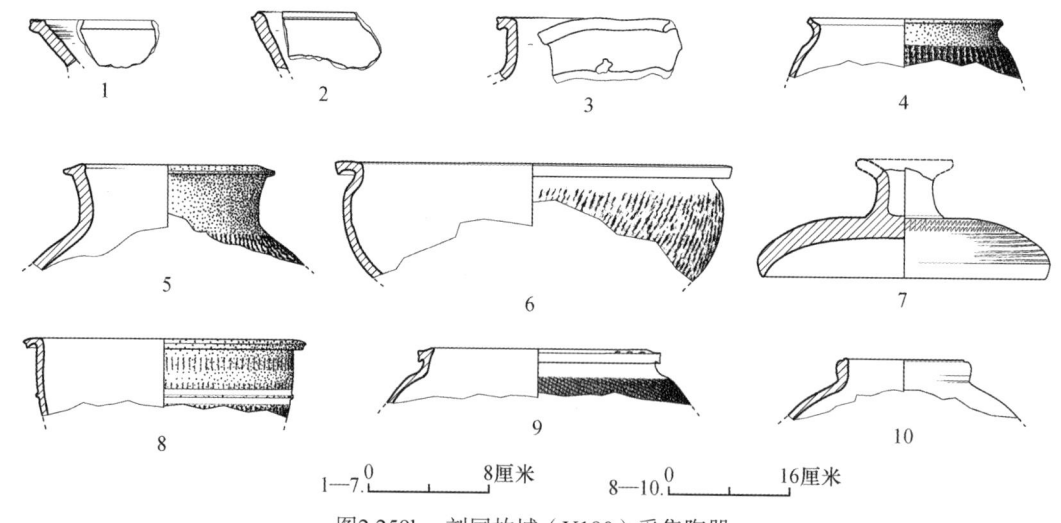

图2.259b 刘国故城（Y190）采集陶器
1—5.罐（Y190：1、Y190：2、Y190：7、Y190：5、Y190：6） 6、8.盆（Y190：10、Y190：9） 7.器盖（Y190：4）
9.鬲（Y190：3） 10.瓮（Y190：8）

颈，直腹微弧。上部饰暗绳纹，其下有一道凸弦纹，下腹部饰绳纹。口径33.6、残高10厘米（图2.259b，8）。Y190：10，口沿。泥质黑皮陶。折沿，方唇，束颈，溜肩，弧腹。饰绳纹。口径24、残高7.4厘米（图2.259b，6）。

器盖 Y190：4，可复原。泥质灰陶。下口直沿尖唇，浅弧腹，钮残。素面。口径18.4、残高7厘米（图2.259b，7）。

（3）基本认识

该遗址以东周时期的遗存为主，北部见有龙山文化晚期的陶片。根据已有的研究，其应该为春秋战国时期的刘国故城遗址。遗址目前保存尚好，主要受水库流水侵蚀。

245. 郑窑（Y140）

（1）概况

位于洛阳偃师市缑氏镇郑窑村西，浏河东岸（图2.260a）。二里头、二里岗文化遗存约10万平方米，东周时期遗存约20万平方米。地理坐标北纬34°35′42.36″，东经112°45′33.26″，海拔约160米。遗址被砖厂取土破坏严重，地表现为农田。

1984年，洛阳市文物普查队调查该遗址，认为主要为周代遗存，兼有汉代[①]。

2001年1月14日初查，2002年6月11日复查。

图2.260a 郑窑（上为北）

（2）主要发现

地表散见陶片，密度较小。在郑窑砖厂西北角发现二里岗文化灰坑H1，采集到陶器标

---

① 方孝廉：《洛阳市一九八四年古文化遗址调查简报》，《中原文物》1987年第3期；国家文物局主编：《中国文物地图集·河南分册》，中国地图出版社，1991年，第122页，22-A22。

本。2002年复查时，在郑窑村西北面靠近擂鼓台水库的地方发现二里头文化的陶片。这一带因为地貌基本保持原始状态，近现代破坏力度很小，无断崖沟叉，故而未发现遗迹现象，地表散见有二里头文化及东周的陶片。

从此次复查的情况看，遗址南部主要是二里岗文化遗存，北部为二里头文化遗存，两次调查并没有发现仰韶文化遗存。

采集石器4件，陶片102片，其中口沿24片、腹片74片、底片3片、鬲足1件。遗物以二里岗文化晚期为主，少量二里头文化晚期，部分陶片为东周时期，以战国时期为主。

石斧　Y140:11，石灰岩。琢磨兼制。残断。宽厚长条形，断面略呈椭圆形，顶部、刃部残断。残长5.9、宽5.8、厚3.2厘米。

刮削器　Y140:12，赤砂岩。打制。利用打击石片，将其与打击点对应的一面作为刃部，刃部使用痕迹明显。长8.5、宽5.8、厚2.1厘米。

石毛坯　2件。Y140:13，鲕状白云岩。残块。打制，侧棱打制，呈双面刃状。残长6.1、残宽3.5、厚3厘米。Y140:15，石灰岩。打磨兼制。略呈梯形，一面近平，一面突兀，疑为石凿坯。残长7.5、宽5、厚2.5厘米。

白烧石　Y140:14，石灰岩。长方梯形，烧石灰的半成品。长13.2、宽8.7、残厚5厘米（图版二六三，2）。

1）二里头文化

遗物数量不多，器形有深腹罐、鼎等。属于二里头文化三、四期。标本2件。

深腹罐　Y140:1，口沿。夹砂灰陶。卷沿，圆唇，束颈。素面。口径40、残高5.5厘米（图2.260b，14）。

鼎　Y140:2，口沿。夹砂灰陶。折沿下耷，圆唇，束颈。腹饰绳纹。口径24、残高6.2厘米（图2.260b，15）。

2）二里岗文化

发现灰坑1处。遗物数量相对较多，可辨认器形有鬲、深腹罐、盆、大口尊、甗、高领罐。属于二里岗文化晚期。标本6件。

深腹罐　H1:1，口沿。夹砂灰陶。折沿，方唇，唇面下有一周凹弦纹，沿面内有一周凹槽，溜肩。腹饰两周凹弦纹。残宽12.7、残高7.4、厚0.6厘米（图2.260b，6）。

鬲　3件。H1:2，口沿。夹砂黑皮陶。折沿，方唇，唇面下凸出棱，沿面有一道凹槽，束颈，溜肩。饰绳纹。口径18、残高8.6厘米（图2.260b，9）。H1:3，口沿。夹砂灰陶。折沿，方唇，唇面有一道凸棱，沿面有一道凹槽，束颈，溜肩。腹饰绳纹。口径17、残高7.8厘米（图2.260b，10）。H1:4，口沿。夹砂褐陶。折沿，方唇，沿面有一道凹槽，束颈，溜肩。饰绳纹。口径17.7、残高6.1厘米（图2.260b，11）。

甗　H1:5，口沿。夹砂灰陶。折沿上翘，方唇，唇面内凸成棱，直腹。腹饰一周凹弦纹。残宽10.8、残高7.3、厚0.5厘米（图2.260b，7）。

高领罐　H1:6，口沿。泥质灰陶。直领外卷，圆唇，广肩。饰细绳纹。口径15.3、残高

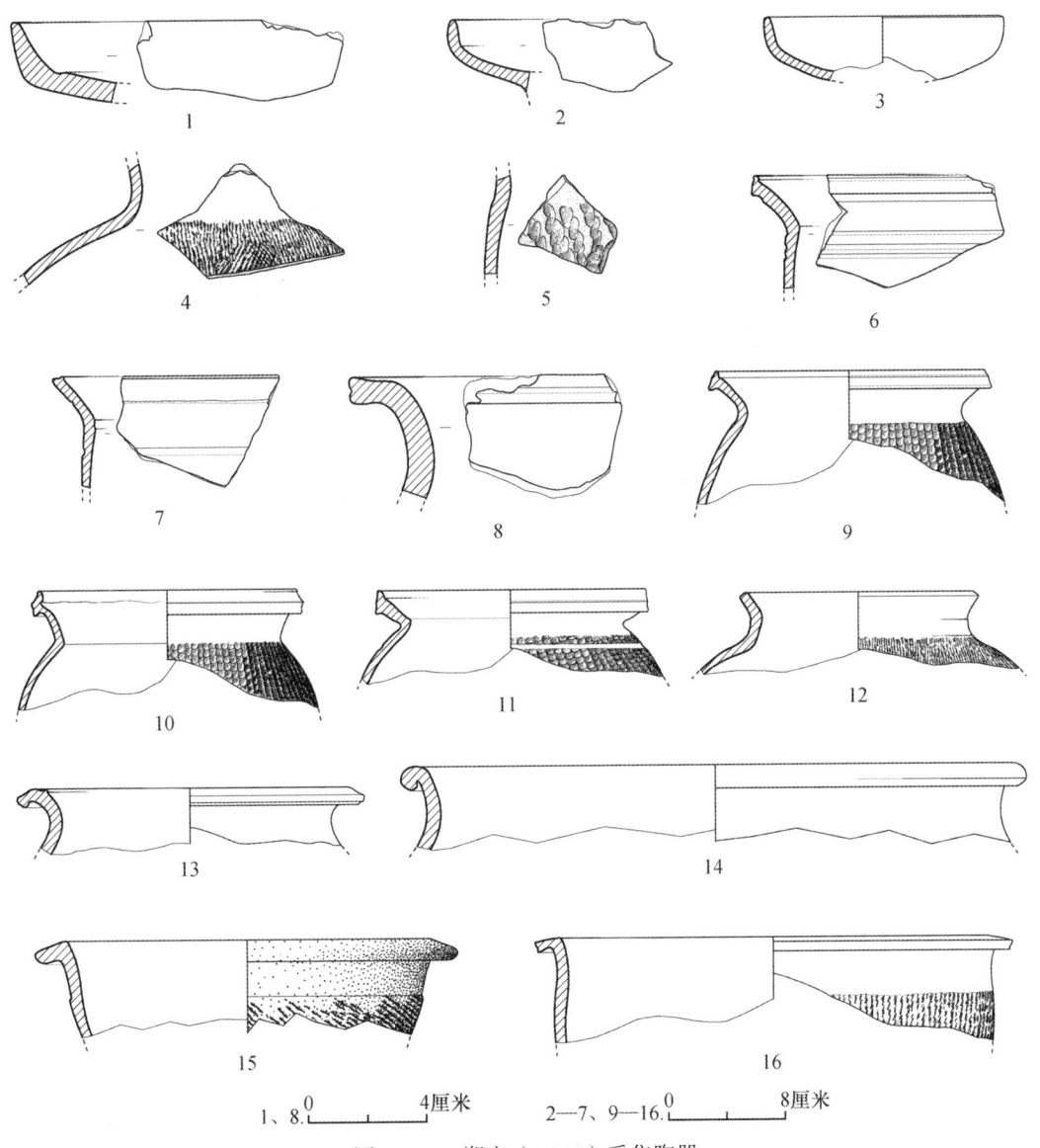

图2.260b 郑窑（Y140）采集陶器

1—3.豆（Y140：7、Y140：6、Y140：5） 4.瓮（Y140：8） 5.腹片（Y140：9） 6、14.深腹罐（H1：1、Y140：1）
7.甗（H1：5） 8—11.鬲（Y140：3、H1：2、H1：3、H1：4） 12.高领罐（H1：6） 13.罐（Y140：10）
15.鼎（Y140：2） 16.盆（Y140：4）

5.3厘米（图2.260b，12）。

3）东周时期

遗物数量较多，器形有鬲、盆、罐、豆、瓮等。多为战国时期。标本8件。

鬲 Y140：3，口沿。夹砂褐陶。卷沿，方唇，唇面饰一道凹弦纹，沿面有一道凹槽。素面。残宽5.2、残高4、厚0.8厘米（图2.260b，8）。

盆 Y140：4，口沿。泥质灰陶。折沿下耷，方唇，束颈，直腹。腹饰绳纹。口径29、残高6.9厘米（图2.260b，16）。

罐 Y140：10，口沿。泥质褐陶。折沿，圆唇，沿面微鼓，束颈。素面。口径20.7、残高

4.2厘米（图2.260b，13）。

豆　3件。Y140：5，豆盘。泥质褐陶。敞口，方唇，浅弧腹。磨光。口径15.6、残高4.2厘米（图2.260b，3）。Y140：6，豆盘。泥质灰陶。敞口，圆唇，直腹，浅盘，磨光。残宽8.5、残高4、厚1.4厘米（图2.260b，2）。Y140：7，豆盘。泥质灰陶。敞口，圆唇，直腹，浅盘。磨光。残宽6.9、残高2.6、厚0.6厘米（图2.260b，1）。

瓮　Y140：8，颈部。泥质灰陶。直领，广肩。饰绳纹。残宽12.4、残高7.5、厚0.8厘米（图2.260b，4）。

腹片　Y140：9，夹砂灰陶。饰粗绳纹。残宽6.5、残高6、厚0.9厘米（图2.260b，5）。

（3）基本认识

该遗址规模较大，南部以二里岗文化晚期遗存为主，北部以二里头文化晚期遗存为主。周代陶片随处可见，以战国时期为主。浏涧河南部即为刘国故城遗址，东周遗存当与此城址关系密切。遗址上还见有石毛坯及白烧石，与其南约2千米的灰嘴遗址情况相近，时代略晚，但明显不如灰嘴遗址毛坯数量大。遗址南部被砖厂破坏较甚。

246. 擂鼓台水库东（Y193）

位于洛阳偃师市缑氏镇郑窑行政村浏涧河自然村西南角，擂鼓台水库北岸临河台地上（图2.261；图版一六七，1）。面积1万平方米。地理坐标北纬34°35′56.60″，东经112°45′13.60″，海拔约154米。遗址所在地地势较为平坦、起伏不大，地貌基本保持原始状态，后期破坏力度较小，地表现为农田。

2002年6月12日初查，2017年7月12日复查。

图2.261　擂鼓台水库东（上为北）

遗址地表散见周代陶片，陶片密度很小。采集陶片4片，皆为腹片，无典型标本。多属于东周。

该遗址可能为浏涧河流域东周时期刘国故城周边的一处小型遗址。

247. 郑村西（Y194）

（1）概况

位于洛阳偃师市缑氏镇郑窑行政村郑村自然村西600米处，浏涧河东岸东西向小冲沟与浏涧河交汇处的台地上（图2.262a）。面积1.5万平方米。地理坐标北纬34°36′16.43″，东经112°45′14.90″，海拔约152米。地势较为平坦、起伏不大，地貌基本保持原始状态，后期破坏力度较小，地表现为葡萄园。

2002年6月12日初查，2017年7月12日复查。

图2.262a　郑村西（上为北）

（2）主要发现

河东侧断崖剖面暴露出文化层，厚0.5—0.6米。地表散见仰韶、周代陶片，陶片密度较大。采集陶片112片，其中口沿19片、底片5片、腹片88片。可辨认器形有鼎、釜形鼎、泥质彩陶罐、夹砂弦纹罐、敛口缸、花边缸、盆、圈足盘、彩陶钵、钵、碗等，属于仰韶文化中、晚期。标本10件。见有少量东周陶片，未采集标本。

夹砂罐　Y194∶1，口沿。夹砂褐陶。直领，圆唇。素面。残宽3.8、残高2.6厘米（图2.262b，4）。

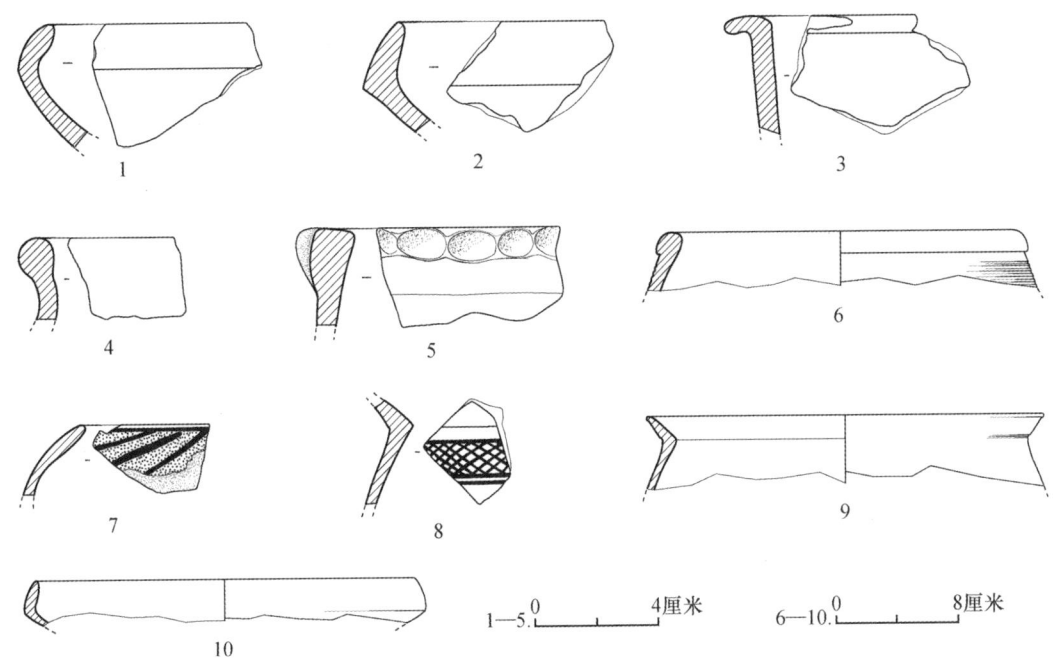

图2.262b 郑村西（Y194）采集标本

1、2、10.圈足盘（Y194：8、Y194：10、Y194：9） 3.盆（Y194：6） 4.夹砂罐（Y194：1） 5、6.鼎（Y194：2、Y194：3） 7.钵（Y194：7） 8、9.泥质彩陶罐（Y194：5、Y194：4）

鼎 2件。Y194：2，口沿。夹砂褐陶。直沿内敛口，沿外饰一周索状花边。残宽6、残高3.1厘米（图2.262b，5）。Y194：3，口沿。夹砂褐陶。敛口，圆唇，溜肩。饰凹弦纹。口径22、残高3.6厘米（图2.262b，6）。

泥质彩陶罐 2件。Y194：4，口沿。泥质红陶。折沿，尖唇，溜肩。素面。复原口径27.5、残高4.6厘米（图2.262b，9）。Y194：5，口沿。泥质红陶。折沿，残唇，溜肩。施红衣黑彩横向平行线纹夹网格纹。残宽5.5、残高6.6厘米（图2.262b，8）。

盆 Y194：6，口沿。泥质褐陶。折沿，圆唇，直腹。磨光。残宽5.8、残高3.7厘米（图2.262b，3）。

钵 Y194：7，口沿。泥质红陶。敛口，圆唇。白衣黑彩，饰黑彩横向平行线纹夹斜向平行线纹。残宽7.6、残高4.3厘米（图2.262b，7）。

圈足盘 3件。Y194：8，口沿。泥质褐陶。直沿内敛口，圆唇，圆弧腹。磨光。残宽5.4、残高3.8厘米（图2.262b，1）。Y194：9，口沿。泥质黑陶。直沿内敛口，尖唇，折腹。磨光。口径24.1，残高3.8厘米（图2.262b，10）。Y194：10，口沿。泥质褐陶。内折沿，圆唇，折腹。磨光。残宽5.3、残高3.4厘米（图2.262b，2）。

（3）基本认识

该遗址规模不大，以仰韶文化中、晚期（含过渡期）的遗存为主，见有少量东周陶器残片。保存较好，后期破坏力度较小。

248. 涧东村（Y195）

（1）概况

位于洛阳偃师市缑氏镇程子沟行政村涧东自然村西和村南，国道锡海线（G207）以北，浏涧河东岸临河台地上（图2.263；图版一六七，2）。面积6万平方米。地理坐标北纬34°36′34.44″，东经112°45′13.27″，海拔约148米。地势较为平坦、起伏不大，地表现为民居、农田。

1962年，中国科学院考古研究所洛阳发掘队在调查程子沟遗址时，在浏涧河两岸均发现了遗存，当时确认的遗址范围是否包括该遗址则不详[①]。

2002年6月12日初查，2007年6月16日、2007年11月10日、2017年7月12日复查。

图2.263　涧东村（上为北）

---

① 二里头工作队资料。

（2）主要发现

在国道G207北侧断崖上，暴露出周代灰坑（图版一六八、图版一六九，1）。2007年11月10日复查时，在村南通向国道大路西侧的断崖剖面上，发现灰坑1座，编号H1。采集到浮选土样及残留物分析标本。

地表散见东周时期陶片，陶片密度较小。采集石器2件，陶片较少，共计14片，其中口沿6片、腹片8片。未采集标本，具体时段不详。

砺石　2件。Y195：1，砂岩。残。不规则形，上面及一侧面为使用面，表面光滑，且凹陷不平，其他面为断面，不规则。长8.8、宽9.7、厚4.8厘米。Y195：2，石英砂岩。残块。上下两面均为使用面，磨砺较平，且有凹陷，其他面为自然断面，不规则。长8.8、宽9.7、厚4.8厘米（图版二六三，3）。

（3）基本认识

该遗址以东周时期的遗存为主。北部被村庄民居占压。

249. 涧东村北（Y196A）

（1）概况

位于洛阳偃师市缑氏镇程子沟行政村涧东村西北，浏涧河东岸，南北向冲沟与浏涧河交汇处的台地上（图2.264a）。面积4万平方米。地理坐标北纬34°36′49.39″，东经112°45′13.05″，海拔约148米。地势较为平坦、起伏不大，地表现为葡萄园。

1962年，中国科学院考古研究所洛阳发掘队调查程子沟遗址时，在涧河东岸发现了灰坑5个，应该即为本遗址所在。其中河东曾发现1个灰坑，口径1.5米，中腰2.2米，底径约1米，距地表0.6米，发现的遗物属于二里头文化，涵盖早晚期[①]。

2002年6月12日初查，2007年6月16日、2007年11月10日、2017年7月12日复查。

图2.264a　涧东村北（上为北）

---

① 二里头工作队资料。

（2）主要发现

2007年6月16日复查时，在涧东村北路沟两壁剖面发现二里头文化灰坑3座（H1—H3），在河边断崖剖面也发现灰坑数座，其中一个灰坑下方还发现一儿童头骨，灰坑里暴露出一些人骨，与其共存的陶片均属于二里头文化（图版一六九，2）。

从复查情况看，二里头文化的遗存主要分布在台地西南部，即涧东村北口以西，而龙山文化遗存主要分布在距村六七百米的台地西北部，中间地带地表陶片很少，断崖剖面也无暴露遗迹现象。根据复查结果，将遗址分为南、北两部分，村口南部亦见有二里头文化遗迹，即为本遗址（Y196A），面积约为4万平方米。西北部台地多龙山文化遗迹，详见下文（Y196B），面积约6万平方米。2007年复查采集石器4件，陶片62片，其中口沿15片、底片1片、腹片45片、足1片。

石锛　Y196A：9，玄武岩。残断。琢磨兼制。单面直刃，刃部已残，下面平整，上面呈斜坡面。残长6.9、残宽6、厚2.8厘米（图2.264b，5）。

石铲　Y196A：11，鲕状白云岩。残断，余顶端。琢磨兼制。长方形，圆弧顶，一面磨制平整，一面大部琢制，局部磨制，呈圆弧状，刃部残断。残长13.6、宽10.1、厚3.6厘米（图版二六三，4）。

石杵　Y196A：10，钟乳石。椭圆形柱体，圆弧状杵头。残长8.4、长径3.9、短径3.3厘米

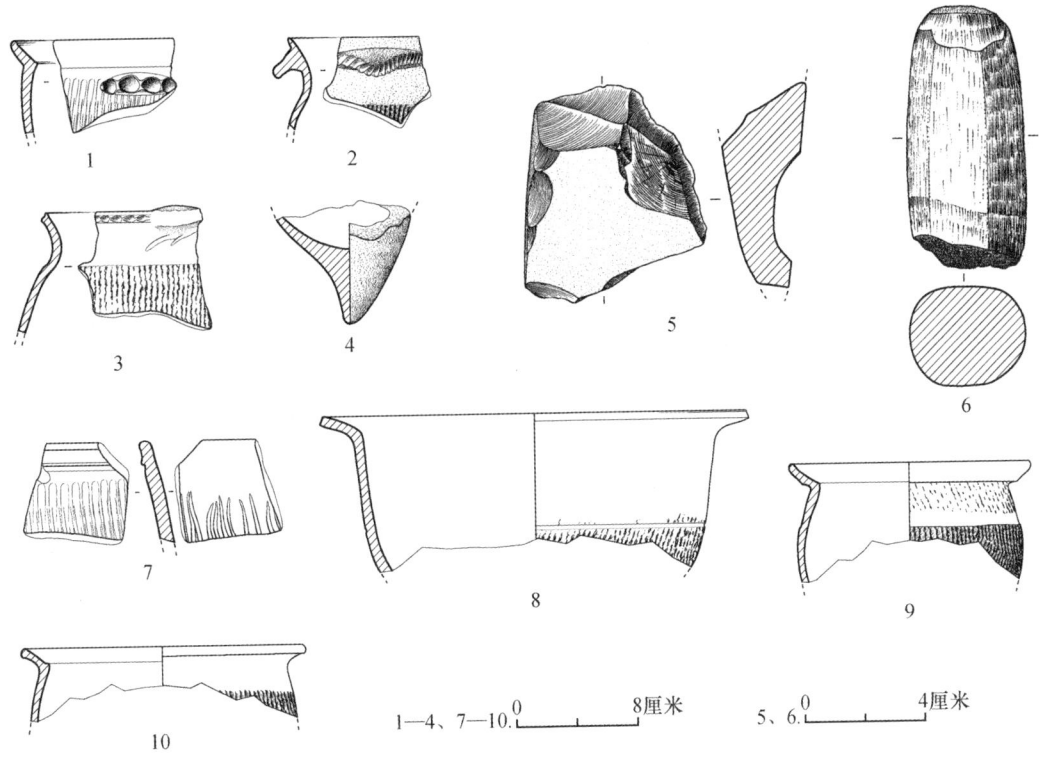

图2.264b　涧东村北（Y196A）采集遗物

1.甑（Y196A：5）　2、3.圆腹罐（Y196A：4、Y196A：3）　4.鬲（Y196A：8）　5.石锛（Y196A：9）　6.石杵（Y196A：10）　7.刻槽盆（Y196A：7）　8.盆（Y196A：6）　9、10.深腹罐（Y196A：2、Y196A：1）

（图2.264b，6）。

石毛坯　Y196A：12，鲕状白云岩。一侧边经交互打制，较直，其余面未成型，应为较早塑形打下的断块。残长18.3、宽14.1、厚4.4厘米（图版二六三，5）。

1）二里头文化

可辨认器形有甗、深腹罐、圆腹罐、刻槽盆、盆、缸、瓮、尊、豆，包括二里头文化第二和第四期。标本7件。

深腹罐　2件。Y196A：1，口沿。夹砂褐陶。折沿，圆唇，溜肩。饰绳纹。口径22.5、残高5.9厘米（图2.264b，10）。Y196A：2，口沿。夹砂灰陶。折沿，圆唇，沿面微凹，溜肩，弧腹。饰绳纹。口径19.5、残高9.5厘米（图2.264b，9）。

圆腹罐　2件。Y196A：3，口沿。夹砂灰陶。侈口，方唇，唇面有一周锯齿状花边并附有一对鸡冠錾，束颈，溜肩，圆弧腹。饰绳纹。残宽8.7、残高8、厚0.5厘米（图2.264b，3）。Y196A：4，口沿。夹砂灰陶。侈口，尖唇，唇下饰一周锯齿状花边，并附有一对鸡冠錾，束颈，溜肩。饰细绳纹。残宽7、残高5.8、厚0.4厘米（图2.264b，2）。

甗　Y196A：5，口沿。泥质灰陶。折沿，圆唇，弧腹。腹饰绳纹，并附有一对鸡冠錾。残宽8、残高5.9、厚0.5厘米（图2.264b，1）。

盆　Y196A：6，口沿。泥质灰陶。卷沿，方唇，直腹。上部磨光，中间有一周凹弦纹，下部饰绳纹。口径27.6、残高9.9厘米（图2.264b，8）。

刻槽盆　Y196A：7，口沿。泥质灰陶。直沿，圆唇，沿下饰一周凹弦纹，磨光。内壁有平行刻槽。残宽7、残高6.5、厚0.8厘米（图2.264b，7）。

2）商周时期

见有鬲等，可能属于殷墟晚期至西周早期。标本1件。

鬲　Y196A：8，袋足。夹砂灰陶。乳突状实足。残高7.8厘米（图2.264b，4）。

（3）基本认识

该遗址主要以二里头文化二、四期为主，另有少量殷墟晚期至西周早期（商周之际）的遗存。遗址总体保存较好，近河处受流水侵蚀破坏较甚，新近种植葡萄也会对遗址造成较大的破坏。

250. 涧东村西北（Y196B）

（1）概况

位于洛阳偃师市缑氏镇程子沟行政村涧东自然村西北，浏涧河东岸南北向冲沟与浏涧河交汇处的台地上（图2.265a），南临涧东村北（Y196A）。面积约6万平方米。地理坐标北纬34°37′01.39″，东经112°45′10.05″，海拔约147米。地势较为平坦、起伏不大，地表现为葡萄园。

2002年6月12日初查，2007年6月16日、2007年11月10日、2017年7月12日复查。

图2.265a　涧东村西北（上为北）

（2）主要发现

初次调查时，在台地西北部的断崖边现代墓附近，发现现代墓打破的龙山灰坑，在挖掘出的灰坑填土内，包含较多陶片，采集了其中一部分陶片，并采集了两袋浮选土样，灰坑编号H1。地表散见陶片，密度较小。采集石器5件，陶片98片，其中口沿16片、腹片82片。包括龙山和二里头时期。

石斧　2件。Y196B：8，辉绿岩。残断。琢磨兼制。长方形厚体，双面直刃，断面呈椭圆形，顶部残。残长6.3、宽5.9、厚3.3厘米（图版二六三，6）。Y196B：9，石灰岩。残断。琢磨兼制。扁平长方体，圆弧顶，刃部残。残长5.4、宽6.8、厚1.6厘米。

石铲　Y196B：10，细粒鲕状白云岩。残断。磨制。扁平梯形，边缘较规整但风化严重，未经磨制，两宽面磨制精细，刃部残断。残长10.9、残宽7.9、厚2.1厘米。

砍砸器　Y196B：11，石英砂岩。打制。不规则形，利用一打击石块，将其较薄的一面打制成双面刃，刃部使用痕迹明显。长12.2、宽10.4、厚5.2厘米。

石核　Y196B：12，石英岩，剥片痕迹明显。长3.1、宽2.5、厚1.6厘米。

1）龙山文化

发现灰坑1处（H1），采集遗物可辨认器形有大口罐、泥质罐、小口高领瓮、圈足盘、豆、器盖等。属于龙山晚期。标本3件。

罐　Y196B：1，口沿。泥质灰陶。折沿，圆唇，溜肩，圆弧腹。上腹部磨光，下腹部饰篮纹。口径26、残高14.6厘米（图2.265b，3）。

大口罐　H1：1，口沿。夹砂灰陶。折沿上翘，方唇，沿内出一道凸棱，溜肩。素面。残宽7.4、残高4.4、厚0.5厘米（图2.265b，1）。

器盖　H1：2，泥质褐陶。侈口，方唇，唇面有一道凹槽，沿内出一道凸棱，斜直腹。素面。残宽9.6、残高7.6、厚0.5厘米（图2.265b，2）。

2）二里头文化

可辨认器形有甑、鬲、深腹罐、圆腹罐、鼎、盆、三足皿。属于二里头文化第二至四期。标本5件。

深腹罐　Y196B：2，口沿。夹砂灰陶。折沿，圆唇，沿面微凹，溜肩，深腹。饰篮纹。口径23.5、残高8.1厘米（图2.265b，5）。

圆腹罐　2件。Y196B：4，口沿。夹砂灰陶。侈口，方唇，沿外饰一周索状花边并附一个鸡冠錾，直领。素面。口径13.9、残高3.9厘米（图2.265b，8）。Y196B：5，口沿。夹砂灰陶。侈口，圆唇，沿外饰一周索状绳纹花边，长颈，溜肩，圆弧腹。素面。残宽9.5、残高11、厚0.4厘米（图2.265b，4）。

鼎　Y196B：3，口沿。夹砂灰陶。折沿，圆唇，溜肩。饰绳纹。口径21.3、残高6.4厘米（图2.265b，6）。

甑　Y196B：6，口沿。泥质黑皮陶。折沿，圆唇，沿内饰一道凹弦纹，束颈，直腹。饰篮纹。口径19.3、残高6厘米（图2.265b，9）。

3）西周时期

发现少量疑似西周时期遗物，器形有盆等。标本1件。

盆　Y196B：7，口沿。泥质灰陶。卷沿，圆唇，直腹微斜。饰细绳纹。残高5.9厘米（图2.265b，7）。

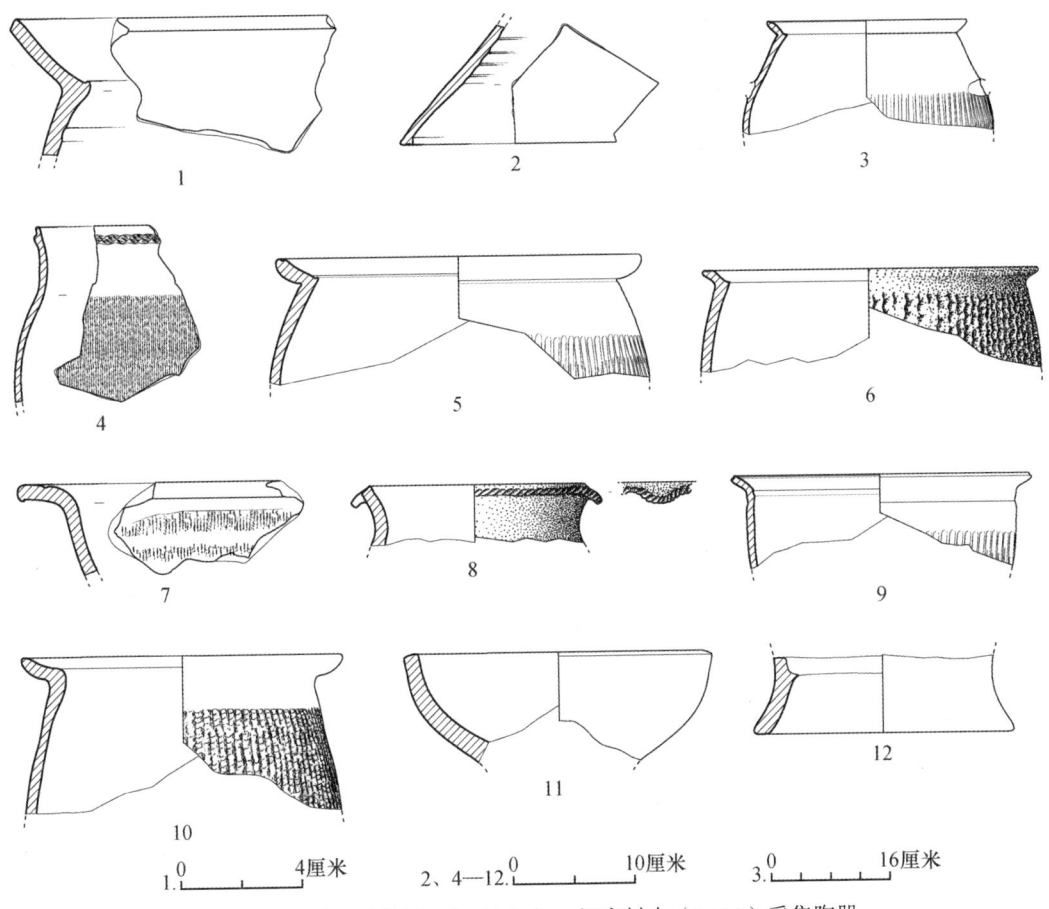

图2.265b 涧东村西北（Y196B）、姬家村南（Y228）采集陶器
1. 大口罐（Y196BH1∶1） 2. 器盖（Y196BH1∶2） 3. 罐（Y196B∶1） 4、8. 圆腹罐（Y196B∶5、Y196B∶4）
5. 深腹罐（Y196B∶2） 6. 鼎（Y196B∶3） 7. 盆（Y196B∶7） 9. 甗（Y196B∶6） 10. 鬲（Y228∶1）
11. 豆（Y228∶2） 12. 簋（Y228∶3）

（3）基本认识

该遗址以龙山晚期遗存为主。二里头文化遗存分布范围较大，应当涵盖涧东村北和西北，西周时期的遗存主要分布在本遗址的西南部，复查时将其从涧东村北（Y196A）中独立出来，归入本遗址。遗址总体保存较好，但新近种植葡萄会对遗址造成较大的破坏。

251. 姬家村南（Y228）

（1）概况

位于洛阳偃师市缑氏镇盆窑行政村姬家村南，崔河经姬家村至缑氏公路两边，浏涧河东岸，水库向东突出的豁口处（图2.266）。面积约1万平方米。地理坐标北纬34°37′14.34″，东经112°45′06.98″，海拔约144米。地势较为平坦，起伏不大，有断崖沟叉分布。南部被砖厂破坏占压，其余为农田。

2007年6月7日初查，2017年7月12日复查。

图2.266 姬家村南（上为北）

（2）主要发现

未发现相关遗迹。地表散见陶片，陶片密度不大。采集陶片17片，其中口沿4片、腹片12片、圈足1片。属于殷墟和周代，其中属于殷墟文化的陶片可辨认器形有鬲、簋、豆。为殷墟晚期。标本3件。周代遗物无典型标本。具体时段不详。

鬲 Y228：1，口沿。夹砂红陶。折沿，圆唇，沿面微凹，直腹。饰绳纹。口径20.5、残高9.9厘米（图2.265b，10）。

豆 Y228：2，口沿。泥质灰陶。敞口，直沿，方唇，圆弧腹。磨光。口径18.6、残高7厘米（图2.265b，11）。

簋 Y228：3，圈足。泥质灰陶。下口沿直沿微侈上翘，方唇。磨光。圆足跟直径15.6、高5厘米（图2.265b，12）。

（3）基本认识

该遗址规模较小，包含殷墟晚期及周代遗存。南部被砖厂破坏和占压。